JN436697

제3판

민법총칙

특별부록 남북한 민법총칙의 비교

김 영 규 저

진 원 사

제3판 머리말

제2판 발간 이후 판시된 최근 판례와 실질적 민법의 개정에 따라 관련 부분을 고쳐 제3판을 발간하였다. 독자 여러분께 감사의 마음을 전한다.

2019. 2. 13. 김 영 규

제2판 머리말

본서의 초판이 발간된 2012년 8월 이후 민법은 2013년 4월 5일 제21차 개정(법률 11728호, 2013년 7월 1일 시행), 2014년 10월 15일 제22차 개정(법률 12777호, 2015년 10월 15일 시행), 2014년 12월 30일 제23차 개정(법률 12881호, 2015년 10월 15일 시행), 2015년 2월 3일 제24차 개정(법률 13125호, 2016년 2월 4일 시행)을 하였다. 또한 2011년 3월 7일 제18차 개정(법률 10429호)에 따라 종래 민법상 무능력자인 한정치산자·금치산자에 대체하여 도입된 제한능력자로서 피한정후견인과 피성년후견인을 중심으로 하는 성년후견제도가 2013년 7월 1일 이후 시행되고 있다.

이에 제2판에서는 초판 이후 개정된 민법의 내용을 반영하여 자연인의 행위능력 부분과 민법의 개정과정 등의 관련 부분에서 그 내용을 반영하고, 초판에서 미진하였던 오탈자를 바로 잡는 등의 수정을 하였다.

여전히 한파가 계속되고 있는 출판계의 불황 속에서도 제2판의 출판을 쾌히 승낙해 주신 양진수 사장님과 이 책이 출간되도록 수고하신 편집부 여러분들에게 감사드리며, 앞으로 절차탁마(切磋琢磨)를 거듭하여 계속해서 좋은 양서(良書)로서 거듭나는 노력을 다할 것을 다짐한다.

2015. 2. 25. 김 영 규

머 리 말

두렵고 떨리는 마음으로 민법총칙 강의를 처음 시작한 때로부터 20여 성상(星霜)이 흘러갔다. 학생들이 민법과 법학의 기초를 세우는 데 있어서 제대로 된 도움을 주고 있는지에 대한 부담감은 여전하고, 과연 교과서를 집필할 만한 역량이 충분한지에 대해서도 자신 있게 고개를 끄덕이지 못한다. 그럼에도 불구하고 그간의 강의내용을 정리하고 다음 몇 가지의 집필 동기를 가지고 이 책을 감히 세상에 내놓게 되었다.

첫째, 학생들의 입장에서, 민법총칙을 체계적으로 쉽게 이해할 수 있도록 길잡이 역할을 하는 교과서를 집필하고자 노력하였다.

둘째, 학설의 다툼이 심하거나 난해한 내용이라 하더라도 방만하게 다루지 않고 꼭 알아야 하는 핵심내용에 대해서만 통설과 판례 및 유력한 소수설 등을 알아보기 쉽게 정리하고자 노력하였다.

셋째, 학문과 수험 모두에서 반드시 숙지하여야 할 중요 판례들을 빠짐없이 언급하였다. 각 부분마다 관련 판례의 핵심 내용을 주제별로 이해하기 쉽게 정리하였으며, 특히 주요한 쟁점이 되는 주제에 대해서는 '사례 및 판례연구'라는 부분을 통하여 사건의 개요와 하급심 및 대법원판결의 요지를 알기 쉽게 소개하고 있다.

넷째, 민법의 연혁에 있어서, 민법이 시행된 이후 1962년 12월 29일 민법 1차 개정부터 2012년 2월 10일 제20차 개정(2013년 7월 1일부터 시행)에 이르기까지 20차례 민법개정의 핵심내용을 알기 쉽게 정리하였다. 특히 2011년 3월 7일 제18차 개정을 통하여 종래 민법상 제한능력자인 한정치산제, 금치산제도에 대체하여 2013년 7월 1일부터 시행될 한정후견제, 성년후견제도의 개정내용에 대해서 개정 전후를 비교하여 설명하고 있다.

다섯째, 특기할 사실은, 우리의 민법총칙에 해당하는 북한 민법 제1편 '일반제도'의 주요내용을 설명하고 이를 토대로 민법의 기본원칙, 권리주체(우리의 자연인에 해당하는 공민과 법인에 해당하는 기관, 기업소·단체), 권리변동으로서의 법률행위(법률행위의 의의·유효요건, 의사표시, 법률행위의 대리, 무효와 취소, 부관), 기간, 민사시효 등을 중심으로 남북한 민법총칙의 주요내용을 비교하여 부록에 수록하였다. 또한 우리 민법총칙과 북한 민법총칙의 조문을 대비시켜 수록하였다. 이는 통일을 바라보는 시대적 상황에서 민법을 공부하는 학생들의 시야를 보다 넓혀주는 계기가 되어 주리라 기대하며, 또한 장차 통일이 될 경우에 제정하게 될 통일민법의 제정방향을 가늠해 볼 수 있는 중요한 기회가 되어 줄 것이다.

이상과 같은 점에 유의하여 본서를 집필하였으나, 탈고하고 보니 여전히 아쉽다. 이러한 부족한 부분들은 앞으로 독자의 질정(叱正)을 겸허히 받아들여서 더욱 좋은 교과서가 되도록 노력할 것을 다짐한다.

세계적으로 악화된 경제상황 등으로 출판계의 거듭되는 어려움 속에서도 이 책의 출판을 결정해주신 진원사의 양진수 사장님과 편집 및 교정에 수고해주신 편집부 여러분에게 고마움을 전한다.

끝으로 초심의 마음으로 늘 변함없는 사랑과 믿음을 보내주는 아내와 자녀들에게 고마움을 전하며, 삶의 주인이신 하나님께 감사드린다.

2012. 8. 28.

김 영 규

일러두기

1. 이 책에서 소개한 판결은 다음과 같이 인용하였다.
   - 대법원 2006. 12. 7. 선고 2006다41457 판결
     → 대판 2006. 12. 7. 2006다41457
   - 대법원 1999. 3. 18. 선고 98다32175 전원합의체 판결
     → 대판〈전〉 1999. 3. 18. 98다32175
   - 서울고법 1980. 10. 31. 선고 80나2589 제2민사부판결
     → 서울고판 1980. 10. 31. 80나2589

2. 이 책에서 저자의 이름으로만 인용된 저서는 다음과 같다.

◦ 고상룡, 민법총칙(제3판), 법문사, 2003	고상룡
◦ 곽윤직, 민법총칙(제7판), 박영사, 2007	곽윤직
◦ 곽윤직·김재형, 민법총칙, 박영사, 2012	곽윤직·김재형
◦ 권용우, 민법총칙(제5전정판), 법문사, 2003	권용우
◦ 김상용, 민법총칙, 화산미디어, 2009	김상용
◦ 김준호, 민법총칙(전정판), 법문사, 2008	김준호
◦ 김증한·김학동, 민법총칙(제9판), 박영사, 2001	김증한·김학동
◦ 김형배·김규완·김명숙, 민법학강의(제10판), 신조사, 2011	김형배·김규완·김명숙
◦ 백태승, 민법총칙(제4판), 법문사, 2009	백태승
◦ 송덕수, 민법총칙(제4판), 박영사, 2018	송덕수
◦ 양형우, 민법의 세계(제10판), 피엔씨미디어, 2018	양형우
◦ 이시윤, 민사소송법(제11판), 박영사, 2017	이시윤
◦ 이영준, 민법총칙(개정증보판), 박영사, 2007	이영준
◦ 이은영, 민법총칙(제5판), 박영사, 2009	이은영
◦ 지원림, 민법강의(제8판), 홍문사, 2010	지원림

민법의 학습방법

민법 내지 민법총칙을 어떻게 효과적으로 공부할 것인가? 이에 대하여 모두의 기호를 충족시켜줄 수 있는 방법론을 말하기는 어려우나, 민법이 법률과목이라는 점을 고려할 때, 특히 다음의 점에 유의하여 공부하는 것이 효과적이다.

1. 민법(내지 민법총칙) 전체에 대한 윤곽에 대한 이해

민법 전체에 대한 윤곽(흐름)에 대하여 이해하여야 한다. 이는 특히 교과서의 앞에 나와 있는 차례의 구성과 그 내용을 대략이나마 읽어보고 그 흐름을 파악하는 것이다.

2. 민법조문에 근거하여, 그 의미를 객관적으로 밝히는 공부

민법은 법률과목이므로, 법학의 가장 기초적인 공부방법인 법해석학적 연구방법에 따라서 공부하여야 한다. 법해석학적 연구방법은 법조문에 근거하여, 그 의미와 내용을 객관적으로 밝히는 것으로서, 특히 다음의 점에 유의하여야 한다.

① 법률용어에 대한 정확한 이해가 있어야 한다. 거의 대부분의 공부의 첫 출발은 개념을 먼저 이해하는 것이다. 개념을 통한 '의의'를 분명하게 이해하게 되면, 그와 관련한 요건, 효과, 관련문제 등을 좀 더 잘 이해하는 계기가 된다.

② 법조문에 대한 분석적 이해가 있어야 한다. 예컨대 민법 제105조는 "법률행위의 당사자가 법령 중의 선량한 풍속 기타 사회질서에 관계없는 규정과 다른 의사를 표시한 때에는 그 의사에 의한다."고 규정하고 있는데, 이 조문은 '선량한 풍속 기타 사회질서에 관계없는 규정'이라는 임의규정(이를 반대해석하면 '선량한 풍속 기타 사회질서에 관계있는 규정'은 강행규정)의 정의와 임의규정에 우선하여 '당사자의 의사'가 법률행위해석의 제1의 기준임을 밝히는 것이라고 이해하는 것이다.

③ 법의 제정, 개정, 폐기 등 법의 개변(改變)에 대한 관심을 가져야 한다. 그간 주택임대차보호법 등 민사특별법은 최근까지 수차례 개정이 있었고, 민법도 앞으로 총칙부터 단계적으로 개정될 예정이므로, 사생활관계를 규율하는 법의 개변이 있으면 이에 따라 관련되는 내용을 수정하여 이해하는 것이 중요하다.

3. 민법의 각 분야에 대한 유기적인 이해

민법의 각 분야(민법 중 총칙, 물권법, 채권법, 가족법과 민사특별법)에 대하여 유기적인 이해를 하여야 한다.

4. 판례의 태도 및 학설의 대립에 대한 이해

쟁점이 되는 부분에 대한 판례의 태도와 학설의 대립을 이해하여야 한다. 학설의 다툼이 있는 부분은 보통 긍정설과 부정설, 소극설과 적극설, 다수설과 소수설 등과 절충설 등으로 불리며, 이러한 쟁점 사항에 대하여는 많은 경우에 관련 판례가 있게 마련이다. 이러한 학설과 판례의 다툼을 이해하게 되면 그저 법전으로만 존재하는 '법전 속의 법'이 아닌, 일상생활 속에서 실제로 적용되는 살아있는 '생활 속의 법'으로서 인식할 수 있게 된다.

5. 사례식 공부의 중요성

사례식 공부를 중요시하여야 한다. 이는 최근 학문적 흐름일 뿐만 아니라 수험에서도 사례를 중심으로 논리적 사고를 요구하고 있고, 이는 판례의 태도에 대한 이해와 어느 정도 맥락을 같이한다. 따라서 중요 판례에 따른 사건의 기초사실을 중심으로 사건의 개요를 파악한 후 판례의 요지(要旨)를 이해하는 것이 중요하고, 별도의 판례의 태도가 없어도 추상적인 법이론을 우리 주변의 실생활과 관련지어서 甲－乙－丙－丁, A－B－C－D 등으로 사례화하여 구체화시켜 이해하는 것이 중요하다.

차 례

제1편 민법서론 ➠ 1

제1장 민법의 의의 및 구성 _ 3

제3장 민법의 기본원리 _ 66

제4장 법률행위 _ 283

제 1 편

민 법 서 론

제1장 민법의 의의 및 구성
제2장 민법의 형식적 법원
제3장 민법의 기본원리
제4장 민법의 해석
제5장 민법의 적용과 효력
제6장 민법상의 권리(사권)

제1장 민법의 의의 및 구성

제1절 민법의 의의

Ⅰ. 민법의 의미와 유래

1. 민법이라는 용어의 유래

민법(民法)이라는 용어는 한자로 '백성 민(民)', '법 법(法)'의 글자로 되어 있어 '백성의 법'이라는 뜻을 가지고 있으나, 이는 본래 로마의 'ius civile(시민법)'에서 비롯되었다. 'ius civile(시민법)'는 원래 로마의 시민권을 가진 자에게 적용되던 법으로서, 이는 당시 로마의 시민권이 없는 자와의 법률을 규율하던 'ius gentium(만민법)'과 대립하는 것이었으며 그 내용은 개인과 가족에 관한 사법(私法)에 관한 것이었다. 그 후 로마법이 근대 유럽의 여러 나라에 계수되면서 시민법은 사법을 가리키는 용어가 되어, 각국은 'ius civile(시민법)'를 번역하여 civil law(영어)', droit civil(프랑스어), bürgerliches Recht(독일어) 등으로 쓰고 있다.

따라서 민법이라는 용어의 '민'은 백성이 아닌 '시민'을 뜻하는 것으로서, 민법은 개인과 가족의 사생활에 관한 것을 규율하는 사법을 뜻한다.

2. 근대 민법전의 성립

오늘날 우리 민법을 비롯한 근대 민법에 가장 큰 영향을 미친 민법은 프랑스 민법전(Code Civil)과 독일 민법전(Das bürgerliches Gesetzbuch)이다. 이 중 프랑스 민법전은 모든 사람이 법 앞에 자유, 평등한 인격체임을 선언한 프랑스 혁명의 법률문화적 소산으로 1804년 3월 21일 제정된 것으로서 그 명칭이 프랑스인의 법(Code Civil des Français) → 나폴레옹 법전(Code Napoléon) → 민법전(Code Civil)으로 바뀌었으며, 사람에 관한 법, 물건에 관한 법, 채권·상속 등 재산취득에 관한 법 등의 3개편으로 구성되어 있다. 또한 1896년 8월 24일 제정된 독일 민법전은 BGB로 불리며 총칙·채무관계법·물권법·친족법·상속법 등 5개편으로 구성되어 있다.

Ⅱ. 형식적 민법과 실질적 민법

민법은 크게 형식적 민법과 실질적 민법으로 나뉜다. 또 형식적 민법을 형식적 의의(또는 의미)의 민법으로 부르기도 하고, 실질적 민법을 실질적 의의(또는 의미)의 민법으로 부르기도 한다. 이 중 형식적 민법은 1958년 2월 22일 법률 제471호로 제정되어 1960년 1월 1일부터 시행되고 있는 민법이라는 '이름'(형식)을 가진 성문의 법률인 민법전(民法典)을 말하고, 실질적 민법은 형식적 민법을 포함하여 관습법 등의 불문민법을 포함하는 일체의 사법을 말한다. 보통 민법은 형식적 민법을 뜻하나, 각 경우에 따라 실질적 민법을 뜻하는 경우도 있다. 특히 민법 제1조에서 '민법의 법원'에서의 민법은 실질적 민법을 전제로 법원(法源)의 종류와 그 효력순위를 "민사에 관하여 법률에 규정이 없으면 관습법에 의하고 관습법이 없으면 조리에 의한다."고 규정하고 있다.

제2절 사법, 일반사법, 실체법으로서의 민법

Ⅰ. 사법으로서의 민법

1. 의 의

민법은 국내법 중 사법이다. 국내법을 공법(公法)과 사법(私法)으로 크게 나누는 것은, 로마법시대에 울피아누스(Ulpianus)가 공법은 국가와 관련된 법이고 사법은 개인의 이익과 관련된 법으로 구별했던 것에 기인한다. 이러한 구별은 근대 자본주의사회에서 법의 적용과 관련하여 개인의 사적 자치를 적용할 것인가의 여부를 두고 다시 강조되게 되었다. 여기서 민법의 사법으로서의 의미를 이해하기 위해서는 공법과 구별되는 법으로서의 사법이 무엇이고, 그 규율대상이 무엇인지를 밝혀야 한다.

2. 공법과 사법의 구별

(1) 구별에 관한 학설

무엇을 공법 또는 사법으로 볼 것인가에 대하여서는 학자들 사이에 일치되어 있는 정설(定說)이 없으며, 종래 여러 가지 학설이 대립되어 있다.

1) 이 익 설

이 설은 국가·사회의 이익인 공익(公益)의 보호를 목적으로 하는 법이 공법이고, 사익(私益)의 보호를 목적으로 하는 법을 사법이라고 이해하는 것이다. 그러나 무엇이 공익이고 사익인가의 구별 자체가 언제나 용이한 일은 아니며, 법이 공익과 사익의 보호를 같이 도모하는 경우가 있다. 즉, 사법 중에서도 공익의 보호에 관한 규정이 있고(예컨대 사법인 민법 제103조에 의하여 반사회질서의 법률행위를 무효로 하는 경우), 또 공법 중에서도 사익의 보호에 관한 규정이 다수 존재한다(예컨대 공법인 헌법 제10조 이하의 기본권보호에 관한 규정). 따라서 이 설에 의하여 공법과 사법을 구별하는 것은 난점이 있다.

2) 주 체 설

이 설은 법이 규율하는 법률관계의 당사자(주체)가 누구냐에 따라 국가 또는 공공단체가 당사자의 어느 한쪽이 되는 경우가 공법이고, 사인(私人)이 당사자가 되는 관계를 규율하는 법이 사법이라고 이해하는 견해이다. 그러나 국가 또는 공공단체가 사인의 자격으로 개인과 매매나 임대차를 하는 경우가 있으므로, 이 설에 의하여 공법과 사법을 구별하는 것도 난점이 있다.

3) 성질설(법률관계설)

이 설은 법이 규율하는 법률관계의 성질을 기준으로 명령·복종의 불평등관계를 규율하는 법이 공법이고, 대등한 성질을 띠는 평등관계를 규율하는 법이 사법이라고 하는 견해이다. 그러나 부모와 자녀 사이에서 미성년자녀는 부모의 친권에 복종할 의무를 부담하게 되고 이를 규율하는 민법은 사법인데, 이 설에 의하면 공법으로 다루게 되는 난점이 있게 된다.

4) 생활관계설

이 설은 국가생활관계(납세·병역 등 국가를 전제로 하는 국민으로서의 생활관계)를 규율하는 법이 공법이고, 개인적인 사회생활관계(매매 등의 재산관계와 혼인 등의 가족관계 등 개인 상호 간의 생활관계)를 규율하는 법이 사법이라고 이해하는 견해이다. 이 설이 종래의 다수설인데, 이에도 무엇이 국가생활이고 사회생활이냐를 구별하는 것이 언제나 용이하지 않다는 점에서 역시 난점이 있다.

5) 총 괄

위에서 여러 학설을 살펴보았듯이 공법과 사법의 구별에 관한 절대적 기준을 찾는 것은 쉬운 일이 아니다. 따라서 공법과 사법의 구별은 여러 학설에서 다루는 복수의 기준을 같이 고려하는 것이 타당하다. 대체로 통치관계를 그 핵심으로 하는 국가생활관계를 주로 규율대상으로 하는 법은 공법이고 그렇지 않은 법은 사법으로 이해하는 것이 비교적 무난하다. 이에 따르면, 헌법·형법·행정법(각종의 행정법규)·민사소송법·형사소송법 등은 대표적인 공법이고, 민법은 상법과 더불어 대표적인 사법이다.

(2) 구별의 실익

1) 사적 자치의 적용 여부

공법과 사법을 구별하는 가장 큰 실익은 공법은 일정한 목적 아래 국가생활관계를 규율하게 되므로 대체로 사적 자치의 원칙이 배제되나, 사법에서는 개인 상호 간의 생활관계를 다루게 되므로 대체로 사적 자치의 원칙이 적용된다는 점에 있다. 그러나 이는 절대적인 것은 아니며, 공법에서도 개인의 사적 자치가 인정되는 경우가 있고(예컨대 당사자가 합의로 제1심 관할법원을 정할 수 있도록 규정하고 있는 민사소송법 제28조의 임의관할의 경우) 사법에서도 사적 자치가 배제되는 경우가 있다(예컨대 민법 제809조의 근친혼금지 등 사법 중 강행규정이 적용되는 경우).

2) 재판관할의 결정 여부

재판관할은 행정사건인가 아니면 민사사건인가의 여부에 따라 소송의 관할을 달리한다. 공법상의 소송인 행정소송의 경우는 피고의 소재지를 관할하는 행정법원의 전속관할에 속하고, 제1심이 행정법원이 되고 원칙적으로 소송 전 행정심판을 제기할 수 있다(행정소송법 3조, 4조, 9조 및 행정심판법 3조 참조). 그러나 민사사건은 행정사건과 같은 전속관할의 규정이 없고 지방법원이 제1심이 되고 소송을 제기하기 전 행정심판을 제기할 수 없다(민사소송법 2조·248조·390조·422조 참조).

(3) 사법의 내용

사법의 규율대상이 되는 사람의 사생활관계는 재산관계와 가족관계로 나뉘는데, 이 중 재산관계를 규율하는 민법의 내용을 재산법이라 부르고 가족관계를 규율하는 민법의 내용을 가족법이라 부른다. 우리 민법의 구성과 관련해서 사람의 물건 등 재화에 대한 지배관계인 물권관계를 규율하는 제2편(물권)과 특정한 채권자와 채무자 사이의 채권과 채무관계를 규율하는 제3편(채권)은 재산관계를 규율하는 재산법이고, 부부·친자 등의 일정한 친족적 집단 사이의 친족관계를 규율하는 제4편(친족)은 가족법이다.

다만 가족 구성원 중 특정인의 사망에 따른 그 재산의 승계인 상속관계를 규율하는 제5편(상속)에 대해서는 종래 친족법과 더불어 가족법의 내용으로 이해하여 왔다(김상용 9면). 그러나 이에 대하여는 1990년 민법개정으로 호주상속제도가 호주승계제도로 변경된 이후 2005년 민법개정으로 호주제도 자체가 폐지되어 상속법은 재산에 대한 상속만을 규율하는 것으로서 그 본질을 재산법으로 보아야 한다는 견해가 유력하게 주장되고 있다(곽윤직·김재형 7면, 송덕수 6면).

사법의 내용 중 재산관계는 당사자 사이에 무엇이 이해타산에 맞는가를 중요시하는 합리성을 그 성격으로 하는데 비해서, 가족관계는 가족구성원 사이의 애정과 양성평등 및 인격의 존중을 본질로 삼는 관계로 평가할 수 있다.

Ⅱ. 일반법으로서의 민법

1. 의 의

민법(특히 형식적 민법)은 사법의 일반법, 즉 일반사법이다. 법은 그 효력이 미치는 범위를 표준으로 하여 일반법과 특별법으로 나뉜다. 일반법은 법이 미치는 범위에 제한 없이 적용되는 법이고, 특별법은 일정한 사항·사람·장소의 범위 안에서만 제한적으로 적용되는 법이다.

2. 구별의 표준

(1) 사항을 표준으로 한 구별

어떤 사항 전반을 규율대상으로 하여 효력이 미치는 법이 일반법이고, 특정한 사항만을 규율대상으로 하는 법이 특별법이다. 이에 따르면 민법은 민사(民事 : 민법의 규율대상이 되는 일반적인 개인 상호 간의 사생활관계)에 관한 일반사항을 규율대상으로 하는 일반법이고(민법 1조), 상법은 민사 중 특히 상인들의 거래인 상사(商事 : 영리를 목적으로 하여 반복적으로 경영활동을 하는 재산관계)만을 규율대상으로 하는 특별법이다(상법 1조).

(2) 사람을 표준으로 한 구별

법의 효력이 모든 국민에게 적용되는 법이 일반법이고, 어떤 특정한 신분(직업)을 가진 자에게만 적용되는 법이 특별법이다. 이에 따르면 민법은 모든 대한민국 국민에게 적용되는 일반법인데 비하여, 상법은 상인의 신분을 가진 자에게만 적용되는 특별법이다.

(3) 장소를 표준으로 한 구별

법이 국가의 모든 지역에 적용되는 법이 일반법이고, 국가의 일정 지역에만 적용되는 법이 특별법이다. 이에 따르면 민법은 전국에 걸쳐서 적용되므로 일반법이고, 민사에 관하여 시·군·자치구나 시·도가 정한 조례 및 규칙은 해당 지방자치단체에만 적용되는 특별법이다.

3. 구별의 실익

일반법과 특별법을 구별하는 실익은 동일한 사안에 대하여 일반법과 특별법이 병존하는 경우에는 특별법이 일반법에 우선하여 적용된다는 점에 있다(이른바, '특별법우선의 원칙'의 적용). 여기서, 유의하여야 할 것은 특별법과 일반법의 관계는 법령 상호 간의 관계에서만 적용되는 것이 아니라 동일한 단행 법령의 규정 상호 간에도 적용된다는 점이다. 예컨대 민법 중 채권의 소멸시효기간을 10년으로 규정하고 있는 제162조 제1항의 규정은 일반규정(일반법)이고, 이자와 음식료의 채권의 소멸시효기간을 3년과 1년으로 규정하고 있는 제163조·제164조의 규정은 제162조 제1항에 대한 특별규정(특별법)이다.

Ⅲ. 실체법으로서의 민법

1. 의 의

민법은 실체법이다. 법은 그 규정내용을 표준으로 하여 실체법과 절차법으로 나누어진다. 실체법은 직접 권리·의무의 실체(권리·의무의 성질·내용·범위 및 그 발생·변경·소멸 등)를 규율하는 법이고, 이에 비하여 절차법은 실체법에서 나타난 권리·의무의 실현절차(실체법상의 권리·의무의 행사·보전·이행·강제 등)를 규율하는 법이다. 실체법을 주법(主法)이라고도 하고, 절차법을 조법(助法) 또는 형식법(形式法)이라고도 한다.

2. 실체법과 절차법의 모습과 민법

형식적 민법과 상법 등의 사법은 실체적 내용을 규정하는 대표적인 실체법에 속한다. 이에 비하여 민사소송법·부동산등기법·민사집행법·소액사건심판법·공탁법·민사조정법·가사소송법·비송사건절차법 등은 대표적인 절차법이다. 여기서, 절차법은 직접 소송에 관한 것이 대부분이나, 비송사건절차법·부동산등기법과 같이 직접 소송에 관한 것이 아닌 것도 있다. 또 절차법은 권리와 의무의 귀속확정과 관련하여 국가기관인 법원과 당사자 사이를 규율한다는 점에서 국가생활관계를 규율대상으로 하는 공법에 속하게 된다.

또한 실체법과 절차법의 구별은 법의 성질 대부분이 그렇다는 것이고, 절대적인 것은 아니다. 즉 실체법인 민법에도 법인의 설립절차와 같은 절차법의 규정(40조~56조)이 있고, 실체법인 부동산등기법에도 가등기의 효력과 같은 실체법의 규정(91조 : 가등기의 순위보전적 효력)이 있는 경우도 있다.

3. 실체법과 절차법의 관계

민사관계를 통한 분쟁이 발생하면 실체법인 민법에서 아무리 권리를 잘 규정하고 있어도 이를 실현하기 위한 민사절차법이 없으면 그 권리는 유명무실하게 될 뿐이다. 즉, 민사관계에 대하여 실체법이 없는 경우 법원은 조리에 의하여 판결을 하여야 하나, 실체법이 있어도 절차법이 없으면 법원은 재판을 할 수 없게 된다. 따라서 민사분쟁이 발생하면 민법인 실체법의 내용은 민사소송법·부동산등기법·민사집행법·민사조정법 등의 절차법을 통하여 현실화함으로써 비로소 그 목적을 달성하게 된다.

Ⅳ. 행위규범, 재판규범으로서의 민법

1. 의 의

민법은 행위규범인 동시에 재판규범으로서의 성질을 띤다. 법은 일반적으로 사람에게 어떠한 행위를 명하는 행위규범으로서만 존재하는 이외에 재판규범으로서의 다중(多重) 구조를 가지고 있고 경우에 따라서는 조직규범의 구조도 가지고 있다.

2. 행위규범

법은 일반인에게 일정한 행위, 즉 작위 또는 부작위를 명하는 행위규범으로서의 구조를 갖는다. 여기서 작위를 명하는 규범을 '요구규범'이라고 하고, 부작위를 명하는 규범을 '금지규범'이라고 한다. 예컨대 민법은 "채무를 이행하라." 또는 "불법행위를 하지 말아라."는 것과 같이 정언명령(定言命令 : 누구나 따라야 할 무조건의 명령)의 형식을 취한다(민법 390조, 750조의 반대해석). 민법은 이 명령을 통하여 사회 일반인에게 민사에 관한 행위의 준칙을 정하게 되므로, 민법은 민사에 관하여 일반 국민을 그 대상으로 한 행위규범으로서의 성질을 띤다.

3. 재판규범

법은 행위규범을 위반한 자에 대하여 재판을 통해서 일정한 제재를 명하는 규범으로서의 성격을 띠며, 이를 재판규범이라고 한다. 예컨대 민법은 "채무를 이행하지 않은 자에게는 손해배상을 부담시킨다." 또는 "불법행위를 한 자에게는 손해배상을 부담시킨다."는 것과 같이 가언명령(假言命令 : 어떤 목적을 달성하기 위해서 내리는 조건부의 명령)의 형식을 취한다(민법 390조, 750조). 민법은 이 명령을 통하여 일정한 요건(예컨대 앞에서 본 채무불이행, 불법행위)이 충족되면 법관으로 하여금 일정한 법적 효과(손해배상 또는 강제이행)를 부여하도록 명하는 재판규범으로서의 성질을 띤다.

4. 조직규범

법의 규정 중에는 단체 등 사회의 설치·조직·권한 등을 정하는 규범이 있는데, 이를 조직규범이라고 할 수 있으며, 민사재판을 담당하는 법원의 조직을 정하는 법원조직법이 그 대표적인 예이다.

위와 같이 민법은 행위규범인 동시에 재판규범으로서의 성질을 띠는 '2중구조'로 되어 있는 것이 일반적이나, 민법의 규정 중에서 사람의 '권리능력의 존속기간'을 정하는 규정(3조), 이사·감사·사원총회 등을 규율하는 '법인의 기관'에 관한 규정(57조~76조) 등은 조직규범으로서의 성질을 띤다고 할 수 있다.

V. 민법의 총괄적 의미

(1) 민법은 법의 영역에 있어 사법이다. 사람의 사회공동생활을 규율하는 법규범은 공법과 사법으로 나누이는 바, 민법은 이 중 사법이다. 즉, 민법은 재산관계(예컨대 재산을 소유하는 것, 물건을 사고파는 것 등) 및 가족관계(예컨대 혼인·입양 등)의 사법관계(개인으로서의 생활관계)를 규율하는 법이다. 공법과 사법을 구별하는 실익은 법의 적용에 있어서 개인의 사적 자치를 적용할 것인가의 여부에 있다.

(2) 민법(특히 형식적 민법)은 법의 적용에 있어서는 일반사법이다. 즉 민법은 민사에 관하여 사람·장소·사항 등에 특별한 제한 없이 두루 적용되는 법이다.

(3) 민법은 법규범의 작용에 있어서는 실체법이다. 즉 민법은 민사에 관하여 직접적으로 권리·의무의 실체, 즉 권리·의무의 성질·내용·범위 및 발생·변경·소멸 등을 규율하는 법이다.

(4) 민법은 법의 구조에 있어서 사회 일반인에게 민사에 관한 행위의 준칙을 정하는 행위규범이다. 동시에 민법은 행위규범을 위반한 자에 대하여 법관을 대상으로 재판을 통해서 일정한 제재를 명하는 재판규범으로서의 성질을 띤다.

제3절 민법의 연혁과 구성

I. 민법의 연혁

1. 조선민사령과 구민법

일본은 한일병합 2년 후인 1912년 3월 18일에 制令 제7호로 조선민사령을 제정하여 일본의 민법전과 각종의 민사특별법 및 부속법을 같은 해 4월 1일부터 우리나라에 의용(依用 : 그대로 적용하는 것)하게 되었는데, 이에 의하여 적용된 일본민법을 현행 우리 민법에 대비하여 구민법(舊民法) 또는 의용민법(依用民法)이라고 한다.

2. 우리 민법의 제정

해방 후 미군정청의 특별명령(미군정법령 제21호)에 의하여 우리 민법이 시행될 때까지는 그대로 구민법이 우리나라의 민사관계를 규율하는 법으로서 적용되었다(구민법은 현행 민법이 시행되기 전인 1959년 12월 31일까지 그대로 우리나라에 의용되었다).

정부수립 후 정부는 1948년 9월 15일 '법전편찬위원회직제'(대통령령 제4호)를 공포하였으며, 이에 따라 '민법안 심의소위원회'가 구성되어 여러 심의와 국회의결을 거쳐 1958년 2월 22일, 법률 제471호에 의하여 '민법전'으로 불리는 '민법'을 공포하였으며 1년여의 시행예정기간을 거쳐 1960년 1월 1일부터 시행되었다.

Ⅱ. 우리 민법의 개정

민법이 시행된 이후 1962년 12월 29일 민법 1차 개정이 이루어진 이후 2019년 2월 현재까지 29차례의 개정이 있어왔다. 이 중 제2차, 제3차, 제4차, 제14차는 부칙의 개정이었고, 제8차, 제9차, 제13차, 제15차, 제24차는 다른 법률의 개정에 따른 관련 규정의 개정이었다.

한편 민법 중 재산법만의 개정은 제6차, 제10차, 제21차, 제25차의 4번이었고 재산법과 가족법 모두가 개정된 것도 제16차, 제18차, 제23차의 3번이 있었다(다만 제18차는 종래 민법상 제한능력자인 한정치산자·금치산자를 피한정후견인·피성년후견인 제도에 대체하는 성년후견제도를 도입에 따른 가족법 개정이 중심임). 따라서 앞에서 열거한 이외의 나머지(제1차, 제5차, 제7차, 제11차, 제12차, 제17차, 제19차, 제20차, 제22차, 제26차 내지 제29차)는 모두 가족법(친족·상속편)의 개정이었으며, 이는 특히 민법이 제정된 이후의 많은 개변(改變)으로 인하여 현행 가족법이 입법 당시와는 매우 다른 모습임을 보여주는 것이다.

참조내용

우리 민법의 개정 내용

1. 제1차 개정(1962년 12월 29일)

1962년 12월 29일 제1차 민법개정(법률 1237호)에서는 제789조 제1항을 신설하여 법정분가제도(法定分家制度)를 신설하였다(1963년 3월 1일 시행). 이에 따라 호주의 직계비속장남자 이외의 가족(차남 이하)은 혼인함으로써 당연히 분가(分家)되게 되었다.

2. 제2차 개정(1962년 12월 31일)

1962년 12월 31일 제2차 개정(법률 1250호)에서는 부칙 제10조(소유권이전에 관한 경과규정)의 제1항에서 "본법 시행일 전의 법률행위로 인한 부동산에 관한 물권의 득실변경은 이 법 시행일로부터 3년 내에 등기하지 아니하면 그 효력을 잃는다."고 규정하던 등기기간을 '3년'에서 '5년'으로 개정하여 그 기간을 2년 더 연장하였다(1963년 1월 1일 시행). 이는 법률행위로 인한 부동산에 관한 물권변동에서 구민법이 '등기'를 요하지 않던 대항요건주의(의사주의)에서 새로 제정된 현행 민법이 '등기'를 요하는 성립요건주의(형식주의)로 입법이 변모됨에 따른 충돌을 조절하기 위해서 둔 경과규정이다. 즉, 제정 민법의 시행일인 1960년 12월 31일로부터 등기기간 3년이 만료되는 1962년 12월 31일까지 실제 소유권이전의 합의를 하고 매매대금도 수수되었으나 양수인(매수인)이 이전등기를 하지 않음으로 해서 소유권을 취득하지 못하게 되는 경우를 구제하기 위한 개정이다.

3. 제3차 개정(1964년 12월 31일)

1964년 12월 31일 제3차 개정(법률 1668호)에서는 제2차 개정과 같은 조문인 부칙 제10조(소유권이전에 관한 경과규정) 제1항의 등기기간을 '5년'에서 '6년'으로 개정하여 그 기간을 1년 더 연장하였다(1965년 1월 1일 시행). 이는 제2차 개정에서의 취지와 같은 이유에서 이루어진 개정이었다.

4. 제4차 개정(1970년 6월 18일)

1970년 6월 18일 제4차 개정(법률 2200호)에서는 사문서의 일자확정을 법원서기에게 청구하는 자에게 10환(당시의 화폐가치로 1원)의 인지를 첨부하도록 규정하고 있었던 부칙 제3조(공증력 있는 문서와 그 작성) 제3항을 개정하였다(1970년 6월 18일 시행). 즉 제4차 개정에서는 위의 수수료의 액수가 현실에 맞지 않은 문제에 대해서 물가변동에 따라 위임입법에 따라 수수료를 납부하도록 개선하기 위하여 부칙 제3조 제3항을 개정한 것이다. 이에 따라 사문서의 일자확정을 공증인에게 청구하는 자는 법무부령이, 법원서기에게 청구하는 자는 대법원규칙이 각각 정하는 바에 의하여 수수료를 납부하도록 위 규정을 개정하였다.

5. 제5차 개정(1977년 12월 31일)

1977년 12월 31일 제5차 개정(법률 3051호)에서는 가족법의 상당부분이 개정되었으며(1979년 1월 1일 시행), 그 주요한 내용은 다음과 같다.

① 미성년자가 혼인할 때에는 부모의 동의를 얻도록 하였다(808조 1항 개정).

② 미성년자가 혼인을 한 때에는 성년자로 의제하도록 하는 혼인성년제(성년의제제도)를 채택하였다(826조의2 신설).

③ 부부의 누구에게 속한 것인지 분명하지 아니한 재산인 경우에 종래 부의 특유재산으로 추정하던 것을 양성평등을 반영하여 "부부의 공유로 추정한다."로 개정하였다(830조 2항 개정).

④ 부부가 협의상 이혼하는 경우에 가정법원의 확인을 받도록 하였다(836조 1항 개정).

⑤ 미성년자인 자에 대한 친권의 행사는 부모가 공동으로 하고 다만 부모의 의견이 일치하지 아니하는 경우에는 부가 행사하게 되며(909조 1항 개정), 부모의 일방이 친권을 행사할 수 없을 때에는 다른 일방이 행사하는 것으로 하였다(909조 2항 개정).

⑥ 공동상속인 중에 피상속인으로부터 받은 수증재산이 상속분을 초과한 경우에는 그 초과분을 반환하도록 하였다(1008조 단서 삭제).

⑦ 법정상속분을 조정하였다. 즉, 동순위의 상속인이 수인인 때에는 그 상속분을

균분으로 하고, 다만 재산상속인이 동시에 호주상속을 할 경우에는 그 고유의 상속분의 5할을 가산한다고 개정하여(1009조 1항 개정), 남녀의 상속분을 균분으로 하였다. 또한 피상속인의 처의 상속분을, 직계비속과 공동으로 상속하는 때에는 동일가적 안에 있는 직계비속의 상속분의 5할을 가산하고, 직계존속과 공동으로 상속하는 때에는 직계존속의 상속분의 5할을 가산하도록 하였다 (1009조 3항 개정).

⑧ 유언상속의 경우, 일정한 상속인이 법정상속분의 일정비율인 유류분(遺留分)을 상속받을 수 있도록 하는 유류분제도를 신설하였다(1112조~1118조 신설). 이는 유언절대의 자유를 제한하는 것으로서 피상속인의 상속재산의 형성에 대한 상속인들이 어느 정도 노력한 점과 유가족의 생계보장을 고려한 제도라고 평가할 수 있다.

6. 제6차 개정(1984년 4월 10일)

1984년 4월 10일 제6차 개정(법률 3051호)에서는 재산법의 일부분이 개정되었으며 (1984년 9월 1일 시행), 그 주요한 내용은 다음과 같다.

① 특별실종의 실종기간을 종래 '3년'에서 '1년'으로 단축하고, 특별실종의 모습으로 항공기실종을 추가하였다(27조 2항 개정).

② 구분지상권제도를 신설하였다(289조의2 신설).

③ 전세권자에게 전세금반환에 대한 우선변제권을 인정하였다(303조 1항 개정).

④ 건물전세권에 대해서 최단존속기간 1년과 묵시의 개신(법정갱신)으로 하는 규정을 새롭게 두어 전세건자의 존속보장을 도모하였다(8312조 2항 및 4항 신설).

⑤ 전세권의 당사자 모두에게 전세금증감청구권을 인정하면서 전세권자의 보호를 위하여 증액의 경우에는 대통령령에 의한 제한을 가하도록 하였다(312조의2 신설).

7. 제7차 개정(1990년 1월 13일)

1990년 1월 13일 제7차 개정(법률 4199호)에서는 가족법의 일부분이 개정되었으며 (1991년 1월 1일 시행), 그 주요한 내용은 다음과 같다.

① '자매의 직계비속'을 방계혈족에 포함시키고(768조 개정), 인척(姻戚)의 계원(系源) 중 '혈족의 배우자의 혈족'을 삭제하고(769조 개정), 인척의 촌수계산규정을 간소화하였다(771조 개정).

② 종래 법정모자관계였던 계모자관계와 적모서자관계를 폐지하고 인척관계로 하였다(773조·774조 삭제, 769조).

③ 친족의 범위를 부계혈족과 모계혈족, 부족(夫族) 인척과 처족(妻族) 인척의 구별 없이 "8촌 이내의 혈족, 4촌 이내의 인척, 배우자"로 조정함으로써 가부장적 가족제도에 입각한 친족범위규정을 개선하였다(777조 개정).

④ 호주제도를 개선하였다. 즉, 호주의 가족의 입적에 대한 동의권(784조 1항 개정)·강제분가권(789조 2항 삭제)·가족에 대한 부양의무(797조·974조 2호 삭제)·가족의 거소지정권(798조 삭제)·호주의 사고시 직능대행제도(799조 삭제)를 개선 또는 폐지하였다.

⑤ 가족의 누구에게 속한 것인지 분명하지 아니한 재산을 가족의 공유추정으로 개정하였다(796조 2항 개정).

⑥ 약혼해제사유 중 '폐병'을 삭제하고 그 대신 '불치(不治)의 정신병'을 삽입하였으며(804조 3호 개정), 생사불명기간을 2년에서 1년으로 단축하였다(804조 6호 개정).

⑦ 부부의 동거장소를 부부의 협의에 의하도록 하였으며(826조 2항 개정), 부부의 생활비용을 공동의 부담으로 함으로써(833조 개정) 혼인의 효력에 관한 내용을 부(夫) 중심에서 부부 중심으로 개선하였다.

⑧ 미성년자의 협의상 이혼에 관한 내용을 폐지하고, 금치산자의 협의상 이혼에 관한 내용을 보정하였다(835조 개정).

⑨ 이혼에 관한 내용 중 면접교섭권(837조의2 신설)·재산분할청구권(839조의2 신설)에 관한 규정을 신설하였다.

⑩ 양자제도를 대폭 개선하였다. 즉, 사후양자제도(868조~869조 삭제)·호주의 직계비속장남자의 입양금지(875조 삭제)·서양자제도(876조 삭제)·유언양자제도(880조 삭제) 등을 폐지하여 양자제도를 위가양자(爲家養子 : 가의 승계를 위한 양자)에서 위자양자(爲子養子 : 양자의 복리를 위한 양자)제도로 개선하였다.

⑪ 부모공동친권행사로 그 내용을 개선하였다(909조 개정). 즉, 친권의 행사는 혼인 중의 부모가 공동으로 행사하되 부모의 의견이 일치하지 아니하는 경우에는 가정법원이 이를 정하도록 하고, 미성년자인 자의 친권복종의무규정을 신설하였다. 또한, 혼인 외의 자가 인지된 경우와 부모가 이혼한 경우에도 협의에 의하여 친권을 행사할 자를 정할 수 없는 때에는 당사자의 청구에 의하여 가정법원이 이를 정하도록 하였으며, 양자는 양부모의 친권에 복종한다는 규정을 두었다.

⑫ 후견인에 관한 구정을 개정하였다. 즉, 미성년자와 피한정후견인·금치산자의 후견인의 순위에 있어서 '배우자'와 '호주'를 각각 삭제하고(932조·933조 개정), '기혼여자의 후견인의 순위'에 관한 내용을 '기혼자의 후견인의 순위'로 대체하여 규정하였다(934조 개정).

⑬ 제4순위 상속인의 범위를 '8촌 이내의 방계혈족'을 '4촌 이내의 방계혈족'으로 축소하고(1000조 1항 4호 개정), 기여분(1008조의2 신설)과 특별연고자에 대한 분여청구(1057조의2 신설)를 인정하여 상속제도를 합리적으로 개선하였다.

8. 제8차 개정(1997년 12월 13일)

1997년 12월 13일 제8차 개정(법률 5431호)에서는 부(父)가 외국인인 때에는 모(母)의 성과 본을 따를 수 있고, 모가(母家)에 입적하도록 하였다(781조 1항 단서 신설). 이는 국적법의 개정에 따른 것이다(1998년 6월 14일 시행).

9. 제9차 개정(1997년 12월 13일)

1997년 12월 13일 제9차 개정(법률 5454호)에서는 다른 법률(의료법, 민사소송법 등)의 개변에 따라 민법의 관련 규정을 개정하였다(1998년 1월 1일 시행). 이에 따라 민법의 규정 중 '조산원, 간호원'을 '조산사, 간호사'로, '계리사 및 사법서사'를 '공인회계사 및 법무사'로 개정하였다(163조 2호, 4호, 5호 개정). 또 '경매법'을 '민사소송법'으로 개정하였다(318조 및 1037조 개정).

10. 제10차 개정(2001년 12월 29일)

2001년 12월 29일 제10차 개정(법률 6544호)에서는 "상법의 경우 주식회사 및 유한회사의 이사·감사·청산인에 관하여는 그 선임결의 무효의 소 등을 제기하면서 직무집행정지·직무대행자 선임가처분을 신청할 수 있고, 그 명령이 발령된 때에는 이를 등기하도록 규정하고 있으며, 이사와 청산인의 경우에는 가처분명령에서 정함이나 법원의 허가가 있어야만 통상사무를 벗어난 행위를 할 수 있도록 규정하고 있음에 비하여 민법상 법인 및 권리능력 없는 사단법인에 관하여는 명문의 규정이 없었으므로, 이에 관한 규정을 신설하기 위한 것"이 그 개정이유이며, 이에 따라 법인 부분에 다음의 규정을 새롭게 도입하였다(2002년 7월 1일 시행).

① 이사의 직무집행을 정지하거나 직무대행자를 선임하는 가처분을 하거나 그 가처분을 변경·취소하는 경우에는 주사무소와 분사무소가 있는 곳의 등기소에서 이를 등기하도록 하였다(52조의2 신설).

② 직무대행자는 가처분명령에 다른 정함이 있는 경우와 법원의 허가를 얻은 경우를 제외하고는 법인의 통상사무에 속하지 아니한 행위를 하지 못하도록 하였다(60조의2 신설).

11. 제11차 개정(2002년 1월 14일)

2002년 1월 14일 제11차 개정(법률 6591호)에 의하여 상속편의 일부를 개정하였으며(2002년 1월 14일 시행), 그 주요내용은 다음과 같다.

① 상속회복청구권에 관하여 종래 '그 침해를 안 날로부터 3년, 상속이 개시된 날로부터 10년'으로 규정되어 있던 것을 '그 침해를 안 날로부터 3년, 상속권의 침해행위가 있은 날로부터 10년'으로 개정하였다(999조 2항 개정).

② 상속재산에 대한 승인·포기제도를 개선하였다. 상속인이 상속채무가 그 상속재산을 초과하는 사실을 중대한 과실 없이 알지 못하고 단순승인을 한 경우에는 그 사실을 안 날로부터 3월 안에 한정승인을 할 수 있도록 하였다(1019조 3항 신설).

③ 상속재산에 대한 승인제도의 개선에 따라 한정승인에 관한 경과조치를 두었다(부칙 3조). 즉 1998년 5월 27일부터 이 법 시행일(2002년 1월 14일) 전까지 상속개시가 있음을 안 자 중 상속채무가 상속재산을 초과하는 사실을 중대한 과실 없이 제1019조 제1항의 기간 안에 알지 못하다가 이 법 시행 전에 그

사실을 알고도 한정승인 신고를 하지 아니한 자는 이 법 시행일부터 3월내에 제1019조 제3항의 개정규정에 의한 한정승인을 할 수 있도록 하였다(다만 당해 기간 안에 한정승인을 하지 아니한 경우에는 단순승인을 한 것으로 본다).

12. 제12차 개정(2005년 3월 31일)

2005년 3월 31일 제12차 개정(법률 7427호)을 하였다(2005년 3월 31일 시행). 특히 제12차 민법개정은 "종전 민법의 친족편에 규정되어 있는 호주를 중심으로 가(家)를 구성하는 호주제도는 양성평등이라는 헌법이념과 시대변화에 부합하지 아니하므로 이를 폐지하고, 동성동본금혼제도와 친생부인(親生否認)의 소(訴)의 제척기간을 헌법불합치결정의 취지에 따라 합리적으로 조정하며, 입양제도의 현실을 반영하고 양자의 복리를 증진시키기 위하여 양친과 양자에게 친족관계를 인정하면서 양친(養親)의 성(姓)과 본(本)을 따르게 하는 친양자제도를 도입하려는 것"이라는 개정이유에 나타난 바와 같이 그간 민법제정 이후 계속되어온 호주제도 존폐(存廢) 여부 등 가족법개정논의를 일단락지우는 의미를 지니고 있으며, 그 주요내용은 다음과 같다.

① 호주제도를 폐지하고 가족에 관한 규정을 새롭게 규정하였다. 즉 호주제도는 가족의 공동생활이 호주에 의하여 통솔되므로 부부·친자관계보다는 부(父) 내지 부(夫)를 중심으로 하는 권위주의적인 제도로서, 민법시행 이래 그 폐지가 계속 주장되어왔었다. 특히, 1990년 제7차 민법개정시에도 호주제도의 폐지가 논의된 바 있으나, 그것이 폐지되었을 때에는 법률관계뿐만 아니라 가족관계 등 사회전반에 미치는 영향이 크므로 앞으로 더욱 연구·검토되어야 할 과제라고 판단, 이를 존치시켰었다. 그러나 2005년 3월 31일의 민법개정으로 2008년 1월 1일부터 호주제가 폐지되었다.

② 자녀의 성(姓)과 부성추종(父姓追從) 원칙을 완화하였다. 즉 개정 전 민법에 있어서는, 출생한 자녀는 원칙적으로 부(父)의 성과 본을 따르고 부의 호적에 입적하고, 부로부터 인지(認知)를 받지 못한 경우와 부가 외국인인 경우에는 예외적으로 모(母)의 성과 본을 따르고 모의 호적에 입적하도록 규정하고 있었다(개정 전 민법 제781조 제1항·제2항). 그러나 개정민법은 호주제도가 폐지됨에 따라 출생한 자녀의 성은 부모가 합의하면 부가 외국인인 경우가 아니더

라도 모의 성을 따를 수 있게 되어 부성추종(父姓追從)의 원칙을 완화하였다(781조 1항 개정).

③ 동성동본불혼제도를 폐지하고 근친혼 범위를 조정하였다. 개정 전 민법 제809조 제1항은 "동성동본인 혈족 사이에서는 혼인하지 못한다."고 규정하고 있었으나, 이러한 동성동본금혼규정은 그 연원이나 이유가 타당성을 잃고 있을 뿐만 아니라 현실적으로도 그 불합리성이 드러나고 있어서 오래전부터 그 개정이 논의되어 왔다. 이에 따라 개정민법은 헌법재판소의 헌법불합치결정(헌재 1997. 7. 16. 95헌가6 내지 13)으로 이미 사문화되었고 남녀평등 및 혼인의 자유를 침해할 우려가 있는 동성동본불혼제도를 폐지하고, 이를 근친혼금지제도로 전환하되 근친혼금지의 범위를 합리적으로 조정하였다(809조 개정). 이에 따르면, 동성동본인 혈족 사이에도 혼인할 수 있으나, 일정한 근친 사이에는 혼인하지 못한다. 즉, ① 8촌 이내의 부계혈족과 모계혈족(친양자의 입양 전의 혈족을 포함), ② 6촌 이내의 혈족의 배우자, ③ 배우자의 6촌 이내의 혈족, ④ 배우자의 4촌 이내의 혈족의 배우자인 인척이거나 인척이었던 자, ⑤ 6촌 이내의 양부모계의 혈족이었던 자, ⑥ 4촌 이내의 양부모계의 인척이었던 자 사이에서는 혼인하지 못한다.

④ 여자의 재혼금지기간을 폐지하였다. 즉 개정 전 민법 제811조는 부성추정(父姓推定)의 충돌을 피할 목적으로 "여자는 혼인관계의 종료일로부터 6월을 경과하지 아니하면 혼인하지 못 한다."고 규정하고 있었으며, 이러한 여자의 재혼금지기간규정은 민법제정당시에는 타당한 입법이었다. 그러나 오늘날은 친자관계 감정기법(예컨대 유전자감식기술)의 발달로 말미암아 이 규정을 계속 존치할 합리적 이유가 없게 되었으므로, 개정민법은 위 규정을 삭제하였다.

⑤ 친생부인제도를 개선하였다. 즉 개정 전 민법 제847조는 친생부인(親生否認)의 소(訴)는 부(夫)만이 제기할 수 있었고 제소기간도 '그 출생을 안 날로부터 1년 내'로 제한되어 있었는데, 이는 헌법재판소에 의하여 입법재량의 한계를 넘어 기본권을 침해한 입법으로서 헌법불합치결정(헌재 1997. 3. 27. 95헌가14·96헌가7)이 내려진 바 있다. 이에 따라 개정민법은 친생부인에 있어서 혈연의 진실을 기하도록 하고 남녀(부부)평등에 부합하도록 하기 위하여 부(夫)뿐만이

아니라 처(妻)도 친생부인의 소를 제기할 수 있도록 하였으며, 그 제소기간을 '그 사유가 있음을 안날로부터 2년 내'로 조정하였다(847조 1항 개정). 이 밖에 상대방이 될 자가 사망한 때에는 '그 사망을 안 날로부터 2년 내'에 검사(檢事)를 상대로 하여 소를 제기할 수 있도록 개정하였다(847조 2항 개정).

⑥ 친양자(親養子)제도를 도입하여 입양제도를 개선하였다. 개정 전 민법은 양자녀와 양부모 사이에 양친자(養親子)관계가 성립하더라도 양자와 그 친생부모 사이의 친생자(親生子)관계도 병존하도록 하는 입양제도만을 인정하고 있었다. 그러나 양친과 친생자처럼 더욱 긴밀하게 밀착시켜 양자의 복리를 도모하기 위하여서는 종전의 친족관계를 종료시키고 양친과의 친족관계만을 인정하는 '친양자제도'의 도입이 요청되어 왔다. 이에 따라 개정민법은 제4편 제4장(부모와 자) 제2절(양자)에 관한 제4관 '친양자'를 신설하여 종래의 양자제도를 그대로 유지하면서 15세 미만인 자를 입양하는 경우에 일정한 요건 하에 종전의 친족관계를 종료시키고 양자를 양친의 친생자로 보는 친양자제도를 도입하였다(908조의2 내지 908조의8 신설). 이에 의하면, 이성양자(異姓養子)인 경우이더라도 당연히 양자는 양친의 성과 본을 따르게 된다.

⑦ 친권행사시 자(子)의 복리우선의무규정을 신설하였다. 즉 친권은 가족권 중 특히 가족공동체의 유지·발전을 위한 의무적 색채가 짙은 권리로서의 특질을 가지고 있다. 이에 따라 개정민법은 '친권행사의 기준'에 관하여 "친권을 행사함에 있어서는 자(子)의 복리를 우선적으로 고려하여야 한다."는 규정을 신설하였다(912조 신설).

⑧ 효도상속제를 채택하였다. 즉 개정 전 민법 제1008조의2 제1항은 '기여분'(寄與分)에 관하여 '공동상속인 중에 피상속인의 재산의 유지 또는 증가에 관하여 특별히 기여한 자'가 있을 때에 한하여 상속개시 당시의 피상속인의 재산가액에서 '기여자'(寄與者)의 기여분을 공제한 것을 상속재산으로 보도록 규정하고 있었을 뿐, '피상속인과 동거하면서 부양한 자에 대한 기여분'(이른바, '효도상속분')을 별도로 고려하지 않고 있었다. 그런데, 개정민법은 제1008조의2 제1항을 개정하여 가족관계에 있어서 경로효친의 가치관을 고양하기 위한 한 방편으로 기여분에 "공동상속인 중에 동거·간호 그 밖의 방법으로 피상속인을

특별히 부양하거나 피상속인의 재산의 유지 또는 증가에 관하여 특별히 기여한 자"로 개정하여 효도상속분을 포함시키고 있다(1008조의2 1항 개정).

⑨ 한정승인제도를 개선하였다. 개정 전 민법 제1030조는 '한정승인의 방식'에 관하여 상속재산의 목록을 첨부하도록 하는 규정만을 두고 있었을 뿐, 제1019조 제3항(상속인이 상속채무가 그 상속재산을 초과하는 사실을 중대한 과실 없이 알지 못하고 단순승인(單純承認)한 경우에는 그 사실을 안 날로부터 3월 안에 한정승인(限定承認)을 하는 경우)을 고려한 별도의 구체적 방식을 규정하고 있지 않았다. 그런데, 개정민법은 제1030조에 제2항을 신설하여 제1019조 제3항에 의하여 한정승인을 한 경우에는 "상속재산 중 이미 처분한 재산이 있는 때에는 그 목록과 가액을 함께 제출하여야 한다."는 규정을 둠으로써 한정승인제도를 개선하였다.

13. 제13차 개정(2005년 3월 31일)

2005년 3월 31일 제13차 개정에서는 '채무자회생 및 파산에 관한 법률'의 개정에 따라 민법의 관련 규정(937조 3호, 1098조) 중 '파산자'를 '파산선고를 받은 자'로 개정하였다(2006년 4월 1일 시행).

14. 제14차 개정(2005년 12월 29일)

2005년 12월 29일 민법 부칙에 한정승인에 관한 특례를 두는 제14차 개정(법률 7765호)을 하였다(2005년 12월 29일 시행). 이는 2002년 1월 14일에 신설된 민법 제1019조 제3항, 이른바 특별한정승인제도(단순승인을 하거나 단순승인으로 간주된 후 한정승인을 할 수 있는 제도)는 동법 부칙 제3항에서 그 소급적용의 범위를 "1998년 5월 27일부터 이 법 시행일(2002년 1월 14일) 전까지 상속개시가 있음을 안 자"로 제한하고 있는데, 이러한 부칙 제3항은 1998년 5월 27일 전에 상속개시가 있음을 알았으나 그 이후에 상속채무가 상속재산을 초과하는 사실을 안 자를 포함하는 소급적용에 관한 경과규정을 두지 아니하는 한 헌법에 위반된다는 헌법재판소의 결정(2004. 1. 29. 2002헌가22 등)이 있어 이에 해당하는 자에게도 특별한정승인의 기회를 부여하려는 개정이었다. 이에 따라 부칙 제4항에 "1998년 5월 27일 전에 상속 개시가 있음을 알았으나 상속채무가 상속재산을 초과하는 사실(이하 "상속채무

초과사실"이라 한다)을 중대한 과실 없이 제1019조 제1항의 기간 이내에 알지 못하다가 1998년 5월 27일 이후 상속채무 초과사실을 안 자는 다음 각 호의 구분에 따라 제1019조 제3항의 규정에 의한 한정승인을 할 수 있다. 다만, 각 호의 기간(1. 법률 제7765호 민법 일부개정법률 시행 전에 상속채무 초과사실을 알고도 한정승인을 하지 아니한 자는 개정법률 시행일부터 3월 이내, 2. 개정법률 시행 이후 상속채무 초과사실을 알게 된 자는 그 사실을 안 날부터 3월 이내) 이내에 한정승인을 하지 아니한 경우에는 단순승인을 한 것으로 본다."는 '한정승인에 관한 특례'규정을 신설하였다.

15. 제15차 개정(2007년 5월 17일)

2007년 5월 17일에 의하여 호적법의 폐지에 따른 대체입법으로 가족관계의 등록 등에 관한 법률이 제정됨에 따라서 관련되는 부분을 수정하는 제15차 개정(법률 8435호)을 하였다(2008년 1월 1일 시행). 이는 민법 제12차 개정에 의하여 2008년 1월 1일부터 호주제가 폐지됨에 따라 호적제도를 대체할 새로운 가족관계 등록제도를 마련하기 위한 입법을 민법에 반영하기 위한 것으로서, 이에 따라 민법규정의 표현 중 '본적지를 관할하는 호적관서'를 '등록기준지를 관할하는 가족관계등록관서'로 개정하고(814조 2항), '호적법'을 '가족관계의 등록 등에 관한 법률'로 개정하였다(812조 1항, 836조 1항, 859조 1항, 878조 1항 개정).

16. 제16차 개정(2007년 12월 21일)

2007년 12월 21일 재산법의 일부와 가족법의 상당부분에 걸친 제16차 개정(법률 8720호)을 하였다(2007년 12월 21일 시행. 단 제161조의 개정규정은 공포 후 3개월이 경과한 날부터 시행하고, 제836조의2, 제837조 제2항부터 제6항까지 및 제909조 제4항의 개정규정은 공포 후 6개월이 경과한 날부터 시행). 이는 "헌법상의 양성평등원칙 구현을 위하여 남녀의 약혼연령 및 혼인적령을 일치시키는 한편, 신중하지 못한 이혼을 방지하기 위하여 이혼숙려기간 제도를 도입하고, 이혼 가정 자녀의 양육 환경을 개선하기 위하여 협의이혼시 자녀 양육사항 합의를 의무화하는 등 현행 규정의 운영상 나타난 일부 미비점을 개선·보완하려는 것"이라는 그 개정이유에 나타난 바와 같이 최근의 가족관계의 변화를 수용하고 있으며, 그 주요내용은 다음과 같다.

(1) 재산법 중 법인의 과태료규정과 기간계산 규정을 정비하였다.

① 법인의 벌칙 조항인 제97조에서 "법인의 이사, 감사 또는 청산인은 다음 각 호의 경우에는 500만원 이하의 과태료에 처한다."는 내용 중 '5만환 이하'를 '500만원 이하'로 개정하여 과태료를 현실화하였다(97조 개정).

② 국민의 권리행사 및 의무이행이 용이하도록 기간의 말일이 토요일 또는 공휴일에 해당하는 경우에는 기간은 그 익일로 만료하도록 하였다(161조 개정).

(2) 남녀의 약혼연령 및 혼인적령 규정을 정비하였다. 즉 개정 전 민법은 약혼연령 및 혼인적령에 관하여 남자는 만 18세, 여자는 만 16세로 달리 규정하고 있으나 이는 불합리한 차별로서 남녀평등에 반한다는 비판이 있어 왔다. 이에 따라 개정민법은 약혼연령 및 혼인적령을 남녀 모두 만 18세로 조정하였다(801조, 807조 개정). 이에 따라 앞으로 헌법상의 양성평등 원칙이 구현될 것으로 기대된다.

(3) 이혼숙려기간을 도입하였다. 즉 개정 전 협의이혼제도는 당사자의 이혼의사 합치, 가정법원의 확인, 호적법에 의한 신고 등 간편한 절차만으로도 이혼의 효력이 발생함으로써 혼인의 보호보다는 자유로운 해소에 중점을 두고 있다는 문제점이 지적되어왔다. 이에 따라 개정민법은 협의이혼 당사자는 일정 기간(양육하여야 할 자녀가 있는 경우는 3개월, 양육하여야 할 자녀가 없는 경우는 1개월)이 경과한 후 가정법원으로부터 이혼의사 확인을 받아야만 이혼이 가능하도록 하였다(836조의2항 및 3항 신설). 이에 따라 앞으로 신중하지 아니한 이혼이 방지될 것으로 기대된다.

(4) 협의이혼시 자녀 양육사항 및 친권자 지정의 합의를 의무화하였다. 즉 개정 전 협의이혼제도는 당사자 사이에 자녀 양육사항 및 친권자 지정에 관한 합의 없이도 이혼이 가능함에 따라 이혼 가정 자녀의 양육환경이 침해되는 문제점이 지적되어왔다. 이에 따라 개정민법은 협의이혼하고자 하는 부부에게 양육자의 결정, 양육비용의 부담, 면접교섭권의 행사 여부 및 그 방법 등이 기재된 양육사항과 친권자결정에 관한 협의서 또는 가정법원의 심판정본을 이혼 확인시 의무적으로 제출하도록 하였다(836조의2 4항 신설). 이에 따라 앞으로 이혼 가정 자녀의 양육환경이 향상될 것으로 기대된다.

(5) 자녀의 부모에 대한 면접교섭권을 인정하였다. 즉 개정 전 민법은 부모에게만 면접교섭권을 인정하고 있어 자녀는 면접교섭권의 객체로 인식되는 문제점이 지적되어왔다. 이에 따라 개정민법은 자녀에게도 면접교섭권을 인정하고 있으며(837조의2 1항 개정), 앞으로 유엔아동권리협약상 '아동이익 최우선의 원칙'을 실현함과 아울러 아동의 권리가 강화될 것으로 기대된다.

(6) 재산분할청구권 보전을 위한 사해행위취소권을 신설하였다. 즉 개정 전 민법은 재산분할청구권이 구체적으로 확정되기 전에 재산분할청구권을 피보전권리로 하는 사해행위취소권이 인정되는지 여부에 대하여 다툼이 있어왔다. 이에 따라 개정민법은 부부의 일방이 상대방 배우자의 재산분할청구권 행사를 해함을 알고 사해행위를 한 때에는 상대방 배우자가 그 취소 및 원상회복을 법원에 청구할 수 있도록 재산분할청구권을 보전하기 위한 사해행위취소권을 인정하고 있다(839조의3 신설). 이에 따라 앞으로 재산 명의자가 아닌 배우자의 부부재산에 대한 잠재적 권리 보호가 강화될 것으로 기대된다.

17. 제17차 개정(2009년 5월 8일)

2009년 5월 8일 가족법의 양육비부담조서의 작성제도를 도입하는 제17차 개정(법률 9650호)을 하였다(2009년 6월 9일부터 시행). 이에 따라 민법 제836조의2의 제5항에 "가정법원은 당사자가 협의한 양육비부담에 관한 내용을 확인하는 양육비부담조서를 작성하여야 한다. 이 경우 양육비부담조서의 효력에 대하여는 '가사소송법' 제41조를 준용한다."는 규정을 신설하였다. 이는 이혼시 양육비를 효율적으로 확보하기 위해 양육비의 부담에 대하여 당사자가 협의하여 그 부담내용이 확정된 경우, 가정법원이 그 내용을 확인하는 양육비부담조서를 작성하도록 하려는 것에 그 입법취지가 있다.

18. 제18차 개정(2011년 3월 7일)

2011년 3월 7일 제18차 개정(법률 10429호)을 하였으며, 이는 종래 민법상 제한능력자인 한정치산·금치산제도에 대체하여 성년후견제도를 도입하는 가족법 개정이 중심을 이루고 있다. 특히 제18차 개정은 "기존의 금치산·한정치산 제도를 현재

정신적 제약이 있는 사람은 물론 미래에 정신적 능력이 약해질 상황에 대비하여 후견제도를 이용하려는 사람이 재산 행위뿐만 아니라 치료, 요양 등 복리에 관한 폭넓은 도움을 받을 수 있는 성년후견제로 확대·개편하고, 금치산·한정치산 선고의 청구권자에 후견감독인과 지방자치단체의 장을 추가하여 후견을 내실화하며, 성년후견 등을 요구하는 노인, 장애인 등에 대한 보호를 강화하고, 피성년후견인 등과 거래하는 상대방을 보호하기 위하여 성년후견 등에 관하여 등기로 공시하도록 하는 한편, 청소년의 조숙화에 따라 성년연령을 낮추는 세계적 추세와 '공직선거법' 등의 법령 및 사회·경제적 현실을 반영하여 성년에 이르는 연령을 만 20세에서 만 19세로 낮추려는 것"이 그 개정의 이유이며, 그 주요내용은 다음과 같다(2013년 7월 1일 시행).

① 성년기를 인하하였다(4조 개정). 즉 청소년의 조숙화에 따라 성년연령을 낮추는 세계적 추세와 '공직선거법' 등의 법령 및 사회·경제적 현실을 반영하여 성년에 이르는 연령을 만 20세에서 만 19세로 낮추었다.

② 성년후견·한정후견·특정후견제도를 도입하였다(9조 및 12조 개정, 14조의2 신설). 즉 획일적으로 행위능력을 제한하는 문제점을 내포하고 있는 기존의 금치산·한정치산제도 대신 더욱 능동적이고 적극적인 사회복지시스템인 성년후견·한정후견·특정후견제도를 도입하고 기존 금치산·한정치산 선고의 청구권자에 '후견감독인'과 '지방자치단체의 장'을 추가하여 후견을 내실화하고 성년후견 등을 필요로 하는 노인, 장애인 등에 대한 보호를 강화하였다.

③ 제한능력자의 능력의 범위를 확대하였다(10조 및 13조 개정). 즉 성년후견을 받는 사람의 법률행위 중 일용품의 구입 등 일상생활에 필요한 행위이거나 후견개시의 심판에서 달리 정한 것은 취소할 수 없도록 하고, 한정후견을 받는 사람의 법률행위는 가정법원에서 한정후견인의 동의 사항으로 결정한 것이 아닌 이상 확정적으로 유효한 법률행위로 인정되며, 특정후견을 받는 사람의 법률행위는 어떠한 법적 제약이 따르지 않도록 하였다.

④ 후견을 받는 사람의 복리, 치료행위, 주거의 자유 등에 관한 신상보호 규정을 새롭게 도입하였다(947조 개정, 947조의2 신설). 즉 피후견인의 복리에 대한 후견인의 폭넓은 조력이 가능하도록 하되, 피후견인의 신상에 관한 결정권은

본인에게 있다는 원칙과 후견인의 임무 수행에 있어서 피후견인의 의사 존중 의무를 명시하는 등 피후견인의 복리를 실질적으로 보장할 수 있도록 하였다.

⑤ 복수(複數)·법인(法人) 후견제도를 도입하고, 동의권·대리권의 범위에 대한 개별적으로 결정하도록 하였다(930조 및 938조 개정, 959조의4 및 959조의11 신설). 즉 후견인의 법정순위를 폐지하고, 가정법원이 피후견인의 의사 등을 고려하여 후견인과 그 대리권·동의권의 범위 등을 개별적으로 결정하도록 하며, 복수(複數)·법인(法人) 후견인도 선임할 수 있도록 하였다.

⑥ 후견감독인제도를 새롭게 도입하였다(940조의2 내지 940조의7 신설, 959조의5 및 959조의10 신설). 즉 친족회를 폐지하고 그 대신 가정법원이 사안에 따라 후견감독인을 개별적으로 선임할 수 있도록 함으로써 후견인의 임무 해태, 권한 남용에 대한 실질적인 견제가 가능하도록 하였다.

⑦ 당사자가 후견계약을 맺을 수 있도록 하였다(959조의14 내지 959조의20 신설). 즉 후견을 받으려는 사람이 사무를 처리할 능력이 부족한 상황에 있거나 부족하게 될 상황에 대비하여 재산관리 및 신상보호에 관한 사무의 전부 또는 일부를 자신이 원하는 후견인에게 위탁하는 내용의 계약을 체결할 수 있도록 하는 한편, 후견계약은 공정증서에 의하여 체결하도록 하고, 그 효력발생 시기를 가정법원의 임의후견감독인 선임시로 하는 등 피후견인의 권익을 보호할 수 있는 제도적 장치를 마련하였다.

⑧ 제3자 보호를 위하여 성년후견을 등기를 통하여 공시하도록 하였다(959조의15, 959조의19 및 959조의20 신설). 즉 거래의 안전을 보호하고 피성년후견인과 거래하는 상대방인 제3자를 보호하기 위하여 후견계약 등을 등기하여 공시하도록 하였다.

19. 제19차 개정(2011년 5월 19일)

2011년 5월 19일 제19차 개정(법률 10645호)을 하였으며, 이는 "이혼 등으로 단독 친권자로 정해진 부모의 일방이 사망하거나 친권을 상실하는 등 친권을 행사할 수 없는 경우에 가정법원의 심리를 거쳐 친권자로 정해지지 않았던 부모의 다른 일방을 친권자로 지정하거나 후견이 개시되도록 하고, 입양이 취소되거나 파양된 경우 또는 양부모가 사망한 경우에도 가정법원의 심리를 거쳐 친생부모 또는 그 일방을 친권자로 지정하거나 후견이 개시되도록 하여 부적격의 부 또는 모가 당연히 친권자가 됨으로써 미성년자의 복리에 악영향을 미치는 것을 방지하고, 이혼 등으로 단독 친권자로 정해진 부모의 일방이 유언으로 미성년자의 후견인을 지정한 경우라도 미성년자의 복리를 위하여 필요하다고 인정되면 후견을 종료하고 친권자로 정해지지 않았던 부모의 다른 일방을 친권자로 지정할 수 있게 하여 미성년자의 복리를 증진시키려는 것"이 그 개정의 이유이며, 그 주요내용은 다음과 같다(2013년 7월 1일 시행).

(1) 단독 친권자의 사망, 입양 취소, 파양 또는 양모부의 사망의 경우 가정법원에 의한 미성년자 법정대리인을 선임하도록 하였으며(909조의2 신설), 그 내용은 다음의 5가지로 요약된다.

① 이혼 등으로 단독 친권자로 정해진 부모의 일방이 사망한 경우 생존하는 부 또는 모, 미성년자, 미성년자의 친족이 그 사실을 안 날부터 1개월, 사망한 날부터 6개월 내에 가정법원에 생존하는 부 또는 모를 친권자로 지정할 것을 청구할 수 있도록 하되, 친권자 지정의 청구가 있는 경우라도 미성년자의 복리를 위하여 적절하지 아니하다고 인정하면 가정법원이 직권으로 후견인을 선임하면서 청구를 기각할 수 있도록 하였다.

② 생존하는 부 또는 모, 미성년자, 미성년자의 친족이 친권자 지정의 청구를 하지 아니하는 경우에는 가정법원이 직권으로 또는 미성년자, 미성년자의 친족, 이해관계인, 검사의 청구에 의하여 후견인을 선임할 수 있도록 하되, 이 경우 생존하는 부 또는 모의 의견을 듣도록 하고, 후견인 선임 청구가 있는 경우라도 후견인 선임이 미성년자의 복리를 위하여 적절하지 아니하다고 인정하면 가정법원이 직권으로 생존하는 부 또는 모를 친권자로 지정하면서 후견인 선임 청구를 기각할 수 있도록 하였다.

③ 미성년자에게 법정대리인이 없는 기간이 생기지 않도록 하기 위하여 가정법원이 직권으로 또는 미성년자, 미성년자의 친족, 이해관계인, 검사의 청구에 의하여 미성년자에 대한 친권자 또는 후견인이 정해질 때까지 후견인의 임무를 대행할 사람을 선임할 수 있도록 하였다.

④ 생존하는 부 또는 모를 친권자로 지정하는 것이 미성년자의 복리를 위하여 적절하지 아니하다는 이유로 후견인이 선임된 경우라도 후견인 선임 후 양육환경이나 양육능력의 변경 등으로 생존하는 부 또는 모가 친권을 행사하는 것이 미성년자의 복리를 위하여 필요한 경우에는 가정법원이 생존하는 부 또는 모, 미성년자의 청구에 의하여 후견을 종료하고 생존하는 부 또는 모를 친권자로 지정할 수 있도록 하였다.

⑤ 한편, 입양이 취소되거나 파양된 경우 또는 양부모가 모두 사망한 경우에도 친생부모 또는 그 일방, 미성년자, 미성년자의 친족이 가정법원에 친생부모 또는 그 일방을 친권자로 지정할 것을 청구할 수 있도록 하는 등 단독 친권자가 사망한 경우 미성년자의 법정대리인을 선임하는 절차와 동일한 절차를 거쳐 미성년자의 법정대리인을 선임하도록 하였다.

(2) 친권자 지정의 기준을 강화하였다(912조 2항 신설). 즉 가정법원이 친권자를 지정할 때에는 자(子)의 복리를 우선적으로 고려하도록 하고, 이를 위해 관련 분야의 전문가 등으로부터 자문을 받을 수 있도록 하였다.

(3) 단독 친권자에게 친권 상실, 소재불명 등 친권을 행사할 수 없는 중대한 사유가 있는 경우, 가정법원에 의하여 미성년자 법정대리인을 선임할 수 있도록 하였다(927조의2 신설). 즉 이혼 등으로 단독 친권자로 정해진 부 또는 모가 친권을 상실하거나 소재불명이 되는 등 친권을 행사할 수 없는 중대한 사유가 있는 경우에는 단독 친권자가 사망한 경우 미성년자의 법정대리인을 선임하는 절차를 준용하여 미성년자의 법정대리인을 선임하도록 하되, 미성년자의 법정대리인이 정해진 후 단독 친권자이었던 부 또는 모가 친권을 회복하거나 소재가 발견되는 등 친권을 행사할 수 있게 된 경우에는 그 부 또는 모, 미성년자, 미성년자의 친족의 청구에 의하여 친권자를 새로 정할 수 있도록 하였다.

(4) 단독 친권자가 유언으로 미성년자의 후견인을 지정한 경우, 가정법원에 의한 친권자의 지정이 가능하도록 하였다(931조 2항 신설). 즉 단독 친권자가 유언으로 지정한 미성년자의 후견인이 선임된 경우라도 가정법원이 미성년자의 복리를 위하여 필요하다고 인정하면 생존하는 부 또는 모, 미성년자의

청구에 의하여 후견을 종료하고 생존하는 부 또는 모를 친권자로 지정할 수 있도록 하였다.

20. 제20차 개정(2012년 2월 10일)

2012년 2월 10일 제20차 개정(법률 11300호)을 하였으며, 이는 "현재 미성년자의 입양(入養)과 파양(罷養)은 시·읍·면의 장에 대한 신고만으로 가능하기 때문에 아동학대의 습벽이 있는 사람 등도 손쉽게 입양을 할 수 있고 그 결과 미성년자의 복리에 악영향을 끼치는 사례가 자주 발생하고 있으므로, 이를 방지하기 위하여 미성년자를 입양할 때에는 가정법원의 허가를 받도록 하고, 미성년자에 대한 파양은 재판으로만 할 수 있도록 하며, 부모의 소재를 알 수 없는 등의 경우에는 부모의 동의 없이도 입양이 가능하게 하는 등 입양제도를 개선하고, 친양자 입양 가능 연령을 현행 15세 미만에서 미성년자로 현실에 맞게 완화하는 한편, 중혼에 대한 취소청구권자에 직계비속을 추가하는 등 현행 제도의 운영상 나타난 미비점을 개선·보완하려는 것"이 그 개정의 이유이며, 그 주요내용은 다음과 같다(2013년 7월 1일 시행).

(1) 미성년자 입양에 대한 가정법원의 허가제 등을 도입하였으며(867조 신설 및 898조 개정), 그 내용은 다음의 3가지로 요약된다.

① 양부모(養父母)가 보험금을 수령할 목적으로 입양한 영아를 살해하거나 입양한 아동을 성폭행하는 등의 범죄가 연이어 발생하는 등 부적격자에 의한 입양이 심각한 사회문제가 되고 있다.

② 위 문제를 법적으로 해결하기 위하여 미성년자를 입양할 때에는 가정법원의 허가를 받도록 하고, 가정법원이 입양을 허가할 때에는 양부모가 될 사람의 양육능력, 입양의 동기 등을 심사하여 허가 여부를 결정하도록 하는 한편, 미성년자는 재판으로만 파양할 수 있도록 입양절차를 개선하였다.

③ 입양과 파양에 국가기관이 후견적으로 개입할 수 있게 됨으로써 양자가 될 미성년자와 양자인 미성년자의 복리가 위태롭게 되는 것을 방지하는데 도움이 될 것으로 기대된다.

(2) 부모의 동의 없이 양자가 될 수 있는 방안을 마련하였다(870조, 871조 및

908조의2 2항 개정). 즉 종래는 부모의 동의를 받아야만 양자가 될 수 있는데, 부모의 소재를 알 수 없는 경우에는 동의를 받을 수 없는 문제가 있고 최근에는 부모가 입양 동의를 조건으로 금전적 대가를 요구하는 사례가 있어 문제가 되고 있었다. 이에 따라 부모의 소재를 알 수 없는 등의 사유로 부모의 동의를 받을 수 없는 경우에는 그 동의가 없어도 가정법원이 입양을 허가할 수 있도록 하고, 부모가 3년 이상 자녀에 대한 부양의무를 이행하지 아니한 경우 등에는 부모가 동의를 거부하더라도 가정법원이 입양을 허가할 수 있도록 제도를 개선하였다.

(3) 친양자 입양 가능 연령을 완화하였으며(908조의2 1항 2호 개정), 그 내용은 다음의 3가지로 요약된다.

① 종래 친양자가 될 사람은 15세 미만이어야 하나, 오랜 공동생활을 통해 계부모와 계자녀 사이에 사실상의 친자관계가 형성된 재혼 가정의 경우 연령 제한으로 인하여 친양자 입양을 하지 못하는 사례가 있었다.

② 위 문제를 법적으로 해결하기 위하여 친양자 입양의 연령 제한을 완화하여 친양자가 될 사람이 미성년자이면 친양자 입양을 할 수 있도록 하였다.

③ 재혼 가정의 현실에 맞도록 친양자 입양 요건을 개선함으로써 재혼 가정의 화합을 촉진하고 자녀들의 복리를 증진시키는 데 도움이 될 것으로 기대된다.

21. 제21차 개정(2013년 4월 5일)

2013년 4월 5일 제21차 개정(법률 11728호)을 하였다(2013년 7월 1일 시행). 종래 개정전 민법에서는 유실물에 대하여 공고 후 1년 내에 소유자가 권리를 주장하지 않으면 습득자가 소유권을 가진다고 규정하고 있었으나, 이는 20년 전 최초로 유실물 규정이 제정된 때와는 달리 현재는 교통·통신망의 발달로 유실물이 소유자에게 반환되는 기간이 짧아지고 있으며, 유실물 중 고가의 전자기기 등은 시간이 지날수록 가치가 하락하므로 습득자의 권리를 보다 빨리 인정할 필요가 있는 점을 고려하여 유실물의 소유권이 습득자에게 귀속되는 기간을 1년에서 6개월로 단축하려는 것에 개정의 이유가 있다. 이에 따라 제21차 민법개정은, 유실습득에 관한 개정전 민법 제253조(유실물의 소유권취득)의 "유실물은 법률에 정한 바에 의하여 공고한 후 6개월 내에 그 소유자가 권리를 주장하지 아니하면 습득자가 그 소유권을 취득한다."의 규정내용 중 '1년 내에'가 '6개월 내에'로 개정하였다.

22. 제22차 개정(2014년 10월 15일)

2014년 10월 15일 제22차 개정(법률 12777호)을 하였다(2015년 10월 15일 시행). 특히 제22차 민법개정은 "현재는 부모의 학대나 개인적 신념 등으로 자녀의 생명·신체 등에 위해가 발생하는 경우에도 자녀의 보호를 위하여 친권의 상실 선고 외에는 활용할 수 있는 제도가 없으나, 친권을 일정한 기간 동안 제한하거나 친권의 일부만을 제한하는 제도 등을 마련함으로써 앞으로는 구체적인 사안별로 자녀의 생명 등을 보호하기 위하여 필요 최소한도의 친권 제한 조치가 가능하도록 하려는 것"이라는 개정이유에 나타난 바와 같이 친권에 대한 일시 정지와 일부 제한 제도의 도입이 그 중심이며, 그 주요내용은 다음과 같다.

(1) 친권자의 동의를 갈음하는 법원의 재판제도의 도입(922조의2 신설)

① 가정법원은 친권자의 동의가 필요한 행위에 대하여 친권자가 정당한 이유 없이 동의하지 아니하여 자녀의 생명·신체 등에 중대한 손해가 발생할 위험이 있는 경우에는 자녀 또는 검사 등의 청구에 의하여 친권자의 동의를 갈음하는 재판을 할 수 있도록 개선하였다.

② 위에 따라 일정한 행위에 대한 친권자의 동의를 갈음하는 재판 제도를 도입함으로써 부모의 친권이 유지되도록 하면서도 자녀의 생명 등을 보호하기 위한 조치가 가능하여 질 것으로 기대된다.

(2) 친권의 일시 정지제도의 도입(924조 개정)

① 가정법원은 부모가 친권을 남용하여 자녀의 복리를 현저히 해치거나 해칠 우려가 있는 경우에는 자녀 또는 검사 등의 청구에 의하여 2년의 범위에서 친권의 일시 정지를 선고할 수 있도록 개선하였다.

② 위에 따라 친권을 일정한 기간 동안 일시적으로 제한하는 제도를 도입함으로써 친권 제한 사유가 단기간 내에 소멸할 개연성이 있는 경우에 자녀의 생명 등을 보호하기 위한 필요 최소한도의 친권 제한 조치로 친권을 일시 정지시키는 것이 가능하여 질 것으로 기대된다.

(3) 친권의 일부 제한제도의 도입(924조의2 신설)

① 가정법원은 거소의 지정이나 징계, 그 밖의 신상에 관한 결정 등 특정한 사항에 관하여 친권자가 친권을 행사하는 것이 곤란하거나 부적당한 사유가 있어 자녀의 복리를 해치거나 해칠 우려가 있는 경우에는 자녀 또는 검사 등의 청구에 의하여 구체적인 범위를 정하여 친권의 제한을 선고할 수 있도록 개선하였다.

② 위에 따라 특정한 사항에 관한 친권의 일부 제한제도를 마련함으로써 친권자의 동의를 갈음하는 재판 제도로는 해결할 수 없는 사안이지만 친권을 전부 상실시킬 필요가 없는 경우에 자녀의 생명 등을 보호하기 위한 필요 최소한도의 친권 제한 조치로 친권 중 일부를 제한하는 것이 가능하여 질 것으로 기대된다.

23. 제23차 개정(2014년 12월 30일)

2014년 12월 30일 제23차 개정(법률 12881호)을 하였다(2015년 10월 15일 시행). 제23차 민법개정은 종래 민법의 여러 조문에 '가름'이라는 단어가 사용되었으나, 이는 '대체', '대신'이라는 의미로, 어문규범상 '갈음'이라고 써야 하는 잘못된 표현이었다. 이에 따라 위 개정에 의하여 국민의 언어생활과 한글 맞춤법에 맞도록 민법의 각 규정(339조, 389조 2항, 395조, 466조, 606조, 607조, 657조 2항, 667조 2항, 682조 1항, 688조 2항, 756조 2항, 759조 2항, 764조, 1001조, 1010조 1항) 중 법문상의 '가름'이라는 단어를 '갈음'으로 바로잡는 개정을 하였다.

24. 제24차 개정(2015년 2월 3일)

2015년 2월 3일 제24차 개정(법률 13124호)을 하였다(2015년 7월 1일 시행). 제24차 민법개정은 '가족관계의 등록 등에 관한 법률'의 개정에 따라 민법의 관련 규정(814조 1항)인 '등록기준지를 관할하는 가족관계등록관서'를 '재외국민 가족관계등록사무소'로 개정하였다.

25. 제25차 개정(2015년 2월 3일)

2015년 2월 3일 제25차 개정(법률 13125호)을 하였다(2016년 2월 4일 시행). 제24차 민법개정은 "보증에 관한 현행 규정만으로는 보증인의 보호에 불충분하고, '보증인 보호를 위한 특별법'은 그 적용 범위가 아무런 대가 없이 호의(好意)로 이루어지는 보증으로 제한되어 있으므로 일반 보증인을 보호하기 위하여 보증 방식 및 근보증(根保證)에 관한 규정 등을 마련하는 한편, 생활 속에 대중화·보편화되어 계속적으로 증가하는 추세인 여행과 관련하여 여러 가지 법적 문제가 발생하고 있으나 현재 이를 직접 규율하는 법령이 없어 여행자 보호에 취약한 부분이 있으므로 이를 보완하기 위하여 여행계약의 의의, 해제·해지, 담보책임에 관한 사항을 정하는 등 여행계약에 관한 기본적인 사항을 규정하려는 것"에 개정이유가 있다.

그 주요내용은 다음과 같다.

(1) 보증제도의 개선과 근보증제도의 도입(428조의2 및 428조의3 신설)

① 민법 제428조의2(보증의 방식)를 신설하여, 보증은 그 의사가 보증인의 기명날인 또는 서명이 있는 서면으로 표시되어야 효력이 발생하되, 다만 보증의 의사가 전자적 형태로 표시된 경우에는 효력이 없도록 하였다. 또 보증채무를 보증인에게 불리하게 변경하는 경우에도 위의 규정과 같도록 하였다. 이 경우, 보증인이 보증채무를 이행한 경우에는 그 한도에서 위에 따른 방식의 하자를 이유로 보증의 무효를 주장할 수 없다.

② 민법 제428조의3(근보증)을 신설하여, 보증은 불확정한 다수의 채무에 대해서도 할 수 있도록 하였고(이 경우 보증하는 채무의 최고액을 서면으로 특정하여야 함), 위 경우 채무의 최고액을 제428조의2에 따른 서면으로 특정하지 아니한 보증계약은 효력이 없다.

③ 민법 제436조의2(채권자의 정보제공의무와 통지의무 등)를 신설하여, 채권자는 보증계약을 체결할 때와 갱신할 때 보증계약의 체결 여부 또는 그 내용에 영향을 미칠 수 있는 주채무자의 채무 관련 신용정보를 보유하고 있거나 알고 있는 경우에는 보증인에게 그 정보를 알려야 한다. 또한 채권자는 보증계약을 체결한 후에 일정한 사유가 있는 경우(1. 주채무자가 원본, 이자, 위약금, 손해배상 또는 그 밖에 주채무에 종속한 채무를 3개월 이상 이행하지 아니하는 경우, 2. 주채무자가 이행기에 이행할 수 없음을 미리 안 경우, 3. 주채무자의 채무 관련 신용정보에 중대한 변화가 생겼음을 알게 된 경우)에는 지체 없이 보증인에게

그 사실을 알려야 한다. 또 채권자는 보증인의 청구가 있으면 주채무의 내용 및 그 이행 여부를 알려야 하고, 채권자가 위의 규정에 따른 의무를 위반하여 보증인에게 손해를 입힌 경우에는 법원은 그 내용과 정도 등을 고려하여 보증채무를 감경하거나 면제할 수 있다.

(2) 전형계약으로 여행계약을 도입(674조의2-674조의9 신설)

① 민법 제3편 제2장에 제9절의 2(674조의2-674조의9)를 신설하여 여행계약을 전형계약으로 새로이 도입하였다. 이에 따라 제674조의2(여행계약의 의의)를 신설하였으며, 이에 의하면 여행계약은 당사자 한쪽이 상대방에게 운송, 숙박, 관광 또는 그 밖의 여행 관련 용역을 결합하여 제공하기로 약정하고 상대방이 그 대금을 지급하기로 약정함으로써 효력이 생긴다.

② 민법 제674조의3(여행 개시 전의 계약 해제)을 신설하였으며, 이에 의하면 여행자는 여행을 시작하기 전에는 언제든지 계약을 해제할 수 있다. 다만, 여행자는 상대방에게 발생한 손해를 배상하여야 한다.

③ 민법 제674조의4(부득이한 사유로 인한 계약 해지)를 신설하였으며, 이에 의하면 부득이한 사유가 있는 경우에는 각 당사자는 계약을 해지할 수 있다(다만, 그 사유가 당사자 한쪽의 과실로 인하여 생긴 경우에는 상대방에게 손해를 배상하여야 한다). 위에 따라 계약이 해지된 경우에도 계약상 귀환운송(歸還運送) 의무가 있는 여행주최자는 여행자를 귀환운송할 의무가 있으며, 위의 해지로 인하여 발생하는 추가비용은 그 해지 사유가 어느 당사자의 사정에 속하는 경우에는 그 당사자가 부담하고, 누구의 사정에도 속하지 아니하는 경우에는 각 당사자가 절반씩 부담한다.

④ 민법 제674조의5(대금의 지급시기)를 신설하였으며, 이에 의하면 여행자는 약정한 시기에 대금을 지급하여야 하며, 그 시기의 약정이 없으면 관습에 따르고, 관습이 없으면 여행의 종료 후 지체 없이 지급하여야 한다.

⑤ 민법 제674조의6(여행주최자의 담보책임)을 신설하였으며, 이에 의하면 여행에 하자가 있는 경우에는 여행자는 여행주최자에게 하자의 시정 또는 대금의 감액을 청구할 수 있다. 다만, 그 시정에 지나치게 많은 비용이 들거나 그 밖에 시정을 합리적으로 기대할 수 없는 경우에는 시정을 청구할 수

없다. 위의 시정 청구는 상당한 기간을 정하여 하여야 하며(다만, 즉시 시정할 필요가 있는 경우에는 그러하지 아니하다), 여행자는 시정청구, 감액청구에 갈음하여 손해배상을 청구하거나 시정청구, 감액청구와 함께 손해배상을 청구할 수 있다.

⑥ 민법 제674조의7(여행주최자의 담보책임과 여행자의 해지권)을 신설하였으며, 이에 의하면 여행자는 여행에 중대한 하자가 있는 경우에 그 시정이 이루어지지 아니하거나 계약의 내용에 따른 이행을 기대할 수 없는 경우에는 계약을 해지할 수 있다. 여기서 계약이 해지된 경우에는 여행주최자는 대금청구권을 상실하며, 다만 여행자가 실행된 여행으로 이익을 얻은 경우에는 그 이익을 여행주최자에게 상환하여야 한다. 위 경우 여행주최자는 계약의 해지로 인하여 필요하게 된 조치를 할 의무를 지며, 계약상 귀환운송 의무가 있으면 여행자를 귀환운송하여야 한다. 이 경우 상당한 이유가 있는 때에는 여행주최자는 여행자에게 그 비용의 일부를 청구할 수 있다.

⑦ 민법 제674조의8(담보책임의 존속기간)을 를 신설하였으며, 이에 의하면 위의 규정(674조의6과 674조의7)에 따른 권리는 여행 기간 중에도 행사할 수 있으며, 계약에서 정한 여행 종료일부터 6개월 내에 행사하여야 한다.

⑧ 민법 제674조의9(강행규정)를 신설하였으며, 이에 의하면 위의 규정(674조의3, 674조의4 또는 674조의6부터 674조의8까지)을 위반하는 약정으로서 여행자에게 불리한 것은 효력이 없다.

26. 제26차 개정(2016년 1월 6일)

2016년 1월 6일 제26차 개정(법률 제13710호)을 하였다(2016년 1월 6일 시행). 제26차 개정에 의하여 민법 제651조(임대차존속기간)가 삭제되었다. 위 개정은 견고한 건물 등의 소유 또는 식목(植木) 등을 목적으로 하는 토지임대차를 제외한 모든 임대차의 존속기간은 20년을 넘지 못한다고 규정한 제651조 제1항은 그 입법취지가 불분명하고 계약의 자유를 침해하므로 헌법에 위반된다는 헌법재판소의 결정(헌재 2013. 12. 26. 2011헌바234)을 반영하여 임대차 존속기간에 제한을 둔 관련 규정을 폐지하는 한편, 제651조 제2항은 임대차 존속기간의 갱신 및 갱신기간의 상한을 규정한 것으로서 임대차 존속기간의 제한을 폐지하는 경우에는 별도로 존치할 필요가 없으므로, 제651조 전부를 삭제하였다. 위 개정의 입법취지는 자율적 거래관계의 형성이 촉진되도록 하고 국민의 자유로운 재산권 행사를 충실히 보장하려는 것이다.

27. 제27차 개정(2016년 12월 2일)

2016년 12월 2일 제27차 개정(법률 14278호)을 하였다(2017년 6월 3일 시행). 제27차 개정에 의하여 민법 제839조의 2가 개정되어 '조부모의 면접교섭권'이 도입되었다. 이는 개정 전 규정이 부부가 이혼하는 경우 자녀를 직접 양육하지 아니하는 부모 일방과 자녀의 상호 면접교섭권을 인정하고 있었으나, 자녀를 직접 양육하지 아니하는 부모 일방이 사망하거나 자녀를 직접 양육하지 아니하는 부모 일방이 중환자실 입원, 군복무, 교도수 수감 등 피치 못할 사정으로 면접교섭권을 행사할 수 없는 경우에는 자녀가 오로지 친가나 외가 중 한쪽 집안과 교류하게 되어 양쪽 집안간의 균형 있는 유대를 상실하는 경우가 많이 발생했다. 이에 따라 이는 자녀의 심리적 안정과 건전한 성장에도 부정적인 영향을 미치게 될 것이므로, 위 경우에는 조부모의 면접교섭권을 인정하여 최소한의 교류를 이어나갈 수 있게 할 필요가 문제로 제기되었다. 그러나 위 개정에 의하여, 자녀를 직접 양육하지 아니하는 부모 일방이 사망하거나 자녀를 직접 양육하지 아니하는 부모 일방이 피치 못할 사정으로 면접교섭권을 행사할 수 없을 때 그 부모의 직계존속이 가정법원의 허가를 받아 손자녀와 면접교섭이 가능하도록 개선되었다.

28. 제28차 개정(2016년 12월 20일)

2016년 12월 20일 제28차 개정(법률 제14409호)을 하였다(2016년 12월 20일 시행). 제28차 개정에 의하여 민법 제937조(후견인의 결격사유)와 관련해서 종래 없던 제8호에 "피후견인을 상대로 소송을 하였거나 하고 있는 사람"을 신설하고 제9호를 "제8호에서 정한 사람의 배우자와 직계혈족. 다만, 피후견인의 직계비속은 제외한다."로 개정하였다. 이는 개정전 민법 제937조제8호가 "피후견인을 상대로 소송을 하였거나 하고 있는 자 또는 그 배우자와 직계혈족"으로 후견인의 결격사유로 규정하고 있었던 것에 대해서, 피후견인의 배우자가 피후견인을 상대로 이혼 청구 소송 등을 하였거나 하고 있다는 이유만으로 피후견인의 직계비속은 후견인이 될 수 없게 되어 사안에 따라 구체적 타당성에 맞지 아니하는 측면이 문제로 제기되었던 것을 개정 민법에 반영한 것이다. 이에 따라 피후견인의 직계비속은 그 직계혈족이 피후견인을 상대로 소송을 하였거나 하고 있더라도 후견인 결격사유에 해당되지 않도록 개선되었다.

29. 제29차 개정(2017년 10월 31일)

2017년 10월 31일 제29차 개정을 하였다(2018년 2월 1일 시행). 제29차 개정에 의하여 친생부인의 허가 청구제도와 인지의 허가 청구제도가 각각 도입되었다(854조의 2 및 855조의 2 신설). 이는 개정전 민법 제844조 제2항 중 "혼인관계종료의 날부터 300일 이내에 출생한 자는 혼인 중에 포태(胞胎)한 것으로 추정"하는 부분에 대하여 헌법재판소의 헌법불합치결정(헌재 2015. 4. 30. 2013헌마623)의 취지를 반영하기 위한 개정이다. 이에 따라 혼인관계가 종료된 날부터 300일 이내에 출생한 자녀에 대하여 어머니와 어머니의 전(前) 남편은 친생부인의 허가 청구를, 생부(生父)는 인지의 허가 청구를 할 수 있도록 하여 친생부인(親生否認)의 소(訴)보다 간이한 방법으로 친생추정을 배제할 수 있도록 개선되었다.

Ⅲ. 민법의 구성

1. 근대 민법전의 구성

근대 민법전의 구성에는 민법을 '사람에 관한 법'(인사편)·'물건에 관한 법'(재산편)·'소권에 관한 법'(소송편)으로 대별하는 로마식 편별법(Institutionensystem)과 총칙·물권·채권·친족·상속의 5편으로 나누는 독일식 편별법(Pandektensystem)의 둘이 있다.

2. 우리 민법전의 구성과 내용

위 구성방식 중 우리 민법전은 독일식 편별법에 따라 제1편 총칙·제2편 물권·제3편 채권·제4편 친족·제5편 상속으로 되어 있다.

민법의 5개편 중 제2편 물권과 제3편 채권은 재산권의 2대 지주(支柱)로서 이른바 '재산법'이라고 하고, 제4편 친족과 제5편 상속은 가족관계를 전제로 한 것으로서, 이른바 '가족법'이라고 한다(다만 제5편 상속법에 대해서는 호주제도 자체가 폐지되어 상속법은 재산에 대한 상속만을 규율하는 것으로서 그 본질이 재산법으로 이해하여야 한다는 견해가 유력하게 주장되고 있다).

(1) 총칙(제1편)

민법 제1편 총칙은 제1장 통칙(1조~2조), 제2장 인(3조~31조), 제3장 법인(31조~97조), 제4장 물건(98조~102조), 제5장 법률행위(103조~154조), 제6장 기간(155조~161조), 제7장 소멸시효(162조~184조) 등 7개장으로 구성되어 있다.

(2) 물권(제2편)

민법 제2편(185조~372조)은 각종의 물건(재화)에 대한 사람의 지배관계를 규율하는 물권법의 중심을 이루는 형식적 물권법으로서 크게 9개장으로 구성되어 있다. 제2편은 모든 물권에 공통적으로 적용되는 것을 규율하는 제1장 총칙과 사람의 물건에 대한 지배권인 개개의 물권을 다루는 제2장 내지 제9장의 '각칙'으로 나누어볼 수 있다. 또한 제1장 총칙에서는 물권의 종류와 물권법정주의(185조), 부동산 물권변동(186조, 187조), 동산물권변동(현실의 인도·간이인도·점유개정·목적물반환청구권의 양도 : 188조～190조), 물권의 소멸(혼동 : 191조)을 규정하고 있다. 또 물권법의 각칙에서는 제2장 점유권(192조～210조), 제3장 소유권(211조～278조)과 타인 소유물에 대한 사용·수익하는 것을 그 내용으로 하는 용익물권에 대하여 제4장 지상권(279조～290조), 제5장 지역권(291조～302조), 제6장 전세권(279조～319조)을 각각 규정하고 있다. 위에 이어서 채권자가 담보를 위하여 타인 소유물에 대한 처분권능을 지배하는 것을 그 내용으로 하는 담보물권에 대하여 제7장 유치권(320조～328조), 제8장

질권(329조～355조), 제9장 저당권(356조～372조)에 대하여 각각 규정하고 있다.

(3) 채권(제3편)

민법 제3편(373조~766조)은 특정인 사이의의 채권채무관계를 규율하는 사법인 채권법의 중심을 이루는 형식적 채권법으로서 크게 5개장으로 구성되어 있다. 이 중 채권의 발생원인에 관한 것을 다루는 제2장 내지 제5장을 강학상 채권각론(채권각칙)이라 하고 그 밖의 것을 다루는 제1장을 채권총론(채권총칙)이라고 한다. 이 중 제1장 채권의 총칙(373조~526조)은 채권의 목적·효력·소멸 및 다수당사자의 채권관계·채권양도와 채무인수를 다룬다. 또한 제3편의 제2장은 당사자의 약정에 의하여 채권이 발생되는 계약(527조~733조)을 규정하고 있고 제3장 내지 제5장에서 법률의 규정에 의하여 채권이 발생되는 사무관리(734조~740조), 부당이득(741조~749조), 불법행위(750조~766조)에 대하여 각각 규정하고 있다. 특히 이 중 제2장 계약은 채권발생을 목적으로 하는 서로 대립하는 2인 이상의 당사자의 의사표시의 합의에 의하여 성립하는 법률행위로서, 모든 계약에 공통적으로 적용되는 것을 규율하는 제1절 총칙과 당사자 사이에 체결되는 개개의 계약(각칙)에 대하여 제2절 내지 제15절에서 증여, 매매, 교환, 소비대차, 사용대차, 임대차, 고용, 도급, 여행계약, 현상광고, 위임, 임치, 조합, 종신정기금, 화해(이른바 15종의 전형계약)에 대하여 각각 규정하고 있다.

(4) 친족(제4편)

민법 제4편(767조~995조)은 혈연적 집단 상호 간의 생활관계인 친족관계를 규율하는 사법인 친족법에 대하여 규정하고 있다. 제4편은 종래 총칙, 가족의 범위와 자의 성과 본, 혼인, 부모와 자, 후견, 친족회, 부양, 호주승계 등 8개장으로 나누어져 있었으나, 제8장 호주승계(980조~996조)는 2005년 3월 31일 민법 제12차 개정에 의하여 호주제도가 폐지됨에 따라 2008년 1월 1일부터 삭제되었고, 제6장 친족회(960조~973조)는 2011년 3월 7일 민법 제18차 개정에 의하여 친족회제도가 폐지됨에 따라 2013년 7월 1일부터 삭제됨에 따라 제4편은 실제 6개장으로 나누어져 있다(친족회가 폐지되고 그 대신 가정법원이 사안에 따라 후견감독인을 개별적으로 선임할 수 있도록 함으로써 후견인의 임무 해태, 권한 남용에 대한 실질적인 견제를 담당한다).

이 중 제1장 총칙(767조~777조)에서는 친족이 누구인가를 밝히기 위한 친족과 혈족·인척의 정의, 촌수의 계산, 친족의 범위 등을 규정하고 있고, 제2장 가족의 범위와 자의 성과 본{(779조, 781조 : 제4편 제2장은 종래 '호주와 가족'이라는 명칭으로 구성(787조~799조)되어 있었으나 호주제도의 폐지에 따라 대부분의 규정이 삭제되고 2개의 조문만으로 구성되어 있음)}에서는 가족의 범위와 자녀가 아버지의 성을 따르도록 하는 부성주의(父姓主義)의 원칙과 예외에 대하여 규정하고 있다. 또한 제3장 혼인(780조~843조)에서는 친족 및 가족관계가 비롯되는 혼인제도에 대하여 약혼, 혼인, 이혼 각각에 따른 성립, 효력, 소멸 등에 대하여 규정하고 있고, 제4장 부모와 자(844조~927조)에서는 부모와 자녀 사이인 친자관계를 발생시키는 모습으로 친생자와 법정친자인 양자를 규율하고, 그들 사이의 효력인 친권 등에 대하여 규정하고 있다. 또한 제5장 후견(928조~927조)에서는 미성년후견과 성년후견, 한정후견과 특정후견으로 나누어 후견인의 결정, 후견감독인, 후견인의 임무, 후견의 종료 등에 대한 것과 후견계약을 규정하고 있으며, 특히 최근의 민법개정을 통하여 그 내용에 많은 변화를 보이고 있다. 이 밖에 제8장 부양(974조~979조)에서는 친족 중 경제능력 있는 구성원이 없는 구성원을 어떻게 돌볼 것인가에 대하여 부양의무자의 범위, 부양의 순위, 부양의 정도와 방법, 부양관계의 변경 또는 취소 등에 대하여 규정하고 있다.

(5) 상속(제5편)

민법 제5편(997조~1118조)은 가족구성원의 사망에 따른 재산의 승계관계인 상속관계를 규율하는 사법인 상속법에 대하여 규정하고 있으며, 상속(일반), 유언, 유류분 등 3개장으로 구성되어 있다. 이 중 제1장 상속(997조~1059조)에서는 상속개시의 원인 및 장소, 상속순위, 상속회복청구권 등의 총칙 규정과 상속인, 상속분 등 상속의 효력, 상속의 승인 및 포기, 재산의 분리, 상속인의 부존재 등에 대하여 규정하고 있다. 또한 제2장 유언(1060조~1111조)에서는 장차 사망할 자인 유언자가 자기의 사망과 동시에 일정한 법률효과를 발생시키고자 하는 일방적 행위인 유언의 요식성 및 유언적령, 유언능력 등의 총칙 규정과 유언의 방식, 유언의 효력, 유언의 집행, 유언의 철회 등에 대하여 규정하고 있다. 이 밖에 제3장 유류분(1112조~1118조)에서는 상속인이 피상속인이 상속재산 중 법정상속분의 일정비율을 상속받도록 하는 유류분(遺留分)의 권리자와 유류분, 유류분의 산정과 보전, 유류분권의 소멸시효 등에 대하여 규정하고 있다.

3. 민법총칙의 구성과 성격

민법전 중 제1편 총칙은 겉으로 보기에 제2편 내지 제5편의 민사에 관한 각칙에 대한 일반원칙을 규정하고 모습을 띠고 있다. 이에 따라 민법총칙의 규정이 각칙인 제2편과 제3편의 재산법(물권법, 채권법)과 제4편과 제5편의 가족법(친족법, 상속법) 모두에 적용되는가에 대하여 검토할 필요가 있게 된다.

(1) 통 칙

7개장으로 구성되어 있는 총칙의 규정 중 제1장 통칙(1조~2조)은 실질적 민법을 이루는 법원의 종류와 그 효력순위를 규정하는 제1조와 권리행사의 제한원리인 신의성실의 원칙과 권리남용금지의 원칙을 규정하는 제2조로 구성되어 있으며, 이들 내용은 재산법과 가족법 모두에 적용되는 총칙 규정이다.

(2) 권리의 주체

제2장 제2장 인(3조~30조)과 제3장 법인(31조~97조)은 민사관계의 당사자로서 '권리의 주체'를 규정하고 있는데, 이 중 법인은 성질상 가족관계의 당사자가 될 수 없으므로, 제3장의 규정은 가족법에는 적용되지 않는다. 또 제2장의 규정 중에서도 자연인의 행위능력에 관한 규정(제한능력자제도)은 재산법상의 능력을 전제로 한 것이고 가족법상의 행위능력에 대해서는 특별규정을 두고 있으므로 위 규정(4조~17조)들 역시 가족법에는 적용되지 않는다. 그러나 제2장 중 주소(18조~21조) 및 부재와 실종(22조~30조)에 관한 것은 재산법과 가족법 모두에 적용되는 총칙 규정이다.

(3) 권리의 객체

제4장 물건(98조~102조)은 물권 등의 권리행사의 직접적인 대상이고 다른 권리행사에서도 간접적으로 중요시되는 물건에 대하여 그 의의와 분류(동산과 부동산, 주물과 종물, 원물과 과실)를 규정하여 '권리의 객체'를 다루는 것으로서, 위 규정들은 가족법에 적용되더라도 충돌될 여지가 없으므로, 민법 전체에 적용되는 총칙 규정이다.

(4) 권리의 변동

제5장 법률행위(103조~154조), 제6장 기간(155조~161조), 제7장 소멸시효(162조~184조)는 법률관계의 핵심을 이루는 권리의 득실변경(취득·변경·상실)인 권리변동이라는 결과를 가져오는 원인으로 다루는 것으로서 여기서 제5장 법률행위는 재산관계(물권관계, 채권관계)의 변동을 목적으로 하는 의사표시를 요소로 하여 이루어지는 요건으로서 재산법에만 적용되고, 가족법상의 행위(혼인, 이혼, 입양, 인지 등)에는 특별규정에 의하여 다루어지므로 법률행위에 관한 총칙 규정은 원칙적으로 가족법에는 적용되지 않는다. 또한 제7장 소멸시효도 재산권인 권리를 행사할 수 있음에도 불구하고 권리불행사의 사실상태가 일정기간 계속된 경우에 권리소멸이라는 법률효과를 가져다주는 원인으로서 가족권은 소멸시효의 대상이 아니므로, 이들 규정도 가족법에는 적용되지 않는다.

그러나 제6장 기간은 권리변동의 규정 중 권리변동의 결과를 발생시키려는 어느 시점으로부터 다른 시점까지의 계속되는 시간의 구분인 법률사실로서, 기간의 계산을 다루는 위의 규정(155조~161조)들도 가족법에 적용되더라도 충돌될 여지가 없으므로, 민법 전체에 적용되는 총칙 규정이다.

(5) 총 괄

민법의 제1편 총칙에서 다루고자 하는 중심내용을 요약하면, 법률관계(민사관계)의 핵심을 이루는 요소인 권리란 무엇인가{제1장 권리행사의 제한원리(2조)}와 권리를 가지는 자인 '권리의 주체'가 누구인가{제2장 인(3조~31조), 제3장 법인(31조~97조)}와,

권리행사의 대상인 '권리의 객체'가 무엇인가{제4장 물건(98조~102조)} 및 '권리의 변동'이라는 결과는 어떻게 가져오는가{제5장 법률행위(103조~154조), 제6장 기간(155조~161조), 제7장 소멸시효(162조~184조)}로 정리할 수 있다. 따라서 민법총칙은 제2편 이하의 각칙(각론)의 내용을 살펴보기에 앞서서 법률관계의 핵심을 이루는 권리와 권리의 주체인 사람, 권리의 객체인 물건, 권리변동의 원인인 법률행위 등, 권리의 제반문제를 규명하는 것이 그 중심내용이라고 정리할 수 있다. 그러나 위 민법총칙의 7개장의 내용을 제2편 이하의 각칙에 적용함에 있어서, 재산법은 이해타산성과 합리성을 그 성격으로 하는데 비해 가족법은 비타산성과 친애(親愛)성을 그 성격으로 하게 되므로, 서로 성격을 달리 하는 재산법과 가족법 양쪽 모두에 적용되는 총칙 규정을 두는 것이 불가능하다.

결국 민법의 제1편 총칙은 겉으로 보기에 외형상 민사에 관한 각칙(제2편 내지 제5편)에 대한 일반원칙을 규정하고 모습을 띠고 있으나, 실제에 있어서는 권리의 주체, 권리변동 등 재산법의 총칙으로서의 성격을 띤다. 다만 총칙의 규정 중 통칙(1조~2조), 주소(18조~21조), 부재와 실종(22조~30조), 물건(98조~102조), 기간(155조~161조) 등은 가족법을 포함하여 민법 전체에 적용되는 총칙 규정으로 평가할 수 있다.

제2장 민법의 형식적 법원

제1절 법원과 법의 존재형식

Ⅰ. 법원의 의의

법원(法源)이란, 법의 연원(淵源)으로서 법의 존재형식을 말하는 것으로 이를 이해하는 것이 일반적이다. 그러나 법원은, 실질적으로는 법의 존재형식뿐만 아니라 관습·전통·도덕·종교·학설·외국법 등과 그 외에 법을 구성하는 각종의 재료, 법전·판례집·국회의사록·저서 등 법률지식을 얻는 각종의 자료, 법을 제정하는 힘 등이 모두 포함된다.

Ⅱ. 형식적 법원과 법의 존재형식

종래 법원의 의미로 사용되어 온 것은 법의 존재형식인 바, 이는 법이 존재하고 있는 모습을 말한다는 점에서 형식적 법원이라고 할 수 있다. 이는 성문법과 불문법으로 나누어진다.

Ⅲ. 성문법과 불문법

1. 성문법의 의의와 성문법주의

(1) 성문법의 의의

성문법(成文法)은 일정한 형식과 절차에 따라 문자로 만들어진 법으로서, 제정법(制定法)이라고도 한다. 이러한 성문법의 모습으로는 최고법인 헌법을 비롯하여 법률·명령·조례·규칙·조약 등을 들 수 있다.

(2) 성문법주의

법의 중심적 존재형식이 성문법으로 이루어져 있는 경우에 그 나라는 성문법주의(제정법주의)를 취한다고 한다. 이는 독일·프랑스 등 대부분 대륙에 위치한 나라들에서 취하고 있다는 점에서 대륙법주의라고도 하며, 우리나라도 이에 속한다. 성문법주의는 문자로 표시되어 있기 때문에 법의 존재가 명확하고 그 통일 및 정비가 용이하므로 법적 질서가 안정적이라는 장점을 가진다. 그러나 이 주의는 사회현실의 변화에 능동적으로 적응하지 못한다는 점에서 법의 경화(硬化) 현상이 나타날 수 있다는 단점을 가진다. 이에 따라 성문법주의를 취하는 나라에서는 그 단점을 보완하기 위하여 관습법 등의 불문법을 부분적으로 인정한다.

2. 불문법의 의의와 불문법주의

(1) 불문법의 의의

불문법(不文法)은 일정한 형식과 절차에 따라 문자로 만들어지지 않은 법을 말한다. 이러한 불문법의 모습으로는 관습법·조리·판례법 등을 들 수 있다.

(2) 불문법주의

법의 중심적 존재형식이 불문법으로 이루어져 있는 경우에 그 나라의 입장을 불문법주의를 취한다고 부른다. 이는 영국·미국 및 이들 국가의 법문화에 영향을 받은 영연방 등의 나라에서 취하고 있으므로 영미법주의라고도 한다. 불문법주의는 사회현실의 변화에 능동적으로 적응하게 되어 법이 경화하지 않는다는 장점을 가지고 있다. 그러나 법이 문자로 표시되어 있지 않기 때문에 법의 존재가 명확하지 못하고 그 통일정비가 용이하지 않다는 점에서 법적 안정성이 유동적이라는 단점을 내포하고 있다. 이에 따라 불문법주의를 취하는 나라에서도 그 단점을 보완하기 위하여 부분적으로 성문법을 인정하게 된다.

제2절 민법의 법원

Ⅰ. 민법의 법원과 민법 제1조

민법 제1조는 형식적 법원(法源)에 대하여 "민사에 관하여 법률에 규정이 없으면 관습법에 의하고 관습법이 없으면 조리에 의한다."고 규정하고 있다. 따라서 민법 제1조는 성문법인 '법률'과 불문법인 '관습법'과 '조리'를 민법의 법원의 종류임을 밝히면서, 그 효력의 순위를 같이 규정하고 있다.

Ⅱ. 성문민법

민법의 형식적 법원을 규정하고 있는 민법 제1조의 '법률'은 입법기관인 국회에 의해서 제정된 성문법인 '형식적 의미의 법률'은 물론이고, 그 밖의 성문법을 모두 뜻하는 것이다. 따라서 명령·규칙·조약·자치법규(조례, 규칙)가 민사에 관한 것이면 당연히 '성문민법'으로서 민법의 법원이 된다.

1. 법 률

'형식적 의미의 법률'은 입법기관인 국회가 제정한 성문법이다. 국회의원과 정부는 법률안을 제출할 수 있고, 국회에서 법률안이 국회재적의원 과반수의 찬성과 출석의원 과반수의 찬성으로 의결된다(헌법 52조, 49조). 의결된 법률안은 정부에 이송되어 15일 이내에 대통령이 이를 공포하며, 법률에 특별한 규정이 없는 한 공포한 날로부터 20일이 경과함으로써 효력을 발생하게 된다(헌법 53조). 민법의 법원으로서 법률은 민법전과 민법전 이외의 법률이 있다.

(1) 민 법 전

'민법전'은 형식적 민법으로서 1958년 2월 22일, 법률 제471호에 의하여 제정된 형식적 의미의 법률을 말한다. 이는 실질적 민법의 중심이며, 1960년 1월 1일부터 시행된 이후 29차례 개정되었다(2019년 2월 1일 현재).

(2) 민법전 이외의 법률

민법전 이외에 형식적 의미의 법률로는, 민사에 관하여 특례를 규율하기 위하여 제정된 특별법(특별 민법법규), 민법전에 규정되어 있는 실체적 규정을 구체화하기 위한 절차를 규정한 부속법(민법 부속법률)을 들 수 있다. 이 밖에 공법적 규정 중에도 민사에 관한 것은 실질적 민법에 포함되는 것들이다.

1) 민사에 관하여 특례를 규율하기 위하여 제정된 특별 민법법규

위의 성격을 띠는 법률 중 특히 재산법과 관련한 것으로는 가등기담보 등에 관한 법률, 공익법인의 설립 운영에 관한 법률, 공장 및 광업재단저당법, 국가배상법, 대한민국과 아메리카합중국 간의 상호방위조약 제4조에 의한 시설과 구역 및 대한민국에서의 합중국 군대의 지위에 관한 협정의 시행에 관한 민사특별법, 방문판매 등에 관한 법률, 보증인의 보호를 위한 특별법, 부동산실권리자명의등기에 관한 법률, 부재선고 등에 관한 특별조치법, 상가건물임대차보호법, 신원보증법, 실화책임에 관한 법률, 약관의 규제에 관한 법률, 외국인토지법, 이자제한법, 입목에 관한 법률, 자동차 등 특수동산저당법, 자동차손해배상보장법, 제조물책임법, 주택임대차보호법, 집합건물의 소유 및 관리에 관한 법률, 할부거래에 관한 법률 등을 들 수 있다. 또한 가족법과 관련한 것으로는 국가에 귀속하는 상속재산이전에 관한 법률, 남북 주민 사이의 가족관계와 상속 등에 관한 특례법, 보호시설에 있는 미성년자의 후견직무에 관한 법률, 입양촉진 및 절차에 관한 특례법, 혼인신고특례법 등을 들 수 있다.

2) 민법전의 실체적 규정을 구체화하기 위한 민법 부속법률

위의 성격을 띠는 법률 중 대표적인 것으로는 가사소송법, 가족관계의 등록 등에 관한 법률, 공탁법, 국공유 부동산의 등기 촉탁에 관한 법률, 민사조정법, 민사집행법, 부동산등기법, 비송사건절차법, 유실물법, 의료사고 피해구제 및 의료분쟁조정 등에 관한 법률, 주민등록법, 공간정보의 구축 및 관리 등에 관한 법률 등을 들 수 있다.

3) 공법적 규정 중 민사에 관한 것

위의 성격을 띠는 법률 중 대표적인 것으로는 공익사업을 위한 토지 등의 취득 및 보상에 관한 법률, 광업법, 공인중개사법, 국유재산법, 국토의 계획 및 이용에 관한 법률, 부동산 거래신고 등에 관한 법률, 농지법, 도로법, 수산업법, 특허법, 하천법, 항공법 등을 들 수 있다.

2. 명령과 대통령의 긴급명령

(1) 의 의

명령은 국회의 의결을 거치지 않고 행정기관에 의하여 제정된 성문법으로서, 그 형식적 효력이 법률의 하위에 존재한다. 명령은 그것을 발하는 주체에 따라 대통령령·총리령·부령으로 나누어지고, 그 성질에 따라 위임명령·집행명령으로 나누어진다(헌법 75조, 95조). 이러한 명령이 민사에 관한 것이면 민법의 법원이 된다.

(2) 위임명령과 집행명령

위임명령은 헌법에 근거하고 법률에서 구체적으로 범위를 정하여 위임받은 사항을 정하는 명령으로서, 이는 법률의 내용을 보충하는 의미를 가지므로 '보충명령'이라고도 한다. 예컨대 민법 제312조의2는 전세금증감청구권을 규정하면서 그 단서에서 전세금의 "증액의 경우에는 대통령령이 정하는 기준에 따른 비율을 초과하지 못한다."고 규정하고 있다. 그리하여 이에 기초하여 증액에 대한 구체적 범위를 정하기 위하여 '민법 제312의2의 시행에 관한 규정(規程)'인 대통령령이 제정되어 있는 것을 들 수 있다(동 시행령에 의하면 전세금의 증액청구의 비율은 약정한 전세금의 20분의 1을 초과하지 못함은 물론이고, 계약이 있은 날 또는 약정한 전세금의 증액이 있은 날로부터 1년 이내에는 증액청구를 하지 못한다). 또한 집행명령은 헌법에 근거하여 법률을 집행하기 위하여 필요한 세칙에 관한 사항을 정하는 명령이다. 예컨대 주택임대차보호법 시행령 제1조는 "이 영은 「주택임대차보호법」에서 위임된 사항과 그 시행에 관하여 필요한 사항을 정함을 목적으로 한다."고 규정하고 있는 것에 기초해서 위 시행령(명령)이 주택임대차보호법의 위임된 사항을 정하는 '위임명령'인 동시에

집행(시행)에 관한 세칙을 정하기 위한 '집행명령'의 성격을 같이 가지고 제정되어 있는 것을 들 수 있다.

(3) 대통령의 긴급재정·경제명령과 긴급명령

대통령은 내우·외환·천재·지변 또는 중대한 재정·경제상의 위기에 있어서 국가의 안전보장 또는 공공의 안녕질서를 유지하기 위하여 긴급한 조치가 필요하고 국회의 집회를 기다릴 여유가 없을 때에 한하여 최소한으로 필요한 재정·경제상의 처분을 하거나 이에 관하여 법률의 효력을 가지는 명령인 '긴급재정·경제명령'을 발할 수 있다(헌법 76조 1항). 또한 대통령은 국가의 안위에 관계되는 중대한 교전상태에 있어서 국가를 보위하기 위하여 긴급한 조치가 필요하고 국회의 집회가 불가능한 때에 한하여 법률의 효력을 가지는 명령인 '긴급명령'을 발할 수 있다(동조 2항). 따라서 이러한 명령이 민사에 관한 것이면 민법의 법원이 된다. 다만 대통령의 위 명령은 보통의 명령과 달리 법률과 같은 효력을 가진다는 점에서 차이가 있다. 또 대통령이 위의 처분 또는 명령을 한 때에는 지체 없이 국회에 보고하여 그 승인을 얻어야 하며, 승인을 얻지 못한 때에는 그 처분 또는 명령은 그때부터 효력을 상실한다. 이 경우 그 명령에 의하여 개정 또는 폐지되었던 법률은 그 명령이 승인을 얻지 못한 때부터 당연히 효력을 회복한다(동조 3항 및 4항). 위의 대통령의 긴급재정·경제명령이 민법의 법원이 된 것으로는 "실지명의에 의한 금융거래를 실시하고 그 비밀을 보장하여 금융거래의 정상화를 기함으로써 경제정의를 실현하고 국민경제의 건전한 발전을 도모함을 목적"으로 금융실명제를 실시하기 위해서 1993년 8월 12일 내려졌던 '금융실명거래 및 비밀보장에 관한 긴급재정경제명령'(대통령긴급재정경제명령 제16호, 1993년 8월 12일 시행)을 들 수 있다. 위 명령은 금융거래와 관련해서 법률, 명령 등 민사법규를 개폐하는 효력을 가졌으며 '금융실명거래 및 비밀보장에 관한 법률'(1997년 12월 31일, 법률 제5493호)의 제정에 따라 위 법률 부칙 제2조의 "금융실명거래 및 비밀보장에 관한 긴급재정경제명령은 이를 폐지한다."는 '긴급명령의 폐지'의 조치에 따라 1997년 12월 31일에 폐지되었다.

3. 규칙과 대법원규칙

(1) 규 칙

규칙은 헌법에서 행정부 이외에 특별한 독립적 국가기관에 의하여 제정케 한 명령으로서의 성격을 띠는 성문법이다. 이는 명령과 같은 효력을 갖는 것이라는 점에서, 조례와 더불어 자치법규로서 다루어지는 규칙과는 구별된다. 규칙은 헌법상 독립적 국가기관이 내부규율과 사무처리에 관하여 자율권을 위하여 인정되는 것으로서, 이의 모습으로는 국회·대법원·중앙선거관리위원회·헌법재판소가 헌법에 근거하여 제정하는 국회규칙·대법원규칙·중앙선거관리위원회규칙·헌법재판소규칙을 들 수 있다(헌법 64조 1항·108조·114조 6항·113조 2항).

(2) 대법원규칙

규칙 중 민법의 법원으로서 기능하는 것은 대법원이 법률에 저촉되지 아니하는 범위 안에서 소송에 관한 절차, 법원의 내부규율과 사무처리에 관한 것을 제정한 대법원규칙이다(헌법 108조). 위 대법원규칙으로 가사소송규칙, 공탁규칙, 부동산등기규칙, 민사소송규칙, 후견등기에 관한 규칙 등은 민법전의 실체적 규정을 구체화하기 위한 부속법규로서 민법의 법원이 된다.

4. 자치법규

자치법규는 지방자치단체가 법령의 범위 안에서 제정하는 성문법이다. 헌법 제117조 제1항은 "지방자치단체는 주민의 복리에 관한 사무를 처리하고 재산을 관리하며, 법령의 범위 안에서 자치에 관한 규정을 제정할 수 있다."고 규정하여 지방자치단체의 자치입법권을 인정하고 있으며, 이에 따른 자치법규에는 조례와 규칙이 있다. 이 중 조례는 지방의회가 법령의 범위 안에서 그 사무에 관하여 제정한 것이고(지방자치법 22조), 규칙은 지방자치단체의 장이 법령 또는 조례가 위임한 범위 안에서 그 권한에 속하는 사무에 관하여 제정한 것이다(동법 23조). 이러한 조례와 규칙이 민사에 관한 것이면 민법 제1조의 법률에 따른 민법의 법원이 된다. 다만 자치법규는 법률과 명령에 대해서 보충적 효력만 인정되고 해당 자치단체

안에서만 효력이 미친다(헌법 117조 1항).

5. 조 약

조약은 문서에 의한 국가와 국가 사이의 합의를 말하며, 그 명칭이 조약은 물론이고 헌장·협약·의정서·결정서·협정·약정·교환공문·잠정협정 등의 어떠한 명칭에 의하든지 국가 사이의 합의는 모두 조약이다. 조약은 대통령이 국무회의의 심의를 거쳐 체결하며(헌법 89조 3호), 상호원조 또는 안전보장에 관한 조약 등은 국회가 체결·비준에 대한 동의권을 갖는다(헌법 60조). 헌법에 의하여 체결·공포된 조약은 국내법과 동일한 효력을 가지므로(헌법 6조 1항), 조약으로서 민사에 관한 것은 성문법으로서 민법의 법원이 된다. 조약으로서 민사에 관한 것으로 민법의 법원이 된 것으로는 대한민국과 아메리카합중국 간의 상호방위조약(1953년 2월 9일)을 들 수 있다. 위 조약 제4조는 대한민국 안에 미군을 배치하기 위한 기지를 설치하는 것을 규정하고 있으며, 이와 관련하여 대한민국 국민의 권리·의무가 발생하는 경우 위 조약은 민법의 법원이 된다. 특히 이와 관련해서 '대한민국과 아메리카합중국 간의 상호방위조약 제4조에 의한 시설과 구역 및 대한민국에서의 합중국 군대의 지위에 관한 협정'(1967년 2월 9일)이 별도의 조약으로 제정되어 있다. 또 위 협정 중 대한민국에 주둔하는 아메리카합중국 군대의 구성원, 고용원 또는 그 군대에 파견 근무하는 대한민국의 증원군대 구성원의 행위로 인하여 발생한 손해배상의 청구 등에 관한 사항을 규정함을 목적으로 '대한민국과 아메리카합중국 간의 상호방위조약 제4조에 의한 시설과 구역 및 대한민국에서의 합중국 군대의 지위에 관한 협정의 시행에 관한 민사특별법'이 제정되어 있다(법률 1902호, 1967년 3월 3일 제정).

Ⅲ. 불문민법

1. 관습민법

(1) 의 의

관습법은 일상생활 속에서 자연적으로 발생하여 반복적으로 행하여온 관행(慣

行)이 불특정 다수인에 의하여 법적 인식(확신, 지지)을 수반하게 된 것을 말한다. 불문법주의를 취하고 있는 국가는 물론이고 성문법주의를 취하는 국가에서도 그 단점을 보완하기 위하여 관습법을 법의 존재형식으로 인정하게 된다.

(2) 관습법의 성립

1) 관습법의 성립에 관한 학설

관습법이 법의 존재형식으로 인정되는 근거에 관하여는 종래 반복적으로 행해지는 관습은 법으로서 인정된다는 '관행설', 불특정 다수인이 관행에 따라 행하는 것이 권리·의무라고 확신될 때 성립한다는 '법적 확신설', 관행이 유효한 법이 되기 위하여서는 국가의 승인을 요한다는 '국가승인설' 등의 학설이 대립되어 왔다. 그러나 관습인 관행 자체와 관습법을 구별한다는 점에서 관행설은 타당하지 않다(통설, 판례). 또 관습법이 성립하기 위해서는 법원의 판결에서 관습법의 존재가 인정되는 때에 비로소 관습법으로서 존재하게 되는 것으로서, 관습법의 성립시기는 국가가 인정하는 규범으로서 성립한 때라고 이해하는 견해가 있다(곽윤직·김재형 22면, 서광민, "관습법과 사실인 관습", 고시계 1991. 8, 114면). 그러나 민법 제1조가 관습법의 성립에 국가의 승인을 요구하고 있지 않으며, 국가의 승인이 있기 이전에 관습법은 이미 존재하는 것이라는 점에서 법적 확신설에 의하여 관습법의 성립을 이해하는 것이 타당할 것이다.

2) 관습법의 성립요건

법적 확신설에 의하여 관습법의 성립을 이해하는 경우, 관습법으로 성립하기 위해서는 다음의 요건을 갖추어야 한다.

가) 관행이 있을 것

관습법이 성립하기 위해서는 먼저 관행이 존재하여야 한다. 여기서 관행의 존재는 법적 내용에 관한 관행이 상당히 오랜 기간 동안 넓은 지역에 걸쳐서 같은 행위가 반복적으로 행해지는 상태를 일컫는다.

나) 관행이 법적 확신이 존재할 것

관습법이 성립하기 위해서는 관행에 대하여 불특정 다수인이 준수하여야 할 법규범, 즉 관행에 따라 행하는 것이 권리·의무라는 확신이 있어야 한다. 이러한 법적 확신은 현실적으로 분쟁이 발생하였을 때 판결을 통하여 평가된다.

다) 관행이 국가사회의 법질서에 합치할 것

법은 국가사회의 공공질서를 유지하기 위하여 존재하는 것이므로 관습법이 앞의 요건을 갖추었더라도 이것이 선량한 풍속 기타 사회질서에 어긋나는 것은 그 효력이 인정되지 않으므로(103조 참조), 관습법이 법의 존재형식으로 인정되기 위해서는 공서양속(선량한 풍속 기타 사회질서)에 부합하여야 한다. 아울러 선량한 풍속 기타 사회질서와 관계있는 규정인 강행법규에 위반하면 무효가 되므로, 관습법은 강행법규에 위반하지 않는 경우에 한하여 법으로서 인정된다. 예컨대 장기나 난자 매매에 대하여 관행이 존재하고 법적 확신의 수반이 인정된다 하더라도 이는 공서양속에 반하므로 이러한 관행은 관습법으로 성립될 여지가 없다. 또한 판례는 종중구성원의 자격을 동일 선조의 후손 중 성년 남자에 대해서만 제한하는 관행에 대해서 정당성과 합리성이 결여된 것으로서 전체 법질서에 부합하지 않는 것으로 판단하여, 위 관행에 대한 관습법의 법적 효력을 부정하고 있다(대판〈전〉 2005. 7. 21. 2002다1178).

관련판례

관습법의 요건

① 관습법이란 사회의 거듭된 관행으로 생성한 사회생활규범이 사회의 법적 확신과 인식에 의하여 법적 규범으로 승인·강행되기에 이른 것을 말하고, 그러한 관습법은 법원(法源)으로서 법령에 저촉되지 아니하는 한 법칙으로서의 효력이 있는 것이며(대판 1983. 6. 14. 80다3231 참조), 또 사회의 거듭된 관행으로 생성한 어떤 사회생활규범이 법적 규범으로 승인되기에 이르렀다고 하기 위하여는 헌법을 최상위 규범으로 하는 전체 법질서에 반하지 아니하는 것으로서 정당성과 합리성이 있다고 인정될 수 있는 것이어야 하고(대판〈전〉 2003. 7. 24. 2001다48781 참조), 그렇지 아니한 사회생활규범은 비록 그것이 사회의

거듭된 관행으로 생성된 것이라고 할지라도 이를 법적 규범으로 삼아 관습법으로서의 효력을 인정할 수 없다고 할 것이다(대판〈전〉 2005. 7. 21. 2002다1178).

② 사회의 거듭된 관행으로 생성된 사회생활규범이 관습법으로 승인되었다고 하더라도 사회 구성원들이 그러한 관행의 법적 구속력에 대하여 확신을 갖지 않게 되었다거나, 사회를 지배하는 기본적 이념이나 사회질서의 변화로 인하여 그러한 관습법을 적용하여야 할 시점에 있어서의 전체 법질서에 부합하지 않게 되었다면 그러한 관습법은 법적 규범으로서의 효력이 부정될 수밖에 없다(대판〈전〉 2005. 7. 21. 2002다1178).

(3) 관습법의 효력과 법원성

1) 원 칙

민사관계에 있어서 관습법은 위의 요건을 갖추면 성립하고 법원성이 인정되나, 그 효력이 어떤 것인가의 문제가 있다. 이는 관습법이 성문법에 대하여 어떠한 지위를 가지느냐에 관한 것으로서 역사적 변천을 거쳤을 뿐만 아니라 현재에도 학설이 대립되어 있다. 이에 관하여 다수설은 "민사에 관하여 법률에 규정이 없으면 관습법에… 의한다."는 민법 제1조의 규정을 근거로 관습법은 원칙적으로 성문법에 규정이 없는 때에 한하여 보충적으로 그 효력이 인정된다고 이해하는 '보충적 효력설'을 취하고 있다. 이에 대하여는 성문법과 다른 관습법이 자연적으로 발생하는 것을 저지하는 것은 사실상 불가능하고 양도담보·명인방법 등의 관습법이 실제로 법적 효력을 인정받고 있다는 것 등을 근거로 관습이 이미 존재하는 성문법에 대한 개폐하는 효력이 있다는 변경적 효력설이 대립하고 있다.

요컨대 변경적 효력설을 취하게 된다면 민법 제1조는 무의미해지게 되므로 보충적 효력설이 현행 민법 조문에 충실한 해석이며, 관습법에 대해서 변경적 효력을 인정할 것인가는 입법론상 검토되어야 할 것이다. 판례도 관습법은 법원으로서 법령에 저촉되지 않는 범위 안에서 법칙으로서의 효력이 있는 것으로 이해하여 보충적 효력설을 취하고 있다(대판 1983. 6. 14. 80다3231; 대판〈전〉 2005. 7. 21. 2002다1178).

2) 예 외

일정한 경우에는 관습법이 성문법에 대하여 보충적 효력이 아닌 대등적 효력 내지 변경적 효력이 인정된다. 먼저 관습법에 대등적 효력이 인정되는 모습으로는 민법 제185조가 "물권은 법률 또는 관습법에 의하는 외에는 임의로 창설하지 못한다."고 규정하고 있는 것을 들 수 있다. 이는 민법 제1조의 예외규정으로서 물권의 창설과 관련하여 관습법에 대하여 성문법에 대하여 대등적 효력이 인정된다. 또한 상관습법은 일정한 경우 성문법을 변경하는 우월적 효력이 인정된다. 즉 상법 제1조는 "상사에 관하여 본법에 규정이 없으면 상관습법에 의하고, 상관습법이 없으면 민법의 규정에 의한다."고 규정하고 있으므로, 상관습법은 민법에 대하여 변경적 효력이 인정된다.

2. 조 리

(1) 의 의

조리란 보통 사람의 생각으로 판단할 수 있는 사물의 이치나 도리로서, 경험칙·사회관념·정의·형평·이성 등의 모습으로 표시된다. 이는 사회공동생활의 원리로서 경위(涇渭)를 말한다.

(2) 조리의 효력과 법원성

성문법과 관습법만으로는 모든 법률관계를 다 규율할 수 없기 때문에 조리에 의하여 이러한 법의 흠결을 보충할 수 있을 것인가가 문제로 된다.

민사관계에서 조리의 법원성을 인정할 것인가에 대하여서도 학설이 대립되어 있다. 이에 관하여 다수설은 "민사에 관하여 법률에 규정이 없으면 관습법에 의하고, 관습법이 없으면 조리에 의한다."는 민법 제1조의 규정에 근거하여 조리는 성문법과 관습법도 존재하지 않는 경우에 이를 보충하기 위한 제3차적 법원으로서 그 효력이 인정된다는 입장을 취하고 있다. 이에 대하여는 민법 제1조에서 조리를 재판의 준칙으로 정한 것은 법이기 때문이 아니라 성문법주의국가에서 법이 마련되어 있지 못한 것을 불가피하며 법관은 재판을 거부할 수 없다는 사실에 기인한 것으로서 법은 아니지만 법원(法院)에 의하여 적용되는 것이라고 하여 조리의 법원성을 부정하는 견해가 유력하게 주장되고 있다(곽윤직·김재형 22면, 송덕수 26면). 위의 어느 견해에 의하든지 민사관계에서 성문법과 관습법이 없다고 하여 법관은 '법의 흠결'을 이유로 재판을 거부할 수 없으므로, 자기가 입법자라면 어떠한 법규범을 설정할 것인가에 의하여 재판을 하여야 하는 것이라는 점에서 민법 제1조의 조리는 법관에게 보충입법권을 부여하는 결과가 된다. 요컨대 법관은 헌법과 법률에 의하여 그 양심에 따라 독립하여 심판하여야 하고(헌법 103조), 성문법과 관습법도 없는 경우 민사관계는 조리에 의하여 보충될 수밖에 없다 따라서 조리는 성문법과 관습법도 없는 경우에 이를 보충하기 위한 제3차적 법원으로 이해하여야 할 것이다. 판례도 "공동선조와 성과 본을 같이 하는 후손은 성별의 구별 없이 성년이 되면 당연히 그 구성원이 된다고 보는 것이 조리에 합당하다."고 하여 조리의 법원성을 인정하고 있다(대판〈전〉 2005. 7. 21. 2002다1178).

관련판례

종중 구성원의 자격과 민법 제1조 조리의 적용

민법 제1조는 민사에 관하여 법률에 규정이 없으면 관습법에 의하고 관습법이 없으면 조리에 의한다고 규정하고 있는바, 성문법이 아닌 관습법에 의하여 규율되어 왔던 종중에 있어서 그 구성원에 관한 종래 관습은 더 이상 법적 효력을 가질 수 없게 되었으므로, 종중 구성원의 자격은 민법 제1조가 정한 바에 따라 조리에 의하여 보충될 수밖에 없다. 종중이란 공동선조의 분묘수호와 제사 및 종원 상호 간의 친목 등을 목적으로 하여 구성되는 자연발생적인 종족집단이므로, 종중의 이러한 목적과 본질에 비추어 볼 때 공동선조와 성과 본을 같이 하는 후손은 성별의 구별 없이 성년이 되면 당연히 그 구성원이 된다고 보는 것이 조리에 합당하다고 할 것이다(대판〈전〉 2005. 7. 21. 2002다1178).

3. 판 례 법

(1) 의 의

판례법이란 법원의 판결(判決)을 통하여 밝혀진 이론이나 법칙인 판례(判例)의 형태로 존재하는 법을 말한다. 여기서 판결이란 권리자로부터 권리보호의 청구인 소의 제기가 있을 때 추상적 법규를 대전제로 하고 당사자 사이의 구체적 사건을 소전제로 하여 법원이 내리는 법적 판단으로서, 먼저 내려진 특정한 사건에 대한 법원의 판결이 그 후 다른 유사한 사건에 관하여 반복하여 적용되면 판례법이 성문법과 같은 규범력을 가지게 된다.

(2) 판례민법의 법원성

불문법주의를 취하는 나라에서는 먼저 내려진 법원의 판결이 그 후 유사한 사건에 관하여 구속력을 갖게 되는 '선례구속(先例拘束)의 원칙'이 적용된다. 그러나 성문법주의를 취하는 우리나라에서는 다음과 같은 이유에서 판례법의 법원성을 부정하는 것이 다수설이다. 즉, 현행법상 이를 인정할 아무런 근거규정이 없고, 판례법에 법원성을 인정하면 법원에 입법권을 부여하는 결과가 되어 권력분립의 원칙에 어긋난다. 또 법원조직법 제8조는 '상급심재판의 기속력'에 관하여 "상급법원의 재판에 있어서의 판단은 당해 사건에 관하여 하급심을 기속한다."고 규정하고 있으므로, 하급심법원은 판례를 따르지 않아도 위법하지 않으므로 선례구속의 원칙이 제도적으로 보장되어 있지 않다. 그러나 현실적으로 분쟁의 당사자나 법원에서 선례(先例)의 태도가 어떠한 입장인가의 여부는 중요하다.

사례연구 **종중구성원의 자격과 관습법 및 조리의 적용**
【대판〈전〉 2005. 7. 21. 2002다1178】

〈사건의 개요〉

피고 甲은 용인 이씨 시조 ○○의 18세손 말손을 중시조로 하는 종중이고, 원고 乙은 말손의 후손인 여성들로서 용인 이씨 33세손이다. 甲이 乙을 제외하고 종중결의를 하자 乙은, 피고의 종중규약 제3조에 "본회는 용인 이씨 사맹공(휘 末字 孫字)의 후손으로서 성년이 되면 회원자격을 가진다."고 규정되어 있고 위 규약에서 회원자격을 남자로 제한하고 있지 않으므로 원고들도 피고 종회의 회원(종원) 자격을 갖는다는 주장하였다. 이에 대하여 피고 甲은 종래 관습상 종중은 공동선조의 분묘수호와 제사 및 종원 상호 간의 친목을 목적으로 공동선조의 후손 중 성년인 남자를 종원으로 하여 구성되는 종족의 자연적 집단으로서 혈족이 아닌 자나 여성은 종중의 구성원이 될 수 없다고 하여 원고의 주장을 항변하였다.

위의 다툼에 대하여 원심이 원고의 주장을 배척하자 원고는 상고하였다.

〈원심판결의 요지〉

이에 대하여 원심은 "피고는 용인 이씨 시조 ○○의 18세손 말손을 중시조로 하는 종중이고, 원고들은 말손의 후손인 여성들로서 용인 이씨 33세손이며, 피고의 종중규약 제3조에 "본회는 용인 이씨 사맹공(휘 末字 孫字)의 후손으로서 성년이 되면 회원자격을 가진다."고 규정되어 있는 사실을 인정한 다음, 위 규약에서 회원 자격을 남자로 제한하고 있지 않으므로 원고들도 피고 종회의 회원(종원) 자격을 갖는다는 원고들의 주장에 대하여, 종래 관습상 종중은 공동선조의 분묘수호와 제사 및 종원 상호 간의 친목을 목적으로 공동선조의 후손 중 성년인 남자를 종원으로 하여 구성되는 종족의 자연적 집단으로서 혈족이 아닌 자나 여성은 종중의 구성원이 될 수 없고, 종중의 구성원이 될 수 없는 자에게 종원의 자격을 부여하는 종회의 결의에 따라 제정된 회칙은 종중의 본질에 반하여 부적법하다는 법리에 비추어 볼 때, 비록 피고의 종중규약이 회원의 자격을 명시적으로 남자로 제한하고 있지는 않다고 하더라도 이로 인하여 여성도 피고 종회의 회원 자격을 갖는다고 할 수는 없다고 하여 이를 배척하고, 나아가 피고가 관습상의 종중과 다른 종중 유사단체에 해당한다는 원고들의 주장에 대하여도, 피고의 종중회의에 여성들이 참석한 적이 없었던 점과 종중은 성년의 남자를 구성원으로 하여 자연적으로 성립된다는 점에 비추어 볼 때, 피고가 종중규약을 통하여 피고 종중을 관습상의 종중과는 다른 종중 유사의 사단으로 변경하려는 의사가 있었다고 인정할 수 없다."고 하여 원고의 주장을 배척하였다(서울고판 2001. 12. 11. 2001나19594).

〈대법원판결의 요지〉

위 원심판결에 대해서 대법원은 다음과 같은 요지로 원심을 파기하고 원고의 주장을 인용하고 있다(대판〈전〉 2005. 7. 21. 2002다1178).

[1] 관습법의 의의와 효력 및 '사회의 거듭된 관행으로 생성한 사회생활규범'이 법적 규범으로 승인되기에 이르렀다고 하기 위한 요건

: 관습법이란 사회의 거듭된 관행으로 생성한 사회생활규범이 사회의 법적 확신과 인식에 의하여 법적 규범으로 승인·강행되기에 이른 것을 말하고, 그러한 관습법은 법원(法源)으로서 법령에 저촉되지 아니하는 한 법칙으로서의 효력이 있는 것이고, 또 사회의 거듭된 관행으로 생성한 어떤 사회생활규범이 법적 규범으로 승인되기에 이르렀다고 하기 위하여는 헌법을 최상위 규범으로 하는 전체 법질서에 반하지 아니하는 것으로서 정당성과 합리성이 있다고 인정될 수 있는 것이어야 하고, 그렇지 아니한 사회생활규범은 비록 그것이 사회의 거듭된 관행으로 생성된 것이라고 할지라도 이를 법적 규범으로 삼아 관습법으로서의 효력을 인정할 수 없다.

[2] 관습법으로 승인되었던 '사회의 거듭된 관행으로 생성한 사회생활규범'이 그 법적 규범으로서의 효력을 상실하게 되는 경우

: 사회의 거듭된 관행으로 생성된 사회생활규범이 관습법으로 승인되었다고 하더라도 사회 구성원들이 그러한 관행의 법적 구속력에 대하여 확신을 갖지 않게 되었다거나, 사회를 지배하는 기본적 이념이나 사회질서의 변화로 인하여 그러한 관습법을 적용하여야 할 시점에 있어서의 전체 법질서에 부합하지 않게 되었다면 그러한 관습법은 법적 규범으로서의 효력이 부정될 수밖에 없다.

[3] 종중 구성원의 자격을 성년 남자만으로 제한하는 종래의 관습법의 효력

[다수의견] 종원의 자격을 성년 남자로만 제한하고 여성에게는 종원의 자격을 부여하지 않는 종래 관습에 대하여 우리 사회 구성원들이 가지고 있던 법적 확신은 상당 부분 흔들리거나 약화되어 있고, 무엇보다도 헌법을 최상위 규범으로 하는 우리의 전체 법질서는 개인의 존엄과 양성의 평등을 기초로 한 가족생활을 보장하고, 가족 내의 실질적인 권리와 의무에 있어서 남녀의 차별을 두지

아니하며, 정치·경제·사회·문화 등 모든 영역에서 여성에 대한 차별을 철폐하고 남녀평등을 실현하는 방향으로 변화되어 왔으며, 앞으로도 이러한 남녀평등의 원칙은 더욱 강화될 것인바, 종중은 공동선조의 분묘수호와 봉제사 및 종원 상호 간의 친목을 목적으로 형성되는 종족단체로서 공동선조의 사망과 동시에 그 후손에 의하여 자연발생적으로 성립하는 것임에도, 공동선조의 후손 중 성년 남자만을 종중의 구성원으로 하고 여성은 종중의 구성원이 될 수 없다는 종래의 관습은, 공동선조의 분묘수호와 봉제사 등 종중의 활동에 참여할 기회를 출생에서 비롯되는 성별만에 의하여 생래적으로 부여하거나 원천적으로 박탈하는 것으로서, 위와 같이 변화된 우리의 전체 법질서에 부합하지 아니하여 정당성과 합리성이 있다고 할 수 없으므로, 종중 구성원의 자격을 성년 남자만으로 제한하는 종래의 관습법은 이제 더 이상 법적 효력을 가질 수 없게 되었다.

[별개의견] 남계혈족 중심의 사고가 재음미·재평가되어야 한다는 점에 대하여는 수긍한다 하더라도 종중의 시조 또는 중시조가 남자임을 고려할 때, 종중에 있어서의 남녀평등의 관철의 범위와 한계에 대하여는 보다 신중한 검토가 필요하고, 특히 종중은 다른 나라에서 유래를 찾아보기 어려운 우리나라에 독특한 전통의 산물이므로, 헌법 제9조에 비추어 우리의 전통문화가 현대의 법질서와 조화되면서 계승·발전되도록 노력하여야 할 것인바, 고유한 의미의 종중에 있어서 종원의 가장 주요한 임무는 공동선조에 대한 제사를 계속 실천하는 일이고, 따라서 종원은 기제·묘제의 제수, 제기 구입, 묘산·선영 수호, 제각 수리 등을 비롯한 제사에 소요되는 물자를 조달·부담하는 것이 주된 임무였으며, 종원의 이러한 부담행위는 법률적으로 강제되는 것이 아니고 도덕적·윤리적 의무에 불과하여, 그들의 권리가 실질적으로 침해되는 바가 없었으므로 법률이 간섭하지 않더라도 무방하다고 보기 때문에 종래의 관습법상 성년 남자는 그 의사와 관계없이 종중 구성원이 된다고 하는 부분은 현재로서는 문제될 것이 없고, 결국 관습법과 전통의 힘에 의하여 종래의 종중관습법 중 아직까지는 용인되는 부분이 있을 수 있다는 것을 이유로, 그러한 바탕 없이 새롭게 창설되는 법률관계에 대하여서까지 다수의견이 남녀평등의 원칙

을 문자 그대로 관철하려는 것은 너무 기계적이어서 찬성할 수 없다.

[4] 공동선조와 성과 본을 같이 하는 후손은 성별의 구별 없이 성년이 되면 당연히 종중의 구성원이 되는지 여부(적극) 및 그 근거

[다수의견] 종중이란 공동선조의 분묘수호와 제사 및 종원 상호 간의 친목 등을 목적으로 하여 구성되는 자연발생적인 종족집단이므로, 종중의 이러한 목적과 본질에 비추어 볼 때 공동선조와 성과 본을 같이 하는 후손은 성별의 구별 없이 성년이 되면 당연히 그 구성원이 된다고 보는 것이 조리에 합당하다.

[별개의견] 일반적으로 어떤 사적 자치단체의 구성원의 자격을 인정함에 있어서 구성원으로 포괄되는 자의 신념이나 의사에 관계없이 인위적·강제적으로 누구든지 구성원으로 편입되어야 한다는 조리는 존재할 수 없으며 존재하여서도 안 되는데, 주지하는 바와 같이 결사의 자유는 자연인과 법인 등에 대한 개인적 자유권이며, 동시에 결사의 성립과 존속에 대한 결사제도의 보장을 뜻하는 것이고, 그 구체적 내용으로서는 조직강제나 강제적·자동적 가입의 금지, 즉 가입과 탈퇴의 자유가 보장되는 것을 말하며, 특히 종중에서와 같이 개인의 양심의 자유·종교의 자유가 보장되어야 할 사법적(私法的) 결사에 있어서는 더욱 그러하다는 점 등에서 공동선조와 성과 본을 같이 하는 후손은 성별의 구별 없이 성년이 되면 조리에 따라 당연히 그 구성원이 된다고 보는 다수의견의 견해에는 반대하고, 성년 여자가 종중에의 가입의사를 표명한 경우 그 성년 여자가 당해 종중 시조의 후손이 아니라는 등 그 가입을 거부할 정당하고 합리적인 이유가 없는 이상 가입의사를 표명함으로써 종중 구성원이 된다고 보아야 한다.

[다수의견에 대한 보충의견] 별개의견이 본인의 의사와 관계없이 종중 구성원이 되는 점에 대하여 결사의 자유와 양심의 자유 등을 들어서 부당하다고 비판하는 것은 종중의 본질과 종중이 통상적인 사단법인 또는 비법인사단과 구별되는 특성을 고려하지 않은 것일 뿐만 아니라, 본인의 의사와 관계없이 종중 구성원이 되는 점이 왜 성년 남자에게는 문제될 것이 없고 성년 여성에게만 문제가 되는지 납득하기 어렵고, 성별에 의하여 종원 자격을 달리 취급하는 것은

정당성과 합리성이 없다.

[5] **종중 구성원의 자격에 관한 대법원의 변경된 견해가 이 사건 판결 선고 이전의 종중 구성원의 자격과 이와 관련된 법률관계에 대하여 소급적용되는지 여부**(소극)
: 종중 구성원의 자격에 관한 대법원의 견해의 변경은 관습상의 제도로서 대법원판례에 의하여 법률관계가 규율되어 왔던 종중제도의 근간을 바꾸는 것인바, 대법원이 이 판결에서 종중 구성원의 자격에 관하여 '공동선조와 성과 본을 같이 하는 후손은 성별의 구별 없이 성년이 되면 당연히 그 구성원이 된다.'고 견해를 변경하는 것은 그동안 종중 구성원에 대한 우리 사회일반의 인식 변화와 아울러 전체 법질서의 변화로 인하여 성년 남자만을 종중의 구성원으로 하는 종래의 관습법이 더 이상 우리 법질서가 지향하는 남녀평등의 이념에 부합하지 않게 됨으로써 그 법적 효력을 부정하게 된 데에 따른 것일 뿐만 아니라, 위와 같이 변경된 견해를 소급하여 적용한다면, 최근에 이르기까지 수십 년 동안 유지되어 왔던 종래 대법원판례를 신뢰하여 형성된 수많은 법률관계의 효력을 일시에 좌우하게 되고, 이는 법적 안정성과 신의성실의 원칙에 기초한 당사자의 신뢰보호를 내용으로 하는 법치주의의 원리에도 반하게 되는 것이므로, 위와 같이 변경된 대법원의 견해는 이 판결 선고 이후의 종중 구성원의 자격과 이와 관련하여 새로이 성립되는 법률관계에 대하여만 적용된다고 함이 상당하다.

[6] **종원 지위의 확인을 구하는 이 사건 청구에 한하여 종중 구성원의 자격에 관한 대법원의 변경된 견해가 소급적용되는 근거**
: 대법원이 '공동선조와 성과 본을 같이 하는 후손은 성별의 구별 없이 성년이 되면 당연히 그 구성원이 된다.'고 종중 구성원의 자격에 관한 종래의 견해를 변경하는 것은 결국 종래 관습법의 효력을 배제하여 당해 사건을 재판하도록 하려는 데에 그 취지가 있고, 원고들이 자신들의 권리를 구제받기 위하여 종래 관습법의 효력을 다투면서 자신들이 피고 종회의 회원(종원) 자격이 있음을 주장하고 있는 이 사건에 대하여도 위와 같이 변경된 견해가 적용되지 않는다면, 이는 구체적인 사건에 있어서 당사자의 권리구제를 목적으로 하는 사법작용의

본질에 어긋날 뿐만 아니라 현저히 정의에 반하게 되므로, 원고들이 피고 종회의 회원(종원) 지위의 확인을 구하는 이 사건 청구에 한하여는 위와 같이 변경된 견해가 소급하여 적용되어야 할 것이다.

제3장 민법의 기본원리

제1절 총 설

민법은 조문 하나 하나가 단순히 모아진 집합이 아니라 일정한 원리에 의하여 체계적으로 구성되어 있다. 여기서 민법을 체계적으로 구성케 하는 지침이 되는 원리가 민법의 기본원리이며, 이를 민법의 지도원리라고도 한다. 따라서 민법의 기본원리를 파악하는 것은 민법을 올바르게 이해하고 타당한 해석을 하기 위한 전제라고 할 수 있다.

그런데 우리 민법의 모범이 된 근대 민법은 개인주의적 법원리(근대 민법의 3대 원칙)에 기초하여 19세기에 만들어졌으며, 20세기에 들어와서 사회성, 공공성이 강조되면서 상당한 수정을 가한 것이라고 할 수 있다. 따라서 우리 민법의 기본원리를 이해함에 있어서는 먼저 근대 민법의 개인주의적 법원리를 살펴보고, 위 원리들이 20세기에 들어와서 어떻게 수정되었는지를 이해하여야 한다.

제2절 근대 민법의 기본원리

I. 개 관

근대 민법은 각 개인을 봉건적 구속으로부터 해방하고, 모든 사람이 법 앞에 자유, 평등한 인격체임을 전제로 한 개인주의 및 자유주의 터전 위에 만들어졌다. 이에 따라 근대 민법은 봉건적 구속으로부터 벗어난 자유롭고 독립적인 개인을 기본적 요소로 삼는 사적 자치의 원칙(자유인격의 원칙)에 의하여 그 체계가 세워졌다. 여기서 근대 민법은 사적 자치의 원칙을 실현하기 위해서 사유재산권존중의 원칙(소유권절대의 원칙), 계약자유의 원칙, 과실책임의 원칙이라는 개인주의적 법원리를 인정하고 있으며, 이를 근대 민법의 기본원리(근대 민법의 3대 원칙)이라고 한다. 이 밖에 근대 민법은 특히 가족법의 기본원리로 양성평등의 원칙을 인정하고 있다.

Ⅱ. 근대 민법의 3대 원칙

1. 사유재산권존중의 원칙

이는 프랑스 인권선언에서 유래하는 것으로서 소유권 등의 재산권은 국가(법) 이전에 존재하는 신성불가침한 것으로서, 비록 국가라 할지라도 부당한 제약을 가할 수 없다는 원칙으로서, 재산권의 중심이 소유권이라는 의미에서 '소유권절대의 원칙'이라고도 한다. 이 원칙은 인간과 시민의 권리선언으로 불리는 1789년 주창된 프랑스 인권선언 제17조의 "재산(권)은 불가침의 신성한 권리이므로 법적으로 공공의 필요가 분명한 경우에, 또한 미리 정당한 배상을 지급한다는 조건이 붙지 않는 한 침해될 수 없다."는 규정에 기초하고 있다. 특히 사유재산권존중의 원칙에 의하여 19세기 초에 절대적인 소유권 등의 재산권존중이 확인되었고, 이는 자본주의를 발전시키는 데 견인차 역할을 하였다.

2. 계약자유의 원칙

(1) 의 의

봉건제도 아래에서는 개인의 사회생활관계는 주로 신분에 의하여 정해지고 본인의 의사에 의하여 자유로이 정할 수 있는 범위는 극히 제한적이었다. 그러나 근대 사회는 개인이 사회생활을 함에 있어서 각자 자기의 의사에 따라 자유로이 계약을 체결할 수 있게 되었으며, 이를 계약자유의 원칙 또는 '사적 자치의 원칙'이라고 한다. 이는 계약이 법률행위의 중심을 이루는 것이므로, 법률행위자유의 원칙, 개인의사자치의 원칙이라고도 한다.

(2) 내 용

계약자유의 원칙은 다음 네 가지의 자유를 그 내용으로 한다.

1) 계약체결의 자유

이는 계약을 체결하느냐 않느냐, 더 나아가 어떤 계약을 체결할 것인가의 자유를 말한다.

2) 상대방선택의 자유

이는 어느 특정인을 상대방으로 하여 계약을 체결할 것인가의 자유를 말한다.

3) 내용결정의 자유

이는 계약체결의 당사자가 그 계약의 내용을 결정할 수 있는 자유를 말한다. 이는 계약내용을 변경하거나 보충하는 것을 포함한다.

4) 방식결정의 자유

이는 어떠한 방식에 의해서 계약을 체결할 것인가를 당사자가 자유롭게 정할 수 있는 자유를 말한다.

3. 과실책임의 원칙

봉건제도 아래서는 시민은 자신의 잘못이 없는데도 지배계층에 의하여 책임이 강제 당하는 경우가 많았었다. 그러나 근대 민법은, 자기의 고의 또는 과실로 인한 경우에만 책임을 지고, 그 이외의 경우에는 책임이 없다는 원칙에 기초하고 있다. 여기서 개인은 자기의 고의, 과실로 인한 행위에 대하여서만 책임을 지고, 타인의 행위에 대하여서는 책임을 지지 않는다는 의미에서 과실책임의 원칙을 '자기책임의 원칙'이라고도 한다.

Ⅲ. 양성평등의 원칙(남녀평등의 원칙)

여성 참정권 운동을 이끌었던 올랭프 드 구즈는 1789년 주창된 프랑스 인권선언을 비판하면서 1791년 '여성과 여성 시민의 인권선언'을 발표하였다. 구즈가 발표한 위 선언 제17조는 "재산(권)은 남성과 여성이 함께 있든 헤어져 있든 둘 다에 속한다. 남성과 여성 각자에게 그것은 신성불가침의 권리이므로, 누구도 법적으로 확인된 공공의 필요가 분명한 경우(명백히 요구되는 경우)가 아니고서는 그리고 사전에 정당한 사전보상이 이루어지 않고서는 그것을 빼앗길 수 없다."고 주창한 것은 위 인권선언이 여성에 대한 고려가 분명하지 않았던 것을 비판하고, 양성평등에 기초한 사유재산권존중의 원칙(소유권절대의 원칙)을 강조하였다는 점에 가치가 있다.

위 양성평등의 원칙은 민법 중 특히 가족법의 기본원리로 더욱 강조되는 것으로서, 앞의 3대 원칙과 더불어 근대 민법의 4대 원칙으로도 평가할 수 있다.

제3절 근대 민법 3대 원칙에 대한 수정원리

I. 근대 민법과 3대 원칙의 문제점

근대 민법이 자유인격의 원칙을 실현하기 위해서 인정한 3대 원칙(사유재산권존중의 원칙, 계약자유의 원칙, 과실책임의 원칙)은 근대 사회에서 자본주의와 기업의 발전을 가져올 수 있도록 지대한 공헌을 하였다.

그런데 19세기 후반 이후 자본주의가 고도로 발전하면서 부익부와 빈익빈의 부조리, 노사 간의 갈등 등이 심화됨에 따라 소유권 등의 재산권과 사적 자치를 근간으로 하는 위의 개인주의적 법원리는 그 제한 필요성의 대두되었다.

이러한 자본주의사회의 모순을 어떻게 극복할 것인가의 문제에 대하여 사유재산권과 개인의 의사 자체를 배제함으로써 자본주의 자체를 부정하는 사회주의사회를 뒷받침하기 위한 법으로 나타난 것이 사회주의법과 사유재산제를 부정하는 생산수단의 국가, 집단소유권의 원칙(사소유권금지의 원칙)과 국가경제계획실현의 원칙이다.

그러나 이와는 달리 사유재산권과 계약자유의 원칙을 전면적으로 부정하는 것이 아니라 자본주의체제를 유지하면서 이의 모순을 부분적으로 수정하기 위하여 경제적 약자를 보호하고 노사 간의 대립을 완화하기 위하여 국가가 간섭하고 조정함으로써 사법적인 영역에 공법적인 요소가 가미되는 제3의 법의 영역인 사회법의 출현과 근대 민법 3대 원칙의 수정원리로 나타나게 되었다.

Ⅱ. 근대 민법 3대 원칙에 대한 수정원리(현대 민법의 수정원리)

1. 소유권공공복리의 원칙

사유재산권존중의 원칙은 자본주의의 문제점을 경험하면서 사회성·공공성이 재산권, 특히 소유권행사에 대한 제약원리로 나타나게 되었다. 특히 1919년 Weimar헌법은 "소유권은 의무를 부담하며, 그 행사는 공공의 이익에 좇아야 한다."고 규정하여(동법 153조 3항) 소유권공공복리의 원칙을 선언하고 있다. 이를 '소유권상대의 원칙'이라고도 한다.

2. 계약공정의 원칙

자본주의경제의 발달로 인하여 빈부(貧富)의 격차·노사(勞使) 간의 대립이 심화되고, 계약의 자유라는 이름 밑에 경제적 강자에 의한 계약의 강제가 있게 되어 계약자유는 '가진 자'(사회적·경제적 강자)에 있어서는 지배의 자유(무기)가 되고 '가지지 않은 자'(사회적·경제적 약자)에 있어서는 복종의 자유에 지나지 않게 되었다. 그리하여, 계약자유의 원칙은 계약의 공정을 실현하기 위하여 그 자체에 내재적인 제한이 따르지 않을 수 없게 되었다.

또한 자본주의사회의 문제점에 대하여 국가가 그 폐해를 제거하고 사회공공의 복리와 국민경제의 올바른 성장·발전을 위하여 여러 가지 간섭을 하고 제약을 가하게 되면서 기업과 소비자의 계약과 사업자와 근로자의 계약은 사법 외에 공법에 의한 규율을 같이 받게 되었다(사법의 공법화).

3. 무과실책임의 원칙(결과책임의 원칙)

자본주의사회의 발전은 위험성을 수반하는 현대적 기업의 발달과 자동차사고, 환경파괴 등 각종의 손해의 발생이 불가피하게 되었다. 그러나 위험성 있는 기업에서 생긴 손해는 그 기업으로 하여금 이를 배상하게 하는 것이 정의·공평에 맞는다고 하더라도 종래의 과실책임주의를 고집한다면 기업에 대하여 배상책임을 지우는 것이 불가능하거나 곤란한 경우가 많게 된다. 여기서 기업의 배상책임을 인정하기 위하여 과실이 없더라도 가해자의 행위로 인하여 손해가 발생하였다는 일정한 관계가 있으면 그것만으로 손해배상책임을 져야 한다고 원칙이 대두되었으며, 이것이 무과실책임의 원칙이다.

제4절 우리 민법의 기본원리

Ⅰ. 근대 민법의 기본원리의 반영

민법 제211조는 "소유자는 법률의 범위 내에서 그 소유물을 사용, 수익, 처분할 권리가 있다."고 규정하여 사유재산권존중의 원칙과 소유권절대의 원칙을 선언하고 있으며 제750조는 "고의 또는 과실로 인한 위법행위로 타인에게 손해를 가한 자는 그 손해를 배상할 책임이 있다."고 규정하여 과실책임의 원칙을 선언하고 있다.

또한 민법은 "법률행위의 당사자가 법령 중의 선량한 풍속 기타 사회질서에 관계없는 규정과 다른 의사를 표시한 때에는 그 의사에 의한다."고 규정하여 계약자유의 원칙을 간접적으로 선언하고 있다(105조).

이 밖에 우리 헌법 제36조는 "혼인과 가족생활은 개인의 존엄과 양성의 평등을 기초로 성립되고 유지되어야 하며, 국가는 이를 보장한다."고 규정하여 양성평등의 원칙(남녀평등의 원칙)을 선언하고 있으며, 이는 구즈의 비판을 입법적으로 수용하는 것으로 평가할 수 있다.

Ⅱ. 현대 민법의 수정원리의 반영

1. 소유권 공공복리의 원칙

민법은 헌법 제23조 제2항("재산권의 행사는 공공복리에 적합하도록 하여야 한다.")의 기본정신에 입각하여 소유권의 내용을 규정함에 있어서 "소유권은 법률의 범위 내에서 그 소유물을 사용·수익·처분할 권리가 있다."(211조)고 하여, 법률로써 소유권의 한계를 제한할 수 있도록 하였으며, 또 구민법(206조)에 있던 '자유'라는 문구를 삭제하였다. 따라서 민법 제211조는 사유재산권존중의 원칙과 소유권 공공복리의 원칙을 같이 선언하는 규정이라고 평가할 수 있다.

2. 계약공정의 원칙

민법은 계약공정의 원칙을 반영하여 반사회질서의 계약이나 불공정한 계약을 무효로 다루고 있다(103조, 104조). 위 규정은, 계약자유의 원칙을 제한하는 일반적·원칙적 규정이라 할 수 있다.

이 밖에 민법은 계약자유의 원칙의 네 가지 내용 각각을 제한하는 구체적 규정을 둠으로써 계약공정의 원칙을 반영하고 있다.

(1) 계약체결의 자유에 대한 제한

민법상 일정한 자(지상권자와 지상권설정자, 전세권자와 전세권설정자, 임차인 등)가 형성권인 지상물·부속물의 매수청구권의 행사에 의해서 상대방이 일정한 지상물·부속물에 대하여 매수에 대한 승낙이 있었던 것으로 간주되어 매매계약이 체결된 것으로 다루어지게 되므로(283조, 285조, 316조, 643조, 646조), 이는 일종의 계약체결의 자유에 대한 제한이라고 할 수 있다.

(2) 상대방선택의 자유에 대한 제한

노동조합가입을 이유로 한 고용거부의 금지와 부당노동행위에 따른 제재(노동조합 및 노동관계조정법 81조), 남녀고용평등과 일·가정 양립 지원에 관한 법률에 있어서의 성차별금지(동법 7조), 국가유공자 등 예우 및 지원에 관한 법률에 의한 국가기관 등의 취업지원 대상자를 일반직 공무원 등으로 채용하여야 할 채용의무(동법 32조) 등은 상대방선택의 자유를 제한하는 모습이다.

(3) 내용결정의 자유에 대한 제한

주택임대차보호법·상가건물임대차보호법·근로기준법·신원보증법등은 민법에 의한 강행법규에 해당되므로, 위 특별법에 반하는 계약내용은 무효가 된다(105조). 또한 대량거래 등에 있어서 정형화된 약관에 의하여 체결되는 계약인 '부합계약'(附合契約)에 의한 계약내용이 불공정약관인 경우에는, 약관규제에 관한 법률에 따라 무효가 된다(동법 6조). 예컨대 오늘날 사회문제화되고 있는 소속사의 연예인에 대한 불공정계약은 기획사의 연예인에 대한 사생활침해 및 직업선택권을 지나치게 제한하는 것이다. 이는 우리 민법의 불공정한 계약에 해당하여 무효로 취급되고(104조), 또 이러한 계약내용을 담은 약관은 약관규제에 관한 법률에 따른 불공정약관으로 무효가 된다.

(4) 방식결정의 자유에 대한 제한

민법은 서면에 의하지 않은 증여를 해제사유로 다루고 방식결정의 자유를 제한하고 있다(555조). 또 노동조합 및 노동관계조정법이 노동조합과 사용자 사이의 단체협약을 반드시 서면으로 작성하여 당사자 쌍방이 서명 또는 날인하도록 강제하고 있는 것도 방식결정의 자유에 대한 제한이다(동법 31조).

(5) 국가의 허가나 증명을 요하는 계약

계약의 당사자에게 계약체결의 자유가 인정될 뿐만 아니라 계약내용도 자유로이 결정할 수 있으나, 계약이 유효하기 위하여서는 일정한 행정관청의 허가를 필요로 한다든가 또는 일정한 증명이 있어야 하는 경우가 있다(예컨대 사립학교법 28조, 전통사찰보존 및 지원에 관한 법률 9조, 농지법 8조 등). 이 또한 계약자유의 원칙에 대한 제한이라고 할 수 있다.

3. 무과실책임의 원칙

민법은 과실책임을 원칙으로 하면서(750조), 일정한 경우에는 예외적으로는 무과실책임을 인정하고 있다. 즉 책임제한능력자를 감독하는 자의 책임(755조), 피용자의 불법행위로 인한 사용자의 책임(756조), 공작물의 점유자와 소유자의 책임(758조) 및 동물의 점유자의 책임(759조) 등은 모두 과실책임의 원칙을 수정한 것들이다. 이 밖에 제조물책임법, 자동차손해배상보장법 등의 특별법은 제조자의 책임, 자동차사고의 책임 등에 대하여 무과실책임을 채택하고 있다.

관련판례

계약자유의 원칙의 제한과 그 한계

① 계약자유의 원칙은 사적소유권절대의 원칙 및 과실책임의 원칙과 더불어 근대 사법의 기초를 이루고 있으나 계약자유의 무제한한 허용은 경제적 약자의 지위에 있는 계약당사자를 부당하게 압박하여 가혹한 결과를 초래할 수 있으므로 국가는 당사자 사이의 실질적 불평등을 제거하고 공정성을 보장하기 위하여 계약의 체결 또는 그 내용에 간섭할 필요가 생기며, 민법 제398조 제2항이 규정하고 있는 손해배상예정액의 감액도 위와 같은 계약자유의 원칙에 대한 제한의 한 가지 형태에 다름 아니다(대판 1991. 3. 27. 90다14478).

② 계약자유의 원칙의 제한은 민법의 지배 원리인 신의성실의 원칙의 바탕 위에서 공정성 보장을 위하여 필요한 한도 내에서 이루어져야 하며 이러한 한도를 외면한 자의적인 제한은 계약자유의 본질을 침해하는 것이어서 허용될 수 없음을 유념하여야 할 것이다(대판 1991. 3. 27. 90다14478).

국가의 허가나 증명을 요하는 계약

① 구 농지개혁법 제19조 제2항 소정의 소재지관서의 증명을 얻지 아니한 채 체결된 농지의 매매계약을 원인으로 하여 매수인이 매도인을 상대로 소유권이

전등기절차의 이행을 청구하는 경우에는 적어도 사실심의 변론이 종결될 때까지는 위의 증명을 얻지 않으면 안 된다(대판 1993. 10. 8. 93다30747).

② 매매계약 당시 농지이던 토지가 사실상 대지화되었다가 그 후 다시 농지로 복구되어 원심 변론종결시까지 매도인에 의하여 경작되고 있다면 위 토지에 관한 매매계약은 결국 농지에 관한 매매라고 볼 수밖에 없다 할 것이므로 그 매매를 원인으로 한 소유권이전등기에 있어서는 소재지관서의 증명이 필요하다(대판 1993. 10. 8. 93다30747).

③ 농지에 관하여 소유권이전등기가 마쳐진 경우에는 농지매매에 관한 소재지관서의 증명이 있었다고 추정이 되고 또 그 증명에 관한 사항은 직권조사사항이 아니므로 그 증명이 없었다는 사실은 이를 다투는 자에게 그 입증책임이 있다(대판 1993. 11. 9. 93다28928).

④ 구 사립학교법(1990. 4. 7. 법률 제4226호로 개정되기 전의 것) 第28조 제1항의 취지는 학교법인의 기본재산에 관한 거래계약 자체를 규제하려는 것이 아니라 사립학교를 설치·운영하는 학교법인의 재정적 기초가 되는 기본재산을 유지·보전하기 위하여 감독청의 허가 없이 그 기본재산에 관하여 타인 앞으로 권리이전되거나 담보권·임차권이 설정되는 것을 규제하려는 것이라고 할 것이므로, 반드시 기본재산의 매매 등 계약 성립 전에 감독청의 허가를 받아야만 하는 것은 아니고, 매매 등 계약 성립 후에라도 감독청의 허가를 받으면 그 매매 등 계약이 유효하게 된다(대판 1998. 7. 24. 96다27988).

⑤ 학교법인이 감독청의 허가 없이 기본재산인 부동산에 관한 매매계약을 체결하는 한편 그 부동산에서 운영하던 학교를 당국의 인가를 받아 신축교사로 이전하고 준공검사까지 마친 경우, 위 매매계약이 감독청의 허가 없이 체결되어 아직은 효력이 없다고 하더라도 위 매매계약에 기한 소유권이전등기절차 이행청구권의 기초가 되는 법률관계는 이미 존재한다고 볼 수 있고 장차 감독청의 허가에 따라 그 청구권이 발생할 개연성 또한 충분하므로, 매수인으로서는 미리 그 청구를 할 필요가 있는 한, 감독청의 허가를 조건으로 그 부동산에 관한 소유권이전등기절차의 이행을 청구할 수 있다(대판 1998. 7. 24. 96다27988).

Ⅲ. 우리 민법의 기본원리 총괄

우리 민법은 근대 민법을 모범으로 하여 제정되었으며, 그 기본원리도 민법전에 수용되어 있다. 특히 우리 헌법은 자유민주주의에 입각하여 인간의 존엄성을 모든 법의 기본이념으로 삼고 있으며(동법 10조 참조), 이에 기초하여 아래와 같이 근대 민법의 기본원리를 민법전에 반영하고 있다. 따라서 근대 민법의 3대 원칙(소유권절대의 원칙, 계약자유의 원칙, 과실책임의 원칙)과 양성평등의 원칙은 개인의사를 존중하는 원리로서 민법, 나아가 사법의 최고원리라고 할 수 있다.

한편, 헌법은 "모든 국민의 재산권은 보장된다. … 재산권의 행사는 공공복리에 적합하도록 하여야 한다."고 규정하여(동법 23조) 개인주의적 법원리를 공공복리의 원칙으로 조화하고 있다. 또한 우리 민법은 계약자유의 원칙은 계약공정의 원칙으로, 과실책임의 원칙은 무과실책임의 원칙으로 일정 부분 제한을 가하고 있다. 이 밖에 우리 민법은 개인의 권리행사와 의무이행에 대한 제한원리로 신의성실의 원칙과 권리남용금지의 원칙을 첫머리에 규정하고 있으며(2조), 위 원칙에 의하여 개인주의적 법원리는 일정 부분 제한받게 된다.

이들 기본원리들을 종합하면 사생활관계를 규율하는 우리 민법의 최고원리는 근대 민법의 3대 원칙(사유재산권존중의 원칙, 계약자유의 원칙, 과실책임의 원칙)을 반영하는 사적 자치의 원칙이라고 할 수 있다. 따라서 민법의 해석과 적용에 있어서는 무엇보다도 위 원칙이 가장 중요시되어야 한다. 그러나 이에 따른 개인의 이익이 사회·공공의 이익을 해하는 경우, 사적 자치를 예외적으로 제한하는 원리로서 현대 민법의 수정원리(소유권공공복리의 원칙, 계약공정의 원칙, 무과실책임)와 신의성실의 원칙, 권리남용의 금지의 원칙과 사회질서, 거래안전 등이 사회적 조정의 원칙으로 다루어져야 할 것이다.

제4장 민법의 해석

제1절 서 설

Ⅰ. 민법의 해석의 의의

민법의 해석이라 함은 민법 규범이 가지는 의미와 그 내용을 명백히 확정하는 것을 말한다. 즉, 민법을 구체적인 사건에 적용하기 위해서 그 전제가 되는 실질적 민법을 이루는 민법의 법원(法源)의 의미와 내용을 확정하는 것이 민법의 해석이다. 이러한 민법의 해석은 관습민법과 같은 불문민법에서는 관행에 의하여 그 법의 존재가 평가되기 때문에 주로 추상적이고 고정적인 성문민법에서 주로 다루어진다.

Ⅱ. 해석의 표준

민법의 해석이 제멋대로 되지 않고 객관성을 확보하기 위해서는 입법의 목적에 맞게 해석해야 하며, 실제 일어나는 구체적인 민사사건에 적용해서 구체적 사안에 맞는 가장 타당한 해결이 될 수 있도록 하여야 하며, 이를 구체적 타당성이라고 한다. 또한 민법의 해석은 사람이나 각 사건에 따라서 서로 달라지지 않아야 하며, 이를 법적 안정성이라고 한다. 따라서 민법의 해석은 구체적 타당성과 법적 안정성을 같이 조화하는 것을 사명으로 하며, 위의 두 표준이 서로 충돌하는 경우에는 누구에게나 적용되어야 할 법의 획일적 성질로 인해서 원칙적으로 법적 안정성이 먼저 고려되어야 한다. 판례도 "법해석의 목표는 어디까지나 법적 안정성을 저해하지 않는 범위 내에서 구체적 타당성을 찾는 데 두어야 한다."고 하여 법적 안정성을 우선해서 고려되어야 한다는 입장을 취하고 있다(대판 2009. 4. 23. 2006다81035).

관련판례

민법의 해석 표준

법은 원칙적으로 불특정 다수인에 대하여 동일한 구속력을 갖는 사회의 보편타당한 규범이므로 이를 해석함에 있어서는 법의 표준적 의미를 밝혀 객관적 타당성이 있도록 하여야 하고, 가급적 모든 사람이 수긍할 수 있는 일관성을 유지함으로써 법적 안정성이 손상되지 않도록 하여야 한다. 그리고 실정법이란 보편적이고 전형적인 사안을 염두에 두고 규정되기 마련이므로 사회현실에서 일어나는 다양한 사안에서 그 법을 적용함에 있어서는 구체적 사안에 맞는 가장 타당한 해결이 될 수 있도록, 즉 구체적 타당성을 가지도록 해석할 것도 요구된다.

요컨대, 법해석의 목표는 어디까지나 법적 안정성을 저해하지 않는 범위 내에서 구체적 타당성을 찾는 데 두어야 한다. 그리고 그 과정에서 가능한 한 법률에 사용된 문언의 통상적인 의미에 충실하게 해석하는 것을 원칙으로 하고, 나아가 법률의 입법 취지와 목적, 그 제·개정 연혁, 법질서 전체와의 조화, 다른 법령과의 관계 등을 고려하는 체계적·논리적 해석방법을 추가적으로 동원함으로써, 앞서 본 법해석의 요청에 부응하는 타당한 해석이 되도록 하여야 한다.

한편, 법률의 문언 자체가 비교적 명확한 개념으로 구성되어 있다면 원칙적으로 더 이상 다른 해석방법은 활용할 필요가 없거나 제한될 수밖에 없고, 어떠한 법률의 규정에서 사용된 용어에 관하여 그 법률 및 규정의 입법 취지와 목적을 중시하여 문언의 통상적 의미와 다르게 해석하려 하더라도 당해 법률 내의 다른 규정들 및 다른 법률과의 체계적 관련성 내지 전체 법체계와의 조화를 무시할 수 없으므로, 거기에는 일정한 한계가 있을 수밖에 없다(대판 2009. 4. 23. 2006다81035).

제2절 민법해석의 방법

Ⅰ. 민법해석의 방법 개관

민법의 해석의 방법은 국가기관에 의한 권한 있는 해석인 공권해석(유권해석)과 국가기관에 의하여 권한이 부여되어 있지 않고 다만 학리적 사고에 의한 해석인 학리해석(무권해석)으로 나누어진다. 여기서, 공권해석은 법을 해석하는 국가기관의 모습에 따라 입법해석·사법해석·행정해석으로 나누어지고, 학리해석은 법조문의 의미를 어떻게 이해할 것인가에 따라 문리해석과 논리해석으로 나누어진다. 다만, 유권해석도 학리해석을 그 기초로 하게 된다.

Ⅱ. 공권해석

1. 입법해석

입법해석은 법령의 용어를 법문(法文) 중에서 해석하는 경우이다. 예컨대 민법 제98조에서 '물건의 정의'와 관련하여 "본법에서 물건이라 함은 유체물(有體物) 및 전기 기타 관리할 수 있는 자연력을 말한다."고 규정하고 있는 것이 그 대표적인 예이다. 또, 근로기준법에서 '근로자의 정의'와 관련하여 "'근로자'란 직업의 종류와 관계없이 임금을 목적으로 사업이나 사업장에 근로를 제공하는 자를 말한다."고 규정하고 있는 것(동법 2조 1호)과 '사용자의 정의'와 관련하여 "'사용자'란 사업주 또는 사업 경영 담당자, 그 밖에 근로자에 관한 사항에 대하여 사업주를 위하여 행위하는 자를 말한다."고 규정하고 있는 것(동법 2조 2호)도 그 예이다. 이와 같은 입법해석은 그 자체가 해석을 포함하는 독립한 법규라는 뜻에서 법규해석이라고도 하고, 개념에 대한 정의를 다루고 있는 규정이라는 뜻에서 당해 조문을 정의규정(定義規定)이라고도 한다.

2. 사법해석

사법해석은 법관이 법을 적용함에 있어서 판결을 통하여 행하는 해석이다. 법원조직법 제8조는 "상급법원의 재판에 있어서의 판단은 당해 사건에 관하여 하급심을 기속한다."고 규정하고 있으므로, 대법원의 판결을 통한 당해 사건에 관한 법규범의 내용에 대하여는 하급심을 구속하는 권위를 가지게 된다.

예컨대 대법원은 이미 부동산을 매각한 매도인이 또 다른 매수인에게 중복하여 매각한 부동산 이중매매가 민법 제103조의 반사회질서의 법률행위로서 무효가 되느냐의 여부에 관하여 "부동산 이중매매는 당연히는 무효가 아니고 유효인 법률행위이나, 제2매수인이 매도인의 배임행위에 적극 가담한 경우에는 반사회질서의 법률행위로서 무효가 된다."고 판단하고 있는 것(대판 1980. 5. 27. 80다565)이 그 대표적인 예이다.

3. 행정해석

행정해석은 행정관청이 법을 집행함에 있어서 질의에 대한 회답·훈령·지령 등의 모습으로 내린 해석이다.

예컨대 한국공인중개사협회(전 전국부동산중개업협회)에서 민법상 중개계약을 체결하는 '중개'와 관련해서 '변호사가 부동산중개업을 할 수 있는지'를 질의한 데 대하여 법무부가 "공인중개사법 소정의 '중개'는 법률사무에 포함되지 않는다고 봄이 타당할 것으로 판단되므로 변호사는 공인중개사처럼 중개대상물의 매도인(임대인), 매수인(임차인) 등 당사자 양측의 사이에서 계약을 성사시키기 위한 알선행위는 할 수 없다고 할 것이다."고 회답하였다(법무 61005-140호, 2002. 1. 24). 이는 변호사의 '법률사무'와 공인중개사의 '중개업무'의 독립성에 대하여 상급행정기관이 내린 대표적인 행정해석의 예이다.

사례연구 분묘기지권의 취득과 사법해석

〈사건의 개요〉

원고 甲은 자기 소유의 토지 A에 증조모의 분묘 B가 설치되어 있는 乙에게 甲이 세운 경고판을 넘어뜨려 분묘를 설치하였고 피고 乙이 자신의 소재를 들어내지 않았으므로 B에 대한 분묘기지권의 성립요건을 갖추지 못하였다고 주장하여 B의 이전을 청구하였다. 이에 대해 乙은 B가 증조모가 사망한 무렵인 1880년 내지 1890년경에 설치되었다고 주장하면서 적어도 丙이 B를 관리하여 온 1972년경에는 설치된 것이므로 그때부터 20년이 넘도록 甲과 별다른 다툼 없이 평온·공연하게 분묘(B)의 기지(基地)를 점유하여 왔음을 입증하면서 자신이 분묘기지권을 취득하였으므로 B를 이전할 의무가 없다고 항변하였다.

위 당사자의 다툼에 대하여 원심이 원고의 주장을 배척하자 원고는 상고하였다.

〈대법원판결의 요지〉

위 원심판결에 대해서 대법원은 다음과 같은 요지로 상고를 기각하고 원고의 주장을 배척하고 있다(대판 1996. 6. 14. 96다14036).

[1] 평온한 점유 및 공연한 점유의 의미

평온한 점유란 점유자가 점유를 취득 또는 보유하는데 있어 법률상 용인될 수 없는 강포(强暴)행위를 쓰지 않는 점유이고, 공연한 점유란 은비의 점유가 아닌 점유를 말한다.

[2] 관습상 분묘기지권의 시효취득 요건 및 등기의 요부(소극)

타인 소유의 토지에 소유자의 승낙 없이 분묘를 설치한 경우에는 20년간 평온, 공연하게 그 분묘의 기지를 점유하면 지상권 유사의 관습상의 물권인 분묘기지권을 시효로 취득하는데, 이러한 분묘기지권은 봉분 등 외부에서 분묘의 존재를 인식할 수 있는 형태를 갖추고 있는 경우에 한하여 인정되고, 평장되어 있거나 암장되어 있어 객관적으로 인식할 수 있는 외형을 갖추고 있지 아니한 경우에는 인정되지 않으므로, 이러한 특성상 분묘기지권은 등기 없이 취득한다.

Ⅲ. 학리해석

1. 문리해석

문리해석은 법조문의 문자가 가지는 의의에 따라서 법문의 자구(字句)에 얽매여서 법규의 의미를 확정하는 해석의 방법이다. 문리해석은 학리해석의 첫 단계이다. 예컨대 임대주택의 분양전환시 우선분양권을 갖는 임차인의 의미를 해석함에 있어서 임대사업자와 임대차계약을 체결한 당사자 본인으로서의 임차인만을 의미하고, 실제 거주하고 있는 사람(실질적 임차인)을 포함시키지 않는 것으로 해석하는 것이 그 예이다.

관련판례

문리해석

구 임대주택법(2005. 7. 13. 법률 제7598호로 개정되기 전의 것) 제15조 제1항에서 규정하는 '임차인'이란 어디까지나 그 법률이 정한 요건과 절차에 따라 임대주택에 관하여 임대사업자와 임대차계약을 체결한 당사자 본인으로서의 임차인을 의미하고, 이와 달리 당사자 일방의 계약 목적, 경제적 부담이나 실제 거주 사실 등을 고려한 '실질적 의미의 임차인'까지 포함한다고 변경, 확장 해석하는 것은 법률 해석의 원칙과 기준에 어긋나는 것으로서 받아들일 수 없다(대판 2009. 4. 23. 2006다81035).

2. 논리해석

논리해석은 법문의 자구(字句)에 얽매이지 않고 법질서 및 법전 전체와의 유기적인 관련 하에 입법의 목적·제정 당시의 사회사정 및 현실의 요구·법규의 연혁 등을 참작하여 논리적인 타당성을 도모하는 해석이다. 판례도 법의 해석은 가능한 한 법률에 사용된 문언의 통상적인 의미에 충실하게 해석하는 것(문리해석)을 원칙으로 하여야 하나, 민법의 목적에 부합하는 타당한 해석이 되도록 하기 위해서 법률의 입법 취지와 목적, 그 제·개정 연혁, 법질서 전체와의 조화, 다른 법령과의 관계 등을 고려하는 체계적·논리적 해석방법을 추가적으로 동원하는 해석(논리해석)을 하여야 함을 강조하고 있다(대판 2009. 4. 23. 2006다81035). 논리해석은 학리해석의 두 번째 단계로서, 어떻게 논리적인 타당성을 도모하여 해석할 것인가에 따라 다음의 여러 가지 해석방법이 다루어진다.

(1) 확장해석

이는 법규의 내용에 포함되는 개념을 문자 자체의 보통의 뜻보다 확장해서 효력을 인정함으로써 법의 타당성을 확보하려는 해석의 한 방법이다. 예컨대 민법 제752조의 '생명침해로 인한 위자료청구권자의 범위 중 '배우자'의 개념을 법률상의 배우자뿐만 아니라 사실상의 배우자(혼인신고가 되어 있지 않고 단순히 사실상 부부생활의 실제를 영위하고 있는 배우자)도 포함시켜서 해석하는 것이 그 예이다.

(2) 축소해석

이는 확장해석의 정반대의 경우로서, 법규의 내용에 포함되는 개념을 문자 자체의 보통의 뜻보다 축소시켜 해석함으로써 법의 타당성을 확보하려는 해석의 한 방법이다. 예컨대 근로기준법 제38조의 근로자의 임금채권의 우선변제권행사의 대상이 되는 '사용자'의 개념을 동법 제2조 제2호의 사용자 중 '사업주'에 한정하여 그 범위를 해석하는 것이 그 예이다.

(3) 반대해석

이는 서로 반대되는 A와 B라는 두 개의 사실 중의 A의 사실에 관하여서만 규정되어 있는 경우에, B에 관하여서는 법문과 반대의 결과를 인정하는 해석방법이다. 예컨대 민법 제762조는 태아에게 예외적으로 권리능력을 인정하는 개별적 보호주의의 모습으로 불법행위에서 "태아는 손해배상청구권에 관하여는 이미 출생한 것으로 본다."고 규정하고 있는데, '불법행위'가 아닌 '채무불이행'으로 인한 경우에는 태아에게 손해배상청구권을 인정하지 않는 것이 그 예이다.

(4) 유추해석

이는 A와 B라는 유사한 두 개의 사실 중 법규에 A라는 하나의 사실에 관하여서만 규정되어 있는 경우에 B라는 다른 사실에 대하여서도 이와 같은 효과를 인정하는 해석방법이다. 예컨대 인접하는 부동산소유자 사이에 부동산의 상호이용을 합리적으로 조절하기 위한 법률관계 중 민법 제217조의 '매연 등에 의한 인지(隣地)에 대한 방해금지' 등의 상린관계의 규정을 부동산 소유자 아닌 서로 인접하는 부동산 임차인 사이에도 적용하는 것이 그 예이다. 그러나 형법에서는 "법률 없으면 범죄 없고, 법률 없으면 형벌 없다."는 죄형법정주의의 원칙에 따라 행위자에게 불리한 유추해석이 금지된다.

(5) 물론해석

이는 법문이 경미하거나 좁은 것에 관하여 규정하고 있는 경우에 대하여 입법상의 취지로 미루어 다른 사항(정황이 더욱 중하거나 넓은 사항)에 관하여는 그 성질상 더 한층 강한 이유로 타당한 경우에, 그 법문의 규정이 적용된다고 해석하는 방법이다. 예컨대 민법 제396조·제763조는 손해배상과 관련하여 "채권자(피해자)에게 과실이 있는 경우는 손해배상의 책임 및 그 금액을 정함에 있어서 이를 참작하여야 한다."고 규정하고 있는데, 이는 채무자(가해자)가 채권자(피해자)에게 부담하는 손해배상의 공평·타당을 기한다는 취지를 고려할 때 채권자에게 '과실' 아닌 '고의'가 있는 경우에도 당연히 과실상계를 적용하는 것이 그 예이다.

(6) 연혁해석

이는 입법자의 의도, 의사록 등 입법 당시의 여러 사정을 두루 참작하여 법규의 의미를 보충하여 법규 본래의 뜻을 밝히는 해석을 말한다. 예컨대 민법 제1조에 의한 관습법의 효력을 보충적 효력으로 이해할 것인가 변경적 효력으로 이해할 것인가에 대한 해석에 있어서, 민법안 심의 당시 현행 민법 제1조와 다른 개정안("민사에 관하여는 법률 또는 관습법이 없으면 조리에 의한다.")이 제출되었으나 개정안이 부결되고 현행 민법대로 체결된 것을 근거로 관습법의 보충적 효력설을 주장하는 것(송덕수 21면)이 그 예이다.

(7) 변경해석(보정해석)

이는 법문의 용어에 명백한 착오나 잘못이 있는 경우, 법문의 자구를 변경 또는 보정하여 법의 본래의 뜻에 합당하도록 해석하는 방법이다. 예컨대 민법 제7조는 "법정대리인은 미성년자가 아직 법률행위를 하기 전에는 전2조의 동의와 허락을 취소할 수 있다."고 규정하고 있는데, 우리 민법은 취소와 철회를 구별하고 있음을 고려해서 위 제7조의 '취소'를 소급효가 없는 '철회'로 해석하는 것이 그 예이다.

제5장 민법의 적용과 효력

제1절 민법의 적용

Ⅰ. 민법의 적용의 의의

민법의 적용이라 함은 구체적인 민사관계(민법에 의하여 규율되는 생활관계)를 해석에 의하여 확정된 민법 법규에 의하여 평가하여 잘잘못을 판단하는 것이다.

Ⅱ. 민법 적용의 단계

법원(法院)은 일반적으로 확정된 사실에 대하여 법규범을 다음과 같은 3단계에 따라 적용하게 된다. 즉, 민법 적용의 단계를 보면 우선 구체적 사건의 내용을 확정하고(사실문제), 다음에 당해 사건에 관한 법규의 의미나 내용을 명확히 한 후(법률문제), 일반적·추상적인 법규를 대전제로 하고 구체적인 사실을 소전제로 하여 법적 판단을 내린다(법의 적용).

(1) 예컨대 A 토지 소유자 甲과 인접하는 B 토지 소유자 乙이 B 토지 위에 건물 C(10층 건물)를 소유하고 있었는데, C가 A 토지 중 0.3㎡를 침범하고 있는 경우, 甲과 乙 사이에 권리침해 여부를 두고 다툼이 있는 과정을 사례로 민법의 적용단계를 본다. 첫째 단계로 위 사례에서 甲과 乙 사이에 법적인 의미 있는 사실이 무엇인지와 당사자 사이의 주장을 확정해야 한다. 예컨대 甲은 乙의 C 건물이 자기의 A 토지를 0.3㎡ 침범하였다는 이유로 침범부분에 대한 건물철거 및 그 침범토지부분을 자기에게 인도할 것을 청구하고 있는 사실, 이에 대해서 乙은 침범부분이 극히 작고 침범한 건물을 철거하는데 막대한 비용이 소요될 뿐만 아니라 건물의 효용을 크게 해치는데 비해 甲으로서는 이를 인도받는다 하더라도 경제적 가치가 크지 않으므로 위 甲의 청구는 권리남용에 해당한다고 항변하고 있는 사실 등을 확정하는 것이 사실문제이다.

(2) 둘째 단계로 위 사건에 관한 甲의 주장의 근거인 민법 제213조·214조의 소유물반환청구권 및 소유물방해제거청구권과 乙의 항변의 근거인 민법 제2조 제2항의 권리남용금지의 원칙의 법규의 의미나 내용을 명확히 하는 것이 법률문제이다.

(3) 끝으로 위 사안에서 "권리는 남용하지 못한다."는 민법 제2조 제2항의 규정을 대전제로 하고, 위 당사자 주장을 소전제로 하여 "甲의 乙에 대한 건물철거 및 침범토지 인도청구는 권리남용이다."라고 법적인 판단(판결)을 내리는 것이 마지막 단계인 법의 적용이다.

Ⅲ. 민법의 적용과 전문용어의 해석

민법을 적용함에 있어서 그 전제가 되는 각종의 법규범의 전문용어와 관련하여서는 준용·추정·간주·의제 등이 중요시되며, 이는 다음과 같이 해석된다.

1. 준 용

준용(準用)은 입법기술상의 한 방법으로 법규를 제정할 때에 법률의 간결을 위하여 비슷한 사항에 관하여는 유사한 다른 법규를 유추 적용할 것을 규정한 것이다(290조 참조).

2. 의 제

의제(擬制)는 당사자에게 증거에 의하여 사실을 인정하는 입증에 대한 부담을 지우지 않게 하기 위하여 법의 규정에 의하여 사실을 인정하는 것이다(826조의2 참조). 이에는 추정과 간주가 있다.

3. 추정, 간주

추정(推定)은 법의 규정에 의하여 사실을 인정하는 것 중 반대의 증거가 제출되면 법규정의 적용이 배제되는 의제의 방법이다(30조 참조). 이에 비하여 간주(看做)는 법의 규정에 의하여 사실을 인정하는 것 중 반대의 증거제출을 허용하지 않고 바로 법률이 정한 효력을 당연히 생기게 하는 의제의 방법으로서, 우리 민법은 이를 "…으로 본다."고 표현하고 있다(28조).

제2절 민법의 효력

Ⅰ. 때에 관한 효력

1. 의 의

민법의 때에 관한 효력은 민법이 언제부터 언제까지 효력을 갖는가의 시간적 한계에 관한 것이다. 성문민법은 그 시행일부터 폐지일(시행기간, 유효기간)까지 효력을 갖는다. 관습민법은 성립시(관행에 대하여 불특정다수인이 법적 확신을 갖게 된 시점)부터 그 효력이 인정되나, 그 성격상 명백하지 않는 것이 보통이다.

2. 민법의 시행과 폐지

(1) 법의 시행

민법은 제정(또는 개정) 공포와 동시에 효력을 발생하는 것이 아니라, 원칙적으로 법이 공포된 후 국민들에게 이를 알리기 위한 일정한 기간, 즉 시행예정기간{일명 주지기간(周知期間)}의 경과 후에 시행된다. 여기서, 시행예정기간은 당해 법의 부칙에 특별히 정함이 없으면 20일이다(헌법 제53조 제7항 참조).

(2) 법의 폐지

법이 시행되는 한계시점인 폐지는 명시적 폐지와 묵시적 폐지로 나누어 볼 수 있다.

1) 명시적 폐지

명시적 폐지의 대표적인 모습으로는 법이 처음부터 미리 정하여 두고 해당 기간의 만료로 법이 소멸하는 한시법(限時法)의 기간이 만료된 경우를 들 수 있다. 예컨대 1987년 11월 28일, 법률 제3971호로 제정되었던 '혼인에 관한 특례법'은 1988년 1월 1일부터 12월 31일까지 1년 동안만 효력을 가졌으므로, 1988년 12월 31일에 명시적으로 폐지된 바 있다. 이 밖에 특정사항을 목적으로 하여 제정된 법에서 그 목적사항이 소멸된 경우와 신법이 구법의 폐지를 명시하고 있는 경우도 명시적 폐지의 한 예가 된다.

2) 묵시적 폐지

묵시적 폐지는 신법과 구법이 서로 충돌하는 경우, 신법우선의 원칙에 따라 구법이 폐지되는 경우가 가장 대표적이다. 그러나 특별법우선의 원칙에 따라 '신(新) 일반법'은 '구(舊) 특별법'을 폐지하지 못한다.

3. 법률불소급의 원칙

(1) 의 의

법률불소급의 원칙이라 함은 법은 그 시행기간 중에 발생한 사항에 대하여만 적용되고, 그 시행일 이전에 발생한 사항에 대하여는 소급하여 적용되지 않는다는 원칙을 말하며, 이는 법의 안정성·인권보장·기득권존중 등을 위하여 인정되는 법리이다. 헌법은 모든 국민은 행위시의 법률에 의하여 범죄를 구성하지 아니하는 행위로 소추되지 않는다는 것과 소급입법에 의하여 참정권의 제한을 박탈당하지 아니한다고 규정함으로써 이 원칙을 밝히고 있다(헌법 13조).

(2) 민법과 법률불소급의 원칙

민법은 "본법은 특별한 규정이 있는 경우 외에는 시행일 전의 사항에 대하여도 이를 적용한다."고 규정하여 소급효를 인정하고 있으며(민법 부칙 2조 본문), 따라서 법률불소급의 원칙은 법의 시행에 있어서 절대적 원칙은 아니다. 이는 민법에서 신법을 소급하여 적용하는 것이 민사관계와 관련된 사회현실의 요구에 적합하다는 취지에서 다루어지는 것이다.

(3) 경과규정

경과규정(經過規定)이라 함은 구법시대에 발생한 어떤 사항이 신법시대에도 계속 진행되는 경우에 신법과 구법 사이에 서로 충돌되는 규정을 해결하기 위하여 만들어진 규정을 말한다. 예컨대 우리 민법은 '법률행위로 인한 부동산소유권이전'에 관하여 구법 당시에는 등기를 요하지 않는 의사주의를 취하다가 신법인 현행 민법에서는 등기를 요하는 형식주의를 취하고 있는데, 이와 관련하여 민법 부칙 제10조 제1항이 "본법 시행일 전의 법률행위로 인한 부동산에 관한 물권의 득실변경은 이 법 시행일로부터 6년 내에 등기하지 아니하면 그 효력을 잃는다."고 규정하고 있는 것이 그 대표적인 예이다.

Ⅱ. 사람에 관한 효력

1. 속인주의와 속지주의의 원칙

민법은 속인주의{일명, 대인고권(對人高權)}의 효과로 국민이 자국 안에 있거나 타국에 있거나의 여부를 불문하고 모든 한국인에게 적용된다. 또 속지주의{일명, 영토고권(領土高權)}의 효과로 대한민국의 영토 안에 있는 모든 사람, 즉 한국인은 물론이고 외국인에게도 적용되는 것을 원칙으로 한다.

2. 원칙에 대한 예외

그러나 위의 원칙 중 외국인에 관하여는 사람의 신분·능력에 관한 예외가 있다. 즉, 외국의 원수나 외교사절 및 그의 가족 등의 일정한 신분을 가진 자는 국제법상 현재 체류하는 나라의 재판권·경찰권·과세권에 복종하지 않는 외교상의 특권인 '치외법권'에 따라 대한민국의 법의 효력이 제한된다. 또한, 주한미군의 경우는 주둔군 지위협정에 의하여 제한적으로만 대한민국의 법의 효력이 미치므로, 주한미군도 제한적으로 치외법권(治外法權)을 향유한다.

또, 각국의 사법(私法)이 통일되어 있지 않은 오늘날에 있어서는 각국의 사법 사이에 서로 '법의 충돌(저촉)'되는 문제가 발생하므로, 이의 해결을 위하여 우리나라는 2001년 4월 7일 법률 6465호로 국제사법을 제정하여 2001년 7월 1일부터 시행하고 있다.

Ⅲ. 장소에 관한 효력

1. 원 칙

대한민국의 민법은 영토·영해·영공 등 대한민국의 모든 영역에 그 효력이 미친다(헌법 3조 참조).

2. 예 외

(1) 국제법상의 예외

자국의 군함·선박·항공기가 공해 또는 타국에 있을 때에는 자국영토의 연장으로서, 이곳에 대하여서도 대한민국 민법의 효력이 미친다. 또한 외교사절의 공관·주한미군의 주둔지에는 치외법권에 따라 대한민국 민법의 효력이 제한된다.

(2) 국내법상의 예외

성문민법 중 지방의회 및 지방자치단체의 장이 민사와 관련해서 제정한 자치법규인 조례와 규칙은 성격상 당해 지방자치단체에만 적용되고, 다른 지역에는 적용되지 않는다.

제6장 민법상의 권리(사권)

제1절 법률관계

Ⅰ. 법률관계와 권리·의무관계

1. 법률관계의 의의와 내용

사람이 살아가는 도덕·종교(신앙)·법률 등의 여러 가지 사회생활관계 중 법에 의하여 규율되는 관계를 법률관계라고 한다. 법률관계는 당사자 사이에 누가 권리를 갖고 누가 의무를 부담하느냐에 관한 권리·의무관계를 그 핵심내용으로 한다.

예컨대 물건을 팔겠다는 매도인과 사겠다는 매수인 사이에 그 합의가 이루어져 매매라는 법률관계가 성립하면 매도인에게는 대금지급청구권과 재산권이전의무가 그 효과로서 나타나고, 매수인에게는 재산권이전청구권과 대금지급의무가 나타난다.

2. 법률관계와 권리·의무관계의 변모

근대 이전의 봉건사회에서는 각 개인은 신분상의 지배·복종의 체제 아래에서 의무가 법률관계의 중심을 이루었으나 근대 이후에는 각 개인이 모두 법 앞에 자유, 평등한 인격체라는 법인격평등의 원칙에 따라 권리가 법률관계의 내용으로 강조되었다.

또한 오늘날은 권리에 버금가게 의무의 측면이 같이 강조되어, 법률관계에서는 당사자 사이의 권리와 의무 모두가 법률관계의 내용으로 중요시된다고 할 수 있다.

Ⅱ. 호의관계와 법률관계

1. 호의관계의 의의와 법률관계와의 구별

호의관계는 호의에 의하여 일정한 이익을 주고받는 생활관계를 말한다. 예컨대 친구나 지나가는 행인의 편의를 위하여 자기 차에 동승시키거나 식사에 지인(知人)을 초대하는 경우가 이의 대표적인 모습이다. 이러한 호의관계는 제공자가 호의를 통하여 이익을 제공 받는 자에게 어떤 법률상 의무가 없음에도 불구하고 대가 없이 무상으로 급부를 하는 데 그 특징이 있으므로 당사자 사이에 권리·의무관계가 존재하지 않는다. 따라서 호의를 베풀고자 했던 제공자가 그 급부를 거절하여도 상대방은 이행청구권이나 채무불이행을 근거로 손해배상청구권을 행사하지 못하게 된다.

2. 호의관계와 법률관계의 적용

호의관계는 법률관계가 아니므로 원칙적으로 법률상의 권리·의무관계가 존재하지 않는다. 그러나 호의동승 중 자동차사고가 난 경우와 같이 호의관계를 통하여 손해가 발생한 경우에는 누가 그 손해를 부담할 것인가에 따라 법률관계가 적용된다(750조 참조). 판례도 호의동승으로 인해 자동차사고가 난 경우에 불법행위책임으로 다루고 있다(대판 1996. 3. 22. 95다24302).

관련판례

호의동승과 불법행위책임 인정

차량의 운행자가 아무런 대가를 받지 아니하고 동승자의 편의와 이익을 위하여 동승을 허락하고 동승자도 그 자신의 편의와 이익을 위하여 그 제공을 받은 경우 그 운행 목적, 동승자와 운행자의 인적관계, 그가 차에 동승한 경위, 특히 동승을 요구한 목적과 적극성 등 여러 사정에 비추어 가해자에게 일반 교통사고와 동일한 책임을 지우는 것이 신의칙이나 형평의 원칙으로 보아 매우 불합리하다고 인정될 때에는 그 배상액을 경감할 수 있으나(대판 1987. 12. 22. 86다카2994; 동 1989. 1. 31. 87다카1090 참조), 사고 차량에 단순히 호의로 동승하였다는 사실만 가지고 바로 이를 배상액 경감사유로 삼을 수 있는 것은 아니다(대판 1992. 11. 27. 92다24561; 동 1994. 11. 25. 94다32917; 동 1996. 3. 22. 95다24302).

제2절 권리와 의무

Ⅰ. 권 리

1. 권리의 의의 및 본질

권리(權利)의 본질이 무엇인가에 관하여는 종래 법에 의하여 주어진 의사의 힘이라고 하는 의사설, 법에 의하여 보호되는 이익 그 자체라고 하는 이익설, 일정한 이익을 누릴 수 있도록 법이 인정하는 힘이라고 하는 권리법력설 등의 견해가 대립되어 왔다. 이 중 의사설에 의하면 의사능력(사물변식능력)이 없는 자(어린아이 또는 심신장애자)의 권리를 설명하는 데 난점이 있고, 이익설에 의하면 친권(親權)과 같이 권리자에게 이익을 가져다주기보다 책임이 강조되는 권리를 설명하는데 난점이 있게 된다. 이러한 점에서 비교적 결함이 적은 권리법력설에 의하여 권리를 이해하는 것이 통설이다.

권리법력설에 따르면 '이익 그 자체'는 권리가 아니며, 이익을 누릴 수 있도록 법이 인정하는 힘, 즉 '법적 힘'이 권리이다. 따라서 민법상의 권리인 사권(私權)은 사법(私法)의 규율대상인 사생활관계에 있어서 특정의 생활이익을 누릴 수 있도록 특정인에게 주어진 법적 힘을 말한다.

2. 권리와의 구별개념

(1) 권 한

권한(權限)은 타인을 위하여 일정한 법률효과를 귀속시키는 행위를 할 수 있는 자격을 말한다. 따라서 권리의 경우는 권리자가 이를 행사하였을 때 자신에게 그 법률효과가 귀속됨에 비하여 권한의 경우는 권한자가 이를 행사하였을 때 타인에게 그 법률효과가 귀속된다는 점에서 양자는 구별된다. 예컨대 대통령의 법률 공포권·법률안 거부권, 법인 이사의 대표권·사무집행권, 감사의 감독권, 대리인의 대리권 등은 대표적인 권한의 모습이다.

(2) 권 능

권능(權能)은 권리의 내용을 구성하는 개개의 법률상의 작용을 말한다. 예컨대 민법 제211조는 "소유자는 법률의 범위 내에서 그 소유물을 사용, 수익, 처분할 수 있다."고 규정하고 있는데, 여기서 소유권은 권리이지만 이를 구성하는 개개의 작용으로서의 사용권·수익권·처분권은 권능으로서의 성질을 띤다는 점에서 양자는 구별된다. 그러나 권리가 1의 권능이 성립하는 경우에는 권리와 권능이 같이 취급된다.

관련판례

권능의 예(등기된 임차권의 권능)

등기된 임차권에는 용익권적 권능 외에 임차보증금반환채권에 대한 담보권적 권능이 있고, 임대차기간이 종료되면 용익권적 권능은 임차권등기의 말소등기 없이도 곧바로 소멸하나 담보권적 권능은 곧바로 소멸하지 않는다고 할 것이어서, 임차권자는 임대차기간이 종료한 후에도 임차보증금을 반환받기까지는 임대인이나 그 승계인에 대하여 임차권등기의 말소를 거부할 수 있다고 할 것이고, 따라서 임차권등기가 원인 없이 말소된 때에는 그 방해를 배제하기 위한 청구를 할 수 있다(대판 2002. 2. 26. 99다67079).

(3) 권 원

권원(權原)은 일정한 법률상 또는 사실상의 행위를 정당화시키는 법률상의 원인(근거)을 말한다. 예컨대 사람이 자신이 거주하는 주택에 살면서 의식주 등의 주거행위를 하는 것은 소유권·임차권·전세권 등의 법률상의 근거인 권원이 있기 때문이다.

관련판례

권원의 예(토지에 물건을 부합시킨 권원)와 판례

부동산에 부합된 물건이 사실상 분리복구가 불가능하여 거래상 독립한 권리의 객체성을 상실하고 그 부동산과 일체를 이루는 부동산의 구성부분이 된 경우에는 타인이 권원에 의하여 이를 부합시킨 경우에도 그 물건의 소유권은 부동산의 소유자에게 귀속된다(대판 1985. 12. 24. 84다카2428).

(4) 반 사 권

반사권(反射權)이란 법이 특정인 또는 일반인에게 어떠한 특정 행위를 명함으로써 그 반사적 효과에 의하여 또 다른 특정인이나 일반인이 받은 이익을 말하며, 이는 반사적 이익 또는 권리반사, 반사적 효과라고도 한다. 예컨대 민법 제103조에 따른 사회적 타당성이 없는 행위를 한 사람이 상대방에게 한 이행은 제746조의 불법원인급여가 되어 반환청구를 할 수 없게 되는데, 이는 급여를 한 사람이 그 원인행위가 법률상 무효라 하여 상대방에게 부당이득반환청구 또는 소유권에 기한 반환청구를 할 수 없게 되어 급여한 물건의 소유권이 상대방에게 귀속되는 것을 그 예로 들 수 있다. 이익을 누릴 수 있도록 법에 의하여 보호되는 법적 힘인 권리가 침해되었을 때는 법원에 소를 제기할 수 있는 것과는 달리 반사권은 그 이익의 향유와 관련하여 소를 제기할 수 없다는 점에서 양자는 구별된다.

관련판례

반사적 이익의 예(건축법상 도로 폭의 제한과 반사적 이익)

건축법에 건축과 관련하여 도로에 관한 폭 등의 제한규정이 있다 하더라도 이는 건물 신축이나 증, 개축 허가시 그와 같은 범위의 도로가 필요하다는 행정법규에 불과할 뿐 위 규정만으로 당연히 포위된 토지 소유자에게 그 반사적 이익으로서 건축법에서 정하는 도로의 폭이나 면적 등과 일치하는 주위토지통행권이 바로 생긴다고 할 수 없다(대판 1994. 2. 25. 93누20498).

Ⅱ. 의 무

1. 의 의

의무(義務)란 행위자가 자신의 개인적 의사와 관계없이 일정한 행위를 하여야 할 법적 구속(강제)을 말한다. 의무는 그 내용을 기준으로 행위자가 어떤 적극적인 거동인 작위를 하여야 할 작위의무와 어떤 행위를 하지 않을 것인 부작위를 하여 할 부작위의무로 나누어진다. 예컨대 물건을 산 매도인이 물권 값을 주어야 할 대금지급의무는 작위의무이나(568조 참조), 토지소유자는 매연, 열기체, 액체, 음향, 진동 기타 이에 유사한 것으로 이웃토지의 사용을 방해하거나 이웃거주자의 생활에 고통을 주지 아니하도록 적당한 조처를 할 의무는 부작위의무이다(217조 참조). 또 의무는 목적 달성에 필수불가결한 의무이냐의 여부를 기준으로 필수불가결한 의무인 본체적 의무(주된 의무)와 필수불가결하지 않은 의무인 부수적 의무로 나누어진다. 예컨대 매매에 있어서 매도인의 재산권이전의무와 매수인의 대금지급의무는 본체적 의무이나, 매도인이 목적물을 인도할 때까지 부담하는 선량한 관리자의 주의로써 보존하여야 할 의무와 매수인이 부담하기로 하는 공과세 부담의무는 부수적 의무이다.

관련판례

주된 의무, 부수적 의무와 해제 여부

채무불이행을 이유로 매매계약을 해제하려면, 당해 채무가 매매계약의 목적 달성에 있어 필요불가결하고 이를 이행하지 아니하면 매매계약의 목적이 달성되지 아니하여 매도인이 매매계약을 체결하지 아니하였을 것이라고 여겨질 정도의 주된 채무이어야 하고 그렇지 아니한 부수적 채무를 불이행한 데에 지나지 아니한 경우에는 매매계약 전부를 해제할 수 없다(대판 1999. 4. 7. 97다575).

2. 의무와의 구별개념(간접의무)

간접의무(間接義務)란 관련 규정에 위반하면 행위자에게 일정한 불이익이 나타나지만 그 상대방이 소를 제기하여 강제집행을 할 수 없고 의무위반에 대해서 손해배상이 발생하지 않는 것을 말한다. 법에서 의무라는 표현하는 것 중에서 증여자나 사용대주의 하자고지의무(559조·612조)나 계약의 성립과 관련하여 청약자의 상대방이 부담하는 승낙연착의 통지의무(528조 2항 및 3항)는 이의 대표적인 예이다. 이러한 간접의무를 책무(責務)라고도 한다.

3. 권리와 의무의 대응관계

(1) 원 칙

권리와 의무는 서로 대응하는 관계로 나타나는 것이 일반적이다. 예컨대 매도인의 대금지급청구권에 대응하여 매수인에게 대금지급의무가 존재하고, 소유권 등

물권자의 물권에 대응하여 물권 이외의 자에게 불감침의 의무가 존재한다. 또 부모의 친권에 대응하여 미성년자녀에게 복종의무가 존재하고, 배우자 중 어느 일방의 동거청구권에 대응하여 상대방에게 동거하여야 할 동거의무가 존재하게 된다.

(2) 예 외

법률관계의 내용 중에는 대응하는 의무 없이 권리만 있는 경우도 있고, 반대로 대응하는 권리 없이 의무만 있는 경우도 있다. 예컨대 취소권·해제권 등의 형성권은 그 권리행사로 법률관계를 소멸시킬 뿐 이에 대응하는 의무가 없고(141조, 543조 참조), 책임무능력자의 불법행위와 관련하여 감독자는 감독의무만 있을 뿐 이에 대응하는 권리는 없다(755조 참조).

제3절 권리의 분류

Ⅰ. 권리의 분류와 사권

한 나라의 법의 모습을 공법과 사법 및 사회법으로 대별하여 볼 수 있듯이, 법률관계에서 존재하는 권리도 크게 공법상의 권리인 공권(公權)과 사법상의 권리인 사권(私權) 및 사회법상의 권리인 사회권(社會權)으로 구별할 수 있다.

Ⅱ. 사권의 분류

1. 의 의

사권은 사생활관계에서 당사자가 갖는 권리로서 크게 내용을 기준으로 인격권·가족권·재산권·사원권으로 나누어지고, 작용 내지 효력을 기준으로 지배권·청구권·형성권·항변권으로 나누어진다. 이 밖에 의무자의 범위를 기준으로 하여 절대권·상대권, 권리와 그 주체의 긴밀성의 정도를 기준으로 일신전속권·비전속권, 권리의 독립성을 기준으로 하여 주된 권리·종된 권리, 권리의 성립요건의 실현 여부를 기준으로 기성의 권리·기대권으로 각각 나눌 수 있다.

2. 분 류

(1) 내용을 기준으로 한 분류

1) 인 격 권

인격권은 권리주체인 사람과 운명을 같이 하는 생명·신체·성명·명예·초상·정조·신용 등 각종의 인격적 이익의 향수를 그 내용으로 하는 권리이다. 이는 거래의 객체가 될 수 없고, 그 침해시 불법행위를 구성하게 된다(750조, 751조 참조).

2) 가 족 권

가족권은 부부·친자·형제자매 등 가족관계에 있는 자들 사이에서 그 지위에 따르는 이익을 향수하는 것을 그 내용으로 하는 권리이다. 예컨대 부부 사이의 배우자권, 이와 관련하여 다루어지는 동거청구권·부양청구권 및 이혼에 의하여 다루어지는 재산분할청구권·면접교섭권 등과 부모의 자녀에 대한 친권이 가족권의 대표적인 모습이다. 이는 크게 친족권과 상속에 관한 권리(재산상속권, 유류분반환청구권, 유증을 받을 권리, 상속회복청구권 등)로 나누어지며, 거래의 객체가 될 수 없다.

3) 재 산 권

재산권은 금전으로 가치를 평가할 수 있는 각종의 재산적(경제적) 이익의 향수를 그 내용으로 하는 권리이다. 재산권은 원칙적으로 양도·상속의 대상이 되는 권리로서 물권과 채권 및 지식재산권이 그 중심을 이룬다.

가) 물 권

물권은 그의 객체인 물건을 직접 지배해서 사용·수익·처분 등의 이익을 얻는 것을 내용으로 하는 배타적 권리이다. 물권은 법률 또는 관습법에 의해서만 창설될 수 있으며(185조), 민법은 소유권을 중심으로 점유권·지상권·지역권·전세권·유치권·질권·저당권 등 8종을 규정하고 있다. 이 중 지상권·지역권·전세권은 타인 소유물에 대한 사용·수익하는 것을 그 내용으로 하는 용익물권이고, 유치권·질권·

저당권은 채권자가 담보를 위하여 타인 소유물에 대한 처분권능을 지배하는 것을 그 내용으로 하는 담보물권이다. 또한 관습법이 인정하는 물권으로는 동산양도담보, 관습법상의 법정지상권, 분묘기지권 등이 있다. 이 밖에 광업권(광업법 3조 3호, 9조의 2, 10조)과 어업권(수산업법 2조 9호, 16조)은 물건을 직접 지배해서 사용·수익·처분 등의 지배를 하지 않지만 물권과 같이 일정한 물건(일정한 광구에 속하는 미채굴의 광물, 일정한 어장에 속하는 수산 동식물)에 대한 배타적(독점적) 권리라는 점에서 준물권(準物權)이라고 하며 물권과 같이 취급한다.

나) 채 권

채권은 특정인인 채권자가 또 다른 특정인에게 일정한 행위인 급부(급여, 이행)를 청구할 수 있는 권리이다. 채권은 채권발생에 대한 당사자 사이의 합의인 계약에 의하여 발생하는 것이 주된 발생원인이나 법이 정하는 사무관리·부당이득·불법행위에 의해서도 발생한다.

다) 지식재산권

지식재산권은 저작·발명·의장·상표·실용신안 등 사람의 정신적·지능적 창작물을 독점적으로 이용하는 것을 내용으로 하는 권리이다. 이의 구체적인 모습으로는 각 창작물을 기준으로 저작권·특허권·디자인권(의장권)·상표권·실용신안권 등이 있다. 이들 권리는 모두 특별법(저작권법·특허법·디자인보호법·상표법·실용신안법)에 의하여 보호되고 있으며, 또한 "지식재산의 창출·보호 및 활용을 촉진하고 그 기반을 조성하기 위한 정부의 기본 정책과 추진 체계를 마련하여 우리 사회에서 지식재산의 가치가 최대한 발휘될 수 있도록 함으로써 국가의 경제·사회 및 문화 등의 발전과 국민의 삶의 질 향상에 이바지하는 것을 목적"으로 2011년 5월 19일 법률 제10629호에 의하여 제정된 지식재산기본법에 의하여 규율되고 있다(2011년 7월 20일 시행). 지식재산권은 무체재산권·지적재산권·지적소유권이라고도 하며, 저작권 이외에 뒤의 4가지를 가리켜 산업재산권·공업소유권이라고도 한다.

4) 사 원 권

사원권은 단체의 구성원인 사원의 지위에 기인하여 가지는 권리이다. 이는 단체 전체의 이익을 위하여 인정되는 공익권(共益權)과 사원 자신의 이익을 위하여 인정되는 자익권(自益權)으로 나누어진다. 공익권은 비영리사단법인이 사원이 갖는 중심적 권리로서 대표권·사무집행권·의결권·감독권 등이 그 대표적인 모습으로서, 원칙적으로 양도·상속이 인정되지 않는다. 또 자익권은 주식회사의 주주와 같이 영리사단법인이 갖는 중심적 권리로서 이익배당청구권·잔여재산분배청구권 등이 그 대표적인 모습으로서, 원칙적으로 양도·상속이 허용된다(상법 335조).

(2) 작용을 기준으로 한 분류

1) 지 배 권

지배권은 권리자가 권리객체를 직접 지배하고 타인의 침해를 배제하는 것을 통하여 이익을 누리는 권리이다. 이의 대표적인 모습으로는 물권·인격권·지식재산권 등을 들 수 있다.

지배권은 권리자가 그 객체를 직접 지배하는 것을 그 내용으로 하는 권리이므로, 대내적으로 권리내용의 실현에 타인의 행위를 필요로 하지 않는다. 또한 대외적으로 권리자 이외의 자는 권리자의 지배권행사를 침해하지 않을 불가침의 의무를 부담하는 배타적 효력을 띠며, 위법한 침해자는 불법행위가 되어 손해배상책임을 지게 된다(750조).

2) 청 구 권

청구권은 특정인이 다른 특정인에 대하여 일정한 행위(작위 또는 부작위)를 청구하는 권리이다. 이는 대인권(對人權)이라고도 하며 채권의 본질적 내용을 이룬다. 그러나 청구권은 채권 이외에 물권·친족권·상속권·지식재산권 등으로부터도 나올 수 있으므로(예컨대 물권적 청구권, 유아인도청구권, 동거청구권, 상속회복청구권, 부양청구권 등), 청구권이 채권 그 자체는 아니다.

청구권은 그 기초가 되는 권리와 불가분적으로 결합하고 있으므로, 기초가 되는 권리와 분리해서 청구권만을 양도하지 못한다.

3) 형 성 권

형성권은 권리자의 일방적 주장(의사표시 또는 소에 의한 법원의 판결)에 의하여 법률관계의 발생·변경·소멸을 일어나게 하는 권리이다. 이는 상대방의 협력이 없이

도 권리자의 주장에 따른 법률효과의 형성을 가능케 한다는 점에서 가능권(可能權)이라고도 한다. 형성권 중에는 동의권·철회권·해제권(5조·16조 1항·543조 1항 참조) 등과 같이 권리자의 의사표시만으로 효력이 발생하는 것과 채권자취소권·재판상 이혼권·친생부인권(406조·840조·846조 참조) 등과 같이 소(訴)에 따른 법원의 판결에 의하여 비로소 그 효력이 발생하는 것이 있다.

또 형성권 중에서는 청구권이라는 이름으로 불리지만 그 실질적 성질이 형성권의 작용을 하는 권리가 있다. 예컨대 지상권의 존속기간이 만료한 경우에 지상권자는 지상물(건물 기타 공작물이나 수목)이 현존한 때에는 계약갱신을 청구할 수 있고, 이 경우 설정자가 갱신을 거절하면 지상권자는 상당한 가액으로 지상물의 매수를 청구할 수 있는 지상물매수청구권을 행사할 수 있는데(283조 2항), 위 권리는 지상권의 일방적 의사표시에 의하여 지상물에 대한 매매계약을 성립시키는 권리이므로 형성권이다(통설, 판례). 지상권자의 지상물매수청구권과 같이 청구권이라는 이름으로 불리지만 형성권의 실질을 가는 권리로는 지상권설정자의 지상물매수청구권(285조 2항), 부속물매수청구권(316조, 646조, 647조), 매매대금감액청구권(572조, 574조), 차임감액청구권(627조), 지료증감청구권(286조), 전세금증감청구권(312조의2), 차임증감청구권(628조) 등을 들 수 있다.

4) 항 변 권

항변권은 상대방의 청구권의 행사에 대하여 그 작용을 저지할 수 있는 효력을 가지는 권리이다. 이는 권리자 자신에 대한 타인의 공격을 방어하는 권리라는 점에서 반대권(反對權)이라고도 한다.

항변권에는 보증인의 최고·검색의 항변권 및 쌍무계약 당사자의 동시이행항변권(437조·536조 참조)과 같이 상대방의 청구권행사를 일시적으로만 저지할 수 있는 연기적 항변권(일시적 항변권)과 상속인의 한정승인 항변권(1028조 참조)과 같이 영구적으로 저지할 수 있는 영구적 항변권(부정적 항변권)이 있다.

(3) 그 밖의 분류

1) 절대권·상대권

절대권·상대권은 의무자의 범위를 기준으로 하여 권리를 분류한 것이다. 즉, 절대권(絕對權)은 권리자가 객체에 대한 배타적 지배를 내용으로 하므로, 특정의 상대방이 없이 권리자 이외의 모든 사람에 대하여 주장할 수 있는 권리이다. 소유권 등의 물권·인격권·지식재산권은 절대권의 대표적인 모습이다. 이에 비하여 상대권(相對權)은 특정인만을 의무자로 하여 그 자에 대해서만 주장할 수 있는 권리로서, 채권이 이의 대표적인 모습이다.

2) 일신전속권·비전속권

일신전속권·비전속권은 권리와 그 주체의 긴밀성의 정도를 기준으로 권리를 분류한 것이다. 즉, 일신전속권(一身專屬權)은 양도·상속 등으로 타인에게 이전할 수 없는 권리로서, 인격권·가족권이 이의 대표적인 모습이다. 이에 비하여 비전속권(非專屬權)은 양도·상속 등으로 타인에게 이전할 수 있는 권리로서, 재산권이 이의 대표적인 모습이다.

또한 일신전속권의 보통의 모습은 위에서 든 '귀속상의 일신전속권'이나, 이 밖에 특정인만이 행사할 수 있는 '행사상의 일신전속권'이 문제되기도 한다{예컨대 양도금지의 특약이 있는 채권(449조 2항), 생명침해로 인한 위자료청구권(752조), 친권(913조) 등}.

3) 주된 권리·종된 권리

주된 권리·종된 권리는 권리의 독립성을 기준으로 권리를 분류한 것이다. 즉, 다른 권리에 대하여 종속관계에 서는 권리가 종된 권리이고, 이의 전제가 되는 다른 권리가 주된 권리이며, 종된 권리는 주된 권리의 존재를 전제로 하여 발생한다. 예컨대 저당권·질권 등의 담보물권은 피담보채권의 종된 권리이고, 이자채권은 원본채권의 종된 권리이다. 또 보증인에 대한 채권도 주채무자에 대한 채권의 종된 권리이다.

종된 권리는 권리의 발생·변경·소멸 등에서 주된 권리와 법률적 운명을 같이

하는 부종성(附從性)을 띠는 것이 원칙이다.

4) 기성의 권리·기대권

기성의 권리·기대권은 권리의 성립요건의 실현 여부를 기준으로 권리를 분류한 것이다. 즉, 권리의 성립요건이 모두 실현되어서 이미 성립한 권리가 기성(旣成)의 권리이며, 보통의 권리는 기성의 권리이다. 이에 비하여 기대권(期待權)은 아직 실현되지 않은 요건이 실현되면 장래에 권리를 취득할 수 있다는 상태에 대하여 법이 주고 있는 보호로서, 이를 희망권(希望權)이라고도 한다. 장래 조건의 성취를 전제로 취득되는 조건부권리(148조·149조), 기한의 도래를 전제로 취득되는 기한부권리(154조), 상속이 개시되기 전의 추정상속인의 지위 등은 기대권의 대표적인 모습이다.

제4절 권리행사와 그 제한

Ⅰ. 권리행사의 의의와 방법

1. 권리행사의 의의

권리의 행사는 법에 의하여 인정되어 있는 관념적인 권리의 내용을 현실화하는 과정이다(통설). 예컨대 소유권자가 소유권이라는 권리를 가지고 있는 점은 소유물에 대하여 전면적으로 지배할 수 있다는 관념적인 권리이나, 소유권자가 소유물을 실제로 그 용도(用途)에 따라 사용하거나 임차인에게 임대해주면서 차임을 통한 수익을 얻거나 매수인에게 매도하여 처분하여 현실화하는 것을 말한다.

2. 권리행사의 방법

권리행사의 방법은 권리의 작용을 기준으로 한 각 모습에 따라 다르다. 또한 권리의 행사는 권리자 자신이 하는 것이 원칙이나, 대리인이나 사자 등 타인을 통하여서도 행사할 수 있음의 원칙이다. 그러나 특정인만이 행사할 수 있는 '행사상의 일신전속권'(449조 2항, 752조, 913조 등)은 권리자 스스로 행사하여야 한다.

(1) 지 배 권

지배권은 권리자가 권리객체를 직접 지배하고 타인의 침해를 배제하는 것을 통하여 이익을 누리는 권리이므로, 객체를 직접 지배해서 사실상 이익을 누리는 모습으로 행사된다. 예컨대 소유권 등의 물권에서는 특정한 물건을 실제 사용·수익·처분하는 것과 같다.

(2) 청 구 권

청구권은 특정인이 다른 특정인에 대하여 일정한 행위(급)부를 청구하는 권리이므로, 청구권자가 상대방에 대하여 일정한 행위를 요구하거나 그 이행을 수령하는 모습으로 행사된다. 예컨대 매수인이 이행기에 가서 매매 목적물의 인도를 청구하고, 매도인이 인도한 목적물을 수령하는 것과 같다.

(3) 형 성 권

형성권은 권리자의 일방적 주장에 의하여 법률관계의 발생·변경·소멸을 일어나게 하는 권리이므로, 권리자가 현실적으로 의사표시 또는 소의 제기를 통하여 일방적 행위를 하는 모습으로 행사된다. 예컨대 상대방의 계약불이행에 대하여 계약을 해제한다는 의사표시를 하거나, 채무자가 한 사해행위(채권자를 해함을 알고 재산권을 목적으로 한 법률행위)에 대하여 채권자가 그 취소 및 원상회복을 법원에 청구하는 것과 같다.

(4) 항 변 권

항변권은 상대방의 청구권의 행사에 대하여 그 작용을 저지할 수 있는 효력을 가지는 권리이므로, 상대방인 청구권자의 이행청구가 있을 때에 권리자가 이를 거절하는 모습으로 행사된다.

Ⅱ. 권리행사의 제한

1. 개 관

개인의 이익을 보호하기 위해서는 권리가 인정되어야 하며, 더욱이 사법상의 권리인 사권은 더 더욱 사적 자치에 따른 개인의 이익과 그 권리행사가 보호되어야 한다. 그러나 개인의 권리행사도 사회의 평화와 질서를 깨뜨릴 경우에는 제한될 수밖에 없다. 일찍이 1919년의 Weimar헌법은 "소유권은 의무를 진다. 소유권의 행사는 공공의 복리에 대한 봉사이어야 한다."는 규정(동법 153조 3항)을 두어 권리행사의 제한원리로 '사회성·공공성'을 선언하였으며, 우리 헌법도 같은 맥락에서 "재산권의 행사는 공공복리에 적합하도록 하여야 한다."는 규정(동법 23조 2항)을 두고 있다.

우리 민법도 개인의 권리행사의 보호와 사회성·공공성에 따른 제한을 반영하기 위해서 제2조(신의성실)의 규정을 두고 있다. 즉 민법은 제2조 제1항에서 "권리의 행사와 의무의 이행은 신의에 좇아 성실히 하여야 한다."고 규정하여 '신의성실의 원칙'(신의칙)을 규정하고 있고, 또 그 제2항에서 "권리는 남용하지 못한다."고 규정하여 '권리남용금지의 원칙'을 규정하고 있다. 이는 직접적으로는 권리행사자유의 한계를 정하는 것인 동시에 간접적으로 권리의 사회성·공공성을 인정하기 위한 것이다(통설). 그러나 이에 대해서는 민법 제2조가 사회성·공공성을 표현한 것이 아니라 사적 자치를 비롯한 근대 민법의 3대원리를 제약하는 방법으로 개인의 이익을 조정하기 위한 규정이라고 비판하는 견해가 있다(송덕수 95면).

2. 신의성실의 원칙

(1) 의 의

신의성실의 원칙이라 함은 사람이 사회공동생활의 일원으로서 서로 상대방의 믿음을 헛되이 하지 않도록 성의를 가지고 행동하여야 한다는 원칙을 말하며, 이를 신의칙이라고도 한다. 이는 윤리적·도덕적 평가를 법적 개념으로 반영한 것이다(통설).

우리 민법은 첫머리(2조 1항)에 권리의 행사와 의무의 이행은 신의에 좇아 성실히 하여야 한다고 함으로써 신의칙이 민법, 나아가 사법 전체의 적용되는 원칙임을 밝히고 있다.

(2) 연 혁

프랑스 민법은 "계약은 이를 신의에 좇아 성실히 하여야 한다."고 규정하여 근대 민법으로 처음 신의칙을 규정하여(동법 1134조 3항) 계약의 이행의 원리로서 신의칙을 규정하였다.

또 독일 민법은 제157조에서 "계약은 거래의 관습을 고려하여 신의성실의 요구에 좇아 해석하여야 한다."는 규정을 두는 이외에 "채무자는 거래의 관습을 고려하여 신의성실에 따라 급부를 하여야 할 의무를 진다."(동법 242조)고 규정하여 계약의 해석과 채무의 이행을 포함하는 채권법의 원리로서 신의칙을 규정하였다.

이후 신의칙에 대해서 스위스 민법은 "모든 사람은 권리의 행사와 의무의 이행에 있어서 신의와 성실에 따라 행동하여야 한다."(동법 2조 1항)고 규정하여 채권법을 포함한 사법 전체에 적용되는 원리로 규정하였다. 우리 민법 제2조 제1항은 바로 스위스 민법의 태도를 본받은 것이다.

(3) 신의칙 적용범위와 적용요건

신의칙은 민법 전체에 적용될 뿐만 아니라 상법 등의 사법 전체에 적용됨은 물론이고, 민사소송법에도 적용되는 원칙이다(동법 1조). 또 판례는 일정한 경우, 공법에도 적용되는 원칙임을 밝히고 있다. 또한 신의칙은 약관의 해석 및 법률행위해석의 기준이 된다. 또 신의칙을 규정한 민법 제2조 제1항은 강행규정으로서, 이의 위반 여부는 법원이 직권으로 판단할 수 있다.

신의칙을 규정하는 민법 제2조 제1항은 구체적인 요건이 규정되어 있지 않은 일반규정(백지조항)으로 되어 있다. 따라서 위 원칙의 구체적 적용은 개개의 재판에 의하게 되고, 그 내용도 실제의 판결에 의하여 형성될 수밖에 없다. 이 경우 법관의 재량은 정의관념·형평 등의 법의 일반원리 등을 기준으로 판단하여야 하는 기속재량이다(통설).

관련판례

신의칙 적용을 위한 기준

① 민법상의 신의성실의 원칙은, 법률관계의 당사자는 상대방의 이익을 배려하여 형평에 어긋나거나 신뢰를 저버리는 내용 또는 방법으로 권리를 행사하거나 의무를 이행하여서는 안 된다는 추상적 규범을 말하는 것으로서 신의성실의 원칙에 위배된다는 이유로 그 권리행사를 부정하기 위하여는 상대방에게 신의를 공여하였다거나, 객관적으로 보아 상대방이 신의를 가짐이 정당한 상태에 이르러야 하고 이와 같은 상대방의 신의에 반하여 권리를 행사하는 것이 정의관념에 비추어 용인될 수 없는 정도의 상태에 이르러야 한다(대판 1991. 12. 10. 91다3802).

② 신의성실의 원칙에 반하는 것은 강행규정에 위배되는 것으로서 당사자의 주장이 없더라도 법원이 직권으로 판단할 수 있으므로 원심법원이 직권으로 신의칙에 의하여 신용보증책임을 감액한 데에 변론주의를 위배한 위법은 없다(대판 1998. 8. 21. 97다37821)

③ 신의성실의 원칙에 반하는 것 또는 권리남용은 강행규정에 위배되는 것이므로 당사자의 주장이 없더라도 법원은 직권으로 판단할 수 있다(대판 1995. 12. 22. 94다42129).

(4) 신의칙 위반의 효과

권리의 행사가 신의칙에 반하는 경우에는 다음에 설명할 권리남용이 된다. 이런 점에서 신의성실의 원칙(2조 1항)과 권리남용금지의 원칙(동조 2항)은 서로 안팎의 관계에 있다(통설).

신의칙은 의무이행에 있어서도 요구되며(2조 1항), 의무이행이 신의성실에 위반하면 의무를 이행한 것이 되지 못하므로, 의무불이행이 된다. 특히 판례는 숙박업자의 고객에 대한 보호의무, 병원의 환자에 대한 도난방지의무, 사용자의 피용자에 대한 안전배려의무 등에 대하여 신의칙상 인정되는 부수적인 의무로 이해하고 있다.

관련판례

신의칙 위반 여부

① 甲이 그 소유의 토지에 관하여 乙로 하여금 건물을 신축하는 데 사용하도록 승낙하였고 乙이 이에 따라 건물을 신축하여 丙 등에게 분양하였다면 甲은 위 건물을 신축하게 한 원인을 제공하였다 할 것이므로 이를 신뢰하고 136세대에 이르는 규모로 견고하게 신축한 건물 중 각 부분을 분양받은 丙 등에게 위 토지에 대한 乙과의 매매계약이 해제되었음을 이유로 하여 그 철거를 요구하는 것은 비록 그것이 위 토지에 대한 소유권에 기한 것이라 하더라도 신의성실의 원칙에 비추어 용인될 수 없다(대판 1993. 7. 27. 93다20986).

② 공중접객업인 숙박업을 경영하는 자가 투숙객과 체결하는 숙박계약은 숙박업자가 고객에게 숙박을 할 수 있는 객실을 제공하여 고객으로 하여금 이를 사용할 수 있도록 하고 고객으로부터 그 대가를 받는 일종의 일시사용을 위한 임대차계약으로서, 여관의 객실 및 관련시설, 공간은 오로지 숙박업자의 지배 아래 놓여 있는 것이므로 숙박업자는 통상의 임대차와 같이 단순히 여관의 객실 및 관련시설을 제공하여 고객으로 하여금 이를 사용수익하게 할 의무를 부담하는 것에서 한 걸음 더 나아가 고객에게 위험이 없는 안전하고 편안한 객실 및 관련시설을 제공함으로써 고객의 안전을 배려하여야 할 보호의무를 부담하며 이러한 의무는 숙박계약의 특수성을 고려하여 신의칙상 인정되는 부수적인 의무로서 숙박업자가 이를 위반하여 고객의 생명, 신체를 침해하여 손해를 입힌 경우 불완전이행으로 인한 채무불이행책임을 부담한다(대판 1994. 1. 28. 93다43590).

③ 부동산 거래에 있어 거래 상대방이 일정한 사정에 관한 고지를 받았더라면 그 거래를 하지 않았을 것임이 경험칙상 명백한 경우에는 신의성실의 원칙상 사전에 상대방에게 그와 같은 사정을 고지할 의무가 있으며, 그와 같은 고지의무

의 대상이 되는 것은 직접적인 법령의 규정뿐 아니라 널리 계약상, 관습상 또는 조리상의 일반원칙에 의하여도 인정될 수 있고, 일단 고지의무의 대상이 되는 사실이라고 판단되는 경우 이미 알고 있는 자에 대하여는 고지할 의무가 별도로 인정될 여지가 없지만, 상대방에게 스스로 확인할 의무가 인정되거나 거래관행상 상대방이 당연히 알고 있을 것으로 예상되는 예외적인 경우가 아닌 한, 실제 그 대상이 되는 사실을 알지 못하였던 상대방에 대하여는 비록 알 수 있었음에도 알지 못한 과실이 있다 하더라도 그 점을 들어 추후 책임을 일부 제한할 여지가 있음은 별론으로 하고 고지할 의무 자체를 면하게 된다고 할 수는 없다(대판 2007. 6. 1. 2005다5812).

④ 우리 사회의 통념상으로는 공동묘지가 주거환경과 친한 시설이 아니어서 분양계약의 체결 여부 및 가격에 상당한 영향을 미치는 요인일 뿐만 아니라 대규모 공동묘지를 가까이에서 조망할 수 있는 곳에 아파트단지가 들어선다는 것은 통상 예상하기 어렵다는 점 등을 감안할 때 아파트 분양자는 아파트단지 인근에 공동묘지가 조성되어 있는 사실을 수분양자에게 고지할 신의칙상의 의무를 부담한다(대판 2007. 6. 1. 2005다5812).

⑤ 환자가 병원에 입원하여 치료를 받는 경우에 있어서, 병원은 진료뿐만 아니라 환자에 대한 숙식의 제공을 비롯하여 간호, 보호 등 입원에 따른 포괄적 채무를 지는 것인 만큼, 병원은 병실에의 출입자를 통제·감독하든가 그것이 불가능하다면 최소한 입원환자에게 휴대품을 안전하게 보관할 수 있는 시정장치가 있는 사물함을 제공하는 등으로 입원환자의 휴대품 등의 도난을 방지함에 필요한 적절한 조치를 강구하여 줄 신의칙상의 보호의무가 있다고 할 것이고, 이를 소홀히 하여 입원환자와는 아무런 관련이 없는 자가 입원환자의 병실에 무단출입하여 입원환자의 휴대품 등을 절취하였다면 병원은 그로 인한 손해배상책임을 면하지 못한다(대판 2003. 4. 11. 2002다63275).

⑥ 사용자는 근로계약에 수반되는 신의칙상의 부수적 의무로서 피용자가 노무를 제공하는 과정에서 생명, 신체, 건강을 해치는 일이 없도록 물적 환경을 정비하는 등 필요한 조치를 강구하여야 할 보호의무를 부담하고, 이러한 보호의무를 위반함으로써 피용자가 손해를 입은 경우 이를 배상할 책임이 있다(대판 1999.

2. 23. 97다12082).

⑦ 계약당사자 사이에 어떠한 계약내용을 처분문서인 서면으로 작성한 경우에 문언의 객관적인 의미가 명확하다면 특별한 사정이 없는 한 문언대로의 의사표시의 존재와 내용을 인정하여야 하며, 문언의 객관적 의미와 달리 해석함으로써 당사자 사이의 법률관계에 중대한 영향을 초래하게 되는 경우에는 문언의 내용을 더욱 엄격하게 해석하여야 한다. 그리고 채권자의 권리행사가 신의칙에 비추어 용납할 수 없는 것인 때에는 이를 부정하는 것이 예외적으로 허용될 수 있을 것이나, 일단 유효하게 성립한 계약상의 책임을 공평의 이념 및 신의칙과 같은 일반원칙에 의하여 제한하는 것은 자칫하면 사적자치의 원칙이나 법적 안정성에 대한 중대한 위협이 될 수 있으므로 신중을 기하여 극히 예외적으로 인정하여야 한다(대판 2015. 10. 15. 2012다64253).

⑧ 유효하게 성립한 계약상의 책임을 공평의 이념 또는 신의칙과 같은 일반원칙에 의하여 제한하는 것은 사적 자치의 원칙이나 법적 안정성에 대한 중대한 위협이 될 수 있으므로, 채권자가 유효하게 성립한 계약에 따른 급부의 이행을 청구하는 때에 법원이 급부의 일부를 감축하는 것은 원칙적으로 허용되지 않는다(대판 2016. 12. 1. 2016다240543).

(5) 파생원칙

1) 사정변경의 원칙

사정변경의 원칙은, 계약의 성립 당시 당사자가 예견할 수 없었던 현저한 사정의 변경이 발생하였고 그러한 사정의 변경이 당사자에게 책임 없는 사유로 생긴 것으로서, 계약내용대로의 구속력을 인정한다면 신의칙에 현저히 반하는 결과가 생기는 경우에 당사자가 그러한 계약의 효과를 새로운 사정에 적합하도록 수정 또는 해제할 수 있다는 원칙을 말한다. 민법은 지료, 전세금, 차임 등의 증감청구권 등에서 이 원칙을 개별적으로 규정하고 있다(286조, 312조의2, 628조 등). 이 원칙은 계약준수 원칙의 예외로서 인정되는 것이고, 여기에서 말하는 사정이라 함은 계약의 기초가 되었던 객관적인 사정으로서, 일방당사자의 주관적 또는 개인적인 사정을 의미하는 것은 아니다(대판 2007. 3. 29. 2004다31302).

특히 사정변경으로 인한 계약의 해제권, 해지권의 발생되느냐가 문제된다. 종래 학설은 일정한 요건(당사자가 예견하지 않았거나 예견할 수 없었던 현저한 사정의 변경이 있을 것, 사정변경이 해제권을 취득하는 당사자의 귀책사유로 인하여 생긴 것이 아닐 것, 계약내용대로 구속력을 인정하면 신의칙에 반하는 결과로 될 것 등)을 갖춘 경우에 그 발생을 인정하며, 이 경우 최고를 하지 아니하고 해제할 수 있다고 이해하고 있다(통설). 그러나 판례는 사정변경으로 인한 해지권의 발생은 인정하나, 해제권의 발생에 대해서는 소극적 입장을 취하고 있다.

관련판례

사정변경으로 인한 해지권, 해제권의 발생

① 계속적 계약은 당사자 상호 간의 신뢰관계를 그 기초로 하는 것이므로, 당해 계약의 존속 중에 당사자의 일방이 그 계약상의 의무를 위반함으로써 그로 인하여 계약의 기초가 되는 신뢰관계가 파괴되어 계약관계를 그대로 유지하기 어려운 정도에 이르게 된 경우에는 상대방은 그 계약관계를 막 바로 해지함으로써 그 효력을 장래에 향하여 소멸시킬 수 있다고 봄이 타당하다(대판 2002. 11. 26. 2002다948).

② 지방자치단체로부터 매수한 토지가 공공공지에 편입되어 매수인이 의도한 음식점 등의 건축이 불가능하게 되었더라도 이는 매매계약을 해제할 만한 사정변경에 해당하지 않고, 매수인이 의도한 주관적인 매수목적을 달성할 수 없게 되어 손해를 입었다 하더라도 매매계약을 그대로 유지하는 것이 신의칙에 반한다고 볼 수도 없다(대판 2007. 3. 29. 2004다31302).

③ 계약의 성립에 기초가 되지 아니한 사정이 그 후 변경되어 일방당사자가 계약 당시 의도한 계약목적을 달성할 수 없게 됨으로써 손해를 입게 되었다 하더라도 특별한 사정이 없는 한 그 계약내용의 효력을 그대로 유지하는 것이 신의칙에 반한다고 볼 수도 없다(대판 2007. 3. 29. 2004다31302).

④ 매매계약과는 별도로 매수인이 보관하고 있다가 위 분묘 2기의 이장을 확인한 후 바로 이를 지급하기로 1966. 9. 2. 매매당사자간에 특약이 있어서 위 한○○은 이에 따라 그날 위 매매대금 1,335,380원에서 이미 계약금으로 지급한 20만원을 제외한 1,135,380원 중 위 약정한 10만원을 공제하여 보관하고 나머지 1,035,380원 전액을 피고 여XX에게 지급한 사실이 인정되므로 위 매매계약에 있어서 매도인 측의 이장(移葬) 의무나 매수인 측의 위 약정한 10만원의 잔금 지급의무는 모두 위 매매계약에 따른 부수적인 사항들이라 할 것이고 매매당사자 일방은 상대방의 위와 같은 부수적인 사항에 대한 의무위반을 이유로 그 계약전체를 해제할 수는 없다(대판 1976. 4. 27. 74다2151).

⑤ 회사의 이사가 채무액과 변제기가 특정되어 있는 회사 채무에 대하여 보증계약을 체결한 경우에는 계속적 보증이나 포괄근보증의 경우와는 달리 이사직 사임이라는 사정변경을 이유로 보증인인 이사가 일방적으로 보증계약을 해지할 수 없다(대판 2006. 7. 4. 2004다30675).

2) 실효의 원칙

실효의 원칙은, 신의성실의 원칙에 바탕을 둔 파생적인 원리로서 이는 본래 권리행사의 기회가 있음에도 불구하고 권리자가 장기간에 걸쳐 그 권리를 행사하지 아니하였기 때문에 의무자인 상대방은 이미 그의 권리를 행사하지 아니할 것으로 믿을 만한 정당한 사유가 있게 되거나 행사하지 아니할 것으로 추인케 할 경우에 새삼스럽게 그 권리를 행사하는 것이 신의성실의 원칙에 반하는 결과가 될 때 그 권리의 행사는 허용되지 않는다는 원칙이다. 실효의 원칙은 권리를 잃는다는 점에서 실권(失權)의 원칙이라고 할 수 있으며, 권리의 '불행사' 뒤에 나타난 신뢰에 반하는 권리의 '행사'를 허용하지 않는 것을 의미한다(대판 1994. 6. 28. 93다26212).

판례는 실효의 원칙을 권리남용과 관련해서 간접적으로 적용하였으나(대판 1978. 11. 28. 78다254), 1990년을 전후해서 이 원칙을 직접적으로 인정하고 있다(대판 1988. 4. 27. 87누915; 동 1992. 1. 21. 91다30118). 특히 판례는 권리자가 장기간에 걸쳐 그 권리를 행사하지 않아 상대방이 권리의 불행사를 신뢰하게 된 경우는 물론이고 권리자가 장기간이 아니더라도 권리를 행사할 수 있는 기회가 있었음에도 권리를 행사하지 않아 상대방이 불행사를 신뢰하게 된 경우에도 이 원칙을 적용하고 있다(대판 1994. 11. 25. 94다12234). 따라서 실효의 원칙이 적용되기 위하여 필요한 요건으로서의 실효기간(권리를 행사하지 아니한 기간)의 길이와 의무자인 상대방이 권리가 행사되지 아니하리라고 신뢰할 만한 정당한 사유가 있었는지의 여부는 일률적으로 판단할 수 있는 것이 아니라, 구체적인 경우마다 권리를 행사하지 아니한 기간의 장단과 함께 권리자 측과 상대방 측 쌍방의 사정 및 객관적으로 존재하는 사정 등을 모두 고려하여 사회통념에 따라 합리적으로 판단하여야 한다(대판 1992. 1. 21. 91다30118).

관련판례

실효의 원칙

① 초등학교 부지인도 등의 청구가 그 인도를 구하는 대지를 제외한 나머지 부분만으로도 국민학교를 유지·경영하는데 큰 지장이 없고 국민학교가 세워지기 훨씬 전에 원고가 토지를 매수하였음이 명백한 사실관계 아래서는 위 청구가 권리남용에 해당한다고 볼 수 없다(대판 1978. 11. 28. 78다254).

② 실효의 법리는 법의 일반원리인 신의성실의 원칙에 바탕을 둔 파생원칙인 것이므로 공법관계 가운데 권리관계는 물론이고 권력관계에도 적용되어야 함을 배제할 수는 없다 하겠으나 그것은 본래 권리행사의 기회가 있음에도 불구하고 권리자가 장기간에 걸쳐 그의 권리를 행사하지 아니하였기 때문에 의무자인 상대방은 이미 그의 권리를 행사하지 아니할 것으로 믿을 만한 정당한 사유가 있게 되거나 행사하지 아니할 것으로 추인케 할 경우에 새삼스럽게 그 권리를 행사하는 것이 신의성실의 원칙에 반하는 결과가 될 때 그 권리행사를 허용하지 않는 것을 의미한다(대판 1988. 4. 27. 87누915).

③ 사용자와 근로자 사이의 고용관계(근로자의 지위)의 존부를 둘러싼 노동분쟁은, 그 당시의 경제적 정세에 대처하여 최선의 설비와 조직으로 기업활동을 전개하

여야 하는 사용자의 입장에서는 물론, 임금 수입에 의하여 자신과 가족의 생계를 유지하고 있는 근로자의 입장에서도 신속히 해결되는 것이 바람직하므로 실효의 원칙이 다른 법률관계에 있어서보다 더욱 적극적으로 적용되어야 할 필요가 있다(대판 1992. 1. 21. 91다30118).

④ 토지소유자가 그 점유자에 대하여 부당이득반환청구권을 장기간 적극적으로 행사하지 아니하였다는 사정만으로는 부당이득반환청구권이 이른바 실효의 원칙에 따라 소멸하였다고 볼 수 없다(대판 2002. 1. 8. 2001다60019).

⑤ 원고들이 법원의 판단을 기다렸다가 위 사건의 제1심 판결이 선고되자 곧바로 이 사건 소를 제기하였던 점을 고려하면, 단지 원고들이 4개월분에 해당하는 퇴직위로금을 수령하고 약 2년가량의 기간 동안 아무런 이의를 제기하지 않았다는 사정만으로는 이 사건 소제기가 신의성실의 원칙에 반한다거나 실효의 원칙에 해당한다고 보기 어렵다(대판 2005. 11. 25. 2005다38270).

---

3) 금반언의 원칙

금반언의 원칙은, 먼저 어떤 행위를 한자가 그것을 믿고 이해관계를 변경한 자에 대하여 뒤에 가서 자신의 표시한 행위에 반하는 주장을 하지 못한다는 원칙이다. 이와 관련해서, 어떤 행위를 한 자가 후에 그와 모순되는 행위를 한 경우에 그 모순되는 행위의 효력이 인정되지 않는다는 원칙인 '모순행위금지의 원칙'도 이와 유사한 법리라고 할 수 있다.

우리 민법은 '채권양도의 통지와 금반언'에서 "양도인이 채무자에게 채권양도를 통지한 때에는 아직 양도하지 아니하였거나 그 양도가 무효인 경우에도 선의인 채무자는 양수인에게 대항할 수 있는 사유로 양도인에게 대항할 수 있다."고 규정하여 금반언의 원칙을 인정하고 있으며(452조), 대리권수여의 표시에 의한 표현대리(125조)도 이 원칙과 관련이 있다.

판례는 '금반언의 원칙 또는 신의성실의 원칙', '금반언의 원칙이나 신의성실의 원칙', '신의성실의 원칙이나 금반언의 원칙' 등의 표현으로 이 원칙을 적용하여 권리주장을 배척(금반언의 원칙에 반하는 경우) 또는 인용(금반언의 원칙에 반하는 것이 아닌 경우)하고 있다.

관련판례

금반언의 원칙에 반하는 경우

① 甲이 乙 소유의 건물을 보증금 15,000,000원에 임차하여 입주하고 있던 중 乙이 丙을 위하여 은행에 위 건물을 물상담보로 제공함에 있어 乙의 부탁으로 甲이 은행직원에게 보증금 없이 입주하고 있다고 말하고 그와 같은 내용의 확약서까지 만들어 줌으로써 위 은행으로 하여금 위 건물에 대한 담보가치를 높게 평가하도록 하여 丙에게 계속 대출하도록 하였다면 위 은행의 위 건물명도 청구에 있어서 甲이 이를 번복하면서 위 임차보증금의 반환을 내세워 그 명도를 거부하는 것은 금반언 및 신의칙에 위반된다(대판 1987. 5. 12. 86다카2788).

② 회사가 해고한 근로자에게 지급할 퇴직금과 갑근세반환금 등을 청산하여 변제공탁하고 근로자가 그 공탁을 조건 없이 수락하고 출급청구를 하여 수령하였다면 그 근로자는 그때에 회사의 해고처분을 유효한 것으로 인정하였다고 볼 수밖에 없으므로 그 후 8개월 가까이 지나 제기한 해고무효확인청구는 금반언의 원칙에 위배되어 위법하다(대판 1989. 9. 29. 88다카19804).

③ 甲이 대리권 없이 乙 소유 부동산을 丙에게 매도하여 부동산소유권이전등기등에 관한특별조치법에 의하여 소유권이전등기를 마쳐주었다면 그 매매계약은 무효이고 이에 터잡은 이전등기 역시 무효가 되나, 甲은 乙의 무권대리인으로서 민법 제135조 제1항의 규정에 의하여 매수인인 丙에게 부동산에 대한 소유권이전등기를 이행할 의무가 있으므로 그러한 지위에 있는 甲이 乙로부터 부동산을 상속받아 그 소유자가 되어 소유권이전등기이행의무를 이행하는 것이 가능하게 된 시점에서 자신이 소유자라고 하여 자신으로부터 부동산을 전전매수한 丁에게 원래 자신의 매매행위가 무권대리행위여서 무효였다는 이유로 丁 앞으로 경료된 소유권이전등기가 무효의 등기라고 주장하여 그 등기의 말소를 청구하거나 부동산의 점유로 인한 부당이득금의 반환을 구하는 것은 금반언의 원칙이나

신의성실의 원칙에 반하여 허용될 수 없다(대판 1994. 9. 27. 94다20617).

④ 근저당권자가 담보로 제공된 건물에 대한 담보가치를 조사할 당시 대항력을 갖춘 임차인이 그 임대차 사실을 부인하고 임차보증금에 대한 권리주장을 않겠다는 내용의 확인서를 작성해 준 경우, 그 후 그 건물에 대한 경매절차에서 이를 번복하여 대항력 있는 임대차의 존재를 주장함과 아울러 근저당권자보다 우선적 지위를 가지는 확정일자부 임차인임을 주장하여 그 임차보증금반환채권에 대한 배당요구를 하는 것은 특별한 사정이 없는 한 금반언 및 신의칙에 위반되어 허용될 수 없다(대판 1997. 6. 27. 97다12211).

⑤ 사용자로부터 해고된 근로자가 퇴직금 등을 수령하면서 아무런 이의의 유보나 조건을 제기하지 않았다면 해고의 효력을 인정하지 아니하고 이를 다투고 있었다고 볼 수 있는 객관적인 사정이 있다거나 그 외에 상당한 이유가 있는 상황하에서 이를 수령하는 등의 특별한 사정이 없는 한 그 해고의 효력을 인정하였다고 할 것이고, 따라서 그로부터 오랜 기간이 지난 후에 그 해고의 효력을 다투는 소를 제기하는 것은 신의칙이나 금반언의 원칙에 위배되어 허용될 수 없다(대판 2000. 4. 25. 99다34475).

금반언의 원칙에 반하는 것이 아닌 경우

① 동일한 건물에 대하여 이중으로 소유권보전등기를 한 원고가 위 보전등기가 유효하다고 하여 이를 믿은 피고와 사이에 근저당권설정계약을 체결하고 그 등기를 경료케 한 경우에 위 이중의 소유권보전등기는 무효로서 말소되어야 할 운명인 이상 위 무효인 보전등기에 기한 근저당권설정등기가 원고에 대하여는 무효가 아니라고 볼 수 없음이 명백하므로 위 근저당권설정등기를 원고가 유발하였다 하더라도 동 등기가 무효라는 원고의 주장을 금반언의 원칙과 신의성실의 원칙에 반한다고 할 수 없다(대판 1968. 4. 24. 68다219).

② 학교법인의 이사회가 소집권자에 의해 소집된 것도 아니고 소집권자를 포함한 이사 전원의 동의에 의한 것이 아니라면 그 이사회의 결의가 사실상 이사전원의 의사에 일치한다 하더라도 적법하다 할 수 없고 위와 같은 이사회에 참석하여

그 결의에 적극가담하고 문교당국의 인가를 받아 학교 법인을 운영해온 자라 할지라도 이사회결의부존재 또는 무효주장이 반드시 신의성실이나 금반언의 원칙에 반하는 것은 아니다(대판 1978. 8. 22. 76다1747).

③ 채무 일부를 변제한 것은 회사정리절차개시신청을 한 회사이고, 부인권을 행사하는 것은 정리회사의 관리인으로서 양자는 별개의 존재이고 부인권을 행사하는 것은 정리절차가 개시되기 전의 소외 회사의 채무변제행위를 응징하기 위한 관리인의 고유권한이므로 관리인이 부인권을 행사하는 것이 신의칙에 위반된다거나 권리남용에 해당된다고 할 수 없다(대판 1997. 3. 28. 96다50445).

④ 상속인 중의 1인이 피상속인의 생존시에 피상속인에 대하여 상속을 포기하기로 약정하였다고 하더라도, 상속개시 후 민법이 정하는 절차와 방식에 따라 상속포기를 하지 아니한 이상, 상속개시 후에 자신의 상속권을 주장하는 것은 정당한 권리행사로서 권리남용에 해당하거나 또는 신의칙에 반하는 권리의 행사라고 할 수 없다(대판 1998. 7. 24. 98다9021).

⑤ 노동조합및노동관계조정법 제31조 제1항이 단체협약은 서면으로 작성하여 당사자 쌍방이 서명날인 하여야 한다고 규정하고 있는 취지는 단체협약의 내용을 명확히 함으로써 장래 그 내용을 둘러싼 분쟁을 방지하고 아울러 체결당사자 및 그의 최종적 의사를 확인함으로써 단체협약의 진정성을 확보하기 위한 것이므로, 그 방식을 갖추지 아니하는 경우 단체협약은 효력을 가질 수 없다고 할 것인바, 강행규정인 위 규정에 위반된 단체협약의 무효를 주장하는 것이 신의칙에 위배되는 권리의 행사라는 이유로 이를 배척한다면 위와 같은 입법 취지를 완전히 몰각시키는 결과가 될 것이므로 특별한 사정이 없는 한 그러한 주장이 신의칙에 위반된다고 볼 수 없다고 보아야 할 것이다(대판 2001. 5. 29. 2001다15422).

3. 권리남용금지의 원칙

(1) 의 의

권리남용금지의 원칙은 권리의 행사가 사회적 목적에 반하여 권리남용이 되는 경우에는 정당한 권리행사로 인정되지 않는다는 원칙을 말한다. 여기서 권리남용이라 함은 외형상으로는 권리의 행사인 것 같이 보이지만 실질적으로 그 권리 본래의 사회적 목적(권리의 사회성, 공공성)을 벗어나 정당한 권리의 행사로 볼 수 없는 경우를 말한다.

우리 민법은 이에 관하여 "권리는 남용하지 못한다."(2조 2항)고 규정하여, 신의성실의 원칙과 더불어 민법 전체에 적용되는 원칙임을 밝히고 있다.

(2) 연 혁

독일 민법은 "권리의 행사가 다른 사람에게 손해를 입히는 것을 목적으로 한 경우에는 적법하지 않다."(동법 226조)고 규정하여 권리남용금지의 원칙 관련 규정을 명문화하였다. 그러나 독일 민법의 위 규정은 쉬카네(Schikane : 다른 사람에게 손해를 입히는 것을 목적으로 하는 행위)를 금지하여 권리남용의 기준을 권리자의 가해(가해목적)라는 주관적 요소에 두고 있다.

이후 권리남용금지의 원칙에 대해서 스위스 민법은 "권리의 명백한 남용은 법의 보호를 받지 못한다."(동법 2조 2항)고 규정하여 객관적인 기준에 의하여 권리남용을 다루고 있다. 우리 민법 제2조 제1항은 바로 스위스 민법의 태도를 본받은 것이다.

(3) 권리남용의 기준

1) 권리의 행사라고 볼 수 있는 행위가 있어야 한다

권리남용이 되기 위해서는 먼저 권리가 존재하여야 한다. 여기서 권리는 본래의 권리뿐만이 아니고, 법적 지위도 포함된다(통설). 따라서 A 법인이 채무의 면탈 등 법률의 적용을 회피하기 위하여 형체뿐인 B 법인을 내세워 A 법인과는 별개의 법인격을 주장하는 것은 권리남용 내지 법인격을 남용하는 것으로 허용될 수 없다(대판 1988. 11. 22. 87다카1671; 동 2008. 9. 11. 2007다90982).

또한 위 권리의 행사라고 볼 수 있는 행위는 적극적인 권리의 행사뿐만이 아니고, 소극적인 권리의 불행사도 사회적 목적에 반하면 권리의 남용이 된다. 특히 불행사가 권리남용에 포함되는 이유는 실효의 원칙에서 살펴보았듯이 불행사 후의 권리행사가 신의칙에 반하는 권리남용이 되기 때문이다.

2) 권리행사의 행위가 사회적 목적에 반하는 것이어야 한다

권리행사의 행위가 사회적 목적에 반하는 것은, 권리행사가 본래의 사회적 목적에 어긋나는 것을 말한다. 무엇이 이에 해당하는가에 대해서는 이익의 현저한 불균형(권리행사자의 이익과 이로 인해 침해되는 상대방과의 현저한 불균형), 신의칙위반, 사회질서위반, 사회성·공공성의 위반, 정당한 이익의 불균형, 이익의 흠결 등을 들 수 있다. 그러나 위의 어느 개념이든 추상적이므로, 구체적인 경우에 개별적으로 권리의 남용 여부를 판단하여야 한다.

3) 권리자의 주관적인 가해의사(주관적 요건)는 그 요건이 아니다(통설)

권리자의 주관적인 가해의사나 가해목적은 권리남용을 판단하는 고려요소는 되나, 주관적 요건이 없어도 권리남용은 성립하게 된다.

판례는 종래 주관적 요건을 권리남용의 기준으로 판단하고 있다. 다만 1990년대 이후 "주관적 요건은 권리자의 정당한 이익을 결여한 권리행사로 보여지는 객관적인 사정에 의하여 추인할 수 있다."는 태도를 취하여 주관적 요건을 완화하는 변화를 보이고 있다(대판 1993. 5. 14. 93다4366; 동 1998. 6. 26. 97다42823; 동 2005. 3. 24. 2004다71522).

또한 판례는 상계권행사와 상표권행사와 관련해서는 일반적인 권리 남용의 경우에 요구되는 주관적 요건을 필요로 하지 않는다는 입장을 보이고 있다(대판 2003. 4. 11. 2002다59481; 동 2007. 1. 25. 2005다67223). 이 밖에 최근에는 주관적 요건을 명시하지 않고 객관적 요건에 따라 권리남용을 판단하는 판례도 엿볼 수 있다(대판 2010. 2. 25. 2009다58173).

관련판례

권리남용의 객관적 요건(사회적 목적에 반하는 것)

① 건물이 서 있는 토지를 매수하여 그 시가의 7배가 넘는 건물의 철거를 요구하면서 그 인접토지가격보다 2배 이상 되는 가격에 그 토지를 매수할 것을 요구하는 것은 권리의 남용에 해당한다(대판 1964. 11. 11. 64다720).

② 부와 생모 사이에 유아가 출생된 후 부가 생모와 유아를 유기하여 생모가 부를 상대로 혼인빙자간음죄로 고소를 제기하자 그 부가 생모와 혼인하기로 약속하였음에도 불구하고 생모가 고소를 취소한 후에는 유아만 혼인외 자로 입적시키고 다른 여자와 혼인신고를 하여, 계속 생모와 유아를 유기하면서 그 처와 미국으로 이민을 가려고 하다가 생모의 진정으로 인하여 이주허가신청이 보류되고, 생모가 부를 상대로 위자료 및 양육비 청구를 하자 이에 대항하기 위하여 부가 유아인도 청구를 하는 경우에는 친권남용이라고 볼 수 있다(대판 1979. 7. 10. 79므5).

③ 원고소유 대지 위에 건립된 건물부분을 철거한다면 건물 전체가 붕괴될 위험이 있어 원고에게는 이득이 없으면서 오직 피고에게 손해만을 주기 위하여 소송에 이른 사정이 인정되는 경우에만 권리남용이 된다(대판 1980. 5. 27. 80다484).

④ 청구인이 소외 망 甲과 혼인신고를 마치고 혼인생활을 하던 중 소외 乙과 내연관계를 맺고 집을 나가 乙과 2중으로 혼인신고까지 하고 있다가 소외 망 甲과 내연관계를 맺고 살던 피청구인이 甲 사망 후 청구인의 사망신고를 하고 망 甲과의 혼인신고를 하자 청구인이 상속재산을 탐하여 자기와 망 甲 간의 혼인관계가 유효한 것이었다고 하면서 피청구인과 망 甲 간의 혼인이 무효의 것이라고 주장함은 결과적으로 자기와 甲, 乙 간의 두 개의 혼인관계가 모두 유효하다고 주장하는 것이 되어 신의에 좇은 권리행사라고 볼 수 없어 이는 권리남용에 해당한다(대판 1983. 4. 12. 82므64).

⑤ 토지소유자가 토지 상공에 송전선이 설치되어 있는 사정을 알면서 그 토지를 취득한 후 13년이 경과하여 그 송전선의 철거를 구한 사안에서, 한국전력공사가

그 토지 상공에 당초에 그 송전선을 설치함에 있어서 적법하게 그 상공의 공간 사용권을 취득하거나 그에 따른 손실을 보상하지 아니하여 그 송전선의 설치는 설치 당시부터 불법 점유라고 볼 수 있으며, 그 설치 후에도 적법한 사용권을 취득하려고 노력하였다거나 그 사용에 대한 손실을 보상한 사실이 전혀 없고, 그 토지가 현재의 지목은 전이나 도시계획상 일반주거지역에 속하고 주변 토지들의 토지이용 상황이 아파트나 빌라 등이 들어 서 있는 사실에 비추어 그 토지도 아파트, 빌라 등의 공동주택의 부지로 이용될 가능성이 농후한 점 및 한국전력공사로서는 지금이라도 전기사업법 등의 규정에 따른 적법한 수용이나 사용 절차에 의하여 그 토지 상공의 사용권을 취득할 수 있는 점 등에 비추어, 토지소유자의 송전선 철거청구가 권리남용에 해당하지 않는다(대판 1996. 5. 14. 94다54283).

⑥ 외국에 이민을 가 있어 주택에 입주하지 않으면 안 될 급박한 사정이 없는 딸이 고령과 지병으로 고통을 겪고 있는 상태에서 달리 마땅한 거처도 없는 아버지와 그를 부양하면서 동거하고 있는 남동생을 상대로 자기 소유 주택의 명도 및 퇴거를 청구하는 행위가 인륜에 반하는 행위로서 권리남용에 해당한다(대판 1998. 6. 12. 96다52670).

⑦ 한국전력공사가 정당한 권원에 의하여 토지를 수용하고 그 지상에 변전소를 건설하였으나 토지 소유자에게 그 수용에 따른 손실보상금을 공탁함에 있어서 착오로 부적법한 공탁이 되어 수용재결이 실효됨으로써 결과적으로 그 토지에 대한 점유권원을 상실하게 된 경우, 그 변전소가 철거되면 61,750가구에 대하여 전력공급이 불가능하고, 그 변전소 인근은 이미 개발이 완료되어 더 이상 변전소 부지를 확보하기가 어려울 뿐만 아니라 설령 그 부지를 확보한다고 하더라도 변전소를 신축하는 데는 상당한 기간이 소요되며, 그 토지의 시가는 약 6억 원인데 비하여 위 변전소를 철거하고 같은 규모의 변전소를 신축하는 데에는 약 164억 원이 소요될 것으로 추산되며, 그 토지 소유자는 그 토지가 자연녹지지역에 속하고 개발제한구역 내에 위치하고 있어서 토지를 인도받더라도 도시계획법상 이를 더 이상 개발·이용하기가 어려운데도 그 토지 또는 그 토지를 포함한 그들 소유의 임야 전부를 시가의 120%에 상당하는 금액으로

매수하겠다는 한국전력공사의 제의를 거절하고 그 변전소의 철거와 토지의 인도만을 요구하고 있는 점에 비추어, 토지소유자가 그 변전소의 철거와 토지의 인도를 청구하는 것은 토지 소유자에게는 별다른 이익이 없는 반면 한국전력공사에게는 그 피해가 극심하여 이러한 권리행사는 주관적으로는 그 목적이 오직 상대방에게 고통을 주고 손해를 입히려는 데 있고, 객관적으로는 사회질서에 위반된 것이어서 권리남용에 해당한다(대판 1999. 9. 7. 99다27613).

⑧ 민법상 신의성실의 원칙은 법률관계의 당사자는 상대방의 이익을 배려하여 형평에 어긋나거나, 신뢰를 저버리는 내용 또는 방법으로 권리를 행사하거나 의무를 이행하여서는 아니 된다는 추상적 규범으로서, 신의성실의 원칙에 위배된다는 이유로 그 권리의 행사를 부정하기 위하여는 상대방에게 신의를 공여하였다거나, 객관적으로 보아 상대방이 신의를 가짐이 정당한 상태에 있어야 하고, 이러한 상대방의 신의에 반하여 권리를 행사하는 것이 정의관념에 비추어 용인될 수 없는 정도의 상태에 이르러야 하며, 또한 특별한 사정이 없는 한, 법령에 위반되어 무효임을 알고서도 그 법률행위를 한 자가 강행법규 위반을 이유로 무효를 주장한다 하여 신의칙 또는 금반언의 원칙에 반하거나 권리남용에 해당한다고 볼 수는 없다(대판 2003. 8. 22. 2003다19961).

권리남용의 주관적 요건(권리자의 주관적인 가해의사)

① 피고(소유자)의 담장 건립행위가 외형상은 권리의 행사로 보이나 실질적으로는 그 부지가 피고 명의로 있음을 기화로 권리행사의 이름을 빌려 원고의 건물 사용을 방해하고 원고를 괴롭힐 목적으로 행한 것이라면 그러한 행위는 권리의 사회성에 반하여 권리행사로서는 용인될 수 없다(대판 1973. 8. 31. 73다91).

② 권리의 행사가 권리의 남용에 해당한다고 할 수 있으려면 주관적으로 그 권리행사의 목적이 오직 상대방에게 고통을 주고 손해를 입히려는데 있을 뿐 행사하는 사람에게 아무런 이익이 없을 경우이어야 하고 객관적으로는 그 권리행사가 사회질서에 위반된다고 볼 수 있어야 하는 것이므로 이와 같은 경우에 해당하지 않는 한 비록 그 권리의 행사에 의하여 권리행사자가

얻는 이익보다 상대방이 입을 손해가 현저히 크다 하여도 그러한 사정만으로는 권리남용이라 할 수 없다(대판 1987. 3. 10. 86다카2472).

③ 권리의 행사가 주관적으로 오직 상대방에게 고통을 주고 손해를 입히려는 데 있을 뿐 이를 행사하는 사람에게는 아무런 이익이 없고 객관적으로 사회질서에 위반된다고 볼 수 있으면 그 권리의 행사는 권리남용으로서 허용되지 아니한다고 할 것이고, 권리의 행사가 상대방에게 고통이나 손해를 주기 위한 것이라는 주관적 요건은 권리자의 정당한 이익을 결여한 권리행사로 보여지는 객관적인 사정에 의하여 추인할 수 있다(대판 1993. 5. 14. 93다4366).

④ 토지소유자가 그 토지의 소유권을 행사하는 것이 권리남용에 해당한다고 할 수 있으려면, 주관적으로 그 권리행사의 목적이 오직 상대방에게 고통을 주고 손해를 입히려는 데 있을 뿐 행사하는 사람에게 아무런 이익이 없을 경우이어야 하고, 객관적으로는 그 권리행사가 사회질서에 위반된다고 볼 수 있어야 하는 것이며, 이와 같은 경우에 해당하지 않는 한 비록 그 권리의 행사에 의하여 권리행사자가 얻는 이익보다 상대방이 잃을 손해가 현저히 크다 하여도 그러한 사정만으로는 권리남용이라고 할 수 없다(대판 1994. 11. 22. 94다5458).

⑤ 권리행사가 권리의 남용에 해당한다고 할 수 있으려면, 주관적으로 그 권리행사의 목적이 오직 상대방에게 고통을 주고 손해를 입히려는 데 있을 뿐 행사하는 사람에게 아무런 이익이 없는 경우이어야 하고, 객관적으로는 그 권리행사가 사회질서에 위반된다고 볼 수 있어야 하는 것이며, 이와 같은 경우에 해당하지 않는 한 비록 그 권리의 행사에 의하여 권리행사자가 얻는 이익보다 상대방이 잃을 손해가 현저히 크다 하여도 그러한 사정만으로는 이를 권리남용이라 할 수 없고, 다만 이러한 주관적 요건은 권리자의 정당한 이익을 결여한 권리행사로 보여지는 객관적인 사정에 의하여 추인할 수 있다(대판 1998. 6. 26. 97다42823).

⑥ 상계 제도의 목적이나 기능을 일탈하고, 법적으로 보호받을 만한 가치가 없는 경우에는, 그 상계권의 행사는 신의칙에 반하거나 상계에 관한 권리를 남용하는 것으로서 허용되지 않는다고 함이 상당하고, 상계권 행사를 제한하는 위와 같은 근거에 비추어 볼 때 일반적인 권리 남용의 경우에 요구되는 주관적 요건을 필요로 하는 것은 아니다(대판 2003. 4. 11. 2002다59481).

⑦ 상표권의 행사는 비록 권리행사의 외형을 갖추었다 하더라도 등록상표에 관한 권리를 남용하는 것으로서 허용될 수 없고, 상표권의 행사를 제한하는 위와 같은 근거에 비추어 볼 때 상표권 행사의 목적이 오직 상대방에게 고통을 주고 손해를 입히려는 데 있을 뿐 이를 행사하는 사람에게는 아무런 이익이 없어야 한다는 주관적 요건을 반드시 필요로 하는 것은 아니다(대판 2007. 1. 25. 2005다67223).

⑧ 甲 등이 집합건물의 공용부분인 전기·기계실에 시설물을 별도로 설치하여 그 장소를 배타적으로 점유·사용한 데 대하여, 집합건물의 구분소유자 乙 등이 공유물에 대한 보존행위로 배타적 사용의 배제 및 각 시설물의 철거를 구한 사안에서, 전기·기계실이 그 성질상 건물 전체의 유지·관리에 중요한 부분임을 고려하면 구분소유자 乙 등의 철거청구가 오직 상대방에게 고통을 주고 손해를 입히려는 데에 그 목적이 있을 뿐 이를 행사하는 구분소유자들에게는 아무런 이익이 없는 경우에 해당한다고 단정하기 어려워, 권리남용에 해당한다고 볼 수 없다(대판 2010. 2. 25. 2008다73809).

⑨ 경매를 통하여 토지를 취득한 자가 그 지상 건물의 철거와 토지의 인도를 구하는 사안에서, 건물의 철거로 인한 권리행사자의 이익보다 건물 소유자의 손해가 현저히 크고 사회경제적으로도 큰 손실이 될 것으로 보이기는 하나, 건물소유자가 위 건물에 대한 권리를 인수할 당시 그 철거가능성을 알았다고 보이는 점, 토지에 대한 투자가치가 있어 건물 철거 등의 청구가 권리행사자에게 아무런 이익이 없다거나 오직 상대방에게 손해를 입히려는 것이라고 보기 어려운 점 등에 비추어, 권리남용에 해당하지 않는다(대판 2010. 2. 25. 2009다58173).

⑩ 공매절차에서 점유자의 유치권 신고 사실을 알고 부동산을 매수한 자가 그 점유를 침탈하여 유치권을 소멸시키고 나아가 고의적인 점유이전으로 유치권자의 확정판결에 기한 점유회복조차 곤란하게 하였음에도 유치권자가 현재까지 점유회복을 하지 못한 사실을 내세워 유치권자를 상대로 적극적으로 유치권 부존재확인을 구하는 것은, 자신의 불법행위로 초래된 상황을 자기의 이익으로 원용하면서 피해자에 대하여는 불법행위로 인한 권리침해의 결과를 수용할 것을 요구하고, 나아가 법원으로부터는 위와 같은 불법적 권리침해의 결과를

승인받으려는 것으로서, 이는 명백히 정의 관념에 반하여 사회생활상 도저히 용인될 수 없는 것으로 권리남용에 해당하여 허용되지 않는다(대판 2010. 4. 15. 2009다96953).

(4) 권리남용의 효과

1) 청구권의 행사가 권리남용이 되면 이에 법은 권리의 실현을 도와주지 않는다.

2) 형성권의 행사가 권리남용이 되면 본래 발생하여야 할 법률효과가 발생하지 않는다. 따라서 해제권, 취소권 등의 행사가 권리남용이 되면 본래 발생하여야 할 법률행위, 계약의 소급적 소멸의 효과가 발생하지 않는다.

3) 권리의 남용에 대하여 법률이 권리의 박탈을 규정하고 있으면 그 자격을 상실한다. 예컨대 부 또는 모가 친권을 남용하는 경우, 가정법원은 친족 또는 검사 또는 지방자치단체의 장의 청구에 의하여 그 친권의 상실을 선고할 수 있다(924조). 또 법정대리인인 친권자가 부적당한 관리로 인하여 자녀의 재산을 위태롭게 한 경우에도 가정법원은 자녀의 친족 또는 검사 또는 지방자치단체의 장의 청구에 따라 그 법률행위의 대리권과 재산관리권의 상실을 선고할 수 있다(925조).

4) 권리남용의 결과, 타인에게 손해를 주면 손해배상의 책임 등을 지게 된다(750조). 이 밖에 상대방의 주장에 따라 행사의 정지, 예방 또는 손해배상의 담보청구도 이루어질 수 있다(213조, 214조).

제5절 사권의 보호

Ⅰ. 의 의

권리자의 권리가 침해되는 경우, 그에 대한 구제(救濟)가 필요하게 되며, 권리의 침해에 대한 구제가 바로 권리의 보호이다. 근대의 법치국가에서는 권리의 보호·

구제는 국가의 공권력구제에 의함이 원칙이고, 개인에 힘인 사력(私力)에 의한 구제는 예외적으로만 허용된다.

Ⅱ. 공권력에 의한 구제

1. 재판제도

권리가 침해된 경우, 권리자는 법률의 정하는 절차에 따라 국가기관(법원)에 권리보호를 위한 재판을 청구할 수 있다(헌법 27조, 101조). 여기서 권리자의 권리보호의 청구가 소의 제기이며, 이 경우 법원은 앞(제5장 제1절)의 민법의 적용에서 살펴본 바와 같이 우선 구체적 사건의 내용을 확정하고, 다음에 당해 사건에 관한 법규의 의미나 내용을 명확히 한 후, 일반적·추상적인 법규를 대전제로 하고 구체적인 사실을 소전제로 하여 법적 판단(판결)을 내린다. 이 절차가 민사소송법에 의한 민사소송이다. 그러나 위 판결이 있었음에도 불구하고 의무자가 이에 따르지 않을 경우에는 이 판결에 기초하여 국가권력에 의해서 강제적으로 권리의 내용을 실현시킬 수 있으며, 이것이 강제집행이다. 이 밖에 장래의 강제집행을 보전하거나, 위험을 방지하여 권리의 현상을 유지하기 위한 보전처분을 할 수 있으며, 이것이 가압류·가처분이다. 민사재판과 강제집행의 절차를 정하는 법률로서 가장 중요한 것은 민사소송법과 민사집행법이다.

2. 조정제도

조정은 법관 및 특수한 지식·경험이 있는 자로써 구성되는 국가기관인 조정위원회가 분쟁의 당사자 사이를 주선해서 그들의 주장을 서로 양보케 하고, 필요가 있으면 자기의 중재의사를 제안하여 당사자를 설득함으로써 그 합의에 의하여 분쟁을 조리 있는 원만한 해결로 이끄는 절차이다. 이는 민사(民事)에 관한 분쟁을 간이한 절차에 따라 당사자 사이의 상호 양해를 통하여 조리(條理)를 바탕으로 실정(實情)에 맞게 해결함으로써 재판절차에 따른 시간과 비용을 절약하고, 당사자의 양보에 기인한 해결을 꾀함으로써 당사자 사이의 감정을 남지 않게 히는 장점이 있다. 그러나 조정은 조정위원회가 제안에 대해서 당사자가 합의하지 않으면 분쟁이 해결되지 못하고 권리구체가 현실화되지 못한다는 점에서 재판제도와 같은 확실성이 없다는 단점도 가지고 있다. 분쟁에 관한 조정의 일반법으로서는 민사조정법이 제정되어 있다. 이 밖에 가사사건, 노동쟁의사건, 의료분쟁사건 등에 대해서는 각각 특수성을 고려한 조정제도를 뒷받침하기 위하여 하여 가사소송법(49조), 노동조합 및 노동관계조정법(47조), 의료사고 피해구제 및 의료분쟁 조정 등에 관한 법률(27조 이하) 등이 제정되어 있다.

Ⅲ. 사력에 의한 구제

1. 정당방위

정당방위(正當防衛)는, 타인의 불법행위에 대하여 자기 또는 제3자의 이익을 방위하기 위하여 부득이 타인에게 손해를 가하는 행위이다(761조 1항). 정당방위가 성립하면 위법성을 잃게 되므로, 행위자는 이로 인하여 생긴 손해를 배상할 책임을 경우에는 지지 않는다(761조 1항 본문). 그러나 방위행위로 인하여 손해를 입은 피해자는 불법행위자에 대하여 손해의 배상을 청구할 수 있다(761조 1항 단서).

2. 긴급피난

긴급피난(緊急避難)은, 현재의 급박한 위난을 피하기 위하여 부득이 타인에게 손해를 가하는 행위이다(761조 2항). 긴급피난이 성립하면 정당방위의 경우와 마찬가지로 가해행위는 위법성을 잃게 되어, 이에 의하여 생긴 손해에 대하여 배상책임이 없다(761조 2항). 위에서 본 정당방위는 불법행위(위법한 침해)에 대한 방위인데 대하여, 긴급피난은 '위법하지 않은 침해'에 대한 피난이라는 점에서 서로 차이가 있다.

3. 자력구제

자력구제(自力救濟)는, 청구권을 보전하기 위해서 국가기관에 의한 구제를 기다릴 여유가 없는 경우에 피해자가 스스로의 사력(私力)으로써 침해받는 권리의 구제를 실현하는 것으로서(209조), 일명 자조(自助)라고도 한다. 민법은 자력구제권에 대해서 "점유를 부당히 침탈 또는 방해하는 행위에 대하여 자력으로 이를 방위할 수 있는 권리"인 자력방위권(209조 1항)과 "점유를 침탈당한 경우에 자력으로써 부동산일 때에는 점유자는 침탈 후 직시(直時) 가해자를 배제하여 이를 탈환할 수 있고, 동산일 때에는 점유자는 현장에서 또는 추적하여 가해자로부터 이를 탈환할 수 있는 권리"인 자력탈환권(209조 2항)의 2종류를 규정하고 있다. 따라서 정당방위·긴급피난이 현재의 침해에 대한 방위행위인데 대하여, 자력구제는 현재의 침해는 물론이고(자력방위권) 과거의 침해에 대한 회복을 같이 기할 수 있다는 점(자력탈환권)에서 차이가 있다.

자력구제에 대해서 민법은 점유의 침해에 관하여서만 규정을 두고 있을 뿐이나, 점유의 침해 이외의 사권 일반에 관해서도 자력구제는 인정되어야 한다(통설).

제 2 편

민 법 총 칙

제1장 권리의 주체

제1절 서 설

Ⅰ. 권리주체의 의의

권리는 법에 의하여 주어진 '법적 힘'이므로, 법에 의하여 그러한 '법적 힘'을 부여받은 특정인이 권리주체이다. 또 법에 의하여 규율되는 관계(법률관계)는 당사자 사이에 누가 권리를 갖고 누가 의무를 부담하느냐에 관한 권리·의무관계를 그 핵심내용으로 하게 되므로, 권리의 귀속자가 되는 권리의 주체는 의무의 귀속자가 되는 의무의 주체도 된다.

이에 관하여 민법 제3조는 '권리와 의무의 주체'라는 말로 표현하고 있으나, 근대 민법은 권리본위로 구성되어 있으므로 보통 '권리주체'라는 말을 사용하고 있다. 따라서 권리의 주체는 의무의 주체도 뒤며, 권리와 의무의 주체를 법인격(또는 법적 인격)이라고도 한다.

Ⅱ. 권리주체의 종류와 민법의 규정

사법관계에서 법률관계의 당사자로서 권리의 주체가 될 수 있는 자는 사람이다. 민법상 사람에는 자연인(3조~30조)에 한하지 않으며, 법인(31조~97조)도 권리주체가 될 수 있다. 따라서 재산관계의 주체인 사람으로서의 '인(人)' 또는 권리능력자로서의 '자(者)'라고 할 때에는(예컨대 매수인, 매도인, 임대인, 임차인, 본인, 타인에서의 '인'과 채권자, 채무자, 제3자에서의 '자') 자연인과 법인 모두를 포함하는 것이 원칙이다.

1. 자 연 인

자연인은 육체와 정신을 가진 유기적인 생명체인 보통 사람을 말한다. 여기서 모든 사람인 자연인은 그가 가지는 직업이나 성별, 신분, 연령 등에 관계없이 평등하게 인격(권리능력)을 인정받는다는 '법인격평등의 원칙'(권리능력평등의 원칙)이 적용되며(3조), 이는 모든 사람은 법 앞에 자유·평등한 인격체라는 전제 아래 이루어진 프랑스혁명의 법률문화적인 소산으로 만들어진 프랑스 민법 이래 근대 민법에 있어서 정립된 기본원칙이다.

자연인에 대하여 민법은 제1편 총칙의 제2장(인)에서 제1절 능력(3조~17조), 제2절 주소(18조~22조), 제3절 부재와 실종(23조~30조)에 관하여 규정하고 있다.

2. 법 인

법인은 일정한 목적을 가진 사람의 집단(사단) 또는 재산의 집단(재단)으로서, 법에 의하여 인격체(권리와 의무의 주체가 될 수 있는 자)로서의 지위가 인정된 존재를 말한다. 이에 관하여 민법은 "법인은 법률에 규정에 의함이 아니면 성립하지 못한다."고 규정하여 법인성립의 준칙주의를 밝히고 있다(31조). 법인에 관하여서도 법인이 성립한 때부터 소멸할 때까지 평등하게 권리능력을 인정받는다는 '권리능력평등의 원칙'이 적용된다(통설).

법인에 대하여 민법은 제1편 총칙의 제3장(법인)에서 제1절 총칙(31조~39조), 제2절 설립(40조~56조), 제3절 기관(57조~76조), 제4절 해산(77조~96조), 제5절 벌칙(97조)에 관하여 규정하고 있다.

제2절 자 연 인

제1관 권리능력

I. 권리능력의 의의

권리능력은 권리주체가 될 수 있는 지위 또는 자격으로서, '인격'이라고도 한다.

모든 자연인은 '생존한 동안', 즉 출생한 때부터 사망할 때까지 권리능력을 갖는다(3조). 근대 민법은 사생활에 관한 법률관계를 권리중심으로 구성하여 권리능력이라 부르나, 권리의 주체가 될 수 있는 자는 동시에 의무의 주체도 될 수 있다. 따라서 권리능력은 권리의무능력이라고 하는 것이 더욱 정확하며, 권리능력은 의무능력을 포함하는 개념이다. 권리능력에 관한 민법의 규정은 법률질서의 기본구조를 이루는 것으로서 강행규정이다(통설).

Ⅱ. 권리능력의 취득(발생)과 출생

1. 권리능력의 시기(始期)와 출생

권리능력을 취득하는 시기는 출생이다(3조). 즉, 모든 자연인은 출생과 동시에 권리능력을 취득하게 되므로, 어느 때를 출생의 때로 볼 것인가는 법률상 중요한 문제가 된다.

출생의 사실은 부모 등의 신고의무자가 출생지 등에서 1월 이내에 하여야 하며, 정당한 사유 없이 할 신고를 게을리 한 때에는 과태료에 의한 제재를 받게 된다(가족관계의 등록 등에 관한 법률 44조, 45조, 46조, 122조). 여기서 권리능력은 실제 출생이라는 사실에 의하여 취득되는 것이고 출생신고는 하나의 증명에 지나지 않는다. 따라서 출생신고는 그 자체가 권리능력취득이라는 법률효과를 창설하는 효력을 가져오는 창설적 신고는 아니고, 이미 출생이라는 사실을 확인하는 보고적 신고로서의 성질을 띤다.

2. 출생에 관한 학설과 검토

(1) 출생에 관한 학설

언제부터 출생한 것으로 볼 것인가에 따라 종래 진통설·일부노출설·전부노출설·독립호흡설 등이 견해가 다루어지고 있다.

1) 진 통 설

이는 규칙적인 진통을 수반하면서 분만이 개시된 때, 즉 태아가 태반으로부터 분리되기 시작함으로써 분만을 개시하는 진통이 시작되는 때를 출생으로 보는 견해로서, 일명 '분만개시설'이라고도 한다. 종래 형법에서는, 첫째 태아가 모체로부터 전부노출되기 전이더라 할지라도 분만 중에 영아의 생명이 침해될 위험성은 지극히 높으므로 분만 중의 영아의 생명을 보호함으로써 형법의 보호기능을 다하기 위하여서는 분만 중의 영아도 사람이라고 해석하여야 한다는 점과 둘째, 형법 제251조는 '분만 중' 또는 '분만 직후'의 사람인 영아(嬰兒)를 영아살해죄의 객체로 다루고 있으므로 해석상 분만이 개시되면 이미 형법상의 사람이 된다는 이유에서 진통설을 통설로 취하고 있다. 또한, 형사사건에 있어서 판례도 "사람의 생명과 신체의 안전을 보호법익으로 하고 있는 형법상의 해석으로는 사람의 시기는 규칙적인 진통을 수반하면서 태아가 태반으로부터 이탈하기 시작한 때, 다시 말하면 분만이 개시된 때(소위 진통설 또는 분만개시설)라고 봄이 타당하며, 이는 형법 제251조(영아살해)에서 '분만 중'의 태아도 살인죄의 객체가 된다고 규정하고 있는 점을 미루어 보아도 그 근거를 찾을 수 있는 바이니 조산원이 분만 중인 태아를 질식사에 이르게 한 경우에는 업무상 과실치사상죄가 성립한다."고 판시하여(대판 1982. 10. 12. 81도2621) 통설의 견해와 같이 진통설을 따르고 있다.

2) 일부노출설

이는 모체로부터 태아의 신체의 일부가 노출한 때를 출생으로 보는 견해로서, 특히 태아의 신체의 일부 중 제일 먼저 두부가 모체로부터 노출된다는 점에서 일명 '두부노출설'이라고도 한다. 이 학설은 영아살해죄를 규정하고 있지 않았던 구형법 당시의 통설이었다.

3) 전부노출설

이는 분만이 완성되어 태아가 살아서 모체로부터 완전히 분리되었을 때를 출생으로 보는 견해로서, 민법에서는 이 설을 통설로 취하고 있다.

4) 독립호흡설

이는 태아가 모체로부터 완전히 분리되어 태반에 의한 호흡을 그치고 자기의 폐로써 독립하여 호흡을 할 때(보통은 첫 울음이 있을 때)를 출생으로 보는 견해로서, 구민법 아래서의 소수설이었다.

(2) 학설의 재검토 필요성

위에서 살펴본 바와 같이 형법에서는 사람이 언제 출생하였다고 할 것인가에 대하여 동법 제251조의 영아살해죄 등을 근거로 분만을 개시하는 진통이 있을 때를 출생으로 보는 진통설(분만개시설)이 통설이며, 또한 판례의 입장이다. 그러나 민법에서는 분만이 완성되어 태아가 모체로부터 완전히 분리되었을 때를 출생으로 보는 전부노출설이 통설·판례의 태도이다.

그런데 민법상 출생에 관하여 전부노출설을 취하는 종래의 통설·판례의 태도는 의료과오사건이 거의 제기되지 않았을 때 다루어졌던 것으로서 실제에 있어서 태아가 모체로부터 분리되기 시작하여 주기적인 진통이 시작되었으나 이후 의료과오(분만과실)로 인하여 전부노출되지 못한 경우에 태아는 법률상 보호받지 못하게 된다는 불합리한 결과를 가져오게 된다.

또한 분만 도중 태아가 사산한 경우에 전부노출되어야만 사람으로 다루어지고, 전부노출 직전 사망한 경우에는 모체의 일부로 다루어진다면 극단적인 경우 의료과오를 일으킨 의료인이 책임을 은폐하기 위하여 고의로 태아를 사망에 이르게 하는 악결과를 초래할 수도 있다. 따라서 종래 우리 민법상 출생에 관한 학설과 관련하여 사소한 시기의 차이는 큰 영향이 없다는 입장(곽윤직·김재형 96면)은 타당하지 않으며, 이러한 취지에서 전부노출설을 취하는 통설적 견해는 형법상의 사람과 민법상의 사람을 특별히 구별할 실익이 있는지, 구체적으로 또한 분만개시 후 전부노출되기 전에 의료과오로 사망한 태아의 보호를 어떻게 할 것인지를 놓고 구체적으로 재검토되어야 할 것이다.

3. 태아의 권리능력

(1) 태아보호의 필요성과 입법주의

태아는 임신 후 분만되기 전까지 모체 안에 있는 생명체로서 수정란과 더불어 생명권의 주체로서 보호된다. 그러나 태아는 전부 노출되어 있지 않으므로 권리능력이 없게 된다. 그러나 이 원칙을 관철하게 되면, 부가 사망한 후에 출생한 자(子)는 상속권이 없게 되고(1000조 참조), 태아로 있는 동안에 산모의 배가 가격되어 뇌손상을 입은 경우에도 출생 후에 손해배상청구권이 없게 되어(750조, 751조), 태아에게 매우 불리하게 된다. 이에 따라 각국의 민법은 태아보호를 위한 규정을 두고 있으며, 이에는 다음의 2가지 입법주의가 있다.

(2) 태아보호에 관한 입법주의

1) 일반적 보호주의

이는 태아의 이익을 위하여 모든 법률관계에 있어서 일반적으로 이미 출생한 것으로 보는 입법으로서, 스위스 민법이 이 입장을 따르고 있다(동법 31조 2항).

2) 개별적 보호주의

이는 주요한 법률관계에 관하여서만 개별적으로 이미 출생한 것으로 보는 입법으로서, 독일 민법(1923조 등)·프랑스 민법(725조 등)이 이 입장을 따르고 있다.

(3) 우리 민법의 태도

우리 민법은 주요한 법률관계에 관하여서만 개별적으로 이미 출생한 것으로 보는 개별적 보호주의를 취하고 있다. 이에 의하면, 태아는 ① 불법행위로 인한 손해배상청구권(762조) ② 상속순위(1000조 3항) ③ 대습상속(1000조 3항의 유추적용) ④ 유증(1064조에 의한 1000조 3항의 준용) ⑤ 사인증여(562조에 의한 1064조·1000조 3항의 준용 : 해제조건설을 취할 경우에만 인정) ⑥ 유류분권(1112조) 등에 있어서 이미 출생한 것으로 보게 되므로, 위의 경우에 있어서 태아에게는 권리능력이 인정된다. 따라서 분만과실에 의하여 의사의 모체에 태아 물리적 공격에 의하여 태아 자신이 뇌손상 등의 손해를 입었다면 태아는 의사에게 불법행위로 인한 손해배상청구권을 주장할 수 있으며(750조), 뿐만 아니라 분만과실로 산모가 사망하였다면 모의 생명 침해에 대한 위자료청구권도 인정된다(752조).

판례도 "태아도 출생 후에는 평생을 통하여 아버지를 잃은 정신적인 고통을 받게 될 것이 경험칙상 용이하게 추지되는 바인즉, 원판결이 본건 사고 당시 태아였던 원고의 위자료청구를 인용한 조치는 정당하다."고 판시하여 불법행위로 인한 손해배상청구소송에서 태아의 위자료청구권을 인정하고 있다(대판 1967. 9. 26. 67다1684).

(4) 태아보호의 법률적 성질

개별적 보호주의에 입각하여 태아가 예외적으로 권리능력을 취득하는 경우에 관하여 민법은 "이미 출생한 것으로 본다."라고만 하고 있을 뿐이므로, 그 법률적 성질이 무엇인가에 관하여서는 종래 학설·판례의 견해가 일관되어 있지 않다. 따라서 민법의 개별적 보호주의에 의하여 태아에게 권리능력을 인정함에 있어서도 당연히 법률적 성질을 어떻게 이해할 것인가에 따라 해석론을 달리하게 된다.

1) 학 설

가) 정지조건설

이는 태아의 출산을 정지조건으로 하여 권리능력을 인정하려는 견해로서, 소수설이다(김상용 142면, 백태승 131면, 양형우 58면, 이영준 850면). 이에 의하면, 태아는 태아 자체로 있는 동안에는 아직 권리능력을 취득하지 못하나, 살아서 출생한 때에는 권리능력취득의 효과가 문제의 사건이 발생한 시기(분만과실로 인하여 태아에게 손해가 발생한 때)에 소급하여 생기게 된다. 이 견해를 주장하는 분들은 그 근거로 독일 민법과 같이 태아의 이익을 보호하는 법정대리인 등의 기관에 관한 규정이 없다는 점, 태아가 쌍생아인지 삼생아인지 출생한 후에 비로소 알 수 있으며 사산하는 경우도 있으므로 실제에 있어서 재산분할을 태아의 출생시까지 유보시켜야 한다는 점, 모 자신도 태아가 언제 포태되었는지 모르는 경우가 있는 점 등을 들고 있다.

나) 해제조건설

이는 태아의 사산을 해제조건으로 하여 권리능력을 인정하려는 견해로서, 다수설이다. 이에 의하면, 태아는 이미 출생한 것으로 간주되는 각개의 개별적 사항에 있어서 제한된 권리능력을 가지며, 사산한 때에는 권리능력취득의 효과가 문제의 사건이 발생한 시기까지 소급하여 소멸하게 된다. 이 견해를 주장하는 분들은 그 근거로 현대는 의학이 발달되어 사산하는 경우보다 살아서 출생하는 경우가 압도적이라는 점, 해제조건설에 의하는 것이 태아보호의 본지에 적합하다는 점 등을 들고 있다.

2) 판 례

판례는 종래 해제조건설을 취하고 있었으나(대판 1962. 3. 15. 4294민상903; 동 1967. 9. 26. 67다1684), 70년대에 들어서 "태아로 있는 동안은 권리능력을 취득할 수 없으니 살아서 출생한 때에 출생시기가 문제의 사건의 시기까지 소급하여 그때에 태아가 출생한 것과 같이 법률상 보아 준다고 해석하여야 상당하므로(대판 1949. 5. 9. 4281민상197), 원심이 이와 같은 취지에서 원고의 처 소외 甲이 사고로 사망할 당시 임신 8개월 된 태아가 있었음과 그가 모체와 사망하여 출생의 기회를 못 가진 사실을 인정하고 살아나 태어나지 않은 이상 배상청구권을 논할 여지가 없다는 취지로 판단하여 이 청구를 배척한 조치는 정당하다."고 판시하여 그 태도를 정지조건설로 변경하였다(대판 1976. 9. 14. 76다1365). 이후 판례는 계속하여 정지조건설의 입장을 취하고 있다(대판 1982. 2. 9. 81다534).

3) 학설의 검토

태아의 보호를 위한 개별적 보호주의의 취지에서 살펴볼 때 이론적으로는 보다 태아의 보호에 치중하는 입장인 해제조건설이 타당한 것처럼 보이나, 이 견해는 태아가 사산한 경우에 법률관계를 복잡하게 할 염려가 있을 뿐만 아니라 앞에서 본 정지조건설의 근거에 비추어 볼 때 현행 민법의 해석상 난점이 없지 않다. 따라서 해제조건설을 취함에 있어서는 태아에게 소송당사자능력을 인정하고 태아를 위한 법정대리인으로서의 존재가 전제되어야 함을 고려하여볼 때 민법의 해석으로는 정지조건설이 보다 타당하다. 그러나 입법론으로는 독일 민법에서와 같은 태아를 위한 법정대리인제도를 두는 것이 분만과실 등이 발생한 경우 태아의 이익 보호에 보다 충실할 것으로 판단되므로, 앞으로 이와 같이 '태아를 위한 법정대리인제도'가 갖추어 진다면 해제조건설을 취하여야 할 것이다.

4. 외국인의 권리능력

(1) 의 의

모든 자연인은 성별·직업·연령 등을 묻지 않고 출생한 때부터 사망할 때까지 평등하게 권리능력을 갖는다(3조). 그러나 이는 대한민국의 국적을 가지고 있는 사람에 대해서 적용되는 것이고, 외국인에 대하여서도 평등주의 원칙이 적용될 것인가가 문제된다. 여기서 외국인은 대한민국의 국적을 가지지 아니한 자, 즉 외국의 국적을 가진 자와 무국적자를 포함한다.

(2) 평등주의 원칙

외국인의 권리능력에 관하여 우리 민법은 아무런 규정도 두고 있지 않다. 그러나 헌법은 "외국인에 대하여는 국제법과 조약에 정한 바에 의하여 그 지위를 보장한다."고 규정하고 있으므로(동법 6조 2항), 이는 그대로 민법의 원칙으로서 '내외국인평등주의'가 적용된다.

(3) 예외적 제한

외국인에 대하여는 국가의 정책에 의하여 평등주의 원칙의 예외로서 일정한 경우, 권리의 취득금지 또는 제한이 가하여진다.

1) 절대적 제한

외국인은 한국의 선박 또는 항공기의 소유권을 취득할 수 없다(선박법 2조, 항공법 6조). 또 외국인은 도선사가 될 수 없다(도선법 6조 1호).

2) 상호주의에 의한 제한

가) 외국인의 토지소유권에 관하여는, 상호주의(외국인의 본국이 자국민에게 인정하

는 정도와 같이 권리능력을 인정하는 주의)에 의하여 제한되고 토지취득을 위한 계약체결일부터 60일 이내에 대통령령으로 정하는 바에 따라 신고관청에 신고하거나 허가를 받아야 한다(부동산 거래신고 등에 관한 법률 7조-9조).

나) 광업권의 경우도 상호주의에 의하여 제한된다. 즉 광업권은 조약과 외국인이 속하는 국가에서 대한민국 국민에 대하여 그 국가의 국민과 동일한 조건으로 광업권을 갖는 것을 인정하는 경우, 대한민국이 그 외국인에 대하여 광업권을 갖는 것을 인정하는 경우에는 그 외국인이 속하는 국가에서도 대한민국 국민에 대하여 그 국가의 국민과 동일한 조건으로 광업권을 갖는 것을 인정하는 경우에 한하여 외국인은 광업권을 가질 수 있다(광업법 10조의 2, 2010년 1월 27일 신설).

다) 저작권·특허권·디자인권·상표권·실용신안권 등의 지식재산권을 규율하는 저작권법(3조)·특허법(25조)·디자인보호법(27조)·상표법(27조)·실용신안법(3조)도 외국인의 권리를 상호주의에 의하여 보호하고 있다.

라) 재화나 용역을 거래함에 있어서 그 전부 또는 일부가 전자문서에 의하여 처리되는 전자거래에 대해서 대한민국 국민(또는 법인)에 대하여 이 법에 준하는 보호를 하지 아니하는 국가의 외국인 또는 외국 법인에 대하여는 그에 상응하게 이 법 또는 대한민국이 가입 또는 체결한 조약에 따른 보호를 제한할 수 있도록 함으로써 외국인의 권리능력을 상호주의에 의하여 제한하고 있다(전자문서 및 전자거래 기본법 40조).

마) 이 밖에 국가 또는 공공단체를 상대로 하는 손해배상청구권(국가배상법 7조), 품종보호권(종자산업법 18조) 등도 외국인의 권리능력을 상호주의에 의하여 제한하고 있다.

(4) 국적상실자의 권리 변동

대한민국 국적을 상실한 자는 국적을 상실한 때부터 외국인이 되므로, 대한민국의 국민만이 누릴 수 있는 권리를 원칙적으로 누릴 수 없다. 그러나 국적상실과 동시에 권리를 상실케 하는 것은 지나치게 가혹한 법적용이 된다. 이를 고려하여 국적법은 권리 중 대한민국의 국민이었을 때 취득한 것으로서 양도할 수 있는 것은 그 권리와 관련된 법령에서 따로 정한 바가 없으면 3년 내에 대한민국의 국민에게 양도할 수 있도록 하여 국적상실자의 권리를 보호하고 있다(동법 18조).

Ⅲ. 권리능력의 상실(소멸)과 사망

1. 권리능력의 종기와 사망

권리능력을 상실하는 시기는 사망이다(3조). 즉, 모든 자연인은 사망과 동시에 권리능력을 상실하게 되므로, 어느 때를 사망의 때로 볼 것인가는 법률상 중요한 문제가 된다.

사망의 사실은 친족 등의 신고의무자가 출생지 등에서 1월 이내에 하여야 하며, 정당한 사유 없이 할 신고를 게을리 한 때에는 과태료에 의한 제재를 받게 된다(가족관계의 등록 등에 관한 법률 84조, 85조, 122조). 여기서 권리능력의 상실은 실제 사망이라는 사실에 의하게 되는 것이고 사망신고는 하나의 증명에 지나지 않는다. 따라서 사망신고는 출생신고의 경우와 마찬가지로 창설적 신고는 아니고, 이미 사망이라는 사실을 확인하는 보고적 신고로서의 성질을 띤다.

사망은 상속과 유언의 효력발생·잔존배우자의 재혼·보험금청구권의 발생·연금 등에 관한 여러 가지 법률문제가 관련되므로, 사망의 여부나 그 시기는 중요하다.

민법에는 사람의 사망에 관하여 표의자의 사망과 효력발생시기(111조 2항), 본인·대리인의 사망과 대리권의 소멸(127조), 공유자 중 1인 사망과 지분의 귀속(267조), 차주의 사망과 사용대차계약의 해지(614조), 위임계약에 있어서 당사자 일방의 사망과 위임계약의 소멸(690조), 부부 일방의 사망과 인척관계의 소멸(775조 2항), 사망한 자의 인지(857조), 부모의 사망과 인지청구의 소(864조), 피상속인의 사망과 상속의 개시(997조), 수증자의 사망과 상속의 승인·포기(1076조), 유증 효력발생 전의 수증자의 사망과 유증의 효력(1089조) 등 관련 규정을 여러 곳에 두고 있다.

2. 사망에 관한 학설과 검토

(1) 심장사설

자연인은 '생존한 동안'만 권리와 의무의 주체가 되므로(3조), 사망으로 인하여 권리능력은 종료된다. 민법은 사망의 '시기'를 결정하는 기준에 대하여는 아무런 규정을 두고 있지 않다. 종래에는 일반적으로 사람의 생명의 근원을 '심장'에 있다고 보아 심장기능의 정지를 사망의 시기로 보는 '심폐정지설' 및 '3징후설'이 유력한 견해였다.

이 중 '심폐정지설'은 심장의 고동과 호흡기능이 회복불가능한 상태로 정지된 때를 사망한 시기로 보는 것으로서, 이 견해가 종래 민법의 통설이다. 또, 이와 관련하여 '생활기능의 절대적·영구적으로 끝나는 것이 사망이며, 호흡과 혈액순환의 영구적 멈춤이라는 생리적 낌새가 있을 때에 사망으로 인정된다'는 견해(곽윤직·김재형 103면)도 심폐정지설과 그 맥락을 같이 한다고 할 수 있다. 또한, '3징후설'은 사망을 심장의 완전한 정지의 징후라고 볼 수 있는 호흡 및 맥박의 정지, 동공의 확산을 가져온 시기로 보는 견해이다(고상룡 56면). 즉, 이에 의하면 호흡기능 및 심장박동이 정지되고 동공이 확대되어 광반사의 소실이 초래되었을 때를 사망한 시점으로 보게 된다. 또한 종래 미국에서도 사망을 생명의 정지인 혈액순환의 정지, 그 결과로서 일어나는 호흡·맥박 등과 같은 육체적·생체학적 기능의 정지를 의미하는 것으로 이해하여 왔다(Black's Law Dictionary, 5th ed., West Publishing Co., 1979, p.360).

결국 앞의 어느 견해에 의하든지 사람의 사망의 시기는 심장의 정지, 즉 '심장사'에 의하여 사망에 관한 태도를 취하고 있는 것(심장사설)이 종래 권리능력의 종기를 이해하는 학설의 태도라고 할 수 있다.

(2) 뇌 사 설

1) 뇌사설의 대두

위의 심장사설에 대하여 의학계에서는 죽음이란 '심장 및 호흡기능의 정지 또는 뇌간(腦幹)을 포함한 전뇌기능의 치료불능한 소실'이라고 정의함으로써 그 동안 심폐정지사만 인정하던 '죽음'에 뇌사(腦死)도 포함시키자는 이른바 '뇌사설'이 대두되었다. 최근에 와서 장기이식수술이 보편화되면서 의학계에서는 비록 심장이 뛰고 인공적으로 호흡을 시키고 있더라도 뇌반사작용이 정지된 상태라면 사망으로 간주하여 무익한 치료를 중단할 수 있는 길을 열어주고 장기를 필요로 하는 환자에게 제공할 수 있도록 하려는 주장이 그것이다. 그리하여 '장기 등 이식에 관한 법률'(1999. 2. 8. 법률 5868호, 이하 '장기이식법'이라 약칭함)이 제정되어 '뇌사의 판정'을 규정하고 있다(동법 16조~21조).

2) 장기이식법과 뇌사의 판정

장기이식법은 뇌사자의 장기적출 및 그 이식과 관련하여 뇌사를 인정하고 있으며, 이를 위한 뇌사판정에 관한 규정을 두고 있다(동법 14조~17조). 여기서 장기이식법은 "'뇌사자'라 함은 이 법에 따른 뇌사판정기준 및 뇌사판정절차에 따라 뇌 전체의 기능이 되살아날 수 없는 상태로 정지되었다고 판정된 사람을 말한다."고 규정함으로써(동법 4조 5호) 모든 뇌기능이 돌이킬 수 없는 상실상태를 뇌사로 보는 '전뇌사설'의 입장을 취하고 있다. 다만 여기서 전뇌사설을 취하는 경우에도 이에 대한 구체적인 판정기준과 그 판정절차가 공정하고 개관적으로 이루어짐으로써 이에 따른 잘못을 엄격히 예방한다는 차원에서 장기이식법은 뇌사판정의료기관 및 뇌사판정위원회, 뇌사의 판정신청, 뇌사판정기준과 뇌사판정 등에 대하여 구체적으로 규정하고 있다(동법 16조~20조).

또 동법은 뇌사자의 '사망원인'에 대해서 "뇌사자가 이 법에 따른 장기 등의 적출로 사망한 경우에는 뇌사의 원인이 된 질병 또는 행위로 인하여 사망한 것으로 본다."고 규정하고, '사망시기'에 대해서 "뇌사자의 사망시각은 뇌사판정위원회가 제18조 제2항에 따라 뇌사판정을 한 시각으로 한다."고 규정하고 있어서 뇌사를 사망한 것으로 인정한 것인가 문제된다.

그런데 이와 같이 '전뇌사설'에 입각하여 '뇌사'를 인정하는 장기이식법의 이러한 태도가 다른 법률관계도 적용될 것인지가 문제될 수 있는 바, 이는 법적 안정성의 확보라는 차원에서도 분명히 하여야 할 필요가 있다. 특히, 민법과 관련하여 모든 민사관계에 '뇌사설'을 사망의 시기로 인정할 경우에는 뇌사판정의 절차가 어느 시점에 이루어지느냐에 따라 상속의 문제·동시사망의 추정문제(예컨대 아버지와 자녀가 같이 사고를 당하여 같이 뇌사 상태에 빠진 경우, 누구의 인공호흡기를 먼저 제거하여 뇌사판정을 하느냐에 따라 남은 유가족의 상속 등과 관련된 법률상의 이해관계가 서로 달라지는 문제) 등 불합리한 경우가 생길 수 있다.

결국 사망의 시기와 관련된 '뇌사'와 종래 '심장사'의 관계는 다음과 같이 2원론적으로 구별하는 것이 타당하다고 생각한다. 즉, 장기의 적출과 이식을 시술하는 의학 및 형법·'행위개념'에서는 뇌사를 사망으로 보며, 따라서 이는 형법상의 살인죄나 민법상의 생명침해로 인한 불법행위책임의 적용을 받지 않고 연명장치의 제거·장기적출수술을 할 수 있도록 하되, 그 밖의 민법 등의 법률관계에서는 '심장사'를 사망으로 보아 사망에 의하여 야기되는 이해관계자의 재산관계·신분관계를 해결하는 것이 합리적일 것이라고 판단된다(김민중, "장기이식·뇌사의 법적 의미와 문제점", 판례월보 제239호, 1990. 8, 14~15면 참조).

3. 사망의 추정·간주

(1) 동시사망의 추정

수인(2인 이상)이 동일한 위난으로 사망한 경우(예컨대 추락한 비행기나 조난당한 선박에 동승하였다거나, 또는 화재로 호텔에 함께 투숙하였다가 이러한 위난으로 사망한 경우)에, 어느 쪽이 먼저 사망하였는지 알 수 없는 것은 상속 등에 크게 문제가 된다. 이에 민법은 수인이 동일위난으로 사망한 경우에 유산을 사실상 먼저 차지한 자가 보호된다고 하는 불합리가 있었으므로(사망의 전후를 증명한다는 것은 거의 불가능하기 때문), 이를 시정하여 "2인 이상이 동일한 위난으로 사망한 경우에는 동시에 사망한 것으로 추정한다."고 규정하고 있다(30조).

(2) 인정사망

이는 수난·화재·폭발 등 그 밖의 사변이 있은 때에 사망의 확증(시체의 발견·확인 등)은 없지만 사망한 것이 거의 확실하다고 생각되는 경우에는 그를 조사한 관공서의 사망보고에 의하여 사망을 인정하는 제도이다(가족관계의 등록 등에 관한 법률 16조, 87조).

(3) 실종선고

이는 부재자의 생사불명의 상태가 일정기간(실종기간) 계속되어 사망의 개연성이 상당히 큰 경우에 일정한 절차를 거쳐서 가정법원의 선고에 의하여 일정시기에 사망한 것으로 간주하는 제도이다(27조~29조).

제2관 행위능력

Ⅰ. 서 설

1. 권리능력과 행위능력

권리능력은 실제 법률관계를 맺거나 계약 등의 법률행위를 하지 않아도 추상적으로 권리와 의무를 주체가 될 수 있는 지위, 자격에 대한 사람(자연인)의 능력이다. 그러나 사람이 실제 법률관계를 맺거나 계약 등의 법률행위를 함에 있어서는 행위자 스스로 유효한 행위를 하여 권리취득하고 의무를 부담하는 행위를 수행할 수 있는 능력이 문제되며, 이것이 바로 민법이 다루는 행위능력이다(4조~17조). 또한 민법이 사람의 능력과 관련해서 별도로 의사능력을 직접 규정하고 있지 않지만 통설·판례는 행위능력을 갖기 위한 전제로서 사물변식능력으로서 의사능력의 개념을 인정한다.

2. 의사능력과 책임능력

(1) 의사능력

의사능력은 사람이 개개의 행위를 행함에 있어서 자기의 행위의 의미나 결과를 합리적으로 판별할 수 있는 정신능력 내지 지능을 말한다. 그것은 결국 보통사람이 가지는 정상적인 판단능력, 사물변식능력을 의미한다.

사람의 행위가 법률적인 효과를 생기게 하려면 언제나 이 의사능력이 필요하다. 의사능력은 행위능력을 갖기에 앞서 반드시 갖추어야 하는 것으로서 사람이 의사능력이 있느냐의 여부는 각 행위를 하는 모습에 따라 개별적 구체적으로 판단되게 된다. 의사능력이 없는 자가 한 행위의 효과가 어떻게 되는가에 관하여 민법은 명문규정이 없으나, 자기가 한 행위를 변식할 수 지능이 없는 자가 한 행위에 대해서는 개인의사 자치의 원칙을 고려할 때, 무효로 해석된다(통설, 판례). 따라서 5살 어린이가 체결한 계약, 강도의 흉기를 이용한 강요에 의하여 체결한 증여계약, 술에 만취한 상태에서 한 결혼 등에 대하여서는 위 행위자가 자신이 당시 의사능력이 없이 한 행위라는 것을 입증하면, 위 행위는 무효로 다루어지게 된다.

(2) 책임능력

책임능력은 법률상의 책임을 변식할 수 있는 정신능력 내지 지능을 말하며, '불법행위능력'이라고도 한다. 의사능력 없는 자가 법률행위를 하여도 그 효력이 생기지 않은 뿐만 아니라, 한편으로는 비록 위법한 행위를 하여 타인에게 손해를 입히더라도 그 행위는 불법행위가 되지 않고, 발생한 손해를 배상할 의무를 지지 않는다. 즉, 책임능력은 위의 의사능력을 책임이라는 면에서 본 것이다. 이와 관련해서 민법은 미성년자 또는 심신상실자가 타인에게 손해를 가한 경우에 그 행위의 책임을 변식할 지능이 없는 때에는 배상의 책임이 없으나, 고의 또는 과실로 인하여 심신상실을 초래한 자는 배상책임을 지도록 규정하고 있다(754조, 755조).

3. 행위능력

행위능력은 사람이 단독으로 완전히 유효한 법률행위를 할 수 있는 능력을 말한다. 이에 관하여 민법은 소극적으로 행위무능력에 관하여 규정을 두고 있을 뿐이고(5조 이하), 행위능력에 관한 적극적인 규정을 두고 있지 않다. 즉 민법은 어떤 사람이 행위능력이 있는 자임을 규정하는 것이 아니라 정상인으로 유효한 법률행위를 하기에는 부족한 자로 여겨지는 자를 일정한 연령과 법원의 심판이라는 객관적·획일적 기준에 의하여 행위능력이 제한되는 자(제한능력자)로 정하고 있다.

여기서 행위능력과 무능력의 여부, 즉 행위능력의 존부(存否)는 사회의 거래관계에 직접 영향을 미치는 것으로서, 이에 관한 민법의 규정은 강행규정이므로 개인의 특약으로 변경하거나 배제할 수 없다(통설, 판례).

또한 민법에서 '능력' 또는 '무능력'이라고 하면, 행위능력 또는 행위무능력을 뜻한다.

4. 민법의 제한능력자제도

제한능력자는 행위능력이 제한되는 자, 즉 단독으로 완전히 유효한 법률행위를 할 수 없는 자를 말한다. 민법은 이에 대하여 성년기에 달하지 않은 미성년자(5조)와 사무를 처리할 능력이 부족한 사람으로서 법원에 의하여 한정후견개시의 심판을 받은 사람인 피한정후견인(12조), 사무를 처리할 능력이 지속적으로 결여된 사람으로서 법원에 의하여 성년후견개시의 심판을 받은 사람인 피성년후견인(9조)을 제한능력자로 규정하고 있다. 따라서 이들의 행위능력은 제한되어 단독으로 한 법률행위는 취소할 수 있게된다(5조 2항, 10조, 13조).

제한능력자제도 궁극적으로 객관적·획일적 기준에 의하여 행위능력이 없는 자에 대하여 무능력의 입증을 면제함으로써 제한능력자 본인을 보호하기 위한 것이 그 목적이다. 그러나 부차적으로는 거래의 상대방이나 제3자로 하여금 객관적 기준에 따라 제한능력자임을 알고 경계함으로써 이러한 자와 거래하는 상대방으로 하여금 손해를 미리 방지하고 거래의 안전을 꾀하려는 것이다.

또한 제한능력자제도는 재산거래에 관한 재산행위를 능력을 획일화하는 것이 그 존재이유이므로, 본인의 의사가 존중되는 가족법상의 행위(신분행위)에는 적용되지 않는다.

5. 민법의 개정과 성년후견제도의 도입

2011년 3월 7일 민법 제18차 개정에 의하여 민법상 제한능력자인 한정치산·금치산제도에 대체하여 성년후견제도를 도입하였으며, 위 내용은 2013년 7월 1일부터 시행되고 있다. 이에 따라 기존의 금치산·한정치산 제도를 현재 정신적 제약이 있는 사람은 물론 미래에 정신적 능력이 약해질 상황에 대비하여 후견제도를 이용하려는 사람이 재산 행위뿐만 아니라 치료, 요양 등 복리에 관한 폭넓은 도움을 받을 수 있는 성년후견제로 확대·개편되게 되었다. 또 개정민법은 금치산·한정치산 선고의 청구권자에 후견감독인과 지방자치단체의 장을 추가하여 후견을 내실화하며, 성년후견 등을 요구하는 노인, 장애인 등에 대한 보호를 강화하고, 피성년후견인 등과 거래하는 상대방을 보호하기 위하여 성년후견 등에 관하여 등기로 공시하도록 하고 있으며, 그 주요내용은 앞의 민법의 개정에서 살펴본 바와 같다.

Ⅱ. 미성년자

1. 미성년자와 성년기의 완화

(1) 의 의

사람은 만 19세로 성년이 되므로(4조), 미성년자는 성년에 달하지 아니한 자다(4조의 반대해석). 성년기는 종래 20세이었으나 2011년 3월 7일 단행된 개정민법은 청소년의 조숙화에 따라 성년연령을 낮추는 세계적 추세와 '공직선거법' 등의 법령 및 사회·경제적 현실을 반영하여 성년에 이르는 연령(성년기)을 만 20세에서 만 19세로 낮추고 있으며, 위 개정내용은 2013년 7월 1일부터 시행되고 있다. 미성년자를 제한능력자로 하는 것은 각국의 민법이 일치하고 있으나, 연령에는 차이가 있으며 프랑스 민법(488조 1항)은 18세이고, 북한 민법(20조 1항)은 17세이다. 또, 이 경우의 연령은 실제의 사실을 기준으로 하는 것이고, 가족관계등록부(구 호적부)의 생년월일은 추정력이 있을 뿐이다(대판 2001. 5. 24, 200므1493).

(2) 성년기의 완화

민법으로 성년기를 획일적으로 정하는 경직성을 완화하기 위하여 "미성년자가 혼인을 한 때에는 성년자로 본다."는 규정을 두어 혼인성년제(성년의제제도)를 두고 있다(826조의2, 1977년 12월 31일 신설). 따라서 만 18세 이상된 남녀가 부모 등의 동의를 얻어 혼인하면 성년자와 같은 행위능력이 인정되며, 그 후 혼인이 해소되더라도 일단 주어진 성년의제의 효과는 소멸되지 않는다. 여기서 성년의제의 효과는 사법관계에 한해서만 적용되므로, 공직선거법 등의 공법관계에서는 여전히 미성년자로 다루어진다.

2. 미성년자의 행위능력

(1) 원 칙

미성년자는 유효한 법률행위를 하기 위해서는 법정대리인의 동의를 얻어야 하며(5조 1항), 이를 위반한 행위는 취소할 수 있다(동조 2항). 여기서 동의가 있었다는 입증책임은 그 동의가 있었음을 이유로 법률행위의 유효를 주장하는 자, 즉 상대방에게 있다(대판 1970. 2. 24. 69다1568).

(2) 예 외

미성년자가 다음에 열거하는 일정한 행위를 하는 경우에는, 예외적으로 법정대리인의 동의 없이 미성년자가 단독으로 유효한 법률행위를 할 수 있다.

1) 단순히 권리만을 얻거나 의무만을 면하는 행위(5조 1항 단서)

이러한 행위는 미성년자에게 단독으로 하더라도 불이익을 주지 않기 때문에 인정된다. 예컨대 부담 없는 증여를 받는 행위인 무상의 수증(受贈), 보수 없이 보관하던 목적물(무상임치물)을 반환하는 행위, 채권자의 채무면제의 청약에 대하여 승낙하는 행위 등은 미성년자가 단독으로 할 수 있다. 그러나 부담 있는 증여를 받는 행위(부담부 증여) 등과 같이 미성년자가 권리를 얻기도 하지만 의무도 부담하는 행위는 단독으로 할 수 없다.

2) 범위를 정하여 처분을 허락한 재산의 처분(6조)

법정대리인이 범위를 정하여 처분을 허락한 재산은 미성년자가 임의로 처분할 수 있다(6조). 예컨대 중학생 자녀가 부모로부터 받은 용돈이나 선물에 대하여서는 미성년자가 단독으로 처분할 수 있다. 다만 민법 제6조에서 '처분'은 처분행위를 뜻하며, 이에는 물건의 파괴·소비와 같은 사실적 처분(행위)과 소유권이전·담보의 설정과 같은 법률적 처분(행위)이 모두 포함된다. 또 물론해석에 의하여 처분은 사용·수익을 포함하는 넓은 의미로 쓰인다.

또한 제6조에서 '범위를 정하여 처분을 허락한 재산'은 사용목적과 관계없이 자유로이 처분할 수 있는 재산을 뜻하는 것이다. 따라서 법정대리인이 하숙비를 사용목적으로 정해서 처분을 허락한 경우, 거래의 안전을 고려할 때 미성년자가 그와 다른 목적으로 임의로 처분한 행위도 유효하다(다수설).

3) 허락된 특정의 영업에 관한 행위(8조 1항)

미성년자가 법정대리인으로부터 허락을 얻은 특정한 영업에 관하여는 성년자와 동일한 행위능력이 있다(8조 1항). 여기서 '영업'은 영리를 목적으로 하는 사업으로서 미성년자 자신이 이익주체가 되는 독립적으로 계속적인 사업을 뜻하는 것으로서, 상업(상법 4조·46조)은 물론이고 자유업·공업·농업·어업 등도 이에 포함된다(통설).

또한 제8조 제1항의 영업의 허락은 반드시 영업의 종류를 특정하여야 하므로, 모든 영업을 허락하거나, 하나의 영업의 일부(예컨대 문방구상 영업을 허락하면서 3만원 이하의 거래)만을 허락할 수는 없다. 그러나 여러 종류의 영업을 허락하는 것은 상관없다. 여기서 허락에는 특별한 방식을 요하지 않으나, 그 영업이 상업일 경우에는 상업등기를 하여야 하며, 이를 등기하지 아니하면 선의의 제3자에게 대항하지 못한다(상법 6조, 37조). 이에 따라 법정대리인이 미성년자에게 영업허락을 한 경우에는, 그 범위 안에서 대리권은 소멸한다(통설).

4) 대리행위(117조)

민법은 대리인의 능력에 대해서 행위능력자임을 요하지 아니하므로(117조), 미성년자는 단독으로 유효한 대리행위를 할 수 있다. 즉 행위능력의 제한은 제한능력자 본인의 보호를 위한 것이므로, 미성년자가 타인의 대리인으로서 법률행위를 하는 데에는 행위능력이 제한되지 않는다.

5) 취소행위(140조)

민법은 '법률행위의 취소권자'로서 제한능력자를 포함시키고 있으므로(140조), 취소할 수 있는 법률행위에 있어서 미성년자는 법정대리인의 동의 없이 단독으로 취소할 수 있다. 따라서 미성년자는 자신이 법정대리인의 동의 없이 한 법률행위에 대해서 무능력을 이유로 단독으로 취소할 수 있다(5조 2항, 140조). 다만 무능력을 이유로 미성년자 자신이 취소하는 경우의 취소행위의 효력은 소급적으로 소멸되므로(141조), 무능력의 상태에서 한 것임을 이유로 다시 취소할 수는 없다.

6) 법정대리인의 허락을 얻어 회사의 무한책임사원이 된 미성년자가 그 자격에 기인하여 행하는 행위(상법 7조)

미성년자가 법정대리인의 허락을 얻어 회사의 무한책임사원이 된 때에는 그 사원자격으로 인한 행위에는 능력자로 본다(상법 7조).

미성년자가 법정대리인의 허락을 얻어 회사의 무한책임사원이 된 때에는 그 사원 자격으로 행위를 함에 있어서는 단독으로 유효하게 할 수 있다. 따라서 이 경우 미성년자는 지분의 양도 등의 행위를 함에 있어서 법정대리인의 동의 없이 유효한 행위를 할 수 있다.

7) 근로계약과 임금의 청구(근기법 67조 1항·68조)

근로기준법은, 친권자 또는 후견인은 미성년자의 근로계약을 대리할 수 없도록 규정하고 있다(동법 67조 1항). 또 동법은 미성년자가 독자적으로 임금을 청구할 수 있도록 규정하고 있다(동법 68조). 따라서 미성년자는 법정대리인의 동의 없이 단독으로 근로계약의 체결과 임금청구를 할 수 있다. 그러나 근로계약의 체결과 관련해서는 법정대리인이 미성년자의 근로계약을 대리하지 못할 뿐이고 미성년자의 근로계약이 유효하기 위해서는 법정대리인의 동의를 얻어서 하는 것으로 이해하는 것이 다수설이다.

판례도 미성년자는 원칙적으로 법정대리인에 의하여서만 소송행위를 할 수 있으나 미성년자 자신의 노무제공에 따른 임금의 청구는 근로기준법의 규정에 의하여 미성년자가 독자적으로 할 수 있는 것으로 이해하고 있다(대판 1981. 8. 25. 80다3149).

(3) 동의와 허락의 취소 또는 제한

미성년자가 법률행위를 하기 전에는 법정대리인은 그가 한 동의나 범위를 정하여 재산처분에 대한 허락을 취소할 수 있다(7조). 이는 법정대리인이 미성년자를 보호하기 위하여 동의 또는 허락을 한 경우, 후에 사정의 변경으로 인하여 미성년자의 행위를 저지하는 것이 미성년자를 보호하는 길이라고 생각되는 경우를 위하여 인정된 것이다. 그러나 위 동의와 허락의 '취소'는 거래의 안전을 위협하지 않아야 하므로, 그 효력은 장래에 향해서만 나타나는 '철회'의 성격을 띤다(통설).

3. 미성년자의 법정대리인

(1) 법정대리인이 되는 자

미성년자의 법정대리인은 제1차로 친권자가 되고, 2차로 후견인이 된다.

1) 친권을 행사하는 부 또는 모는 미성년자인 자의 법정대리인이 된다(911조). 여기서 친권은 부모가 공동으로 행사하고, 부모의 의견이 일치하지 아니하는 경우에는 당사자의 청구에 의하여 가정법원이 이를 정한다. 양자의 경우에는 양부모(養父母)가 친권자가 된다(909조 1항, 2항).

부모의 일방이 친권을 행사할 수 없을 때에는 다른 일방이 이를 행사한다(동조 3항).

혼인 외의 자가 인지된 경우와 부모가 이혼하는 경우에는 부모의 협의로 친권자를 정하여야 하고, 협의할 수 없거나 협의가 이루어지지 아니하는 경우에는 가정법원은 직권으로 또는 당사자의 청구에 따라 친권자를 지정하여야 한다. 다만, 부모의 협의가 자(子)의 복리에 반하는 경우에는 가정법원은 보정을 명하거나 직권으로 친권자를 정한다(동조 4항).

가정법원은 자의 복리를 위하여 필요하다고 인정되는 경우에는 자의 4촌 이내의 친족의 청구에 의하여 정하여진 친권자를 다른 일방으로 변경할 수 있다(동조 6항).

2) 미성년자에게 친권자가 없거나 친권자가 법률행위의 대리권과 재산관리권을 행사할 수 없는 경우에는 미성년자의 후견인을 두어야 한다(928조). 미성년후견인의 수(數)는 한 명으로 한다(930조). 미성년자에 대하여 친권을 행사하는 부모는 유언으로 미성년자의 후견인을 지정할 수 있다. 그러나 법률행위의 대리권과 재산관리권 없는 친권자는 이를 지정하지 못한다(931조). 이를 '지정후견인'이라 한다.

위의 지정후견인이 없는 경우 개정전 민법은 법정후견인(미성년자의 직계혈족, 3촌 이내의 방계혈족의 순위로 후견인), 선임후견인의 차례로 후견인이 되도록 규정하고 있었으나(동법 932조, 936조), 2013년 7월 1일부터 시행되고 있는 제18차 개정 민법은 법정후견인제도를 폐지하고 다음의 개정된 내용에 따라 선임후견인을 정하도록 하고 있다.

즉 제931조에 따라 지정된 미성년후견인이 없는 경우에는 가정법원은 직권으로 또는 미성년자, 친족, 이해관계인, 검사, 지방자치단체의 장의 청구에 의하여 미성년후견인을 선임한다(932조). 미성년후견인이 없게 된 경우에도 또한 같다(932조 1항). 가정법원은 친권상실의 선고나 대리권 및 재산관리권 상실의 선고에 따라 미성년후견인을 선임할 필요가 있는 경우에는 직권으로 미성년후견인을 선임한다(동조 2항). 또 친권자가 대리권 및 재산관리권을 사퇴한 경우에는 지체 없이 가정법원에 미성년후견인의 선임을 청구하여야 한다(동조 3항).

(2) 법정대리인의 권한

법정대리인은 법률행위에 관하여 미성년자 본인의 무능력, 즉 능력의 불완전을 도와주기 위해서 일정한 권한이 있는데, 이는 동의권·대리권·취소권 등이다.

1) 동 의 권

이는 미성년자가 법률행위를 하기 전에 이에 동의하는 권한이다. 동의는 미성년자에게 주는 것이 보통일 것이나 미성년자와 거래하는 상대방에게 주어도 무방하다. 여기서 동의를 하는 방법은 반드시 명시적이어야 하는 것은 아니고 묵시적으로도 가능하다(대판 2007. 11. 16. 2005다71659·71666·71673). 법정대리인이 미성년자에게 하는 특정한 영업에 대한 허락, 일정한 범위를 정해서 한 재산처분의 허락은 동의와 같은 성질을 띤다.

법정대리인의 동의가 있으면 미성년자는 유효한 법률행위를 할 수 있으나, 의사능력은 있어야 한다. 또한 법정대리인은 미성년자가 법률행위를 하는 것에 동의한 때 및 미성년자에게 범위를 정하여 일정한 재산의 처분을 허락한 때에도 미성년자가 아직 법률행위를 하기 전에는 그 동의를 취소할 수 있다(7조).

참조내용

미성년자의 후견인이 동의권을 행사하는 경우와 민법 개정

개정전 민법은 후견인이 미성년자의 영업을 하는 일, 소송행위를 하는 일, 차재(借財) 또는 보증(保證)을 하는 일, 혹은 중요한 재산상의 행위를 하는 것에 동의를 함에는 친족회의 동의를 얻도록 규정하고 있다(950조). 그러나 2013년 7월 1일부터 시행되는 제18차 개정민법은 친족회를 폐지하고 이를 대신하여 후견감독인제도를 신설하면서 그 내용을 다음과 같이 개정하고 있다.

후견인이 피후견인을 대리하여 다음 각 호의 어느 하나에 해당하는 행위(영업에 관한 행위, 금전을 빌리는 행위, 의무만을 부담하는 행위, 부동산 또는 중요한 재산에 관한 권리의 득실변경을 목적으로 하는 행위, 소송행위, 상속의 승인, 한정승인 또는 포기 및 상속재산의 분할에 관한 협의)를 하거나 미성년자의 다음 각 호의 어느 하나에 해당하는 행위에 동의를 할 때는 후견감독인이 있으면 그의 동의를 받아야 한다(950조 1항).

후견감독인의 동의가 필요한 행위에 대하여 후견감독인이 피후견인의 이익이 침해될 우려가 있음에도 동의를 하지 아니하는 경우에는 가정법원은 후견인의 청구에 의하여 후견감독인의 동의를 갈음하는 허가를 할 수 있다(동조 2항).

후견감독인의 동의가 필요한 법률행위를 후견인이 후견감독인의 동의 없이 하였을 때에는 피후견인 또는 후견감독인이 그 행위를 취소할 수 있다(동조 3항).

2) 법정대리인의 대리권

법정대리인은 미성년자에 대리하여 재산상의 법률행위를 할 수 있다(920조, 938조, 949조). 그러나 법정대리인 미성년자의 행위를 목적으로 하는 채무를 부담할 경우에는 본인의 동의를 얻어야만 대리할 수 있다(920조 단서, 949조). 또한 법정대리인과 미성년자 사이에 이해상반되는 행위(예컨대 부모가 채무자가 되는 행위에 대하여 미성년자녀의 재산을 대상으로 담보를 설정하는 행위)를 함에는 친권자는 법원에 미성년자의 특별대리인의 선임을 청구하여야 한다(921조). 또 법정대리인은 미성년자의 근로계약과 임금청구를 대리할 수 없다(근로기준법 67조 1항, 68조).

3) 법정대리인의 취소권

미성년자는 예외적으로 단독으로 할 수 있는 행위를 제외하고는 법정대리인의 동의를 받아야 하므로, 이에 위반한 행위는 법정대리인이 취소할 수 있다(5조 2항, 140조).

Ⅲ. 피한정후견인

1. 의 의

개정전 민법에 의하면, 한정치산자는 심신이 박약하거나 자기나 가족의 생활을 궁박하게 할 염려 있는 재산의 낭비자로서, 일정한 자의 청구에 의하여 가정법원으로부터 한정치산선고를 받은 자를 말하였다(동법 9조). 그러나 이와 관련해서 2011년 3월 7일 단행된 개정민법은 모든 법률행위에 후견인의 동의가 필요했던 기존의 한정치산제도에 대해서, 행위능력을 원칙적으로 인정하되 거액의 금전차용이나 보증 등 가정법원이 정한 중요 법률행위에 대해서만 예외적으로 후견인의 동의를 받도록 하는 한정후견제도로 개정하였으며, 위 개정내용은 2013년 7월 1일부터 시행되고 있다. 여기서 피한정후견인은 질병 등 정신적 제약으로 사무를 처리할 능력이 부족한 사람으로서 일정한 절차를 거쳐서 가정법원으로부터 한정후견개시의 심판을 받은 사람을 말한다(12조).

2. 한정후견개시 및 종료의 심판

(1) 심판의 요건

1) 실질적 요건

정신적 제약으로 사무를 처리할 능력이 부족한 사람이어야 한다(12조 1항). 여기서 '사무를 처리할 능력이 부족'은 개정전 민법의 한정치산선고의 실질적 요건인 '심신박약'과 유사한 것으로서 정신장애의 정도가 심신상실의 정도에까지는 이르지 아니하나, 그 판단력이 불완전한 것을 말한다. 또 그 원인이 질병, 장애, 노령으로 인한 것이든, 그 밖의 사유로 인한 것이든 관계없다. 종래 개정전 민법은 한정치산선고의 실질적 요건으로 심신박약 이외에 '자기나 가족의 생활을 궁박하게 할 염려가 있는 낭비'도 들고 있었으나, 개정 민법은 이를 제외하고 있다.

2) 형식적 요건

본인, 배우자, 4촌 이내의 친족, 미성년후견인, 미성년후견감독인, 성년후견인, 성년후견감독인, 특정후견인, 특정후견감독인, 검사 또는 지방자치단체의 장에 의하여 한정후견개시의 심판의 청구가 있어야 한다(12조 1항).

(2) 심판의 절차

심판의 절차는 가사소송법과 가사소송규칙의 규정에 의하며, 위 요건이 갖추어지면 가정법원은 반드시 한정후견개시의 심판을 하여야 한다(12조). 즉, 심판은 필연적이고, 가정법원은 고지하고 가족관계등록(후견등기) 사무를 처리하는 사람에게 가족관계등록부(후견등기부)에 등록(등기)할 것을 촉탁하여야 한다(가사소송법 2조, 9조, 45조의2~45조의3, 가사소송규칙 5조의2, 35조, 36조).

(3) 한정후견종료의 심판

한정후견개시의 원인(심판의 실질적 요건)이 소멸한 경우, 즉 피한정후견인이 정신적 제약으로 사무를 처리할 능력이 부족한 상태에서 벗어나 의사능력을 회복한 때에는 법원은 본인, 배우자, 4촌 이내의 친족, 한정후견인, 한정후견감독인, 검사 또는 지방자치단체의 장에 의하여 한정후종료의 심판을 하여야 한다. 취소절차도 가사소송법과 가사소송규칙의 규정에 의하며, 위 종료심판의 요건이 갖추어지면 가정법원은 반드시 한정후견종료의 심판을 하여야 한다(14조). 즉, 종료심판도 필연적이다(가사소송법 9조, 45조의3 및 가사소송규칙 38조).

한정후견종료의 심판이 내려지면 피한정후견인은 그 때부터 완전한 행위능력자로서 행위능력을 회복한다. 따라서 한정치산종료의 심판은 소급효가 없다.

3. 피한정후견인의 행위능력

(1) 원 칙

개정전 민법은 피한정후견인의 행위능력은 미성년자의 행위능력과 같도록 규정하고 있었으나, 개정 민법상 피한정후견인은 한정후견인의 동의를 받아야 하는 법률행위로 정하여진 것이 아닌 재산상의 법률행위를 할 수 있다(10조 1항 반대해석). 따라서 피한정후견인의 행위는 원칙적으로 유효하다. 즉 피한정후견인이 법정대리인의 동의를 얻지 않고 한 행위는 물론이고, 동의를 얻고 한 한 행위도 동의 유무를 불문하고 취소할 수 없다.

(2) 예 외

가정법원은 피한정후견인이 한정후견인의 동의를 받아야 하는 행위의 범위를 정할 수 있다(10조 1항). 또 가정법원은 본인, 배우자, 4촌 이내의 친족, 한정후견인, 한정후견감독인, 검사 또는 지방자치단체의 장의 청구에 의하여 위에 따른 한정후견인의 동의를 받아야만 할 수 있는 행위의 범위를 변경할 수 있다(10조 2항). 여기서 한정후견인의 동의를 필요로 하는 행위에 대하여 한정후견인이 피한정후견인의 이익이 침해될 염려가 있음에도 그 동의를 하지 아니하는 때에는 가정법원은 피한정후견인의 청구에 의하여 한정후견인의 동의를 갈음하는 허가를 할 수 있다(10조 3항).

디만 한정후견인의 동의가 필요한 법률행위를 피한정후견인이 한정후견인의 동의 없이 하였을 때에는 그 법률행위를 취소할 수 있다. 다만, 일용품의 구입 등 일상생활에 필요하고 그 대가가 과도하지 아니한 법률행위에 대하여는 그러하지 아니하다(10조 4항).

4. 피한정후견인의 법정대리인

피한정후견인의 법정대리인은 후견인이다(929조). 누가 후견인이 되느냐에 관하여는 친족편에 규정하고 있다(930조 이하). 가정법원은 한정후견의 개시의 심판이 있는 경우에는 그 심판을 받은 사람의 한정후견인을 두어야 하며, 한정후견인의 선임은 성년후견인의 선임 등에 관한 규정이 준용된다(959조의2, 959조의3). 여기서 가정법원은 피한정후견인의 복리를 위하여 성년후견인을 직권으로 선임하여야 하며, 피성년후견인의 의사를 존중하여야 하고, 그 밖에 피한정후견인의 건강, 생활관계, 재산상황, 성년후견인이 될 사람의 직업과 경험, 피성년후견인과의 이해관계의 유무 등의 제반사정을 고려해야 한다(936조 4항). 또한 법인도 피한정후견인이 될 수 있으며, 이 경우 사업의 종류와 내용, 법인이나 그 대표자와 피한정후견인 사이의 이해관계의 유무를 고려해야 한다(930조 3항, 936조 4항).

또한 한정후견인의 임무도 성년후견인의 임무에서와 같이 피한정후견인의 법정대리인이 되어 피후견인의 재산을 관리하고 그 재산에 관한 법률행위에 대하여 피한정후견인을 대리한다(950조의6, 949조 1항).

여기서 한정후견인은 피후견인의 재산을 관리하고 그의 재산에 관한 법률행위에 대하여 대리하는 자이므로(949조), 일종의 법정대리인이다. 따라서 미성년자의 법정대리인과 마찬가지로 동의권·대리권·취소권을 가진다.

관련판례

피한정후견인(구 한정치산자)의 법정대리인의 취소권행사

표의자가 법률행위 당시 심신상실이나 심신미약상태에 있어 금치산 또는 한정치산 선고를 받을 만한 상태에 있었다고 하여도 그 당시 법원으로부터 금치산 또는 한정치산선고를 받은 사실이 없는 이상 그 후 금치산 또는 한정치산선고가 있어 그의 법정대리인이 된 자는 금치산 또는 피한정후견인의 행위능력 규정을 들어 그 선고 이전의 법률행위를 취소할 수 없다(대판 1992. 10. 13. 92다6433).

참조내용

피한정후견인과 2013년 7월 1일 시행되는 한정후견제도의 신, 구 조문대비

1. 한정치산선고와 피한정후견인의 행위능력

(1) 개정 전 민법 : 제9조 【한정치산의 선고】 심신이 박약하거나 재산의 낭비로 자기나 가족의 생활을 궁박하게 할 염려가 있는 자에 대하여는 법원은 본인, 배우자, 4촌 이내의 친족, 후견인 또는 검사의 청구에 의하여 한정치산을 선고하여야 한다.

(2) 개정 전 민법 : 제10조 【피한정후견인의 능력】 제5조 내지 제8조의 규정(미성년자의 능력)은 피한정후견인에 준용한다.

2. 개정 민법의 한정후견개시의 심판과 피한정후견인의 행위능력

(1) 개정 민법 : 제12조 【한정후견개시의 심판】 ① 가정법원은 질병, 장애, 노령, 그 밖의 사유로 인한 정신적 제약으로 사무를 처리할 능력이 부족한 사람에 대하여 본인, 배우자, 4촌 이내의 친족, 미성년후견인, 미성년후견감독인, 성년후견인, 성년후견감독인, 특정후견인, 특정후견감독인, 검사 또는 지방자치단체의 장의 청구에 의하여 한정후견개시의 심판을 한다.

② 한정후견개시의 경우에 제9조 제2항을 준용한다.

(2) 개정 민법 : 제13조 【피한정후견인의 행위와 동의】 ① 가정법원은 피한정후견인이 한정후견인의 동의를 받아야 하는 행위의 범위를 정할 수 있다.

② 가정법원은 본인, 배우자, 4촌 이내의 친족, 한정후견인, 한정후견감독인, 검사 또는 지방자치단체의 장의 청구에 의하여 제1항에 따른 한정후견인의 동의를 받아야만 할 수 있는 행위의 범위를 변경할 수 있다.

③ 한정후견인의 동의를 필요로 하는 행위에 대하여 한정후견인이 피한정후견인의 이익이 침해될 염려가 있음에도 그 동의를 하지 아니하는 때에는 가정법원은 피한정후견인의 청구에 의하여 한정후견인의 동의를 갈음하는 허가를

할 수 있다.

④ 한정후견인의 동의가 필요한 법률행위를 피한정후견인이 한정후견인의 동의 없이 하였을 때에는 그 법률행위를 취소할 수 있다. 다만, 일용품의 구입 등 일상생활에 필요하고 그 대가가 과도하지 아니한 법률행위에 대하여는 그러하지 아니하다.

Ⅳ. 피성년후견인

1. 의 의

개정전 민법에 의하면, 금치산자는 심신상실의 상태(常態)에 있는 자로서, 일정한 자의 청구에 의하여 가정법원으로부터 금치산선고를 받은 자를 말하였다(동법 12조). 그러나 이와 관련해서 2011년 3월 7일 단행된 개정 민법은 후견인의 대리 없는 모든 법률행위를 취소할 수 있도록 했던 기존의 금치산제도에 대해서, 일용품 구입 등 일상적인 행위를 독자적으로 할 수 있도록 하는 성년후견(개시)제도로 개정하였으며, 위 개정내용은 2013년 7월 1일부터 시행되고 있다. 여기서 피성년후견인은 질병 등 정신적 제약으로 사무를 처리할 능력이 지속적으로 결여된 사람으로서 일정한 절차를 거쳐서 가정법원으로부터 성년후견개시의 심판을 받은 사람을 말한다(9조).

2. 성년후견개시의 심판

(1) 심판의 요건

1) 실질적 요건

사무를 처리할 능력이 지속적으로 결여된 사람이어야 한다. 여기서 '사무를 처리할 능력이 지속적으로 결여'는 개정전 민법의 금치산선고의 실질적 요건인 '심신상실의 상태(常態)'와 유사한 것으로서 의사능력이 없음을 보통의 상태로 하고 있는 것을 말한다. 따라서 사무를 처리할 능력의 결여는 대체로 계속하여 의사능력이 없는 것을 말하므로, 가끔 의사능력을 회복하더라도 무방하다. 또 그 원인이 질병, 장애, 노령으로 인한 것이든, 그 밖의 사유로 인한 것이든 관계없다.

2) 형식적 요건

본인, 배우자, 4촌 이내의 친족, 미성년후견인, 미성년후견감독인, 한정후견인, 한정후견감독인, 특정후견인, 특정후견감독인, 검사 또는 지방자치단체의 장에 의하여 성년후견개시의 심판의 청구가 있어야 한다(9조 1항).

(2) 심판의 절차·법정대리인

피한정후견인의 경우와 같다(14조, 11조. 가사소송법 2조, 9조, 45조의2~45조의3 및 가사소송규칙 5조의2, 35조, 36조).

3. 성년후견종료의 심판

성년후견개시의 원인(심판의 실질적 요건)이 소멸한 경우, 즉 피성년후견인이 정신적 제약으로 사무를 처리할 능력이 지속적으로 결여된 상태에서 벗어나 의사능력을 회복하거한 때에는 법원은 본인, 배우자, 4촌 이내의 친족, 성년후견인, 성년후견감독인, 검사 또는 지방자치단체의 장에 의하여 성년후견종료의 심판을 하여야 한다. 의 취소절차도 가사소송법과 가사소송규칙의 규정에 의하며, 위 종료심판의 요건이 갖추어지면 가정법원은 반드시 성년후견종료의 심판을 하여야 한다(11조). 즉, 종료심판도 필연적이다.

성년후견종료의 심판이 내려지면 피성년후견인은 그 때부터 완전한 행위능력자로서 행위능력을 회복한다. 따라서 성년후견종료의 심판은 소급효가 없다.

4. 피성년후견인의 행위능력

(1) 원 칙

피성년후견인의 법률행위(재산상의 법률행위)는 취소할 수 있다(10조 1항). 따라서 법정대리인의 동의를 얻지 않고 한 행위는 물론이고, 동의를 얻고 한 한 행위도 동의 유무를 불문하고 취소할 수 있다.

(2) 예 외

그러나 가정법원은 취소할 수 없는 피성년후견인의 법률행위의 범위를 정할 수 있다(10조 2항). 또 가정법원은 본인, 배우자, 4촌 이내의 친족, 성년후견인, 성년후견감독인, 검사 또는 지방자치단체의 장의 청구에 의하여 위의 범위를 변경할 수 있다(10조 3항).

다만 위의 규정(10조 1항 내지 3항)에도 불구하고 일용품의 구입 등 일상생활에 필요하고 그 대가가 과도하지 아니한 법률행위는 성년후견인이 취소할 수 없다(10조 4항).

위에 따라 종래 개정전 민법의 제한능력자제도에 의한 금치산자는, 단독으로 한 일체의 재산행위를 취소할 수 있도록 한 것과 달리 개정 민법의 피성년후견인은 법률행위 중 일용품의 구입 등 일상생활에 필요한 행위이거나 후견개시의 심판에서 달리 정한 것은 취소할 수 없게 된다.

5. 피성년후견인의 법정대리인

피성년후견인의 법정대리인은 후견인이며, 여기서 누가 피성년후견인의 후견인으로서 법정대리인이 되는가는 피한정후견인의 경우와 같다(929조).

피성년후견인의 법정대리인은 후견인이며, 가정법원은 성년후견의 개시의 심판이 있는 경우에는 그 심판을 받은 사람의 후견인(성년후견인)을 두어야 한다(929조) 여기서 가정법원은 피성년후견인의 복리를 위하여 성년후견인을 직권으로 선임하여야 하며, 피성년후견인의 의사를 존중하여야 하고, 그 밖에 피성년후견인의 건강, 생활관계, 재산상황, 성년후견인이 될 사람의 직업과 경험, 피성년후견인과의 이해관계의 유무 등의 제반사정을 고려해야 한다(936조 4항). 또한 법인도 성년후견인이 될 수 있으며, 이 경우 사업의 종류와 내용, 법인이나 그 대표자와 피성년후견인 사이의 이해관계의 유무를 고려해야 한다(930조 3항, 936조 4항).

피성년후견인의 법정대리인은 피성년후견인의 법률행위를 대리할 수 있으며

(947조 참조). 또한 피성년후견인이 한 법률행위에 대해서 취소할 수 있다(140조).

참조내용

금치산자와 2013년 7월 1일 시행되는 성년후견제도의 신, 구 민법조문의 대비

1. 금치산선고와 금치산자의 행위능력

(1) 개정 전 민법 : 제12조 【금치산의 선고】 심신상실의 상태에 있는 자에 대하여는 법원은 제9조에 규정한 자의 청구에 의하여 금치산을 선고하여야 한다.

(2) 개정 전 민법 : 제13조 【금치산자의 능력】 금치산자의 법률행위는 취소할 수 있다.

2. 개정 민법의 성년후견개시의 심판과 피성년후견인의 행위능력

(1) 개정 민법 : 제9조 【성년후견개시의 심판】 ① 가정법원은 질병, 장애, 노령, 그 밖의 사유로 인한 정신적 제약으로 사무를 처리할 능력이 지속적으로 결여된 사람에 대하여 본인, 배우자, 4촌 이내의 친족, 미성년후견인, 미성년후견감독인, 한정후견인, 한정후견감독인, 특정후견인, 특정후견감독인, 검사 또는 지방자치단체의 장의 청구에 의하여 성년후견개시의 심판을 한다.
② 가정법원은 성년후견개시의 심판을 할 때 본인의 의사를 고려하여야 한다.

(2) 개정 민법 : 제10조 【피성년후견인의 행위와 취소】 ① 피성년후견인의 법률행위는 취소할 수 있다.
② 제1항에도 불구하고 가정법원은 취소할 수 없는 피성년후견인의 법률행위의 범위를 정할 수 있다.
③ 가정법원은 본인, 배우자, 4촌 이내의 친족, 성년후견인, 성년후견감독인, 검사 또는 지방자치단체의 장의 청구에 의하여 제2항의 범위를 변경할 수 있다.
④ 제1항에도 불구하고 일용품의 구입 등 일상생활에 필요하고 그 대가가

과도하지 아니한 법률행위는 성년후견인이 취소할 수 없다.

3. 금치산자의 후견인과 개정민법의 성년후견인

(1) 개정 전 민법 : 947조 【금치산자의 요양, 감호】 ① 금치산자의 후견인은 금치산자의 요양, 감호에 일상의 주의를 해태하지 아니하여야 한다.
② 후견인이 금치산자를 사택에 감금하거나 정신병원 기타 다른 장소에 감금치료함에는 법원의 허가를 얻어야 한다. 그러나 긴급을 요할 상태인 때에는 사후에 허가를 청구할 수 있다.

(2) 1) 개정 민법 : 제947조 【피성년후견인의 복리와 의사존중】 성년후견인은 피성년후견인의 재산관리와 신상보호를 할 때 여러 사정을 고려하여 그의 복리에 부합하는 방법으로 사무를 처리하여야 한다. 이 경우 성년후견인은 피성년후견인의 복리에 반하지 아니하면 피성년후견인의 의사를 존중하여야 한다.

2) 개정 민법 : 제947조의2 【피성년후견인의 신상결정 등】 ① 피성년후견인은 자신의 신상에 관하여 그의 상태가 허락하는 범위에서 단독으로 결정한다.
② 성년후견인이 피성년후견인을 치료 등의 목적으로 정신병원이나 그 밖의 다른 장소에 격리하려는 경우에는 가정법원의 허가를 받아야 한다.
③ 피성년후견인의 신체를 침해하는 의료행위에 대하여 피성년후견인이 동의할 수 없는 경우에는 성년후견인이 그를 대신하여 동의할 수 있다.
④ 제3항의 경우 피성년후견인이 의료행위의 직접적인 결과로 사망하거나 상당한 장애를 입을 위험이 있을 때에는 가정법원의 허가를 받아야 한다. 다만, 허가절차로 의료행위가 지체되어 피성년후견인의 생명에 위험을 초래하거나 심신상의 중대한 장애를 초래할 때에는 사후에 허가를 청구할 수 있다.
⑤ 성년후견인이 피성년후견인을 대리하여 피성년후견인이 거주하고 있는 건물 또는 그 대지에 대하여 매도, 임대, 전세권 설정, 저당권 설정, 임대차의 해지, 전세권의 소멸, 그 밖에 이에 준하는 행위를 하는 경우에는 가정법원의 허가를 받아야 한다.

참조내용

2013년 7월 1일부터 시행되고 있는 제한능력자제도의 개정내용 요약

1. 성년후견제도는 법적 능력을 획일적으로 과도하게 제약했던 기존의 금치산·한정치산제도 대신 본인의 의사와 현존능력을 최대한 존중하는 탄력적인 후견제도다.
2. 먼저 후견인의 대리 없는 모든 법률행위를 취소할 수 있도록 했던 기존의 금치산제는 일용품 구입 등 일상적인 행위를 독자적으로 할 수 있도록 하는 성년후견제로 대체된다.
3. 또 모든 법률행위에 후견인의 동의가 필요했던 기존의 한정치산제는 행위능력을 원칙적으로 인정하되 거액의 금전차용이나 보증 등 가정법원이 정한 중요 법률행위에 대해서만 예외적으로 후견인의 동의를 받도록 하는 한정후견제로 바뀐다.
4. 후견대상과 보호범위도 확대된다. 중증 정신질환자에게만 국한됐던 현행 후견대상을 치매노인 등 고령자에게까지 넓히고, 보호범위를 재산적 법률행위뿐만 아니라 의료와 요양 등 복리영역으로까지 확대했다. 배우자와 직계혈족, 3촌 이내의 친족으로 일률적으로 규정했던 기존의 후견인 선임은 가정법원이 전문성과 공정성 등을 고려해 선임하도록 했다. 이에 따라 전문성과 공정성을 갖춘 후견인 양성 및 선임이 가능해질 전망이다.
5. 기존에 유명무실 하다는 비판을 받아왔던 현행 친족회는 폐지되고 후견감독인 제도가 신설된다. 후견계약규정을 신설한 점도 특징이다. 향후 치매 등으로 정신능력이 악화될 경우를 대비해 본인이 직접 후견인과 후견의 범위를 정할 수 있도록 한 것이다. 기존에는 본인이 아닌 법원이 후견인과 후견내용을 결정해왔다.
6. 개정민법은 성년 연령을 만 20세에서 만 19세로 하향하는 내용도 포함하고 있다. 이에 따라 앞으로는 만 19세도 부모 등 법정대리인의 동의 없이 보험계약

이나 신용카드 개설 등 독자적인 법률행위를 할 수 있게 됐다.

7. 또 후견의 유형으로, 질병, 장애, 노령 등 정신적인 제약 때문에 후견인이 필요한 '성년후견제도', 예외적으로 후견을 받을 수 있게 하는 '한정후견제도', 일정 기간 또는 특정 사무에 관해서만 후견인의 조력을 받을 수 있는 '특정후견제도'로 구분했다.
8. 적용대상은 신체적 제약은 제외하고 정신적 제약에만 한정했으며, 성년후견 청구권자에 지방자치단체장을 포함하고 개인뿐만 아니라 법인에도 후견인 지위를 부여할 수 있게 했다. 후견계약 사실의 공시방법은 별도의 등기부에 등기하도록 했다.
9. 민법 제14조의2(특정후견의 심판)를 신설하여 특정후견제도를 새롭게 도입하고 있다. 이에 의하면, 가정법원은 질병, 장애, 노령, 그 밖의 사유로 인한 정신적 제약으로 일시적 후원 또는 특정한 사무에 관한 후원이 필요한 사람에 대하여 본인, 배우자, 4촌 이내의 친족, 미성년후견인, 미성년후견감독인, 검사 또는 지방자치단체의 장의 청구에 의하여 특정후견의 심판을 한다(동조 1항). 특정후견은 본인의 의사에 반하여 할 수 없으며, 특정후견의 심판을 하는 경우에는 특정후견의 기간 또는 사무의 범위를 정하여야 한다(동조 2항, 3항).

Ⅴ. 제한능력자의 상대방보호

1. 상대방보호의 필요성

제한능력자가 단독으로 한 법률행위는 일단 유효하다. 그러나 위 행위는 제한능력자 쪽(제한능력자나 그 법정대리인)에서 취소권을 행사하여 소급적으로 소멸시킬 수도 있고, 취소권의 포기(추인)에 의하여 유효한 행위로 확정시킬 수도 있다(5조 2항, 10조, 13조 및 140조, 143조, 144조). 따라서 제한능력자가 한 법률행위는 제한능력자 쪽에서 취소와 추인 어느 것을 주장하느냐에 따라 그 효력이 좌우되고, 언제 취소(또는 추인)될지 외부에서는 알 수 없으므로, 제한능력자와 거래한 상대방은 불안정한 상태에 놓이게 된다. 이러한 상대방의 상태를 보호하기 위하여 '취소할 수 있는 법률행위'의 일반에 대해 민법 제145조의 법정추인(추인이라고 인정할 만한 일정한 사실이 있는 경우에, 취소권자의 의사를 묻지 않고 법률상 당연히 추인한 것으로 보는 제도)와 제146조의 취소권의 단기소멸(취소권을 추인할 수 있는 날로부터 3년, 법률행위를 한 날로부터 10년 안에 행사하지 않으면 취소권을 소멸시키는 제도)의 규정을 두어 취소할 수 있는 법률행위를 유효한 행위로 확정시키는 제도를 두고 있다.

그러나 위 제도는 극히 예외적 현상이거나 장기간을 요하는 것이어서 제한능력자의 상대방을 보호하기에는 한계가 있다. 이에 따라 민법은 거래의 안전을 도모하고 제한능력자와 거래한 상대방의 불안정한 지위를 특별히 고려한 상대방보호제도로서 추인 여부의 확답을 촉구할 권리인 최고권(15조), 철회권과 거절권(16조), 취소권의 배제(17조)를 규정하고 있다.

2. 상대방의 최고권(확답을 촉구할 권리)

(1) 의 의

보통 '최고(催告)'는 어떤 자에 대하여 일정한 행위를 할 것을 통지하는 것을 말한다(예컨대 대여금채권에 대해서 채권자 은행이 채무자인 고객에게 변제기에 이행을 독촉하는 것). 최고는 원칙적으로 자유롭게 할 수 있으나, 법률의 규정에 의해서 일정한 법률효과가 주어지는 경우에는, 일방적 행위에 의하여 법률관계의 변동을 가져오게 됨으로 형성권의 성질을 띤다(통설). 또 법률의 규정에 의한 최고는 행위자의 의식내용을 표현하는 것으로서 적법행위이나 행위자 자신이 원한 바에 따라서 그 효과가 나타나는 의사표시(예컨대 청약, 승낙)와는 달리 법률이 규정한 바에 따라서 그 효과가 나타나는 준법률행위(의사의 통지)이다. 여기서 제한능력자 상대방의 '최고권'은 상대방이 제한능력자 쪽에 대하여 '최소 또는 추인 여부'에 관한 확답을 촉구할 수 있는 권리를 말한다(15조). 따라서 위 최고도 민법 제15조에 의하여 일정한 효과가 부여되므로 '의사의 통지'이며, 최고권은 형성권이다.

(2) 최고의 요건

제한능력자의 상대방이 최고권을 행사하려면, 문제가 된 취소할 수 있는 행위를 지적하고, 1월 이상의 유예기간을 정하여 추인할 것인지 여부의 확답을 물어야 한다(15조).

(3) 최고의 상대방

최고를 받을 자인 상대방은 최고를 수령할 능력이 있고, 또한 추인할 수 있는 자이어야 한다(112조). 여기서 최고의 상대방은 제한능력자 본인이 능력자가 된 경우에는 본인이 되고(15조 1항), 아직 제한능력자인 경우에는 그의 법정대리인이 상대방이 된다(15조 2항 및 3항). 따라서 제한능력자에 대하여는 최고를 하여도 그 효과는 발생하지 않으며, 최고의 상대방이 아닌 자에 대한 최고는 무효이다.

(4) 최고의 효과

1) 제한능력자가 능력자로 된 후

제한능력자가 능력자로 된 후에, 최고를 받고 일정한 유예기간 안에 확답을 발송하지 않으면 추인한 것으로 본다(15조 1항).

2) 제한능력자가 아직 능력자가 되지 않은 경우

이 경우는 법정대리인이 최고를 받고 단독으로 추인 여부의 확답을 발송할 수 있는 경우에는, 유예기간 안에 확답을 발송하지 않으면 추인한 것으로 본다(15조 2항). 그러나 단독으로 추인하지 못하고 특별한 절차를 밟아야 하는 경우(법정대리인인 후견인이 제950조 행위에 관하여 추인하는 경우)에는, 그 유예기간 안에 그 특별한 절차를 밟은 확답을 발송하지 아니하면 그 행위를 취소한 것으로 본다(15조 3항).

3. 상대방의 철회권과 거절권

(1) 의 의

최고권은 1월 이상의 유예기간을 두어야 하고 제한능력자 쪽에 의하여 그 효과가 좌우되고, 상대방이 제한능력자와 한 행위의 효력발생을 원하지 않는 경우에는 효과적이지 못하다. 이에 따라 민법은 상대방의 지위를 보다 더 두텁게 보호하기 위하여 상대방이 일정한 요건 아래 적극적으로 제한능력자와 한 행위의 효력을 부인할 수 있는 권리로서, 계약에 관한 철회권과 단독행위에 관한 거절권을 규정하고 있다(16조).

(2) 철 회 권

철회권은 상대방이 제한능력자와 한 계약의 효력을 부인하는 권리를 말한다. 철회권행사의 방법의 방법은 제한능력자 쪽에서 그가 한 계약을 추인하기 전에 한하여 행사할 수 있으며(16조 1항 본문), 철회의 의사표시는 제한능력자에 대하여도 할 수 있다(16조 3항). 그러나 상대방이 계약 당시에 제한능력자임을 알았을 때는 철회할 수 없다(16조 1항 단서).

상대방이 계약에 관하여 철회의 의사표시가 있으면 그 계약은 처음부터 무효인 것으로 확정된다. 따라서 이미 이행한 것이 있으면 수령자는 부당이득으로 반환하여야 하고(741조 참조), 이행하기 전이면 이행할 필요가 없다.

(3) 거 절 권

거절권은 상대방이 제한능력자의 단독행위의 효력을 부인하는 권리이다. 상대방의 거절권은 철회권과 마찬가지로 능력자 쪽에서 그가 한 행위(단독행위)를 추인하기 전에 한하여 행사할 수 있으며(16조 2항), 거절의 의사표시는 상대방과 제한능력자 모두에 대하여도 할 수 있다(16조 3항). 그런데, 철회권과는 달리 상대방이 행위를 할 당시 제한능력자임을 알았을 때에도 단독행위이면 거절은 할 수 있다(16조 1항 단서 반대해석).

거절권의 효과도 철회권과 마찬가지로 거절의 의사표시가 있으면 그 단독행위는 무효로 확정된다.

4. 취소권의 배제

(1) 의 의

제한능력자가 속임수인 사술(詐術)을 써서 상대방으로 하여금 자기를 능력자로 잘못 알게 하거나 법정대리인의 동의가 있는 것으로 잘못 알게 한 경우, 그 제한능력자를 보호할 필요가 없게 된다. 이 경우 상대방은 사기에 의한 의사표시를 이유로 그 법률행위를 취소할 수 있고(110조), 불법행위를 이유로 손해배상을 청구할 수도 있다(750조). 그러나 이 경우 민법은 상대방의 보호를 철저히 하기 위해서 '취소권을 박탈'하여 상대방이 원한 대로의 법률효과가 발생하도록 규정하고 있다(17조). 이것이 취소권의 배제이며, '취소권의 박탈(봉쇄)'이라고도 한다.

(2) 요 건

1) 제한능력자가 상대방에게 자기를 능력자로 믿게 하려고 하였거나, 또는 법정대리인의 동의가 있는 것으로 믿게 하려고 하였어야 한다. 여기서 법정대리인의 동의가 있는 것으로 믿게 하여 취소권이 배제되는 제한능력자는 미성년자와 피한정후견인에 한하고, 피성년후견인은 동의가 있어도 유효한 행위를 하지 못하게 되므로 이에 포함되지 않는다(통설).

2) 속임수, 즉 사술(詐術)을 썼어야 한다. 즉 제한능력자가 상대방으로 하야금 능력자로 믿게 하기 위하여, 또는 법정대리인의 동의가 있는 것으로 믿게 하기 위하여 속임수를 썼어야 한다.

여기서 어떠한 기망수단을 속임수로 볼 것인가에 대해서는 판례는 상대방에게 능력자라고 믿게 하기 위한 적극적 수단이라고 함으로써 적극성을 요구하는 입장을 취하고 있다(대판 1971. 12. 14. 71다2045). 이는 제한능력자 자신의 보호에 치중하는 태도로서, 이에 따르면 그런데 제한능력자가 자신을 능력자라고 말하는 사언(詐言)은 속임수가 아니다. 이에 대해서 학설(다수설)은 적극적으로 부정한 기망수단을 쓰는 것은 물론이고, 사언이나 단순한 침묵도 속임수가 될 수 있다는 입장을 취하고 있다. 다수설은 거래의 안전과 선의자의 보호를 치중하는 태도로서, 제한능력자의 상대방보호라는 민법 제17조의 입법취지를 고려할 때 나머지 요건을 충족하면 사언이나 단순한 침묵도 속임수로 새겨야 할 것이다.

3) 제한능력자의 속임수에 의하여 상대방이 능력자라고 믿었거나, 또는 법정대리인의 동의가 있다고 믿었어야 한다. 여기서 제한능력자의 속임수에 대한 입증책임은 상대방이 부담한다{학설, 판례(대판 1971. 12. 14. 71다2045)}.

4) 상대방이 그 오신(誤信)에 의하여 제한능력자와 법률행위를 하였어야 한다.

(3) 효 과

위의 요건을 갖추면 제한능력자는 취소권이 배제되고 상대방과 한 행위는 유효한 것으로 확정된다. 따라서 제한능력자 자신뿐만 아니라 법정대리인도 그 행위를 취소하지 못한다(17조 1항, 2항).

제3관 주 소

Ⅰ. 주소의 의의와 결정기준

1. 주소의 의의

사람은 일정한 주소를 중심으로 일상생활을 영위하게 되므로, 권리주체인 사람의 장소적 개별성을 정할 필요가 있게 된다.

민법은 생활의 근거되는 곳을 주소라고 규정하고 있으며(18조 1항), 여기서 '생활의 근거되는 곳'은 의식주(衣食住) 등의 일상생활관계를 영위하는 중심적 장소를 말한다.

2. 주소의 결정기준

(1) 형식주의와 실질주의

형식주의는 주민등록지 등 형식적인 표준에 의해서 획일적으로 주소를 정하는 주의이고, 실질주의는 생활의 실질관계에 따라 주소를 정하는 주의이다. 민법은 "생활의 근거되는 곳을 주소로 한다."고 규정하여 사람이 주민등록지 등 형식적인 장소가 어디인가에 관계없이 정주(定住)라는 생활의 실질에 기인하여 따라 주소를 정하는 실질주의를 취하고 있다(18조 1항).

(2) 객관주의와 주관주의(의사주의)

객관주의는 일정한 장소에 자리를 잡고 사는 정주(定住)의 사실(객관적 요소)만을 근거로 주소로 결정하는 주의이고, 주관주의는 정주의 사실 이외에 정주의 의사(주관적 요소)도 있어야 주소가 된다는 주의이다. 민법은 "생활의 근거되는 곳을 주소로 한다."고 규정하여 사람이 어느 곳을 주소로 하려는 의사가 있는 가에 관계없이 정주의 사실에 따라 주소를 정하는 객관주의를 취하고 있다(18조 1항).

(3) 단수주의와 복수주의

단수주의는 한 곳만을 주소로 할 수 있도록 하는 주의이고, 복수주의는 두 곳 이상을 주소로 할 수 있다는 주의이다. 복잡·다양화되는 오늘날 생활관계에서는 복수주의가 타당하며, 민법은 "주소는 동시에 두 곳 이상 있을 수 있다."고 규정하여 복수주의를 취하고 있다(18조 2항).

Ⅱ. 민법상 주소

1. 주소의 법률상 효과

결정된 주소는 민법 그 밖의 법률에 의하여 다음과 같은 일정한 법률효과가 주어진다.

(1) 민법에 의한 효과

민법은 주소가 결정되면 이에 대해서 부재 및 실종의 표준(22조, 27조), 채무변제의 장소(467조), 상속의 개시지(998조) 등의 법률효과를 부여하고 있다.

(2) 그 밖의 법률에 의한 효과

민법 이외의 법률도 결정된 주소에 대해서 여러 가지 법률효과를 부여하고 있다. 그 주요한 것으로는 민사소송법상 재판관할(사람의 보통재판적)과 부가기간의 표준(동법 3조, 172조), 국적법상 귀화의 요건이 되며(동법 5조~7조), 어음행위의 장소가 되고(어음법 2조 2호, 4조, 21조), 국제사법의 준거법을 정하는 표준이 된다(동법 3조 2항).

2. 주소와 구별해야 할 개념

(1) 거 소

거소는 사람이 어느 정도의 기간 동안 계속하여 거주하는 장소로서, 사람과 장소와의 밀접한 정도가 주소보다는 못한 곳을 말한다(예컨대 별장 또는 하숙지 등). 민법은 일정한 경우, 거소에 대해서 주소를 보충하는 효과를 인정하고 있다(19조, 20조). 즉 주소를 알 수 없는 경우(19조)와 국내에 주소가 없는 경우(20조)에 대해서는 거소를 주소로 본다.

(2) 현 재 지

현재지는 사람이 일시적으로 머무는 장소로서, 사람과 장소와의 밀접한 정도가 거소보다도 더 엷은 곳을 말한다(예컨대 여행지에서 일시 머무는 숙박시설). 민법은 현재지에 대해서 특별한 효과를 인정하고 있지는 않으며, 거소의 규정이 현재지를 포함하는 것인가에 대해서는 각 경우에 따라서 판단된다. 즉 주소보충의 효과를 인정하는 민법의 규정(19조, 20조)은 현재지를 포함하나, 사람의 보통재판적을 정하는 민사소송법(3조)은 현재지를 포함하지 않는다(통설).

(3) 가 주 소

가주소는 당사자가 어느 특정한 거래를 위하여 당사자 사이의 정한 장소를 말한다(21조). 따라서 가주소는 당사자 사이에 거래의 그때그때의 상황에 따라 편하고 알맞은 것을 임시로 설정된 것으로서 정주(定住)라는 생활의 실질과는 관계가 없으므로, 엄격한 의미의 주소가 아니다(통설). 민법은 당사자가 가주소를 정한 때에는 '그 행위에 관하여' 이를 주소로 보는 효과가 인정된다.

(4) 거 주 지

거주지는 30일 이상 거주할 목적으로 그 관할 구역에 주소나 거소를 가진 자(주민)

를 주민등록법의 규정에 따라 등록한 장소를 말하며(동법 6조), 주민등록지라고도 한다. 우리 민법은 형식주의가 아닌 실질주의를 채택하고 있으므로(18조 1항), 거주지는 반드시 사실상의 주소와 일치되는 것은 아니다. 그러나 거주지는 주소로 인정될 수 있는 중요한 자료가 되며, 대부분의 사람은 거주지가 실제의 주소인 경우가 보통이므로, 거주지는 반증이 없는 한 주소로 추정된다.

제4관 부재와 실종

I. 개 관

1. 부재와 부재자의 의의

부재(不在)는 종래의 주소나 거소를 떠나서 쉽게 돌아올 가능성이 없는 상태를 말하고, 부재자(不在者)는 부재의 상태에 있는 사람을 말한다. 여기서 '쉽게 돌아올 가능성'의 유무는 여러 사정을 종합하여 판단한다(대판 1960. 4. 21. 4292민상252).

2. 부재자의 법적 취급

민법은 부재자에 대해서 살아 있는 것으로 추정하고 종래 주소로 돌아올 것을 기다리는 경우(제1기)와, 부재자의 생사불명(生死不明)의 상태가 상당 기간 계속되어 사망했을 가능성이 높을 경우(제2기)로 각각 나누어 법적 취급을 2원화하고 있다. 이 중 제1기와 관련해서 민법은 부재자의 종래 주소지에 남아있는 재산이 감소·멸실되지 않도록 그 재산을 관리함으로써 본인 및 사회·경제적 이익을 보호하기 위한 '부재자제도'(부재자의 재산관리제도)를 두고 있다(21조~26조). 또한 민법은 제2기와 관련해서 상속인에 해당하는 자에게 상속을 받을 수 있도록 하고 살아있는 배우자에게 재혼을 할 수 있도록 하기 위하여 일정한 요건 아래 사망한 것으로 보는 '실종선고제도'를 두고 있다(27조~29조).

Ⅱ. 부재자의 재산관리

1. 개 관

부재자가 제한능력자로서 법정대리인이 있는 경우는 제한능력자제도에 의하면 되므로 부재자의 재산관리제도에 의하여 별도의 조치를 취할 필요가 없다.

또한 부재자 본인이 재산관리인을 둔 경우에도 이에 따른 당사자 사이의 합의에 따르면 되므로, 원칙적으로 국가가 간섭할 필요가 없다.

그러나 부재자 본인이 재산관리인을 두지 않은 경우에는 부재자의 재산이 감소·멸실되지 않도록 하기 위한 국가의 간섭이 필요하며, 재산관리인을 둔 경우에도 부재자의 생사가 분명하지 않게 되거나 재산관리권이 소멸하게 되면 국가의 간섭이 필요하게 된다.

이에 따라 민법은 부재자의 재산관리제도의 목적을 달성하기 위하여 부재자가 재산관리인을 둔 경우와 두지 않은 경우로 나누어 그 내용을 규율하고 있다. 여기서 부재자는 성질상 자연인에 한하며, 부재자 재산의 관리에 관한 처분에 대한 심리(審理)와 재판은 가정법원의 전속관할(專屬管轄)이다(가사소송법 2조 1항 2호 가 2), 44조 2호).

2. 부재자가 재산관리인을 둔 경우

(1) 원 칙

이 경우, 관리인은 위임계약의 수임인인 위임관재인(委任管財人)으로서 부재자의 재산을 관리하여야 한다(680조). 따라서 관리인은 선량한 관리자의 주의로써 재산을 관리하여야 하며(681조), 가정법원은 원칙적으로 개입하지 않는다(22조 2항 참조). 또 관리인은 부재자 본인에 의해서 재산관리행위에 대한 대리권이 발생된 임의대리인으로서 관리인의 권한은 부재자와 관리인 사이의 계약에 의하여 정하여 진 바에 따른다. 그러나 관리인의 권한에 대해서 달리 정한 바가 없으면 권한을 정하지 아니한 대리인으로서 보존행위와 물건이나 권리의 성질을 변하지 아니하는 범위에서 그 이용 또는 개량하는 행위(관리행위)만을 할 수 있다(118조).

(2) 예 외

부재자가 재산관리인을 둔 경우에도 다음 두 경우에는 가정법원이 간섭한다.

첫째 관리인의 권한이 본인의 부재중 소멸한 때에는, 재산관리인을 두지 않은 경우와 같이 가정법원은 이해관계인이나 검사의 청구에 의하여 재산관리에 관하여 필요한 처분을 명하여야 한다(22조 1항).

둘째 부재자의 생사불명으로 관리인을 감독할 수 없을 때에는, 가정법원은 재산관리인, 이해관계인 또는 검사의 청구에 의하여 재산관리인을 개임할 수 있다(23조, 가사소송규칙 41조). 이 경우 법원은 개임하지 않고 감독만 할 수도 있으며, 관리인에게 재산목록의 작성과 재산을 보존하기 위하여 필요한 처분을 명할 수도 있다(24조 3항, 25조 후단). 이 밖에 가정법원은 재산관리인을 두지 않은 경우와 같이 권한을 넘는 관리인의 행위에 대해서 허가를 주거나 상당한 담보를 제공하게 하거나 부재자의 재산으로 상당한 보수를 지급할 수도 있다(25조 후단, 26조).

3. 부재자가 재산관리인을 두지 않은 경우

(1) 재산관리에 필요한 처분

부재자가 재산관리인을 두지 않은 경우, 가정법원은 이해관계인 및 검사의 청구에 의하여 재산관리에 필요한 처분을 명하여야 한다(22조 1항 전단).

여기서 이해관계인은 부재자의 재산관리인이 없다는 사실에 대해서 법률상 이해관계를 가지는 자로서, 부재자의 배우자, 추정상속인, 채권자, 보증인 등을 들 수 있다. 또 가정법원이 명할 수 있는 '재산관리에 필요한 처분'은 재산관리인의 선임이 대표적이며, 이 밖에 선임한 재산관리인에게 재산상황의 보고 및 관리의 계산을 명하는 것, 부재자 재산의 매각 등을 들 수 있다(가사소송규칙 41조, 44조, 49조).

그러나 가정법원이 재산관리에 필요한 처분을 명한 후에 부재자가 재산관리인을 둔 경우에는, 일정한 자(본인, 재산관리인, 이해관계인 또는 검사)의 청구에 의하여 위 명령을 취소하여야 한다(22조 2항).

(2) 선임된 관리인

1) 성질과 권한

가정법원이 재산관리에 필요한 처분으로 선임한 재산관리인(선임관재인)은 부재자 본인의 의사에 의하여 선임되는 것이 아니므로, 법정대리인으로서의 성질을 띤다. 이 경우 관리인은 언제든지 사임할 수 있으며, 법원도 언제든지 개임할 수 있다(가사소송규칙 42조). 여기서 관리인의 권한은 대리권의 범위는 권한을 정하지 않은 대리인과 같이 관리행위(보존행위와 대리의 목적인 물건이나 권리의 성질을 변하지 아니하는 범위 안에서의 그 이용 및 개량행위)에 한한다(118조 참조). 따라서 관리인이 처분행위나 변경행위(예컨대 재산의 처분, 담보의 설정)를 하려면 가정법원의 허가를 얻어야 하는데(25조 전단), 그러한 허가 없이 한 처분 또는 변경행위는 무효이다(대판 1960. 6. 30. 4292민상751; 동 1970. 1. 27. 69다1820).

2) 의 무

선임관리인은 부재자와의 위임계약에 의한 것은 아니지만, 직무의 성질상 수임인에 준하는 지위에 있게 되므로, 위임관리인과 마찬가지로 선량한 관리자의 주의로써 재산을 관리하여야 한다(681조). 이 밖에 관리인은 관리할 재산목록을 작성하여야 하며, 법원은 그 관리인에게 부재자의 재산을 보존하기 위하여 필요한 처분을 명할 수 있다(24조 1항 및 2항). 또 법원은 관리인으로 하여금 재산의 관리 및 반환에 관하여 상당한 담보를 제공하게 할 수 있다(26조 1항).

3) 권 리

가정법원은 관리인에게 부재자의 재산으로 상당한 보수를 지급할 수 있으므로, 관리인은 보수청구권을 행사할 수 있다(26조 2항). 또 관리인이 재산목록의 작성 등 재산관리를 위해 지출한 비용 및 그 이자, 과실 없이 받은 손해의 배상 등을 청구할 수 있다(24조 4항, 688조).

4) 관리의 종료

부재자 본인이 그 후에 재산관리인을 둔 경우에는 가정법원은 본인, 재산관리인, 이해관계인 또는 검사의 청구에 의하여 '재산관리에 필요한 처분'의 명령을 취소하여야 한다(22조 2항). 또한 본인이 스스로 그 재산을 관리할 수 있게 된 때, 본인의 사망이 분명하게 되거나 실종선고가 있는 때, 관리할 재산이 남아있지 않은 때에도 가정법원은 본인 또는 이해관계인의 청구에 의하여 그 명한 처분을 취소하여야 한다(가사소송규칙 50조). 위 경우가 있게 되면, 법원이 간섭할 필요가 없거나 부재자로서 관리할 필요가 없게 되기 때문이다.

위 경우 관리인(선임관재인)은 그 부재자의 사망이 확인된 후라 할지라도 위 선임결정이 취소되지 않는 한 그 관리인으로서의 권한이 소멸되지 않는다(대판 1971. 3. 23. 71다189). 또 가정법원이 재산관리에 필요한 처분을 취소하는 경우에는, 보통의 취소와는 달리 그 효력은 장래에 향하여서만 생기며 그간의 관리인의 적법한 권한행사의 효과는 이미 사망한 그 부재자의 상속인에게 미치게 된다(대판 1970. 1. 27. 69다719).

Ⅲ. 실종선고

1. 서 설

(1) 실종선고의 의의

실종선고는 부재자의 생사불명의 상태가 일정기간(실종기간) 계속되어 사망했을 가능성이 상당히 큰 경우에 일정한 절차를 거쳐서 가정법원의 선고에 의하여 일정시기에 사망한 것으로 간주하는 제도이다(27조~29조). 이는 부재자의 생사불명의 상태가 장기간 계속되어 사망했을 가능성이 높음에도 불구하고 그 확증이 없다는 이유로 상속인에 해당하는 자가 상속을 받을 수 없고 살아있는 배우자가 재혼을 할 수 없는 등 법률관계를 불확실한 상태에 놓이게 하는 문제를 없애기 위해서 인정된 것이다.

(2) 실종선고의 절차

가정법원이 실종선고를 하기 위해서는 다음의 실질적 요건과 형식적 요건을 모두 갖추어야 한다(가사소송법 2조 1항 2호 가의 3) 및 44조 1호, 가사소송규칙 53조~55조).

2. 실종선고의 요건

가정법원이 실종선고를 하기 위해서는 다음의 질적 요건과 형식적 요건을 모두 갖추어야 한다(가사소송법 2조 1항 2호 가의 3) 및 44조 1호, 가사소송규칙 53조~55조). 이 요건을 갖추면 법원은 반드시 실종선고를 하여야 한다. 즉 선고는 필연적이다.

(1) 실질적 요건

1) 부재자의 생사 불분명

부재자의 생사가 분명하지 않아야 한다. 여기서 생사가 분명하지 않다는 것은 생존과 사망의 어느 것도 증명도 할 수 없음을 말한다. 생존이 증명된 때에 그 자에 대하여 사망으로 간주하는 것은 타당하지 않으며, 또 사망이 증명되면 사망신고를 하면 될 것이기 때문이다.

위 생사불명은 절대적일 필요는 없고, 실종선고의 청구자와 법원에게 생사불명이면 된다(통설).

2) 실종기간의 경과

부재자의 생사불명의 상태가 일정기간 계속되어야 한다. 이 기간을 '실종기간'이라 하며, 이에 대해서 민법은 보통의 실종인 보통실종과 사망의 개연성이 보다 큰 위난(危難)으로 인한 실종인 특별실종에 따라 다르게 정하고 있다.

가) 보통실종

보통실종의 실종기간은 5년이다(27조 1항). 이의 기산점은 부재자가 살아있다는 것을 증명할 수 있는 최후의 날(본인 또는 제3자로부터의 최후의 소식이 있을 날)로부터 하여야 한다(통설).

나) 특별실종

민법은 특별실종의 모습으로 전쟁에 임한 자의 실종(전쟁실종), 침몰한 선박 중에 있던 자의 실종(선박실종), 추락한 항공기에 있던 자의 실종(항공기실종), 그 밖의 사망의 원인이 될 위난을 당한 자의 실종(위난실종)의 네 가지를 규정하고 있으며, 위난실종을 제외한 나머지는 위난실종의 구체적 모습으로 열거된 것이라고 할 수 있다. 여기서 위난실종의 예로는 폭동, 지진, 홍수, 산사태 등을 들 수 있다. 특별실종의 실종기간은 모두 일률적으로 1년이다(27조 2항).

종래 특별실종의 모습으로 항공기실종은 제외되어 있었고 실종기간도 3년이었다. 그러나 1984년 4월 10일 민법 제6차 개정에 의해서 특별실종의 실종기간을 종래 '3년'에서 '1년'으로 단축하고, 특별실종의 모습으로 항공기실종을 추가하였다(27조 2항 개정, 1984년 9월 1일 시행).

특별실종의 실종기간의 기산점은 전쟁실종의 경우에는 전쟁이 종지한 때, 선박실종의 경우에는 선박이 침몰한 때, 항공기실종의 경우에는 항공기가 추락한 때 및 위난실종에 있어서는 위난이 종료한 때이다(27조 2항).

(2) 형식적 요건

1) 실종선고청구권자의 청구

이해관계인이나 검사로부터 실종선고의 청구가 있어야 한다.

여기서 이해관계인은 부재자의 실종선고를 하는 것에 대해서 법률상 이해관계를 가지는 자, 즉 실종선고에 의해서 권리를 얻거나 의무를 면하게 되는 자를 말한다. 따라서 부재자의 배우자, 추정상속인, 채권자, 부재자의 재산관리인, 생명보험금 수취인 등은 이해관계인이다. 그러나 추정상속인이 아닌 친족, 후순위의 상속인, 사실상으로만 이해관계를 가지는 자는 이해관계인이 아니다(통설, 판례). 청구권자 중 검사가 포함된 것은 실종선고의 공익성에 연유하는 것이다.

2) 공시최고를 할 것

실질적 요건 두 가지를 포함하여 위의 요건을 모두 갖추면 법원은 공시최고를 하여야 한다. 즉 가정법원은 6월 이상의 기간을 정하여, 부재자 또는 부재자의 생사를 아는 자는 그 기간 안에 사실을 신고하라는 공시최고를 공고하여야 한다(가사소송규칙 53조~55조, 26조). 실종선고를 하기 위해서는 위 기간 안에 부재자가 생존하였다는 사실의 신고가 없어야 한다.

3. 실종선고의 효과

(1) 사망의 효과가 생기는 시기

실종선고를 받은 자(실종자)는 '실종기간 만료시'에 사망한 것으로 본다(28조). 여기서 '사망의 효과가 생기는 시기'에 관한 입법주의에 대해서는 선고시주의, 최후의 소식 또는 위험발생시주의, 실종기간중간시주의, 실종기간 만료시주의 등이 있으며, 이 중 우리 민법은 실종기간 만료시주의를 채택하고 있다. 따라서 실종자는 실종기간 만료시에 확정적으로 사망과 동일한 효과가 생긴다. 예컨대 항공기추락으로 인한 특별실종의 경우, 2010년 3월 5일 행방불명되어 2011년 6월 1일에 선고의 청구가 있고, 같은 해 12월 15일에 실종선고가 있었다고 하면, 실종선고기간은 2011년 3월 5일로써 만료하므로(157조), 그 날 오후 12시가 사망시기가 된다. 따라서 실종기간만료시를 기준으로 상속이 개시되고, 실종자와의 혼인은 해소되어 남아 있는 배우자의 재혼이 가능하게 된다.

(2) 사망으로 인정하는 형식

실종선고를 받은 자(실종자)는 실종기간 만료시에 사망한 것으로 '본다'(28조). 여기서 '사망으로 인정하는 형식'에 관한 입법주의에 대해서는 추정주의와 간주주의가 있으며, 이 중 우리 민법은 '사망한 것으로 본다.'라고 규정하여 간주주의를 채택하고 있다(28조). 따라서 실종선고의 효과를 뒤집기 위하여서는 실종자가 살아서 돌아왔다는 반증을 들어도 소용이 없고, 실종선고의 취소절차에 따라 취소선고가 내려져야 한다(대판 1970. 3. 10. 69다2103). 즉, 선고 자체가 취소되지 않는 한 사망의 효과는 그대로 존속한다.

(3) 사망으로 간주되는 범위

실종선고는 실종자의 권리능력을 빼앗는 제도가 아니므로, 종래의 주소 또는 거소를 중심으로 하는 사법적 법률관계(재산관계와 가족관계)에 관해서만 사망의 효과가 미친다. 따라서 실종자의 돌아온 후의 법률관계나 다른 곳에서의 새로운 주소를 중심으로 하는 법률관계에 관하여는 사망의 효과는 미치지 않는다.

또 실종선고는 사법적 법률관계에 관해서만 사망의 효과가 미치게 되므로, 실종자의 세금체납 여부, 선거의 유무, 실종자와 관련된 범죄의 성립 여부 등의 공법적 법률관계에 관하여는 실종선고와 관계없이 결정된다. 사법적 법률관계인 이상 재산법적 관계이거나 또는 가족법적 관계이거나를 묻지 않는다.

또한 실종선고의 효과는 절대적으로 미친다. 따라서 그 선고절차에 참가한 자에 대해서 뿐만 아니라 제3자에 대하여도 선고의 효력이 미친다.

(4) 실종선고와 생존추정

실종선고가 있으면 선고를 받은 자는 실종기간 만료시에 사망한 것으로 되므로(28조), 실종자가 실종기간 만료시까지는 실종자가 생존한 것으로 추정(또는 간주)될 것인가가 문제된다. 이에 대해서는 종래 추정으로 이해하는 입장과 간주로 이해하는 입장이 대립하고 있으며, 판례는 "실종선고의 효력이 생기기 전까지는 생존하였던 것으로 보아야 된다."고 판시하여(대판 1977. 3. 22. 77다81) 간주로 이해하는 입장을 취하고 있다.

또한 부재자가 실종선고를 받지 않은 경우에도 생존추정이 되는 가에 대해서는 생존추정을 허용하는 것이 다수설의 입장이나, 최근에는 민법 제28조는 일정한 시기를 기준으로 부재자의 사망을 의제한다는 것일 뿐이고 만료시까지 생존추정은 생기지 않으며, 사실문제로서 해결된다고 해석하는 견해가 유력하게 주장되고 있다(곽윤직·김재형 143면, 김상용 194면, 송덕수 545~546면). 이와 관련해서 최근 판례도 "갑판원이 시속 30노트 정도의 강풍이 불고 파도가 5~6m 가량 높게 일고 있는 등 기상조건이 아주 험한 북태평양의 해상에서 어로작업 중 갑판 위로 덮친 파도에 휩쓸려 찬 바다에 추락하여 행방불명이 되었다면 비록 시신이 확인되지 않았다 하더라도 그 사람은 그 무렵 사망한 것으로 확정함이 우리의 경험칙과 논리칙에 비추어 당연하다."고 판시하여(대판 1989. 1. 31. 87다카2954) 소수설과 같은 입장을 취하고 있다.

4. 실종선고의 취소

(1) 실종선고 취소의 의의

실종선고를 받은 자(실종자)는 사망한 것으로 간주되므로, 실종자의 생존 등의 반증이 있어도 그 효과는 뒤집어지지 않게 된다. 따라서 실종자가 생존하고 있거나 선고에 의한 사망의제의 시기가 실제의 사망시기와 다른 경우 등이 있으면 선고의 효과를 뒤집는 절차를 필요로 하며 이것이 실종선고의 취소이다. 다음의 실종선고 취소를 위한 실질적 요건이 갖추어진 경우, 가정법원은 본인, 이해관계인 또는 검사의 청구에 의하여 실종선고를 반드시 취소하여야 한다. 실종선고취소의 절차는 가사소송법과 가사소송규칙의 규정에 의한다(가사소송법 2조 1항 2호 가의 3, 가사소송규칙 57조 및 59조).

(2) 실종선고 취소의 요건

1) 실질적 요건

다음의 세 가지 요건 중 어느 하나의 증명이 있어야만 한다.

① 실종자가 생존하고 있는 사실(29조 1항 본문)

② 실종기간이 만료한 때와 다른 시기에 사망한 사실(29조 1항 본문)

③ 실종기간의 기산점 이후의 어떤 시기에 생존하고 있었던 사실

2) 형식적 요건

위의 실질적 요건이 갖추어지면 본인, 이해관계인 또는 검사의 실종선고에 대한 취소의 청구가 있어야 한다(29조 1항 참조).

그러나 실종선고와는 달리 공시최고는 이를 필요로 하지 않는다. 이는 실질적 요건에 의하여 사실이 증명되었기 때문이다.

(3) 실종선고 취소의 효과

1) 원 칙

실종선고가 취소되면, 처음부터 실종선고가 없었던 것과 마찬가지의 효과(원상회복)가 생긴다. 따라서 실종선고를 전제로 발생한 법률관계는 소급적으로 무효가

되므로, 다음과 같은 구체적 효과가 생긴다.

가) 실종자의 생존을 이유로 실종선고가 취소된 경우에는, 그의 가족관계와 재산관계는 선고 전의 상태로 회복된다.

나) 실종기간이 만료한 때와 다른 시기에 사망하였음을 이유로 실종선고가 취소된 경우에는, 그 시기를 기준으로 하여 법률관계가 새롭게 확정된다.

다) 실종기간의 기산점 이후의 생존을 이유로 실종선고가 취소된 경우에는, 먼저 가)와 같이 선고 전의 상태로 회복된다. 그 후 이해관계인이 원하면 다시 새로운 실종선고를 청구하여 그 효과에 따르게 된다.

2) 예 외

그러나 민법은 위의 원칙을 관철하는 경우, 실종선고를 믿고 행위한 배우자, 상속인 그 밖의 이해관계인이 뜻하지 않은 불이익을 받게 되는 경우를 고려하여 원상회복에 대한 다음과 같은 두 가지 예외를 규정하고 있다.

가) 실종선고 후 그 취소 전에 선의로 한 행위에 대한 특칙

'실종선고 후 그 취소 전에 선의로 한 행위'에 대해서는 원상회복의 효과는 그 영향을 미치지 않는다(29조 1항 단서). 따라서 상속인의 선의로 한 상속재산에 대한 처분행위나 남아 있던 배우자가 선의로 한 재혼 등은 선고가 취소되어도 그대로 유효하다. 이와 같이 효력에 영향을 미치지 않기 위해서는 다음의 두 가지 요건이 갖추어져야 한다.

① '실종선고 후 그 취소 전'에 한 행위일 것

시간적으로 그 법률행위가 '실종선고 후 그 취소 전'에 행하여 졌어야 한다. 따라서 '실종기간 만료 후 선고 전'에 행한 행위는 그 보호대상이 아니다.

② 선의일 것

또한 그 행위를 '선의로' 하였어야 한다. 여기서 '선의'란 실종선고가 사실에 반함을 알지 못하는 것을 말한다. 따라서 실종자의 생존 또는 다른 시기에 사망한 사실을 알지 못하여야 한다.

나) 부당이득반환에 관한 특칙

실종선고를 직접원인으로 하여 재산을 취득한 자는 실종선고가 취소되면 그

재산을 보유할 '법률상의 원인'이 없어지게 진다. 따라서 이에 따른 수익자는 그의 선의, 악의에 관계없이 취소선고를 받은 실종자에게 취득한 재산 또는 그 대가를 부당이득으로서 반환하여야 한다(741조). 그런데 여기서 그 이득의 전부를 반환하게 된다면 선의의 취득자에게는 뜻하지 않은 손해를 주게 되므로, 민법은 취득자의 선의·악의를 구별하여 반환범위를 다르게 규정하고 있다.

민법의 특칙에 따르면 실종선고를 직접원인으로 하여 재산을 취득한 자가 선의인 경우에는 그 받은 이익이 현존하는 한도에서 이를 반환하여야 하고, 악의인 경우에는 받은 이익에 이자를 붙여서 반환하고 손해가 있으면 이를 배상하여야 한다(29조 2항). 위 반환의무는 부당이득의 반환과 그 성질이 같으므로, 그 반환범위도 부당이득 수익자의 반환범위와 같다(748조).

여기서 실종선고를 '직접원인으로 하여 재산을 취득한 자는 실종자의 상속인, 실종자의 사망을 원인으로 증여를 받은 수증자, 생명보험금수익자 등을 가리킨다. 그러나 이들로부터 법률행위에 의하여 재산을 취득한 전득자(轉得者)는 이에 포함되지 않는다.

그러나 재산취득자에게 다른 권리취득의 원인{예컨대 취득시효(245조~248조), 선의취득(249조~251조), 부합, 혼화, 가공 등(256조~261조)}이 있는 경우에는 별도의 규정에 의하여 확정적 권리를 취득하게 되므로 실종선고가 취소되어도 아무런 영향이 미치지 않는다. 따라서 위 재산취득자의 소유권을 취득하는 경우, 민법 제29조의 위 특칙은 적용되지 않는다.

제3절 법 인

제1관 서 설

Ⅰ. 법인의 의의와 존재이유

1. 법인의 의의와 민법의 구성

법인은 자연인이 아니면서 법에 의하여 인격체, 즉 권리와 의무의 주체로서의 지위가 인정된 존재를 말한다. 이에는 일정한 목적을 가진 사람의 집단(사단)에 대하여 법인격이 주어진 사단법인과 일정한 목적을 가지고 출연된 재산의 집단(재단)에 대하여 법인격이 주어진 재단법인이 있다.

2. 법인의 존재이유

자연인 이외에 사단과 재단에 대하여 법인격을 인정하는 이유는, 법인을 구성하는 사람이나 출연자와 귀속재산이 분리된 독립한 법적인 존재로서의 사회적 활동을 뒷받침하기 위해서이다.

법인에 대하여 민법은 제1편 총칙의 제3장(법인)에서 제1절 총칙(31조~39조), 제2절 설립(40조~56조), 제3절 기관(57조~76조), 제4절 해산(77조~96조), 제5절 벌칙(97조)에 관하여 규정하고 있다.

Ⅱ. 법인의 본질

법인의 본질은, 자연인 이외의 존재에 법인격을 부여하는 근거를 밝히는 것이다. 여기서 법인의 본질을 어떻게 이해할 것이냐에 따라 법인의 권리능력·행위능력 및 불법행위능력에 커다란 차이를 나타내게 된다.

1. 법인의제설

법인의제설은 권리주체는 자연인에 한하여야 하며, 법이 특히 자연인에 의제하여 법인에게 권리능력을 인정한 것에 지나지 않는다고 이해하는 견해이다.

이 견해는 독일의 Savigny 등이 주장한 것으로서 국가나 법률이 특별히 법인설립을 허가하는 경우 비로소 법인설립을 인정하게 된다는 특허주의 내지 허가주의의 이론적 기초가 된다. 그러나 법인을 자연인과 더불어 법인격을 인정하는 우리 민법에서는 받아들일 수 없는 입장이다.

2. 법인부인설

법인부인설은 법인의 독자적인 실체를 부정하고, 법인의 실체를 법인 자신이 아닌 결국 그것을 구성하는 개인 또는 일정한 재산 등에서 찾는 견해이다.

이 견해는 법인의 실체를 어디에서 찾느냐에 따라 법인재산으로 이익을 받는 다수의 개인이 주체라는 수익자주체설(Jhering), 일정한 목적을 위하여 바쳐진 목적재산이 주체라는 목적재산설(Brinz), 현실적으로 법인재산의 관리자가 주체라는 관리자주체설(Binder) 등으로 나뉜다.

3. 법인실재설

법인실재설은 법인은 권리·의무의 주체로서의 실질을 가지는 사회적 실체이므로 법인격이 인정된다는 견해이다.

법인실재설은 다시 자연인이 자연적 유기체로서 법인격이 부여되듯이 법인은 사회적 유기체이므로 법인격이 부여되어야 한다는 유기체설(Gierke), 법인이 권리주체로서 적합한 조직체를 갖추었기 때문에 법인격이 부여된다는 조직체설(Michoud, Saleilles), 독립한 사회적 작용을 담당하기 때문에 법인격을 부여할 가치를 가진다는 사회적 가치설(我妻 榮) 등으로 나뉜다.

요컨대 오늘날 수많은 회사·장학재단·노동조합 등의 사단 또는 재단은 권리주체로서 적합한 조직체를 가지며 자연인에 버금가게 주요한 사회적 작용을 하는 실체이다. 따라서 법인의 권리주체로서의 지위는 법인의 보호와 거래의 안전을 고려해서 입법정책에 의해서 다루어져야 할 과제이다.

Ⅲ. 법인의 종류

법인은 법률의 규정에 의함이 아니면 성립하지 못한다(31조). 이에 따라 설립된 민법상 법인은 내국법인, 사법인, 비영리법인으로서의 사단법인과 재단법인이다. 이는 다음과 같은 법인의 종류에 따른 것이다.

1. 내국법인과 외국법인

법인은 일차적으로 내국법인과 외국법인으로 분류할 수 있다. 내국법인과 외국법인의 구별하는 기준에 관하여는 한국법에 준거하여 설립된 법인이 내국법인이고 외국법에 준거하여 설립된 법인이 외국법인이라고 이해하는 견해인 준거법설이 통설이다. 이에 대해서는 준거법과 주소지를 같이 고려해서, 한국법에 준거하여 설립되고 한국 내에 주된 사무소가 있는 법인을 내국법인이고 그 이외의 법인을 외국법인으로 이해하는 견해가 대립하고 있다(김상용 215면). 그러나 내국법인으로 법인격을 취득하기 위해서는 법인은 그 주된 사무소의 소재지에서 설립등기를 하여야 하므로(33조) 준거법설에 의하더라도 소수설과 큰 차이가 없게 된다.

또 외국법인의 권리능력에 대하여 우리 민법은 아무런 규정을 두고 있지 않으나, 자연인의 경우를 유추적용하여야 할 것이다. 따라서 외국법인의 법적 지위는 내국법인과 마찬가지로 헌법 제6조 제2항에 의하여 원칙적으로 '내외국인평등주의'가 적용되며, 예외적으로 법률 또는 조약에 의하여 상호주의 등에 의하여 제한되게 된다(부동산 거래신고 등에 관한 법률 7조-9조 참조). 이와 관련해서 상법은 "외국회사는 다른 법률의 적용에 있어서는 법률에 다른 규정이 있는 경우 외에는 대한민국에서 성립된 동종 또는 가장 유사한 회사로 본다."라는 관련 규정을 두고 있다(동법 621조 및 614조~620조).

2. 공법인과 사법인

내국법인은 다시 공법인과 사법인으로 나뉜다.

공법인(公法人)은 공법의 적용을 받고 설립·관리에 관하여 국가의 공권력이 관여하는 법인을 말하고, 사법인(私法人)은 사법의 적용을 받고 설립·관리에 관하여 국가의 공권력이 관여하지 않는 법인을 말한다.

국가와 자치단체인 특별시, 광역시, 특별자치시, 도, 특별자치도와 시, 군, 자치구 등은 대표적인 공법인이며(지방자치법 2조 1항, 3조 1항), 상법의 규율을 받는 주식회사 등의 영리법인(동법 169조)과 민법의 규율을 받는 각종의 비영리법인은 사법인이다(32조).

이 밖에 국가가 그 경제·사회정책 또는 공공의 이익을 실행하기 위하여 특별법에 의하여 법인을 설립하는 경우, 이는 공법인과 사법인의 두 가지의 어느 하나에 포함시킬 수 없는 중간적 법인이 있으며, 이를 '특수법인'이라고 한다. 예컨대 한국은행(한국은행법), 한국토지주택공사(한국토지주택공사법), 농업협동조합(농업협동조합법), 노동조합(노동조합 및 노동관계조정법), 학교법인(사립학교법) 등은 모두 특별법에 의하여 설립된 특수법인이다. 이러한 특수법인은 문제가 되는 법률관계를 검토하여 공법 또는 사법의 적용을 개별적으로 결정하게 된다.

3. 영리법인과 비영리법인

사법인은 다시 영리법인과 비영리법인으로 나뉘며, 이는 법인의 목적이 사원의 영리의 추구에 있는가의 여부에 따라 사법인을 다시 구별한 것이다. 영리법인은 사단법인을 구성하는 사원의 상행위나 그 밖의 영리를 목적으로 하여 설립한 법인을 말한다(상법 169조). 가장 전형적인 영리법인은 주식회사이나, 이 밖에도 상법은 합명회사, 합자회사, 유한책임회사, 유한회사 등 5종의 회사를 영리법인으로 규정하고 있다(동법 170조).

비영리법인은 학술, 종교, 자선, 기예, 사교 그 밖에 영리 아닌 사업을 목적으로 하는 사단법인 또는 재단법인을 말한다(32조). 다만 구성원으로서 사원이 없는 재단법인의 목적은 언제나 비영리적이어야 하므로, 현행법상 영리재단법인은 인정되지 않는다(32조).

또한 구민법(34조)의 비영리법인은 공익법인에 한하여 규정하고 있었으므로, 공익도 아니고 영리도 아닌 것은 민법상의 법인으로 할 수 없었다. 그러나 현행 민법(32조)은 공익을 목적으로 하는 경우는 물론이고, 영리와 공익 모두를 목적으로 하지 않는 법인도 규율하도록 민법상 사단법인을 '영리'에 대응하는 '비영리'를 목적으로 하도록 규정하고 있다.

4. 사단법인과 재단법인

사법인은 그 구성요소인 조직이 사단이냐, 재단이냐에 따라서 사단법인과 재단법인의 둘로 나뉜다. 사단법인은 일정한 목적을 위해서 2인 이상의 구성원(사원)이 결합한 사람의 단체를 기초로 하여 성립하는 자율적 법인을 말한다. 재단법인은 일정한 목적을 위하여 출연된 재산을 요소로 하는 타율적 법인을 말한다. 따라서 사단법인에는 재단법인과 달리 반드시 사원과 사원총회가 있어야 하고, 재단법인에는 반드시 재산의 존재를 필요로 한다.

민법상 법인은 사단법인과 재단법인의 두 가지 중 어느 하나에 속하며, 그 중간적인 법인은 인정되지 않는다.

제2관 법인의 설립

Ⅰ. 법인설립에 관한 입법주의

1. 특허주의

특허주의는 각개의 법인을 설립할 때마다 이를 위하여 특별법의 제정을 필요로 하는 주의이다. 특허주의는 국가적 이익에 특별한 관계가 있는 국영기업을 설립하는 때에 주로 채용되고 있으며, 국가의 재정, 산업 등에 관한 정책을 통제할 필요에서 널리 행하여지고 있다. 특허주의에 의하여 설립된 법인은 대부분 공법인과 사법인의 성격을 모두 갖는 특수법인에 속한다. 한국은행(한국은행법), 한국도로공사(한국도로공사법), 한국토지주택공사(한국토지주택공사법), 대한석탄공사(대한석탄공사법), 한국방송공사(한국방송공사법), 한국전력공사(한국전력공사법) 등은 이 주의를 취하고 있다.

2. 강제주의

강제주의는 법인의 설립을 국가가 강제하는 주의이다. 강제주의는 인가주의(예컨대 대한변호사협회)나 허가주의(예컨대 의료인의 중앙회)를 함께 채용하기도 하며, 의료 등 사회일반의 이해관계에 큰 영향이 있는 경우에 채용된다. 의료인(의사회, 치과의사회, 한의사회, 조산사회, 간호사회)의 중앙회와 그 지부(의료법 28조), 약사회 및 한약사회(약사법 11조, 12조), 대한변호사협회(변호사법 79조), 변리사회(변리사법 12조) 등은 이 주의를 취하고 있다.

3. 허가주의

허가주의는 법인의 설립에 관하여 주무관청의 자유재량에 의한 허가를 필요로 하는 주의이다. 민법은 비영리법인에 대하여 허가주의를 취하고 있다(32조). 그 밖에 학교법인(사립학교법 10조), 의료법인(의료법 48조), 사회복지법인(사회복지사업법 16조) 등도 이 주의를 취하고 있다.

4. 인가주의

인가주의는 법인의 설립에 관하여 법률이 정한 요건을 갖추고 주무관청의 인가를 얻음으로써 법인으로 성립할 수 있게 하는 주의이다. 여기서 '인가'는 '허가'와 달리 자유재량이 없으므로, 법률이 정한 요건을 갖추고 있으면 인가권자는 반드시 인가하여야 한다. 법무법인과 법무조합, 대한변호사협회(변호사법 41조, 58조의3, 58조의18, 79조), 농업협동조합과 축산업협동조합(농업협동조합법 15조, 107조), 상공회의소(상공회의소법 6조, 34조) 등은 이 주의를 취하고 있다.

5. 준칙주의

준칙주의는 법인의 설립에 관하여 법률이 미리 요건을 정해놓고 그 요건을 갖춤으로써 당연히 법인으로 인정하는 주의이다. 다만 그 조직의 내용을 외부에 공시하거나 주무관청의 감독의 편의를 위하여 등기(등록) 또는 신고를 요한다. 상법상 합명회사, 합자회사, 유한책임회사, 주식회사와 유한회사 등 각종의 회사(상법 172조), 노동조합(노동조합 및 노동관계조정법 6조) 등이 그 예이다.

준칙주의에 의한 법인은 등기(등록) 또는 신고가 있을 때에 성립하며, 이에 대한 행정관청의 인정행위(허가, 인가)가 없는 점이 허가주의 및 인가주의와 다르다.

6. 자유설립주의

자유설립주의는 법인의 설립에 관하여 아무런 제한을 두지 않고, 법인의 실질을 갖추면 당연히 법인격을 인정하는 주의이다. 민법은 "법인은 법률의 규정에 의함이 아니면 성립하지 못한다."고 규정하여(31조) 자유설립주의를 배제하고 있다.

Ⅱ. 사단법인의 설립

1. 개 관

사단법인이 설립되기 위해서는, 비영리성을 목적으로 하여 정관작성을 중심으로 하는 설립행위, 주무관청의 허가를 갖추고 그 주된 사무소의 소재지에서 설립등기를 함으로써 비로소 성립하게 된다(32조, 33조 참조).

2. 요 건

(1) 목적의 비영리성

학술, 종교, 자선, 기예, 사교 기타 영리 아닌 사업을 목적으로 하여야 이를 법인으로 할 수 있다(32조). 여기서 '영리 아닌 사업'이란 구성원인 사원의 이익을 목적으로 하지 않는 사업을 말하며, 적극적으로 공익을 목적으로 할 필요는 없다. 또한 비영리성을 갖는 법인의 목적을 달성하기 위해서 본질에 반하지 않는 영리행위를 부수적으로 하는 것은 그 수익을 사원에게 분배되지 않는 한 허용된다(통설).

(2) 설립행위

1) 2인 이상의 사원이 법인의 근본규칙을 정하여 이를 서면에 기재하고 작성하여 기명날인하여야 한다(40조). 즉 법인의 근본규칙 또는 그를 기재한 서면인 '정관'을 2인 이상의 설립자가 작성하여야 한다.

2) 정관의 기재사항에는 반드시 기재하여야 할 필요적 기재사항과 그렇지 않은 임의적 기재사항이 있다.

가) 필요적 기재사항

목적, 명칭, 사무소의 소재지, 자산에 관한 규정, 이사의 임면에 관한 규정, 사원자격의 득실에 관한 규정, 존립시기나 해산사유를 정하는 때에는 그 시기 또는 사유 등 7가지는 사단법인의 '필요적 기재사항'이다(40조). 이들 중 하나라도 기재되지 않은 정관은 무효이나, '존립시기나 해산사유'는 이를 특히 정하고 있는 경우에만 이를 기재하면 된다.

나) 임의적 기재사항

사단법인의 정관에는 필요적 기재사항 이외의 근본규칙인 임의의 기재사항을 기재할 수 있고, 임의적 기재사항도 일단 기재되면 필요적 기재사항과 같은 효력을 가진다(통설). 예컨대 이사가 수인인 경우의 사무집행권 행사방법, 이사의 대리인선임, 총회소집의 절차, 감사의 임면에 관한 규정 등을 정관에 기재하면 임의적 기재사항으로서 일단 기재되면 필요적 기재사항과 같이 정관변경의 절차에 의해서만 변경할 수 있다(42조 참조).

(3) 주무관청의 허가

주무관청의 허가가 있어야 한다(32조). 여기서 주무관청은 법인이 목적으로 하는 사업을 관리하는 행정관청이다. 법인의 목적이 둘 이상의 행정관청의 관리사항인 때에는 그들 모두의 허가를 얻어야 한다(통설).

허가 여부는 행정관청의 자유재량에 속하며, 허가를 얻지 못하더라도 행정소송의 대상은 되지 못한다(통설). 그러나 불허가처분이 재량권을 일탈하거나 남용한 위법이 있는 경우에는 행정소송의 대상이 될 수 있다(대판 1996. 9. 10. 95누18437).

(4) 설립등기

법인은 앞의 요건을 갖춘 후 그 주된 사무소의 소재지에서 설립등기를 함으로써 성립한다(33조). 따라서 설립등기는 사단법인의 성립요건이다.

설립등기를 비롯한 법인의 각종 등기는 법인의 조직이나 내용을 일반에게 공시하여 거래의 안전을 꾀하기 위한 것으로서, 등기는 허가서가 도착한 날로부터 3주간 안에 하여야 한다(49조, 53조).

3. 설립행위의 성질

2인 이상의 설립자가 정관을 작성하는 것을 내용으로 하는 사단법인설립행위는 사단에 법인격취득의 효과를 발생시키는 것을 목적으로 하는 법률행위이다. 또 이는 서면에 의한 방식을 갖추어야 하므로 요식행위이다.

여기서 사단법인설립행위가 어떠한 성질을 가지는 것이냐에 관하여는 합동행위라는 견해와 특수한 계약이라는 견해가 서로 대립하고 있다. 합동행위설은 법률행위의 종류를 의사표시와 그 방향을 기준으로 단독행위나 계약과 다른 독자적 법률행위로서 합동행위의 개념을 인정하는 입장에서 주장되는 학설로서 종래의 다수설이다. 그러나 특수한 계약이라는 견해는 합동행위의 개념을 별도로 인정하지 않는 입장으로서 사단법인설립행위를 단체적 효과의 발생을 목적으로 하는 특수한 계약으로 이해하는 입장이다.

요컨대 사단법인설립행위는 2인 이상의 서로 대립하는 의사표시의 합치로 이루어지는 계약과 달리 사단법인이라는 법인격취득을 위해서 하나의 구심점으로 설립행위를 하는 2인 이상의 의사표시가 정관작성을 통해 단일한 방향으로 나아간다는 점에서 계약과 구별되는 독자성을 인정하여야 할 것이다. 이는 계약의 개념을 보다 잘 이해시키기 위해서도 필요하다는 점에서(송덕수 581면), 사단법인설립행위는 합동행위로 봄이 타당하다.

관련판례

법인설립과 주무관청의 허가

민법은 제31조에서 "법인은 법률의 규정에 의함이 아니면 성립하지 못한다."고 규정하여 법인의 자유설립을 부정하고 있고, 제32조에서 "학술, 종교, 자선, 기예, 사교 기타 영리 아닌 사업을 목적으로 하는 사단 또는 재단은 주무관청의 허가를 얻어 이를 법인으로 할 수 있다."고 규정하여 비영리법인의 설립에 관하여 허가주의를 채용하고 있으며, 현행 법령상 비영리법인의 설립허가에 관한 구체적인 기준이 정하여져 있지 아니하므로, 비영리법인의 설립허가를 할 것인지 여부는 주무관청의 정책적 판단에 따른 재량에 맡겨져 있다. 따라서 주무관청의 법인설립 불허가처분에 사실의 기초를 결여하였다든지 또는 사회관념상 현저하게 타당성을 잃었다는 등의 사유가 있지 아니하고, 주무관청이 그와 같은 결론에 이르게 된 판단과정이 합리적이었음을 부정할 수 없는 경우에는, 다른 특별한 사정이 없는 한 그 불허가처분에 재량권을 일탈·남용한 위법이 있다고 할 수 없다(대판 1996. 9. 10. 95누18437).

Ⅲ. 재단법인의 설립

1. 의 의

재단법인이 설립되기 위하여서는, 사단법인의 설립과 마찬가지로 민법상 비영리성을 목적으로 하여 설립행위 및 주무관청의 허가를 갖추고 그 주된 사무소의 소재지에서 설립등기를 함으로써 성립하게 된다(32조, 33조 참조).

다만 재단법인의 설립행위는 사단법인과는 달리 정관작성 이외에 재산출연을 요한다(48조).

2. 요 건

(1) 목적의 비영리성

비영리사단법인의 경우와 마찬가지로 영리 아닌 사업을 목적으로 하여야 법인으로 할 수 있다(32조).

(2) 설립행위

재단법인의 설립자는 일정한 재산을 출연하고 정관을 작성하여야 하며(48조), 이는 유언으로도 할 수 있다. 따라서 사단법인과는 달리 정관작성 외에 재산을 출연하여야 한다.

1) 재산의 출연

가) 재산의 출연과 종류

설립자는 일정한 재산을 출연하여야 하며(47조, 48조), 재산의 종류는 묻지 않는다. 재산출연을 유언으로 하는 경우에는 유언의 방식을 갖추어야 한다(1060조).

나) 출연재산의 귀속시기

출연재산의 귀속시기에 관하여 민법 제48조는, 재단법인의 설립을 위한 출연재산은 생전처분으로 법인을 설립하는 때에는 법인이 성립된 때(동조 1항)에, 유언으로 설립하는 때에는 유언의 효력이 발생한 때(동조 2항)에 각각 법인에 귀속한다고 규정하고 있다. 법인이 성립하는 시기는 설립등기를 한 때이고(33조), 유언의 효력이 발생하는 시기는 유언자가 사망한 때이므로(1073조 1항), 여기서 그 출연재산 속에 물권이 포함되어 있는 경우에 그 물권이 재단법인에 귀속하는 것은 제186조, 제188조에 의하여 등기 또는 인도를 한 때이냐, 아니면 제48조를 제187조가 말하는 '기타 법률의 규정'으로 보아 등기나 인도 없이 제48조가 정하는 일정한 시기에 재단법인에 귀속한다고 볼 것인가 문제된다.

그런데 이에 관하여 다수설은 제48조는 제187조가 말하는 '기타 법률의 규정'으로 보아 등기나 인도를 요하지 않고 출연재산이 법인에 귀속한다고 이해한다. 이에 대해서 소수설은 재단법인설립행위는 법률행위이므로, 재단법인설립자가 물권을 출연한 때에는 제48조의 요건을 갖춘 때에 당연히 법인에 귀속하지 않고 물권변동에 필요한 등기나 인도 등 물권변동의 효력발생요건(186조, 188조)을 갖춘 때에 비로소 법인에 귀속한다고 하는 이해한다.

판례는 출연재산이 출연자와 법인 사이의 대내관계에서는 등기 없이 법인에 귀속하나(187조 참조), 제3자와의 대외관계에서는 등기함으로써 법인에 귀속된다(186조 참조)는 절충적 입장을 취하고 있다(대판 1979. 12. 11. 78다481·482).

요컨대 제48조는 제187조의 '기타 법률의 규정'에 포함되므로 형식주의의 원칙에 배치되지 않는다. 또한 소수설에 따르면 출연재산이 재단법인에 등기나 인도를 할 때까지는 재산이 없는 상태가 되어 '재산 없는 재단법인'이 있게 되어 재단법인의 본질에 반하게 되므로 출연재산은 제48조의 요건을 갖춘 때에 당연히 법인에 귀속하게 된다고 해석하여야 할 것이다.

2) 정관의 작성

2인 이상의 사원이 법인의 근본규칙을 정하여 이를 서면에 기재하고 작성하여 기명날인하여야 한다(40조). 즉 설립자가 위의 재산을 출연하고 법인의 근본규칙 또는 그를 기재한 서면인 '정관'을 작성하여 기명날인하여야 한다(40조).

여기서 정관의 기재사항에는 사단법인의 경우와 같이 필요적 기재사항과 임의적 기재사항이 있다. 다만 사단법인의 경우와 필요적 기재사항 중 사원자격의 득실에 관한 규정과 존립시기나 해산사유(40조 6호 및 7호)는 재단법인에 있어서는 필요적 기재사항이 아니다(43조). 이 중 '사원자격의 득실에 관한 규정'이 필요적 기재사항이 아닌 것은 재단법인의 경우는 사원이 없기 때문이고, '존립시기나 해산사유'가 아닌 것은 임의적 기재사항으로 다루기 위한 것이다(곽윤직·김재형 171면, 송덕수 591면).

3) 정관의 보충

정관은 필요적 기재사항을 모두 기재하여야만 유효하므로, 어느 하나라도 빠지면 무효로 취급된다. 이와 관련해서 민법은 재단법인의 설립자가 그 명칭, 사무소 소재지 또는 이사 임면의 방법을 정하지 아니하고 사망한 때에는 이해관계인 또는 검사의 청구에 의하여 법원이 이를 정하도록 규정하고 있다(44조). 이는 설립자가 필요적 기재사항 중 가장 중요한 목적 및 자산만을 정하고 비교적 가벼운 사항(명칭, 사무소 소재지 또는 이사 임면의 방법)을 정하지 않고서 사망한 경우에 위에 따라 법원이 빠진 사항을 정하여 정관을 보충함으로써 법인을 성립시켜 설립자의 의사를 달성케 하려는 데 입법취지가 있다(44조).

(3) 주무관청의 허가 및 설립등기

주무관청의 허가(32조) 및 설립등기(33조)는 사단법인의 경우와 같다.

3. 재단법인설립행위의 성질

일정한 재산을 출연하고 정관을 작성하는 것을 내용으로 하는 재단법인설립행위는 재단에 법인격취득의 효과를 발생시키는 것을 목적으로 하는 법률행위이다. 또 서면에 의한 방식을 갖추어야 하므로 요식행위이다.

재단법인의 설립자는 2인 이상일 것을 요하지 않으므로, 설립행위가 1인의 설립자에 의하여 행하여지면 상대방 없는 단독행위가 된다(통설). 또한 2인 이상의 설립자가 있는 경우에는, 단독행위의 경합이라고 이해하는 다수설과 임의적 합동행위라고 이해하는 견해가 대립한다.

재단법인설립행위는 본질적으로 1인에 의해서 행하여질 수 있는 행위이고, 임의적 합동행위로 이해하는 소수설도 재단법인설립행위를 단독행위라는 것을 전제로 하고 있으므로 단독행위의 경합으로 이해하는 다수설의 태도가 타당하다.

관련판례

재단법인 출연재산의 귀속시기

재단법인을 설립함에 있어서 출연재산은 그 법인이 성립된 때로부터 법인이 귀속된다는 민법 제48조의 규정은 출연자와 법인과의 관계를 상대적으로 결정하는 기준에 불과하여 출연재산이 부동산인 경우에도 출연자와 법인 사이에는 법인의 성립 외에 등기를 필요로 하는 것은 아니지만, 제3자에 대한 관계에 있어서,

출연행위는 법률행위이므로 출연재산의 법인에의 귀속에는 부동산의 권리에 관한 것일 경우 등기를 필요로 한다(대판 1979. 12. 11. 78다481·482).

제3관 법인의 능력

Ⅰ. 서 설

법인은 자연인과 마찬가지로 법률관계의 당사자로서의 지위를 다룸에 있어서 권리능력을 가지며, 민법도 명문규정으로 법인의 권리능력을 규정하고 있다(34조).

또한 법인은 지능의 미성숙이 문제되지 않으므로 행위능력을 갖기 위한 전단계로서는 의사능력이라는 개념이 인정되지 않으며, 법인이 권리능력이 인정되는 범위 안에서는 행위능력도 같이 갖게 된다.

이 밖에 민법은 법인의 대표기관이 직무에 관하여 타인에게 입힌 손해에 대하여 법인이 책임을 지는 불법행위능력을 규정하고 있다(35조).

Ⅱ. 법인의 권리능력

1. 의 의

법인의 권리능력에 관하여 민법은 "법인은 법률의 규정에 좇아 정관으로 정한 목적의 범위 내에서 권리와 의무의 주체가 된다."고 규정하고 있다(34조). 이에 따라 법인의 권리능력은 정관에서 정한 목적과 법률에 의한 제한을 받는다. 이 밖에 법인은 자연인과는 달리 성질상의 제한을 받게 된다.

2. 권리능력의 제한

(1) 성질에 의한 제한

법인은 성질상 육체상의 자유권과 생명·신체·정조를 목적으로 하는 인격권, 친권이나 배우자권과 같은 친족법상의 권리에 대한 권리능력이 없다. 또 민법은 상속인을 자연인에 한정시키고 있으므로(1000조~1004조) 법인은 상속권을 가질 수 없다. 그러나 법인은 포괄적 유증을 받음으로써 상속인과 동일한 권리의무를 부여받을 수는 있다(1078조).

(2) 목적에 의한 제한

법인은 그 목적을 중심으로 하여 사회적 활동을 하는 인격체이므로 그 권리능력도 목적의 범위 안에서 다루어지게 된다. 이에 따라 민법은 법인의 권리능력에 대해서 '정관으로 정한 목적의 범위 내'에서 인정된다고 규정하고 있다(34조). 따라서 법인은 정관에 열거된 사항 자체는 물론이고 목적의 범위 안에서는 권리능력을 가진다.

그러나 민법 제34조의 '목적의 범위 내'의 의미에 대해서 소수설(이영섭 198면)은 적극적으로 '목적을 달성하는데 필요한 범위 내'라고 그 범위를 좁게 해석하고 있으나, 통설은 소극적으로 '목적에 위반하지 않는 범위 내'의 의미로 그 범위를 넓게 해석하고 있다. 통설은 법인으로 하여금 그 목적달성을 위하여 충분히 활동의 기회를 주고, 거래의 안전을 꾀하기 위한 것을 그 논거로 하고 있으며(곽윤직·김재형 174면), 법인뿐만 아니라 거래하는 상대방을 보다 두텁게 보호하기 위해서도 통설의 태도가 타당하다.

(3) 법률에 의한 제한

법인은 법률의 규정에 좇아 권리와 의무의 주체가 되므로(34조), 법인의 권리능력은 법률에 의해서도 제한된다. 여기서 '법률'은 민법 기타 헌법상의 의미의 법률(국회를 통과한 협의의 법률)만을 의미하므로, 명령이나 규칙에 의해서는 법인의 권리능력을 제한할 수 없다. 이와 관련해서 민법 제81조는 "해산한 법인은 청산의 목적범위 내에서만 권리가 있고 의무를 부담한다."고 규정하여 청산법인의 권리능력을 제한하고 있다.

Ⅲ. 법인의 행위능력

1. 의 의

법인의 행위능력은 법인의 행위가 존재하는가와 또 누구의 어떠한 행위가 법인의 행위인가를 다루는 것으로서, 이는 법인의 본질을 어떻게 이해할 것인가에 따라 달라진다.

2. 법인의제설과 법인의 행위능력

법인의제설에 따르면 법이 특히 자연인에 의제하여 법인에게 권리능력을 인정한 것에 지나지 않으므로, 이에 따르면 법인의 행위능력은 부정된다. 따라서 이에 의하면 법인의 행위라는 것은 존재하지 않고, 법인을 구성하는 이사 등의 대표기관은 대리인에 불과하고, 법인은 단지 대리인에 대한 본인으로서의 법률효과를 귀속 받는 존재에 불과하게 된다.

3. 법인실재설과 법인의 행위능력

법인실재설에 따르면 법인은 자연인과 마찬가지로 권리주체로서의 실질을 가지는 사회적 실체이므로, 이에 따르면 법인의 행위능력은 당연히 인정된다. 따라서 이에 의하면 법인의 행위는 당연히 존재하고 이사 등의 대표기관의 행위는 곧 법인의 행위로 인정된다.

4. 민법 제34조와 법인의 행위능력

민법은 법인의 행위능력에 대해서 별도의 규정을 두고 있지 않다. 그러나 법인은 특정의 목적을 담당하고 그 목적을 중심으로 하는 행위를 대표기관을 통하여 수행한다. 따라서 이사 등의 법인의 대표기관이 목적의 범위 안에서 직무와 관련한 행위를 수행하며, 법인은 그 목적의 범위 안에서만 행위능력을 가진다.

또한 법인은 지능의 미성숙과 이에 따른 의사능력이 문제되지 않으므로 자연인과 같이 행위능력을 제한할 필요도 없게 된다. 이에 따라 법인은 권리능력이 인정되는 범위 안에서 행위능력도 같이 갖게 된다. 따라서 민법 34조는 법인의 권리능력의 범위를 규정하는 동시에 행위능력의 범위도 같이 규정한 것이다.

Ⅳ. 법인의 불법행위능력

1. 의 의

민법은 법인의 불법행위능력에 대하여 "법인은 이사 기타 대표자가 그 직무에 관하여 타인에게 가한 손해를 배상할 책임이 있다. 이사 기타 대표자는 이로 인하여 자기의 손해배상책임을 면하지 못한다."고 규정하고 있다(35조).

법인의 불법행위능력의 문제는 법인의 불법행위가 존재하는가와 또 누구의 어떠한 행위가 법인의 불법행위인가를 다루는 것으로서, 이는 법인의 본질을 어떻게 이해할 것인가에 따라 달라진다. 법인의제설에 따르면 법이 특히 자연인에 의제하여 법인에게 권리능력을 인정한 것에 지나지 않으므로, 법인의 불법행위능력은 부정된다. 따라서 법인의제설에 의하면 민법 제35조는 피해자보호를 위한 특별규정으로 이해하게 된다.

그러나 법인실재설에 따르면 법인은 자연인과 마찬가지로 권리주체로서의 실질을 가지는 사회적 실체이므로, 법인의 불법행위능력은 당연히 인정된다. 따라서 이에 의하면 이사 등의 대표기관의 불법행위는 곧 법인의 불법행위로 인정된다. 따라서 법인실재설에 의하면 민법 제35조는 당연히 인정되는 법인의 불법행위를 확인하는 규정으로 이해하게 된다.

2. 법인의 불법행위의 요건

(1) 대표기관의 행위일 것

법인의 불법행위가 성립하기 위해서는 법인의 대표기관의 행위일 것을 요한다.

여기서 대표기관은 이사(57조), 임시이사(63조), 특별대리인(64조), 직무대행자(52조의2, 60조의2), 청산인(82조, 83조) 등을 말한다.

사원총회(68조) 및 감사(66조)도 법인의 기관이지만 각각 사단법인의 의사결정기관과 대내적 감독기관일 뿐이고 법인을 대표하는 기관은 아니므로, 대표기관에 포함되지 않는다.

또한 대표권이 없는 이사는 법인의 기관이기는 하지만 대표기관은 아니므로, 그의 행위로 인하여 법인의 불법행위가 성립하지 않는다(대판 2005. 12. 23. 2003다30159).

(2) 대표기관이 직무에 관하여 손해를 가하였을 것

법인의 불법행위가 성립하기 위해서는 대표기관이 직무에 관하여 손해를 가하였을 것을 요한다. 여기서 '직무에 관하여'라 함은 직무행위 자체는 물론이고, 행위의 외형상 대표기관의 직무수행행위라고 볼 수 있는 행위 및 직무행위와 사회관념상 견련성을 가지는 행위를 포함한다(통설, 판례).

(3) 불법행위의 일반성립요건을 갖출 것

법인의 불법행위가 성립하기 위해서는, 불법행위의 일반성립요건을 갖출 것을 요한다. 이는 민법 제35조는 일반불법행위에 관한 제750조의 특별규정이므로 제750조의 요건을 갖추어야 한다. 따라서 행위자(대표기관)에게 고의 또는 과실이 있을 것, 행위자가 책임능력자일 것, 위법한 행위일 것, 손해가 발생하였을, 행위와 손해와의 사이에 상당인과관계가 있을 것 등의 요건을 갖추어야 한다.

3. 법인의 불법행위의 효과

(1) 법인의 손해배상책임

위의 요건이 갖추어지면, 법인은 피해자에게 그 손해를 배상하여야 한다(35조 1항 전단). 이 밖에 법인은 피용자의 불법행위에 관해서도 "타인을 사용하여 어느 사무에 종사하게 한 자는 피용자가 그 사무집행에 관하여 제3자에게 가한 손해를 배상할 책임이 있다."는 민법 제756조의 요건을 충족하면 사용자책임을 지게 된다.

(2) 대표기관 개인의 책임

1) 법인의 불법행위가 성립하는 경우

법인의 불법행위가 성립하는 경우, 현실의 가해행위를 한 기관 개인도 법인과 연대하여 손해배상책임을 지는가가 문제된다. 법인의제설에 의하면 대표기관의 행위는 기관 자신의 행위가 되므로 불법행위책임을 지나, 법인실재설에 의하면 불법행위는 법인의 행위가 되어 원칙적으로 대표기관은 개인적 책임을 지지 않게 된다.

이에 관하여, 민법은 "이사 기타 대표자는 이로 인하여 자기의 손해배상책임을 면하지 못한다."고 규정하고 있으며(35조 1항 후단), 이는 피해자를 두텁게 보호하기 위한 정책적 규정이다(통설). 따라서 피해자는 그가 받은 손해의 충분한 전보를 받을 때까지 법인이나 기관 개인 어느 쪽에 대하여도 배상을 청구할 수 있으며, 법인 자신이 피해자에게 배상한 때에는 법인은 기관 개인에 대하여 구상권을 행사할 수 있다(65조). 여기서 법인이 기관 개인에 대하여 구상권을 행사하는 근거는 '선량한 관리자의 주의'로 그 직무를 수행하지 않은 것에 기인한다(61조).

2) 법인의 불법행위가 성립하지 않는 경우

법인의 목적범위 외의 행위로 인하여 법인의 불법행위가 성립하지 않는 경우, 불법행위를 한 기관 개인만이 불법행위의 일반원칙에 따라 책임을 지게 된다(750조). 이와 관련해서 민법은 법인을 이용해서 불법행위를 한 자로부터 피해자를 두텁게 보호하기 위해서 "그 사항의 의결에 찬성하거나 그 의결을 집행한 사원, 이사 및 기타 대표자"가 연대하여 배상책임을 지도록 규정하고 있다(35조 2항).

제4관 법인의 기관

Ⅰ. 의 의

1. 법인의 본질과 기관

법인이 독립한 인격체로서 사회적 활동을 함에는 법인의 의사를 결정하고 사무를 결정하며, 법인을 대표하는 등의 조직을 필요로 하며, 이 조직이 법인의 기관이다.

법인의제설에 의하면 법이 이사 등의 기관은 법인과 별개의 인격체로서 의제된 법인의 대리인에 불과하게 된다. 그러나 법인실재설에 의하면 이사 등의 대표기관은 자연인의 심장, 두뇌와 같이 법인이라는 조직체의 대내적 구성부분에 해당하게 된다.

2. 민법상 법인의 기관

법인이 사회적 활동을 함에는 자연인에 의하여 구성되는 기관을 필요로 한다. 이에 관하여 민법은 사단법인과 재단법인에 공통한 것으로서 대표기관·사무집행기관으로서의 이사(57조)와 감독기관으로서의 감사(66조)를 규정하고 있다. 또 민법은 법인의 최고의사결정기관으로서 사단법인에만 특유한 것으로서 사원총회(68조)를 규정하고 있다.

Ⅱ. 이 사

1. 의 의

이사는 대외적으로는 법인을 대표하고, 대내적으로는 법인의 사무를 집행하는 상설적 필요기관을 말한다. 따라서 이사는 대표기관이고, 사무집행기관으로서 사단법인과 재단법인 모두 반드시 두어야 하는 필수기관이다(57조). 민법은 이사의 수에 아무런 제한을 두고 있지 않고 있으므로(57조), 이는 정관에서 임의로 정할 수 있다(40조, 43조 참조).

2. 이사의 임면과 자격

(1) 이사의 임면

이사의 임면(任免)에 관한 규정은 정관의 필요적 기재사항이며, 이에 따라 이사의 선임과 해임 및 퇴임은 정관에 정하여진 바에 따르게 된다(40조 5호·43조). 그러나 정관에 이에 관한 규정이 없으면 법인과 이사 사이에는 '위임'과 유사한 관계에 있게 되므로 위임에 관한 규정을 유추적용한다(통설). 따라서 이사가 사임하거나 그 임기가 만료되면 일단 그 위임관계는 종료되는 것이 원칙이나, 그 후임 이사 선임시까지 이사가 존재하지 않는다면 기관에 의하여 행위를 할 수밖에 없는 법인으로서는 당장 정상적인 활동을 중단하지 않을 수 없는 상태에 처하게 되고, 이는 민법 제691조에 규정된 급박한 사정이 있는 때와 같이 볼 수 있으므로 임기만료되거나 사임한 이사라고 할지라도 그 임무를 수행함이 부적당하다고 인정할 만한 특별한 사정이 없는 한 그 급박한 사정을 해소하기 위하여 필요한 범위 내에서 신임 이사가 선임될 때까지 이사의 직무를 계속 수행할 의무가 있다고 새겨야 한다(691조 참조. 대판 2007. 6. 15. 2007다6307).

(2) 이사의 자격

이사가 될 수 있는 자는 자연인에 한하며(통설), 자격상실이나 자격정지의 형을 받은 자는 이사가 될 수 없다(형법 43조, 44조).

(3) 등 기

이사의 성명, 주소는 등기사항이며(49조 2항 8호), 이사의 선임·해임·퇴임을 등기하지 않으면 제3자에게 대항하지 못한다(54조 1항).

3. 이사의 직무권한

(1) 직무권한과 이사의 주의의무

민법상 법인과 그 기관인 이사의 관계는 위임자와 수임자의 법률관계와 같으므로, 이사는 선량한 관리자의 주의로 그 직무를 행하여야 한다(62조, 681조). 여기서 '선량한 관리자의 주의'는 사람이 그가 갖는 직업 등에 비추어 보통의 주의력을 가진 행위자가 구체적인 상황에서 통상 가져야 할 주의의 정도를 말한다(대판 1985. 3. 26. 84다카1923). 따라서 이사가 위의 선관주의의무에 위반한 경우에는 법인에 대하여 채무불이행책임을 지게 된다(390조). 이와 관련해서 민법은 법인을 보호하기 위해서 이사가 수인인 때에는 법인에 대하여 연대하여 손해배상책임을 지도록 규정하고 있다(65조).

이사는 그 직무권한으로 대외적인 대표권과 대내적인 사무집행권을 갖는다.

(2) 이사의 대표권

1) 대 표 권

이사는 대외적으로 대표권을 가지므로 이사가 법인을 위하여 하는 행위는 법인의 행위로 인정되고, 따라서 그 행위의 효과는 모두 법인에게 발생한다. 따라서 이사는 재판상 및 재판 외에서 법인을 대표하며, 대표권행사의 범위는 원칙적으로 법인의 일체의 사무에 미친다.

이사의 대표권행사의 형식에 관하여는 각자대표를 원칙으로 하고, 대리에 관한 규정이 준용된다(59조 1항 및 2항). 이에 따라 2인 이상의 이사가 있는 경우에도 각 이사는 단독으로 대표권을 행사한다.

2) 대표권의 제한

가) 정관에 의한 제한

이사의 대표권은 제한할 수 있으나(59조 1항 단서), 그 제한은 반드시 정관에 기재하여야 유효하다(41조, 60조). 따라서 이사의 대표권을 제한하는 규정을 정관에 기재하지 않으면 대표권의 제한이 없는 것으로 된다.

또한 이사의 대표권에 대한 제한은 등기하여야 제3자에게 대항할 수 있으므로(60조), 이를 등기하지 않으면 제3자의 선의·악의를 묻지 않고 대항할 수 없다(대판 1992. 2. 14. 91다24564).

나) 사원총회의 결의에 의한 제한

또 사단법인의 이사의 대표권은 사원총회의 결의로써 제한할 수 있으나(59조 1항 단서), 대표권을 박탈할 수는 없다.

다) 법인과 이사의 이익상반에 의한 제한

또한 법인과 이사의 이익이 상반하는 사항에 관하여는 이사는 대표권이 없으며, 이 경우에는 이해관계인 또는 검사의 청구에 의하여 특별대리인을 선임하여야 한다(64조, 비송사건절차법 33조). 이사가 여러 명 있고 그 중 일부의 이사와 법인의 이익이 상반하는 경우에는 다른 이사가 법인을 대표하여야 하고, 다른 이사가 없는 경우에만 특별대리인을 선임하여야 한다(통설).

라) 포괄적 복임권의 제한

이사는 정관 또는 총회의 결의로 금지하지 아니한 사항에 한하여 타인으로 하여금 특정한 행위를 대리하게 할 수 있으나(62조), 포괄적 복임권은 없다(대판 1996. 9. 6. 94다18522).

(3) 이사의 사무집행권

이사는 정관의 규정 및 총회의 결의에 따라 법인의 사무를 집행하며(58조), 여기서 이사가 집행할 사무로서는 다음과 같다

1) 재산목록의 작성

법인은 성립한 때 및 매년 3월 내에 재산목록을 작성하여 사무소에 비치하여야 하며, 사업연도를 정한 법인은 성립한 때 및 그 연도 말에 이를 작성하여야 한다(55조 1항). 이에 따라 법인의 이사는 법인의 적극재산과 소극재산의 명세서를 작성하여야 하며, 위 작성·비치의무를 게을리 하거나 부정기재를 한 때에는 과태료의 처분을 받게 된다(97조 2호).

2) 사원명부의 작성

사단법인은 사원명부를 비치하고 사원의 변경이 있는 때에는 이를 기재하여야 한다(55조 2항). 이에 따라 사단법인의 이사는 사원명부를 작성하여야 하며, 위 작성·비치의무를 게을리 하거나 부정기재를 한 때에는 과태료의 처분을 받게 된다(97조 2호).

3) 사원총회의 소집

사단법인의 이사는 매년 1회 이상 통상총회를 소집하여야 한다(69조). 또 사단법인의 이사는 필요하다고 인정한 때에는 임시총회를 소집할 수 있으며, 총사원의 5분의 1 이상으로부터 회의의 목적사항을 제시하여 청구한 때에는 이사는 임시총회를 소집하여야 한다(70조 1항 및 2항).

4) 총회의사록의 작성

총회의 의사에 관하여는 의사록을 작성하여야 한다(76조 1항). 또 의사록에는 의사의 경과, 요령 및 결과를 기재하고 의장 및 출석한 이사가 기명날인하여야 하며, 이사는 의사록을 주된 사무소에 비치하여야 한다(동조 2항 및 3항).

5) 파산신청

법인이 채무를 완제하지 못하게 된 때에는 이사는 지체 없이 파산신청을 하여야 한다(79조). 이 경우 이사가 파산선고의 신청을 게을리 한 때에는 과태료의 처분을 받게 된다(97조 6호).

6) 청산인이 되는 일

법인이 해산한 때에는 파산 또는 정관 또는 총회의 결의로 달리 정한 바가 없으면 이사가 청산인이 된다(79조).

7) 각종 법인의 등기

이사는 각종 법인의 등기를 하여야 하며, 이를 위반하면 과태료의 처분을 받게 된다(97조 1호).

4. 임시이사

임시이사는 이사가 없거나 결원이 있는 경우에 이로 인하여 손해가 생길 염려 있는 경우, 이해관계인이나 검사의 청구에 의하여 법원이 선임하는 임시적 대표기관이다(63조). 여기서 임시이사 선임의 요건인 '이사가 없거나 결원이 있는 경우'라 함은 이사가 전혀 없거나 정관에서 정한 인원수에 부족이 있는 경우를 말하고, '이로 인하여 손해가 생길 염려가 있는 때'는 통상의 이사선임절차에 따라 이사가 선임되기를 기다릴 때에 법인이나 제3자에게 손해가 생길 우려가 있는 것을 의미한다(대판〈전〉 2009. 11. 19. 2008마699).

임시이사는 정식이사가 선임되면 당연히 권한이 소멸하는 임시적 대표기관이나, 이사와 동일한 권한을 가진다.

5. 특별대리인

특별대리인은 법인과 이사의 이익이 상반하는 사항의 경우에, 이해관계인이나 검사의 청구에 의하여 법원이 선임하는 법인의 임시적 대표기관이다(64조, 63조). 따라서 특별대리인은 법인에 대하여 대리인이 아니고, 임시적 대표기관이다.

6. 직무대행자

직무대행자는 이사의 선임행위에 흠이 있는 경우, 이해관계인의 신청에 의하여 법원이 가처분에 의하여 선임하는 임시적 기관이다. 직무대행자는 가처분명령에 다른 정함이 있는 경우와 법원의 허가를 얻은 경우를 제외하고는 법인의 통상 사무에 속하지 아니한 행위를 하지 못한다(60조의2 1항). 직무대행자가 위에 위반한 행위를 한 경우에도 법인은 선의의 제3자에 대하여 책임을 진다(동조 2항).

Ⅲ. 감 사

1. 의의 및 임면

감사는 법인의 재산 및 사무집행의 상태를 감독하는 법인의 대내적 감독기관이다. 민법은 감사에 대해서 “법인은 정관 또는 총회의 결의로 감사를 둘 수 있다.”고 규정하여 필수기관이 아닌 임의기관으로 규정하고 있다(66조).

민법상 감사의 주소와 성명은 필수등기사항이 아니며(49조 2항), 감사의 자격, 임면 등은 위에서 설명한 이사의 경우와 같다.

2. 감사의 직무권한

감사는 법인의 대내적 감독기관일 뿐 대표기관이 아니므로 법인을 대표하지 않는다.

감사의 직무권한은 법인의 재산상황과 이사의 업무집행의 상황을 감사하는 일, 재산상황 또는 업무집행에 관하여 부정, 불비한 것이 있음을 발견한 때에는 이를 총회 또는 주무관청에 보고하는 일, 위의 보고를 하기 위하여 필요 있는 때에는 총회를 소집하는 일 등이다(67조).

감사의 주의의무에 관하여는 명문규정이 없으나, 이사의 경우와 마찬가지로 위의 직무권한을 행사함에 있어서 선량한 관리자의 주의의무가 있다(통설). 따라서 감사도 수임인의 의무에 준하는 민법 제691조(위임종료시의 긴급처리)가 적용된다. 따라서 감사 전원 또는 그 일부의 임기가 만료되었음에도 불구하고 그 후임 감사의 선임이 없거나 또는 그 후임 감사의 선임이 있었다고 하더라도 그 선임결의가 무효이고, 임기가 만료되지 아니한 다른 감사만으로는 정상적인 법인의 활동을 할 수 없는 경우, 임기가 만료된 구 감사로 하여금 법인의 업무를 수행케 함이 부적당하다고 인정할 만한 특별한 사정이 없는 한, 구 감사는 후임 감사가 선임될 때까지 종전의 직무를 수행할 수 있다(대판 2006. 4. 27. 2005도8875).

Ⅳ. 사원총회

1. 의의 및 종류

(1) 의 의

사원총회는 사단법인을 구성하는 사원 전원으로써 구성되는 사단법인의 최고

의사결정기관을 말한다. 재단법인에는 사원이 없으므로 사원총회가 있을 수 없으며, 사단법인에서는 반드시 두어야 하는 필수기관이다.

(2) 총회의 종류

총회의 종류에는 통상총회와 임시총회가 있다(69조, 70조).

통상총회는 사단법인의 이사가 매년 1회 이상 일정한 시기에 소집하는 사원총회이다(69조). 통상총회의 소집시기는 정관의 규정에 따르고, 정관에 규정하는 바가 없으면 총회에서 정할 수 있으며, 총회의 결정도 없으면 이사가 임의로 결정할 수 있다(통설).

임시총회는 부정기적인 사원총회로서, 이를 소집하여야 할 경우는 이사가 필요하다고 인정하는 때(70조 1항), 감사가 필요하다고 인정하는 때(67조 4호), 총사원의 5분의 1 이상이 회의의 목적사항을 제시하여 청구하는 때(70조 2항)이다. 위의 '5분의 1' 이상이라는 정수는 정관으로 증감할 수 있으나(70조 2항 단서), 이 권리를 박탈할 수는 없다(통설). 여기서 소수사원의 총회소집요구권을 '소수사원권'이라 하며, 위 청구가 있는 후 2주간 안에 이사가 총회소집의 절차를 밟지 아니한 때에는 청구한 사원이 법원의 허가를 얻어 소집할 수 있다(70조 3항).

(3) 총회의 소집절차

총회를 소집함에는 적어도 기일의 1주간 전에 그 회의의 목적사항을 기재한 통지를 발하고, 그 밖에 정관이 정한 방법에 따라야 한다(71조).

여기서 '1주간'의 기간은 단축할 수 없으나, 정관으로 연장할 수는 있다(통설).

또한 '회의의 목적사항'은 의사일정으로서, 사원이 의안이 무엇인지를 알기에 충분한 정도로 구체화되어야 한다. 이와 관련해서 판례는 "종중 총회를 소집함에 있어 회의의 목적사항을 기재하도록 하는 취지는 종중원이 결의를 할 사항이 사전에 무엇인가를 알아 회의에의 참석 여부나 결의사항에 대한 찬반의사를 미리 준비하게 하는 데 있으므로 회의의 목적사항은 종중원이 의안이 무엇인가를 알기에 족한 정도로 구체적으로 기재하면 족하다."고 판시하고 있다(대판 1993. 10. 12. 92다50799).

이 밖에 사원총회의 소집방법은 특별한 제한이 없으므로, 정관에 특별한 방법을 정해 놓은 것이 없으면 개별통지, 신문광고 등 모든 사원에게 알리기에 적당하다고 생각하는 방법을 이사가 선택할 수 있다.

2. 총회의 권한

사원총회의 권한은 이사 그 밖의 임원(임시이사, 특별대리인, 감사 등)에게 위임한 사항 이외에 법인의 사무전반에 미친다(68조). 그러나 총회는 집행기관이 아니므로, 대외적인 대표권이나 업무집행권을 행사할 수는 없다(통설).

또한 정관의 변경(42조)과 해산결의(77조 2항)는 사원총회의 전권사항이며, 이는 정관에 의해서도 박탈할 수 없다(통설).

3. 총회의 결의

(1) 총회의 성립

사원총회는 절차에 따라 적법하게 소집되어야 하며, 여기서 총회를 성립시키는 정족수에 대해서 민법은 별도의 규정이 없다. 이에 대해서 통설은 정관에 특별한 정함이 없는 경우에는 2인 이상의 출석으로 성립하는 것으로 해석하고 있다. 이에 대해서 총회의 성립은 의결을 위한 것이므로 제75조 제1항을 근거로 과반수의 출석으로 총회가 성립하는 것으로 이해하는 소수설이 대립하고 있다(김증한·김학동 211면, 김준호 167면). 제75조 제1항은 의사정족수가 아닌 의결정족수를 정한 것이고 의결을 전제로 하지 않는 총회의 성립도 있게 되므로 통설의 태도가 타당하다.

(2) 결의사항과 결의권

총회는 정관에 다른 규정이 없는 한 소집절차에서 통지한 사항에 관하여서만 결의할 수 있다(72조).

또한 정관에 다른 규정이 없으면 각사원의 결의권은 평등하며, 사원은 서면이나 대리인으로 결의권을 행사할 수 있다(73조). 또 이익상반의 경우(사단법인과 어느 사원과의 관계사항을 의결하는 경우)에는 그 사원은 결의권이 없다(74조).

(3) 의결의 성립

총회의 결의는 민법 또는 정관에 다른 규정이 없으면 사원과반수의 출석과 출석사원의 결의권의 과반수로써 한다(75조 1항).

다만 정관변경결의는 총사원 3분의 2 이상의 동의를 요하며(42조 1항), 해산결의는 총사원의 4분의 3 이상의 동의를 요한다(78조).

또한 총회의 의사에 관하여 법인의 이사는 의사록을 작성하여 주된 사무소에 비치하여야 한다(76조).

제5관 법인의 주소

1. 의 의

법인의 주소는 그 주된 사무소의 소재지에 있는 것으로 한다(36조). 여기서 '주된 사무소'는 법인을 지휘하는 최고수뇌부가 있는 곳을 말하며, 사무소가 2개 이상 있을 경우에는 그 중심이 되는 사무소가 주된 사무소이다.

또한 정관에 주된 사무소로 기재된 사무소와 사실상의 주된 사무소로 기능하는 곳이 다를 경우에는 사무소가 이전된 것으로 본다(통설).

2. 효 과

법인 주소의 효과는 자연인의 주소의 효과와 같다. 그러나 성질상 자연인에게만 효과가 적용되는 부재와 실종의 표준(22조~29조), 상속의 개시지(998조), 귀화 및 국적회복의 요건(국적법 5조~7조) 등은 법인에게는 적용되지 않는다.

또한 법인을 설립하는 때에는 그 허가가 있는 때에는 3주간 안에 주된 사무소 소재지에서 설립등기를 하여야 하며(49조 1항), 사무소를 이전하면 이를 등기하여야만 제3자에게 대항할 수 있다(54조 1항).

제6관 정관의 변경

Ⅰ. 서 설

1. 의 의

정관의 변경이란 법인이 그의 동질성을 유지하면서 조직을 변경하는 것을 말한다. 정관의 변경이 허용되느냐 여부는 사단법인과 재단법인에 따라 각기 다르다.

2. 정관의 변경과 민법의 규정

사단법인은 사람의 집단을 실체로 하여 구성원의 의사결정에 따라 운영되는 자율적 법인이므로, 법인의 동질성이 상실되지 않는 한 원칙적으로 정관의 변경이 가능하다(42조). 그러나 재단법인은 설립자에 의해서 정해진 목적에 의하여 운영되는 타율적 법인이므로, 이에 대한 근본규칙인 정관은 원칙적으로 변경할 수 없다.

Ⅱ. 사단법인의 정관변경

1. 요 건

(1) 사원총회의 결의

사단법인의 정관변경은 총사원 3분의 2 이상의 동의가 있어야 한다(42조 1항 본문). 여기서 '총사원의 3분의 2 이상'이라는 특별결의의 정족수는 정관에서 이와 다르게 정할 수 있다(42조 1항 단서).

사단법인의 정관변경은 사원총회의 전권사항이므로, 정관에서 총회의 결의를 거치지 않고 정관변경을 정한 다른 규정은 무효이다.

또한 민법 제42조는 정관의 변경에서 목적의 변경을 제외하고 있지 않으므로, 위의 정관변경의 절차에 따라서 법인의 동일성을 유지되는 한 목적도 변경할 수 있다(통설).

(2) 주무관청의 허가

정관의 변경은 주무관청의 허가를 얻지 아니하면 그 효력이 없다(42조 2항). 여기서 허가는 주무관청의 자유재량행위이다(통설).

정관의 변경사항이 등기사항인 경우에는, 이를 등기하여야 제3자에 대항할 수 있다(49조 2항, 54조 1항).

2. 정관변경의 한계

정관의 변경은 법인의 동일성을 유지하는 범위 안에서 가능하므로, 사단법인의 본질에 반하는 정관의 변경은 무효이다(대판 1978. 9. 26. 78다435). 따라서 비영리법인을 영리법인으로 하는 정관의 목적변경은 할 수 없다.

또한 정관에서 그 정관을 변경할 수 없다는 규정이 있는 경우에도 사단법인의 본질상 모든 사원의 동의가 있는 경우에는 정관의 변경이 가능하다(통설).

Ⅲ. 재단법인의 정관변경

1. 재단법인과 정관변경

재단법인은 타율적 법인이므로 원칙적으로 정관을 변경할 수 없다. 그러나 정관변경을 인정하는 것이 오히려 사회의 실정에 따른 활동을 할 수 있게 되는 경우, 민법은 일정한 요건 아래 예외적으로 정관의 변경을 허용하고 있다(44조, 45조).

2. 요 건

(1) 변경방법을 정관에 정하고 있는 경우

재단법인의 정관은 그 변경방법을 정관에 정한 때에 한하여 비로소 변경할 수 있다(45조 1항). 그러나 이는 단순히 정관내용의 실행에 지나지 않는다(통설). 이러한 정관의 변경도 주무관청의 허가를 얻어야 그 효력이 생기며, 변경사항이 등기사항인 경우에는 이를 등기하여야 제3자에 대항할 수 있다(49조 2항, 54조 1항).

여기서 주무관청의 '허가'의 법적 성질에 대해서 종래 판례는 자유재량을 갖는 허가라고 하고 있었으나(대판 1985. 8. 20. 84누509), 그 후 태도를 변경하여 자유재량을 갖지 않는 '인가'로 해석하고 있다(대판〈전〉 1996. 5. 16. 95누4810).

(2) 명칭이나 사무소 소재지의 변경

정관에 그 변경방법을 정하지 않은 경우에도, 재단법인의 목적달성 또는 그 재산의 보전을 위하여 적당한 때에는 명칭 또는 사무소의 소재지 등 재단법인의 본질과 관계가 적은 사항은 변경할 수 있다(45조 2항). 이 경우에도 주무관청의 허가를 얻어야 하며, 등기하여야 제3자에 대항할 수 있다(49조 2항, 54조 1항).

(3) 목적달성의 불능과 목적 그 밖의 변경

1) 제46조의 의의

민법은 앞의 경우 외에도 "재단법인의 목적을 달성할 수 없는 때에는 설립자나 이사는 주무관청의 허가를 얻어 설립의 취지를 참작하여 그 목적 기타 정관의 규정을 변경할 수 있다."고 규정하여 법인의 목적 그 밖의 정관의 규정을 변경할 수 있도록 하고 있다(46조). 이는 재단법인이 목적달성의 불능의 경우에 이를 근거로 민법 제77조 제1항에 의해 해산시키는 것보다 목적을 변경시켜서라도 활동케 하는 것이 유익하고, 설립자의 의사에도 부합하는 경우에 이를 뒷받침하기 위한 규정이다.

2) 제46조의 요건

법인의 설립자나 이사가 제46조에 따라 다음의 요건을 갖추어 법인의 목적을 비롯하여 정관의 모든 규정에 걸쳐 정관을 변경할 수 있다. 이 경우도 등기하여야 제3자에 대항할 수 있다(54조 1항).

가) 재단법인의 목적을 달성할 수 없을 것

나) 주무관청의 허가를 얻을 것

여기서 주무관청의 '허가'의 법적 성질에 대해서 판례는 자유재량을 갖지 않는 '인가'로 해석하고 있다(대판〈전〉 1996. 5. 16. 95누4810).

다) 설립의 취지를 참작할 것

이는 타율적 법인인 재단법인의 동일성을 유지하기 위한 요건이다.

관련판례

재단법인의 정관변경과 '허가'의 법적 성질

민법 제45조와 제46조에서 말하는 재단법인의 정관변경 '허가'는 법률상의 표현이 허가로 되어 있기는 하나, 그 성질에 있어 법률행위의 효력을 보충해 주는 것이지 일반적 금지를 해제하는 것이 아니므로, 그 법적 성격은 인가라고 보아야 한다(대판〈전〉 1996. 5. 16. 95누4810).

3. 재단법인의 기본재산의 처분

재단법인은 출연된 재산을 요소로 하므로, 재단법인의 기본재산의 처분 또는 증감은 '자산에 관한 규정'인 정관의 필요적 기재사항에 대한 변경을 수반하게 된다(43조, 40조 4호).

따라서 재단법인의 기본재산의 처분은 주무관청의 허가를 얻어야 한다(통설). 판례도 재단법인의 기본재산에 관한 사항은 정관의 기재사항으로서 기본재산의 변경은 정관의 변경을 초래하기 때문에 주무부장관의 허가를 받아야 하는 것으로 해석하고 있다(대판 1982. 9. 28. 82다카499).

관련판례

재단법인의 기본재산의 처분

① 재단법인의 기본재산에 관한 사항은 정관의 기재사항으로서 기본재산의 변경

은 정관의 변경을 초래하기 때문에 주무부장관의 허가를 받아야 하고 따라서 기존의 기본재산을 처분하는 행위는 물론 새로이 기본재산으로 편입하는 행위도 주무부장관의 허가가 있어야만 유효하다 할 것이므로 재단법인 명의로 소유권이전등기가 경료된 부동산이 재단법인의 기본재산에 편입되었다고 인정하기 위해서는 그 편입에 관한 주무부장관의 허가가 있었음이 먼저 입증되어야 한다(대판 1982. 9. 28. 82다카499).

② 구 사립학교법(1990. 4. 7. 법률 제4226호로 개정되기 전의 것) 제28조 제1항의 취지는 학교법인의 기본재산에 관한 거래계약 자체를 규제하려는 것이 아니라 사립학교를 설치·운영하는 학교법인의 재정적 기초가 되는 기본재산을 유지·보전하기 위하여 감독청의 허가 없이 그 기본재산에 관하여 타인 앞으로 권리이전되거나 담보권·임차권이 설정되는 것을 규제하려는 것이라고 할 것이므로, 반드시 기본재산의 매매 등 계약 성립 전에 감독청의 허가를 받아야만 하는 것은 아니고, 매매 등 계약 성립 후에라도 감독청의 허가를 받으면 그 매매 등 계약이 유효하게 된다(대판 1998. 7. 24. 96다27988).

③ 재단법인은 일정한 목적을 위하여 바쳐진 재산이라는 실체에 대하여 법인격을 부여한 것이므로 그 출연된 재산 즉 재단법인의 기본재산은 바로 법인의 실체인 동시에 법인의 목적을 수행하기 위한 가장 기본적인 수단으로서 이를 처분한다는 것은 재단법인의 실체가 없어지는 것을 의미하므로 재단법인의 기본재산은 이를 함부로 처분할 수 없는 것이고, 재단법인이 정관의 변경을 초래하는 기본재산의 처분을 위하여 주무관청의 허가를 신청할 것인지 여부는 특별한 사정이 없는 한 재단법인의 의사에 맡겨져 있다고 할 것이므로, 채무자인 재단법인에 다른 재산이 없어 기본재산을 처분하지 않고는 채무의 변제가 불가능하다고 하더라도, 재단법인으로부터 기본재산을 양수한 자도 아니고 금전채권자들에 불과한 자에게는 강제이행청구권의 실질적인 실현을 위하여 필요하다는 사유만으로 기본재산의 처분을 희망하지도 않는 재단법인을 상대로 주무관청에 대하여 기본재산에 대한 처분허가신청절차를 이행할 것을 청구할 권한이 없다(대판 1998. 8. 21. 98다19202).

④ 재단법인의 기본재산에 대하여 집합건물의 소유 및 관리에 관한 법률에 의하여 매도청구를 하는 경우에도 위 기본재산을 취득하기 위해서는 재단법인의 정관 변경이 별도로 필요하다고 보면, 재단법인이 스스로 그 기본재산을 처분하는 내용으로 정관변경을 하지 않는 이상 매도청구를 한 사람이 재단법인의 기본재산을 취득할 수 없게 되어 매도청구 대상자의 의사에 반하여 그 재산권을 박탈하도록 한 매도청구권의 본질에 반하게 된다. 따라서 재단법인의 기본재산에 대하여 집합건물의 소유 및 관리에 관한 법률상의 매도청구가 있는 경우에는 그 기본재산에 대한 매매계약의 성립뿐만 아니라 기본재산의 변경을 내용으로 하는 재단법인의 정관의 변경까지 강제된다(대판 2008. 7. 10. 2008다12453).

제7관 법인의 소멸

Ⅰ. 의 의

법인의 소멸은 자연인의 사망과 같이 법인이 권리능력을 상실하는 것을 말한다.

법인은 자연인의 사망과 같이 권리능력을 상실하는 겉모습이 외부에 나타나지 않으므로, 해산과 청산이라는 절차를 단계적으로 거쳐 청산종결이 되었을 때 비로소 법인이 소멸된다.

Ⅱ. 법인의 해산

1. 의 의

법인의 해산은, 법인이 본래의 목적사업을 위한 적극적인 활동을 정지하고 청산절차에 들어가는 것을 말한다. 민법은 해산사유에 대해서 사단법인과 재단법인에 공통한 것과 사단법인에만 특유한 해산사유로 나누어 규정하고 있다(77조 1항, 2항).

2. 공통한 해산사유(77조 1항)

(1) 존립시기의 만료 그 밖의 정관에 정한 사유의 발생

법인이 그 존속기간이나 해산사유를 정한 때에는 그 시기의 도래나 그 사유의 발생으로 해산한다. 이는 사단법인에서는 필요적 기재사항이고, 재단법인에서는 임의적 기재사항이다(40조 7호, 43조). 그 밖에 정관은 법인의 근본규칙이므로, 정관에서 규정한 해산사유가 있으면 법인은 해산한다.

(2) 법인의 목적달성 또는 달성불능

법인이 그 목적을 달성하였거나 달성할 수 없게 된 때에는 원칙적으로 법인을 존속시킬 이유가 없으므로 해산한다. 여기서 법인 목적의 달성과 그 불능은 사회관념에 따라 판단한다(통설).

그러나 법인 목적이 달성불능의 경우에도 설립자나 이사는 정관을 변경하여 법인을 존속시킬 수도 있다(46조).

(3) 파 산

법인이 채무를 완전히 변제하지 못하게 된 때, 즉 적극재산이 소극재산보다 많아지는 채무초과가 된 때에는 이사는 지체 없이 파산신청을 해야 하고(79조), 이를 게을리 하면 500만원 이하의 과태료의 제재를 받는다(97조 4호). 여기서 파산의 원인은 채무초과가 되면 충분하고 지급불능을 요하지 않으며, 법인의 이사 외에 채권자도 파산신청을 할 수 있다(채무자의 회생 및 파산에 관한 법률 294조, 305조, 306조).

(4) 설립허가의 취소

법인이 목적 이외의 사업을 하거나, 설립허가의 조건에 위반하거나, 그 밖의 공익을 해하는 행위를 한 때에는 주무관청은 설립허가를 취소할 수 있다(38조). 이 설립허가의 취소는 장래에 향하여 법인의 존재를 부인하는 것이므로, 법률행위의 취소(141조)와 달리 소급효가 없다.

법인에 대한 설립허가의 취소는 제38조에 열거된 것에 한해서만 인정되므로,

이는 예시적 열거가 아닌 제한적 열거의 사유이다(대판 1982. 10. 26. 81누363).

3. 사단법인에만 특유한 해산사유(77조 2항)

(1) 사원이 없게 된 때

사원이 1명도 없게 되면 사단법인은 해산된다. 따라서 사원이 1명만 남은 경우에도 정관에 다른 규정이 없으면 그 법인은 존속하며, 복수 사원의 존재는 법인의 성립요건이나 존속요건이 아니다.

(2) 총회의 해산결의

사원총회의 결의에 의하여 사단법인은 해산되며, 이를 임의해산이라고 한다. 이는 사원총회의 총회의 전권사항이므로(78조), 정관에 의해서도 그 권한을 박탈하거나 총회 이외의 다른 기관에 부여할 수 없다. 이는 강행규정이므로, 다른 기관에 의한 해산결의는 무효가 된다.

해산결의는 정관에 다른 규정이 없으면 총사원 4분의 3 이상의 동의를 요하는 특별결의에 의하여야 한다(78조).

Ⅲ. 청 산

1. 의 의

법인의 청산은 해산한 법인이 완전히 소멸할 때까지 남은 사무를 처리하고 재산을 정리하는 절차를 말한다. 청산절차는 파산으로 해산한 경우에는 채무자의 회생 및 파산에 관한 법률이 정하는 절차에 의하고, 그 밖의 원인에 의한 경우에는 민법이 정하는 절차에 의한다.

청산절차에 관한 규정은 모두 제3자의 이해관계에 중대한 영향을 미치는 것으로서 강행규정이다(대판 1980. 4. 8. 79다2036; 동 2000. 12. 8. 98두5279).

2. 청산법인의 능력

청산법인은 청산의 목적범위 내에서만 권리가 있고, 의무를 부담한다(81조). 여기서 '청산의 목적범위 내'의 의미는 청산법인으로 하여금 그 목적달성을 위하여 충분히 활동의 기회를 주고, 거래의 안전을 꾀하기 위하여 '목적에 위반하지 않는 범위 내'의 의미로 그 범위를 넓게 해석하여야 한다(통설). 따라서 청산법인은 청산사무가 완료될 때까지 청산의 목적범위 내에서 권리·의무의 주체가 되고, 청산법인은 해산 전의 법인과 동일한 법인이고 다만 그 목적이 청산 범위 내로 축소된 데 지나지 않는다(대판 2007. 11. 16. 2006다41297).

그러나 청산법인이 그 목적범위 외의 행위를 한 때는 무효다(대판 1980. 4. 8. 79다2036).

3. 청산법인의 기관

(1) 개 관

청산법인의 기관은 이사와 같은 지위를 가지는 대표기관인 청산인과 그 밖의 기관인 감사, 사원총회 등으로 나누어지며, 그 밖의 기관은 종래의 기관의 지위에 변동이 없다. 따라서 감사는 계속 청산인의 사무를 감독하고, 사원총회도 청산법인의 최고의사결정기관으로서의 지위를 가진다.

(2) 청 산 인

1) 의 의

청산인은 대외적으로는 청산법인을 대표하고(96조·59조), 대내적으로는 청산사무를 집행하는 기관으로서(96조, 58조 2항), 해산 전의 이사와 같은 지위를 가진다.

2) 청산인의 선임

청산인은 ① 정관에 정한 자, ② 정관에서 정하고 있지 않으면 총회의 결의로써 선임된 자, ③ 총회가 선임하지도 않은 경우에는 해산 당시의 이사가 청산인이 된다(82조). ④ 그러나, 위에 해당하는 자가 없거나 청산인의 결원으로 인하여 손해가 생길 염려가 있는 때에는, 법원은 직권 또는 이해관계인이나 검사의 청구에 의하여 청산인을 선임할 수 있다(83조).

3) 청산인의 해임

중요한 사유가 있는 때에는, 법원은 직권 또는 이해관계인이나 검사의 청구에 의하여 청산인을 해임할 수 있다(84조).

4. 청산인의 직무권한

청산인은 청산사무에 관한 법인해산의 등기와 신고, 현존사무의 종결, 채권의 추심과 채무의 변제, 잔여재산의 인도, 파산신청, 청산종결의 등기와 신고 등 본질상 청산에 필요한 사항을 그의 직무권한으로 행사할 수 있다(80조, 86조~94조).

(1) 법인해산의 등기와 신고

청산인은 파산의 경우를 제하고는 그 취임 후 3주간 안에 해산의 사유 및 연월일, 청산인의 성명 및 주소와 청산인의 대표권을 제한한 때에는 그 제한을 주된 사무소 및 분사무소 소재지에서 등기하여야 하고, 같은 사항을 주무관청에 신고하여야 한다(85조 1항, 86조 1항). 또한 청산 중에 해산등기사항에 변경이 있는 때에는 3주간 안에 변경등기를 하여야 한다(85조 2항, 52조).

(2) 현존사무의 종결(87조 1항 1호)

해산 전부터 계속되고 있는 사무를 마무리하는 것을 의미하며, 이를 위하여서는 새로운 법률행위로 할 수 있다.

(3) 채권의 추심(87조 1항 2호)

채권의 추심은 외부에 대한 것은 물론이고 사원의 회비징수 같은 것도 포함된다. 또 채권이 조건 또는 기한이 있거나, 반대의무의 이행과 관련되어 있거나 그 밖의 이유로 추심하기 곤란할 때에는 양도, 환가처분 등 적당한 방법으로 현금화하거나 잔여재산에 포함시켜야 한다(민사집행법 241조 참조).

(4) 채무의 변제(87조 1항 2호)

이에 관하여 민법은 청산의 빠른 마무리와 제3자의 이익보호를 위해 자세한 규정을 두고 있다(88조~92조).

1) 채권신고의 독촉

청산인은 취임한 날로부터 2월 안에 3회 이상의 공고로 채권자에 대하여 2월 이상의 기간 안에 그 채권을 신고할 것을 최고하여야 한다(88조 1항). 이 공고에는 채권자가 기간 안에 신고하지 않으면 청산으로부터 제외된다는 것을 표시하여야 한다(88조 2항).

위 공고는 청산인이 알지 못하는 보통의 채권자에게 신고를 독촉하기 위한 것이므로, 알고 있는 채권자는 개별적으로 채권을 신고하라고 최고하여야 한다(89조).

2) 변 제

청산인은 위의 채권신고기간 안에는 채권자에게 변제하지 못한다(90조 본문). 이는 채권자 사이의 공평을 위한 것이나 채권자는 변제기도래 후에도 위 신고기간 안에 변제받을 수 없게 되므로(387조), 법인은 채권자에게 이행지체에 따른 지연손해를 배상하여야 한다(90조 단서).

또한 청산 중의 법인은 변제기에 이르지 아니한 채권에 대하여도 변제할 수 있다(91조 1항). 이 경우 조건 있는 채권, 존속기간이 불확정한 채권, 그 밖에 가액이 불확정한 채권에 관하여는 법원이 선임한 감정인의 평가에 의하여 변제하여야 한다(91조 2항).

또 채권을 신고하지 않아 청산에서 제외된 채권자는 법인의 채무를 완전히 변제한 후 귀속권리자에게 인도하지 않은 재산에 대하여서만 변제를 청구할 수 있다(92조).

청산인이 알고 있는 채권자에 대하여서는 그가 신고하지 않았더라도 청산에서 제외하지 못하며, 반드시 변제하여야 한다(89조 단서).

(5) 잔여재산의 인도

1) 잔여재산의 인도의무

위의 절차를 밟은 후에 잔여재산이 있는 경우에는 이를 귀속자에게 인도하여야 한다(87조 1항 3호).

2) 잔여재산의 귀속자

가) 잔여재산의 귀속자는, 첫째 정관으로 지정한 자이다.

나) 둘째, 정관으로 지정한 자가 없거나 지정방법을 정관이 규정하고 있지 않은 때에는 이사 또는 청산인이 주무관청의 허가를 얻어 그 법인의 목적에 유사한 목적을 위하여 그 재산을 처분할 수 있다(80조 2항). 이 경우, 사단법인에 있어서는 총회의 결의가 있어야 한다(80조 2항 단서).

다) 셋째, 위의 방법으로 처분되지 않은 재산은 국고에 귀속한다(80조 3항).

(6) 파산신청

청산 중에 법인의 재산이 그 채무를 완전히 변제하기에 부족한 것이 분명하게 된 때에는 청산인은 지체 없이 파산선고를 신청하고, 이를 공고하여야 한다(93조 1항).

파산으로 파산관재인이 정하여지면 청산인은 파산관재인에게 그 사무를 인계함으로써 그의 임무가 종료한다(93조 2항). 여기서 파산관재인에게 인계되는 것은 파산재단에 관한 사무에 한하므로, 그 밖의 사무에 관해서는 청산인이 계속하여 청산사무를 집행하고 창산법인을 대표한다(통설).

(7) 청산종결의 등기와 신고

청산이 종결한 때에는 청산인은 3주간 안에 이것을 등기하고, 주무관청에 신고하여야 한다(94조).

그러나 청산종결의 등기가 되었더라도 청산사무가 종료되지 않은 경우에는 그 범위 안에서 청산법인으로서 존속한다(대판 1980. 4. 8. 79다2036; 동 2003. 2. 11. 99다66427). 따라서 청산법인은 당사자능력을 가진다(송덕수 642면).

관련판례

청 산

① 민법 제80조 제1항과 제2항의 각 규정 내용을 대비하여 보면, 법인 해산시 잔여재산의 귀속권리자를 직접 지정하지 아니하고 사원총회나 이사회의 결의에 따라 이를 정하도록 하는 등 간접적으로 그 귀속권리자의 지정방법을 정해 놓은 정관 규정도 유효하다(대판 1995. 2. 10. 94다13473).

② 민법상의 청산절차에 관한 규정은 모두 제3자의 이해관계에 중대한 영향을 미치기 때문에 이른바 강행규정이라고 해석되므로 이에 반하는 잔여재산의 처분행위는 특단의 사정이 없는 한 무효라고 보아야 한다(대판 1995. 2. 10. 94다13473).

③ 법인에 관하여 청산종결등기가 경료된 경우에도 청산사무가 종료되었다고 할 수 없는 경우에는 청산법인으로서 당사자능력이 있다(대판 1997. 4. 22. 97다3408).

④ 민법 제80조 제1항, 제81조 및 제87조 등 청산절차에 관한 규정은 모두 제3자의 이해관계에 중대한 영향을 미치는 것으로서 강행규정이므로, 해산한 법인이 잔여재산의 귀속자에 관한 정관규정에 반하여 잔여재산을 달리 처분할 경우 그 처분행위는 청산법인의 목적범위 외의 행위로서 특단의 사정이 없는 한 무효이고, 한편 민법 제58조, 제59조, 제87조 및 제96조 등에 의하면 이사 또는 청산인은 법인의 사무에 관하여 정관에 규정한 취지에 위반할 수 없으므로, 정관에 법인 재산의 처분에 관하여 이사회 또는 청산인회의 심의의결을 거치도록 규정되어 있는 경우에도, 해산한 법인이 잔여재산의 귀속자에 관한 민법 및 정관의 규정에 따라 구체적으로 확정된 잔여재산이전의무의 이행으로서 그 귀속권리자에게 잔여재산을 이전하는 것은, 위 이사회 또는 청산인회의 심의의결을 요하는 재산의 처분에 해당한다고 볼 수 없다(대판 2000. 12. 8. 98두5279).

⑤ 해산한 법인이 해산시 잔여재산이 지정한 자에게 귀속한다는 정관 규정에

따라 구체적으로 확정된 잔여재산이전의무의 이행으로서 잔여재산인 토지를 그 귀속권리자에게 이전하는 것은 채무의 이행에 불과하므로 그 귀속권리자의 대표자를 겸하고 있던 해산한 법인의 대표청산인에 의하여 잔여재산 토지에 관한 소유권이전등기가 그 귀속권리자에게 경료되었다고 하더라도 이는 쌍방대리금지 원칙에 반하지 않는다(대판 2000. 12. 8. 98두5279).

⑥ 법인에 대한 청산종결등기가 경료되었다고 하더라도 청산사무가 종결되지 않는 한 그 범위 내에서는 청산법인으로서 존속한다고 볼 것이어서, 청산사무 종결 전에 발생한 인정상여소득에 대한 사업양도인의 납세의무는 여전히 존속되고 있다고 할 것이고, 사업양수인의 세금납부에 의하여 사업양도인이 원래 부담하여야 할 조세채무의 발생이 확정적으로 소멸된 이상 사업양도인은 동 금액 상당에 대한 부당이득반환의무를 진다(대판 2003. 2. 11. 99다66427).

제8관 그 밖의 법인과 관련 문제

Ⅰ. 법인의 등기

1. 의 의

자연인은 생존하는 것만으로 법인격을 갖고 외부에서 그 존재를 인식할 수 있다. 그러나 법인은 인격체로로서 활동할 수 있는 사단 또는 재단으로서의 모습을 갖추었는지, 또 어떠한 조직이나 내용을 갖추었는지 외부에서 알기가 쉽지 않다. 따라서 법인과 관련한 거래의 안전을 꾀하기 위해서는 법인의 조직이나 내용을 일반에게 알리기 위한 겉모습, 즉 공시(公示)를 필요로 하며 이것이 '법인의 등기'이다.

법인등기에 관하여는 법인의 사무소소재지를 관할하는 지방법원, 그 지원 또는 등기소를 관할등기소로 하며, 그 등기절차는 비송사건절차법에 규정되어 있다(동법 60조~67조).

2. 등기의 효력과 공고

(1) 등기의 효력

법인등기의 효력은, 등기의 종류에 따라 성립요건으로 하는 것과 대항요건으로 하는 것의 두 가지가 있다.

설립등기는 성립요건이고(33조), 나머지 등기는 모두 대항요건이다. 즉 분사무소설치 및 사무소이전등기(50조·51조), 변경등기(52조), 직무집행정지 등 가처분의 등기(52조의2), 해산등기(94조) 등은 모두 그 등기 후가 아니면 제3자에게 대항하지 못한다(54조 1항). 여기서 등기를 대항요건으로 하는 경우에는 등기이행을 강제할 필요가 있게 된다. 이에 따라 민법은 등기하지 않으면 제3자에게 대항하지 못하게 되는 실체법상의 불이익 이외에 등기의무가 있는 이사, 청산인 등이 법인에 관한 등기를 게을리 한 때에는 500만원 이하의 과태료에 처하는 제재를 받도록 규정하고 있다(97조 1호).

(2) 등기의 공고

등기한 사항은 법원이 지체 없이 공고하여야 한다(54조 2항).

위 공고는 신문에 1회 이상 행하여야 하나, 지방법원장은 그 관할구역 안에 공고를 위한 적당한 신문이 없다고 인정할 때에는 신문상의 공고에 갈음하여 등기소와 그 관할구역안의 시·군·구의 게시판에 공고할 수 있다(비송사건절차법 65조의2, 65조의4).

(3) 등기기간

법인에 관한 모든 등기는 주사무소의 허가서 도착일로부터 '3주간 안'에 하여야 한다(53조·50조-52조).

1) 관청의 허가를 요하는 것에 관하여서는 그 허가서가 도착한 날로부터 3주간 안에 등기한다(53조·50조-52조). 여기서 주무관청의 허가를 요하는 것은 설립등기시의 정관기재사항(32조·40조·43조 등) 및 정관변경사항(42조·45조·46조)이다.

2) 법인의 명칭·사무소의 소재지·자산 등에 관한 변경은 법인의 정관의 변경이

므로 주무관청의 허가가 필요하다.

3. 설립등기

법인은 그 주된 사무소의 소재지에서 설립등기를 함으로써 성립한다(33조). 따라서 설립등기는 법인의 성립요건이므로 사단 또는 재단은 설립등기를 함으로써 비로소 법인격을 취득한다. 설립등기는 주무관청의 허가서가 도착한 날로부터 3주간 안에 하여야 한다(49조, 53조).

설립등기의 사항은 ① 목적, ② 명칭, ③ 사무소, ④ 설립허가의 연월일, ⑤ 존립시기나 해산사유를 정한 때에는 그 시기 또는 사유, ⑥ 자산의 총액, ⑦ 출자의 방법을 정한 때에는 그 방법, ⑧ 이사의 성명, 주소, ⑨ 이사의 대표권을 제한한 때에는 그 제한 등이다(49조 2항).

4. 분사무소설치 및 사무소이전의 등기

(1) 분사무소설치등기

법인이 주된 사무소 이외의 사무소인 분사무소를 설치한 때에는 주사무소 소재지에서는 3주간 안에 위의 설립등기사항을 등기하여야 하며, 다른 기존의 분사무소 소재지에서는 그 기간 안에 분사무소를 설치한 것을 등기하여야 한다(50조 1항). 주사무소 또는 분사무소의 소재지를 관할하는 등기소의 관할구역 안에 분사무소를 설치한 때에는 3주간 안에 그 사무소를 설치한 것을 등기하면 된다(동조 2항). 위의 3주간의 기산점은 등기사항이 관청의 허가를 요하는 것은 그 허가서가 도착한 날로부터 등기의 기간을 기산한다(53조).

(2) 사무소이전의 등기

법인이 그 사무소(주된 사무소와 분사무소)를 이전하는 때에는 구 사무소의 소재지에서는 3주간 안에 이전등기를 하고, 신 사무소 소재지에서는 같은 기간 안에 설립등기사항을 등기하여야 한다(53조 1항).

5. 변경등기

설립등기의 등기사항 중에 변경이 있는 때에는 3주간 안에 변경등기를 하여야 한다(53조). 이 경우 등기기간과 그 기산점 및 효력은 분사무소설치등기의 경우와 같다(53조 1항, 54조).

6. 직무집행정지 등 가처분의 등기

이사의 직무집행을 정지하거나 직무대행자를 선임하는 가처분을 하거나 그 가처분을 변경, 취소하는 경우에는 주사무소와 분사무소가 있는 곳의 등기소에서 이를 등기하여야 한다(52조의2). 이에 따른 등기도 대항요건이다(54조 1항).

7. 해산등기

청산인은 파산의 경우를 제외하고는 그 취임 후 3주간 안에 해산의 사유 및 연월일, 청산인의 성명과 주소, 청산인의 대표권을 제한한 때에는 그 제한 등을 주된 사무소와 분사무소의 소재지에서 등기하여야 한다(85조 1항). 이 경우 등기기간과 그 기산점 및 효력은 분사무소설치등기의 경우와 같다(53조 1항, 54조).

8. 청산종결의 등기

청산이 종결한 때에는 청산인은 3주간 안에 청산종결의 등기를 하여야 한다(94조).

Ⅱ. 법인의 감독과 벌칙

1. 의 의

비영리법인은 영리법인과는 달리 존재하는 동안, 즉 설립에서 소멸에 이르기까지 국가로부터 여러 가지 감독을 받는다. 이에는 업무감독과 해산·청산의 감독으로 나뉘며, 또 법인의 감독을 뒷받침하기 위하여 이사 등이 직무를 게을리 한 경우에는 벌칙(과태료의 처분)에 따른 제재가 가하여진다.

2. 업무감독

법인의 업무감독은 설립허가를 한 주무관청이 담당한다(37조). 여기서 감독의 내용은 사무 및 재산상황의 검사, 설립허가의 취소 등이다(37조, 38조, 67조 3호).

3. 해산과 청산의 감독

법인의 해산과 청산의 감독은 법원이 담당한다(95조). 이와 같이 민법이 해산과 청산의 감독을 보통의 업무감독과 달리 법원이 담당하도록 한 것은, 감독의 내용이 제3자의 이해관계에 영향을 미치기 때문이다.

4. 벌 칙

(1) 과태료에 의한 제재

민법은 법인의 이사, 감사 또는 청산인 등이 직무를 게을리 한 경우에는 과태료에 의하여 제재를 가하고 있다(97조).

여기서 과태료는 형벌은 아니고, 질서를 유지하기 위한 일종의 질서벌이다. 따라서 과태료의 처분은 형사소송법이 아닌 비송사건절차법에 따라 결정의 형식으로 재판하며 즉시 항고할 수 있다(동법 247조~250조). 또, 과태료의 재판은 검사의 명령으로 이를 집행한다(동법 249조 1항).

(2) 과태료 처분의 내용과 대상

다음의 경우에는 500만원 이하의 과태료에 처한다(97조).

① 법인에 관한 등기를 게을리 한 때(97조 1호)

② 재산목록 또는 사원명부의 작성, 비치에 관한 의무에 위반하거나 또는 부정기재한 때(97조 2호, 55조)

③ 주무관청 또는 법원의 검사, 감독을 방해한 때(97조 3호, 37조, 95조)

④ 주무관청 또는 총회에 대하여 사실 아닌 신고를 하거나 사실을 은폐한 때

(97조 4호, 86조)

⑤ 총회의사록의 작성, 비치의무에 위반하거나 또는 청산인이 채권신고기간 안에 변제를 한 때(97조 5호, 76조, 90조)

⑥ 파산선고의 신청을 게을리 한 때(97조 6호, 79조, 93조)

⑦ 청산인이 채권신고의 공고나 또는 파산선고신청의 공고를 게을리 하거나 부정한 공고를 한 때(97조 7호, 88조, 93조)

Ⅲ. 권리능력 없는 사단, 재단

1. 권리능력 없는 사단

(1) 의 의

권리능력 없는 사단은 사단으로서의 실체가 있으나 설립등기를 갖추지 않아 법인격(권리능력)을 취득하지 않은 것을 말한다. 이를 사단법인과 구별하여 법인격 없는 사단, 법인 아닌 사단(비법인사단)이라고도 한다. 따라서 사단의 실체{단체 구성원의 존재, 대표의 방법, 총회의 운영 등을 정한 근본규칙(정관)의 존재}가 있어야 권리능력 없는 사단으로서의 요건을 갖추게 된다.

법인설립에 관하여 자유설립주의를 취하게 되면 사단으로서의 실체가 있으면 법인이 될 수 있으나, 우리 민법은 법률의 규정에 의함이 아니면 법인으로서 성립하지 못하게 되므로(31조) 권리능력 없는 사단이 존재하게 된다.

권리능력 없는 사단은 사원의 개별성보다도 단체로서의 단일성이 보다 뚜렷한 인적 결합이지만, 권리능력이 없기 때문에 그 단체의 단일성이 사원의 개별성으로부터 독립하여 별개의 존재를 가지지 못하는 점에서 사단법인과 차이가 있다.

(2) 구체적 예

사단이 실체만을 갖고 있거나 설립행위 등의 실질적 요건을 갖추고 있어도 그 밖의 절차(주무관청의 허가와 설립등기)를 갖추지 않으면 법인격을 취득하지 못하게 되고, 권리능력 없는 사단으로서 존재하게 된다. 이의 대표적인 것으로는 종중과 교회, 동(洞)·리(里) 등을 들 수 있다. 이 밖에 판례는 직장 및 지역의 재건축조합, 자연부락, 성균관과 지방 향교, 아파트부녀회, 사단법인의 하부조직, 불교신도회, 집합건물의 관리단 및 아파트입주자대표회의 등을 권리능력 없는 사단으로 인정하고 있다.

(3) 법률관계

1) 사단법인 규정의 유추적용

법인격을 전제로 한 것을 제외하고는 민법의 사단법인에 관한 규정은 이 권리능력 없는 사단에도 유추적용된다(통설). 따라서 내부관계는 정관에 규정이 없으면 사단법인의 규정이 적용되고, 사원총회가 최고의사결정기관이 되고, 사무집행기관은 선량한 관리자의 주의로 사무를 처리하여야 한다. 또한 대외관계에서도 권리능력, 불법행위능력 등에 관해서도 사단법인의 규정이 적용된다.

다만 권리능력 없는 사단에 대해서 소송상 당사자능력과 부동산등기능력, 재산귀속관계에 대해서는 다음과 같이 별도의 명문규정이 있으므로, 이의 규율을 받게 된다.

2) 소송상 당사자능력

민사소송법은 권리능력 없는 사단, 재단에 대해서 대표자 또는 관리인이 있는 경우에는 그 사단의 이름으로 당사자가 될 수 있도록 규정하여, 소송상 당사자능력을 인정하고 있다(동법 52조). 따라서 권리능력 없는 사단은 대표자가 있는 경우에는, 그 자체의 이름으로 원고·피고가 될 수 있다(이시윤 149면).

3) 부동산등기능력

부동산등기법은 "종중(宗中), 문중(門中), 그 밖에 대표자나 관리인이 있는 법인 아닌 사단이나 재단에 속하는 부동산의 등기에 관하여는 그 사단이나 재단을 등기권리자 또는 등기의무자로 한다."고 규정하여 권리능력 없는 사단에 대해서 부동산등기능력을 인정하고 있다(동법 26조 1항). 이 경우 등기는 그 사단이나 재단의 명의로 그 대표자나 관리인이 신청한다(동조 2항).

4) 재산귀속관계와 총유

민법은 "법인이 아닌 사단의 사원이 집합체로서 물건을 소유할 때에는 총유로 한다."고 규정하여 권리능력 없는 사단의 재산귀속을 공동소유의 모습 중 총유로 인정하고 있다(275조 1항). 이에 따라 권리능력 없는 사단의 재산은 모든 구성원(사원)의 총유물이 되며, 그 귀속관계는 다음과 같다.

가) 총유물의 관리 및 처분은 사원총회의 결의로써 한다(276조 1항).

나) 총유물의 사용·수익은 정관 그 밖의 규약에 좇아 각 사원이 할 수 있다(276조 2항).

다) 총유물에 관한 사원의 권리·의무는 사원의 지위를 취득·상실함으로써 당연히 취득·상실된다(277조).

라) 권리능력 없는 사단의 채권·채무는 준총유가 되며(278조), 채무에 대하여 책임은 대외적으로 사단이 지게 되므로 각 사원은 내부적으로 부담금만을 사단에게 납부하면 된다(통설).

관련판례

권리능력 없는 사단과 종중

① 총유물의 '보존'에 있어서는 공유물의 보존에 관한 민법 제265조의 규정이 적용될 수 없고, 특별한 사정이 없는 한 민법 제276조 제1항 소정의 '사원총회의 결의'를 거쳐야 하고 이는 대표자의 정함이 있는 비법인사단인 교회가 그 총유재산에 대한 보존행위로서 대표자의 이름으로 소송행위를 하는 경우라 할지라도 정관에 달리 규정하고 있다는 등의 특별한 사정이 없는 한 그대로 적용된다(대판 1994. 10. 25. 94다28437).

종중재산의 소유관계는 총유에 해당하므로 민법 제265조가 적용될 여지가 없으며, 종중원은 종중재산에 대한 보존행위로서 제소할 수 없다(대판 1972. 8. 22. 72다882).

② 민사소송법 제48조가 비법인의 당사자능력을 인정하는 것은 법인이 아닌

사단이나 재단이라도 사단 또는 재단으로서의 실체를 갖추고 대표자 또는 관리인을 통하여 사회적 활동이나 거래를 하는 경우에는, 그로 인하여 발생하는 분쟁은 그 단체의 이름으로 당사자가 되어 소송을 통하여 해결하게 하고자 함에 있다 할 것이므로 여기서 말하는 사단이라 함은 일정한 목적을 위하여 조직된 다수인의 결합체로서 대외적으로 사단을 대표할 기관에 관한 정함이 있는 단체를 말한다고 할 것이고, 종중 또는 문중과 같이 특별한 조직행위 없이도 자연적으로 성립하는 예외적인 사단이 아닌 한, 법인 아닌 사단이 성립하려면 사단으로서의 실체를 갖추는 조직행위가 있어야 하는바, 만일 어떤 단체가 외형상 목적, 명칭, 사무소 및 대표자를 정하고 있다고 할지라도 사단의 실체를 인정할 만한 조직, 그 재정적 기초, 총회의 운영, 재산의 관리 기타 단체로서의 활동에 관한 입증이 없는 이상 이를 법인이 아닌 사단으로 볼 수 없다(대판 1997. 9. 12. 97다20908).

③ 종중 회칙상 종중 재산은 종중 총회의 결의를 거쳐야만 처분할 수 있음에도 종중 재산의 처분에 관한 적법한 총회 결의나 이사회 위임결의 또는 그와 같은 내용의 종중 회칙의 변경 없이 종중 회장이 종중 이사회를 개최하여 임의로 이사회를 구성하고 종중 재산의 처분을 이사회 결의만으로 가능하도록 임의로 정관을 변경하여 이에 따라 개최한 이사회에서 종중 재산의 처분을 결의한 후 종중 재산을 처분한 경우, 그 종중 재산의 처분은 무효다(대판 2000. 10. 27. 2000다22881).

④ 종중규약을 작성하면서 동일선조의 후손 중 여자 등에 대하여 종원의 자격을 임의로 제한하는 종중 규약은 법질서에 부합하지 않는 것으로 무효이며, 성년이 되면 성(남녀)의 구별 없이 당연히 종중의 구성원이 된다(대판 2005. 7. 21. 2002다178).

⑤ 종중총회는 특별한 사정이 없는 한 족보에 의하여 소집통지 대상이 되는 종중원의 범위를 확정한 후 국내에 거주하고 소재가 분명하여 통지가 가능한 모든 종중원에게 개별적으로 소집통지를 함으로써 각자가 회의와 토의 및 의결에 참가할 수 있는 기회를 주어야 하고, 일부 종중원에게 소집통지를 결여한 채 개최된 종중총회의 결의는 효력이 없으나, 그 소집통지의 방법은 반드시 직접

서면으로 하여야만 하는 것은 아니고 구두 또는 전화로 하여도 되고 다른 종중원이나 세대주를 통하여 하여도 무방하다(대판 2007. 9. 6. 2007다34982).

⑥ 종중의 족보에 종중원으로 등재된 성년 여성들에게 소집통지를 함이 없이 개최된 종중 임시총회에서의 결의는 모두 무효다(대판 2007. 9. 6. 2007다34982).

권리능력 없는 사단과 교회

① 별도의 설립등기를 갖추지 않은 교회는 권리능력 없는 사단으로서, 교회의 장정(章程) 기타의 승인된 규정에서 분열시의 재산귀속에 관하여 정하여진 바가 없으면 1의 교회가 2개로 분열된 경우의 종전 교회의 재산은 분열 당시의 교인의 총유에 속한다{(대판 1993. 1. 29. 91다1226) ⇒ 판례 변경(2004다37775 참조)}.

② 특정 교단에 가입한 지교회가 교단이 정한 헌법을 지교회 자신의 자치규범으로 받아들였다고 인정되는 경우에는 소속 교단의 변경은 실질적으로 지교회 자신의 규약에 해당하는 자치규범을 변경하는 결과를 초래하고, 만약 지교회 자신의 규약을 갖춘 경우에는 교단변경으로 인하여 지교회의 명칭이나 목적 등 지교회의 규약에 포함된 사항의 변경까지 수반하기 때문에, 소속 교단에서의 탈퇴 내지 소속 교단의 변경은 사단법인 정관변경에 준하여 의결권을 가진 교인 2/3 이상의 찬성에 의한 결의를 필요로 하고, 그 결의요건을 갖추어 소속 교단을 탈퇴하거나 다른 교단으로 변경한 경우에 종전 교회의 실체는 이와 같이 교단을 탈퇴한 교회로서 존속하고 종전 교회 재산은 위 탈퇴한 교회 소속 교인들의 총유로 귀속된다(대판 2006. 4. 20. 2004다37775).

③ 교회가 그 실체를 갖추어 법인 아닌 사단으로 성립한 경우에 교회의 대표자가 교회를 위하여 취득한 권리의무는 교회에 귀속되나, 교회가 아직 실체를 갖추지 못하여 법인 아닌 사단으로 성립하기 전에 설립의 주체인 개인이 취득한 권리의무는 그것이 앞으로 성립할 교회를 위한 것이라 하더라도 바로 법인 아닌 사단인 교회에 귀속될 수는 없고, 또한 설립 중의 회사의 개념과 법적 성격에 비추어, 법인 아닌 사단인 교회가 성립하기 전의 단계에서 설립 중의 회사의 법리를 유추적용할 수는 없다(대판 2008. 2. 28. 2007다37394).

④ 기독교 단체인 교회에 있어서 교인들의 연보, 헌금 기타 교회의 수입으로 이루어진 재산은 특별한 사정이 없는 한 그 교회 소속 교인들의 총유에 속한다. 따라서 그 재산의 처분은 그 교회의 정관 기타 규약에 의하거나 그것이 없는 경우에는 그 교회 소속 교인들로 구성된 총회의 결의에 따라야 한다(대판 2009. 2. 12. 2006다23312).

⑤ 비법인사단인 교회의 대표자는 총유물인 교회 재산의 처분에 관하여 교인총회의 결의를 거치지 아니하고는 이를 대표하여 행할 권한이 없다. 그리고 교회의 대표자가 권한 없이 행한 교회 재산의 처분행위에 대하여는 민법 제126조의 표견대리에 관한 규정이 준용되지 아니한다(대판 2009. 2. 12. 2006다23312).

권리능력 없는 사단과 동(洞)·리(里), 자연부락

① 자연부락이 그 부락 주민들을 구성원으로 하여 향제를 거행하고 임야를 고유재산으로 소유하면서 조림사업 등을 영위하며, 성문의 규약은 없으나 관행에 따라 부락회의를 개최하여 대표자를 선출하고 의사결정을 하는 등 일정한 목적 하에 조직적인 공동체를 구성하고 있으면 민사소송법 제48조 소정의 비법인사단의 실질을 갖추고 있다 할 것이다(대판 1980. 1. 15. 78다2364).

② 이태원리(里)의 행정구역 내에 거주하는 주민들이 그들의 공동편익과 복지를 위하여 주민 전부를 구성원으로 한 공동체로서 이태원동(洞)을 구성하고 행정구역과 동일한 명칭을 사용하면서 일정한 재산을 공부상 그 이름으로 소유하여 온 이상 이태원동은 법인 아닌 사단으로서의 당사자능력이 있다(대판 2004. 1. 29. 2001다1775).

③ 법인 아닌 사단이나 재단도 대표자 또는 관리인이 있으면 민사소송의 당사자가 될 수 있으므로, 자연부락이 그 부락주민을 구성원으로 하여 고유목적을 가지고 의사결정기관과 집행기관인 대표자를 두어 독자적인 활동을 하는 사회조직체라면 법인 아닌 사단으로서의 권리능력이 있다(대판 2007. 7. 26. 2006다64573).

④ 원심판결의 이유에 의하면, 원심은 그 채용 증거들에 의하여 판시 사실들을 인정한 다음, 그에 따르면 원고들은 각각 충남 예산군 광시면 대리, 시목1리,

시목2리에 거주하는 주민들로 구성되고 고유의 목적과 주민총회라는 의사결정 기관 및 회장이라는 대표자를 갖추고 독자적인 활동을 하는 사회조직체로서 법인 아닌 사단에 해당하여 당사자능력이 있다고 판단하였는바, 위의 법리와 기록에 비추어 원심의 이러한 판단은 정당한 것으로 수긍이 가고, 거기에 상고이유로 주장하는 바와 같이 법인 아닌 사단의 당사자능력에 관한 법리오해나 채증법칙 위배 등의 위법이 있다고 볼 수 없다(대판 2008. 1. 31. 2005다60871).

권리능력 없는 사단과 성균관, 불교신도회

① 법인이 아닌 사단인 동일한 불교회가 2개로 분열된 경우 그 재산의 귀속에 관하여 어떤 규정이 있으면 모르되 특별한 정함이 없으면 그 재산은 분열 당시 그 단체구성원의 총유에 속한다(대판 1987. 10. 26. 85다카1320).

② 일정 지역을 중심으로 한 불교신도회가 임원을 선출하는 등 조직을 갖추고 독자적인 종교활동을 계속하여 왔다면, 불교종단 소속의 신도회로 등록하였더라도 그 종단과는 별개의 독립된 단체로서 비법인 사단의 실질을 갖추고 있다(대판 1996. 7. 12. 96다6103).

③ 불교신도회가 신도들이 낸 월례회비와 헌금 및 초파일 행사 수입금 중 일부를 소속 종단의 신도회운영규정에 따르지 아니한 채 당해 신도회의 불상이나 불당 등을 마련하기 위한 기금으로 적립하여 신도회 또는 일부 신도들의 명의로 금융기관에 예치한 경우, 그 예금은 비법인 사단인 당해 불교신도회의 소유이다(대판 1996. 7. 12. 96다6103).

④ 성균관과 지방 향교는 유교사상에 관한 신앙단체로서의 성격 외에 독립된 비법인 사단으로서의 성격을 가지고 있으므로, 지방 향교에 관한 분쟁이라도 그 실질이 사단으로서의 특질에 관한 것일 때에는 단체에 관한 민법의 일반 법리가 적용되어야 한다. 지방 향교나 성균관이 모두 유교를 전파하고 유교문화를 연구하는 일종의 종교단체 및 학문 연구 단체의 성격을 띠고 있고 성균관이 실질적인 상급단체로서 지방 향교들과 함께 전국적인 조직을 이루어 유교 활동을 하고 있으며, 지방 향교들 내지는 유림 사이의 제한된 범위 내에서

발생한 분쟁은 성균관과 해당 지역의 유림이 노력하여 자율적으로 해결하는 것이 바람직하다는 점을 참작한다고 하더라도, 지방 향교의 관할 구역 및 구성원의 자격과 같이 비법인 사단의 중요한 요소에 관한 사항이 분쟁의 실체를 이루고 있는 경우에는 종교단체로서의 특수성 내지 자율성만을 고려할 것이 아니라, 단체법적인 일반 법리에 따라 절차상의 하자 유무를 가려야 한다(대판 2010. 5. 27. 2006다72109).

⑤ 법인이거나 비법인 사단인 어느 단체가 상급단체에 가입되어 있는 경우, 상급단체의 지위에서 가입단체에 대하여 업무상 지휘·감독할 수 있는 권한은 인정될 수 있지만 그 권한은 가입단체의 독립성을 침해하지 아니하는 범위 내로 제한되어야 하고, 같은 이치로 가입단체가 상급단체의 규칙이나 정관을 자신의 정관으로 받아들인다고 규정하고 있지 아니한 이상 가입단체의 조직과 운영에 관하여 상급단체가 제정한 규칙에 따라 규율된다고 볼 수 없다(대판 2010. 5. 27. 2006다72109).

⑥ 지방 향교의 관할 구역은 독립된 비법인 사단인 지방 향교의 설립 목적과 사원 자격에 직결되어 있으므로, 비법인 사단에 유추적용되는 민법 제34조에 따라 기본적으로 지방 향교의 정관이나 규약 등에 의하여 결정되는 것으로 봄이 상당하다. 또한, 독립된 비법인 사단인 지방 향교가 관할 구역 및 구성원의 자격에 관한 성균관의 정관이나 결정을 자신의 것으로 받아들이지 아니한 이상, 비록 성균관이 실질적으로 지방 향교의 상급단체의 지위에 있다 하더라도 이해 당사자인 해당 향교의 동의 없이는 임의로 지방 향교의 관할 구역을 축소하고 그에 따라 구성원 자격을 변경할 수 있는 권한이 있다고 볼 수 없다(대판 2010. 5. 27. 2006다72109).

그 밖의 권리능력 없는 사단

① 민법상의 조합과 법인격은 없으나 사단성이 인정되는 비법인사단을 구별함에 있어서는 일반적으로 그 단체성의 강약을 기준으로 판단하여야 하는바, 조합은 2인 이상이 상호간에 금전 기타 재산 또는 노무를 출자하여 공동사업을 경영할

것을 약정하는 계약관계에 의하여 성립하므로(민법 제703조) 어느 정도 단체성에서 오는 제약을 받게 되는 것이지만 구성원의 개인성이 강하게 드러나는 인적 결합체인 데 비하여 비법인사단은 구성원의 개인성과는 별개로 권리의무의 주체가 될 수 있는 독자적 존재로서의 단체적 조직을 가지는 특성이 있다 하겠는데 민법상 조합의 명칭을 가지고 있는 단체라 하더라도 고유의 목적을 가지고 사단적 성격을 가지는 규약을 만들어 이에 근거하여 의사결정기관 및 집행기관인 대표자를 두는 등의 조직을 갖추고 있고, 기관의 의결이나 업무집행방법이 다수결의 원칙에 의하여 행해지며, 구성원의 가입, 탈퇴 등으로 인한 변경에 관계없이 단체 그 자체가 존속되고, 그 조직에 의하여 대표의 방법, 총회나 이사회 등의 운영, 자본의 구성, 재산의 관리 기타 단체로서의 주요사항이 확정되어 있는 경우에는 비법인사단으로서의 실체를 가진다고 할 것이다(대판 1992. 7. 10. 92다2431).

② 주택건설촉진법에 의하여 설립된 재건축조합(피고조합)은 비법인 사단에 해당하므로, 그가 주체가 되어 신축 완공한 이사건 상가건물은 조합원 전원의 총유에 속한다(대판 2001. 5. 29. 2000다10246).

③ 아파트에 거주하는 부녀를 회원으로 하여 입주자의 복지증진 및 지역사회 발전 등을 목적으로 설립된 아파트 부녀회가 회칙과 임원을 두고서 주요 업무를 월례회나 임시회를 개최하여 의사결정하여 온 경우에 법인 아닌 사단의 실체를 갖추고 있다(대판 2006. 12. 21. 2006다52723).

④ 민법 제275조, 제276조 제1항에서 말하는 총유물의 관리 및 처분이라 함은 총유물 그 자체에 관한 이용·개량행위나 법률적·사실적 처분행위를 의미하는 것이므로, 비법인사단이 타인 간의 금전채무를 보증하는 행위는 총유물 그 자체의 관리·처분이 따르지 아니하는 단순한 채무부담행위에 불과하여 이를 총유물의 관리·처분행위라고 볼 수는 없다. 따라서 비법인사단인 재건축조합의 조합장이 채무보증계약을 체결하면서 조합규약에서 정한 조합 임원회의 결의를 거치지 아니하였다거나 조합원총회 결의를 거치지 않았다고 하더라도 그것만으로 바로 그 보증계약이 무효라고 할 수는 없다(대판 2007. 4. 19. 2004다60072).

⑤ 구 주택법에 따라 자치관리로 공동주택의 관리방법을 정한 아파트에서 자치관

리기구 및 관리주체인 관리사무소장은 비법인사단인 입주자대표회의의 업무 집행기관에 해당할 뿐 권리·의무의 귀속주체로 볼 수 없다. 따라서 자치관리기구의 대표자 내지 관리주체인 관리사무소장이 구 주택법령과 그에 따른 관리규약에서 정한 공동주택의 관리업무를 집행하면서 체결한 계약에 기한 권리·의무는 비법인사단인 입주자대표회의에게 귀속되고, 그러한 계약의 당사자는 비법인사단인 입주자대표회의이다(대판 2015. 1. 29. 2014다62657).

2. 권리능력 없는 재단

(1) 의의와 구체적 예

권리능력 없는 재단은 재단으로서의 실체가 있으나 설립등기를 갖추지 않아 법인격(권리능력)을 취득하지 않은 것을 말한다. 이를 재단법인과 구별하여 법인격 없는 재단, 법인 아닌 재단(비법인재단)이라고도 한다. 따라서 재단법인의 설립을 위한 나머지 요건을 갖추고 있으나, 설립등기를 갖추고 있지 않은 '설립 중의 재단'도 권리능력 없는 재단이다. 이의 대표적인 예로는 육영회, 사회사업을 위해 모집한 기부재산, 각종의 장학회나 종교재단 등을 들 수 있다(이시윤 150면).

이러한 집단도 소송상 당사자능력과 부동산등기능력이 인정되고 법인격을 전제로 한 것을 제외하고는 법인규정이 적용된다(학설).

(2) 법률관계

위의 권리능력 없는 사단의 법률관계에서 설명한 것과 같은 취지로 법인격을 전제로 한 것을 제외하고는 민법의 재단법인에 관한 규정은 권리능력 없는 재단에도 유추적용된다(통설).

또한 권리능력 없는 재단에 대하여 민사소송법은 소송상 당사자능력을 인정하고 있고(동법 52조), 부동산등기법은 부동산등기능력을 인정하고 있다(동법 26조 1항).

제2장 권리의 객체

제1절 서 설

Ⅰ. 권리객체의 의의

권리객체는 일정한 생활이익을 누리도록 하기 위하여 법이 인정하는 힘, 즉 '법적 힘'인 권리의 내용을 행사하는 일정한 대상을 말한다.

민법상 각 권리의 객체의 모습은 일률적이지 않고 각각 다르다. 즉, 인격권의 객체는 권리주체인 사람 자신의 인격적 이익(예컨대 생명·신체·자유·명예·정조·신용 등)이고, 친족권의 객체는 친족법상의 지위, 상속권의 객체는 유산(상속재산)이고, 물권의 객체는 원칙적으로 '특정한 독립의 물건'이고, 채권의 객체는 채무자라는 특정인의 행위(작위·부작위로서의 급부, 급여, 이행)이고, 지식재산권(지적재산권)의 객체는 저작물·특허발명품·디자인(의장)·실용신안 등 사람의 정신적 창작물이다.

Ⅱ. 민법의 규정과 물건

위에서 본 바와 같이 권리의 객체는 각종의 권리에 따라 각각 다르므로, 모든 권리의 객체를 총칙 규정 안에 두는 것은 어렵다. 이에 따라 민법은 제1편(총칙) 제4장에서 권리의 객체 중에서 물권의 객체일 뿐만 아니라 다른 권리를 이해함에 있어서도 주요한 매개요소인 '물건(物件)에 관하여서만 통칙적으로 규정하고 있다(98조~102조). 즉 민법은 제98조에서 물건의 의의와 요건을 규정하고 있고, 이어서 물건의 종류에 관하여 민법은 동산과 부동산(99조), 주물과 종물(100조), 원물과 과실(101조~102조)로 나누어 각각 규정하고 있다.

제2절 물 건

제1관 물건의 의의 및 요건

Ⅰ. 물건의 의의

민법에서 물건이라 함은 유체물 및 전기 기타 관리할 수 있는 자연력을 말한다(98조).

Ⅱ. 물건의 요건

1. 유체물 또는 관리가 가능한 자연력일 것

민법상 물건이 되기 위해서는 유체물 또는 관리가 가능한 자연력이어야 한다. 여기서 유체물(有體物)은 공간의 일부를 차지하고 사람의 오감(五感)에 의하여 느낄 수 있는 모습을 가지는 물질, 즉 액체, 기체, 고체를 말한다. 또 관리할 수 있는 자연력은 전기 등과 같이 관리가 가능한 자연력을 말한다. 따라서 민법은 물건에 유체물은 물론이고 이에 대응하여 '관리할 수 있는 자연력'인 무체물(無體物)도 물건에 포함시키고 있다.

형법도 절도와 강도의 죄에 관하여 "관리할 수 있는 동력은 재물로 간주한다."고 규정하여(동법 346조), 민법과 같은 맥락에서 '관리할 수 있는 동력(動力)'인 자연력을 재물(財物)의 개념에 포함시키고 있다.

2. 관리가 가능할 것

물건이 되기 위해서는 관리가 가능한 것이어야 한다. 여기서 '관리가 가능한 것'이란 사용·수익·처분 등을 할 수 있기 위한 배타적 지배를 할 수 있는 것을 말한다. 여기서 물건이 되기 위해서는 한 요건으로서의 관리가능성은 자연력인 무체물뿐만 아니고 유체물에도 적용된다. 따라서 유체물이라도 해(日)·달(月)·별(星

辰)과 같은 것은 배타적 지배를 할 수 없으므로, 물건이 아니다. 또 공기, 바다와 같이 모든 사람에게 그 이용이 개방되어 독점을 허용하지 않는 것은 법률상의 물건은 아니다. 다만 바다는 일정한 범위를 인위적인 방법으로 어장(漁場 : 면허를 받아 어업을 하는 일정한 수면)을 구획하여 어업권을 통한 배타적인 지배를 할 수 있도록 하는 경우에는 그 범위에서 권리의 객체인 물건이 된다.

3. 외계의 일부일 것(신체나 그 일부가 아닐 것)

물건이 되기 위해서는 외계의 일부이어야 한다. 여기서 외계(外界)는 사람과 사람을 둘러싸고 있는 바깥으로서, 사람의 신체나 신체의 일부는 물건이 될 수 없다. 이는 인격을 갖는 사람에 대하여서는 물건으로서의 지배를 허용하지 않는 인격절대주의에 기초한 요건으로서 인위적으로 사람의 몸에 부착시킨 의치(義齒), 의안(義眼), 의수(義手), 의족(義足)도 몸에 붙어있으면 물건이 될 수 없다. 다만 사람의 몸의 일부라도 모발, 치아, 혈액 등은 분리하면 분리 전의 사람의 소유에 속하는 물건으로 취급된다.

또 시체(屍體)는 소유권의 객체가 되나 그 내용은 보통의 소유권과 달리 매장(埋葬), 제사 등을 할 수 있는 특수한 것이라고 할 수 있다(다수설).

4. 하나의 독립된 모습을 가질 것

물건은 원칙적으로 하나의 독립된 것이어야 한다. 따라서 물건의 구성부분이나 다수 물건의 집단은 물권의 객체가 되지 못한다. 여기서 하나의 독립한 물건 위에 성질을 같이 물권은 하나만 성립하는 일물일권주의(一物一權主義)의 원칙이라고 한다.

그러나 일정한 경우에는 하나의 독립한 물건이 아니어도 물권이 성립한다(일물일권주의의 예외). 즉 1필의 토지의 일부·1동의 건물의 일부(집합건물의 구분소유)·수목·미분리의 과실·재단저당권의 목적이 되는 재단의 구성물 등에는 하나의 독립한 물건이 아니더라도 예외적으로 물권이 성립한다.

관련판례

일물일권주의

일물일권주의(一物一權主義)의 원칙상, 물건의 일부분, 구성부분에는 물권이 성립할 수 없는 것이어서 구분 또는 분할의 절차를 거치지 아니한 채 하나의 부동산 중 일부분만에 관하여 따로 소유권보존등기를 경료하거나, 하나의 부동산에 관하여 경료된 소유권보존등기 중 일부분에 관한 등기만을 따로 말소하는 것은 허용되지 아니한다(대판 2000. 10. 27. 2000다39582).

제2관 물건의 종류와 분류

Ⅰ. 개 관

물건의 종류는 민법의 규정에 의한 실정법상의 분류로서 동산과 부동산(99조), 주물과 종물(100조), 원물과 과실(101조~102조)로 나뉜다.

또한 강학(講學)상의 분류로서 단일물·합성물과 집합물, 융통물과 불융통물, 대체물과 부대체물, 소비물과 비소비물, 특정물과 불특정물 등으로 나뉜다. 이 중 특정물과 불특정물은 당사자의 의사에 의한 주관적 구별이나, 나머지는 객관적 구별이다.

Ⅱ. 강학상의 분류

1. 단일물·합성물과 집합물

이는 형태를 기준으로 물건을 분류한 것이다. 먼저 단일물과 합성물은 모두 하나의 형체를 이루고 있는 물건이나, 단일물은 단일한 일체를 이루는 각 구성부분이 개성을 잃고 있는 물건이고, 합성물은 각 구성부분이 개성을 잃지 않고 있는 물건이다. 예컨대 책·숟가락 등은 이를 구성하는 부분이 개성을 잃고 있으므로 단일물이고, 자동차·건물·선박 등은 이를 구성하는 각 부분이 개성을 유지하면서 결합하여 단일한 형체를 이루고 있으므로 합성물이다.

집합물은 단일물 또는 합성물인 다수의 물건이 집합하여 경제적으로 단일한 가치를 가지고 거래상의 일체로서 다루어지는 물건을 말한다(예컨대 상점에 있는 상품 전부 등).

위와 같이 물건을 구별하는 실익은 일물일권주의의 원칙에 따른 물권의 객체 내지 거래에 있어서 개별적으로 취급되느냐 여부에 있다. 따라서 물권의 객체와 거래는 단일물·합성물을 원칙으로 하고 집합물은 법률과 관습법에 의해서만 예외적으로 인정되게 된다. 예컨대 공장 및 광업재단 저당법은 집합물인 공장재단(공장에 속하는 일정한 기업용 재산으로 구성되는 일단(一團)의 기업재산) 또는 광업재단(광업권과 광업권에 기하여 광물을 채굴·취득하기 위한 각종 설비 및 이에 부속하는 사업의 설비로 구성되는 일단의 기업재산)에 대하여 소유권과 저당권의 목적이 되도록 규정하고 있다(동법 2조). 또 여러 개의 동산을 특정하여 담보로 제공하고 담보등기를 할 수도 있다(동산·채권 등의 담보에 관한 법률 3조 2항).

또한 관습법과 판례는 동산양도담보의 객체로서 유동집합물을 인정하고 있다(대판 2003. 3. 14. 2002다72385).

관련판례

동산양도담보의 목적물과 유동집합물

일단의 증감·변동하는 동산을 하나의 물건으로 보아 이를 채권담보의 목적으로 삼는 이른바 유동집합물에 대한 양도담보설정계약의 경우에, 양도담보의 효력이 미치는 범위를 명시하여 제3자에게 불측의 손해를 입지 않도록 하고 권리관계를 미리 명확히 하여 집행절차가 부당히 지연되지 않도록 하기 위하여 그 목적물을 특정할 필요가 있으므로, 담보목적물은 담보설정자의 다른 물건과 구별될 수 있도록 그 종류, 소재하는 장소 또는 수량의 지정 등의 방법에 의하여 외부적·객관적으로 특정되어 있어야 하고, 목적물의 특정 여부 및 목적물의 범위는 목적물의 종류, 장소, 수량 등에 관한 계약의 전체적 내용, 계약 당사자의 의사, 목적물 자체가 가지는 유기적 결합의 정도, 목적물의 성질, 담보물 관리와 이용방법 등 여러 가지 사정을 종합하여 구체적으로 판단하여야 한다(대판 2003. 3. 14. 2002다72385).

2. 융통물과 불융통물

이는 사법상 거래의 대상이 되느냐의 여부를 기준으로 물건을 분류한 것이다. 융통물은 사법상 거래의 대상이 될 수 있는 물건을 말하고, 불융통물은 사법상 거래의 대상이 될 수 없는 물건을 말한다. 보통의 물건은 융통물이나, 불융통물은 다시 공용물, 공공용물, 금제물로 나뉜다.

공용물(公用物)은 국가나 공공단체의 소유에 속하는 것으로서, 공적 목적에 사용되는 물건을 말한다. 예컨대 정부나 지방자치단체의 청사(廳舍), 국공립학교의 교사(校舍) 등은 공용물이다.

공공용물(公共用物)은 공중의 일반적 사용에 제공되는 물건이다. 도로, 공원, 하천 등은 공공용물을 말한다. 공용물과 공공용물은 국유재산법에 의한 행정재산으로서 공용폐지에 의해서 일반재산이 되기 전에는 사법상 거래의 대상이 될 수 없다(동법 6조 2항, 27조, 40조). 다만 공공용물 중 도로는 개인소유의 대상이 될 수도 있고, 이 경우 도로를 구성하는 부지, 옹벽, 그 밖의 물건에 대하여는 사권(私權)을 행사할 수 없으나, 소유권이전과 저당권설정은 허용된다(도로법 3조).

금제물(禁制物)은 법률의 규정에 의하여 거래가 금지 또는 제한되는 물건을 말한다. 이에는 소유는 가능하나 거래만 금지 또는 제한되는 것{예컨대 문화재(문화재보호법 66조)}과 거래는 물론이고 소유 자체도 금지되는 것{예컨대 아편 및 아편흡식기구, 위조 변조한 화폐, 음란한 문서(형법 198조, 207조, 243조, 244조)}이 있다.

3. 대체물과 부대체물

이는 거래에 있어서 개성이 중요시되느냐의 여부를 기준으로 물건을 분류한 것이다.

대체물은 거래에 있어서 개성이 중요시되지 않은 물건을 말한다(예컨대 곡물, 술, 금전). 부대체물은 일반거래에 이어서 그 개성이 중요시되는 물건을 말한다(예컨대 건물, 토지, 골동품, 소 등).

위와 같이 물건을 구별하는 실익은 대체물은 소비대차(598조)·소비임치(702조)의 대상이나 부대체물은 그 대상이 아니라는 점 등에서 나타난다.

4. 소비물과 비소비물

이는 물건을 1회 사용하면 같은 용도에 다시 사용할 수 있느냐의 여부를 기준으로 분류한 것이다. 소비물은 1회 사용하면 같은 용도에 다시 사용할 수 없는 물건을 말하고(예컨대 곡물, 술, 금전), 비소비물은 그 용도에 따라 반복해서 사용할 수 있는 물건을 말한다(예컨대 건물, 토지, 책, 기계 등).

위와 같이 물건을 구별하는 실익은 소비물은 소비대차(598조)·소비임치(702조)의 대상이 되고, 비소비물은 사용대차(609조)·임대차(618조)의 대상이 된다는 점 등에서 나타난다.

5. 특정물과 불특정물

이는 앞의 물건의 분류가 객관적 기준에 의한 것과는 달리 당사자의 의사에 따른 주관적인 거래방법의 구별이라고 할 수 있다. 특정물은 당사자가 물건의 개성을 중시하여 같은 종류의 다른 물건으로 바꾸지 못하게 한 물건을 말하고(예컨대 A 토지, B 건물 등), 불특정물은 다른 물건으로 바꿀 수 있게 한 물건을 말한다(예컨대 오징어 10상자, 경기미 10가마니 등).

위와 같이 물건을 구별하는 실익은 채권의 목적물의 보관의무(특정물인도채무자의 선관의무 : 374조), 채무변제의 장소(특정물인도는 채권성립당시 그 물건이 있던 장소, 불특정물의 채무변제의 장소는 채권자의 현주소 : 476조), 매도인의 담보책임(특정물매매의 매도인의 하자담보책임은 580조 적용, 불특정물매매의 매도인의 하자담보책임은 581조 적용) 등에서 나타난다.

Ⅲ. 실정법상의 분류

1. 동산과 부동산

(1) 부 동 산

1) 의 의

무엇을 부동산으로 할 것인가에 대해서는 토지 위의 정착물을 토지의 구성부분으로 볼 것인가, 아니면 토지와 별개의 부동산으로 볼 것인가에 따라 그 입법례가 나뉜다.

일찍이 로마법은 "지상물은 토지에 따른다."는 원칙을 채택하고 있었으며, 이를 계수한 독일 민법(94조), 프랑스 민법(518조), 스위스 민법(655조) 등은 건물·수목 등의 토지의 정착물을 토지의 구성부분으로 다루고 있다.

그러나 우리 민법은 의용민법시대인 구민법(일본 민법 86조 1항) 이후 토지의 정착물을 토지와 별개의 부동산으로 다루고 있다. 즉 민법 제99조 제1항은 '토지 및 그 정착물'을 부동산이라고 정의하고 있다. 이에 따라 우리 민법은 토지뿐만 아니라 토지의 정착물도 독립한 부동산으로 다루고 있다.

2) 토 지

부동산으로서의 '토지'는 무한대로 전개되는 물리적 지표를 말하는 것이 아니라 인위적으로 구분되고 토지등기부, 지적 공부(토지대장, 임야대장)에 1필의 토지로 등록된 일정범위의 지면을 말한다.

토지소유권은 정당한 이익이 있는 범위 안에서 토지의 상하에 미치므로(212조), 토사(土砂)·암석(巖石) 따위의 토지의 본질적 구성부분과 종속정착물에도 효력이 미친다. 그러나 정당한 이익의 범위를 넘어서 소유권을 주장하면 권리남용이 될 수 있다.

또 토지의 경계(境界)가 진실한 경계선과 다르게 지적 공부에 잘못 등록된 경우, 실제의 경계에 의하여 확정된다(판례).

그러나 지하의 미채굴의 광물에 대하여는 광업권자만이 이를 채굴할 수 있으므로. 토지소유권의 효력이 미치지 못한다(광업법 2조).

관련판례

토지소유권의 범위

① 토지(임야) 내의 자연석을 조각하여 석불(石佛)을 조각한 경우, 석불은 토지와는 독립하여 소유권의 대상이 된다(대판 1970. 9. 22. 70다494).

② 온천수는 그것이 용출하는 토지의 구성부분으로서 독립한 물권의 객체가 아니며 토지소유권의 범위에 속하므로, 온천이용권은 토지소유권과 독립한 물권이 아니다(대판 1970. 5. 26. 69다1239).

③ 토지소유자가 토지소유권이 미치는 범위 내에서 적법하게 건축허가를 받고 그 건물을 건축한 행위가 그 인접에 위치하고 있는 민간지상파방송사업자의 방송을 위한 전파송신에 영향을 미치더라도 특별한 사정이 없는 한 그 사실만으로 곧 민간지상파방송사업자의 권리를 침해하여 불법행위가 성립한다고 볼 수 없다(대판 2003. 11. 28. 2003다43322).

④ (구)지적법에 의하여 어떤 토지가 지적공부에 1필의 토지로 등록되면 그 토지의 경계는 다른 특별한 사정이 없는 한 이 등록으로써 특정되고, 지적공부를 작성함에 있어 기점을 잘못 선택하는 등의 기술적인 착오로 말미암아 지적공부상의 경계가 진실한 경계선과 다르게 잘못 작성되었다는 등의 특별한 사정이 있는 경우에는 그 토지의 경계는 지적공부에 의하지 않고 실제의 경계에 의하여 확정하여야 한다(대판 2000. 5. 26. 98다15446).

⑤ 토지소유권의 상실원인이 되는 포락(浦落)은 토지가 바닷물이나 하천법상 적용하천의 물에 개먹어 무너져 바다나 적용하천에 떨어져 그 원상복구가 사회통념상 불가능한 상태에 이르렀을 때를 일컫는 것이지 바닷물이나 적용하천의

유수가 아닌 사실상의 하천(보통하천)이나 준용하천의 물에 무너져 내려 사실상의 하상이 되어 그 원상복구가 어렵게 된 때까지를 포함하는 것은 아니다(대판 1989. 2. 28. 88다1295).

⑥ 토지의 소유권은 정당한 이익이 있는 범위 내에서 토지의 상하에 미치므로 토지 소유자는 법률의 제한 범위 내에서 그 소유 토지의 지표면 아래에 있는 지하수를 개발하여 이용할 수 있다 할 것이나, 소유권 방해제거·예방청구권에 관한 민법 제214조의 규정과 용수장해로 인한 용수권자의 손해배상청구권 및 원상회복청구권에 관한 민법 제236조의 규정을 종합하여 보면, 어느 토지 소유자가 새로이 지하수 개발공사를 시행하여 설치한 취수공 등을 통하여 지하수를 취수함으로 말미암아 그 이전부터 인근 토지 내의 원천에서 나오는 지하수를 이용하고 있는 인근 토지 소유자의 음료수 기타 생활상 필요한 용수에 장해가 생기거나 그 장해의 염려가 있는 때에는, 생활용수 방해를 정당화하는 사유가 없는 한 인근 토지 소유자는 그 생활용수 방해의 제거(원상회복)나 예방을 청구할 수 있다(대판 1998. 4. 28. 97다48913).

⑦ 한 번 포락되어 해면 아래에 잠김으로써 복구가 심히 곤란하여 토지로서의 효용을 상실하면 종전의 소유권이 영구히 소멸되고, 그 후 포락된 토지가 다시 성토되어도 종전의 소유자가 다시 소유권을 취득할 수는 없다(대판 1992. 9. 25. 92다24677).

⑧ 토지소유권의 상실 원인이 되는 포락이라 함은 토지가 바닷물이나 적용 하천의 물에 개먹어 무너져 바다나 적용하천에 떨어져 그 원상복구가 불가능한 상태에 이르렀을 때를 말하고, 그 원상회복의 불가능 여부는 포락 당시를 기준으로 하여 물리적으로 회복이 가능한지 여부를 밝혀야 함은 물론, 원상회복에 소요될 비용, 그 토지의 회복으로 인한 경제적 가치 등을 비교 검토하여 사회통념상 회복이 불가능한지 여부를 기준으로 하여야 하는 것으로서, 복구 후 토지가액보다 복구공사비가 더 많이 들게 되는 것과 같은 경우에는 특별한 사정이 없는 한 사회통념상 그 원상복구가 불가능하게 되었다고 볼 것이며, 또한 원상복구가 가능한지 여부는 포락 당시를 기준으로 판단하여야 하므로 그 이후의 사정은

특별한 사정이 없는 한 이를 참작할 여지가 없다(대판 2002. 6. 14. 2002두1823).

3) 토지의 정착물

가) 토지의 정착물과 법적 취급

부동산으로서의 '토지의 정착물'은 토지에 고정적으로 부착되어 토지로부터 쉽게 이동할 수 없는 물건이다.

토지의 정착물 중 교량, 담, 도랑, 도로의 포장 등은 토지의 구성부분과 마찬가지로 취급되어 토지소유자에 귀속되며, 이를 종속정착물이라고 한다.

그러나 건물은 토지와 별개의 부동산으로 취급되는 독립정착물이다.

또한 토지의 정착물 중 수목의 집단, 미분리의 과실, 농작물 등의 지상물은 원칙적으로 토지의 구성부분으로서 토지소유자에게 귀속됨이 원칙이나, 예외적으로 입목에 관한 법률에 의하여 등기된 수목인 입목(동법 3조), 명인방법을 갖춘 지상물(地上物)은 토지와 별개로 다루어지는 반독립정착물로서 입목등기명의자나 명인방법을 갖춘 자에게 귀속된다.

나) 건 물

건물은 인공적으로 만들어진 건조물(建造物)로서 부동산등기법은 토지등기부와 별도로 건물등기부를 두고 있으며(동법 14조), 이에 관하여 법률행위로 인한 물권의 득실변경은 등기하여야 효력이 발생한다(186조). 건축 중인 건물이 언제부터 토지와는 별개의 독립한 부동산으로서 취급되는 것인가는 중요하며, 이에 관해서 판례는 사회통념상 독립한 건물이라고 볼 수 있는 평가를 받기 위해서는 최소한의 기둥과 지붕 그리고 주벽(主壁)이라는 형태와 구조를 갖출 것을 요구하고 있다(대판 2002. 4. 26. 2000다16350).

관련판례

건물의 독립성

① 1동의 건물 중 구분된 각 부분이 구조상, 이용상 독립성을 가지고 있는 경우에

그 각 부분을 1개의 구분건물로 하는 것도 가능하고, 그 1동 전체를 1개의 건물로 하는 것도 가능하기 때문에, 이를 구분건물로 할 것인지 여부는 특별한 사정이 없는 한 소유자의 의사에 의하여 결정된다고 할 것이므로, 구분건물이 되기 위하여는 객관적, 물리적인 측면에서 구분건물이 구조상, 이용상의 독립성을 갖추어야 하고, 그 건물을 구분소유권의 객체로 하려는 의사표시 즉 구분행위가 있어야 하는 것으로서, 소유자가 기존 건물에 증축을 한 경우에도 증축 부분이 구조상, 이용상의 독립성을 갖추었다는 사유만으로 당연히 구분소유권이 성립된다고 할 수는 없고, 소유자의 구분행위가 있어야 비로소 구분소유권이 성립된다고 할 것이며, 이 경우에 소유자가 기존 건물에 마쳐진 등기를 이와 같이 증축한 건물의 현황과 맞추어 1동의 건물로서 증축으로 인한 건물표시변경등기를 경료한 때에는 이를 구분건물로 하지 않고 그 전체를 1동의 건물로 하려는 의사였다고 봄이 상당하다(대판 1999. 7. 27. 98다35020).

② 신축 건물이 경락대금 납부 당시 이미 지하 1층부터 지하 3층까지 기둥, 주벽 및 천장 슬라브 공사가 완료된 상태이었을 뿐만 아니라 지하 1층의 일부 점포가 일반에 분양되기까지 하였다면, 비록 토지가 경락될 당시 신축 건물의 지상층 부분이 골조공사만 이루어진 채 벽이나 지붕 등이 설치된 바가 없다 하더라도, 지하층 부분만으로도 구분소유권의 대상이 될 수 있는 구조라는 점에서 신축 건물은 경락 당시 미완성 상태이기는 하지만 독립된 건물로서의 요건을 갖추었다(대판 2003. 5. 30. 2002다21592).

다) 입목과 수목의 집단

입목(立木)이란 토지에 부착된 수목의 집단으로 특히 그 소유자가 입목에 관한 법률(이하 '입목법'이라 약칭함)에 의한 소유권보존등기를 한 수목의 집단을 말한다. 입목은 독립한 부동산으로 그 명의자에게 소유권이 취득되며, 소유권양도 또는 저당권설정시에는 입목등기부에 의하여 공시된다(입목법 2조·3조·12조 이하).

입목에 관하여 인정되는 물권은 소유권과 저당권뿐이며, 입목법은 이들 물권변동에 관하여 특별규정을 두고 있지 않으므로, 민법(186조, 187조)에 의하게 된다.

라) 명인방법과 지상물

'명인방법'(明認方法)은 입목이 아닌 수목의 집단, 미분리의 과실. 농작물 등의 지상물을 토지로부터 분리하지 않은 채로 토지소유권으로부터 분리·독립해서 거래하는데 이용되는 관습법상의 공시방법이다(예컨대 농작물의 경우에 논이나 밭의 주위에 새끼를 둘러치고 소유자 이름을 쓴 말뚝을 세우는 것).

명인방법을 갖추면 그 지상물에 대한 소유권을 취득하고, 독립해서 거래의 객체로 된다(소유권만의 인정). 여기서, 명인방법은 특정성과 계속성을 요한다.

또한 농작물에 대하여 판례는, 명인방법을 갖추지 않은 경우에도 수확기에 이를 정도로 성숙하면 언제나 경작자의 소유에 속한다는 입장을 취하고 있다.

관련판례

입목, 명인방법과 지상물

① 수목의 이중매매에 있어서는 관습법에 의하여 수목소유권의 변동에 관한 공시방법으로 인정되어 있는 명인방법을 먼저 한 사람에게 수목의 소유권이 인정된다(대판 1967. 2. 28. 66다2442).

② 수목이 2중으로 양도된 경우, 먼저 명인방법을 갖춘 자는 후에 양도인으로부터 입목을 양수받은 자가 입목등기를 갖춘 경우에도 명인방법을 갖춘 자가 입목등기명의자보다 우선하여 소유권을 취득한다는 입장을 취하고 있다(대판 1972. 10. 25. 72다1389).

③ 명인방법으로서의 공시는 소유자의 이름을 알 수 있도록 표시하면 충분하고, 그 취득원인 등을 표시할 필요는 없지만 공시가 계속되어야 한다(대판 1989. 10. 13. 89다카9064).

④ 토지의 주위에 울타리를 치고 그 안에 수목을 정원수로 심어 가꾸어 온 사실만으로는 명인방법을 갖추었다고 보기 어렵다(대판 1991. 4. 12. 90다20220).

⑤ 적법한 경작권이 없이 타인의 토지를 경작하였더라도 그 경작한 입도가 성숙하여 독립한 물건으로서 존재를 갖추었으면 입도의 소유권은 경작자에게 귀속한

다는 것이 당원의 확립된 견해(당원 1963. 2. 21. 62다913 판결; 1968. 3. 19. 67다2729 판결; 1969. 2. 18. 68다906 판결 각 참조)이므로 이와 같은 취지에서 위 입도의 소유권이 경작자인 원고에게 있다고 한 원심 판결은 정당하다(대판 1979. 8. 28. 79다784).

⑥ [1] 물권변동에 있어서 형식주의를 채택하고 있는 현행 민법하에서는 소유권을 이전한다는 의사 외에 부동산에 있어서는 등기를, 동산에 있어서는 인도를 필요로 함과 마찬가지로 이 사건 쪽파와 같은 수확되지 아니한 농작물에 있어서는 명인방법을 실시함으로써 그 소유권을 취득한다(대판 1996. 2. 23. 95도2754).

[2] 쪽파의 매수인이 명인방법을 갖추지 않은 경우, 쪽파에 대한 소유권을 취득하였다고 볼 수 없어 그 소유권은 여전히 매도인에게 있고 매도인과 제3자 사이에 일정 기간 후 임의처분의 약정이 있었다면 그 기간 후에 제3자가 쪽파를 손괴하였더라도 재물손괴죄가 성립하지 않는다(대판 1996. 2. 23. 95도2754).

(2) 동 산

민법 제99조 제2항은 '부동산 이외의 물건'을 동산이라고 정의하고 있다. 따라서 관리가능한 자연력(전기, 열기, 향기 등)이나 정착물이 아닌 토지의 부착물(임시로 심은 수목, 판잣집, 공중전화함, 가건물 등)은 동산이다.

이 밖에 선박, 자동차, 항공기, 건설기계 등은 그 본래의 모습은 '토지 및 그 정착물'이 아니므로 동산이나, 그 경제적 가치가 부동산과 유사함으로 비슷하므로 저당권의 대상으로 되는 등 법률상의 취급은 부동산과 마찬가지로 다루어지는 '의제부동산'이다(상법 787조, 건설기계관리법 3조, 자동차 등 특정동산 저당법 3조 등).

또한 금전은 동산이나, 보통의 동산과 달리 개성이 중요시되지 않고 나타내는 금액 자체가 경제적 가치기준이 되고, 금전이 다른 사람의 불법한 점유에 있는 경우이더라도 금전의 소유권은 언제나 점유자에게 있다(250조 단서, 258조 참조). 따라서 금전소유자는 그 자체에 대한 물권적 청구권의 주체가 되지 않고 부당이득 또는 불법행위로 인한 채권적 반환청구권을 행사하여야 한다. 또 금전은 유가증권과 같이 강한 유통성이 요구되는 것으로, 민법상 선의취득의 적용을 받지 않는다(곽윤직·김재형 228면, 송덕수 663면, 양형우 145면).

또 구민법은 무기명채권(예컨대 상품권, 철도승차권, 극장관람권 등 증서의 소지인에게 변제하여야 하는 채권)을 동산으로 다루었으나, 현행 민법은 증권적 채권의 한 모습으로 규정하고 있다(523조).

(3) 부동산과 동산의 구별이유

부동산과 동산은 경제상의 차이가 있는 것이 대부분이나, 이는 절대적인 것이 아니므로 양자를 구별하는 실익은 법률상의 차이가 있다는 데에 있다.

부동산과 동산은 공시방법(부동산은 등기, 동산은 인도 내지 점유), 공신력의 유무{부동산은 등기에는 공신력이 없고, 동산의 점유에는 선의취득에 의한 공신력 인정(249조~251조)}, 물권변동의 효력{부동산은 등기, 동산은 인도(186조, 188조)}, 상린관계의 유무{부동산에는 상린관계가 적용되고, 동산에는 상린관계가 적용되지 않음(215조~244조)}, 취득시효의 기간{부동산의 취득시효기간은 20년 또는 10년이나, 동산의 취득시효기간은 10년 또는 5년(245조, 246조)}, 무주물선점과 가공의 효력{부동산에는 적용되지 않고, 동산에만 적용(252조, 259조)}, 제한물권의 설정{용익물권과 저당권은 부동산에만 설정되고(279조, 291조, 303조, 356조), 질권은 동산에만 설정(229조)}, 환매기간(부동산의 환매기간은 5년이나, 동산의 환매기간은 3년), 재판관할의 특칙 여부{부동산에 관한 소를 제기하는 경우에는 부동산이 있는 곳의 법원에 제기할 수 있는 특칙이 있고(민사소송법 20조), 동산은 이에 관한 특칙이 없음} 등에서 법률상의 차이가 있다.

2. 주물과 종물

(1) 의 의

수개의 물건이 소유자를 같이 하고, 이 중 어느 하나의 물건이 다른 물건의 경제적 효용을 돕고 있는 경우에, 여기서 도움을 주는 물건을 종물이라 하고, 도움을 받는 물건을 주물이라고 한다(100조 1항). 예컨대 토지와 수족관, 배(船)와 노(櫓),

주택과 딴채로 된 광 등의 관계는 주물과 종물의 관계에 있다.

주물과 종물은 서로 독립한 물건이나 종물이 주물의 경제적 가치증대와 그 운명을 같이하는 경우에는, 법률적 운명을 같이 하도록 함으로써 경제적 효용을 높이게 된다. 이러한 입법취지에서 우리 민법은 제100조 제1항에서 종물의 요건을, 제2항에서 종물의 효과를 규정하고 있다.

(2) 종물의 요건

민법 제100조 제1항은 종물의 요건과 관련해서 "물건의 소유자가 그 물건의 상용에 공하기 위하여 자기소유인 다른 물건을 이에 부속하게 한 때에는 그 부속물은 종물이다."고 규정하고 있으며, 이에 따라 종물이 되기 위해서는 다음의 요건을 갖추어야 한다.

1) 종물의 상용에 공하는 것이어야 한다. 여기서 "'상용(常用)'에 '공(供)'한다."는 것은 사회관념상 객관적으로 종물이 계속해서 주물의 경제적 효용에 도움을 주는(이바지하는) 객관적 관계가 있음을 뜻한다(통설).

그러므로 "상용에 공하는 것"은 주물 그 자체의 경제적 효용을 다하게 하는 작용을 하는 것을 말하는 것으로서 주물의 소유자나 이용자의 상용에 이바지 하더라도 주물 그 자체의 효용과는 직접 관계없는 물건은 종물이 아니다(대판 1985. 3. 26. 84다카269). 따라서 주물 자체와 관계없는 주물 소유자의 주관적 상용과 관계있는 가구, 책상 등은 종물이 아니다.

2) 주물에 부속한다고 인정되는 정도의 장소적 관계에 있어야 한다. 즉 종물은 주물과 장소적으로 밀접한 위치에 있어야 한다.

3) 종물은 주물과 독립한 물건이어야 한다. 종물은 주물의 일부이거나 구성부분(예컨대 건물에 부속된 출입문이나 정화조 등)이 아니어야 한다.

주물로부터 독립한 물건이면 종물이 될 수 있고, 동산과 부동산 모두 주물과 종물이 될 수 있다

4) 주물과 종물이 모두 동일소유자에 속하여야 한다. 이는 다른 소유자에게 속하는 물건 사이에 주물과 종물의 관계를 인정하면 주물의 처분으로 종물 소유자의 권리가 침해될 염려가 있기 때문이다. 판례도 "주물과 다른 사람의 소유에 속하는

물건은 종물이 될 수 없다."고 판시하고 있다(대판 2008. 5. 8. 2007다36933).

(3) 종물의 효과

종물은 주물의 처분에 따른다(100조 2항). 따라서 종물(從物)은 원칙적으로 주물(主物)과 법률적 운명을 같이 한다. 여기서 '처분'은 물권적 처분(예컨대 주물의 소유권이 이전되면 그 효력이 종물의 소유권도 이전되는 것)도 미치는 것은 물론이고, 임대차 등의 채권적 처분(주물인 가옥에 임차권이 발생하면 종물인 창고에서 임차권의 효력이 발생하는 것)도 포함된다(통설). 이와 관련해서 민법은 주물 위에 저당권이 설정되면 그 저당권의 효력은 종물에도 미도록 규정하고 있으며(358조), 이에 따른 수반성의 효과는 저당권설정 전후를 불문하고 저당목적물(주물)의 종물에 대하여서도 저당권의 효력이 미친다(통설, 판례).

또한 처분의 수반성에 관한 제100조 제2항은 강행규정이 아니므로, 당사자가 그와 다른 특약을 하는 것은 무방하다(통설).

(4) 종물이론의 확장

처분의 수반성에 관한 종물의 효과는 주된 권리와 종된 권리 상호 간에도 유추적용된다(통설, 판례). 따라서 채권자인 양도인이 채무자에 대한 원본채권을 양수인에게 양도하면 그에 따른 이자채권도 수반하여 양수인에게 이전된다. 이와 관련해서 집합건물의 소유 및 관리에 관 한 법률은 집합건물의 전유부분에 대한 구분소유권이 이전되면 구분소유자가 전유부분을 소유하기 위하여 대지에 대하여 가지는 권리인 대지사용권도 이전되도록 하는 '처분의 수반성'을 규정하고 있다(동법 20조 1항).

관련판례

종물의 효과와 종물이론의 확장

① 건물의 소유를 목적으로 한 토지임차인이 그 토지 위에 소유하는 건물에

저당권을 설정한 경우, 그 저당권이 실행되어 경락인이 건물의 소유권을 취득한 때에는 특별한 사정이 없는 한 위 임차권도 경락인에게 이전된다(대판 1993. 4. 13. 92다24950).

② 저당권은 법률에 특별한 규정이 있거나 설정행위에 다른 약정이 있는 경우를 제외하고 그 저당 부동산에 부합된 물건과 종물 이외에까지 그 효력이 미치는 것이 아니므로, 토지에 대한 경매절차에서 그 지상 건물을 토지의 부합물 내지 종물로 보아 경매법원에서 저당 토지와 함께 경매를 진행하고 경락허가를 하였다고 하여 그 건물의 소유권에 변동이 초래될 수 없다(대판 1997. 9. 26. 97다10314).

③ 집합건물의 소유 및 관리에 관한 법률 제20조 제1항, 제2항과 민법 제358조 본문의 각 규정에 비추어 볼 때, 집합건물의 대지의 분·합필 및 환지절차의 지연, 각 세대당 지분비율 결정의 지연 등으로 인하여 구분건물의 전유부분에 대한 소유권이전등기만 경료되고 대지지분에 대한 소유권이전등기가 경료되기 전에 전유부분만에 관하여 설정된 저당권의 효력은, 대지사용권의 분리처분이 가능하도록 규약으로 정하였다는 등의 특별한 사정이 없는 한, 그 전유부분의 소유자가 나중에 대지지분에 관한 등기를 마침으로써 전유부분과 대지권이 동일 소유자에게 귀속하게 되었다면 당연히 종물 내지 종된 권리인 그 대지사용권에까지 미친다(대판 2001. 9. 4. 2001다22604).

④ 민법 제100조 제2항은 "종물은 주물의 처분에 따른다."라고 규정하고 있는바, 위 종물과 주물의 관계에 관한 법리는 물건 상호 간의 관계뿐 아니라, 권리 상호 간에도 적용되는 것이지만(대판 2006. 10. 26. 2006다29020 등 참조), 어떤 권리를 다른 권리에 대하여 종된 권리라고 할 수 있으려면 종물과 마찬가지로 다른 권리의 경제적 효용에 이바지하는 관계에 있어야 한다(대판 2014. 6. 12. 2012다92159·92166).

3. 원물과 과실

(1) 의 의

과실(果實)은 어떤 물건으로부터 생기는 경제적인 수익을 말하며, 원물(元物)은 과실을 생기게 하는 원래의 물건을 말한다.

우리 민법은 과실의 종류를 천연과실과 법정과실로 나누어 두 가지를 인정하면서 그 귀속을 규정하고 있다(101조, 102조).

(2) 과실의 종류와 귀속

1) 천연과실

가) 의 의

천연과실은 원물인 물건의 용법에 의하여 수취하는 산출물을 말한다(101조 1항). 여기서 '물건의 용법(用法)'은 원물의 경제적 용도를 말하고, '수취(收取)하는 산출물'은 거두어들이는 물건을 말한다. 따라서 각종 과수의 열매, 동물의 새끼, 젖소의 우유 등은 대표적인 천연과실에 속한다.

나) 천연과실의 귀속

천연과실은 그 원물로부터 분리하는 때에 이를 수취할 권리자에게 속한다(102조 1항). 이는 우리 민법이 천연과실의 귀속에 관해서 게르만법의 생산주의("씨를 뿌린 자가 과실을 거두어들인다."는 입법주의)를 따르지 않고 로마법의 분리주의("과실이 원물로부터 분리하는 때에 법이 정한 수취권자가 과실을 거두어들인다."는 입법주의)를 따르는 입법태도에 기인하는 것이다.

여기서 '수취할 권리자'는 원칙적으로 원물에 대해서 사용·수익권이 있는 자를 말한다. 즉 수익(收益)은 물건으로부터 경제적 이익을 얻는 것을 말하므로 물건에 대해서 수익권이 있는 자는 수취권자가 된다. 따라서 천연과실의 수취권자는 원물의 소유자가 가장 대표적이다(211조). 그러나 소유권자가 다른 사람에게 사용·수익권을 인정하는 물권관계나 채권관계를 맺은 경우는 이에 따른 용익권자가 과실수취권을 포함하는 사용·수익권을 행사하고 소유권자는 이를 침해하지 않을 의무를 부담하게 된다. 따라서 위 경우 지상권자(279조), 전세권자(303조), 사용차주(609조),

임차인(618조) 등도 천연과실의 수취권자가 된다.

또한 민법은 점유권을 독립한 물권으로 인정하면서 선의점유자에게 점유물의 과실을 취득할 권리, 즉 과실수취권을 인정하고 있다(201조 1항). 여기서 선의는 과실의 수취권을 포함하는 본권(예컨대 소유권·지상권·전세권·임차권 등)이 있다고 믿는 것을 말하며, 오신(誤信)을 할 만한 근거가 있어야 한다(대판 2000. 3. 10. 99다63350).

또 민법은 담보목적으로 타인 소유물에 대한 처분권능을 일면적으로 지배하는 자인 담보물권자에 대해서도 "과실을 수취하여 다른 채권보다 먼저 그 채권의 변제에 충당할 수 있다."는 일정한 요건 아래 과실수취권을 인정하고 있다. 이에 따라 유치권자(323조), 질권자(343조), 저당권자(359조)도 예외적으로 과실수취권이 인정된다.

민법은 이 밖에 과실수취과 관련된 이해관계를 조절하기 위하여 목적물인도 전의 매도인(587조), 친권자(923조), 유증의 수증자(1079조) 등에게도 과실수취권을 인정하고 있다.

다만 과실수취권의 귀속을 다루는 민법 제102조 제1항은 임의규정이므로, 당사자가 이와 다른 특약을 유효하게 할 수 있다.

2) 법정과실

가) 의 의

법정과실은 물건의 사용대가로 받는 금전 그 밖의 물건을 말한다(101조 2항). 여기서 '물건의 사용대가'는 다른 사람에게 물건을 사용하게 하고, 사용한 후 그 물건 자체 또는 그 물건과 동종, 동질, 동량의 것으로 반환하여야 할 법률관계에 의해 인정되는 것을 말한다. 따라서 건물의 사용대가인 집세 등의 차임, 토지의 사용대가인 지료, 금전의 사용대가인 이자 등은 대표적인 법정과실에 속한다.

그러므로 주식의 배당금·지식재산권의 사용료 같은 권리의 과실이나 물건이 아닌 노동력의 대가인 임금(보수, 급료, 노임)과 같은 것은 과실이 아니다.

나) 법정과실의 귀속

법정과실은 수취할 권리의 존속기간 일수의 비율로 권리자에게 속한다(102조 2

항). 예컨대 임대 중의 굴삭기가 매도된 경우 그 차임의 귀속은 굴삭기의 소유권이 이전된 날을 기준으로 하여 굴삭기의 매도인(전 소유자)과 매수인 사이에 나뉜다.

다만 법정과실수취권의 귀속을 다루는 위 규정(102조 2항)도 임의규정이므로, 당사자가 이와 다르게 한 특약은 유효하다.

또한 건물을 거주하면서 얻게 된 사용이익은 법정과실은 아니나, 과실에 준하여 취급된다(통설). 따라서 선의점유자는 점유로 인하여 얻은 사용이익에 대해서 반환의무를 부담하지 않는다(102조, 201조).

제3장 권리변동 총설

제1절 법률관계와 권리변동

Ⅰ. 법률관계

사람이 살아감에 있어서 겪게 되는 도덕·종교·법률 등의 여러 일상생활관계 중에서 법에 의하여 규율되는 생활관계를 '법률관계'라고 한다. 이 법률관계는 주로 권리·의무의 관계, 특히 권리관계를 그 핵심으로 한다.

Ⅱ. 권리변동

법률관계는 주로 권리·의무의 관계, 특히 권리관계이므로 그 변동을 권리변동이라 한다. 이는 권리의 발생·변경·소멸의 세 가지 경우가 있는데, 권리주체를 표준으로 보면 이를 권리의 취득·변경·상실, 즉 권리의 득실변경(得失變更)이라고 한다.

제2절 권리변동의 모습

Ⅰ. 권리의 취득(발생)

1. 원시취득(절대적 발생)

이는 전 권리자인 타인의 권리에 기초하지 아니한 권리의 취득을 말한다. 즉, 전에 존재하지 않던 새로운 권리가 발생하는 것으로서, 절대적 발생이라고도 한다. 예컨대 민법이 정한 요건을 갖춤으로써 새롭게 소유권을 취득하는 시효취득

(245조), 선의취득(249조), 무주물선점(252조), 유실물습득(253조), 매장물발견(254조) 등과 인격권과 가족권의 취득, 매매에 의한 채권취득, 신축건물의 소유권취득이 이에 해당한다.

2. 승계취득(상대적 발생)

이는 전 권리자인 타인의 권리를 기초로 하는 권리의 취득을 말한다. 이는 전에 존재하던 권리가 권리자에게 발생하는 것으로서, 상대적 발생이라고도 한다. 예컨대 매매, 증여, 교환, 상속 등에 의한 소유권 등의 권리취득이 이에 해당한다. 이는 다시 이전적 승계(취득)와 설정적 승계(취득)의 두 가지로 나누어진다.

(1) 이전적 승계

이는 순수한 승계취득이다. 즉, 권리가 동일성을 유지하면서 그 주체의 변경이 일어나는 것으로서, 이는 또 다시 특정승계와 포괄승계로 나누어진다.

1) 특정승계

이는 하나의 권리취득원인에 의하여 하나의 권리가 취득되는 것을 말한다. 예컨대 매매·증여·교환 등은 이에 해당한다. 특히 판례는 아파트체납관리비에 대한 경락인의 승계 여부와 관련하여 경락인을 '특정승계인'(집합건물의 소유 및 관리에 관한 법률 제18조의 특별승계인)으로 보고 있으므로(대판 2001. 9. 20. 2001다8677 ; 헌재 2013. 5. 30. 2011헌바201), 이에 의하면 경매는 일종의 '특정승계'로서의 성질을 갖는다.

2) 포괄승계

이는 하나의 권리취득의 원인에 의하여 다수의 권리가 일괄해서 취득되는 것을 말한다. 예컨대 상속·포괄유증·회사의 합병·회사의 인수 등은 이에 해당한다.

(2) 설정적 승계

이는 전 권리자인 타인이 자기의 권리를 그대로 보유하면서 그 권리에 기초하여 새로운 권리가 권리자에게 취득되는 것을 말한다. 예컨대 저당권 등의 제한물권의 설정과 전대차·전전세 등은 이에 해당한다.

3. 원시취득과 승계취득의 구별의 실익

원시취득과 승계취득을 구별하는 실익은 뒤의 것은 원래 존재하고 있던 권리를 이어받는 것이므로 전 권리자가 권리에 대하여 부담하고 있던 하자나 제한이 원칙적으로 권리취득자(승계취득자)에게 승계되나, 앞의 것은 새롭게 권리를 취득하는 것이므로 권리취득자(원시취득자)가 원칙적으로 아무런 하자나 제한이 없는 권리를 취득하게 된다.

관련판례

도급계약상 완성된 건물의 소유권에 대한 원시취득

일반적으로 자기의 노력과 재료를 들여 건물을 건축한 사람이 그 건물의 소유권을 원시취득한다. 그러나 도급계약에서는 수급인이 자기의 노력과 재료를 들여 건물을 완성하더라도 도급인과 수급인 사이에 도급인 명의로 건축허가를 받아 소유권보존등기를 하기로 하는 등 완성된 건물의 소유권을 도급인에게 귀속시키기로 합의한 경우로 보일 때에는 그 건물의 소유권은 도급인에게 원시적으로 귀속된다(대판 2003. 12. 18. 98다43601).

시효취득의 성질

시효로 인한 부동산 소유권의 취득은 원시취득으로서 취득시효의 요건을 갖추면 곧 등기청구권을 취득하는 것이고 또 타인의 소유권을 승계취득하는 것이 아니어서 시효취득의 대상이 반드시 타인의 소유물이어야 하거나 그 타인이 특정되어 있어야만 하는 것은 아니므로 성명불상자의 소유물에 대하여 시효취득을 인정할 수 있다(대판 1992. 2. 25. 91다9312).

Ⅱ. 권리의 변경

이는 권리가 그 본질의 동일성을 유지하면서 주체·내용·작용에 변경을 가져오는 것을 말한다.

1. 주체의 변경

이는 권리의 동일성을 유지하면서 권리자(주체)의 변경이 있는 것을 말한다. 이의 모습으로는 권리의 이전적 승계의 객관적 측면·공유물의 분할·공유자의 수효의 증감 등이 있다.

2. 내용의 변경

이는 권리의 동일성을 유지하며 권리의 내용에 변경이 있는 것으로, 이는 다시 수량적 변경과 성질적 변경으로 나누어진다.

(1) 수량적 변경

이는 권리의 수량에 변경을 가져오는 것으로, 양적 변경이라고도 한다. 이의 모습으로는 권리의 목적물의 증감, 채권의 일부변제로 인한 채권액의 감소, 물건의 부합 등 첨부에 의한 양적 증가, 물건의 일부멸실, 제한물권의 설정으로 인한 소유권 내용의 감소 등을 들 수 있다.

(2) 성질적 변경

이는 권리의 성질에 변경을 가져오는 것으로, 질적 변경이라고도 한다. 이의 모습으로는 물건의 인도청구권이 이행불능으로 인해 손해배상채권(금전채권)으로 변경되는 경우, 선택채권이 단순채권으로 변하는 경우, 물상대위, 대물변제 등을 들 수 있다.

3. 작용의 변경

이는 권리의 동일성을 유지하면서 권리의 작용과 관련하여 변경이 있는 것이다.

이의 모습으로는 저당권의 순위변경(순위승진)의 경우와, 등기를 갖춘 부동산 임차권의 대항력(對抗力) 취득의 경우 등을 들 수 있다.

Ⅲ. 권리의 상실(소멸)

이는 권리가 어떤 원인에 의하여 권리주체로부터 이탈되는 것을 말한다.

1. 객관적 상실(절대적 소멸)

이는 기존의 권리 자체도 소멸하는 것을 말한다(예컨대 목적물의 멸실·소멸시효에 의한 권리소멸·변제에 의한 채권의 소멸).

2. 주관적 상실(상대적 소멸)

이는 기존의 권리 자체는 소멸하지 않는 것을 말한다. 이는 이전적 승계를 이전 권리자의 입장에서 본 것이다(예컨대 매매에서 매도인의 입장).

제3절 권리변동의 원인

Ⅰ. 개 관

권리변동을 일어나게 하는 원인이 되는 요건을 법률요건(法律要件)이라고 하고, 법률요건을 구성하는 개개의 사실을 법률사실(法律事實)이라고 한다. 여기서 법률요건에 의하여 발생하는 권리변동이라는 결과를 법률효과(法律效果)라고 한다.

예컨대 매매계약에 있어서 이행기에 나타나는 매도인의 대금지급청구권과 매수인의 목적물인도청구권은 법률효과이며, 매매계약 자체는 법률요건이고, 매매계약을 이루는 당사자의 청약 및 승낙의 의사표시는 법률사실이다.

Ⅱ. 법률사실

1. 의 의

법률요건을 구성하는 개개의 사실을 법률사실이라고 한다. 이는 사람의 정신작용에 기초하느냐의 여부에 따라 크게 용태와 사건으로 나누어지고, 용태는 또 다시 아래에서와 같은 여러 모습으로 나누어진다.

2. 법률사실의 모습과 그 개념

(1) 용태와 사건

법률사실은 사람의 정신작용에 기초하는 것인 '용태'(容態)와 그렇지 않은 것인 '사건'(事件)으로 나누어진다. 사건의 모습으로는 사람의 생사(출생과 사망), 실종, 시간의 경과, 혼동, 물건의 자연적인 발생과 소멸(멸실), 부당이득(不當利得), 사람의 행위에 의하지 않고서 생기는 과실의 분리, 물건의 파괴 등을 들 수 있다. 법률사실의 중심은 용태이다.

(2) 외부적 용태와 내부적 용태

용태는 다시 정신작용이 외부에 표현되는 '외부적 용태'(행위)와 외부에 나타나지 않는 '내부적 용태'(일명, 심리상태 : 의식)로 나누어지고, 내부적 용태는 다시 일정한 사실을 아느냐 모르느냐의 심리상태인 '관념적 용태'와 어떤 사람이 일정한 의사를 가지느냐의 심리상태인 '의사적 용태'로 나누어진다.

예컨대 소유의 의사(197조, 252조)·제3자의 변제시 채무자의 의사(469조)·사무관리에 있어서의 본인의 의사(734조) 등은 의사적 용태의 모습이다. 또 선의·악의(107조 2항, 108조 2항, 109조 2항, 110조 3항), 정당한 대리인이라는 신뢰(126조) 등은 관념적 용태에 해당한다.

(3) 적법행위와 위법행위

용태의 중심을 이루는 외부적 용태(일명, 행위)는 법률질서에 부합하는 행위인

'적법행위'와 법률질서에 어긋나는 행위인 '위법행위'로 나누어진다. 위법행위에는 채무불이행(390조)과 불법행위(750조)가 있다.

(4) 의사표시와 준법률행위

행위의 중심을 이루는 적법행위는 행위자가 의욕한 대로 일정한 법률효과를 발생시키는 행위인 '의사표시'와 행위자의 의욕(의도)한 바와는 관계없이 법률이 정한 법률효과를 발생시키는 '준법률행위'(일명, 법률적 행위)로 나누어지며, 적법행위의 중심은 의사표시이다.

계약의 청약·승낙, 시효이익의 포기, 기한이익의 포기 등은 의사표시의 한 모습이다. 또한 연착된 승낙과 변경을 가한 승낙은 '관념의 통지'이나 '새로운 청약'으로서의 전환이 인정되므로(530조, 534조), 청약이라는 의사표시로 볼 수도 있다. 그러나 변제(460조)는 의사표시를 요소로 하지 않으므로, 법률행위가 아닌 사실행위이다.

(5) 표현행위와 비표현행위

준법률행위(準法律行爲)는 행위자가 일정한 의식내용을 표현하였을 때 그 일정한 법률효과가 발생하는 행위인 '표현행위'와 표현을 요하지 않는 외부적 행위를 본위로 일정한 법률효과를 발생시키는 '사실행위'(비표현행위)로 나누어진다.

(6) 표현행위와 의사의 통지와 관념의 통지

표현행위는 행위자가 타인에게 자기 의사를 통지하는 행위인 '의사의 통지'와 어떤 객관적 사실에 관한 과거 또는 현재의 관념을 알리는 '관념의 통지'(일명, 사실의 통지) 및 용서를 표현하는 '감정의 표시'가 있다.

여기서 의사의 통지의 모습으로는 각종의 최고(15조, 88조, 131조)·각종의 거절(16조, 132조)·변제수령의 통지·청약의 유인·대위변제에 있어서 채권자의 승낙 등을 들 수 있다.

또한 관념의 통지의 모습으로는 의사의 통지 이외에 통지·승낙·보고·승인 등으로 일컬어지는 그 밖의 통지와 유사한 행위로서 사원총회소집의 통지(71조), 대리권을 수여한 뜻의 통지(125조), 채무의 승인(168조, 450조), 채권양도의 통지나 승낙(450조), 공탁의 통지(488조), 승낙연착의 통지(528조), 사무처리상황의 보고(683조, 738조) 등을 들 수 있다.

(7) 순수사실행위와 혼합사실행위

이 밖에 사실행위에는 외부적 결과 발생만으로 일정한 법률효과가 나타나는 행위인 '순수사실행위'와 외부적 결과 발생뿐만 아니라 행위자의 어떤 의식과정의 수반을 요구하는 행위인 '혼합사실행위'가 있다.

여기서 순수사실행위의 모습으로는 주소의 설정(18조 1항), 매장물의 발견(254조), 가공(259조) 등을 들 수 있다.

또한 혼합사실행위의 모습으로는 무주물선점(252조), 사무관리(734조), 부부의 동거(826조) 등을 들 수 있다.

이 밖에 점유의 취득과 유실물습득(253조)에 대하여서는 이를 순수사실행위와 혼합사실행위 중 어느 것으로 볼 것인가가 문제된다. 그러나 통설은 점유의 본질에 대하여 물건에 대한 사실상의 지배 이외에 그에 대한 점유자의 소지의사가 있어야 하는 것으로 이해하고 있으며, 이에 따르면 점유의 취득, 유실물습득은 혼합사실행위로 보는 것이 타당하다.

〈법률사실의 분류에 관한 도표〉

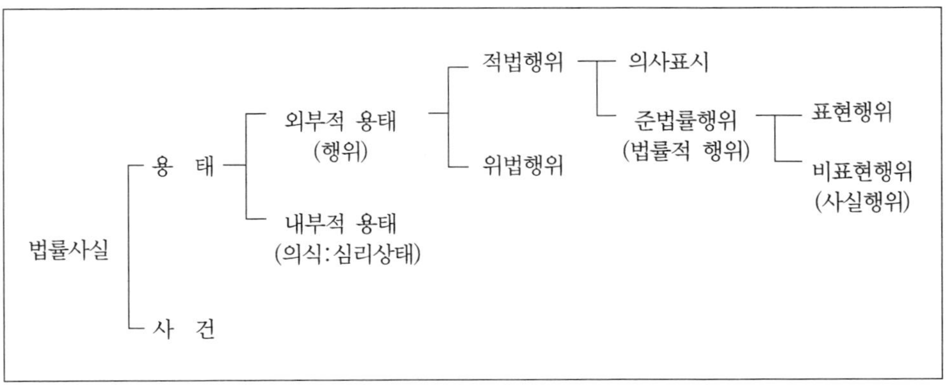

Ⅲ. 법률요건

1. 의 의

일정한 법률효과를 발생시키는 법률사실을 통틀어 '법률요건'이라 한다.

2. 법률요건의 모습

이의 가장 중요한 것은 계약 등의 법률행위이나, 이 밖에 준법률행위·불법행위·부당이득·사무관리도 법률요건이 된다.

3. 법률요건과 법률사실의 관계

법률요건을 일반적으로 두 개 이상의 법률사실이 모여서 이루어지게 되나, 하나의 법률사실이 법률요건이 되는 경우도 있다(예컨대 동의·추인 등의 단독행위). 하나의 동의·추인 등의 단독행위에서는 행위자 한 사람의 일방적 의사표시라는 하나의 법률사실이 법률행위(단독행위)로서 법률요건이 된다.

헌재결정

경매로 인한 소유권 취득의 성질과 승계취득

경매로 인한 소유권취득은 승계취득이므로, '경매로 취득한 자'도 이 사건 법률조항의 '특별승계인'에 포함된다. 그리고 집합건물법 제27조는 관리단과 거래한 제3자를 보호하기 위하여 관리단의 재산으로 채무를 모두 변제할 수 없을 경우에 보충적, 이차적으로 구분소유자의 지분비율에 따른 책임을 인정하고, 특별승계로 구분소유자가 변경된 경우에도 특별승계인에게 책임의 추급을 가능하도록 한 조항인 반면, 이 사건 법률조항은 집합건물 공용부분의 효율적 관리를 도모하기 위하여 각 구분소유자의 관리단에 대한 채무인 공용부분에 대한 관리비 채무를 공유관계가 승계된 특별승계인에게 추급할 수 있도록 한 조항이다. 그렇다면 집합건물법 제27조는 이 사건 법률조항과 그 적용 영역이 다르고 입법 취지도 달라서, 집합건물법 제27조로 인하여 이 사건 법률조항의 의미가 모호해진다고 할 수 없으므로 이 사건 법률조항은 명확성원칙에 위반되지 아니한다(헌재 2013. 5. 30. 2011헌바201).

사례 연구

체납한 아파트관리비가 경락인에게 승계되는지 여부 【대판 2001. 9. 20. 2001다8677】

〈사건의 개요〉

원고 甲은 1998. 12. 11. 피고 乙(K 아파트 입주자대표회의)이 관리하는 이 사건 아파트 A를 경락받아 1998. 12. 30. 경락대금을 완납하였다. 그런데, A의 전 소유자인 丙(정○○)이 같은 해 1월부터 12월까지의 관리비와 이에 대한 연체료로 합계 금 270만원 남짓을 체납한 사실이 있자 피고는 K 아파트 관리규약 제6조(관리규약은 입주자의 지위를 승계한 자에 대하여도 그 효력이 있다) 및 동 규약 제13조 제1항(관리주체는 관리비·사용료 및 특별수선충당금에 대한 채권은 입주자의 지위를 승계한 자에 대하여도 행사할 수 있다) 등의 사실에 근거하여 甲에게 체납관리비를 독촉하였다. 이에 대하여 甲은 채무부존재확인청구의 소를 제기하였고, 이에 대하여 피고 乙은 위 독촉의 근거로 주장한 사실에 의하여 원고 甲이 체납된 관리비를 당연히 승계하는 것이라고 항변하였다.

이러한 당사자의 주장에 대하여 원심법원이 乙의 항변을 배척하자, 乙은 이에 상고하였다

〈원심판결의 요지〉

원고가 1998. 12. 11. 피고 관리의 이 사건 아파트를 경락받아 같은 달 30일 그 대금을 납부하였는데, 이 사건 아파트의 전 소유자인 소외 정인석이 같은 해 1월부터 12월까지의 관리비(이 사건에서는 공동주택관리령 제3조 제1항 제3호 소정의 '관리비'에 사용료, 공과금 등의 개념이 모두 포함된, 각 입주자에게 현실적으로 부과되는

관리비 명목의 모든 비용을 의미하는 것으로 사용한다)와 이에 대한 연체료로 합계금 2,693,170원을 체납한 사실(다툼이 없는 사실), 공동주택관리령 제9조 제1항은 "공동주택의 입주자 등은 공동주택의 관리 또는 사용에 관한 공동주택관리규약을 정하여야 한다.", 제9조 제3항 제3호는 "관리규약의 내용에는 입주자 등의 권리 및 의무, 관리비, 사용료 및 특별수선충당금의 세대별 부담액 산정방법, 징수, 보관, 예치 및 그 사용절차와 이를 납부하지 아니한 자에 대한 조치가 포함되어야 한다.", 제9조 제4항은 "관리규약은 입주자의 지위를 승계한 자에 대하여도 그 효력이 있다."고 각각 규정하고 있는데, 위와 같은 공동주택관리령의 규정에 따라 제정된 이 사건 아파트의 공동주택관리규약은 제6조에서 "관리규약은 입주자의 지위를 승계한 자에 대하여도 그 효력이 있다."고 하는 한편, 제13조 제1항에서는 "관리주체는 관리비, 사용료 및 특별수선충당금에 대한 채권은 입주자의 지위를 승계한 자에 대하여도 행사할 수 있다."고 규정하고 있는 사실을 인정한 다음, 다음과 같은 근거에 기하여 원고는 전 입주자의 체납관리비를 승계하지 아니한다고 판단하였다.

가. 이 사건 관리규약의 해석에 관하여 체납관리비를 승계되는 것으로 하지 않으면 이에 대한 처리가 불가능한 것이라고 할 수도 없을 뿐만 아니라 승계인으로 하여금 전 입주자의 관리비 체납사실을 미리 알 수 있도록 하는 아무런 제도적 장치도 없고 승계되는 체납관리비의 액수의 한도도 없는 상황에서, 승계인의 의사 여하 또는 그 선의·악의를 불문하고 전 입주자의 체납관리비를 승계하도록 하여 승계인에게 불측의 재산상 손해를 입게 할 수 있는 이 사건 관리규약 제13조 제1항의 규정은, 관리비의 원활한 징수를 통한 공동주택의 효율적 관리 및 대다수 입주자들의 이익 보호라는 목적을 이루기 위한 수단으로서의 적정성을 갖추지 못하였을 뿐만 아니라 피해의 최소성원칙에도 어긋나 헌법상 기본권 제한의 한계로서의 비례의 원칙을 일탈하여 승계인의 재산권의 본질적 내용을 침해하는 것이다.

또한, 위 규약 제6조 및 제13조 제1항이 전 입주자의 사용·수익과 관련하여 발생한 체납관리비까지도 새로운 입주자의 의사에 반하여 입주자 전체의 집단 의사로 승계시킬 수 있다고 해석되는 것이라면, 이는 당사자의 승낙

없이 타인의 채무를 강제로 인수시키는 결과가 되는 반면, 일정 목적물의 점유 또는 소유에 의하여 공동체가 구성되고 특정 구성원이 그 소유 목적물의 사용·수익으로 인한 채무를 불이행함으로써 그 공동체 구성원 전체에게 귀속되어야 할 손해에 대하여 그 특정 구성원의 채무와 관계없이 단순히 그 목적물만을 취득한 자에게 그 특정 구성원의 채무를 부담시키는 것이 공공의 이익을 실현하는 것이라고 볼 수도 없으므로, 위 규정은 사적 자치의 원칙에 반하거나 사회적 타당성을 잃은 것이라 할 것이다.

결국, 위 관리규약은 헌법상 요구되는 비례의 원칙에 위반하여 승계인의 재산권을 과도하게 침해할 뿐만 아니라 사적 자치의 원칙에 반하거나 사회적 타당성을 잃은 것이기 때문에, 민법 제103조 소정의 선량한 풍속 기타 사회질서에 위반되어 그 효력이 없다.

나. 공동주택관리령의 해석에 관하여 공동주택관리령 제9조 제4항 및 이 사건 관리규약 제6조와 같은 규정은 공동주택의 입주자들이 공동생활의 질서유지와 주거생활의 향상을 위하여 공동주택의 관리, 사용 등의 사항에 관하여 관리규약으로 정한 내용은 그것이 승계 이전에 제정된 것이라고 하더라도 승계인에 대하여 효력이 있다는 뜻으로서 관리비와 관련하여서는 승계인도 입주자로서 관리규약에 따른 관리비를 납부하여야 한다는 의미로 해석될 뿐, 동 규정에 의하여 승계인이 전 입주자의 체납관리비까지도 승계하여 부담하는 것으로 해석되지는 않는다고 할 것이며, 그렇지 아니하고 위 공동주택관리령의 규정에 의하여 승계인에게 전 입주자의 체납관리비 채무가 승계되는 것으로 해석된다고 한다면, 위 규정은 앞에서 본 바와 마찬가지의 이유로 기본권 제한의 한계로서의 비례의 원칙을 일탈하여 승계인의 재산권을 과도하게 침해함으로써 재산권의 본질적 내용을 침해하는 위헌적인 규정이라고 아니할 수 없다.

다. 집합건물의 소유 및 관리에 관한 법률(이하 '집합건물법'이라고 약칭함) 제18조의 해석에 관하여 집합건물법 제18조가 "공유자가 공용부분에 관하여 다른 공유자에 대하여 가지는 채권은 그 특별승계인에 대하여도 행사할 수 있다."고 규정하고 있기는 하나, 피고의 체납관리비 채권은 이 사건 아파트의 전 소유주의 전유부분의 사용에 따른 대가관계에서 발생한 것으로서 '공용부분에 관하여 가지는 채권'이 아닐 뿐만 아니라, 피고는 자치적 관리기구일 뿐 이 사건 아파트의 공용부분에 대하여 지분을 가진 공유자로 볼 수도 없으므로, 집합건물법 제18조의 규정에 의해 원고가 전 소유자의 관리비 채무를 승계한다고 할 수도 없다.

라. 승계의사 존재 여부 원고가 이 사건 아파트의 관리비가 연체되었음을 알고 경매를 통하여 낮은 가격에 이 사건 아파트를 취득하였다고 하여도, 관리비 연체사실을 알고 있었다는 사실만으로 그 납부의무를 승계할 의사가 있었다고 볼 수 없다.

〈대법원판결의 요지〉

[다수의견] 아파트의 관리규약에서 체납관리비 채권 전체에 대하여 입주자의 지위를 승계한 자에 대하여도 행사할 수 있도록 규정하고 있다 하더라도, '관리규약이 구분소유자 이외의 자의 권리를 해하지 못한다.'고 규정하고 있는 집합건물의 소유 및 관리에 관한 법률(이하 '집합건물법'이라 한다) 제28조 제3항에 비추어 볼 때, 관리규약으로 전 입주자의 체납관리비를 양수인에게 승계시키도록 하는 것은 입주자 이외의 자들과 사이의 권리·의무에 관련된 사항으로서 입주자들의 자치규범인 관리규약 제정의 한계를 벗어나는 것이고, 개인의 기본권을 침해하는 사항은 법률로 특별히 정하지 않는 한 사적 자치의 원칙에 반한다는 점 등을 고려하면, 특별승계인이 그 관리규약을 명시적, 묵시적으로 승인하지 않는 이상 그 효력이 없다고 할 것이며, 집합건물법 제42조 제1항 및 공동주택관리령 제9조 제4항의 각 규정은 공동주택의 입주자들이 공동주택의 관리·사용 등의 사항에 관하여 관리규약으로 정한 내용은 그것이 승계 이전에 제정된 것이라고 하더라도 승계인에 대하여 효력이 있다는 뜻으로서, 관리비와 관련하여서는 승계인도 입주자로서 관리규약에 따른 관리비를 납부하여야 한다는 의미일 뿐, 그 규정으로 인하여 승계인이 전 입주자의 체납관리비까지 승계하게 되는 것으로 해석할 수는 없다. 다만, 집합건물의 공용부분은 전체 공유자의 이익에 공여하는 것이어서 공동으로 유지·관리해야 하고 그에 대한 적정한 유지·관리를 도모하기 위하여는 소요되는 경비에 대한 공유자 간의 채권은 이를 특히 보장할 필요가 있어 공유자의 특별승계

인에게 그 승계의사의 유무에 관계없이 청구할 수 있도록 집합건물법 제18조에서 특별규정을 두고 있는바, 위 관리규약 중 공용부분 관리비에 관한 부분은 위 규정에 터잡은 것으로서 유효하다고 할 것이므로, 아파트의 특별승계인은 전 입주자의 체납관리비 중 공용부분에 관하여는 이를 승계하여야 한다고 봄이 타당하다.

〈대법원의 판단 : 다수의견의 판결이유〉

가. 이 사건 관리규약 및 공동주택관리령의 해석에 관하여 이 사건 관리규약 제13조 제1항은, 체납관리비 채권 전체에 대하여 입주자의 지위를 승계한 자에 대하여도 행사할 수 있도록 규정되어 있기는 하지만, 관리규약이 구분소유자 이외의 자의 권리를 해하지 못한다고 규정하고 있는 집합건물법 제28조 제3항에 비추어, 관리규약으로 전 소유자의 체납관리비를 양수인에게 승계시키도록 하는 것은 입주자 이외의 자들과 사이의 권리, 의무에 관련된 사항으로서 입주자들의 자치규범인 관리규약 제정의 한계를 벗어나는 것인 점, 개인의 기본권을 침해하는 사항은 법률로 특별히 정하지 않는 한 사적 자치의 원칙에 반한다는 점 등에 비추어, 특별승계인이 그 관리규약을 명시적, 묵시적으로 승인하지 않는 이상 그 효력이 없다고 할 것이며, 위 관리규약 제6조와 공동주택관리령 제9조 제4항 및 별개의견이 지적하고 있는 집합건물법 제42조 제1항의 각 규정은 공동주택의 입주자들이 공동주택의 관리, 사용 등의 사항에 관하여 관리규약으로 정한 내용은 그것이 승계 이전에 제정된 것이라고 하더라도 승계인에 대하여 효력이 있다는 뜻으로서, 관리비와 관련하여서는 승계인도 입주자로서 관리규약에 따른 관리비를 납부하여야 한다는 의미일 뿐, 그 규정으로 인하여 승계인이 전 입주자의 체납관리비까지 승계하게 되는 것으로 해석할 수는 없다 할 것이다.

같은 취지의 이 부분 원심의 판단은 정당하고 거기에 상고이유로서 주장하는 취지와 같은 법리오해 등의 위법이 있다고 할 수 없다(다만, 뒤에서 보는 바와 같이 집합건물법 제18조를 해석하면 그 취지에 따라 위 관리규약 제13조 제1항이 제정된 것으로 볼 수 있게 되어 위 규약 중 공용부분 관리비에 관한 부분은 유효하게 되므로 그 범위 내에서 원심의 이 판단 부분은 위법하게 된다).

나. 집합건물법 제18조의 해석에 관하여 구민법(1958. 2. 22. 법률 제471호로 제정된 현행 민법에 의하여 폐지된 법률) 제254조는 "공유자의 1인이 공유물에 관하여 다른 공유자에 대하여 가지고 있는 채권은 그 특정승계인에 대하여도 주장할 수 있다."고 규정되어 있었으나 현행 민법에서 이 부분이 삭제되었다가, 그 후 집합건물법이 제정되면서 다시 삭제되었던 위 구민법의 규정과 같은 집합건물법 제18조를 두게 된 것인바, 집합건물의 공용부분은 전체 공유자의 이익에 공여하는 것이어서 공동으로 유지·관리해야 하고 그에 대한 적정한 유지·관리를 도모하기 위하여는 소요되는 경비에 대한 공유자 간의 채권은 이를 특히 보장할 필요가 있어 공유자의 특별승계인에게 그 승계의사의 유무에 관계없이 청구할 수 있도록 특별규정을 둔 것으로서, 이는 구분소유권을 타인에게 매각하는 등의 행위를 통해 공용부분에 대한 책임을 회피하는 것을 방지하면서도 다른 한편, 공용부분에 대한 비용과 관계없는 전 소유자의 전유부분에 대한 체납관리비에 대해서까지 이를 제3자에게 승계시키는 것은 특별승계인에게 지나친 손해를 입게 하는 것이 되므로 그 조화를 꾀하고, 집합건물의 특별승계가 이루어질 경우 체납관리비에 대한 공시제도가 마련되지 않아 특별승계인에게 발생할 수 있는 불이익도 고려하여 승계되는 채무의 범위를 공용부분 관리비에 한정하려는 규정으로 보아야 할 것이다.

그리고 비록 피고와 같은 관리단은 집합건물법 제18조가 규정한 공유자는 아니라고 할지라도, 원래 각 공유자는 민법의 공유관계 규정에 따라 공용부분을 관리하여야 하고 자기 지분을 넘는 비용을 지출한 공유자는 그렇지 아니한 다른 공유자에 대하여 이를 청구할 수 있는데(민법 제266조 참조), 집합건물의 구분소유자의 단체인 피고와 같은 관리단 등이 행사하는 공용부분에 대한 관리비 징수권은 위와 같은 각 공유자의 청구권에 기초하여 부여된 것이라고 할 것이므로, 피고는 집합건물법 제18조 소정의 채권을 행사할 수 있는 공유자에 준한 지위를 가진다고 보아도 무방할 것이다.

또, 목적의 정당성과 필요성에 비추어 공용부분 관리비에 대하여 특별승계인에게 법률로 이를 승계시키는 것이 비례의 원칙을 일탈하여 재산권의 본질적 내용을 침해한 것이라고 볼 수 없다.

한편 위와 같이 해석하면, 경매 목적물의 법적 부담으로 인해 경락인이 불측의 손해를 입게 될 우려가 있다고 하나, 이러한 문제는 공용부분 관리비에 국한되는 것이 아니고 경매 목적물에 하자가 있는 때에도 일어날 수 있는 문제로서 이는 경매제도상 불가피한 현상이고, 경락인이 구분소유 건물을 경락받을 때 전 소유자의 관리비 체납 여부에 대하여 조사하는 것도 불가능하다고 할 수는 없으며 그 밖에 이 사건 아파트관리비를 공용부분과 전유부분에 관한 것으로 구분하는 것 또한 불가능하다고는 보이지 않는다.

그렇다면 이 사건 관리규약 제13조 제1항 중 공용부분 관리비에 관한 부분은 집합건물법 제18조에 터잡은 것으로서 유효하다고 할 것이므로, 이 사건 아파트의 특별승계인인 원고는 전 입주자의 체납관리비 중 공용부분에 관하여는 이를 승계하여야 한다고 봄이 타당하다.

따라서 원심으로서는 이 사건 체납관리비 중 어느 항목이 공용부분에 관한 것인지 더 심리하여 그에 해당하는 관리비는 원고에게 승계된다고 판단하여야 할 것임에도 불구하고, 이에 이르지 아니한 원심판결에는 아파트 전 소유자의 체납관리비에 대한 특별승계인의 책임에 관한 법리를 오해한 결과 이 점에 대한 심리를 다하지 아니한 위법이 있다고 할 것이므로, 이를 지적하는 취지의 상고이유의 주장은 이유 있다.

다. 주택건설촉진법 제3조 제4호, 제38조 제1항, 공동주택관리령 제3조 제1항, 제10조 제6항, 제11조 등 관련 법령의 규정과 이 사건 관리규약 등을 종합하면, 피고도 이 사건 관리비의 부과, 징수 주체에 해당한다고 할 것이므로(앞에서 본 바와 같이 피고는 원심에 이르기까지, 피고가 이 사건 아파트의 관리주체인 점에 대하여는 다투지 아니하였다), 이 점에 관한 상고이유의 주장은 받아들이지 않는다.

그러므로 원심판결을 파기하고, 사건을 다시 심리·판단하게 하기 위하여 이를 원심법원에 환송하기로 하여 주문과 같이 판결하는바, 이 판결에는 대법관 서성, 대법관 유지담, 대법관 이용우의 별개의견이 있고, 대법관 조무제의 반대의견이 있는 이외에는 관여 대법관들의 의견이 일치되었다.

[별개의견] 아파트 관리규약은 자치법규로서 집합건물법 제42조 제1항 및

공동주택관리령 제9조 제4항에 따라 구분소유자는 물론 그 특별승계인에게도 효력이 미치는바, 집합건물은 다수의 사람이 공동으로 소유·사용하는 건물이므로, 헌법이나 다른 법령의 규정에 어긋나지 아니하는 한, 규약을 통하여 구분소유자나 그 특별승계인의 권리에 일정한 제한을 가하는 것이 허용된다. 규약으로 '구분소유자 이외의 자'의 권리를 해하지 못하도록 한 집합건물법 제28조 제3항의 규정에서 말하는 '구분소유자'에는 규약 제정 당시의 구분소유자뿐만 아니라 규약이 제정된 뒤 구분소유자가 된 사람도 포함되므로, 규약으로 구분소유자의 특별승계인의 권리를 제한하는 것이 위 규정에 어긋나는 것이 아니다. 집합건물법 제18조는 특별승계인으로 하여금 전유부분에 관한 관리비를 승계하도록 할 수 없다는 근거규정이 될 수 없으며, 다수의견과 같이 전 입주자의 체납 관리비 중 공유부분에 관한 것만 특별승계인에게 승계된다고 보는 경우, 공유부분과 전유부분에 관한 관리비의 명확한 구분이 어려워 또 다른 분쟁을 일으킬 수 있고, 전 소유자로부터 전유부분에 관한 체납 관리비의 징수가 사실상 불가능하여 그 부담이 관리비의 상승 등을 통하여 당해 전유부분과 아무런 관련이 없는 다른 구분소유자들에게 전가된다는 현실적인 문제도 발생하므로, 아파트의 전 입주자가 체납한 관리비는 공유부분과 전유부분을 구분하지 아니하고 전부 그 특별승계인에게 승계된다고 할 것이다.

제4장 법률행위

제1절 법률행위일반

Ⅰ. 서 설

1. 법률행위의 의의

‘법률행위’(法律行爲)의 개념에 관하여 민법은 별도의 명문규정을 두고 있지 않으며, 이는 일정한 법률효과의 발생을 목적으로 하는 한 개 또는 수 개의 의사표시를 불가결의 구성요소로 하는 사법상의 법률요건으로 정의할 수 있다. 그러나 통설은 법률행위의 개념을 “일정한 법률효과의 발생을 목적으로 하는 단일 또는 수개의 의사표시를 없어서는 안 되는 꼭 필요한 구성요소로 하는 법률요건”으로 이해하고 있다(곽윤직·김재형 246면, 권용우 378면, 김준호 216면, 김형배·김규완·김명숙 64면, 양형우 160면).

다만 이러한 통설에 대하여는, 법률행위적 행정행위와 구별하고 의사표시의 내용에 따라 법률효과가 발생한다는 점을 추가하여, “법률행위는 의사표시를 불가결의 요소로 하고 의사표시의 내용대로 법률효과가 발생하는 것을 법질서가 승인한 사법상의 법률요건”으로 정의하는 것이 타당하다는 견해가 제기되고 있다(송덕수 102면). 위 견해는 법률행위를 의사표시를 불가결의 요소로 하는 법률요건으로 이해하는 점에서 통설과 같은 입장을 취하고 있으나, 행정행위와의 구별을 명확히 하기 위하여 사법상의 법률요건임을 강조한다는 점에서 타당하다.

법률행위는 법률요건 가운데 가장 중요한 것으로, 매매·증여·교환·임대차 등의 계약과 유언, 법인설립행위는 이의 대표적인 모습이다.

2. 법률행위의 성질

(1) 추상적 행위개념

법률행위는 의사표시를 요소로 하는 개개의 구체적 행위 유형(예컨대 매매·증여·교환·채권양도·유언·유언 등)을 통일적으로 설명하고자 의도에서 마련된 추상적인 행위개념이다.

(2) 사적 자치의 수단

법률행위는 행위자인 표의자(表意者)가 원한 대로 일정한 법률효과를 발생시키므로, 법률행위자유의 원칙에 의하여 사적 자치를 실천하는 수단이 된다.

(3) 법률사실인 의사표시와의 구별

법률행위는 의사표시를 불가결의 요소로 하나, 법률행위는 당사자·목적에 기초한 의사표시 이외의 요건(예컨대 혼인의 신고, 법인설립행위에서의 주무관청의 허가 등)도 같이 갖추어져서 이루어지는 경우도 있는 법률요건이다. 따라서 의사표시는 법률사실로서 법률요건인 법률행위와 구별되므로, 양자는 같은 개념이 아니다.

(4) 준법률행위와의 구별

법률행위는 의사표시를 요소로 하여 행위자가 의욕한 바에 따라 그 효과를 가져오나, 준법률행위(법률적 행위)는 법률이 규정한 바에 따라 법률효과가 나타난다. 따라서 양자는 같은 개념이 아니다.

(5) 호의행위와의 구별

법률행위는 호의관계에 의하여 법적 구속을 받을 의사 없이 행하는 호의행위와는 구별된다.

Ⅱ. 법률행위의 요건

1. 의 의

(1) 의 의

법률행위가 행위자의 의욕(뜻)한 바대로 효력을 발생하기 위해서는 먼저 법률행위로서의 성립요건을 갖추어 성립하여야 한다. 또 성립한 법률행위는 효력발생을 위한 효력요건을 갖추어야 하며, 이를 유효요건 또는 효력발생요건이라고도 한다.

여기서 법률행위의 성립요건을 갖추지 못했을 때의 법적 취급을 '법률행위의 불성립(부존재)'이라 하고, 일단 성립한 법률행위가 효력요건을 갖추지 못했을 때의 법적 취급으로 '무효·취소'가 다루어진다.

(2) 입증책임

법률행위가 성립하면 당사자는 원칙적으로 그에 따른 법률효과의 지배를 받게 된다. 따라서 법률행위의 성립요건에 대한 입증책임은 법률행위가 유효하다고 그 효력을 주장하는 자가, 이(성립요건)에 대한 입증을 부담한다.

그러나 효력요건에 대한 입증책임은 법률행위의 무효 또는 취소를 주장하는 자가 이(효력요건)를 갖추지 못하였음에 대한 입증책임을 부담한다.

2. 성립요건

(1) 일반성립요건

이는 모든 법률행위에 공통적으로 요구되는 성립요건으로, 다음의 세 가지가 있어야 한다.

1) 당 사 자

여기서 당사자는 법률행위를 하는 '행위자'를 뜻한다. 따라서 단독행위의 당사자는 한 사람이어도 되므로, 당사자가 반드시 수인(2인 이상)이어야 하는 것은 아니다. 또 혼인과 같이 당사자가 반드시 특정 남녀이어야 하는 경우가 아니면, 당사자의 성별은 원칙적으로 문제되지 않는다.

2) 목 적

법률행위의 목적은 당사자가 법률행위를 통하여 얻고자 하는 권리·의무를 주된 것으로 하는 법률효과, 즉 법률행위의 내용을 말한다.

3) 의사표시

법률행위가 성립하려면 위의 당사자와 목적이 갖추어졌다 하더라도 당사자가 일정한 법률효과를 의욕하는 마음 속에 품은 바를 외부에 나타내는 행위, 즉 의사표시가 있어야 비로소 법률행위로서 성립하게 된다. 따라서 의사표시 없는 법률행위는 존재할 수 없으며, 이는 법률행위 성립을 위한 절대적 요소이다.

다만 단독행위가 아닌 계약과 합동행위와 같은 수인의 의사표시의 합치, 즉 합의에 의하여 성립하는 법률행위에서는 청약, 승낙 등의 의사표시가 존재하는 것만으로서 법률행위가 성립하지 않고, 반드시 합의가 있어야 성립하게 된다.

(2) 특별성립요건

이는 위에서 살펴본 일반성립요건 이외에 특별한 법률행위의 성립에 있어서 추가적으로 요구되는 성립요건이다.

1) 요식행위(要式行爲)에 있어서의 일정한 방식

요식행위 중 일정한 방식을 갖추어야만 성립하는 법률행위는 그 방식이 갖추어져야 비로소 법률행위로 성립한다. 이러한 방식의 모습으로는 혼인·입양 등의 신분행위에서의 신고(812조), 유언에 있어서의 자필증서, 녹음, 공정증서, 비밀증서와 구수증서의 등의 방식(1060조, 1065조) 등을 들 수 있다.

2) 요물계약(要物契約)에 있어서의 일정한 행위

요물계약은 당사자의 합의 이외에 일정한 행위가 있어야 성립하는 계약이므로, 요물계약은 일정한 행위가 보태어졌을 때에 비로소 법률행위로 성립한다. 이러한 행위의 모습으로는 현상광고(懸賞廣告)에 있어서 광고에 정한 행위(675조)를 들 수 있다.

3. 효력요건

(1) 일반효력요건

이는 모든 법률행위에 공통적으로 요구되는 효력요건으로, 다음의 세 가지를 각각 갖추어야 한다.

1) 당사자는 능력자일 것

여기서의 능력은 권리능력·의사능력·행위능력을 모두 포함한다. 따라서 당사자에게 권리능력이나 의사능력이 없으면 그 법률행위는 무효가 되고, 행위능력이 없으면 취소의 원인이 된다(5조 2항, 10조, 13조).

여기서 권리능력이 없는 자의 의사표시는 의사표시로서의 존재가 인정되지 않기 때문에 권리능력은 성립요건의 문제로 이해하는 견해가 있다(김상용 341면, 김형배·김규완·김명숙 72면, 백태승 332면, 송덕수 125면, 양형우 161면). 위 문제에 대해서 외국인에게 절대권으로 권리취득과 권리능력이 제한되는 선박에 대한 소유권을 취득하기 위해서 외국인이 매매계약서를 작성하고 매매를 하는 경우, 위 법률관계를 어떻게 이해할 것인가를 그 예(例)를 들어 검토해본다. 위 경우 매매계약서의 작성으로 매매계약의 체결은 있게 되므로 법률행위는 성립하였다고 이해하여야 할 것이다. 그런데 위 경우 외국인은 그 권리취득이 제한되므로 그 매매는 무효로 된다. 따라서 권리능력은 성립요건이 아닌 효력요건으로 이해하는 것이 타당하다.

2) 법률행위의 목적은 확정, 실현가능, 적법, 공정, 사회적 타당성이 있을 것

법률행위의 목적과 관련한 위 요건을 갖추지 못한 경우는 모두 무효로 된다. 즉 법률행위의 목적이 확정할 수 없거나, 처음부터 그 실현이 불가능(원시적 불능)하거나, 강행법규에 위반하거나, 선량한 풍속 그 밖의 사회질서에 위반한 경우 중 어느 한 가지라도 있으면 그 법률행위는 무효로 된다.

3) 의사표시에서 의사와 표시는 하자(흠) 없이 진실하게 일치하고, 그 의사표시가 상대방에게 도달할 것

의사표시가 불일치한 흠결이 있거나 사기나 강박과 같은 외부의 부당한 간섭이 개입되어 이루지면 무효(진의 아닌 의사표시의 예외, 통정허위표시) 또는 취소(착오, 사기,

강박에 의한 의사표시)의 원인이 된다(107조~110조).

또한 우리 민법은 상대방 있는 의사표시는 도달한 때에 효력이 발생되도록 하는 도달주의의 원칙을 취하고 있으므로(111조), 법률행위의 효력이 발생되기 위해서는 위 의사표시는 상대방에게 도달하여야 한다.

(2) 특별효력요건

이는 일반효력요건 이외에 특별한 법률행위의 효력발생에 있어서 추가적으로 요구되는 효력요건이다. 이의 대표적인 모습으로는 다음의 것을 들 수 있다.

① 대리행위의 경우, 대리권이 존재할 것(114조)

② 조건부법률행위의 경우, 조건이 성취할 것(147조 1항)

③ 기한(시기)부법률행위의 경우, 기한이 도래할 것(152조 1항)

④ 유언의 경우, 유언자가 사망할 것(1073조)

⑤ 유증의 경우, 수증자가 생존할 것(1089조)

⑥ 특별법에 의한 특별효력요건을 갖출 것

민법전 이외에 실질적 민법에 해당하는 특별법에서 요구하는 효력요건이 있으면 특별효력요건으로서 이를 추가적으로 갖추어야 법률행위는 유효하게 된다. 이러한 예(例)로는 사립학교의 기본재산처분을 위한 감독청의 허가(사립학교법 28조), 토지거래허가 구역 안의 관할청의 허가(부동산거래 신고 등에 관한 법률 11조) 등을 들 수 있다.

관련판례

사립학교의 기본재산처분을 위한 감독청의 허가

구 사립학교법(1997. 1. 13. 법률 제5274호로 개정되기 전의 것, 이하 같다) 제28조 제1항에서 학교법인이 "의무의 부담이나 권리의 포기를 하고자 할 때에는 관할청의 허가를 받아야 한다."고 규정하고 있는 것은 학교법인 재산의 원활한 관리와 유지, 보호를 기함으로써 사립학교의 건전한 발달을 도모하자는 데 그 목적이 있다 할 것이므로 위 법조에서 말하는 의무부담에 해당하는가 여부는 그 목적과 대조하여 구체적으로 결정되어야 하고, 학교법인의 행위에 의하여 발생하는 모든 의무가 일률적으로 이에 해당한다고 단정할 수는 없다(대판 1998. 12. 8. 98다44642).

토지거래허가 구역 안의 관할청의 허가

구 국토이용관리법상의 규제구역 내의 '토지 등의 거래계약'허가에 관한 관계규정의 내용과 그 입법취지에 비추어 볼 때 토지의 소유권 등 권리를 이전 또는 설정하는 내용의 거래계약은 관할 관청의 허가를 받아야만 그 효력이 발생하고 허가를 받기 전에는 물권적 효력은 물론 채권적 효력도 발생하지 아니하여 무효라고 보아야 할 것이다(대판 1991. 12. 24. 90다12243).

Ⅲ. 법률행위의 종류

1. 단독행위·계약·합동행위

이는 법률행위의 핵심적 구성요소인 의사표시의 수와 모습에 따른 구별로 법률행위의 종류 중 가장 기본적인 것이다.

(1) 단독행위

이는 행위자 1인의 일방적 의사표시에 의하여 성립하는 법률행위로, 일명 일방행위(일방적 행위)라고도 한다.

단독행위는 민법이나 그 밖의 법률에 규정이 있는 경우에 한하여 허용되는 법정주의(法定主義)가 적용된다.

또한 법이 단독행위로 규정하는 경우이더라도 계약의 형태로 할 수도 있다. 예컨대 면제, 해제에 대해 민법은 단독행위로 규정하고 있으나(506조, 543조), 당사자가 쌍방의 의사표시의 합치로 법률효과를 가져오기로 하는 면제계약, 해제계약으로 하는 경우도 유효하다(통설).

단독행위는 다시 다음의 두 가지 모습으로 나누어진다.

1) 상대방 있는 단독행위

이는 행위자의 의사표시가 상대방에게 도달하여야 효력이 발생되는 단독행위를 말한다. 동의·취소·철회·추인·해제·해지 등 보통의 단독행위는 이에 속한다.

2) 상대방 없는 단독행위

이는 효력발생에 있어서 의사표시가 상대방에게 도달함을 요하지 않는 단독행위를 말한다. 유언·유증·소유권의 포기·점유권의 포기·재단법인 설립행위·상속의 포기 등은 이에 속한다.

(2) 계 약

이는 행위자 2인 이상의 서로 대립하는 의사표시의 합치에 의하여 성립하는 법률행위를 말한다. 좁은 의미의 계약은 채권계약만을 말하나(527조 이하), 광의의 계약에는 이 밖에 물권계약·준물권계약·가족법상의 계약(신분계약)을 포함한다.

(3) 합동행위

이는 같은 목적(방향)을 가진 행위자 2인 이상의 의사표시의 합치에 의하여 성립하는 법률행위를 말한다. 사단법인 설립행위가 이에 해당한다.

다만 이에 대하여 소수설은 합동행위의 개념을 인정하지 않고, 위의 경우를 단체법적 효과의 발생을 목적으로 하는 특수한 계약으로 이해하고 있다(곽윤직·김재형 255면, 김형배·김규완·김명숙 75면, 이영준 181면). 그러나 계약으로부터 합동행위를 구별함으로써 계약의 개념을 보다 명확히 할 수 있게 되므로, 양자를 구별하는 것이 타당하다.

2. 요식행위·불요식행위

이는 법률행위의 요소인 의사표시의 방법에 의한 분류이다.

(1) 요식행위

이는 법률행위의 요소인 의사표시에 일정한 방식을 요하는 법률행위이다. 따라서 요식행위는 일정한 방식이 갖추어졌을 때 그 법률행위를 성립시키거나 효력을 발생시키게 된다. 따라서 요식행위의 경우, 법이 정한 방식을 갖추지 않으면 법률행위로서 성립하지 않거나 무효가 된다.

요식행위의 대표적인 모습은 다음과 같다.

1) 당사자에게 신중하게 행위를 하도록 하기 위한 요식행위

이의 예로는 혼인, 입양, 인지 등의 신분행위와 신고

2) 명확한 법률관계를 위한 요식행위

이의 예로는 법인설립행위와 설립등기, 유언과 녹음 또는 공정증서 등의 방식을 들 수 있다.

3) 민활한 거래가 이루어지도록 하기 위한 요식행위

이의 예로는 어음·수표행위와 배서·교부를 들 수 있다.

(2) 불요식행위(不要式行爲)

이는 일정한 방식을 요하지 않는 법률행위이다. 법률행위는 원칙적으로 불요식행위이다.

3. 생전행위·사후행위

이는 법률효과의 발생시기에 따른 구별이다.

(1) 생전행위

이는 사후행위 이외의 모든 행위를 말하며, 보통의 행위는 생전행위이다.

(2) 사후행위

이는 행위자의 사망에 의하여 효력이 발생하는 행위를 말한다. 유증을 포함한 유언(1060조)과 사인증여(562조)는 대표적인 사후행위이다. 이를 일명 사인행위(死因行爲)라고도 한다.

4. 재산행위·가족법상의 행위

(1) 재산행위

이는 재산관계의 변동을 목적으로 하는 행위로, 다음의 세 가지로 나누어진다.

1) 채권행위

이는 채권발생을 목적으로 하는 법률행위(예컨대 매매·임대차 등의 채권계약)로, 이행의 문제를 남긴다는 특징이 있다.

2) 물권행위

이는 물권변동을 목적으로 하는 법률행위(예컨대 소유권의 이전·제한물권의 설정)로, 이행의 문제를 남기지 않는다.

3) 준물권행위

이는 물권 이외의 재산권의 변동을 목적으로 하는 행위(예컨대 채권양도·지식재산권의 양도·사채의 양도·채무의 면제)로, 이행의 문제를 남기지 않는다.

(2) 가족법상의 행위

이는 혼인·입양·유언 등 신분관계의 변동을 목적으로 하는 행위이다. 이를 일명 신분행위라고도 한다. 가족법상의 행위는 재산행위와 달리 원칙적으로 신고 등의 요식행위가 중요시되고, 대리가 적용되지 않다는 특성을 띤다.

5. 독립행위·보조행위

(1) 독립행위(獨立行爲)

이는 직접·실질적으로 법률관계의 변동을 가져오는 행위로, 보조행위 이외의 보통의 행위를 말한다.

(2) 보조행위(補助行爲)

이는 다른 법률행위의 효력을 보충 또는 확정해주는 행위를 말한다. 동의, 추인, 대리권수여행위는 대표적인 보조행위이다.

6. 주된 행위·종된 행위

(1) 의 의

다른 법률행위의 존재를 전제로 하여 성립하는 행위가 종(從)된 행위이고 이의 전제가 되는 행위가 주(主)된 행위이다.

(2) 모 습

채권행위(금전소비대차계약)와 담보설정계약(저당권설정계약 또는 보증계약), 매매와 계약금계약, 임대차와 보증금계약, 고용(근로)계약과 신원보증계약, 혼인과 부부재산계약 등은 대표적인 주된 행위와 종된 행위이다.

(3) 성 질

이는 종된 행위는 주된 행위의 효력에 좌우되므로, 이에는 일반적으로 부종성(법률적 운명을 같이 하는 성질)이 있다.

7. 출연행위·비출연행위

(1) 출연행위(出捐行爲)

이는 자기 재산의 감소로 타인 재산의 증가를 가져오는 것, 즉 출연을 그 내용으로 하는 행위로 다시 다음의 모습으로 나누어진다.

1) 유상행위와 무상행위

가) 유상행위

이는 당사자 사이에 대가적인 재산의 출연을 목적으로 하는 행위를 말한다. 매매, 교환, 임대차, 고용, 도급 등은 이에 해당한다.

나) 무상행위

이는 당사자 사이에 대가적 재산의 출연을 목적으로 하지 않는 행위를 말한다. 증여와 사용대차는 대표적인 무상행위이며, 무상위임·무상임치·무이자소비대차도 이에 해당한다.

2) 유인행위와 무인행위

가) 유인행위

이는 출연의 원인이 있어야 효력이 생기는 행위로 보통의 유상행위는 유인행위이다.

나) 무인행위

이는 원인이 무효 등으로 존재하지 않아도 독자적으로 효력이 생기는 행위를 말한다. 어음행위·수표행위는 대표적인 무인행위이다.

(2) 비출연행위

이는 출연을 목적으로 하지 않는 행위를 말한다. 소유권의 포기, 대리권수여행위는 대표적인 비출연행위이다.

8. 신탁행위(信託行爲)와 비신탁행위(非信託行爲)

(1) 신탁행위

이는 좁은 의미로는 신탁법(2011년 7월 25일 법률 제10924호로 전면개정)에 의한 것을 말하나, 광의로는 민법해석학에서 인정되는 것을 포함한다.

여기서 민법의 해석상 '신탁행위'라 함은 당사자가 어떤 경제적 목적(채권의 담보 또는 채권의 추심 등)을 달성하기 위하여 일방이 타방에게 목적달성에 필요한 정도를 넘는 권리를 이전하면서, 타방이 그 권리를 본래의 경제적 목적의 범위를 넘어서 행사하여서는 아니 될 의무를 부담케 하는 행위를 말한다. 동산양도담보, 추심(推尋)을 위한 채권양도는 대표적인 신탁행위이다.

(2) 비신탁행위

이는 신탁을 목적으로 하지 않는 보통의 행위를 말한다.

9. 처분행위·관리행위

(1) 처분행위

이는 직접 재산권의 변동(권리의 발생·변경·소멸)을 목적으로 하는 행위이다. 물권행위와 준물권행위는 처분을 목적으로 하는 처분행위이다. 여기서 처분행위가 유효하기 위해서는 처분자에게 처분권한이 있어야 한다(통설).

(2) 관리행위

이는 처분행위에 대응하는 개념으로 보존행위와 이용·개량행위를 말한다(25조, 118조 참조).

제2절 법률행위의 목적

Ⅰ. 개 관

법률행위가 성립하기 위해서는 당사자가 당해 법률행위를 통해서 얻고자 하는 목적이 존재하여야 하고, 여기서 목적은 매매의 경우 매도인이 대금지급을 받는 것, 매수인이 재산권을 이전받는 것과 같이 권리 또는 의무를 중심 내용으로 하는 법률효과라고 할 수 있다.

또한 성립한 법률행위가 유효하게 효력을 발생되기 위해서는, 위 목적(내용)이 적법, 확정, 실현가능, 적법, 공정, 사회적 타당성이라는 요건을 모두 갖추어야 한다. 따라서 법률행위의 목적과 관련한 위 요건 중 어느 하나라도 갖추지 못한 법률행위는 모두 무효가 된다. 즉 법률행위의 목적이 확정할 수 없거나, 처음부터 그 실현이 불가능(원시적 불능)이거나, 강행법규에 위반하거나, 선량한 풍속 그 밖의 사회질서에 위반한 경우 중 어느 한 가지라도 있으면 그 법률행위는 무효가 된다.

다음에서는 법률행위의 목적이 그 효력요건 각각을 갖추어 유효로 되는 것과 갖추지 못해 무효가 되는 것에 대해서 설명한다.

Ⅱ. 목적의 확정

법률행위의 목적은 행위자가 법률행위에 의하여 발생시키려고 하는 법률효과이므로, 법률행위는 그 내용이 확정할 수 없으면 효력을 발생시킬 수 없다. 그러므로 법률행위의 목적은 행위시에 확정되어 있거나, 또는 장차 이행기에 가서 확정할 수 있어야 하며, 목적이 불확정한 법률행위는 무효가 된다.

여기서 확정성은 반드시 행위시에 갖추어지지 않아도 되며, 이행기에 가서 갖추어져도 무방하다. 그러므로 매매의 경우, 목적물과 대금은 반드시 그 계약 체결 당시에 구체적으로 확정하여야 하는 것은 아니고 이를 사후에라도 구체적으로 확정할 수 있는 방법과 기준이 정하여져 있으면 족하다(대판 1996. 4. 26. 94다34432). 따라서 "K 국가시험에 합격하면 A와 B 둘 중 하나를 주겠다."는 증여계약과 같은 경우도 유효하다(380조 참조). 그러나 매수인이 "무엇인가 사겠다."고 하거나, 증여자가 "내 물건 중 비싸지 않은 것을 주겠다."는 것과 같은 경우는 목적이 불확정한 법률행위로서 무효가 된다.

여기서 법률행위의 목적을 확정하는 것은 법률행위해석의 방법과 기준에 의하게 된다.

관련판례

법률행위 목적의 확정성

매매계약은 당사자 일방이 재산권을 상대방에게 이전할 것을 약정하고 상대방이 그 대금을 지급할 것을 약정하는 계약으로 매도인이 재산권을 이전하는 것과 매수인이 그 대가로서 금원을 지급하는 것에 관하여 쌍방 당사자의 합의가 이루어짐으로써 성립하는 것이므로, 특별한 사정이 없는 한 부실기업 인수를 위한 주식매매계약의 체결시 '주식 및 경영권 양도 가계약서'와 '주식매매계약서'에 인수회사의 대표이사가 각 서명날인한 행위는 주식 매수의 의사표시(청약)이고, 부실기업의 대표이사가 이들에 각 서명날인한 행위는 주식 매도의 의사표시(승낙)로서 두 개의 의사표시가 합치됨으로써 그 주식 매매계약은 성립하고, 이 경우 매매목적물과 대금은 반드시 그 계약 체결 당시에 구체적으로 확정하여야 하는 것은 아니고 이를 사후에라도 구체적으로 확정할 수 있는 방법과 기준이 정하여져 있으면 족하다(대판 1996. 4. 26. 94다34432).

Ⅲ. 목적의 가능

1. 의 의

법률행위의 목적은 실현가능한 것이어야 유효하며, 실현불가능인 법률행위는 무효가 된다.

2. 실현가능·불능의 표준

실현가능·불능(不能)의 표준은 사회관념에 의하여 결정된다. 여기서 사회관념은 사회 일반인의 공통된 관념으로서 사회통념, 또는 거래관념·경험칙이라고도 한다. 따라서 물리적으로는 가능하더라도 사회관념상으로 불능이면, 이는 불능으로 다루어진다. 예컨대 '동해바다에 빠뜨린 금반지를 건지는 계약'은 물리적으로 가능한 경우이더라도 사회 일반의 통념으로는 불능이므로, 위 계약은 무효로 된다.

또한 불능은 확정적인 것이어야 하므로 일시적인 불능은 불능이 아니다.

실현이 불가능한 사실에 대하여 효력발생에 대한 제한을 붙인 정지조건부 법률행위는 조건은 물론이고 법률행위 전체가 무효로 다루어지게 된다(151조 3항).

3. 불능의 모습(분류)

(1) 원시적 불능과 후발적 불능

1) 원시적 불능

이는 행위시부터 이미 목적이 불능인 경우(예컨대 건물에 대한 매매계약의 체결 전에 그 건물이 불타 없어진 경우)로 당연히 무효가 된다.

이 경우에는 계약체결상의 과실문제(535조)가 발생한다. 즉 체결된 계약 내용의 전부 또는 일부가 원시적·객관적으로 불능인 경우에 당사자 일방이 그의 책임 있는 사유(고의 또는 과실)로 상대방에게 손해를 가한 때에, 그 당사자의 귀책사유로서의 고의 또는 과실을 '계약체결상의 과실'이라고 하고, 여기서 계약체결상의 과실 있는 당사자 일방이 선의·무과실의 상대방이 입은 손해(신뢰이익)에 대하여 책임('계약체결상의 과실책임')을 지게 된다.

2) 후발적 불능

이는 행위시에는 이행이 가능하였으나 이행기 이전에 목적이 불능으로 된 경우로 그 행위 자체는 무효가 아니고 유효하며, 다만 이행불능과 위험부담이 문제된다.

즉 불능이 된 데 따른 책임부담과 관련하여 채무자의 귀책사유에 의한 경우의 이행불능의 문제가 발생한다(390조). 즉 채무자의 책임 있는 사유에 의한 후발적 불능, 즉 이행불능이 된 때에는 최고 없이 해제권이 발생한다(546조).

또한 채무자의 귀책사유에 의하지 않은 경우에는 위험부담의 문제(537조)가 발생한다. 즉 민법은 제537조에서 "쌍무계약의 당사자 일방의 채무가 당사자 쌍방의 책임 없는 사유로 이행할 수 없게 된 때에는, 채무자는 상대방의 이행을 청구하지 못한다."고 규정하여 채무자가 위험을 부담하는 채무자주의를 규정하고 있다. 이에 따라 후발적 불능이 당사자 쌍방의 책임 없는 사유로 생긴 경우에 반대급부(反對給付)를 청구할 권리는 당연히 소멸하고, 만일 이미 상대방으로부터 반대급부를 수령한 때에는 반환해야 한다. 예컨대 매매계약 체결 후 홍수, 산사태, 낙뢰 등에 의하여 당사자 쌍방의 과실 없이 목적물이 멸실되어 후발적 불능이 되면, 매도인

(채무자)은 그 인도채무를 변하고, 이에 대응하는 매수인(채권자)의 대금지급채무도 소멸한다. 따라서 이 경우 목적물인도의 채무자인 매도인은 자기의 과실 없이 목적물을 잃고 매매대금도 못 받게 되므로 후발적 불능에 따른 위험을 자신이 지게 되어 제537조의 위험부담의 규정은 '채무자주의'의 원칙을 밝히고 있다.

(2) 전부불능과 일부불능

1) 전부불능

이는 법률행위 목적(내용)의 전부가 불능인 경우로, 이 경우 원시적 불능인 법률행위는 무효가 된다. 또 이 경우 위에서 본 계약체결상의 과실이 문제된다(535조).

2) 일부불능

가) 일부무효의 원칙

이는 법률행위 목적(내용)의 일부만이 불능인 경우로, 원시적 일부불능이면 제137조에 따른 '일부무효의 법리'가 적용된다. 즉 원칙적으로 법률행위의 전부무효를 초래하나, 그 무효부분이 없더라도 당사자가 법률행위를 하였으리라고 인정될 경우에는 예외적으로 나머지 부분은 무효가 되지 아니한다(유효하다). 또 계약 내용의 일부가 일부불능(일부의 이행불능)인 경우에는 이행이 가능한 나머지 부분만의 이행으로 계약의 목적을 달성할 수 없을 경우에만 계약 전부의 해제가 가능하다(통설, 판례).

나) 일부불능과 위험부담

일부불능이 당사자 쌍방의 책임 없는 사유로 후발적 불능으로 발생하는 경우에도 위에서 본 위험부담이 문제된다. 즉 그 일부불능이 급부 전체의 가치를 잃게 하는 성질의 것이라면 반대급부청구권은 전부 소멸하고, 그렇지 않은 것이라면 불능으로 된 부분에 상응하여 그만큼 감축된다고 보아야 한다(137조 참조).

다만, 임대차의 경우에는 일부불능을 이유로 하여 당연히 반대급부를 감축케 한다는 데 대한 예외가 인정된다. 즉 임대차의 목적물의 일부가 임차인의 책임 없는 사유로 인하여 멸실한 때에는 임차인은 그 멸실한 부분의 비율에 따라 차임의 감액을 청구할 수 있을 뿐이고(627조 1항), 차임이 당연히 감축되는 것은 아니다.

다) 담보책임문제

수량부족, 일부멸실로 인한 일부불능의 경우 매도인의 담보책임이 문제가 발생할 수가 있다(572조·574조). 여기서 수량을 지정한 매매의 목적물이 부족되는 경우와 매매목적물의 일부가 계약 당시에 이미 멸실된 경우로 인한 일부불능에서 매수인이 그 부족 또는 멸실을 알지 못한 때에는 매수인은 제572조에 따른 담보책임을 물을 수 있게 된다. 즉 매수인은 그 부분의 비율로 대금의 감액을 청구할 수 있고, 위 경우에 잔존한 부분만이면 매수인이 이를 매수하지 아니하였을 때에는 계약전부를 해제할 수 있으며, 선의의 매수인은 감액청구 또는 계약해제 외에 손해배상도 청구할 수 있다(574조에 의한 572조의 준용).

(3) 법률적 불능과 사실적 불능

1) 법률적 불능

이는 불능의 이유가 법률에 의하여 금지되거나 장애사유가 있어서 법률상 허용되지 않는 것을 말한다{예컨대 동산을 대상으로 한 저당권설정계약(356조 참조), 부동산을 대상으로 한 질권설정계약(329조 참조), 부동산 2중매매가 유효로 된 경우에 있어서 제1매수인의 지위}.

2) 사실적 불능

이는 자연적·물리적 이유에 의한 불능을 말한다(예컨대 목적물의 멸실).

다만 법률적 불능과 사실적 불능은 어느 경우이든 법률효과가 발생하지 않으므로, 양자는 구별의 실익이 없다.

(4) 객관적 불능과 주관적 불능

1) 객관적 불능

이는 매매 목적물이 이미 멸실된 경우와 같이 누구에게 있어서나 불능인 경우를 말한다. 일반적으로 불능은 객관적 불능을 말한다.

2) 주관적 불능

이는 매매 목적물이 존재하나 타인의 소유에 속하고, 매도인이 이를 취득하여 매수인에게 이전할 수 없는 경우와 같이, 당해 채무자만이 법률행위의 목적을 실현할 수 없는 경우를 말한다.

이 경우에는 타인의 권리의 매매에 대한 담보책임의 문제가 생긴다(570조). 즉 매매의 목적이 된 권리가 타인에게 속한 경우에, 매도인이 그 권리를 취득하여 매수인에게 이전할 수 없는 때에는 매수인은 계약을 해제할 수 있다. 그러나 매수인이 계약당시 그 권리가 매도인에게 속하지 아니함을 안 때에는 손해배상을 청구하지 못한다(569조, 570조).

Ⅳ. 목적의 적법

1. 의 의

법률행위의 목적은 강행법규에 위반하지 않는 것, 즉 적법한 것이어야 유효하며, 강행법규에 위반한 행위는 부적법·위법한 것으로 무효가 된다.

2. 강행법규와 임의법규

(1) 양자의 개념

강행법규(강행규정)는 선량한 풍속 그 밖의 사회질서에 관계있는 규정으로 당사자의 의사에 의하여 그 적용을 배제할 수 없는 것을 말한다. 이에 비하여, 임의법규(임의규정)는 선량한 풍속 그 밖의 사회질서에 관계없는 규정으로 당사자의 의사에 의하여 그 적용을 배제할 수 있는 것을 말한다(105조 참조).

법령에서 '당사자의 특별한 의사표시가 없으면'(468조) 또는 '다른 의사표시가 없으면'(473조)이라고 규정하고 있는 경우에는 그 규정이 임의법규이나 이와 같은 규정이 없는 경우에는 각 규정의 종류, 보호하고자 하는 법익, 성질과 입법의 목적 등을 종합적으로 판단하여 강행법규 여부를 판단하여야 한다.

(2) 강행법규의 예

통설, 판례가 강행법규로 드는 대표적인 것들로는 다음을 들 수 있으며, 보통의 규정은 임의법규에 속한다. 계약해제권 행사(543조), 과실의 귀속(102조), 종물의 효과(100조), 위험부담(537조, 538조), 동시이행의 항변권(536조) 등에 관한 규정은 임의규정이다.

1) 사회의 기본적 윤리관을 반영하는 규정(예컨대 103조, 가족법에 관한 규정)
2) 가족관계의 질서유지에 관한 규정(예컨대 가족법에 관한 규정)
3) 법률질서의 기본구조에 관한 규정(예컨대 자연인의 권리능력과 행위능력, 법인제도에 관한 규정)
4) 제3자나 사회일반의 이해에 직접 영향을 주는 규정(예컨대 185조 등 물권편에 관한 규정)
5) 거래안전을 위한 규정(예컨대 유가증권에 관한 규정)
6) 경제적 약자 보호를 위한 정책적 규정(예컨대 주택임대차보호법의 규정)
7) 시효에 관한 규정

3. 강행법규의 종류

강행법규는 당사자 쌍방에 적용되는 것이 원칙이나, 예외적으로 일방 당사자에게 불리한 경우에만 그 법률행위를 무효로 하는 것이 있으며 이를 편면적 강행규정이라고 한다(주택임대차보호법 10조, 상가건물임대차보호법 15조, 집합건물의 소유 및 관리에 관한 법률 9조 2항 참조). 이 밖에 강행법규는 다음에서 보는 바와 같이 효력규정과 단속규정으로 나누어지며, 법률행위의 목적이 앞 것에 위반한 것만이 무효가 된다.

(1) 단속규정

이는 행정상의 단속(질서유지)을 목적으로 하는 강행법규로, 이에 위반한 행위는 위반에 따른 행정상의 제재를 받는 것은 별개로 하고 사법상의 행위 자체는 유효하다. 특히 광업권의 명의를 타인에게 대여하는 계약은 무효이나, 명의를 무단으로 빌린 자가 그 후 채굴한 광물을 제3자에게 매각한 행위는 유효하다(다수설).

특히 판례는 국민주택의 전매를 금지하는 주택건설촉진법의 규정(38조의3 : 대판

1992. 2. 25. 91다44544), 중간생략등기를 금지하는 부동산등기특별조치법의 규정(2조 : 대판 1993. 1. 26. 92다39112), 투자일임매매약정을 금지하는 증권거래법의 규정(107조 : 대판 1996. 8. 23. 94다38199), 비실명금융거래를 금지하는 금융실명거래 및 비밀보장에 관한 법률의 규정(3조 1항 : 대판 2001. 12. 28. 2001다17565), 상호신용금고에 대해서 비업무용부동산의 취득을 금지하는 구 상호신용금고법의 규정(18조의2, 2호 : 대판 2008. 12. 24. 2006다53672), 신용협동조합이 비조합원에게 대출을 금지하는 구 신용협동조합법의 규정(39조 1항 1호 (나)목, 40조 1항 : 대판 2008. 12. 24. 2008다61172), 개업공인중개사가 중개의뢰인과 직접 거래를 하는 행위를 금지하는 공인중개사법(33조 6호의 규정(대판 2017. 2. 3. 2016다259677) 등을 단속규정으로 이해하고 있다.

(2) 효력규정

이는 단속규정 이외의 강행법규로 이에 위반한 행위는 무효가 된다. 특히 명의대여계약은 효력규정에 위반하는 것으로 무효이다. 따라서 건설업자가 건설업 면허 없는 사람에게 건설업 면허를 대여하기로 하는 계약은 무효이다.

판례도 광업권이나 어업권의 대차를 금지하는 규정(광업법 4조, 11조 및 수산업위법 33조)에 반한 계약의 효력을 효력규정에 위반하는 것으로 무효로 다루고 있다(대판 1962. 2. 22. 4294민상168; 동 1964. 5. 24. 63다778).

(3) 단속규정에 위반하나 사법상 유효한 행위의 예

1) 각종의 무허가행위(예컨대 무허가 음식물판매행위, 무허가 숙박행위)
2) 각종의 무면허행위(예컨대 무면허 의료행위)
3) 각종의 초과행위
4) 공무원의 영리행위

4. 강행법규위반의 모습

(1) 직접적 위반

이는 강행법규를 직접 위반하는 경우로 그 행위는 당연히 무효이다.

(2) 간접적 위반(탈법행위)

이는 강행법규에 직접 위반하지 않으나 회피수단에 의하여 실질적으로 위반하는 경우로 탈법행위(脫法行爲)는 원칙적으로 무효이다(예컨대 연금을 담보로 제공할 수 없음을 회피하기 위하여 하는 연금추심위임계약). 그러나 탈법행위에 대한 사회·경제적 요구가 종래 법규가 추구하는 목적보다 큰 경우에는 예외적으로 유효가 된다(예컨대 양도담보). 판례는, 자동차의 실질상 소유자가 자동차를 운수회사에 지입하는 지입계약은 소유자와 회사 사이에 자동차의 관리·운행에 관한 채권·채무관계를 약정하는 것에 지나지 않는 것이라면 이는 계약으로서의 효력이 있으며, 운수업의 허가당국을 기망한 탈법행위로서 무효의 계약이라 할 수 없다는 입장을 취하고 있다.

관련판례

강행법규 중 효력규정 위반행위의 효력

① 부동산중개업법상의 중개수수료규정은 동법을 위반하는 부동산중개수수료 약정에 대하여 동법 소정의 한도액을 초과하는 부분에 대한 사법상의 효력을 제한함으로써 국민생활의 편의를 증진하고자 함에 그 목적이 있는 것이므로 이른바, 강행법규에 속하는 것으로서 그 한도액을 초과하는 부분은 무효이다(대판 2002. 9. 4. 2000다54406·54413).

② 계약체결의 요건을 규정하고 있는 강행법규에 위반한 계약은 무효이므로 그 경우에 계약상대방이 선의·무과실이더라도 민법 제107조의 비진의표시의 법리 또는 표현대리 법리가 적용될 여지는 없다. 따라서 도시 및 주거환경정비법에 의한 주택재건축조합의 대표자가 그 법에 정한 강행규정에 위반하여 적법한 총회의 결의 없이 계약을 체결한 경우에는 상대방이 그러한 법적 제한이 있다는 사실을 몰랐다거나 총회결의가 유효하기 위한 정족수 또는 유효한 총회결의가 있었는지에 관하여 잘못 알았더라도 계약이 무효임에는 변함이 없다. 또한 총회결의의 정족수에 관하여 강행규정에서 직접 규정하고

있지 않지만 강행규정이 유추적용되어 과반수보다 가중된 정족수에 의한 결의가 필요하다고 인정되는 경우에도 그 결의 없이 체결된 계약에 대하여 비진의표시 또는 표현대리의 법리가 유추적용될 수 없는 것은 마찬가지이다(대판 2016. 5. 12. 2013다49381).

단속법규위반과 사법상 유효성 여부

① 주택건설촉진법상 국민주택에 관하여는 분양한 때로부터 일정한 기간 동안 전매행위가 금지되어 있기는 하나 이는 매수인이 국민주택사업주체인 분양자에게 전매사실로써 대항할 수 없다는 것이지 전매당사자 사이의 전매계약의 사법상 효력까지 무효로 한다는 취지는 아니다(대판 1992. 2. 25. 91다44544).

② 부동산등기특별조치법상 조세포탈과 부동산투기 등을 방지하기 위하여 위 법률 제2조 제2항 및 제8조 제1호에서 등기하지 아니하고 제3자에게 전매하는 행위를 일정 목적범위 내에서 형사처벌하도록 되어 있으나 이로써 순차매도한 당사자 사이의 중간생략등기합의에 관한 사법상 효력까지 무효로 한다는 취지는 아니다(대판 1993. 1. 26. 92다39112).

③ 일임매매의 제한에 관한 증권거래법 제107조는 고객을 보호하기 위한 규정으로서 증권거래에 관한 절차를 규정하여 거래질서를 확립하려는 데 그 목적이 있는 것이므로, 고객에 의하여 매매를 위임하는 의사표시가 된 것임이 분명한 이상 그 사법상 효력을 부인할 이유가 없고, 그 효력을 부인할 경우 거래 상대방과의 사이에서 법적 안정성을 심히 해하게 되는 부당한 결과가 초래되므로, 일임매매에 관한 증권거래법 제107조 위반의 약정도 사법상으로는 유효하다(대판 1996. 8. 23. 94다38199).

④ 구 금융실명거래및비밀보장에관한긴급재정경제명령(1997. 12. 31. 법률 제5493호 금융실명거래 및 비밀보장에 관한 법률 부칙 제2조로 폐지)이 시행된 후에는 금융기관에 예금을 하고자 하는 자는 원칙적으로 직접 주민등록증과 인감을 지참하고 금융기관에 나가 자기 이름으로 예금을 하여야 하는 것이므로, 예금명의자를 예금주로 보아야 할 것이나, 특별한 사정으로 출연자와 금융기관 사이에 예금명의

인이 아닌 출연자에게 예금반환채권을 귀속시키기로 하는 명시적 또는 묵시적 약정이 있는 경우에는 출연자를 예금주로 하는 금융거래계약이 성립하는 것이고, 위 긴급재정경제명령이나 금융실명거래 및 비밀보장에 관한 법률에서 비실명거래행위를 금지하고, 비실명거래자에게 실명전환의무를 부과하며, 이를 위반하는 경우 금융기관의 임원 또는 직원에 대하여 과태료 부과처분을 하고, 실명전환의무 위반자에게 과징금 부과처분을 하도록 규정하고 있더라도 비실명금융거래계약의 사법상 효력에는 영향이 없다(대판 2001. 12. 28. 2001다17565).

⑤ 조합원이 아닌 자에 대한 신용협동조합의 대출이 신용협동조합법 등 관계 법령상 위법하다 하더라도 그 대출의 사법상 효력까지 부인되지는 아니한다(대판 2008. 12. 24. 2008다61172).

⑥ 개업공인중개사 등이 중개의뢰인과 직접 거래를 하는 행위를 금지하는 공인중개사법 제33조 제6호의 규정 취지는 개업공인중개사 등이 거래상 알게 된 정보를 자신의 이익을 꾀하는데 이용하여 중개의뢰인의 이익을 해하는 경우가 있으므로 이를 방지하여 중개의뢰인을 보호하고자 함에 있는바, 위 규정에 위반하여 한 거래행위가 사법상의 효력까지도 부인하지 않으면 안 될 정도로 현저히 반사회성, 반도덕성을 지닌 것이라고 할 수 없을 뿐만 아니라 행위의 사법상의 효력을 부인하여야만 비로소 입법 목적을 달성할 수 있다고 볼 수 없고, 위 규정을 효력규정으로 보아 이에 위반한 거래행위를 일률적으로 무효라고 할 경우 중개의뢰인이 직접 거래임을 알면서도 자신의 이익을 위해 한 거래도 단지 직접 거래라는 이유로 효력이 부인되어 거래의 안전을 해칠 우려가 있으므로, 위 규정은 강행규정이 아니라 단속규정이다(대판 2017. 2. 3. 2016다259677).

⑦ 구 도시정비법 제11조 제1항 본문은 강행규정으로서 이를 위반하여 경쟁입찰의 방법이 아닌 방법으로 이루어진 입찰과 시공자 선정결의는 당연히 무효라고 보아야 한다. 나아가 형식적으로는 경쟁입찰의 방법에 따라 조합총회에서 시공자 선정결의를 하였다고 하더라도 실질적으로 구 도시정비법 제11조 제1항 본문에서 경쟁입찰에 의하여 시공사를 정하도록 한 취지를 잠탈하는 경우에도 위 규정을 위반한 것으로 볼 수 있다. 가령 조합이나 입찰 참가업체가

시공자 선정과정에서 조합원들에게 금품을 제공하여 시공자 선정동의서를 매수하는 등 시공자 선정 기준, 조합의 정관, 입찰참여지침서나 홍보지침서 등에서 정한 절차나 금지사항을 위반하는 부정한 행위를 하였고, 이러한 부정행위가 시공자 선정에 관한 총회결의 결과에 영향을 미쳤다고 볼 수 있는 경우를 들 수 있다(대판 2017. 5. 30. 2014다61340).

Ⅴ. 목적의 사회적 타당성

1. 의 의

법률행위의 목적이 개개의 강행법규에 위반하지 않더라도 선량한 풍속 그 밖의 사회질서에 위반하면, 즉, 사회적 타당성이 없으면 무효가 된다(103조).

2. 선량한 풍속과 사회질서

(1) 선량한 풍속

이는 인륜(人倫)·도덕·정의를 내포하는 사회의 일반적 도덕관념을 말한다.

(2) 사회질서

이는 국가·사회의 공공질서, 즉 사회의 평화와 질서를 유지하는 데 있어서 지켜야 할 일반규범을 말한다.

(3) 양자의 관계

'사회질서'의 주된 내용(대표적 예시)이 '선량한 풍속'이며, 통설은 양자를 일괄하여 '사회적 타당성'이나 공서양속(公序良俗)이라는 말로 이해한다.

3. 반사회질서 법률행위의 모습

(1) 정의관념에 반하는 행위

1) 정의관념에 반하는 행위의 모습

형법상 범죄가 되는 행위를 목적으로 하는 계약, 부동산 이중매매에 있어서 제2매수인이 매도인의 배임행위에 적극 가담하는 행위, 타인으로부터 신탁받은 재산을 매각횡령한다는 정을 알면서 그 수탁자로부터 이를 아주 싸게 매수하는 것, 경매·입찰에서의 담합행위, 범죄를 하지 않을 것을 조건으로 대가적 급부를 하는 계약 등은 정의관념에 반하는 반사회질서 법률행위로서 무효이다.

그러나 비자금을 소극적으로 은닉하기 위하여 임치한 것, 매매계약체결 당시에 정당한 대가를 지급하고 목적물을 매수하는 계약을 체결하였다면, 비록 그 후 목적물이 범죄행위로 취득된 것을 알게 되었다고 하더라도, 이를 사회질서에 반하는 법률행위로 볼 수 없다(대판 2001. 4. 10. 2000다49343; 동 2001. 11. 9. 2001다44987).

2) 부동산 이중매매와 적극가담 관련 문제

정의관념에 반하는 행위 중 특히 중요한 것이 매도인이 일단 제1매수인이게 부동산을 매도했으나 아직 자기에게 부동산의 소유권등기가 되어 있는 것은 이용해서 중복하여 제2매수인에게 매매하는 행위인 '부동산 이중매매'의 반사회성 여부이다. 이는 제2매수인이 매도인의 배임행위에 대해 이를 모르고 한 선의는 물론이고 단순히 이를 알고 있는 악의만 가지고는 자유경쟁의 원칙과 채권의 평등성에 따라 반사회성을 띠지 않고 유효하며, 제2매수인이 매도인의 배임행위에 적극 가담하는 행위의 경우에만 반사회성을 띠어 무효가 된다. 이에 관한 주요 판례이론은 다음과 같다.

가) 부동산 이중매매의 경우, 이는 다른 사람에게 팔린 사정을 알고 다시 팔라고 한 것만으로는 반사회질서의 법률행위라고 볼 수 없다(대판 1989. 11. 28. 89다카14295·14031).

나) 부동산 이중매매의 경우, 이는 당연히는 무효가 아니고 유효인 법률행위이나 제2매수인(丙)이 매도인(甲)의 배임행위에 적극가담한 경우에는 반사회질서의

법률행위로서 무효가 된다. 이 경우, 제1매수인(乙)은 甲을 대위하여 丙에게 경료된 소유권이전등기의 말소청구를 할 수 있다(대판 1980. 5. 27. 80다565).

다) 부동산 이중매매가 반사회질서의 법률행위에 해당하는 경우에는 절대적으로 무효이므로, 당해 부동산을 제2매수인으로부터 다시 취득한 제3자(전득자)는 설사 제2매수인이 당해 부동산의 소유권을 유효하게 취득한 것으로 믿었더라도 이중매매계약이 유효하다고 주장할 수 없다(대판 1996. 10. 25. 96다29151).

라) 매도인이 매수인에게 목적부동산을 매도한 사실을 알고서 수증자가 매도인으로부터 증여를 원인으로 하여 소유권이전등기를 함으로써 매도인의 매수인에 대한 배임행위에 가담한 결과에 이르렀다면, 이는 실체관계에 부합하는 유효한 등기가 될 리가 없고 반사회질서의 행위로서 무효이다(대판 1983. 4. 26. 83다카57).

마) 저당권자가, 저당권설정자가 임의로 선정한 아파트의 등기부등본만 확인하고 직접 아파트를 확인하지 않은 채 금원을 대여하고 아파트에 관하여 근저당권설정등기를 경료한 경우, 저당권자가 근저당권설정계약 당시에 아파트의 분양이 끝나 입주자들이 곧 입주할 예정으로 되어 있는 사정을 알고 있었다고 쉽게 추정할 수는 없을 뿐 아니라 가사 저당권자들이 이를 알고 있었다고 하더라도 저당권설정자의 배임행위에 적극 가담하여 근저당권설정을 요청하거나 유도하는 등의 행위가 없었다면 근저당권설정계약이 반사회적 법률행위로 무효로 볼 수는 없다고 하여, 저당권설정계약이 반사회적 법률행위로서 무효라고 본 원심판결을 심리미진이나 법리오해의 위법이 있다(대판 1997. 7. 25. 97다362).

바) 부동산의 매수인이 매도인의 배임행위에 적극 가담하여 그 매매계약이 반사회적 법률행위에 해당하는 경우에는 매매계약은 절대적으로 무효이므로, 당해 부동산을 매수인으로부터 다시 취득한 제3자는 설사 매수인이 당해 부동산의 소유권을 유효하게 취득한 것으로 믿었다고 하더라도 매매계약이 유효하다고 주장할 수 없는 것이며, 이러한 법리는 담보권설정계약에서도 마찬가지라 할 것이다(대판 1984. 6. 12. 82다카672; 동 1996. 10. 25. 96다29151; 동 2008. 3. 27. 2007다82875).

사) 부동산에 관한 취득시효가 완성된 후 취득시효를 주장하거나 이로 인한 소유권이전등기청구를 하기 이전에는 등기명의인인 부동산 소유자로서는 특별한 사

정이 없는 한 시효취득 사실을 알 수 없으므로 이를 제3자에게 처분하였다 하더라도 불법행위가 성립할 수 없으나, 부동산의 소유자가 취득시효의 완성 사실을 알 수 있는 경우에 부동산 소유자가 부동산을 제3자에게 처분하여 소유권이전등기를 넘겨줌으로써 취득시효 완성을 원인으로 한 소유권이전등기의무가 이행불능에 빠지게 되어 취득시효 완성을 주장하는 자가 손해를 입었다면 불법행위를 구성한다 할 것이며, 부동산을 취득한 제3자가 부동산 소유자의 이와 같은 불법행위에 적극 가담하였다면 이는 사회질서에 반하는 행위로서 무효이다(대판 1998. 4. 10. 97다56495).

아) 이 밖에 판례는 수증자가 타인에게 매도한 부동산임을 알면서 증여자로부터 증여받는 행위(대판 1982. 2. 9. 81다1134)나 형제 사이의 이중매매는 특별한 사정이 없는 한 매도인의 배임행우에 제2매수인이 적극가담한 것으로 추정된다고 하여 무효라는 태도를 취하고 있다(대판 1978. 4. 11. 78다274).

(2) 인륜에 반하는 행위

첩계약, 내연관계유지(간통) 목적의 금품수수계약, 매춘계약, 이혼당한 어머니와 자녀가 동거하면 위약금을 지급한다는 모자부동거계약, 자녀가 부모에 대하여 불법행위에 기인한 손해배상을 청구하는 행위, 대리모계약, 씨받이 계약 등은 인륜에 반하는 반사회질서 법률행위로서 무효이다.

그러나 부첩관계를 해소하기로 하면서 남자가 그간 첩이 자기를 위하여 바친 노력과 비용 등 희생을 배상 내지 위자하고 또 장래의 생활대책을 마련해주는 의미에서 금전의 지급을 약정하는 것(이른바, 내연관계 단절을 위한 단절금교부계약)은 공서양속에 반한다고 할 수 없다(대판 1980. 6. 24. 80다458).

(3) 개인의 자유를 극도로 제한하는 행위

평생 혼인하지 않겠다는 계약(독신약관), 영업상의 자유를 지나치게 제한하는 약정(장기간의 겸업금지약정) 등은 개인의 자유를 극도로 제한하는 반사회질서 법률행위로서 무효이다.

그러나 해외 파견된 근로자가 귀국일로부터 일정기간 소속회사에 근무하여야 한다는 사규나 약정은 개인의 자유를 심히 제한하는 약정이 아니므로 민법 제103조에 위반하지 않는다(대판 1982. 6. 22. 82다카90).

(4) 생존의 기초가 되는 재산의 처분행위

사찰이 그 존립에 없어서는 안 될 임야를 증여하는 행위, 장래에 취득케 될 재산을 모두 양도하는 계약 등은 생존의 기초가 되는 재산의 처분행위 반사회질서 법률행위로서 무효이다.

(5) 지나치게 사행적인 행위

도박자금대여계약, 도박채무의 변제로 부동산을 양도하는 계약 등은 지나치게 사행적인 반사회질서 법률행위로서 무효이다.

여기서 특히 도박채무와 그 효력에 대한 주요 판례이론을 보면 다음과 같다.

1) 도박채무의 변제를 위하여 채무자로부터 부동산의 처분을 위임받은 채권자가 그 부동산을 제3자에게 매도한 경우, 도박채무 부담행위 및 그 변제약정이 민법 제103조의 선량한 풍속 기타 사회질서에 위반되어 무효라 하더라도, 그 무효는 변제약정의 이행행위에 해당하는 위 부동산을 제3자에게 처분한 대금으로 도박채무의 변제에 충당한 부분에 한정되고, 위 변제약정의 이행행위에 직접 해당하지 아니하는 부동산 처분에 관한 대리권을 도박 채권자에게 수여한 행위 부분까지 무효라고 볼 수는 없으므로, 위와 같은 사정을 알지 못하는 거래 상대방인 제3자가 도박 채무자부터 그 대리인인 도박 채권자를 통하여 위 부동산을 매수한 행위까지 무효가 된다고 할 수는 없다(대판 1995. 7. 14. 94다40147).

2) 도박자금으로 금원을 대여함으로써 발생한 채권을 담보하기 위하여 근저당권설정등기가 경료된 경우에는 그 불법원인급여로 인한 이익이 종국적인 것이 아니므로 등기설정자는 말소를 청구할 수 있으며, 반사회적 행위에 의하여 조성된 재산인 이른바 비자금을 소극적으로 은닉하기 위하여 임치한 것이 사회질서에 반하는 법률행위로 볼 수 없다고 하여 불법원인급여가 아니다(대판 2000. 4. 10. 2000다49343).

(6) 과다한 체납금을 징수하는 행위

체납금을 고율의 복리로 징수하는 계약 등은 반사회질서 법률행위로서 무효이다.

(7) 동기의 불법

동기는 의사표시의 구성요소는 아니므로 동기의 불법 자체만으로는 반사회성을 띠지 않지만, 불법한 동기가 표시되어 법률행위의 내용을 이루어 사회질서에 반하는 것이 되면, 동기가 불법한 법률행위는 무효가 된다(다수설). 이에 대하여 소수설은 불법한 동기가 표시된 경우는 물론이고 표시되지 않은 경우에도 그 동기에 대한 상대방의 인식가능성(알았거나 알 수 있었던 경우)이 있으면 반사회성을 띠어 무효라는 태도를 취하고 있다(김상용 392면, 김준호 249면).

또한 동기의 불법과 관련해서 판례는 종래 "법률행위가 선량한 풍속 기타 사회질서에 위반한 사항을 그 내용으로 한 것이 아니고 그저 법률행위의 연유, 동기 혹은 수단으로 한 것에 불과한 것은 이로써 법률행위를 무효로 할 수 없다."고 판시하여 다수설과 같은 태도를 취하고 있었다(대판 1972. 10. 31. 72다1271·1272). 그러나 그 후 "표시되거나 상대방에게 알려진 법률행위의 동기가 반사회질서적인 경우"를 포함하여 반사회성을 띠는 행위라고 판단하고 있다(대판 1994. 3. 11. 93다40522; 동 2009. 9. 10. 2009다37251).

(8) 불공정한 법률행위

불공정한 법률행위는 민법 제104조의 요건을 충족하는 폭리행위로, 이는 반사회질서의 구체적 예시(例示)가 된다. 그러나 경락인이 현저하게 시가보다 싼 가격으로 부동산을 매수한 경우에도, 제103조의 공서양속의 원칙은 사적 자치를 규율하는 경매절차에는 적용될 수 없다(대판 1980. 2. 4. 80마2).

관련판례

반사회성이 없는 유효인 법률행위

① 전통사찰의 주지직을 거액의 금품을 대가로 양도·양수하기로 하는 약정이 있음을 알고도 이를 묵인 혹은 방조한 상태에서 한 종교법인의 주지임명행위는 사회질서에 반하는 법률행위로 볼 수 없다(대판 2001. 2. 9. 99다38613).

② 양도소득세의 회피 및 투기의 목적으로 자신 앞으로 소유권이전등기를 하지 아니하고 미등기인 채로 매매계약을 체결하였다 하여 그것만으로 그 매매계약이 사회질서에 반하는 법률행위로서 무효로 된다고 할 수 없다(대판 1993. 5. 25. 93다296).

③ 소득세법령의 규정에 의하여 당해 자산의 양도 당시의 기준시가가 아닌 양도자와 양수자간에 실제로 거래한 가액을 양도가액으로 하는 경우, 양도소득세의 일부를 회피할 목적으로 매매계약서에 실제로 거래한 가액을 매매대금으로 기재하지 아니하고 그보다 낮은 금액을 매매대금으로 기재하였다 하여, 그것만으로 그 매매계약이 사회질서에 반하는 법률행위로서 무효로 된다고 할 수는 없다(대판 2007. 6. 14. 2007다3285).

④ 원고가 양도소득세를 회피하기 위한 방법으로 위 부동산을 피고에게 명의신탁을 한 것이라 하더라도 그러한 이유 때문에 민법 제103조의 반사회적 법률행위로서 위 명의신탁이 무효라고 할 수 없다(대판 1991. 9. 13. 91다16334).

동기의 불법과 반사회성

① 민법 제103조에 의하여 무효로 되는 반사회질서행위는 법률행위의 목적인 권리의무의 내용이 선량한 풍속 기타 사회질서에 위반되는 경우뿐만 아니라 그 내용 자체는 반사회질서적인 것이 아니라고 하여도 법률적으로 이를 강제하거나 법률행위에 반사회질서적인 조건 또는 금전적 대가가 결부됨으로써 반사회질서적 성질을 띠게 되는 경우 및 표시되거나 상대방에게 알려진 법률행위의

동기가 반사회질서적인 경우를 포함한다(대판 1994. 3. 11. 93다40522).

② 민법 제103조에 의하여 무효로 되는 반사회질서 행위는 법률행위의 목적인 권리의무의 내용이 선량한 풍속 기타 사회질서에 위반되는 경우뿐 아니라, 그 내용 자체는 반사회질서적인 것이 아니라고 하여도 법률적으로 이를 강제하거나 그 법률행위에 반사회질서적인 조건 또는 금전적 대가가 결부됨으로써 반사회질서적 성격을 띠는 경우 및 표시되거나 상대방에게 알려진 법률행위의 동기가 반사회질서적인 경우를 포함하지만, 단지 법률행위의 성립 과정에서 불법적 방법이 사용된 데 불과한 때에는, 그 불법이 의사표시의 형성에 영향을 미친 경우에는 의사표시의 하자를 이유로 그 효력을 논의할 수는 있을지언정 반사회질서의 법률행위로서 무효라고 할 수는 없다(대판 1996. 4. 26. 94다34432).

4. 반사회질서의 법률행위의 효력

(1) 반사회성 여부의 판단시기

반사회질서의 법률행위는 무효이며(103조), 여기서 반사회성 여부는 행위시를 기준으로 판정하게 된다(다수설). 판례도 "매매계약체결 당시에 정당한 대가를 지급하고 목적물을 매수하는 계약을 체결하였다면, 비록 그 후 목적물이 범죄행위로 취득된 것을 알게 되었다고 하더라도, 계약의 이행을 구하는 것 자체가 선량한 풍속 기타 사회질서에 위반하는 것으로 볼 만한 특별한 사정이 없는 한, 그러한 사유만으로 당초의 매매계약에 기하여 목적물에 대한 소유권이전등기를 구하는 것이 민법 제103조의 공서양속에 반하는 행위라고 단정할 수 없다."고 판시하여 행위시를 기준으로 법률행위의 반사회성 여부를 판단하고 있다(대판 2001. 11. 9. 2001다44987).

(2) 반사회질서의 법률행위의 효력

반사회질서의 법률행위가 채권행위인 경우에 이행하기 전이면 이행할 필요가 없다.

그러나 이행한 후이면 그 급부는 보통의 부당이득과 달리 이른바 '불법원인급여'가 되어 원칙적으로 반환청구를 할 수 없다(746조 본문). 여기서 제746조의 '불법원인'은 그 원인되는 행위가 선량한 풍속 기타 사회질서에 위반하는 경우를 말한다(대판 2004. 9. 3. 2004다27488·27495). 또 최근 판례는 '불법'이 있다고 하려면, 급부의 원인이 된 행위가 그 내용이나 성격 또는 목적이나 연유 등으로 볼 때 선량한 풍속 기타 사회질서에 위반될 뿐 아니라 반사회성·반윤리성·반도덕성이 현저하거나, 급부가 강행법규를 위반하여 이루어졌지만 이를 반환하게 하는 것이 규범 목적에 부합하지 아니하는 경우 등에 해당하여야 하는 것으로 다루고 있다(대판 2017. 3. 15. 2013다79887).

다만 그 불법원인이 수익자에게만 있는 때에는 예외적으로 그 반환을 청구할 수 있다(746조 단서). 이와 관련해서 판례는 "수익자의 불법성이 급여자의 그것보다 현저히 크고, 그에 비하면 급여자의 불법성은 미약한 경우에도 급여자의 반환청구가 허용되지 않는다고 하는 것은 공평에 반하고 신의성실의 원칙에도 어긋난다고 할 것이므로, 이러한 경우에는 민법 제746조 본문의 적용이 배제되어 급여자의 반환청구는 허용된다고 해석함이 상당하다."고 판시하여 불법을 비교해서 수익자의 불법성이 급여자의 그것보다 현저히 큰 경우, 제746조 단서를 적용하여 급여자의 반환청구를 허용하고 있다(대판 1993. 12. 10. 93다12947).

또한 법률행위의 내용 중 일부에만 반사회성을 띠는 경우에는 제137조의 일부무효의 법리가 적용된다(통설).

관련판례

반사회질서 법률행위와 불법원인급여, 채권자취소권 행사 여부

① 민법 제746조에 의해 급여를 한 사람은 상대방에게 부당이득반환청구를 할 수 없음은 물론 급여한 물건의 소유권이 여전히 자기에게 있다고 하여 소유권에 기한 반환청구도 할 수 없고 따라서 급여한 물건의 소유권은 급여를 받은 상대방에게 귀속된다(대판 1997. 7. 25. 97다362).

② 윤락행위 및 그것을 유인·강요하는 행위는 선량한 풍속 기타 사회질서에 위반되므로, 윤락행위를 소개·알선한 자가 윤락행위를 할 자를 유인·강요의 수단으로 이용되는 선불금 등 명목으로 제공한 금품이나 그 밖의 재산상의 이익 등은 불법원인급여에 해당되어 그 반환을 청구할 수 없다(대판 2004. 9. 3. 2004다27488·27495).

③ 채권자취소권을 특정물에 대한 등기청구권을 보전하기 위한 행사는 허용되지 않으므로, 부동산의 제1양수인은 자신의 소유권이전등기청구권 보전을 위하여 양도인과 제3자 사이에서 이루어진 이중양도행위에 대하여 채권자취소권을 행사할 수 없다(대판 1999. 4. 27. 98다56690).

④ 범죄수익은닉의 규제 및 처벌 등에 관한 법률(범죄수익은닉규제법)에 따라 직접 처벌되는 행위를 내용으로 하는 계약은 그 자체로 반사회성이 현저하여 민법 제746조에서 말하는 불법의 원인에 해당하는 것으로 볼 수 있다. 그러나 자금의 조성과정에 반사회적 요소가 있더라도 그 자금을 위탁하거나 보관시키는 등의 행위가 범죄수익은닉규제법을 위반하지 않고 그 내용, 성격, 목적이나 연유 등에 비추어 선량한 풍속 그 밖의 사회질서에 반한다고 보기 어려운 경우라면 불법원인이 있다고 볼 수 없다(대판 2017. 10. 31. 2017도11931).

5. 불공정한 법률행위

(1) 의 의

이는 자기의 급부에 비하여 상대방으로 하여금 현저하게 균형을 잃은 반대급부를 하게 하여 부당한 재산적 이득을 얻는 행위로서, 일명 폭리행위라고도 한다. 이러한 행위는 무효가 된다(104조).

(2) 요 건

1) 주관적 요건

폭리행위가 되기 위하여서는 주관적으로 피해자에게 궁박, 경솔, 무경험이 있을 것을 요한다. 여기서 불공정한 법률행위가 성립하기 위한 요건인 궁박, 경솔, 무경험은 모두 구비되어야 하는 것이 아니고 그 중 일부만 갖추어져도 충분하다(대판 1998. 3. 13. 97다51506).

가) 궁 박

이는 곤궁(급박)한 상태를 말하는 것으로, 이에는 경제적인 곤궁뿐 아니라 신체적·심리적(정신적) 곤궁도 포함된다. 따라서 여기서 궁박은 '급박한 곤궁'을 의미하므로 이는 경제적 원인에 기인할 수도 있고, 정신적 또는 심리적 원인에 기인할 수도 있다. 또 당사자가 궁박의 상태에 있었는지 여부는 그의 신분과 재산상태 및 그가 처한 상황의 절박성의 정도 등 제반 상황을 종합하여 구체적으로 판단하여야 한다(대판 1992. 4. 14. 91다23660).

나) 경 솔

이는 보통인이 하는 고려를 하지 않는 심적 상태(판단력의 부족)를 말한다.

다) 무 경 험

이는 일반적인 생활경험이 불충분한 것을 말한다. 여기서 '무경험'이라 함은 일반적인 생활체험의 부족을 의미하는 것으로서 어느 특정영역에 있어서의 경험부족이 아니라 거래일반에 대한 경험부족을 뜻한다(대판 2002. 10. 22. 2002다38927).

2) 객관적 요건

폭리행위가 되기 위하여서는 객관적으로 급부와 반대급부 사이에 '현저한 불균형'이 있을 것을 요한다. 여기서, 현저한 불균형이 있느냐의 여부는 객관적 가치에 의하여 판단되고, 이를 판정하는 시기에 대하여 학설(다수설)은 행위시라고 하며, 판례는 이행기(대판 1965. 6. 15. 65다610)를 표준으로 한 경우와 행위시(대판 2015. 1. 15. 2014다216072)를 기준으로 한 판례가 혼재하고 있다.

또한 증여계약과 같이 아무런 대가관계 없이 당사자 일방이 상대방에게 일방적인 급부를 하는 법률행위인 제104조에 따른 그 공정성 여부를 논의할 수 있는 성질의 법률행위가 아니다(대판 2000. 2. 11. 99다56833). 따라서 증여, 기부 등의 무상행위와 경매의 경우에는 제104조가 적용되지 않는다.

3) 인과관계

폭리행위가 되기 위하여서는 제3의 요건으로서 주관적 요건이 원인이 되어 객관적 요건의 결과가 나타날 것을 요한다. 따라서 피해 당사자가 궁박, 경솔 또는 무경험의 상태에 있었다고 하더라도 그 상대방 당사자에게 위와 같은 피해 당사자 측의 사정을 알면서 이를 이용하려는 의사, 즉 폭리행위의 악의가 없었다면 불공정한 법률행위는 성립하지 않는다(대판 1997. 7. 25. 97다15371).

(3) 효 과

위 요건을 충족한 불공정한 법률행위는 무효이다(104조). 여기서 위 요건에 대한 입증책임은 무효를 주장하는 자인 피해자가 부담한다(통설, 판례). 다만 '불공정한 법률행위'에 해당하여 무효인 경우에도 무효행위의 전환에 관한 민법 제138조가 적용될 수 있다(대판 2010. 7. 15. 2009다50308).

불공정한 법률행위는 무효이므로 이행하기 전이면 이행할 필요가 없다. 그러나 이행한 후이더라도 수익자(폭리자)에게만 불법의 원인이 있으므로 반환청구를 할 수 없는 수익자(746조 본문)와는 달리 피해자는 그 반환을 청구할 수 있다(746조 단서).

(4) 제104조와 제103조의 관계

불공정한 법률행위는 반사회질서 법률행위의 한 모습이므로, 민법 제104조는 제103조에 대하여 예시규정과 선택규정의 관계에 있다.

관련판례

불공정한 법률행위

① 매매가격이 시가의 약 8분의 1 정도로 현저한 차이가 있고 매도인이 평소 어리석은 사람인 것이 인정되며 또한 매수인은 이건 부동산을 매수한 후 약 3개월 후에 매수가격이 4.5배 정도로 전매한 경우 특별한 합리적인 근거를

찾아 볼 수 없는 사정이라면 이는 매도인의 경솔, 무경험에 인한 것이며 매수인이 그 사정을 알고 이를 이용함으로써 이루어졌다고 추인할 수 있다(대판 1977. 12. 13. 76다2179).

② 불공정한 법률행위가 성립하기 위한 요건인 궁박, 경솔, 무경험은 모두 구비되어야 하는 것이 아니고 그 중 일부만 갖추어져도 충분하다(대판 1998. 3. 13. 97다51506).

③ 불공정한 법률행위는 쌍무·유상계약과 같은 법률행위에 대해서 문제되며, 경매 등 법률행위에 의하지 않은 재산권의 이전에는 적용되지 않는다(대판 1975. 5. 13. 75다92).

④ 민법 제104조 소정의 불공정한 법률행위는 객관적으로 급부와 반대급부 사이에 현저한 불균형이 존재하고, 주관적으로 위와 같은 균형을 잃은 거래가 피해당사자의 궁박, 경솔 또는 무경험을 이용하여 이루어진 경우에 성립한다고 판시하였다(대판 1993. 5. 25. 93다296).

⑤ 민법 제104조에 규정된 불공정한 법률행위는 객관적으로 급부와 반대급부 사이에 현저한 불균형이 존재하고, 주관적으로 그와 같이 균형을 잃은 거래가 피해 당사자의 궁박, 경솔 또는 무경험을 이용하여 이루어진 경우에 성립하는 것으로서, 약자적 지위에 있는 자의 궁박, 경솔 또는 무경험을 이용한 폭리행위를 규제하려는 데 그 목적이 있고, 불공정한 법률행위가 성립하기 위한 요건인 궁박, 경솔, 무경험은 모두 구비되어야 하는 요건이 아니고 그 중 일부만 갖추어져도 충분한데, 여기에서 '궁박'이라 함은 '급박한 곤궁'을 의미하는 것으로서 경제적 원인에 기인할 수도 있고, 정신적 또는 심리적 원인에 기인할 수도 있으며, 당사자가 궁박의 상태에 있었는지 여부는 그의 신분과 재산상태 및 그가 처한 상황의 절박성의 정도 등 제반 상황을 종합하여 구체적으로 판단하여야 한다(대판 1996. 6. 14. 94다43674).

⑥ 일반인이 수사기관에서 법관의 영장에 의하지 않고 30시간 이상 불법구금된 상태에서 구속을 면하고자 하는 상황에 처해 있었다면, 특별한 사정이 없는 한 정신적 또는 심리적 원인에 기인한 급박한 곤궁의 상태에 있었다고 봄이 상당하고, 금 514,010,000원에 경락받은 토지지분을 편취한 데에 따른 손해배상

으로 그 지분을 반환하는 외에 금 240,000,000원이라는 거액을 추가로 지급하기로 한 것은 불법행위로 인하여 상대방이 입게 된 정신적 고통 등의 손해를 감안하더라도 지나치게 과도한 것이라고 보지 않을 수 없으므로 특별한 사정이 없는 한 급부와 반대급부 사이에 현저한 불균형이 있다고 보아야 한다(대판 1996. 6. 14. 94다43674).

⑦ 甲은 국민학교밖에 나오지 아니한 자로서 어부로 종사하면서 섬 안에서만 생활하였기 때문에 그 밖의 사회경험이 거의 없었고 당시 빚을 지고 있는 등 경제적으로 매우 곤란을 겪고 있는 궁박한 상태에서 민박업을 영위하고 있었는데, 성수기 때 많은 손님을 받지 못하는 불편함이 있자 乙과의 사이에 민박건물을 철거하고 새로이 3층 건물을 신축하되 乙이 공사비 일체를 부담하면서 부수적으로 당시 경제적으로 곤란을 겪고 있던 甲에게 그 공사기간 동안 생활비와 자녀들의 학비 등을 보조하여 주는 대신 乙이 그 대지와 신축건물의 소유권을 취득하고 甲은 위 건물완공 후 1층 부분을 사용하면서 민박업을 하기로 약정한 경우, 이와 같은 약정은 결국 甲은 선대로부터 물려받은 당시 자신의 주거이자 생계를 유지하는 재산이고 그 입지조건도 비교적 양호하였으며 약정 당시의 시가도 상당한 대지와 구건물의 소유권을 모두 잃고 신축건물에 관하여 乙과 사이에 반환시기의 정함이 없는 사용대차계약을 체결한 셈이고 이러한 사용대차계약은 甲에게 배타적이거나 영구적인 사용권을 보장한 것이 아니고 乙이 이를 제3자에게 처분하는 경우에는 甲은 이를 주장할 수도 없는 것이며, 일정한 경우에는 乙이 계약을 해지할 수 있는 것이어서 甲의 지위가 지극히 불안정한 것이라 할 수 있고, 乙이 공사기간 동안의 생활비 등을 지급하였다고 하여도 이는 민박영업을 하지 못한 데 대한 보상의 성격을 가지는 것이지 그 대지 등의 대가라고 할 수 없어 대지에 관한 위 양도양수계약은 甲에게 현저하게 불공정한 계약이고, 또한 甲의 학력, 경력, 경제상태, 계약에 이르게 된 경위 등을 종합하여 보면 위 계약은 甲의 궁박, 경솔 또는 무경험으로 인하여 체결된 것이라고 할 것이므로 위 약정은 민법 제104조 소정의 불공정한 법률행위로서 무효다(대판 1994. 10. 14. 94다18539).

⑧ 매도인의 대리인이 매매한 경우에 있어서 그 매매가 민법 제104조의 불공정한

법률행위인가를 판단함에는 매도인의 경솔, 무경험은 그 대리인을 기준으로 하여 판단하여야 하고 궁박 상태에 있었는지의 여부는 매도인 본인의 입장에서 판단되어야 한다(대판 1972. 4. 25. 71다2255; 동 2002. 10. 22. 2002다38927).

⑨ 민법 제104조에서 정하는 '불공정한 법률행위'에 해당하여 무효인 경우에도 무효행위의 전환에 관한 민법 제138조가 적용될 수 있다. 따라서 당사자 쌍방이 위와 같은 무효를 알았더라면 대금을 다른 액으로 정하여 매매계약에 합의하였을 것이라고 예외적으로 인정되는 경우에는, 그 대금액을 내용으로 하는 매매계약이 유효하게 성립한다(대판 2010. 7. 15. 2009다50308).

사례연구 부동산 이중매매와 반사회성 여부(소극) 【대판 1981. 1. 13. 80다1034】

〈사건의 개요〉

피고 乙은 전북 정주시 소재 A 토지를 소유하고 있는 매도인 甲으로부터 매수하여 위 토지 위에 건물을 신축하여 점유하여 왔는바, 이러한 사실을 아는 원고 丙은 다시 甲과 위 토지에 대한 2중 매매계약을 체결하였다.

그러자, 乙은 丙이 A 토지를 이미 자기에게 매도한 사실을 잘 알면서도 2중으로 위 토지를 매수한 것은 丙이 甲의 배임행위에 적극가담한 것으로서 반사회질서의 법률행위로서 丙 명의로 경료된 소유권이전등기는 원인무효로서 말소청구를 주장하였다.

이에 원심이 乙의 주장을 받아들여 丙 명의로 이루어진 등기는 반사회질서의 원인무효의 등기로서 丙의 주장을 배척하자, 丙은 단순히 2중매매라는 사실만으로 자기에게 이전등기를 원인무효라고 판시한 원심판결의 태도는 민법 제103조의 법리를 오해한 위법이 있다고 하여 상고하였다.

〈원심판결의 요지〉

원고는 본건 계쟁토지를 위 장○○이 이미 피고에게 매도한 사실을 잘 알면서도 동 소외인의 배임행위에 적극 가담하였거나 또는 동인에게 위 토지의 이중매매를 권유하여 본건 계쟁토지를 매수한 것이니 원고의 위 토지매수는 사회질서에 반하는 것으로서 무효의 행위라 할 것이므로 이를 원인으로 하여 필하여진 원고 명의의 본건 계쟁토지에 관한 소유권이전등기도 원인무효의 등기이므로 원고의 본소 청구는 이유 없다.

〈대법원판결의 요지〉

위 원심판결에 대해서 대법원은 다음과 같은 요지로 원심을 파기하고 원고의 주장을 인용하고 있다(대판 1981. 1. 13. 80다1034).

매수인이 그 목적부동산을 매도인이 이미 제3자에게 매각한 사실을 알면서도 매수 하였다고 하더라도 그것만으로는 그 매매계약을 반사회적 법률행위라고 단정할 수 없다.

〈판결 이유〉

부동산에 대한 물권변동의 효력은 등기를 요한다는 제도의 입법정신에 비추어 보거나 자기의 권리를 보호하고 그 피해를 가급적 방지하려는 심정은 거래상의 인지상례라는 점을 감안하면 원고의 본건 매매계약이 사회질서에 반하는 반사회적 법률행위로서 무효라고 인정하려면 충분하고 명백한 이유가 있어야 한다고 함이 당원의 판례이고(대판 1976. 4. 27. 75다1783 참조) 또 부동산 매수인이 그 매도인이 이미 다른 사람에게 그 부동산을 매도한 사실을 알고 이 부동산을 매수하였다 하여 곧 그 매매계약이 민법 제103조에 해당하는 반사회질서의 행위라고 할 수 없다함도 당원 판례의 견해(대판 1967. 12. 5. 66다2451·2452 참조)로서 원심이 인정한 사실을 기록에 의하여 살펴보면 본건 계쟁토지를 피고가 매수하였음을 알고서도 원고가 매매계약을 맺었다는 사실을 인정할 수 있으나 위와 같은 사실을 전제로 하더라도 원고와 소외 장○○ 사이의 본건 계쟁토지에 관한 매매를 반사회적 법률행위라고 단정할 수는 없다 할 것인데도 원심이 원고의 위와 같은 이중매매 사실을 민법 제103조에 의하여 그 효력을 부인한 조치는 위 제103조 규정의 반사회질서의 법률 행위의 법리를 오해하고 채증법칙을 위배함으로써 판결에 영향을 미친 위법이 있다고 하겠으니 본건 상고는 이유 있다.

그러므로 원심판결을 파기하여 전주지방법원 합의부에 환송하기로 관여법관의 일치된 의견으로 주문과 같이 판결한다.

제3절 법률행위의 해석

Ⅰ. 서 설

1. 의 의

법률행위의 해석은 당사자가 한 법률행위의 의미(내용)를 명확히 하는 것을 말한다. 법률행위는 의사표시를 그 요소로 하므로, 법률행위의 해석은 '의사표시의 해석'이 그 중심이 된다.

2. 관련문제

(1) 민법의 해석과의 구별

법률행위의 해석은 당사자가 행한 일회적인 법률행위의 의미를 파악하는 것이므로, 민법의 규정(조문) 자체의 의미를 규명하는 '민법의 해석'과는 구별된다.

(2) 법률행위의 해석과 관련 규정

무효행위의 전환(138조)·법률행위의 일부무효(137조)와 목적의 확정은 법률행위의 해석과 관련이 있다. 이 중 무효행위의 전환·법률행위의 일부무효는 제137조·제138조의 규정 중 '법률행위를 하였을 것이라고(하는 것을 의욕하리라고) 인정될 때'의 의미를 명확히 하는 것과 관련하여 법률행위의 해석과 관련이 있다.

(3) 오표시무해의 원칙

오표시무해(誤表示無害)의 원칙은 "잘못된 표시는 해가 되지 않는다."는 법률행위의 해석에 관한 로마법의 원칙이다(일명 'falsa demmonstratio non nocet'). 이는, 표의자가 상대방에게 효과의사(내심의 의사)와 다른 표시행위를 하고 당사자 모두 내심의 의사대로 이해한 경우에는 당사자가 실제 이해한 의미대로 효력이 발생한다는 것이다. 예컨대 매수인 乙이 매도인 甲과 시가 1억원 하는 A 토지를 매매하는 계약을 체결하면서 그의 실수로 내심의 의사(1억원)와 달리 10억원으로 매매대금을 잘못 표시한 경우에, 乙과 甲 모두 매매대금을 1억원으로 이해한 경우에는 위 계약은 A 토지에 대한 대금 1억원의 매매계약으로 효력이 발생하고 乙은 어떤 해도 받지 않게 된다.

판례도 매매계약의 당사자가 목적물의 지번에 관하여 착오를 일으켜 계약서상 목적물을 잘못 표시한 경우 매매계약의 목적물의 해석과 관련해서 오표시무해의 원칙을 인정하는 태도를 취하고 있다. 즉 판례는 부동산의 매매계약에 있어 쌍방 당사자가 모두 특정의 A 토지를 계약의 목적물로 삼았으나 그 목적물의 지번 등에 관하여 착오를 일으켜 계약을 체결함에 있어서는 계약서상 그 목적물을 A 토지와는 별개인 B 토지로 표시하였다 하여도 A 토지에 관하여 이를 매매의 목적물로 한다는 쌍방당사자의 의사합치가 있은 이상 위 매매계약은 A 토지에 관하여 성립한 것으로 보아야 할 것이고 B 토지에 관하여 매매계약이 체결되지 않은 것으로 해석하고 있다(대판 1993. 10. 26. 93다2629·2636).

(4) 예문해석

부당한 계약조항의 해석과 관련하여 종래 판례는 이를 단순한 '예문(例文)'이라고 해석(예를 들어 작성한 문언이라고 해석)하여 이에 구속당할 의사가 없는 것으로 보아 상대방을 보호하고 있었다. 이와 관련해서 약관의 규제에 관한 법률은 부당한 계약조항을 무효라고 하여 상대방의 보호를 꾀하고 있다(동법 5조~16조).

판례도 "교통사고 피해자가 합의금을 수령하면서 민·형사상의 소송이나 그 밖의 어떠한 이의도 제기하지 아니한다는 내용의 부동문자로 인쇄된 합의서에 날인한 경우, 그 피해 정도, 피해자의 학력, 피해자와 가해자의 관계, 합의에 이르게 된 경위, 가해자가 다른 피해자와 합의한 내용 및 합의 후 단기간 내에 소송을 제기한 점 등 제반 사정에 비추어 위 합의서의 문구는 단순한 예문에 불과할 뿐 이를 손해 전부에 대한 배상청구권의 포기나 부제소의 합의로는 볼 수 없다."고 판시하여 예문해석을 적용하고 있다(대판 1999. 3. 23. 98다64301).

(5) 법률행위해석의 성질

법률행위해석의 문제는 법률행위내용의 불명확·불완전한 것을 명확·완전하도록 법률적 가치판단을 내려야 하므로, 이는 사실문제가 아닌 법률문제이다(다수설). 따라서 그 해석을 잘못한 경우에는 상고이유가 된다(민사소송법 423조 참조). 이에 대하여는, 보통의 법률행위의 해석은 사실문제일 뿐이고 사실의 인정이 법률에 위배된 때에 한하여 상고이유가 된다고 이해하는 견해가 대립하고 있다(이영준 358면).

Ⅱ. 해석의 기준

1. 민법의 규정

우리 민법은 이와 관련한 사실인 관습(106조)과 임의규정(105조)을 두고 있으며, 이에 의하면 법률행위의 해석은 다음의 네 가지 기준에 의한다. 따라서 의사표시를 하게 된 동기나 판례는 법률행위해석의 기준이 아니다.

2. 해석의 기준(표준)

(1) 제1의 기준

당사자가 기도하는 목적(당사자의 의사·의도)은 해석의 제1의 기준이 된다.

(2) 제2의 기준

1) 의 의

제106조는 "법령 중의 선량한 풍속 기타 사회질서에 관계없는 규정과 다른 관습이 있는 경우에 당사자의 의사가 명확하지 아니한 때에는 그 관습에 의한다."고 규정하여 사실인 관습을 당사자의 의사에 이어서 법률행위 해석의 제2의 기준으로 규정하고 있다. 사실인 관습은 일반생활에 있어서의 일종의 경험칙에 속한다 할 것이고 경험칙은 일종의 법칙인 것이므로 법관은 어떠한 경험칙의 유무를 판단함에 있어서는 당사자의 주장이나 입증에 구애됨이 없이 스스로 직권에 의하여 판단할 수 있다(대판 1976. 7. 13. 76다983).

2) 요 건

제106조에 의하여 사실인 관습이 해석의 기준이 되기 위하여서는, 다음 세 가지의 요건을 갖추어야 한다.

가) 임의규정과 다른 관습이 존재할 것

나) 당사자의 의사가 명백하지 않을 것

다) 관습이 강행법규에 위반하지 않을 것

3) 사실인 관습과 관습법의 구별

사실인 관습과 이에 대하여 불특정 다수인에 의하여 사회의 법적 지지까지를 얻게 된 관습인 관습법을 구별된다(다수설). 이에 의하면 사실인 관습은 법률행위의 해석기준으로서 당사자가 주장·입증하여야 하나(106조), 관습법은 민법의 법원(法源)으로서 법원(法院)이 직권으로 판단하여야 한다(1조 참조).

판례도 다수설과 같은 입장을 취하고 있으며, 판례이론의 주요 내용은 다음과 같다(대판 1983. 6. 14. 80다3231).

가) 관습법과 사실인 관습의 차이

관습법이란 사회의 거듭된 관행으로 생성한 사회생활규범이 사회의 법적 확신과 인식에 의하여 법적 규범으로 승인·강행되기에 이르게 된 것을 말하고, 사실인 관습은 사회의 관행에 의하여 발생한 사회생활규범인 점에서 관습법과 같으나 사회의 법적 확신이나 인식에 의하여 법적 규범으로서 승인된 정도에 이르지 않은 것을 말하는 바, 관습법은 바로 법원으로서 법령과 같은 효력을 갖는 관습으로서 법령에 저촉되지 않는 한 법칙으로서의 효력이 있는 것이며, 이에 반하여 사실인 관습은 법령으로서의 효력이 없는 단순한 관행으로서 법률행위의 당사자의 의사를 보충함에 그치는 것이다.

나) 관습법과 사실인 관습의 입증책임

사실인 관습은 일상생활에 있어서의 일종의 경험칙에 속하는 것으로 그 유무를 판단함에는 당사자의 주장이나 입증에 구애됨이 없이 법관 스스로의 직권에 의하여 이를 판단할 수 있다.

또한 법령과 같은 효력을 갖는 관습법은 당사자의 주장 입증을 기다림이 없이 법원이 직권으로 이를 확정하여야 하고 사실인 관습은 그 존재를 당사자가 주장 입증하여야 하나, 관습은 그 존부자체도 명확하지 않을 뿐만 아니라 그 관습이 사회의 법적 확신이나 법적 인식에 의하여 법적 규범으로까지 승인되었는지의 여부를 가리기는 더욱 어려운 일이므로, 법원이 이를 알 수 없는 경우 결국은 당사자가 이를 주장(입증)할 필요가 있다.

다) 사실인 관습의 효력범위

사실인 관습은 사적 자치가 인정되는 분야, 즉 그 분야의 제정법이 주로 임의규정일 경우에는 법률행위의 해석기준으로서 또는 의사를 보충하는 기능으로서 이를 재판의 자료로 할 수 있다. 그러나 이 이외의 분야, 즉 그 분야의 제정법이 주로 강행규정일 경우에는 그 강행규정 자체에 결함이 있거나 강행규정 스스로가 관습에 따르도록 위임한 경우 등 이외에는 법적 효력을 부여할 수 없다.

(3) 제3의 기준

임의규정은 해석의 제3의 기준이 된다. 즉 민법 제105조의 규정에 의하면, 당사자의 의사표시가 불명확하고 사실인 관습도 없는 경우의 법률행위의 해석은 임의규정(법령 중의 선량한 풍속 기타 사회질서에 관계없는 규정)에 의하게 된다.

(4) 제4의 기준

신의성실의 원칙(조리)은 해석의 제4의 기준이 된다. 즉 앞의 세 가지 기준에 의하여 법률행위의 내용을 명확히 할 수 없는 경우에는 법률상 행동원리인 신의성실의 원칙 또는 조리(條理)에 따라야 한다.

Ⅲ. 해석의 방법

1. 자연적 해석

이는 사용된 언어·문자에 구속되지 않고 표의자의 내심적 효과의사를 추구하는 해석으로 주로 상대방 없는 단독행위의 해석방법으로 적용된다('의사주의이론'에 입각함). 이는 표의자의 시각에서 법률행위를 해석하는 것으로서, 앞에서 기술한 오표시무해의 원칙을 계약에 적용하면 계약에도 예외적으로 자연적 해석을 인정하는 결과가 된다.

2. 규범적 해석

이는 표의자가 한 표시행위의 규범적(객관적) 의미를 추구하는 해석으로 주로 계약과 상대방 있는 단독행위의 해석방법으로 적용된다('표시주의이론'에 입각함). 이는 상대방의 시각에서 법률행위를 해석하는 것이다. 이는 주로 상대방의 입장을 고려할 필요가 있는 행위인 계약과 상대방 있는 단독행위의 해석의 방법으로 적용된다.

판례도 "당사자들이 공통적으로 의사표시를 명확하게 인식하고 있다면, 그것이 당사자가 표시한 문언과 다르더라도 당사자들의 공통적인 인식에 따라 의사표시를 해석하여야 한다. 그러나 의사표시를 한 사람이 생각한 의미가 상대방이 생각한 의미와 다른 경우에는 의사표시를 수령한 상대방이 합리적인 사람이라면 표시된 내용을 어떻게 이해하였다고 볼 수 있는지를 고려하여 의사표시를 객관적·규범적으로 해석하여야 한다."고 판시하여 규범적 해석을 중시하는 태도를 취하고 있다(대판 2017. 2. 15. 2014다19776·19783).

3. 보충적 해석

이는 당사자가 한 법률행위 내용의 간격(예컨대 인신사고로 인한 손해배상에 관한 합의 후 불측의 후유증으로 발생한 추가적 손해)을 보완하는 해석으로, 주로 계약의 해석 방법으로 적용된다. 이는 제3자의 시각에서 법률행위를 해석하는 것이다.

판례도 "계약당사자 쌍방이 계약의 전제나 기초가 되는 사항에 관하여 같은 내용으로 착오가 있고 이로 인하여 그에 관한 구체적 약정을 하지 아니하였다면, 당사자가 그러한 착오가 없을 때에 약정하였을 것으로 보이는 내용으로 당사자의 의사를 보충하여 계약을 해석할 수 있는바, 여기서 보충되는 당사자의 의사는 당사자의 실제 의사 또는 주관적 의사가 아니라 계약의 목적, 거래관행, 적용법규, 신의칙 등에 비추어 객관적으로 추인되는 정당한 이익조정 의사를 말한다."고 판시하여 보충적 해석을 인정하고 있다(대판 2006. 11. 23. 2005다13288).

관련판례

계약당사자의 해석

일반적으로 계약의 당사자가 누구인지는 그 계약에 관여한 당사자의 의사해석의 문제에 해당한다. 의사표시의 해석은 당사자가 그 표시행위에 부여한 객관적인 의미를 명백하게 확정하는 것으로서, 계약당사자 사이에 어떠한 계약 내용을 처분문서인 서면으로 작성한 경우에는 그 서면에 사용된 문구에 구애받는 것은 아니지만 어디까지나 당사자의 내심적 의사의 여하에 관계없이 그 서면의 기재 내용에 의하여 당사자가 그 표시행위에 부여한 객관적 의미를 합리적으로 해석하여야 하며, 이 경우 문언의 객관적인 의미가 명확하다면, 특별한 사정이 없는 한 문언대로의 의사표시의 존재와 내용을 인정하여야 한다(대판 2010. 5. 13. 2009다92487).

법률행위의 해석과 falsa demmonstratio non nocet

일반적으로 계약의 해석에 있어서는 형식적인 문구에만 얽매여서는 아니 되고 쌍방당사자의 진정한 의사가 무엇인가를 탐구하여야 하는 것이므로, 부동산의 매매계약에 있어 쌍방당사자가 모두 특정의 甲 토지를 계약의 목적물로 삼았으나 그 목적물의 지번 등에 관하여 착오를 일으켜 계약을 체결함에 있어서는 계약서상 그 목적물을 甲 토지와는 별개인 乙 토지로 표시하였다 하여도 위 甲 토지에 관하여 이를 매매의 목적물로 한다는 쌍방당사자의 의사합치가 있은 이상 위 매매계약은 甲 토지에 관하여 성립한 것으로 보아야 할 것이고 乙 토지에 관하여 매매계약이 체결된 것으로 보아서는 안 될 것이며, 만일 乙 토지에 관하여 위 매매계약을 원인으로 하여 매수인 명의로 소유권이전등기가 경료되었다면 이는 원인이 없이 경료된 것으로써 무효라고 하지 않을 수 없다(대판 1993. 10. 26. 93다2629·2636).

처분문서와 예문(例文) 해석

① 근저당권설정계약서는 처분문서(處分文書)이므로 특별한 사정이 없는 한 그 계약문언대로 해석하여야 함이 원칙이긴 하나, 그 근저당권설정계약서가 금융기관 등에서 일률적으로 일반거래약관의 형태로 부동문자로 인쇄해 두고 사용하는 계약서인 경우에 그 계약조항에서 피담보채무의 범위를 그 근저당권설정으로 대출받은 당해 대출금채무 외에 기존의 채무나 장래에 부담하게 될 다른 원인에 의한 모든 채무도 포괄적으로 포함하는 것으로 기재하였다고 하여도 당해 대출금채무와 기존채무의 각 성립 경위 및 각 채무액과 그 근저당권의 채권최고액과의 관계 등 기타 여러 사정에 비추어 인쇄된 계약문언대로 피담보채무의 범위를 해석하면 오히려 금융기관 등의 일반대출관례에 어긋난다고 보여지고 당사자의 의사는 당해 대출금채무만을 그 근저당권의 피담보채무로 약정한 취지라고 해석하는 것이 합리적인 때에는 위 계약서의 피담보채무에 관한 포괄적 기재는 부동문자로 인쇄된 일반거래약관의 예문(例文)에 불과한 것으로 보아 그 구속력을 배제하는 것이 타당하다(대판 1990. 7. 10. 89다카12152; 동 2003. 3. 14. 2003다2109).

② 계약당사자 사이에 어떠한 계약내용을 처분문서인 서면으로 작성한 경우에 문언의 객관적인 의미가 명확하다면, 특별한 사정이 없는 한 문언대로의 의사표시의 존재와 내용을 인정하여야 하지만, 그 문언의 객관적인 의미가 명확하게 드러나지 않는 경우에는 그 문언의 내용과 계약이 이루어지게 된 동기 및 경위, 당사자가 계약에 의하여 달성하려고 하는 목적과 진정한 의사, 거래의 관행 등을 종합적으로 고찰하여 사회정의와 형평의 이념에 맞도록 논리와 경험의 법칙, 그리고 사회일반의 상식과 거래의 통념에 따라 계약내용을 합리적으로 해석하여야 하고, 특히 당사자 일방이 주장하는 계약의 내용이 상대방에게 중대한 책임을 부과하게 되는 경우에는 그 문언의 내용을 더욱 엄격하게 해석하여야 한다(대판 2002. 5. 24. 2000다72572).

③ 처분문서(법률행위가 문서에 의하여 이루어진 경우)의 진정성립이 인정되면 법원은 그 기재 내용을 부인할 만한 분명하고도 수긍할 수 있는 반증이 없는 한 원칙적으로 그 처분문서에 기재되어 있는 문언대로의 의사표시의 존재와 내용을 인정하여야 하고, 당사자 사이에 계약의 해석을 둘러싸고 이견이 있어 처분문서에 나타난 당사자의 의사해석이 문제되는 경우에는 그 문언의 내용, 그러한 약정이 이루어진 동기와 경위, 그 약정에 의하여 달성하려는 목적, 당사자의 진정한 의사 등을 종합적으로 고찰하여 논리와 경험칙에 따라 합리적으로 해석하여야 한다(대판 2005. 5. 27. 2004다60065).

법률행위 해석과 사실인 관습

무릇 사실인 관습은 일상생활에 있어서의 일종의 경험칙에 속한다고 할 것이고 경험칙은 일종의 법칙이라고 할 것인바, 법관이 어떠한 경험칙의 유무를 판단하는 데 있어서는 당사자에 주장이나 입증에 구애됨이 없이 법관 스스로의 직권에 의하여 이를 판단할 수 있다고 할 것이다. 따라서 원심이 애당초 피고공사가 평균임금의 개념에 상여금이 포함되지 않음을 전제로 하여 퇴직금 규정을 제정한 이래 이것이 그 후 사실인 관습으로 확립되었다는 증거가 없을 뿐만 아니라, 설사 위 규정 제정당시의 내심의 의사가 그렇다고 하여도 이것만 가지고서는 곧 원고들이 퇴직할 무렵 수령하던 위에서 본 상여금의 성격이나 퇴직금 규정의 객관적 해석이 좌우될 수는 없는 것이라고 판단하였음은 정당하고, 거기에 소론과 같은 관습의 법리를 오해하였다고 볼만한 잘못이 없으니 이 점 논지도 이유 없다(대판 1977. 4. 12. 76다1124).

그 밖의 법률행위의 해석

① 법률행위의 해석이란 원칙적으로 당사자가 그 표시행위에 부여한 객관적인 의미를 명백하게 확정하는 것이다(대판 1988. 9. 27. 86다2375·2376).

② 법률행위의 해석이란 당사자가 그 표시행위에 부여한 객관적인 의미를 명백하게 확정하는 것으로서, 서면에 사용된 문구에 구애받을 것은 아니지만 어디까지나 당사자의 내심적 의사의 여하에 관계없이 그 서면의 기재 내용에 의하여 당사자가 그 표시행위에 부여한 객관적 의미를 합리적으로 해석하여야 하는 것이고, 당사자가 표시한 문언에 의하여 그 객관적인 의미가 명확하게 드러나지 않는 경우에는 그 문언의 내용과 그 법률행위가 이루어진 동기 및 경위, 당사자가 그 법률행위에 의하여 달성하려는 목적과 진정한 의사, 거래의 관행 등을 종합적으로 고려하여 사회정의와 형평의 이념에 맞도록 논리와 경험의 법칙, 그리고 사회일반의 상식과 거래의 통념에 따라 합리적으로 해석하여야 한다(대판 1994. 3. 25. 93다32668).

③ 기존 채권이 제3자에게 이전된 경우 채권의 양도인지 경개인지 불분명한 경우 일반적으로 채권의 양도로 보아야 한다(대판 1996. 7. 9. 96다16612).

④ 계약서 문면(文面)의 "최대 노력하겠습니다(협조를 최대한 한다)."라는 문구의 객관적 의미를 문면 그 자체로 볼 때 그러한 의무를 법적으로 부담할 수는 없지만 사정이 허락하는 한 그 이행을 사실상 노력하겠다는 취지로 해석함이 상당하다(대판 1996. 10. 25. 96다16049).

⑤ 채무인수가 면책적 채무인수인지 중첩적(병존적) 채무인수인지가 분명하지 않으면 채권자보호를 위하여 중첩적 채무인수로 보아야 한다(대판 1988. 5. 24. 87다카3104).

⑥ 어떠한 의무를 부담하는 내용의 기재가 있는 문면에 "최대 노력하겠습니다."라고 기재되어 있는 경우, 특별한 사정이 없는 한 당사자가 위와 같은 문구를 기재한 객관적인 의미는 문면 그 자체로 볼 때 그러한 의무를 법적으로는 부담할 수 없지만 사정이 허락하는 한 그 이행을 사실상 하겠다는 취지로 해석함이 상당하다(대판 1994. 3. 25. 93다32668).

⑦ 통상 권리금은 새로운 임차인으로부터만 지급받을 수 있을 뿐이고 임대인에 대하여는 지급을 구할 수 없는 것이므로 임대인이 임대차계약서의 단서 조항에 권리금액의 기재 없이 단지 '모든 권리금을 인정함'이라는 기재를 하였다고 하여 임대차 종료시 임차인에게 권리금을 반환하겠다고 약정하였다고 볼 수는 없다(대판 2000. 4. 11. 2000다4517).

⑧ 일반적으로 건축 중인 상가건물의 특정점포를 임차하면서 계약서에 그 점포의 인도시기(입점시기)를 기재하지 아니하고 건물의 준공예정일에 관한 설명만을 듣고서 그 점포에 관한 임대차계약을 체결한 경우, 그 점포의 인도시기에 관하여 당사자의 합리적인 의사는 확정기한을 이행기로 정한 것이라고 보기는 어렵고 불확정기한을 이행기로 정하는 합의가 이루어진 것으로 보아야 할 것이고, 그 불확정기한의 내용은 그 건설공사의 진척상황 및 사회경제적 상황에 비추어 예상할 수 있는 합리적인 공사지연기간이 경과한 때라고 하는, 매우 폭 넓고 탄력적인 것으로 보아야 한다(대판 2000. 11. 28. 2000다7936).

⑨ 계약의 내용이 통상의 경우와 달리 어느 일방에게 무거운 책임을 부과하게 하는 경우에는 계약 문언은 엄격하게 해석하여야 하므로, 당사자의 고의 또는 과실과 무관한 사유를 약정해지 또는 해제사유로 정한 경우에 그 사유로 계약을 해지 또는 해제하면서 귀책사유와 상관없이 손해배상책임을 지기로 한 것이 계약 내용이라고 해석하려면, 계약의 내용과 경위, 거래관행 등에 비추어 그렇게 인정할 만한 특별한 사정이 있어야 한다(대판 2016. 4. 15. 2015다59115).

사례 연구

매매목적물의 지번 착오와 법률행위해석
【대판 1993. 10. 26. 93다2629·2636】

〈사건의 개요〉

丙은 국유지인 A 토지(부산 동구 XX동 969의 39)를 불하받으면서 지번의 착오로 피고 乙이 점유하고 있던 B 토지(부산 동구 XX동 969의 36)에 대한 불하신청을 하여 B를 불하받게 되었고, 그 후 3인을 거쳐서 원고 甲의 명의로 소유권이전등기가 경료되었다.

그런데, 乙이 위 B 토지를 국가로부터 불하받으려는 과정에서 위 사실이 밝혀지고 甲도 이때에야 비로소 그 사실을 알게 되었는바, 甲은 乙을 상대로 B 토지 위에 乙이 건축한 C 건물의 철거와 토지 B의 인도를 청구하였다.

이러한 甲의 주장에 대하여 乙은 丙이 실제 A 토지를 점유하고 있었는데 착오로 B 토지를 불하받은 후 그의 명의로 소유권이전등기를 경료한 것이므로, 연고권의 없는 丙에 대한 국가의 B 토지 불하도 무효라고 항변하였다.

이에 원심은 가사(설사) 乙의 주장과 같이 목적물에 착오가 있었다거나 연고권이 없는 자에게 이 사건 토지가 불하된 것이라고 하여도 국유재산의 매각행위는 사법상의 법률행위로서 그 매각에 대하여 우선매수권에 관한 규정이 없는 이상 연고권자의 우선권은 법률상 인정될 수 없다고 판단하여 乙의 주장을 배척하고 C 건물의 철거 및 B 토지의 인도를 청구하는 甲의 주장을 인용하였다.

〈원심판결의 요지〉

이에 대하여 원심은 이 사건 토지인 부산 동구 XX동 969의 36 대 76㎡에 관하여 1969. 7. 13. 소외 김○○ 명의로 소유권이전등기가 경료되었다가 그 후 순차 소외 조△△, 임▲▲, 배□□을 거쳐 1982. 12. 28. 원고명의로 소유권이전등기가 경료된 사실 및 피고가 이 사건 토지상에 건물을 소유하면서 위 토지를 점유하고 있는 사실을 인정하고, 위 김○○은 실제로는 이 사건 토지에 인접한 국유지인 같은 동 969의 39, 71, 73의 3 필지를 점유하고 있었는데 착오로 이 사건 토지에 관하여 매수신청을 하여 국가로부터 이를 불하받은 후 그 명의로 소유권이전등기를 경료하였으므로 국가의 위 토지불하는 무효라는 피고의 주장에 대하여는, 위 김○○이 1965. 7. 30. 국가로부터 국유재산이던 이 사건 토지를 매수한 사실은 인정되나 위 김○○이 연고권 없는 자이면서도 착오로 매수신청을 하여 국가로부터 위 토지를 불하받은 것이라는 사실을 인정할 만한 증거가 없고, 가사 피고의 주장과 같이 목적물에 착오가 있었다거나 연고권이 없는 자에게 이 사건 토지가 불하된 것이라 하여도 국유재산의 매각행위는 사법상의 법률행위로서 그 매각에 관하여 우선매수권에 관한 규정이 없는 이상 연고권자의 우선권은 법률상 인정될 수 없다 할 것이라고 판단하여 피고의 주장을 배척하고 위 건물의 철거 및 이 사건 토지의 인도를 구하는 원고의 이 사건 청구를 인용하였다.

〈대법원판결의 요지〉

위 원심판결에 대해서 대법원은 다음과 같은 요지로 원심을 파기하고 원고의 주장을 인용하고 있다(대판 1993. 10. 26. 93다2629, 2636).

부동산의 매매계약에 있어 쌍방당사자가 모두 특정의 A 토지를 계약의 목적물로 삼았으나 그 목적물의 지번 등에 관하여 착오를 일으켜 계약을 체결함에 있어서는 계약서상 그 목적물을 A 토지와는 별개인 B 토지로 표시하였다 하여도 A 토지에 관하여 이를 매매의 목적물로 한다는 쌍방당사자의 의사합치가 있는 이상 위 매매계약은 A 토지에 관하여 성립한 것으로 보아야 할 것이고 B 토지에 관하여 매매계약이 체결된 것으로 보아서는 안 될 것이며, 만일 B 토지에 관하여 위 매매계약을 원인으로 하여 매수인 명의로 소유권이전등기가 경료되었다면 이는 원인이 없이 경료된 것으로서 무효이다.

〈판결이유〉

1. 일반적으로 계약의 해석에 있어서는 형식적인 문구에만 얽매여서는 아니 되고 쌍방당사자의 진정한 의사가 무엇인가를 탐구하여야 하는 것이므로, 부동산의 매매계약 있어 쌍방당사자가 모두 특정의 甲 토지를 계약의 목적물로 삼았으나 그 목적물의 지번 등에 관하여 착오를 일으켜 계약을 체결함에 있어서는 계약서상 그 목적물을 甲 토지와는 별개인 乙 토지로 표시하였다 하여도 위 甲 토지에

관하여 이를 매매의 목적물로 한다는 쌍방당사자의 의사합치가 있은 이상 위 매매계약은 甲 토지에 관하여 성립한 것으로 보아야 할 것이고 乙 토지에 관하여 매매계약이 체결된 것으로 보아서는 안 될 것이며, 만일 乙 토지에 관하여 위 매매계약을 원인으로 하여 매수인 명의로 소유권이전등기가 경료되었다면 이는 원인이 없이 경료된 것으로써 무효라고 하지 않을 수 없다.

2. 그런데 이 사건에 있어서 피고의 주장은 반드시 명확하지 않으나 위 김형연이 착오를 일으켜 자기가 점유하고 있던 토지가 아닌 이 사건 토지에 관하여 국가에 대하여 매수신청을 하여 이를 매수하였다는 주장 가운데에는 위 매매계약이 무효라는 것뿐만 아니라 이 사건 토지는 위 매매계약의 목적물이 아니어서 국가와 위 김형연 사이에는 이 사건 토지에 관한 한 매매계약이 성립하지 아니한 것이고 따라서 이 사건 토지에 관한 위 김형연 명의의 등기는 원인무효라는 취지도 포함되어 있다고 볼 여지가 있고, 또 아래에서 보는 바와 같이 기록상 이러한 주장은 상당한 근거가 있다고 판단된다(이하 중략).

3. 그러므로 원심판결을 파기환송하기로 하여 관여법관의 일치된 의견으로 주문과 같이 판결한다.

제4절 의사표시

Ⅰ. 서 설

1. 의사표시의 의의

의사표시(意思表示)는 일정한 법률효과의 발생을 의욕하는 내심의 의사(효과의사)를 외부에 표시하는 행위를 말한다(예컨대 청약·승낙). 의사표시는 법률행위의 불가결의 요소가 되는 법률사실로서, 이의 흠결은 법률행위 전체에 그 효력을 미친다.

의사표시는 법률행위의 불가결의 구성요소를 이루나, 양자는 같은 개념이 아니다.

2. 의사표시의 구성요소

종래 의사표시를 구성하는 요소는 다음의 3가지로 나누어 설명하여 왔다(다수설).

(1) 효과의사

이는 법률상 일정한 효과의 발생을 바라는 표의자(행위자)의 내심의 의사로, 일명 의사(意思) 또는 '진의'(眞意)라고도 한다(107조 참조).

(2) 표시행위

이는 의사표시로서의 가치를 지니는 적극·소극의 외형적 행위(예컨대 언어·문자·거동, 때로는 침묵 따위)를 말한다.

(3) 표시의사

이는 효과의사를 외부에 표시(발표)하려는 의사로 효과의사와 표시행위를 매개하는 구성요소를 말한다. 표시의사는 특별히 의사표시의 구성요소로서 고려할 실익이 없다(통설).

3. 의사표시에 관한 입법주의

(1) 종래의 태도

1) 의사주의

이는 효과의사를 의사표시의 본체로 보고 불일치된 의사표시에 관한 법적 취급을 하는 입법주의이다. 이에 의하면 불일치된 의사표시는 무효 또는 불성립으로 다루어진다.

2) 표시주의

이는 표시행위를 의사표시의 본체로 보고 의사표시에 관한 법적 취급을 하는 입법주의이다. 이에 의하면 불일치된 의사표시는 표시된 대로의 효과를 인정한다

{완전 유효 또는 일단 유효(취소)}.

3) 절충주의

의사주의는 표의자(정적 안전)의 보호라는 장점이 있는 반면에 거래안전(동적 안전)을 해한다는 단점이 있는데 비하여, 표시주의는 이와 상반된 장점과 단점이 있게 된다. 이에 따라 대부분의 입법례는 어느 한 주의를 중심으로 하고 다른 한 주의를 가미하여 불일치된 의사표시의 문제를 해결코자 하고 있는데, 이를 절충주의라고 한다.

우리 민법은 재산행위의 경우, 표시주의를 주로 하고 의사주의를 가미하는 절충주의를 취하고 있다. 다만 가족법상의 행위에서는 원칙적으로 의사주의를 취하고 있다.

(2) 효력주의

이상과 같은 종래의 견해에 대하여 최근에는 의사와 표시를 구분하지 않고 법률효과를 표의자에게 객관적으로 귀속시킬 수 있게 하는 표의자의 모든 행위가 의사표시라는 '효력주의'(효력설)가 대두되고 있다. 이에 대하여는 부정적으로 보는 견해와 긍정적으로 수용하는 견해가 대립하고 있다.

4. 의제된 의사표시(포함적 의사표시)

(1) 의 의

이는 표의자(행위자)의 실제 의사에 관계없이 일정한 사실(행위)에 의하여 의사표시가 있는 것으로 간주되는 것으로, 그 내용도 법률의 규정에 의하여 일정한 것으로 의제된다.

다만 이 경우 당사자(상대방)는 '이의를 보류'하여 의사표시의 성립을 막을 수 있다(145조 참조).

(2) 모 습

이의 모습으로는 의사실현에 의한 계약의 성립(532조)·묵시의 갱신인 법정갱신

(639조)·법정추인(145조) 등의 경우를 들 수 있다.

침묵(沈黙)도 의사표시로 평가될 수 있는 일정한 사정이 있고 상대방이 이에 대하여 이의를 제기하지 않으면 의사표시로 평가될 수 있다(15조, 131조 참조).

Ⅱ. 비정상적인 의사표시

1. 개 관

의사와 표시가 진실하게 일치하지 않는 비정상적인(결함 있는) 의사표시에 관하여 종래에는 '의사와 표시의 불일치'(의사의 흠결)와 '하자 있는 의사표시'로 구분하고, 앞의 것으로는 진의 아닌 의사표시(107조)·통정허위표시(通情虛僞表示, 108조)·착오(109조)로 나누어 설명하고, 뒤의 것으로는 사기에 의한 의사표시와 강박에 의한 의사표시(110조)로 나누어 설명하는 것이 일반적인 견해였다. 그런데 양자는 의사의 표시에 하자(흠)가 있는 의사표시인 점에서 차이가 없으므로 사기·강박에 의한 의사표시만을 '하자있는 의사표시'라고 표현하는 것은 적당하지 않다. 여기서, 앞의 것은 외형상 의사와 표시가 불일치된 것임에 비하여, 뒤의 것은 의사표시형성과정에서 타인의 부당한 간섭(사기·강박)이 개입된 것이라는 점에서 서로 차이가 있다.

2. 진의 아닌 의사표시

(1) 의 의

진의(眞意) 아닌 의사표시는 표의자가 의사와 표시가 일치하지 않음을 단독으로 알면서 한 의사표시를 말한다. 이는 일명 '비진의의사표시', '비진의표시', '단독허위표시', '심리유보'(心裡留保)라고도 한다.

이는 표의자 자신만이 진의 아님을 알고 있다는 점에서 다음에서 설명하게 될 통정허위표시(108조)와 같고, 그것을 알지 못하는 착오로 인한 의사표시(109조)와 다르다.

(2) 요 건

1) 의사표시가 있을 것
2) 의사와 표시가 일치하지 않을 것
3) 표의자가 위의 불일치를 알고 있을 것
4) 표의자가 그러한 의사표시를 하게 된 동기(이유)는 불문한다.

(3) 효 과

1) 원 칙

진의 아닌 의사표시는 표시된 대로 효과가 발생한다(107조 1항 본문). 즉 표의자의 진의가 어떠한 것이든 표시된 대로의 효과를 생기게 하므로, 이는 원칙적으로 유효하다. 이는 거짓말한 자를 보호할 필요가 없기 때문이다.

여기서 진의란 특정한 내용의 의사표시를 하고자 하는 표의자의 생각을 말하는 것이지 표의자가 진정으로 마음속에서 바라는 사항을 뜻하는 것은 아니다. 따라서 비록 재산을 강제로 뺏긴다는 것이 표의자의 본심으로 잠재되어 있었다 하여도 표의자가 강박에 의하여서나마 증여를 하기로 하고 그에 따른 증여의 의사표시를 한 이상 증여의 내심의 효과의사가 결여된 것이라고 할 수는 없다(대판 2002. 12. 27. 2000다47361).

2) 예 외

상대방이 표의자의 진의 아님을 알았거나 알 수 있었을 경우에는 무효이다(107조 1항 단서). 여기서 악의 또는 과실의 유무에 대한 입증책임은 무효를 주장하는 자가 부담한다.

위의 제107조 1항 단서는 상대방이 표의자의 진의 아님을 알고 있는 악의이거나 주의를 기울였으면 알 수 있었을 경우에 과실로 알지 못한 상대방을 보호할 필요가 없다는 취지의 규정이다.

판례는 대리권남용의 문제를 제107조에 의하여 해결하고 있다.

또 판례는 근로자가 회사의 경영방침에 따라 사직서를 제출하여 퇴직처리 하였다가 즉시 재입사하는 형식을 취함으로써 실질적인 근로관계의 단절이 없이 계속 근무한 경우, 이에 대하여 제107조 제1항 단서를 적용하고 있다(판례).

3) 제3자에 대한 관계

위 무효를 가지고 선의의 제3자에게 대항하지 못한다(107조 2항). 이는 비정상적인 의사표시(진의 아닌 의사표시)라는 사정을 알지 못하고 새로운 이해관계를 맺은 제3자의 보호와 거래안전을 도모하기 위한 것이다. 여기서 '선의의 제3자에게 대항하지 못한다.'의 의미는 다음에서 볼 통정허위표시의 그것과 같다.

(4) 적용범위

1) 비정상적인 의사표시의 규정의 적용을 받지 않는 경우

다음의 경우는 진의 아닌 의사표시는 물론이고 모든 비정상적 의사표시에 적용되지 않는다.

가) 표의자의 의사가 존중되는 가족법상의 행위(신분행위)는 별도의 규정이 있으므로 제107조(내지 제110조)의 규정이 적용되지 않는다.

나) 일정한 상행위(주식인수의 청약·어음·수표행위)에는 거래의 민활을 위하여 제107조(내지 제110조)의 규정이 적용되지 않는다.

다) 소송행위와 공법상의 행위에도 제107조(내지 제110조)의 규정이 적용되지 않는다.

2) 진의 아닌 의사표시에 특수한 경우

이 밖에 제107조는 상대방 있는 의사표시는 물론이고 상대방 없는 의사표시에도 적용된다. 그러나 제107조 제1항 단서는 상대방 없는 경우에는 적용될 여지가 없으므로, 상대방 없는 의사표시(상대방 없는 단독행위)는 항상 유효하다.

관련판례

진의 아닌 의사표시

① 사용자의 강요에 의하여 근로자가 사직의 의사표시를 한 경우에는, 민법 제107

조 제1항 단서의 사용자가 위 사실을 알았거나 알 수 있었던 경우에 해당되므로, 위 의사표시는 무효이다(대판 1992. 5. 26. 92다3670).

② 근로자가 회사의 경영방침에 따라 사직원을 제출하고 재입사하는 형식을 취하여 근로관계의 단절 없이 계속 근무하였다면 근로자의 퇴직의 의사표시는 비진의의사표시로서 사용자가 위 사실을 알고 있었다고 봄이 상당하므로, 위 의사표시는 무효이다(대판 1988. 5. 10. 87다카2578).

③ 민법상 비진의 의사표시의 무효에 관한 규정은 1980년의 공직자숙정계획의 일환으로 일괄사표의 제출과 선별수리의 형식으로 공무원에 대한 의원면직처분 등 사인의 공법행위에는 적용되지 않는다(대판 2001. 8. 24. 99두9971).

④ 명예퇴직은 근로자가 명예퇴직의 신청(청약)을 하면 사용자가 요건을 심사한 후 이를 승인(승낙)함으로써 합의에 의하여 근로관계를 종료시키는 것으로, 명예퇴직의 신청은 근로계약에 대한 합의해지의 청약에 불과하여 이에 대한 사용자의 승낙이 있어 근로계약이 합의해지되기 전에는 근로자가 임의로 그 청약의 의사표시를 철회할 수 있다(대판 2003. 4. 25. 2002다11458).

⑤ 관계인집회에서의 회생계획안에 대한 동의 또는 부동의의 의사표시는 조(회생담보권자조, 회생채권자조 등)를 단위로 하는 일종의 집단적 화해의 의사표시로서 재판절차상의 행위이고 관계인 사이에 일체 불가분적으로 형성되는 집단적 법률관계의 기초가 되는 것이어서 내심의 의사보다 표시를 기준으로 하여 효력 유무를 판정하여야 한다. 따라서 거기에 민법 제107조 이하 의사표시의 하자에 관한 규정은 적용 또는 유추적용될 수 없(대판 2014. 3. 18. 2013마2488).

대리권남용과 진의 아닌 의사표시 적용

① 조합의 이사장직무대행자가 자기의 이익을 위하여 위한 것이고 조합을 위하여 차용하는 것이 아님을 대부자가 주의했더라면 알 수 있었을 경우에는 민법 제107조 제1항 단서를 유추하여 그 대차계약은 조합에 대하여 효력을 발생할 수 없다(대판 1975. 3. 25. 74다1452).

② 대리인의 대리권남용(대리인이 외형상으로는 대리권의 범위 안에서 대리행위를 하지

만, 실제로는 본인을 위하여서가 아닌 대리인 자신이나 상대방의 이익을 위하여 대리행위를 하는 경우)이 있는 경우, 이의 효력은 원칙적으로 유효하고 민법 제107조 제1항 단서를 유추하여 상대방이 그 사정을 알았거나 알 수 있었을 경우에 한하여 그 대리행위는 무효가 되므로 본인의 행위로 성립할 수 없다(대판 1987. 11. 10. 87다카1557; 동 1999. 1. 15. 98다39602).

③ 은행의 지점장대리와 예금자와 간의 3개월 만기 정기예금계약의 형식을 빌어서 한 수기통장식 예금계약은 위 지점장대리의 대리권남용에 의한 계약이므로 그 정기예금계약은 은행이 책임질 수 없는 것이어서 같은 계약을 원인으로 한 예금자의 정기예금반환청구권은 유효하게 성립될 수 없다(대판 1987. 11. 10. 87다카1557).

3. 통정허위표시

(1) 의 의

통정허위표시(通情虛僞表示)는 표의자가 상대방과 통(통모(通謀) : 연락)해서 하는 진의 아닌 의사표시를 말한다. 즉 표의자가 진의(내심의 효과의사)와 다른 표시행위를 하는 데 상대방과 합의하는 경우이다.

이는 일명 '허위표시'라고도 하며, 통정허위표시를 내용으로 하는 법률행위를 가장행위(假裝行爲)라고 한다. 예컨대 채권자로부터 강제집행을 면하기 위하여 부동산의 소유자가 타인과 통모하여 매매를 가장함으로써 그 타인에게 소유권이전등기를 하는 경우인 가장매매는 통정허위표시의 전형적인 예이다. 이 밖에 가장양도, 가장증여, 가장임대차 등도 이에 해당한다.

(2) 요 건

1) 의사표시가 있을 것
2) 의사와 표시가 일치하지 않을 것
3) 표의자가 위와 같은 불일치를 알고 있을 것

4) 표의자가 상대방과의 사이에 통정(합의)이 있을 것
5) 표의자가 그러한 의사표시를 하게 된 이유(동기)는 불문한다.

(3) 효 과

1) 원칙(당사자 사이의 효과)

당사자 사이에는 언제나 무효이다(108조 1항). 따라서 이행하기 전이면 이행할 필요가 없고 이행한 후이면 통정허위표시로 이익을 얻은 자는 부당이득으로 반환하여야 한다(742조).

그러나 통정허위표시 그 자체가 불법(不法)은 아니기 때문에 불법원인급여로 되지 않는다(746조 참조). 또한, 당사자 사이에서는 무효이므로 강제집행을 면하기 위하여 행한 소유권이전에 있어서는 그 이전의 효과가 발생치 않으므로, 가장매도인의 채권자는 그 부동산을 매도인의 소유물로서 압류할 수 있다. 또한, 통정허위표시(가장매매)는 채권자를 해하는 사해행위(詐害行爲)의 한 모습이므로, 채권자취소권의 대상이 된다(판례. 406조 참조).

2) 예외(제3자에 관한 관계)

제3자에 대한 관계에 있어서는, 통정허위표시는 선의의 제3자에게 대항하지 못한다(108조 2항).

여기서 '선의·제3자·대항하지 못한다'의 의미는 다음과 같다.

가) 선 의

이는 이해관계를 맺을 때 결함 있는 의사표시(통정허위표시)임을 모르는 것을 말한다.

나) 제3자

이는 보통의 경우 당사자와 그 포괄승계인 이외의 자를 말하나, 여기서는 통정허위표시를 유효한 것으로 믿고 그를 기초로 하여 직접 새로운 이해관계를 맺은 자를 가리킨다.

또한 여기서 제3자는 선의이면 족하고 무과실은 요건이 아니다(대판 2004. 5. 28. 2003다70041).

다) 통정허위표시(108조 2항)의 선의의 제3자에 해당하지 않는 자

제108조 제2항에서 허위표시를 선의의 제3자에게 대항하지 못하게 한 취지는 이를 기초로 하여 별개의 법률원인에 의하여 고유한 법률상의 이익을 갖는 법률관계에 들어간 자를 보호하기 위한 것이므로, 제3자의 범위는 권리관계에 기초하여 형식적으로만 파악할 것이 아니라 허위표시행위를 기초로 하여 새로운 법률상 이해관계를 맺었는지 여부에 따라 실질적으로 파악하여야 한다(대판 2000. 7. 6. 99다51258).

위의 취지에서 다음에 열거된 자는 제108조 제2항의 선의의 제3자에 해당하지 않는 자들이다(통설, 판례).

① 가장매매에 기인한 손해배상청구권의 양수인
② 채권의 가장양도에 있어서 채무자
③ 주식이 가장양도된 경우의 그 회사
④ 가장매매의 당사자로부터 그 지위를 상속받은 자
⑤ 가장행위인 제3자를 위한 계약의 제3자
⑥ 가장소비대차에서 대주의 지위를 이전받은 자
⑦ 대리인(대표기관)이 허위표시를 한 경우의 본인(법인)
⑧ 제한물권이 가장포기된 경우, 기존의 후순위 제한물권자
⑨ 가장양수인의 일반채권자
⑩ 허위표시의 당사자로부터 그 지위를 이전받은 자

라) 대항하지 못한다

이는 표의자가 통정허위표시의 무효를 주장할 수 없다는 것이다. 그러나 선의의 제3자가 당사자에게 통정허위표시의 무효를 주장하는 것은 무방하다(통설).

또한 선의의 제3자로부터 다시 전득한 자는 선의의 제3자의 지위를 승계한 자이므로, 전득자가 악의이더라도 허위표시의 무효를 가지고 대항할 수 없다.

(4) 적용범위

1) 비정상적인 의사표시의 규정의 적용을 받지 않는 경우

진의 아닌 의사표시의 경우와 같다. 즉 제108조는 가족법상의 행위(신분행위)와

일정한 상행위(주식인수의 청약, 어음·수표행위) 및 소송행위·공법상의 행위에는 적용되지 않는다.

2) 통정허위표시에 특수한 경우

이 밖에 통정허위표시(108조)는 계약은 물론이고 상대방 있는 단독행위에도 적용되나, 당사자 사이에 의사표시의 교환이 없는 상대방 없는 단독행위와 합동행위에는 적용되지 않는다(다수설).

(5) 통정허위표시의 철회

통정허위표시의 철회는 허위표시를 한 당사자가 외형상의 법률행위를 소멸시키고 진정한 권리자에게 권리를 회복하도록 하는 것으로서, 위 철회는 선의의 제3자에게 대항하지 못한다는 전제 아래 인정된다(통설).

즉 통정허위표시의 철회는 이로써 통정허위표시의 외형을 제거하고 선의의 제3자의 출현을 방지할 수 있게 된다는 점에서 인정할 실익이 있다.

(6) 통정허위표시와의 구별 개념

1) 은닉행위

통정허위표시는 실제 의도가 감추어진 행위인 은닉행위(예컨대 실제의 의도인 증여를 감추고 매매를 가장하는 경우)와 구별된다. 은닉행위는 통정허위표시로서 무효가 아니고, 그 행위의 요건을 갖추고 있는 한 유효하다(학설, 판례).

2) 신탁행위

통정허위표시는 신탁행위와 구별된다. 즉 신탁행위는 채권의 추심 등 당사자가 어떤 경제적 목적을 달성하기 위하여 일방이 타방에게 목적달성에 필요한 정도를 넘는 권리를 이전하면서, 타방이 그 권리를 경제적 목적의 범위를 넘어서 행사하여서는 아니 될 의무를 부담케 하는 행위(예컨대 추심을 위한 채권양도)로서 진의에 의한 유효한 행위이므로, 무효인 통정허위표시와 구별된다.

3) 간접대리

통정허위표시는 간접대리와 구별된다. 즉 간접대리는 타인의 계산 하에 자기의 이름으로 법률행위를 하고 그 효과를 본인에게 이전할 의무를 부담하는 관계로서 유효한 행위이므로, 무효인 통정허위표시와 구별된다.

관련판례

민법 제108조의 선의의 제3자 적용 여부

① 파산관재인이 민법 제108조 제2항의 경우 등에 있어 제3자에 해당하는 것은 파산관재인은 파산채권자 전체의 공동의 이익을 위하여 선량한 관리자의 주의로써 그 직무를 행하여야 하는 지위에 있기 때문이므로, 그 선의·악의도 파산관재인 개인의 선의·악의를 기준으로 할 수는 없고 총파산채권자를 기준으로 하여 파산채권자 모두가 악의로 되지 않는 한 파산관재인은 선의의 제3자라고 할 수밖에 없다(대판 2006. 11. 10. 2004다10299).

② 가장소비대차의 대주(貸主)가 파산선고를 받은 경우, 그 파산관재인은 파산자의 포괄승계인과 같은 지위를 가지는 것이나, 파산자가 상대방과 통정한 허위표시를 통하여 가장채권을 보유하고 있다가 파산이 선고된 경우 그 가장채권도 일단 파산재단에 속하게 되고 파산자와 독립한 지위에서 파산채권자 전체의 공동의 이익을 위하여 직무를 행하게 된 파산관재인은 민법 제108조 제2항(통정허위표시)의 제3자에 해당한다(대판 2003. 6. 24. 2002다48214).

③ 민법 제108조 제2항에서 말하는 제3자는 허위표시의 당사자와 그의 포괄승계인 이외의 자 모두를 가리키는 것이 아니고 그 가운데서 허위표시행위를 기초로 하여 새로운 이해관계를 맺은 자를 한정해서 가리키는 것으로 새겨야 할 것이므로 이 사건 퇴직금 채무자인 피고는 원채권자인 소외 甲이 소외 乙에게 퇴직금채권을 양도했다고 하더라도 그 퇴직금을 양수인에게 지급하지 않고 있는 동안에 위 양도계약이 허위표시란 것이 밝혀진 이상 위 허위표시의 선의의 제3자임을 내세워 진정한 퇴직금전부채권자인 원고에게 그 지급을

거절할 수 없다(대판 1983. 1. 18. 82다594).

④ 가장매매의 매도인이 전득자를 상대로 하여 목적물의 소유권을 주장하는 경우, 전득자가 아닌 매도인(통정허위표시의 당사자)이 제3자(전득자)의 선의 여부(악의)를 입증하여야 한다(대판 1970. 9. 29. 70다466).

⑤ 통정한 허위의 의사표시는 허위표시의 당사자와 포괄승계인 이외의 자로서 그 허위표시에 의하여 외형상 형성된 법률관계를 토대로 실질적으로 새로운 법률상 이해관계를 맺은 선의의 제3자를 제외한 누구에 대하여서나 무효이고, 또한 누구든지 그 무효를 주장할 수 있다(대판 2003. 3. 28. 2002다72125).

⑥ 한국자산관리공사가 금융기관의 출자에 의하여 설립되었다고 하더라도 금융기관과는 독립하여 고유의 업무를 수행하는 별개의 법인이고 금융기관으로부터 인수한 채권 등 그 자산에 대하여도 별도의 이해관계를 가진다고 할 것이므로 부실채권 등 자산을 양도한 금융기관과 실질적으로 동일한 지위에 있다고 할 수는 없고, 또 부실채권 등 금융기관의 부실자산을 인수함에 있어 금융기관과 협의하여 인수가격 등 인수조건을 정하고 이를 유상으로 인수함과 아울러 담보물권까지 이전받는 점에 비추어 보면, 위 공사는 금융기관과 대출명의인 사이의 통정한 허위표시에 따라 외형상 형성된 법률관계를 토대로 실질적으로 새로운 법률상 이해관계를 가지게 된 민법 108조 2항의 제3자에 해당한다 할 것이다(대판 2004. 1. 15. 2002다31537).

⑦ 통정한 허위표시에 의하여 형성된 법률관계로 생긴 채권을 가압류한 경우, 가압류채권자는 민법 제108조 제2항의 제3자에 해당하고, 여기서 제3자는 선의이면 족하고 무과실은 그 요건이 아니다(대판 2004. 5. 23. 2003다70041).

⑧ 통정한 허위표시에 의하여 외형상 형성된 법률관계로 생긴 채권을 가압류한 경우, 그 가압류권자는 허위표시에 기초하여 새로운 법률상 이해관계를 가지게 되므로 민법 제108조 제2항의 제3자에 해당한다고 봄이 상당하다(대판 2004. 5. 28. 2003다70041).

⑨ 보증인이 주채무자의 기망행위에 의하여 주채무가 있는 것으로 믿고 주채무자와 보증계약을 체결한 다음 그에 따라 보증채무자로서 그 채무까지 이행한 경우, 그 보증인은 주채무자에 대한 구상권 취득에 관하여 법률상의 이해관계를

가지게 되었고 그 구상권 취득에는 보증의 부종성으로 인하여 주채무가 유효하게 존재할 것을 필요로 한다는 이유로 결국 그 보증인은 주채무자의 채권자에 대한 채무 부담행위라는 허위표시에 기초하여 구상권 취득에 관한 법률상 이해관계를 가지게 되었다고 보아 민법 제108조 제2항 소정의 '제3자'에 해당한다(대판 2000. 7. 6. 99다51258).

⑩ 甲이 통정허위표시에 해당하여 무효인 전세권설정계약에 의하여 형성된 법률관계로 생긴 채권(전세권부채권)을 가압류한 사안에서, 가압류 등기를 마칠 당시 전세권설정등기가 말소되지 아니한 상태였고, 전세권갱신에 관한 등기가 불필요한 전세권명의자가 부동산 일부를 여전히 점유·사용하고 있었던 이상, 甲은 통정허위표시를 기초로 하여 새로이 법률상 이해관계를 가진 선의의 제3자에 해당한다고 봄이 상당하다(대판 2010. 3. 25. 2009다35743; 동 2013. 2. 15. 2012다49292).

통정허위표시, 채권자취소권(사해행위)

① 강제집행을 면탈할 목적으로 부동산에 허위의 근저당권설정등기를 경료하는 행위는 민법 제103조의 선량한 풍속 기타 사회질서에 위반한 사항을 내용으로 하는 법률행위로 볼 수 없다(대판 1994. 4. 15. 93다61307).

② 상속재산의 분할협의, 이혼에 따른 재산분할 등도 사해행위취소권 행사의 대상이 될 수 있다(대판 2001. 2. 9. 2000다51797).

③ 채권자취소권에서 사해행위의 취소만을 먼저 청구한 다음 원상회복을 나중에 청구할 수 있다(대판 2001. 9. 4. 2001다14108).

④ 채무자의 법률행위가 통정허위표시인 경우에도 채권자취소권의 대상이 되고, 한편 채권자취소권의 대상으로 된 채무자의 법률행위라도 통정허위표시의 요건을 갖춘 경우에는 무효라고 할 것이다(대판 1998. 2. 27. 97다50985).

그 밖의 통정허위표시

① 동일인 대출한도제한을 회피하기 위하여 실질적인 주채무자(主債務者)가 제3자

를 형식상의 주채무자로 내세우고 금융기관도 이를 양해하여 제3자 명의로 대출관계서류를 작성한 경우, 위 대출약정은 그 금융기관의 양해하에 그에 따른 채무부담의 의사 없이 형식적으로 이루어진 것에 불과하여 통정허위표시에 해당한다(대판 2001. 5. 29. 2001다11765).

② 명의신탁부동산을 명의수탁자(종손)가 임의로 처분할 경우에 대비하여 명의신탁자(종중)가 명의수탁자와 합의하여 자신의 명의로 소유권이전등기청구권보전을 위한 가등기를 경료한 것이라면 그와 같은 가등기를 하기로 한 합의는 통정허위표시로서 무효라고 할 수 없다(대판 1997. 9. 30. 95다 9526).

③ 근로자가 실제로는 동일한 사업주를 위하여 계속 근무하면서 형식상 일단 퇴직하였다가 다시 임용되는 형식을 취한 경우, 그 퇴직의 의사표시는 무효이다(대판 1988. 4. 25. 86다카1124).

④ 근로자들이 회사방침에 의하여 중간퇴직을 하고 퇴직금을 수령한 후 신규입사절차를 밟은 경우, 그 중간퇴직은 통정허위표시로서 무효이므로 근로자의 모기업과 계열회사에서의 각 근무는 단절됨이 없이 근로의 계속성이 유지된다(대판 1997. 6. 27. 96다49674).

⑤ 특별한 사정없이 동거하는 부부 사이에 있어 남편이 처에게 토지를 매도하고 소유권이전등기까지 경료한다 함은 이례(異例)에 속하는 일로서 가장매매라고 추정하는 것이 경험칙에 비추어 상당하다(대판 1987. 4. 25. 78다카226).

⑥ 허위의 근저당권에 대하여 배당이 이루어진 경우, 통정한 허위의 의사표시는 당사자 사이에서는 물론 제3자에 대하여도 무효이고 다만, 선의의 제3자에 대하여만 이를 대항하지 못한다고 할 것이므로, 배당채권자는 채권자취소의 소로써 통정허위표시를 취소하지 않았다 하더라도 그 무효를 주장하여 그에 기한 채권의 존부, 범위, 순위에 관한 배당이의의 소를 제기할 수 있다(대판 2001. 5. 8. 2000다9611).

은닉행위의 유효성

甲이 경영하던 A 기업이 부도가 나서 그가 A 기업의 주식을 매도하는 경우에는 그 매매대금이 모두 채권자 은행에 귀속될 상황에 처하게 되었다. 이러한 사정을 잘 아는 乙이 매매계약서상의 매매대금은 형식상 금 1만원으로 하고서, 나머지 실질적인 매매대금은 甲의 처 丙과 상의하여 그에게 적절히 지급하기로 합의한 경우, 통정허위표시와 다른 내면적 은닉행위는 유효하므로 乙이 甲에게 지급하기로 한 실질의 매매대금에 의한 계약은 유효하다(대판 1993. 8. 27. 93다12930).

담보 목적의 주택임대차의 유효성과 제108조의 적용 여부

임대차는 임차인으로 하여금 목적물을 사용·수익하게 하는 것이 계약의 기본 내용이므로, 채권자가 주택임대차보호법상의 대항력을 취득하는 방법으로 기존 채권을 우선변제 받을 목적으로 주택임대차계약의 형식을 빌려 기존 채권을 임대차 보증금으로 하기로 하고 주택의 인도와 주민등록을 마침으로써 주택임대차로서의 대항력을 취득한 것처럼 외관을 만들었을 뿐 실제 주택을 주거용으로 사용·수익할 목적을 갖지 아니 한 계약은 주택임대차계약으로서는 통정허위표시에 해당되어 무효라고 할 것이므로 이에 주택임대차보호법이 정하고 있는 대항력을 부여할 수는 없다(대판 2002. 3. 12. 2000다24184).

4. 착 오

(1) 의 의

착오(錯誤)는 표의자가 의사와 표시의 불일치를 모르고(알지 못하고) 한 의사표시를 말한다. 이를 일명 '착오에 의한 의사표시'라고 한다.

착오는 표의자가 그 불일치를 알지 못하고 한 의사표시라는 점에서 위에서 설명한 진의 아닌 의사표시(107조) 및 통정허위표시(108조)와 다르다.

(2) 착오의 모습

1) 표시상의 착오

이는 표시행위 자체를 잘못하여 내심적 효과의사와 표시행위 사이에 불일치가 생기는 경우를 말한다(예컨대 3만원이라고 적을 생각이었으나, 잘못하여 8만원이라고 적은 것).

2) 내용상의 착오

이는 표시행위 자체에는 착오가 없으나, 표시행위가 가지는 의미(내용)를 잘못 이해하는 경우를 말한다(예컨대 파운드와 달러를 동일가치의 것으로 오신하여 100파운드라고 적을 생각으로 100달러라고 적은 것).

3) 동기의 착오

이는 의사표시를 하게 된 이유(연유)에 착오가 있는 경우를 말한다.

예컨대 장차 관공서가 들어설 것이라고 오신(誤信)하여 토지를 고가로 매수하는 경우, 계산에 착오가 있는 경우, 물건의 시가에 착오가 있는 경우 등은 동기의 착오에 해당한다. 동기의 착오는 동기가 표시되어 의사표시의 내용을 이루었을 때에는 법률행위의 착오로 되나, 그 동기가 표시되지 않은 때에는 착오의 문제가 일어나지 않는다(다수설, 판례). 따라서 물건의 시기나 계산의 착오, 물건의 상태나 내력에 대한 착오는 동기의 착오이므로, 원칙적으로 중요부분의 착오가 아니다(통설).

여기서 동기의 착오가 착오로 다루어지기 위해서는 표의자의 착오를 일으킨 동기가 상대방에게 표시되어 의사표시의 내용을 이루었다면 족한 것인지, 당사자 사이에 그 동기를 의사표시의 내용으로 삼기로 하는 합의가 있음을 요하지 않는다.

그러나 상대방으로부터 유발된 동기의 착오는 동기가 표시되어 의사표시의 내용을 이루지 않았다 하더라도 착오로서 취소할 수 있다(통설, 판례).

4) 표시기관과 전달기관의 착오

표시기관의 착오(본인의 말을 전하는 중개자가 상대방에게 잘못 전한 경우)도 표시상의 착오에 준하여 착오의 문제가 인정된다.

그러나 전달기관의 착오(전달기관인 집배원의 편지 오달)는 의사표시의 부도착의 문제가 될 뿐 착오는 인정되지 않는다.

(3) 효 과

1) 원 칙

법률행위의 내용의 중요부분에 착오가 있는 경우에는 취소할 수 있다(109조 1항 본문). 여기서 '법률행위의 중요부분의 착오'라 함은 의사표시에 의하여 달성하려고 한 효과(의사표시의 내용)에 착오가 있는 것을 말한다.

여기서 중요부분의 착오가 있다고 하기 위하여서는 표의자의 입장에서의 주관적 요건과 일반인의 입장에서의 객관적 요건을 갖추어야 한다. 즉 표의자 및 일반인이 그 불일치를 알았더라면 그러한 의사표시를 하지 않았으리라고 생각될 정도로 중요한 것이어야 한다는 의미이다. 특히 판례는 근저당권설정자의 채무자의 동일성에 관한 착오, 양도소득세가 부과되지 않는다는 매수인의 말을 믿고 체결된 매매계약에서 양도소득세가 부과된 법률에 관한 착오 등에서 중요부분의 착오로서 취소를 인정하고 있다.

이 밖에 중요부분의 착오로 다루어지는 모습으로는 다음과 같은 것을 들 수 있다.

가) 당사자에 관한 착오

개인에 중점을 두는 법률행위에 있어서 사람의 동일성에 관한 착오는 중요부분의 착오이다. 예컨대 甲이 채무자란이 백지로 된 근저당권설정계약서를 제시받고 그 채무자가 乙인 것으로 알고 근저당권설정자로 서명날인을 하였는데 그 후 채무자가 丙으로 되어 근저당권설정등기가 경료된 경우, 甲은 그 소유의 부동산에 관하여 근저당권설정계약상의 채무자를 丙이 아닌 乙로 오인한 나머지 근저당설정의 의사표시를 한 것이고, 이와 같은 채무자의 동일성에 관한 착오는 법률행위 내용의 중요부분에 관한 착오에 해당한다(대판 1995. 12. 22. 95다37087).

그러나 이행행위를 수반하면서 이루어지는 매매인 현실매매는 당사자의 개성이 중요시되지 않으므로, 당사자의 동일성의 착오가 있더라도 중요부분의 착오가 아니다(통설).

또 사람의 직업·신분·경력·자산상태에 관한 착오는 일반적으로 동기의 착오가 된다.

나) 목적물에 관한 착오

목적물의 동일성에 관한 착오는 중요부분에 관한 착오로 된다.

또 물건의 성상(性狀)이나 내력(來歷)·수량이나 가격에 관한 착오는 일반적으로 동기의 착오가 된다.

다) 법률행위의 성질에 관한 착오

법률행위의 성질을 잘못 이해한 경우(예컨대 연대보증을 보통의 보증으로 잘못 안 경우나 임대차를 사용대차로 잘못 안 경우)로, 이 경우는 보통 중요부분의 착오가 된다.

2) 예 외

표의자에게 중대한 과실이 있는 경우에는 비록 내용의 중요부분에 착오가 있더라도 취소할 수 없다(109조 1항 단서). 여기서, '중대한 과실'이라 함은 표의자의 직업 및 행위의 종류나 목적 등에 비추어 보통으로 하여야 할 주의를 현저하게 결여하는 것을 말한다(예컨대 부동산경매를 위하여 현장을 조사하지 않은 것, 주식매매를 일정한 업무로 하는 자가 그 회사의 정관을 조사하지 않은 것).

또한 '중대한 과실'이 있다는 입증책임은 표의자로 하여금 그 의사표시를 취소할 수 없게 하려는 상대방이 부담한다.

또 표의자에게 '중과실'이 아닌 '경과실'이 있는 경우에는 착오로 인하여 취소할 수 있다.

3) 제3자에 대한 관계

착오에 의한 법률행위의 취소는 선의의 제3자에게 대항하지 못한다(109조 2항).

(4) 적용범위

1) 비정상적인 의사표시의 규정의 적용을 받지 않는 경우

진의 아닌 의사표시의 경우와 같다. 즉 제109조는 가족법상의 행위와 일정한 상행위 및 소송행위·공법상의 행위에는 적용되지 않는다.

2) 착오에 특수한 경우

화해계약은 그 특수성으로 말미암아 착오가 있더라도 취소할 수 없다(733조

본문).

그러나 당사자의 자격 등 화해의 목적인 분쟁 이외의 사항에 착오가 있는 경우에만 예외적으로 취소할 수 있다(733조 단서).

여기서 '화해의 목적인 분쟁 이외의 사항'이라 함은 분쟁의 대상이 아니라 분쟁의 전제 또는 기초가 된 사항으로서, 쌍방 당사자가 예정한 것이어서 상호 양보의 내용으로 되지 않고 다툼이 없는 사실로 양해된 사항을 말한다(대판 1997. 4. 11. 95다48414). 여기서 중요부분에 관한 착오의 존재 및 이것이 당사자의 자격이나 목적인 분쟁 이외의 사항에 관한 것이라는 점은 착오를 이유로 화해계약의 취소를 주장하는 자가 입증하여야 한다(대판 2004. 8. 20. 2002다20353).

(5) 착오와 민법상 다른 제도와의 경합

1) 착오와 사기와의 경합

착오가 타인의 기망에 의하여 발생한 경우, 착오와 사기가 경합한다(통설, 판례).

2) 착오와 해제와의 경합

매매계약이 적법하게 해제된 후라도, 매수인은 해제에 따라 자신이 부담하게 될 손해배상책임을 피하기 위하여 매매를 취소하여 이를 무효로 돌릴 수 있다(대판 1991. 8. 27. 91다11308).

3) 착오와 담보책임과의 경합

매매의 목적물에 하자가 있음을 매수인이 모르고 계약을 체결한 경우, 매도인의 하자담보책임이 성립하는 범위 안에서는 착오에 관한 규정의 적용이 배척된다(다수설). 하급심판결도 매매계약에 대해 의사표시의 중요부분에 관한 착오가 있을 때에 해당한 민법상 매도인의 담보책임에 관한 규정이 착오에 관한 규정보다 우선 적용되어야 한다는 태도를 취하고 있다(서울고판 1980. 10. 31. 80마2589).

관련판례

유발된 동기의 착오

귀속해제된 토지인데도 귀속재산인줄로 잘못 알고 국가에 증여를 한 경우 이러한 착오는 일조의 동기의 착오라 할 것이나 그 동기를 제공한 것이 관계 공무원이었고 그러한 동기의 제공이 없었더라면 위 토지를 선뜻 국가에게 증여하지는 않았을 것이라면 그 동기는 증여행위의 중요부분을 이룬다고 할 것이므로 뒤늦게 그 착오를 알아차리고 증여계약을 취소했다면 그 취소는 적법하다(대판 1978. 7. 11. 78다719).

동기의 착오

① 동기가 의사표시의 내용으로 표시되었을 때, 동기의 착오도 착오의 문제로 다루어 취소할 수 있다(대판 1984. 11. 23. 83다카1187).

② 공(空) 리스에 있어서 리스 물건의 존재 여부에 관한 보증인의 착오는 동기의 착오에 불과하다(대판 2001. 2. 23. 2000다48135).

③ 상대방의 경계선 침범주장에 따라 착오로 보상금을 지급한 경우, 진정한 토지경계선의 착오는 동기의 착오이나 그 착오가 상대방으로부터 연유한 것이므로(이른바, 유발된 동기의 착오), 법률행위의 중요부분의 착오로서 착오자는 일반적인 동기의 착오와는 달리 표시 여부를 불문하고 보상금지급약정을 취소할 수 있다(대판 1991. 3. 27. 90다카27440).

④ 동기의 착오가 법률행위의 내용의 중요부분의 착오에 해당함을 이유로 표의자가 법률행위를 취소하려면 그 동기를 당해 의사표시의 내용으로 삼을 것을 상대방에게 표시하고 의사표시의 해석상 법률행위의 내용으로 되어 있다고 인정되면 충분하고 당사자들 사이에 별도로 그 동기를 의사표시의 내용으로 삼기로 하는 합의까지 이루어질 필요는 없지만, 그 법률행위의 내용의 착오는 보통 일반인이 표의자의 입장에 섰더라면 그와 같은 의사표시를 하지 아니하였으리라고 여겨질 정도로 그 착오가 중요한 부분에 관한 것이어야 한다(대판

2000. 5. 12. 2000다12259).

⑤ 매매에서 매도인이 목적물의 가격을 잘 몰라서 대금과 시가, 환율에 차이가 생겨도 이는 의사표시의 동기의 착오에 불과하다(대판 1955. 7. 7. 4288민상66).

착오와 중대한 과실

① 표의자의 '중대한 과실'의 존재 여부에 대하여는 상대방이 이를 입증하여야 한다. 그러나, 상대방이 그 사정을 알면서 이를 이용한 경우에는, 상대방은 표의자의 중과실을 원용할 수 없다(대판 1955. 11. 10. 4288민상321).

② 공장을 경영하는 자가 새로운 공장을 설립할 목적으로 토지를 매수함에 있어서 공장을 건축할 수 있는지 여부를 관할청에 알아보지 않은 것은 착오자의 중과실로 인한 착오이므로, 착오자는 위 매매계약을 취소할 수 없다(대판 1993. 6. 29. 92다38881).

③ 부동산중개업자가 다른 점포를 매매목적물로 잘못 소개하여 매매목적물에 관하여 착오를 일으킨 경우, 매수인에게는 중대한 과실이 없다(대판 1997. 11. 28. 97다32772).

④ 공사도급계약에 관한 이행보증보험계약체결에 있어서 공사의 실제 착공일에 관한 보험자의 착오는 법률행위의 중요부분에 관한 착오로서 보험자가 위 이행보증보험계약을 취소할 수 있다(대판 2002. 7. 26. 2001다36450).

⑤ '중대한 과실'이라 함은 표의자의 직업, 행위의 종류, 목적 등에 비추어 보통 요구되는 주의를 현저히 결여하는 것을 의미한다(대판 2000. 5. 12. 99다64995).

⑥ 고려청자로 알고 매수한 도자기가 진품이 아닌 것으로 밝혀진 경우, 매수인이 도자기를 매수하면서 자신의 골동품 식별 능력과 매매를 소개한 자를 과신한 나머지 고려청자 진품이라고 믿고 소장자를 만나 그 출처를 물어 보지 아니하고 전문적 감정인의 감정을 거치지 아니한 채 그 도자기를 고가로 매수하고 만일 고려청자가 아닐 경우를 대비하여 필요한 조치를 강구하지 아니한 잘못이 있다고 하더라도, 그와 같은 사정만으로는 매수인이 매매계약 체결시 요구되는 통상의 주의의무를 현저하게 결여하였다고 보기는 어렵다는 이유로 착오를

이유로 매매계약을 취소할 수 있다(대판 1997. 8. 22. 96다26657).

착오의 적용범위

① 행정처분에는 민법상의 착오에 관한 규정은 원칙적으로 적용되지 않는다(대판 1966. 9. 20. 66다1289).

② 소취하와 같은 소송행위에 관하여서도 제109조는 적용되지 않는다(대판 2004. 7. 9. 2003다46758).

③ 의사가 환자 측과 의료과오에 따른 약물중독으로 알고 화해계약을 체결한 경우, 환자의 사망원인이 약물중독이 아닌 우발성 뇌출혈로 판명되었으면 위 화해계약은 '분쟁 이외의 원인'에 착오가 있는 것이므로 의사는 화해계약을 착오로 인하여 취소할 수 있다(대판 1990. 11. 9. 90다카22674).

④ 교통사고에 가해자의 과실이 경합되어 있는데도 오로지 피해자의 과실로 인하여 발생한 것으로 착각하고 치료비를 포함한 합의금으로 실제 입은 손해액보다 훨씬 적은 금원인 금 7,000,000원만을 받고 일체의 손해배상청구권을 포기하기로 합의한 경우, 그 사고가 피해자의 전적인 과실로 인하여 발생하였다는 사실은 쌍방 당사자 사이에 다툼이 없어 양보의 대상이 되지 않았던 사실로서 화해의 목적인 분쟁의 대상이 아니라 그 분쟁의 전제가 되는 사항에 해당하는 것이므로 피해자 측은 착오를 이유로 화해계약을 취소할 수 있다(대판 1997. 4. 11. 95다48414).

⑤ 민법 제109조는 의사표시에 착오가 있는 경우 이를 취소할 수 있도록 하여 표의자를 보호하면서도, 착오가 법률행위 내용의 중요 부분에 관한 것이 아니거나 표의자의 중대한 과실로 인한 경우에는 취소권 행사를 제한하는 한편, 표의자가 의사표시를 취소하는 경우에도 취소로 선의의 제3자에게 대항하지 못하도록 하여 거래의 안전과 상대방의 신뢰를 아울러 보호하고 있다. 이러한 민법 제109조의 법리는 적용을 배제하는 취지의 별도 규정이 있거나 당사자의 합의로 적용을 배제하는 등의 특별한 사정이 없는 한 원칙적으로 모든 사법(私法)상 의사표시에 적용된다(대판 2014. 11. 27. 2013다49794).

그 밖의 착오

① 토지 전부를 경작할 수 있는 농지인 줄 알고 매수하였으나 측량결과 절반의 면적이 하천인 경우, 성질의 착오에 해당한다(대판 1974. 4. 23. 74다54).

② 착오가 법률행위의 내용의 중요부분에 있다고 하기 위하여는 표의자에 의하여 추구된 목적을 고려하여 합리적으로 판단하여 볼 때 표시와 의사의 불일치가 객관적으로 존재하여야 하고, 만일 그 착오로 인하여 표의자가 무슨 경제적인 불이익을 입은 경우가 아니라고 한다면 이를 법률행위내용의 중요부분의 착오라고 할 수 없다(대판 1999. 2. 23. 98다47924).

③ 재건축조합이 재건축아파트설계용역계약을 체결할 때에 상대방의 건축사자격 유무에 관한 착오는 법률행위의 중요부분의 착오에 해당한다(대판 2003. 4. 11. 2002다70884).

④ 주채무자의 차용금반환채무를 보증할 의사로 공정증서에 연대보증인으로 서명·날인하였으나 그 공정증서가 주채무자의 기존의 구상금채무 등에 관한 준소비대차계약의 공정증서이었던 경우, 소비대차계약과 준소비대차계약의 법률효과는 동일하므로 공정증서가 연대보증인의 의사와 다른 법률효과를 발생시키는 내용의 서면이라고 할 수 없어 표시와 의사의 불일치가 객관적으로 현저한 경우에 해당하지 않을 뿐만 아니라, 연대보증인은 주채무자가 채권자에게 부담하는 차용금반환채무를 연대보증할 의사가 있었던 이상 착오로 인하여 경제적인 불이익을 입었거나 장차 불이익을 당할 염려도 없으므로 위와 같은 착오는 연대보증계약의 중요 부분의 착오가 아니다(대판 2006. 12. 7. 2006다41457).

⑤ 민법 제109조의 법리는 적용을 배제하는 취지의 별도 규정이 있거나 당사자의 합의로 적용을 배제하는 등의 특별한 사정이 없는 한 원칙적으로 모든 사법(私法)상 의사표시에 적용된다. 따라서 '자본시장과 금융투자업에 관한 법률'에 따라 거래소가 개설한 금융투자상품시장에서 이루어지는 증권이나 파생상품 거래의 경우 거래의 안전과 상대방의 신뢰를 보호할 필요성이 크다고 하더라도 거래소의 업무규정에서 민법 제109조의 적용을 배제하거나 제한하고 있는 등의 특별한 사정이 없는 한 거래에 대하여 민법 제109조가 적용되고, 거래의

안전과 상대방의 신뢰에 대한 보호도 민법 제109조의 적용을 통해 도모되어야 한다(대판 2014. 11. 27. 2013다49794).

5. 사기·강박에 의한 의사표시

(1) 개 관

사기·강박에 의한 의사표시는 표의자가 의사결정을 함에 있어서 타인의 부당한 간섭을 받아 자유롭지 못한 상태에서 한 의사표시라는 공통점을 가지며, 양자 모두 표의자의 의사형성의 동기에 하자가 있는 경우이다.

그러나 양자는 부당한 간섭의 내용이 사기(詐欺)와 강박(强迫)이라는 점에서 다를 뿐 그 요건 및 효과·적용범위에서는 제110조에 의해서 일률적으로 같이 다루어진다.

(2) 의 의

사기에 의한 의사표시는 표의자가 타인(상대방 또는 제3자)의 기망(속임수)에 의하여 착오에 빠져서 한 의사표시를 말한다.

또한 강박에 의한 의사표시는, 표의자가 타인(상대방 또는 제3자)의 해악의 고지에 의하여 두려움(공포심)에 빠져서 한 의사표시를 말한다.

(3) 요 건

1) 사기자(강박자)에게 2중의 고의가 있을 것

여기서 '2중의 고의'라 함은 2단계의 고의로서 사기자(강박자)가 표의자에게 착오(공포심)를 일으키게 하려는 고의와 표의자가 이 착오(공포심)로 인하여 의사표시를 하게 하려는 고의를 말한다.

여기서 사기자(강박자)는 상대방일 수도 있고, 제3자일 수도 있다.

2) 기망행위(강박행위)가 있을 것

기망행위(欺罔行爲)는 진실이 아닌 사실을 진실이라고 표시하는 행위를 말하며,

강박행위(强迫行爲)는 상대방에게 두려움을 일으키게 하는 행위를 말한다. 기망행위나 강박행위는 적극적인 것은 물론이고 모두 단순한 침묵이나 부작위 등과 같이 소극적인 것에 의하여서도 가능하다.

또한 의견(진술)의 평가도 기망이 될 수 있다(예컨대 감정인이 2등품을 1등품으로 통지한 경우).

또 일반적으로 부정행위에 대한 고소, 고발은 그것이 부정한 이익을 목적으로 하는 것이 아닌 때에는 정당한 권리행사가 되어 위법하다고 할 수 없으나, 부정한 이익의 취득을 목적으로 하는 경우에는 위법한 강박행위가 되는 경우가 있고 목적이 정당하다 하더라도 행위나 수단 등이 부당한 때에는 위법성이 있는 경우가 있을 수 있다(대판 1992. 12. 24. 92다25120).

3) 사기(강박행위)가 위법할 것

사기 및 강박행위는 언제나 위법한 것은 아니고, 거래상 요구되는 신의칙에 반하는 것으로서 정당한 이유가 없어야 한다. 따라서 노점상이나 고물상의 사기와 같이 일반적으로 예견되는 '허용된 사기'는 사기가 아니다(다수설). 판례도 "당사자 일방이 알고 있는 정보를 상대방에게 사실대로 고지하여야 할 신의칙상 의무가 인정된다고 볼만한 특별한 사정이 없는 한, 매수인이 목적물의 시가를 묵비하여 매도인에게 고지하지 아니하거나 혹은 시가보다 낮은 가액을 시가라고 고지하였다 하더라도, 상대방의 의사결정에 불법적인 간섭을 하였다고 볼 수 없다."고 판단하고 있다(대판 2014. 4. 10. 2012다54997).

그러나 대형백화점의 이른바 변칙세일, 즉 종전 판매가격을 실제보다 높게 표시하여 할인판매를 가장한 정상판매를 기도하거나 할인율을 기망하는 것은 기망행위(사기)에 해당한다(판례).

또한 강박의 정도가 극심하여 표의자의 의사결정의 자유가 완전히 박탈된 상태에서 이루어진 법률행위는 '의사무능력자의 법률행위'로서 무효이므로, 처음부터 효력이 없게 된다(대판 2002. 12. 10. 2002다5603).

4) 착오(공포심)와 의사표시 사이에 인과관계가 있을 것

표의자가 착오(공포심)에 빠지고, 그 착오(공포심)로 인하여 의사표시를 할 것을 요한다. 여기서, 인과관계는 객관적인 것뿐만 아니라 주관적인 것에 지나지 않아도 무방하다.

5) 입증책임

사기 및 강박에 의한 의사표시의 요건은 취소를 주장하는 자가 이를 입증하여야 한다.

(4) 효 과

1) 상대방의 사기(강박)의 경우

위의 요건을 갖추면 사기(강박)에 의한 의사표시는 취소할 수 있다(110조 1항). 그러나 표의자가 그 의사표시를 취소하지 않으면 일단 유효하고, 취소한 경우에 비로소 행위시에 소급하여 무효로 된다(141조).

2) 제3자의 사기(강박)의 경우

가) 상대방 있는 의사표시인 경우

이 경우는 상대방이 사기(강박)의 사실을 알았거나 알 수 있었을 때에 한하여 표의자가 의사표시를 취소할 수 있다(110조 2항).

여기서 대리인이나 사자(使者 : 심부름꾼)와 같이 상대방과 동일시할 수 있는 자의 사기는 제3자의 사기에 해당하지 않는다. 그러나 단순히 상대방의 피용자이거나 상대방이 사용자책임을 져야 할 관계에 있는 피용자에 지나지 않는 이상 상대방과 동일시 할 수 없으므로, 위 피용자는 제3자에 해당한다(대판 1999. 2. 23. 98다60828).

나) 상대방 없는 의사표시의 경우

이 경우는 상대방이 사기(강박)의 사실을 알았거나 알 수 있었을 경우라는 것을 상정할 여지가 없으므로, 사기(강박)에 의한 표의자가 언제든지 취소할 수 있다.

3) 제3자에 대한 관계

사기(강박)에 의한 의사표시를 취소하는 경우에도 그 취소로 선의의 제3자에게

대항할 수 없다(110조 3항). 여기서 선의의 제3자 보호와 관련된 '선의', '제3자', '대항할 수 없다' 등의 해석은 통정허위표시의 경우(108조 2항)와 같다.

(5) 적용범위

비정상적인 의사표시의 규정의 적용을 받지 않는 경우의 예는 사기(강박)에 의한 의사표시에도 마찬가지이다. 따라서 가족법상의 행위와 주식인수의 청약 등 일정한 상행위 및 행정처분 등 공법상의 행위·소송행위에는 제110조가 적용되지 않는다.

(6) 관련문제

사기(강박)의 요건이 동시에 불법행위의 요건을 충족하는 경우에 양자는 경합한다. 따라서 표의자는 그 의사표시만을 취소할 수도 있고, 취소함은 물론 손해배상 책임도 같이 주장할 수도 있다(학설).

관련판례

사기에 의한 의사표시

① 다소의 과장이나 허위가 수반되는 것은 일반 상거래의 관행과 신의칙에 비추어 시인될 수 있는 한 기망성이 결여된다고 하겠으나, 대형백화점의 이른바 변칙세일(즉, 종전가격을 실제보다 높게 표시하여 할인판매를 가장한 정상판매를 기도하거나 할인율을 기망하는 것)은 상술을 넘어선 것으로서 사기에 해당한다(대판 1993. 8. 13. 92다526665).

② 특별한 사정이 없는 한 매수인이 시가를 알면서도 시가보다 싼 금액을 시가라고 말한 경우에는 기망행위(사기)가 아니다(대판 1959. 1. 29. 4291민상139; 동 2014. 4. 10. 2012다54997).

③ 리스이용자와 공급자 사이에서 미리 결정된 매매가격이 거래관념상 극히 고가로 이례적인 것이어서 리스회사에게 불측의 손해를 가할 염려가 있는

경우와 같은 특별한 사정이 있는 경우에는, 리스물건공급자는 리스 회사에게 그 매매가격의 내역을 고지하여 승낙을 받을 신의칙상의 주의의무를 부담하며, 리스회사는 이를 고지 받지 못한 경우 '부작위에 의한 기망'으로 위 리스계약을 취소할 수 있다(대판 1997. 11. 28. 97다26098).

④ 상품의 선전 광고에 있어서 거래의 중요한 사항에 관하여 구체적 사실을 신의성실의 의무에 비추어 비난받을 정도의 방법으로 허위로 고지한 경우에는 기망행위에 해당한다고 할 것이나, 그 선전 광고에 다소의 과장 허위가 수반되는 것은 그것이 일반 상거래의 관행과 신의칙에 비추어 시인될 수 있는 한 기망성이 결여된다고 할 것이고, 또한 용도가 특정된 특수시설을 분양받을 경우 그 운영을 어떻게 하고, 그 수익은 얼마나 될 것인지와 같은 사항은 투자자들의 책임과 판단하에 결정될 성질의 것이므로, 상가를 분양하면서 그 곳에 첨단 오락타운을 조성하고 전문경영인에 의한 위탁경영을 통하여 일정 수익을 보장한다는 취지의 광고를 하였다고 하여 이로써 상대방을 기망하여 분양계약을 체결하게 하였다거나 상대방이 계약의 중요부분에 관하여 착오를 일으켜 분양계약을 체결하게 된 것이라 볼 수 없다(대판 2001. 5. 29. 99다55601·55618).

⑤ 행정처분에 관하여는 제110조는 적용되지 않는다(대판 1959. 10. 1. 4292민상174).

⑥ 소취하와 같은 소송행위에 관하여서도 역시 제110조는 적용되지 않는다(대판 1983. 4. 12. 80다3251).

⑦ 상대방 있는 의사표시에 관하여 제3자가 사기나 강박을 한 경우에는 상대방이 그 사실을 알았거나 알 수 있었을 경우에 한하여 그 의사표시를 취소할 수 있으나, 상대방의 대리인 등 상대방과 동일시할 수 있는 자의 사기나 강박은 제3자의 사기·강박에 해당하지 아니한다(대판 1999. 2. 23. 98다60828).

⑧ 은행의 출장소장이 어음할인을 부탁받자 그 어음이 부도날 경우를 대비하여 담보조로 받아두는 것이라고 속이고 금전소비대차 및 연대보증 약정을 체결한 후 그 대출금을 자신이 인출하여 사용한 사안에서, 위 출장소장의 행위는 은행 또는 은행과 동일시할 수 있는 자의 사기일 뿐 제3자의 사기로 볼 수 없으므로, 은행이 그 사기사실을 알았거나 알 수 있었을 경우에 한하여 위 약정을 취소할 수 있는 것은 아니다(대판 1999. 2. 23. 98다60828).

⑨ 특별한 사정이 없는 한 파산관재인은 사기에 의한 의사표시에 따라 외형상 형성된 법률관계를 토대로 실질적으로 새로운 법률상 이해관계를 가지게 된 민법 제110조 제3항의 제3자에 해당하고, 파산채권자 모두가 악의로 되지 않는 한 파산관재인은 선의의 제3자라고 할 수밖에 없다(대판 2010. 4. 29. 2009다96083).

⑩ 구 표시·광고의 공정화에 관한 법률(2011. 9. 15. 법률 제11050호로 개정되기 전의 것, 이하 '표시광고법'이라 한다)상 허위·과장광고로 인한 손해배상청구권을 가지고 있던 아파트 수분양자가 수분양자의 지위를 제3자에게 양도하였다는 사정만으로 양수인이 당연히 위 손해배상청구권을 행사할 수 있다고 볼 수는 없고, 다만 허위·과장광고를 그대로 믿고 허위·과장광고로 높아진 가격에 수분양자 지위를 양수하는 등으로 양수인이 수분양자 지위를 양도받으면서 허위·과장광고로 인한 손해를 입었다는 등의 특별한 사정이 있는 경우에만 양수인이 손해배상청구권을 행사할 수 있다(대판 2015. 7. 23. 2012다15336).

강박에 의한 의사표시

① 강박에 의한 의사표시라고 하려면 상대방이 불법으로 어떤 해악을 고지하므로 말미암아 공포를 느끼고 의사표시를 한 것이어야 하므로 각서에 서명 날인할 것을 강력히 요구하였다고 설시한 것은 심리미진 또는 강박에 의한 의사표시의 법리를 오해한 것이라 할 것이다(대판 1979. 1. 16. 78다1968).

② 상대방 또는 제3자의 강박에 의하여 의사결정의 자유가 완전히 박탈된 상태에서 이루어진 의사표시는 효과의사에 대응하는 내심의 의사가 결여된 것이므로 무효라고 볼 수밖에 없으나, 강박이 의사결정의 자유를 완전히 박탈하는 정도에 이르지 아니하고 이를 제한하는 정도에 그친 경우에는 그 의사표시는 취소할 수 있음에 그치고 무효라고까지 볼 수 없다(대판 1984. 12. 11. 84다카1402).

③ 법률행위 취소의 원인이 될 강박이 있다고 하기 위하여서는 표의자로 하여금 외포심을 생기게 하고 이로 인하여 법률행위 의사를 결정하게 할 고의로써 불법으로 장래의 해악을 통고할 경우라야 한다(대판 1992. 12. 24. 92다25120).

④ 일반적으로 부정행위에 대한 고소·고발은 그것이 부정한 이익을 목적으로 하는 것이 아닌 때에는 정당한 권리행사가 되어 위법하다고 할 수 없는 것인바, 간통으로 고소하지 않기로 하는 등의 대가로 금 170,000,000원의 합의금을 받게 된 경우, 상간자의 배우자가 부정한 이익을 목적으로 위법한 강박행위를 한 것으로 볼 수 없다(대판 1997. 3. 25. 96다47951).

Ⅲ. 의사표시의 효력발생

1. 의사표시의 효력발생시기

(1) 입법주의와 민법의 태도

1) 입법주의

의사표시의 효력발생시기에 관한 입법주의로는 표백주의(表白主義), 발신주의(發信主義), 도달주의(到達主義), 요지주의(了知主義) 등이 있다.

가) 표백주의

이는 의사표시의 외형이 완성되었을 때에 의사표시의 효력이 생긴다는 주의이다. 이에 의하면, 청약의 의사표시를 적은 청약서를 작성한 때 효력이 발생하게 된다.

나) 발신주의

이는 의사표시의 외형을 완성한 표의자가 상대방에게 보내어졌을 때 효력이 생긴다는 주의이다. 이에 의하면, 표의자가 청약의 의사표시를 적은 청약서를 상대방에게 발송한 때 효력이 발생하게 된다.

다) 도달주의

이는 표의자가 상대방에게 보낸 의사표시가 상대방이 이해할 수 있는 지배권의 범위 안에 들어간 때 효력이 생긴다는 주의이다. 이에 의하면, 표의자가 발송한 청약서가 상대방 주소지의 수신함에 투입된 때, 또는 동거하는 가족이 수령한 때 효력이 발생하게 된다.

라) 요지주의

이는 도달된 표의자의 의사표시의 내용을 상대방이 알게 된 때 효력이 생긴다는 주의이다. 이에 의하면, 상대방이 도달된 청약서의 읽고 그 내용을 알게 된 때 효력이 발생하게 된다.

2) 민법의 태도

가) 원 칙

제111조 제1항은 "상대방 있는 의사표시는 그 통지가 상대방에 도달한 때로부터 그 효력이 생긴다."고 규정하여 도달주의의 원칙을 채택하고 있다. 따라서 상대방이 없는 경우에는 성립과 동시에 효력이 발생하나, 특별규정(48조 1항, 1072조)이 있는 경우에는 그에 따른다.

나) 예 외

다만 위의 도달주의 원칙에 대하여 다음 몇 가지의 경우에서는 의사표시의 효력을 신속히 발생시키기 위하여 발신주의의 예외를 채택하고 있다.

① 제한능력자의 상대방의 최고에 대한 본인 등의 확답(15조)

② 사원총회소집의 통지(71조)

③ 무권대리인의 상대방의 최고에 대한 본인의 확답(131조)

④ 채권자의 채무인수인에 대한 승낙의 확답(455조)

⑤ 격지자 사이의 계약승낙의 통지(531조)

(2) 도달의 의미와 효과

1) 도달의 의미

여기서 도달이라 함은 사회통념상 상대방이 통지의 내용을 알 수 있는 객관적 상태에 놓여 있는 경우를 가리키는 것으로서, 상대방이 통지를 현실적으로 수령하거나 통지의 내용을 알 것까지는 필요로 하지 않는 것이므로(대판 1983. 8. 23. 82다카439), 상대방이 정당한 사유 없이 통지의 수령을 거절한 경우에는 상대방이 그 통지의 내용을 알 수 있는 객관적 상태에 놓여 있는 때에 의사표시의 효력이 생기는 것으로 보아야 한다(대판 2008. 6. 12. 2008다19973). 따라서 도달은 의사표시의 상대방이 표의자의 의사표시를 숙지(이해)할 수 있는 지배권 안에 들어간 상태가 된 것을 말한다. 예컨대 우편이 상대방 주소지의 수신함에 투입된 때, 또는 동거하는 친족·가족이나 고용인이 수령한 때 등은 모두 도달한 것으로 효력이 생긴다.

또한 의사표시가 상대방이 이를 숙지할 수 있는 지배권 안에 들어가면 상대방이 정당한 이유 없이 수령을 거절하여도 도달로서의 효력이 인정된다.

2) 도달의 효과

가) 의사표시의 연착과 불착

도달주의를 취한 결과, 의사표시의 연착(延着)·불착(不着)으로 인한 불이익은 표의자에게 돌아간다.

나) 의사표시의 철회

의사표시는 상대방에게 도달한 때에 그 효력이 생기므로, 일단 도달해 버리면 비록 상대방이 아직 숙지(요지)하기 전이라도 표의자는 이를 임의로 철회하지 못한다.

다) 발신 후의 사정변경

의사표시는 발신 후 표의자가 사망하거나 행위능력을 잃더라도 의사표시의 효력에는 아무런 영향이 없다(111조 2항). 따라서 대리권과 같은 의사표시를 할 권한의 상실도 의사표시의 효력에는 영향이 없다. 이는 표의자에게 아무런 불이익이 없을 뿐만 아니라 상대방에게도 뜻하지 않은 손해를 줄 염려가 없기 때문이다.

라) 임의규정성

의사표시의 효력발생시기를 규정한 제111조는 임의규정이므로, 당사자가 이와 다르게 약정하면 그것은 유효하다.

(3) 적용범위

도달주의의 원칙은 격지자(隔地者) 사이나 대화자(對話者) 사이에 모두 적용된다. 여기서 격지자와 대화자는 물리적 거리관념이 아닌 시간적 관념에 따른 것이다. 따라서 물리적 거리가 떨어져 있어도 전화 등의 통신수단에 의해서 의사표시를 주고받을 수 있는 상태에 있으면 대화자이다.

또한 도달주의 원칙은 의사의 통지, 관념의 통지 등의 준법률행위에도 적용된다(통설, 판례).

또 도달주의 원칙은 성질에 반하지 않는 한 행정처분 등 공법상의 행위에도 적용된다(통설). 판례도 상대방이 있는 행정처분의 경우 특별한 규정이 없는 한 의사표시의 일반적 법리에 따라 그 행정처분이 상대방에게 고지(도달)되어야 효력을 발생하는 것으로 이해하고 있다(대판 2009. 11. 12. 2009두11706).

관련판례

도 달

① 내용증명(등기우편)으로 발송한 우편물은 특별한 사정이 없는 한 그 무렵에 배달한 것으로 추정된다(대판 1980. 1. 15. 79다1498).

② 통상우편으로 발송된 우편물에 대하여는 발송이 입증되었더라도 배달된 것으로 추정되지 않는다(대판 1984. 2. 14. 83누233; 동 2002. 2. 5. 2001다70559).

③ 우편이 수신함에 투입된 때, 또는 동거하는 친족·가족이나 고용인이 수령한 때 등은 모두 도달한 것으로서 효력이 생긴다(대판 1983. 8. 23. 82다카439).

④ 채권양도의 통지는 채무자에게 도달됨으로써 효력이 발생하는 것이고, 여기서 도달이라 함은 사회통념상 상대방이 통지의 내용을 알 수 있는 객관적 상태에 놓여졌다고 인정되는 상태를 가리킨다. 이와 같이 도달은 보다 탄력적인 개념으로서 송달장소나 수송달자 등의 면에서 위에서 본 송달에서와 같은 엄격함은 요구되지 아니하며, 이에 송달장소 등에 관한 민사소송법의 규정을 유추적용할 것이 아니다. 따라서 채권양도의 통지는 민사소송법상의 송달에 관한 규정에서 송달장소로 정하는 채무자의 주소·거소·영업소 또는 사무소 등에 해당하지 아니하는 장소에서라도 채무자가 사회통념상 그 통지의 내용을 알 수 있는 객관적 상태에 놓여졌다고 인정됨으로써 족하다(대판 2010. 4. 15. 2010다57).

2. 의사표시의 공시송달

(1) 의 의

의사표시는 도달에 의하여 효력을 발생하므로, 표의자가 자기의 과실 없이 상대방을 알 수 없거나 그의 소재를 알 수 없을 경우에는 의사표시의 효력을 발생시킬 수 없게 된다. 이러한 불편을 제거하기 위한 제도가 '공시송달(公示送達)'이다(113조).

(2) 요 건

제113조의 규정에 따라 공시송달은 다음의 두 가지 요건을 갖추어야 한다.

가) 상대방을 알지 못하거나, 상대방의 소재를 알지 못할 것

나) 상대방 또는 그의 소재를 알지 못하는 데 표의자에게 과실이 없을 것

(3) 공시방법

공시송달의 공시방법은 민사소송법이 전하는 공시송달의 규정(동법 195조)에 의한다. 이에 의하면, 공시송달은 법원사무관등이 송달할 서류를 보관하고 그 사유를 법원게시판에 게시하거나, 대법원규칙이 정하는 방법에 따라서 하여야 한다.

(4) 효력발생시기

공시송달에 의한 의사표시의 효력발생은 다음에 의하며, 이 기간은 단축할 수 없다(민사소송법 196조 3항).

1) 원 칙

공고와 게시한 날로부터 2주일을 경과한 때(동조 1항)

2) 예 외

외국에서 할 공시송달은 게시한 날로부터 2월이 경과한 때(동조 2항)

3. 의사표시의 수령능력

(1) 의 의

의사표시의 수령능력은 타인이 한 의사표시의 내용을 이해할 수 있는 능력을 말한다.

따라서 수령능력은 행위능력보다는 그 정도가 낮아도 좋다고 하여야 할 것이나, 민법은 모든 제한능력자를 일률적으로 의사표시의 수령제한능력자로 하고 있으므로 수령능력은 행위능력과 같다(112조 본문).

(2) 제한능력자에 대한 의사표시의 효력

1) 제한능력자에 대한 의사표시는 표의자가 그 도달(효력발생)을 주장할 수 없으나, 상대방이 제한능력자이더라도 그의 법정대리인이 도달을 안 뒤에는 의사표시의 도달을 주장할 수 있다(112조 단서). 그러나 제한능력자에게 표의자의 의사표시가 도달하였더라도 제한능력자 쪽에서는 표의자에게 도달(수령)을 주장할 수 있다(통설).

2) 제한능력자 중 미성년자와 피한정후견인, 피성년후견인이 예외적으로 법정대리인의 동의 없이 단독으로 유효한 법률행위를 할 수 있는 경우에는 수령능력도 있게 된다.

그러므로 권리만을 얻거나 의무만을 면하는 행위(5조 1항 단서), 법정대리인이 범위를 정하여 처분을 허락한 재산의 처분행위(6조), 법정대리인의 허락을 얻은 특정의 영업행위(8조 1항), 대리행위(117조), 취소행위(140조), 법정대리인의 허락을 얻어 회사의 무한책임사원이 된 경우에 그 자격에 기인하는 행위(상법 7조) 등에는 그 범위에 한하여 수령능력도 당연히 있다(통설).

제5절 법률행위의 대리

Ⅰ. 서 설

1. 대리제도의 의의

대리(代理)는 타인인 대리인이 본인에 갈음하여 상대방과 의사표시(법률행위)를 하거나 또는 의사표시를 수령함으로써 그 효과를 본인에게 직접 귀속시키는 제도를 말한다.

2. 대리의 3면관계

대리에 있어서는 본인과 대리인 사이, 대리인과 상대방 사이, 본인과 상대방 사이의 3면의 관계가 생긴다. 즉 본인과 대리인 사이에는 대리권이, 대리인과 상대방과의 관계에서는 대리행위가, 본인과 상대방과의 관계에서는 대리효과(대리행위에 의한 법률행위의 귀속)가 문제로 된다. 이러한 대리에 있어서의 세 가지 기본적인 측면을 '대리의 3면 관계'라고 한다.

3. 대리제도의 사회적 작용

(1) 사적 자치의 확장

오늘날의 거래는 점차 복잡화·전문화되어감에 따라 어느 한 개인이 단독으로 그러한 거래를 처리한다는 것은 시간·공간 능력의 제한 등으로 매우 곤란하다. 이에 따라 거래를 확대하는 데는 타인이 자기를 대신하여 독립적으로 법률관계를 처리할 수 있는 자를 필요로 하게 되며, 이것이 대리제도의 사회적 작용인 사적 자치의 확장이다. 이는 주로 임의대리의 사회적 작용이다.

(2) 사적 자치의 보충

의사무능력자 또는 제한능력자가 단독으로 한 행위는 무효 또는 취소할 수 있는 행위가 되어 완전히 유효하지 못하다. 따라서 이들의 행위가 유효하기 위해서는 법정대리인이 필요하게 되며, 이것이 대리제도의 사회적 작용인 사적 자치의 보충이다. 따라서 이는 주로 법정대리의 사회적 작용이다.

4. 대리의 본질

(1) 의 의

대리의 본질은 대리행위의 당사자가 누구인가와 대리인이 한 행위의 효과가 본인에게 귀속되는 근거가 무엇이냐에 관한 것을 밝히는 문제이다.

(2) 본질에 관한 학설

대리의 본질에 관하여는 연혁적으로 대리인의 행위를 본인의 행위로 의제한다는 본인행위설, 대리인이 대리의사를 가지고 있으므로 현실의 행위자인 대리인을 행위의 당사자로 보는 대리인행위설, 본인의 수권에 의해서 그 지시대로 대리인과 본인이 공동으로 행위한다는 공동행위설의 견해가 대립되어왔다. 이러한 다툼은 대리행위의 하자(흠)의 표준을 누구를 기준으로 삼을 것인가에 기초하는 것으로서 본인행위설은 본인을 표준으로 하고, 대리인행위설은 대리인을 표준으로 하며, 공동행위설은 관련 정도에 따라 본인과 대리인 모두가 표준으로 삼게 된다.

(3) 민법의 태도

대리의 본질에 관하여 우리 민법은 "의사표시의 효력이 의사의 흠결, 사기, 강박 또는 어느 사정을 알았거나 과실로 알지 못한 것으로 인하여 영향을 받을 경우에 그 사실의 유무는 대리인을 표준하여 결정한다."고 규정함으로써 대리행위의 하자 유무에 대해 원칙적으로 대리인을 표준으로 하여서 결정하는 입장인 대리인행위설을 취하고 있다(통설). 이에 의하면, 현실의 행위자인 대리인이 대리행위의 당사자가 되며, 대리인이 그의 행위를 직접 본인에게 귀속시키려는 의사인 '대리의사(代理意思)'를 가지고 행위를 하기 때문에 그 효과가 본인에게 귀속되는 것으로 이해하게 된다(116조 참조).

5. 대리와의 구별개념

(1) 사 자

이는 자신은 의사결정의 능력이 없고 본인이 완성한 의사표시를 기계적으로 상대방에게 전달하거나 표시하는 데 불과한 심부름꾼을 말한다. 사자(使者)에는 '전달기관으로서의 사자'(예컨대 편지로 의사표시를 전달하는 자)와 '표시기관으로서의 사자'(예컨대 말로 의사표시를 전하는 자)의 둘이 있다. 여기서 전달기관으로서의 사자는 권리능력만 있으면 된다는 점에서 대리(인)와 구별되며, 사자는 독립적 의사결정능력이 없다는 점에서도 대리와 구별된다.

(2) 대 표

이는 법인의 대표기관을 말하며, 대표는 법인의 대내적 존재라는 점에서 본인의 대외적 존재인 대리와 구별된다. 또 대표는 법률행위(재산행위)에만 적용되는 대리와는 달리 불법행위와 사실행위에도 적용된다.

(3) 간접대리

이는 보통의 대리가 직접대리임에 비하여, 타인의 계산 하에 자기의 이름으로 법률행위를 하고 그 효과를 본인에게 이전할 의무를 부담하는 관계를 말한다{예컨대 위탁매매(인)}. 간접대리의 경우도 본인을 위하여 하는 것이지만, 그 효과는 일단 모두 간접대리인인 행위자에게 귀속하고 그 다음에 본인에게 이전된다.

(4) 간접점유

타인이 물건을 사실상 지배하고 그 효과인 점유권을 본인이 가지게 되는 경우에 본인의 점유를 '간접점유'라고 하는데(194조), 구민법은 이를 대리점유라고 하였다. 그러나 점유는 의사표시가 아니므로, 이 점에서 대리와는 다르다.

(5) 제3자를 위한 계약

이는 계약당사자 아닌 제3자, 즉 계약당사자 이외의 자에게 그 계약으로부터 생기는 권리를 직접적으로 귀속케 하는 것을 내용으로 하는 계약을 말한다(539조 1항).

예컨대 甲·乙 사이의 계약으로 乙이 제3자인 丙에게 금 1,000만원의 채무를 부담하는 경우와 같은 것이며, 이때 채권자인 甲을 요약자(要約者)·채무자인 乙을 낙약자(諾約者)·제3자인 丙을 수익자(受益者)라고 한다. 이의 기능은 대리와 비슷하나 법적 구성이 다르다. 즉 대리에 있어서는 법률행위의 효과가 본인에게 직접 귀속되는데 반하여, 제3자를 위한 계약에서는 요약자가 계약당사자로서 권리·의무를 취득하고, 그 계약의 내용에 따라 낙약자에 대해서 제3자가 권리를 취득하는 것이므로(539조) 양자는 다르다.

(6) 재산관리인

부재자 등 타인의 재산적 사무를 처리하는 자를 재산관리인이라고 한다(22조, 25조 참조). 재산관리인은 대리로서의 성격을 가지나, 재산관리 이외의 필요성에도 대리가 인정되므로 양자가 일치하는 것은 아니다.

6. 대리가 인정되는 범위

(1) 원 칙

대리가 인정되는 것은 원칙적으로 법률행위(재산행위)에 한한다. 따라서 사실행위나 불법행위는 대리가 적용되지 않는다. 또, 혼인·입양·유언 등과 같이 본인의 의사를 절대적으로 필요로 하는 신분행위(가족법상의 행위)에도 대리가 적용되지 않는다.

그러나 근로기준법은 "친권자나 후견인은 미성년자의 근로계약을 대리할 수 없다."고 규정하고 있으므로, 재산행위이더라도 근로계약의 체결은 법정대리가 허용되지 않는다(동법 67조 1항).

(2) 예 외

그러나, 재산행위가 아니더라도 신분행위 중 재산행위의 성질을 겸하여 가지는 행위(예컨대 부양청구권의 행사)에 관해서는 대리가 가능하다. 또 준법률행위 가운데 일정한 의식내용을 표현하는 의사의 통지(예컨대 최고·거절)·관념의 통지(예컨대 채권양도의 통지나 승낙)에도 대리가 유추적용된다. 그러나 준법률행위 중에서도 사실행위나 감정의 표시에는 대리가 적용되지 않는다(통설).

관련판례

대리의 적용범위

① 민법 제450조에 의한 채권양도통지는 양도인이 직접 하지 아니하고 사자를 통하여 하거나 대리인으로 하여금 하게 하여도 무방하고, 채권의 양수인도 양도인으로부터 채권양도통지권한을 위임받아 대리인으로서 그 통지를 할 수 있다(대판 2004. 2. 13. 2003다43490).

② 채권의 양수인이 양도인으로부터 채권양도통지 권한을 위임받아 대리인으로서 그 통지를 함에 있어서 그 통지가 본인인 채권의 양도인을 위한 것임을 표시하지 아니한 경우라도 채권양도통지를 둘러싼 여러 사정에 비추어 양수인이 대리인으로서 통지한 것임을 상대방이 알았거나 알 수 있었을 때에는 민법 제115조 단서의 규정에 의하여 유효하게 되나, 이는 채권의 양수인이 양도인으로부터 채권양도통지 권한을 위임받아 그에 대한 대리권을 가지고 있음을 전제로 하는 것이다(대판 2008. 2. 14. 2007다77569).

7. 대리의 종류

(1) 임의대리와 법정대리

이는 대리권을 수여하는 기초가 무엇이냐에 의한 분류이다. 양자를 구별하는 실익은 복임권의 허용 여부에 있다(120조~122조 참조).

1) 임의대리

이는 본인의 부탁(위촉 : 수권행위)을 받아서 대리인이 되는 경우를 말한다.

2) 법정대리

이는 임의대리가 아닌 대리로서, 본인의 의사에 기인하지 않고 대리인이 되는 경우를 말한다.

(2) 능동대리와 수동대리

이는 대리행위의 모습에 의한 분류이다. 수동대리에는 현명주의의 원칙에 관한 민법 제114조 제1항과 같이 능동대리만을 전제로 한 규정이 아니라면 능동대리에 관한 법원칙이 부분적으로 적용된다.

1) 능동대리

이는 본인을 위하여 제3자(상대방)에게 의사표시를 하는 대리를 말하며(114조 1항), 이를 적극대리라고도 하다.

2) 수동대리

이는 본인을 위하여 제3자(상대방)의 의사표시를 수령하는 대리를 말하며(114조 2항), 이를 소극대리라고도 한다.

(3) 유권대리와 무권대리

이는 대리인이라 칭하여 행동하는 자가 정당한 대리권을 가지느냐의 여부에 의한 분류이다.

1) 유권대리

이는 정상적인 대리(대리권 있는 자에 의한 보통의 대리)를 말한다.

2) 무권대리

이는 대리권이 없는 자가 한 대리를 말한다. 이에는 좁은 의미의 무권대리(130조~136조)와 표현대리(125조, 126조, 129조)의 둘로 나누어 그 법률효과를 달리한다.

(4) 단독행위와 공동대리

이는 대리권행사의 단독성 여부에 의한 분류이다.

1) 단독대리

이는 각자 단독으로 하는 대리를 말한다. 수인의 대리인이 있는 경우에도 각자 본인을 대리하는 단독대리(각자대리)가 원칙이다(119조 본문).

2) 공동대리

이는 법률의 규정이나 수권행위에 의하여 수인이 공동으로만 대리할 수 있는 대리를 말한다(119조 단서).

Ⅱ. 대 리 권

1. 대리권의 의의 및 성질

(1) 의 의

대리권(代理權)은 타인인 대리인이 본인의 이름으로 법률행위(의사표시)를 하거나 수령하여 본인에게 직접 그 효과를 귀속시키게 할 수 있는 지위(자격)를 말한다.

(2) 법적 성질

종래 대리권의 법적 성질에 관하여는 여러 견해가 있었으나, 현재는 자격설로 이해하는 것이 통설이다. 이에 의하면 대리권은 권리(權利)가 아닌 권한(權限)으로 대리인이 본인에게 일정한 법률효과를 발생케 하는 지위 또는 자격이다.

2. 대리권의 발생원인

(1) 법정대리의 경우

법정대리는 본인의 위촉(수권행위)에 의하지 않는 것으로서, 이에는 다음과 같이 법률의 규정·일정한 자의 지정행위·법원의 선임행위에 의하여 발생한다. 그러나 위임관재인, 조합의 업무집행자, 사무관리자 등은 법정대리인이 아니다.

1) 법률의 규정

본인에 대하여 일정한 지위에 있는 자가 당연히 대리인이 되는 경우. 즉, 미성년자인 자녀에 대하여 친권을 행하는 부 또는 모(911조, 920조) 등이 이에 해당한다.

2) 사인(私人)의 지정행위

본인 이외의 일정한 사인(私人)이 지정하는 자가 대리인이 되는 경우인 지정후견인(931조)·지정유언집행자(1093조, 1094조)는 이에 해당한다.

3) 법원의 선임행위

법원이 선임하는 자가 대리인이 되는 경우, 지정후견인이나 당연히 후견인이 될 자가 없는 경우(936조), 또는 부재자의 재산관리인으로서 본인이 정한 자가 아닌 자(23조, 24조), 상속재산관리인(1023조, 1040조, 1044조, 1047조, 1053조), 유언집행자(1096조) 등이 이에 해당한다.

(2) 임의대리의 경우

임의대리는 본인의 수권행위에 의하여 발생한다.

수권행위는 대리를 발생시키는 위임계약 등의 기초적 내부관계와 독립한 별개의 행위이다(통설). 판례도 "위임과 대리권수여는 별개의 독립된 행위로서 위임은 위임자와 수임자 간의 내부적인 채권채무관계를 말하고 대리권은 대리인의 행위의 효과가 본인에게 미치는 대외적 자격을 말하는 것이므로 위임계약에 대리권수여가 수반되는 일은 있으나 위임계약만으로는 그 효력은 위임자와 수임자 이외에는 미치는 것이 아니므로 구민법 제655조의 취지는 위임종료의 사유는 이를 상대방에 통지하거나 상대방이 이를 안 때가 아니면 위임자와 수임자 간에는 위임계약에 의한 권리의무관계가 존속한다는 취지에 불과하고 대리권관계와는 아무런 관계가 없는 것이다."고 판시하여 수권행위의 독자성을 인정하고 있다.

요컨대 위임 등 기초적 계약관계만 존재하거나 대리권의 발생을 위한 수권행위만이 있을 수 있음을 고려할 때, 양자는 별개의 행위로 이해함이 타당하다.

여기서 수권행위는 다음의 성질을 가진다.

1) 수권행위는 단독행위이다

수권행위(대리권수여행위)는 당사자 사이의 합의를 요하는 계약이 아닌, 본인의 일방적 행위로서 대리인을 향한 상대방 있는 단독행위이다(다수설).

2) 수권행위는 불요식행위이다

수권행위는 대리권을 수여하였다는 증거로 위임장이라는 문서를 대리인에게 교부하는 것이 보통이나, 이는 반드시 서면 등의 특별한 방식을 요하지 않는 불요식행위이다. 따라서 수권행위는 묵시적인 의사표시로도 할 수 있다.

3) 수권행위는 무인행위이다

수권행위는 보통 위임 등의 본인과 대리인 사이의 기초적 내부관계(원인된 법률관계)에 수반하여 이루어진다. 그런데, 여기서 기초적 법률관계에 무효·취소 등의 실효원인이 있으면 수권행위도 이에 따라 소멸하느냐에 대하여 당연히 소멸한다는 유인설과 소멸하지 않는다는 무인설의 견해가 대립하고 있으나, 다수설은 무인설에 따라 수권행위를 무인행위로 이해한다.

3. 대리권의 범위와 제한

(1) 대리권의 범위

1) 법정대리

법정대리권의 범위는 대리권을 수여하는 수권법규에서 정하여진 범위에 의한다.

2) 임의대리

임의대리권의 범위는 원칙적으로 수권행위의 내용에 의하여 범위가 정하여진다.

여기서 수권행위에서 정하여진 대리권의 범위를 명확히 하는 것은 법률행위의 해석에 의하며, 당사자의 의사와 관행에 의하여 범위를 명백히 할 수 없는 경우에는 임의규정인 제118조에 의하게 된다.

이에 따라 제118의 규정에 의하여 대리권의 범위가 정하여지게 되면, 관리행위(보존행위와 변경행위가 아닌 이용행위, 개량행위)만을 할 수 있고, 처분행위와 변경행위는 이를 할 수 없다.

가) 보존행위

이는 재산의 가치를 그대로 유지하는 것을 목적으로 하는 행위를 말한다. 예컨대 가옥의 수선, 소멸시효의 중단, 미등기부동산의 등기, 부패하기 쉬운 물건의 매각처분, 채권의 추심 등이 이에 해당하면, 보존행위는 아무 제한 없이 할 수 있다(118조 1호).

나) 이용행위 및 개량행위

이용행위는 재산을 그 성질에 좇아서 유리하게 사용하는 행위(예컨대 금전의 이자부대여·가옥의 대여)를 말하고, 개량행위는 재산의 사용가치 또는 교환가치를 증가시키는 행위(예컨대 무이자금전대여를 이자부로 하는 행위·가옥에 가스보일러설비를 하는 행위)를 말한다.

이용행위와 개량행위는 대리의 목적이 된 '물건이나 권리의 성질을 변경하지 않는 범위' 안에서 유효하다.

다) 제118조 위반의 효과

무권대리행위가 된다. 따라서 절대 무효(확정 무효)가 되는 것은 아니다.

따라서 그 행위가 유효하게 본인에게 귀속되기 위해서는 본인의 추인이 있어야 한다(130조 참조).

라) 대리권의 범위가 명백하지 않은 대리인이 할 수 없는 행위

① 처분행위

예컨대 목적이 된 물건이나 권리의 양도, 저당권의 설정행위

② 변경행위

예컨대 목적이 된 예금채권을 주식으로 전환하는 행위, 은행예금을 찾아 개인에게 빌려주는 행위, 논을 밭으로 전환하는 행위

관련판례

대리권의 존재와 범위

① 임의대리에 있어서 대리권의 범위는 수권행위(대리권수여행위)에 의하여 정하여지는 것이므로 어느 행위가 대리권의 범위 내의 행위인지의 여부는 개별적인 수권행위의 내용이나 그 해석에 의하여 판단할 것이나, 일반적으로 말하면 수권행위의 통상의 내용으로서의 임의대리권은 그 권한에 부수하여 필요한 한도에서 상대방의 의사표시를 수령하는 이른바 수령대리권을 포함하는 것으로 보아야 한다(대판 1994. 2. 8. 93다39379).

② 임의대리권은 그 권한에 부수하여 상대방의 의사표시를 수령하는 수령대리권을 포함하며, 매매계약의 체결의 대리권을 수여받은 대리인은 중도금과 잔금을 수령할 권한도 있다고 보아야 한다(대판 1994. 2. 8. 93다39379; 동 2011. 8. 11. 2011다30871).

③ 소비대차계약의 알선을 수여받은 사채업자는 그 계약의 해제권까지 수여받은 것으로 볼 수 없다(대판 1997. 9. 30. 97다23372).

④ 금융기관에 대한 기명식 예금에 있어서는 금융기관이 누구를 예금주라고 믿었는가에 관계없이 예금을 실질적으로 지배하고 있는 자로서 자기의 출연에 의하여 자기의 예금으로 한다는 의사를 가지고 스스로 또는 사자, 대리인을 통하여 예금계약을 한 자를 예금주로 보아야 한다(대판 1995. 8. 22. 94다59042).

⑤ 예금계약의 체결을 위임받은 자가 가지는 대리권에 당연히 그 예금을 담보로 하여 대출을 받거나 이를 처분할 수 있는 대리권이 포함되어 있는 것은 아니다(대판 1995. 8. 22. 94다59042).

⑥ 사채알선업자가 사채를 얻으려는 사람으로부터 금전차용을 의뢰받을 시 담보물이 확실하기만 하면 담보관계서류를 받아 두고 사채를 놓을 사람이 금전을 대여하겠다고 하면 위 담보물을 잡게 하고 금전대여를 하도록 알선하는데, 사채를 쓰는 사람이건 놓는 사람이건 상대방이 누구인가를 상관하지 않고

사채알선업자만을 믿고 모든 것을 맡기는 경우에 있어서는 사채알선업자는 어느 일방만의 대리인이 아니고, 채권자 쪽을 대할 때에는 그 뒤에 있는 채무자 측의 대리인 역할을 하게 되는 것이고, 반대로 채무자 쪽을 대할 때에는 그 뒤에 있는 채권자 측의 대리인으로서 역할을 하게 된다고 볼 것이다(대판 1993. 1. 15. 92다39365).

⑦ 일반적으로 법률행위에 의하여 수여된 대리권은 원인된 법률관계의 종료에 의하여 소멸하는 것이므로 특별한 다른 사정이 없는 한, 본인을 대리하여 금전소비대차 내지 그를 위한 담보권설정계약을 체결할 권한을 수여받은 대리인에게 본래의 계약관계를 해제할 대리권까지 있다고 볼 수 없다(대판 1993. 1. 15. 92다39365).

⑧ 예금계약의 체결을 위임받은 자가 가지는 대리권에 당연히 그 예금을 담보로 대출을 받거나 이를 처분할 수 있는 대리권이 포함되어 있는 것은 아니다(대판 2002. 6. 14. 2000다38992).

⑨ 어떠한 계약의 체결에 관한 대리권을 수여받은 대리인이 수권된 법률행위를 하게 되면 그것으로 대리권의 원인된 법률관계는 원칙적으로 목적을 달성하여 종료하는 것이고, 법률행위에 의하여 수여된 대리권은 그 원인된 법률관계의 종료에 의하여 소멸하는 것이므로(민법 제128조), 그 계약을 대리하여 체결하였던 대리인이 체결된 계약의 해제 등 일체의 처분권과 상대방의 의사를 수령할 권한까지 가지고 있다고 볼 수는 없다(대판 2008. 6. 12. 2008다11276).

(2) 대리권의 제한

1) 자기계약·쌍방대리

가) 의 의

자기계약(自己契約)은 본인을 대리하는 대리인이 상대방의 자격을 같이 가지면서 본인을 대리하는 것을 말하며, 이를 상대방대리라고도 한다. 예컨대 본인 甲으로부터 그 소유의 A 부동산을 매각하는 대리권을 수여받은 대리인 乙이 A의 매수인이 되는 경우가 이에 해당한다.

또 쌍방대리(雙方代理)는 대리인 혼자서 본인과 상대방 쌍방(양쪽)을 대리하는 계약을 체결하는 것을 말한다. 예컨대 본인 甲으로부터 그 소유의 A 부동산을 매각하는 대리권을 수여받은 대리인 乙이 A의 매수인인 丙의 대리인으로서 혼자 甲·丙 사이의 A에 대한 매매계약을 체결하는 경우가 이에 해당한다.

나) 원칙(금지)

자기계약과 쌍방대리는 원칙적으로 금지된다(124조). 이는 본인의 이익을 해할 염려가 있기 때문이다. 따라서 자기계약·쌍방대리가 금지되는 이유가 현실적인 독립한 3인격자를 필요로 하기 때문이 아니다.

다) 예외(허용)

그러나 자기계약·쌍방대리이더라도 본인이 이를 허락(동의, 승낙)한 경우나 채무의 이행(변제)은 허용된다(124조). 따라서 본인의 허락 및 채무의 이행과 동일한 것으로 취급할 수 있는 경우인 주식의 명의개서, 부동산의 등기신청, 강제집행의 배당절차의 가입 등도 자기계약·쌍방대리가 허용된다(통설, 판례).

라) 예외의 예외(금지)

그러나 채무의 이행일지라도 대물변제(代物辨濟)·기한미도래 채무의 변제·다툼있는 채무의 변제·선택채무의 변제와 경개(更改)는 본인의 이익을 해할 염려가 있으므로, 자기계약이나 쌍방대리가 금지된다.

마) 금지위반의 효과와 적용

제124조를 위반한 자기계약·쌍방대리는 절대무효(확정무효)가 아니고, 무권대리(미확정무효)로 된다. 또 제124조는 임의대리·법정대리 양자에 모두 적용된다.

관련판례

쌍방대리가 유효한 경우

사채알선업자를 신뢰하여 그로 하여금 사채를 얻는 쪽과 놓는 쪽 쌍방을 대리하여 금전 소비대차계약과 담보권설정계약을 체결하도록 하는 방식으로 사채알선업을 하는 경우, 그 사채알선업자는 소비대차계약의 체결에 있어서 대주(貸主)에 대하여는 차주(借主)의 대리인 역할을 하고, 반대로 차주에 대하여는 대주의 대리인 역할을 하게 되는 것이고, 대주로부터 소비대차계약을 체결할 대리권을 수여받은 대리인은 특별한 사정이 없는 한 그 소비대차계약에서 정한 바에 따라 차주로부터 변제를 수령할 권한도 있다고 봄이 상당하므로 차주가 그 사채알선업자에게 하는 변제는 유효하다(대판 1997. 7. 8. 97다12273).

쌍방대리가 무효인 경우

민법 제124조는 "대리인은 본인의 허락이 없으면 본인을 위하여 자기와 법률행위를 하거나 동일한 법률행위에 관하여 당사자 쌍방을 대리하지 못한다."고 규정하고 있으므로 부동산 입찰절차에서 동일물건에 관하여 이해관계가 다른 2인 이상의 대리인이 된 경우(쌍방대리)에는 그 대리인이 한 입찰은 무효이다(대결 2004. 2. 13. 2003마44).

2) 공동대리

가) 제한의 취지와 적용범위

공동대리는 수인의 대리인이 공동으로만 대리할 수 있는 대리를 말한다. 공동대리는 각 대리인의 입장에서 보면 그의 대리권의 제한이라고 할 수 있다.

수인의 대리인이 있을 때에는 단독대리(각자대리)가 원칙이나(119조 본문), 법률의 규정 또는 수권행위에 다른 정한 바가 있을 때에는 공동대리에 의한다(동조 단서). 공동대리는 능동대리(能動代理)에만 적용된다(다수설).

나) 위반의 효과

공동대리의 제한에 위반하여 1인이 단독으로 대리한 경우에, 이는 권한을 넘은 표현대리(表見代理)가 된다.

다) 친권자의 이익상반 대리행위

법정대리인인 친권자는 미성년자녀와 서로 이익상반한 행위에 관하여는 대리권을 행사하지 못하며, 그 자녀를 위한 특별대리인의 선임을 법원에 청구하여야 한다(921조).

4. 대리권의 소멸

(1) 대리권의 소멸원인

1) 공통한 소멸원인

제127조에 의하면 다음이 대리권에 공통적으로 적용되는 소멸원인이다.

가) 본인의 사망

본인이 사망하면, 원칙적으로 대리인은 그의 상속인에 대하여 대리권이 소멸한다.

나) 대리인의 사망·성년후견의 개시·파산

대리인의 사망을 소멸원인으로 하는 이유는 법정대리·임의대리의 어느 경우에나 대리인이 사망한 때에 대리인을 상속인으로 하는 것은 부당하기 때문이다. 또, '대리인의 성년후견의 개시·파산'을 소멸원인으로 하는 이유는 대리권 발생 후의 사정의 변화로 본인과의 신뢰에 반하기 때문이다.

2) 임의대리(任意代理)에 특유한 소멸원인

제128조에 의하면 임의대리는 공통한 소멸원인 이외에 다음의 사유가 있으면 소멸한다.

가) 원인된 법률관계의 종료

임의대리권은 그 원인된 법률관계(기초적 내부관계)의 종료에 의하여 소멸한다(118조 전단). 다만 이는 임의규정이므로, 원인된 법률관계의 종료된 후에도 본인은 임의대리인의 대리권만을 존속시킬 수 있다(통설).

나) 수권행위의 철회

원인된 법률관계가 존속하고 있더라도 본인은 수권행위를 철회하여 대리권을 소멸시킬 수 있다.

3) 법정대리(法定代理)에 특유한 소멸원인

법정대리는 공통한 소멸원인 이외에 사퇴(939조), 자격상실(924조, 925조), 개임(23조) 등에 의하여 소멸한다.

(2) 대리권소멸의 효과

대리권이 소멸한 후에 한 대리행위는 무권대리로 된다. 다만, 상대방이 선의·무과실인 때에는 '대리권소멸 후의 표현대리'가 되어 그 대리행위의 효력이 발생하는 경우도 있다(129조 참조).

Ⅲ. 대리행위

1. 대리의사의 표시

(1) 현명주의의 원칙

대리인이 대리행위를 함에는 본인을 위한 것임을 표시하여야 하는데(114조 1항), 이를 현명주의(顯名主義)라고 한다. 이는 법률관계를 명확하게 하고 상대방의 이익을 보호하기 위한 것이다.

1) 본인을 위한 것이라는 의미

본인에게 법률효과를 귀속시키려고 하는 것이며, 본인의 '현실적인 이익을 위하여'라는 뜻은 아니다.

2) 현명의 방식

대리인이 대리행위를 함에 있어서 '본인을 위한 것'이라는 의사, 즉 대리의사는 표시되어야 한다. 여기서, 표시의 방식은 보통은 서면에 의하여 '甲의 대리인 乙'이라는 모습에 의하나, 본인을 위한 것이라는 표시를 함에는 그 방식에 아무런 제한이 없다. 따라서 현명의 방식은 반드시 명시적일 필요는 없고, 묵시적이라도 무방하다(115조 단서). 따라서 영업부장이 한 물품공급계약은 특별한 사정이 없는 한 회사를 대리하여 체결한 것으로 추정된다(대판 1968. 3. 5. 67다2297).

또한 계약서에 본인의 이름만을 적고 본인의 인장을 찍는 방법으로 대리행위를 하는 경우와 같이 마치 본인 자신이 하는 것과 같은 외관으로 행위를 하는 경우(이른바, 서명대리)에도 상대방이 그 사정을 안 경우에는 '대리의사'를 갖춘 유효한 대리행위로 본다(대판 1963. 5. 9. 63다67).

(2) 현명주의의 예외

1) 수동대리에는 현명주의가 적용되지 않는다(이 경우 오히려 상대방 쪽에서 현명하여야 한다. 114조 2항).

2) 상법 제48조는 "상행위의 대리인이 본인을 위한 것임을 표시하지 아니하여도 그 행위는 본인에 대하여 효력이 있다. 그러나 상대방이 본인을 위한 것임을 알지 못한 때에는 대리인에 대하여도 이 이행의 청구를 할 수 있다."고 규정하고 있다. 따라서 상행위에는 현명주의는 적용되지 않는다. 이는 상행위와 그 거래의 민활성을 확보하고 그 행위의 비개인적 성격을 고려한 특칙이다.

(3) 현명되지 않는 행위의 효력

본인을 위함이 현명되지 않을 때에는 대리인 자신을 위한 의사표시로서 효력이 발생한다(115조 본문).

그러나 이 경우 상대방이 대리인으로서 한 것임을 알았거나 알 수 있었을 때에는 본인에 대하여 효력이 발생한다(115조 단서).

이에 따라 현명을 하지 아니한 경우라도 여러 사정에 비추어 대리인으로서 행위한 것임을 상대방이 알았거나 알 수 있었을 때에는 제115조 단서의 규정에 의하여 본인에게 효력이 미친다. 따라서 수급인이 도급인의 대리인으로서 건물을 분양하면서 대리관계의 표시를 하지 아니한 채 수급인 명의로 된 분양계약서를 작성하였고, 그 밖에 명시적 또는 묵시적으로 도급인을 위한 것임을 전혀 표시하지 아니하였으며, 상대방도 분양권자가 수급인이라고 인식하는 등 건물의 분양을 둘러싼 여러 사정에 비추어 보더라도 수급인이 대리인으로서 분양한 것임을 상대방이 알 수 없었을 경우에는 민법 제115조의 규정에 의하여 분양의 효력이 도급인에게 미치지 않는다(대판 2008. 5. 15. 2007다14759).

(4) 대리권남용

대리인의 대리권남용은 대리인이 외형상으로는 대리권의 범위 안에서 대리행위를 하지만, 실제로는 본인을 위하여서가 아닌 대리인 자신이나 상대방의 이익을 위하여 대리행위를 하는 경우를 망한다. 이의 효력에 대하여 판례는 제107조 제1항 단서를 유추하여 상대방이 그 사정을 알았거나 알 수 있었을 경우에는 그 대리행위는 본인의 행위로 성립할 수 없는 것으로 해석하고 있다(대판 1987. 11. 10. 87다카1557; 동 1999. 1. 15. 98다39602; 동 2011. 12. 22. 2011다64669).

관련판례

대리행위와 현명주의(대리의사의 표시)

① 현명주의('본인을 위한 것'이라는 의사), 즉 대리의사는 표시되어야 하는데, 표시의 방식에는 아무런 제한이 없으므로 서면으로 할 수도 있고 구술로도 할 수 있다(대판 1946. 2. 1. 4278민상205).

② 매매위임장을 제시하고 매매계약을 체결하는 자는 특단의 사정이 없는 한 소유자를 대리하여 매매행위하는 것이라고 보아야 하고 매매계약서에 대리관계의 표시 없이 그 자신의 이름을 기재하였다고 해서 그것만으로 그 자신이 매도인으로서 타인물을 매매한 것이라고 볼 수는 없다(대판 1982. 5. 25. 81다1349).

③ 이 사건 어음은 그 수취인이 박○○ 개인이지만 보험료지급을 위하여 피고 보험주식회사의 대구영업소장인 동인에게 발행된 것이고, 위 박○○가 위 어음을 소외인에게 배서할 때 "피고 회사 대구영업소장 박○○"라고 기재하여 배서한 이상, 내심의 의사와 무관하게 배서양수인인 원고에 대한 관계에 있어서는 피고회사 대구영업소장 자격으로 배서한 것으로 봄이 어음의 문언증권성에 비추어 타당하다고 할 것이고, 또 어음행위의 대리의 방식에 있어서도 어음의

문면으로 보아 본인을 위하여 어음행위를 한다는 취지를 인식할 수 있을 정도의 표시가 있으면 대리관계의 표시로 보아야 할 것인바, "XX화재해상보험 주식회사 대구영업소장 박○○"란 표시는 피고회사의 대리관계표시로서 적법하다고 볼 것이다(대판 1984. 4. 10. 83다카316).

④ 대리인의 대리권남용(대리인이 외형상으로는 대리권의 범위 안에서 대리행위를 하지만, 실제로는 본인을 위하여서가 아닌 대리인 자신이나 상대방의 이익을 위하여 대리행위를 하는 경우)이 있는 경우, 이의 효력은 민법 제107조 제1항 단서를 유추하여 상대방이 그 사정을 알았거나 알 수 있었을 경우에는 그 대리행위는 본인의 행위로 성립할 수 없다(대판 1987. 11. 10. 87다카1557; 동 1999. 1. 15. 98다39602).

⑤ 법정대리인인 친권자의 대리행위가 객관적으로 볼 때 미성년자 본인에게는 경제적인 손실만을 초래하는 반면, 친권자나 제3자에게는 경제적인 이익을 가져오는 행위이고 그 행위의 상대방이 이러한 사실을 알았거나 알 수 있었을 때에는 민법 제107조 제1항 단서의 규정을 유추 적용하여 행위의 효과가 자(子)에게는 미치지 않는다고 해석함이 타당하다(대판 2011. 12. 22. 2011다64669).

2. 대리인의 능력

(1) 민법의 태도와 해석

제117조는 "대리인은 행위능력자임을 요하지 아니한다."고 규정하고 있다. 이는 대리행위의 효과가 모두 본인에게 귀속할 뿐 대리인에게 귀속되지 아니하므로, 대리인은 대리행위에 의하여 어떠한 불이익도 받을 염려가 없기 때문이다. 그러나 대리인은 적어도 의사능력은 가지고 있어야 한다.

(2) 적용범위

제117조는 임의대리는 물론이고 법정대리에도 적용된다(다수설). 따라서 법정대리인의 자격에 제한능력자는 될 수 없도록 하는 유언집행자(1098조) 등의 경우, 제

한능력자는 법정대리인이 되지못하나, 이러한 특별규정이 없으면 제한능력자도 법정대리인이 될 수 있다.

3. 대리행위의 하자

(1) 원 칙

대리에 있어서 법률행위의 당사자는 본인이 아니라 대리인이므로 대리행위에 있어서 하자(의사표시의 흠결·사기·강박 또는 어떤 사정에 대한 선의·악의 등)의 유무는 원칙적으로 대리인을 표준으로 하여 결정한다(116조 1항). 다만 매도인의 대리인이 매매한 경우에 있어서 제104조의 불공정한 법률행위인가를 판단함에는 매도인의 경솔, 무경험은 그 대리인을 기준으로 하여 판단하여야 하나 궁박은 매매의 효과를 귀속받는 본인의 입장에서 판단되어야 한다(대판 1972. 4. 25. 71다2255).

(2) 예 외

그러나 문제의 부분이 본인의 의사에 의하여 결정된 경우(특정한 법률행위를 위임한 경우에 대리인이 본인의 지시에 좇아 그 행위를 한 경우)에는 본인을 표준으로 하여 결정한다(116조 2항). 따라서 본인의 지시에 따라 선의·무과실의 대리인이 매도인으로부터 하자 있는 물건을 매수한 경우에도, 그 사실을 안 본인은 매도인에 대해서 하자담보책임을 주장하지 못한다(580조~582조 참조).

이는 어떤 사실의 선의·악의가 법률행위의 효력에 영향을 줄 경우에 비록 대리인이 선의이더라도 본인이 악의이면 그 본인은 선의의 보호를 받을 자격이 없게 되어 악의로 취급하는 것이 공평에 합치하기 때문이다.

관련판례

대리행위의 하자

① 매수인이 대리인을 통하여 분양택지 매수지분의 매매계약을 체결한 경우, 대리행위의 하자의 유무는 대리인을 표준으로 판단하여야 하므로, 대리인이 매도인과

분양자와의 매매계약에 있어서 매수인의 1인으로서 그 계약 내용, 잔금의 지급 기일, 그 지급 여부 및 연체 지연손해금 액수에 관하여 잘 알고 있었다고 인정되는 때에는, 설사 매수인이 연체 지연손해금 여부 및 그 액수에 관하여 모른 채로 대리인에게 대리권을 수여하여 매도인과의 사이에 그 매매계약을 체결하였다고 하더라도, 매수인으로서는 그 자신의 착오를 이유로 매도인과의 매매계약을 취소할 수는 없게 되었다고 볼 여지가 있다(대판 1996. 2. 13. 95다41406).

② 대리인이 본인을 대리하여 매매계약을 체결함에 있어서 매매대상 토지에 관한 저간의 사정을 잘 알고 그 배임행위에 가담하였다면, 대리행위의 하자 유무는 대리인을 표준으로 판단하여야 하므로, 설사 본인이 미리 그러한 사정을 몰랐거나 반사회성을 야기한 것이 아니라고 할지라도 그로 인하여 매매계약이 가지는 사회질서에 반한다는 장애사유가 부정되는 것은 아니다(대판 1998. 2. 27. 97다45532).

Ⅳ. 대리의 효과

1. 법률효과의 본인에의 귀속

(1) 본인에게 직접 귀속

대리권에 의한 대리행위의 효과는 본인에게 '직접' 귀속된다(114조). 여기서 '직접'이라 함은 법률행위의 효과가 일단 대리인에게 귀속하였다가 다시 본인에게 이전하는 것이 아니라 바로 본인에게 귀속된다는 뜻이다.

(2) 귀속되는 효과

여기서 효과는 의사표시를 통하여 나타난 대리행위의 중심적 효과뿐만 아니라 의사표시제도의 목적을 달성하기 위하여 부수적으로 법률이 특히 인정한 비법률행위적 효과도 본인에게 귀속한다. 예컨대 매매의 경우 본인에게 대금지급에 따른 권리와 의무는 물론이고 담보책임, 취소권발생, 채무불이행으로 인한 손해배상과 해제권, 주의의무 등의 효과도 귀속된다.

2. 본인의 능력

이에 대하여 민법에 명문규정은 없으나, 본인은 자신이 법률행위를 하는 것이 아니므로, 의사능력이나 행위능력이 있는 자임을 요하지 않는다. 따라서 본인은 권리·의무를 귀속 받을 수 있는 지위가 있어야 되므로 권리능력만 있으면 된다.

그러나 본인이 대리인에게 대리권을 수여하는 행위는 법률행위이므로, 법률행위의 효력요건을 갖추어야 한다. 따라서 행위능력이 없는 본인이 대리인에게 대리권을 수여하였다면, 위 수권행위는 취소할 수 있다(5조 2항).

V. 복 대 리

1. 복대리인의 의의 및 성질

(1) 의 의

복대리인(復代理人)은 대리인이 자기의 이름으로 선임하며 그의 권한 안의 행위를 행하게 하는 본인의 대리인을 말한다. 이와 같은 계층적 대리가 복대리이며(120조~123조), 이는 사적 자치의 확장인 대리를 더욱 확장한 것이다.

(2) 법적 성질

1) 복대리인은 대리인(임의대리인)이므로, 단순한 사자(使者)가 아니다.

2) 복대리인은 대리인이 본인의 이름이 아닌 '자기의 이름'으로 선임한 자이다.

3) 복대리인은 '본인의 대리인'이지 대리인의 대리인이 아니다.

4) 대리인의 복대리인 선임행위, 즉 복임행위의 성질은 단순한 대리권의 양도가 아닌, 대리권의 병존적·설정적 양도행위다(다수설).

대리인이 복대리인에게 자기의 권한을 넘어서 복임행위를 하거나 복임권 없는 대리인에 의하여 선임된 복대리인이 대리행위를 한 경우에는, 무권대리 및 표현대리의 규정이 적용된다(통설, 판례).

2. 대리인의 복임권과 책임

(1) 임의대리인의 복임권과 책임

1) 임의대리인의 복임권

가) 원 칙

임의대리인은 원칙적으로 복대리인을 선임할 수 있는 지위인 복임권(復任權)이 없다. 그 이유는 임의대리인은 본인의 신임을 받는 자이므로 함부로 복대리인을 둔다면 본인의 신임에 어긋날 것이며, 또 임의대리인은 언제든지 사임할 수 있는 자이므로 자기가 대리하지 못할 사정이 있다면 사임하면 될 것이기 때문이다.

나) 예 외

그러나 본인의 승낙이 있거나 부득이한 사유가 있는 때에는 예외적으로 복임할 수 있다(120조).

여기서 '부득이한 사유가 있는 때'라 함은, 예컨대 본인의 소재가 불분명하여 대리인이 본인의 승낙을 받거나 또는 사임할 수 없는 경우로서, 불가피한 사정이 있는 때를 말한다.

또 승낙은 묵시적으로 행하여도 무방하다(통설). 따라서 대리의 목적인 법률행위의 성질상 대리인 자신에 의한 처리가 필요하지 아니한 경우에는 본인이 복대리 금지의 의사를 명시하지 아니하는 한 복대리인의 선임에 관하여 묵시적인 승낙이 있는 것으로 보는 것이 타당하다(대판 1996. 1. 26. 94다30690). 예컨대 甲이 채권자를 특정하지 아니한 채 부동산을 담보로 제공하여 금원을 차용해 줄 것을 乙에게 위임하였고, 乙은 이를 다시 丙에게 위임하였으며, 丙은 丁에게 위 부동산을 담보로 제공하고 금원을 차용하여 乙에게 교부하였다면, 乙에게 위 사무를 위임한 甲의 의사에는 '복대리인 선임에 관한 승낙'이 포함되어 있다고 봄이 타당하다(대판 1993. 8. 27. 93다21156).

그러나 오피스텔의 분양업무와 같이 수임인의 능력에 따라 그 분양사업의 성공여부가 결정되는 특성을 띠는 경우에는, 본인의 명시적 승낙에 의해서만 복대리인을 선임할 수 있다(대판 1996. 1. 26. 94다30690; 동 1999. 9. 3. 97다56099).

2) 복대리인의 선임과 책임

가) 원 칙

임의대리인은 선임 및 감독에 관하여 본인에게 과실책임을 부담한다(121조 1항).

나) 예 외

그러나 본인의 지명에 의하여 복대리인을 선임한 경우에는 위의 책임이 경감된다(121조 2항). 즉, 복대리인의 부적임 또는 불성실함을 알고 본인에게 대한 통지나 그 해임을 게을리 한 때가 아니면 임의대리인은 책임이 없다.

관련판례

임의대리인의 복임권

① 오피스텔의 분양업무는 그 성질상 분양을 위임받은 대리인이 광고를 내거나 그 직원 또는 주변의 부동산중개인을 동원하여 분양사실을 널리 알리고, 분양사무실을 찾아온 사람들에게 오피스텔의 분양가격, 교통 등 입지조건, 오피스텔의 용도, 관리방법 등 분양에 필요한 제반 사항을 설명하고 청약을 유인함으로써 분양계약을 성사시키는 것으로서 대리인의 능력에 따라 본인의 분양사업의 성공 여부가 결정되는 것이므로, 사무처리의 주체가 별로 중요하지 아니한 경우에 해당한다고 보기 어렵다(대판 1996. 1. 26. 94다30690).

② 임의대리인은 본인의 승낙이 있거나 부득이한 사유가 있지 아니하면 복대리인을 선임할 수 없는 것인바, 아파트 분양업무는 그 성질상 분양 위임을 받은 수임인의 능력에 따라 그 분양사업의 성공 여부가 결정되는 사무로서, 본인의 명시적인 승낙 없이는 복대리인의 선임이 허용되지 아니하는 경우로 보아야 한다(대판 1999. 9. 3. 97다56099).

(2) 법정대리인의 복임권과 책임

1) 법정대리인의 복임권

법정대리인은 언제든지 복임권이 있다(122조 본문). 그 이유는 법정대리인은 본인의 신임으로 대리인이 된 것이 아니며, 또한 복대리인에게 복대리인 선임의 승낙을 줄 능력이 없는 수가 많고, 법정대리인의 권한이 광범위하여 그것을 대리인 자신만이 꼭 처리하도록 강제하는 것은 가혹하다는 것을 고려한 것이다.

2) 복대리인의 선임과 책임

가) 원 칙

법정대리인은 복대리인의 행위에 관하여 모든 책임을 진다(122조 본문). 즉 선임·감독의 과실이 있든 없든 책임을 지므로, 이는 일종의 무과실책임을 진다.

나) 예 외

그러나 부득이한 사유로 인하여 복대리인을 선임한 경우에는 선임(選任)·감독(監督)에 관하여서만 책임이 있다(122조 단서).

3. 복대리인의 지위

(1) 대리인에 대한 관계

복대리인은 대리인에 의하여 선임된 자이므로 복대리인은 대리인의 감독을 받으며, 대리인·복대리인 모두 본인을 대리한다.

(2) 상대방 및 본인에 대한 관계

이에 관하여 복대리인은 대리인과 동일한 권리·의무를 갖는다. 즉 복대리인은 본인의 대리인이므로 제3자에 대하여 대리인과 동일한 권리·의무가 있다(123조 1항). 즉 본인의 이름으로 대리행위를 하고, 그 밖에 민법 제115조·제116조의 적용을 받는다. 또한 복대리인은 본인의 대리인이라는 자격을 갖는 외에, 본인에 대하여 대리인과 동일한 권리·의무를 갖는다(동조 2항).

여기서 복대리인이 복대리권의 범위를 초과하여 행위를 한 경우의 효력이 문제될 수 있다. 이는 무권대리가 되므로 뒤에서 다룰 표현대리의 적용이 문제될 수 있고, 또 본인이 추인할 수도 있다.

(3) 복대리인의 복임권

복대리인의 복임권은 복대리인이 다시 복복대리인(復復代理人)을 선임할 수 있는가의 문제이다. 이에 대하여 민법은 명문규정을 두고 있지 않으나, 사적 자치를 더 더욱 확장하기 위해서 이를 인정하여야 할 것이다.

따라서 복대리인은 일종의 임의대리인이므로 임의대리인과 같은 조건하에서 복임권을 갖는다(통설).

4. 복대리권의 소멸

복대리권도 대리권의 일종이므로 대리권 일반의 소멸원인(127조 참조)에 의하여 소멸하는 이외에 복대리권에 특유한 소멸원인으로 또한 소멸한다.

(1) 대리권일반의 소멸원인에 의한 소멸

가) 본인의 사망

나) 복대리인의 사망·성년후견의 개시·파산

(2) 복대리권에 특유한 소멸원인에 의한 소멸

가) 대리인과 복대리인 사이의 수권관계의 소멸

나) 대리인이 가지는 모권(母權)인 대리권의 소멸

관련판례

복 대 리

① 대리인이 사자 내지 임의로 선임한 복대리인을 통하여 권한 외의 법률행위를 한 경우, 상대방이 그 행위자를 대리권을 가진 대리인으로 믿었고 또한 그렇게 믿는 데에 정당한 이유가 있는 때에는, 복대리인 선임권이 없는 대리인에

의하여 선임된 복대리인의 권한도 기본대리권이 될 수 있을 뿐만 아니라, 그 행위자가 사자라고 하더라도 대리행위의 주체가 되는 대리인이 별도로 있고 그들에게 본인으로부터 기본대리권이 수여된 이상, 민법 제126조를 적용함에 있어서 기본대리권의 흠결 문제는 생기지 않는다(대판 1998. 3. 27. 97다48982).

② 원고가 그 소유 토지를 타인에게 매도한 후 그 매수인이 소외인 乙과 같이 원고의 대리인 甲에게 와서 소유권이전등기를 할 수 있는 서류를 해주면 딴 데 융통하여서 잔대금을 갚겠다고 청함에 원고의 대리인 甲이 그들에게 등기권리증 원고의 인감증명, 주민등록표, 근저당권설정계약서 등의 서류를 해주어 동 소외인 乙이 위 토지에 대하여 피고 명의로 근저당권 설정등기를 경료한 경우 피고는 위 소외인 乙을 원고의 대리인으로 믿은 데는 정당한 사유가 있다 할 것이다(복대리에 있어서의 표현대리를 인정한 사례 : 대판 1979. 11. 27. 79다1193).

Ⅵ. 무권대리

1. 서 설

(1) 의 의

무권대리(無權代理)는 대리권 없는 자가 하는 대리행위, 즉 대리권이 없음에도 불구하고 대리인으로서 행위하는 대리를 말한다.

(2) 종 류

무권대리는 본인과 무권대리인 사이에 특별히 긴밀한 관계가 있는 경우로서 본인에게 효과를 귀속시키는 '표현대리'와, 표현대리라 인정할 수 없는 나머지 경우로서 무권대리인에게 책임을 귀속시키는 '좁은 의미(협의)의 무권대리'로 나누어진다.

표현대리를 무권대리의 한 모습으로 보는 다수설에 의하게 되면 무권대리에 관한 규정(130조~34조)도 적용되나, 이에 대하여 소수설은 표현대리를 유권대리의 아종(亞種)으로 보아 무권대리에 관한 규정의 적용은 배제되어야 한다고 이해하고 있다.

2. 표현대리

(1) 의 의

표현대리(表見代理)는 대리인이 대리권이 없음에도 불구하고 대리권이 있는 것으로 상대방이 오신(誤信)할 만한 외관(外觀)이 있고, 이 겉모습에 본인이 어느 정도 책임이 있든 경우에 대외적으로 유권대리와 거의 동일한 효과를 본인에게 발생시키는 것을 말한다.

표현대리제도는 대리제도의 신용을 유지하고 외관을 신뢰한 선의·무과실의 제3자를 보호하며 거래의 안전을 보장하려는 것이 그 인정이유이다.

또한 유권대리에 있어서는 본인이 대리인에게 수여한 대리권의 효력에 의하여 법률효과가 발생하는 반면 표현대리에 있어서는 대리권이 없음에도 불구하고 법률이 특히 거래상대방 보호와 거래안전유지를 위하여 본래 무효인 무권대리행위의 효과를 본인에게 미치게 한 것으로서 표현대리가 성립된다고 하여 무권대리의 성질이 유권대리로 전환되는 것은 아니다(대판〈전〉 1983. 12. 13. 83다카1489).

(2) 표현대리의 종류와 효과

1) 종 류

표현대리로 민법은 대리권수여의 표시에 의한 표현대리(125조), 권한을 넘은 표현대리(126조), 대리권소멸 후의 표현대리(129조)의 세 가지 경우만을 제한적으로 인정하고 있다.

2) 효 과

가) 표현대리의 요건은 각각 다르지만 표현대리는 공통적으로 무권대리행위에 대하여 유권대리와 마찬가지로 본인에게 효력이 발생한다.

나) 또 표현대리도 무권대리이므로, 그 좁은 의미(협의)의 무권대리로서의 효과도 발생한다(다수설). 따라서 상대방은 철회권을 가지며(134조), 본인은 추인하여 상대방의 철회권을 소멸시킬 수도 있다(130조, 134조).

다) 이 밖에 대외적으로 무권대리에 대하여 본인이 상대방에게 책임을 부담하지만, 대내적으로 본인은 표현대리인에 대하여 요건을 충족하면 불법행위 내지 부당이득책임을 물을 수 있다.

라) 또한 표현대리는 상대방을 보호하기 위한 제도이므로 본인은 표현대리를 주장할 수 없다.

마) 표현대리가 성립하면 본인은 상대방에 대하여 전적으로 책임을 져야 하므로, 과실상계를 주장하여 본인의 책임을 경감할 수 없다(판례).

관련판례

표현대리와 종류, 효과

① 표현대리가 성립하는 경우, 본인은 상대방에 대하여 전적으로 책임을 져야 하며, 과실상계를 주장하여 본인의 책임을 경감할 수 없다. 따라서 표현대리행위가 성립하는 경우, 손해배상액의 예정이 있는 경우에는 과실상계의 법리를 유추 적용할 수 없다(대판 1996. 7. 12. 95다49554).

② 표현대리로서 민법은 대리권수여의 표시에 의한 표현대리(125조), 권한을 넘은 표현대리(126조), 대리권소멸 후의 표현대리(129조)의 세 가지의 경우를 인정하고 있으므로, 이외의 표현대리는 허용되지 않는다(대판 1955. 7. 7. 4287민상366).

(3) 대리권수여의 표시에 의한 표현대리

1) 의 의

이는 본인이 제3자에 대하여 타인(무권대리인)에게 대리권을 수여하였음을 표시하였기 때문에 그 법률효과가 직접 본인에게 귀속되는 경우를 말하며, 일명 '언질

대리'(言質代理)라고도 한다(125조).

2) 요 건

가) 본인이 제3자에 대하여 어떤 자에게 대리권을 수여하였음을 표시(통지)했어야 한다.

① 제3자

여기서 제3자는 대리행위의 상대방이 되는 자만을 말한다. 따라서 상대방이 대리를 한 후에 별도로 거래한 전득자(轉得者)는 제3자가 아니다.

② 표시의 상대방

여기서 표시는 특정인에게 함을 요하지 않는다(예컨대 신문광고를 통한 표시도 가능).

③ 표시의 방법

표시의 방법은 위임장에 의하는 것이 보통이지만, 그 방식에는 아무런 제한이 없다. 따라서 구두이든 서면이든, 명시적이건 묵시적이든 상관없다. 그러므로 본인에 의한 대리권 수여의 표시는 반드시 대리권 또는 대리인이라는 말을 사용하여야 하는 것이 아니라 사회통념상 대리권을 추단할 수 있는 직함이나 명칭 등의 사용을 승낙 또는 묵인한 경우에도 대리권 수여의 표시가 있은 것으로 볼 수 있다(대판 1998. 6. 12. 97다53762). 또한 명의를 대행하는 것을 허락하는 것도 표시에 해당한다. 즉 타인에 대하여 어느 사업에 관하여 자기사업을 자기이름으로 대행할 것을 허용한 사람은 그 사업에 관하여 자기가 책임을 부담할 지위에 있음을 표시한 것이고 그 사업을 대행한 사람 또는 그 피용자가 그 사업에 관하여서 한 법률행위에 관하여 제3자에 대하여 그 책임이 있다(대판 1964. 4. 7. 63다638).

④ 표시의 성질

이는 수권행위가 있었다는 뜻의 통지이므로, 객관적 사실을 표현하는 관념의 통지이다. 이 통지는 무권대리인이 대리행위를 하기 전에는 철회할 수 있다(통설).

나) 무권대리인이 그 표시에서 수여된 것으로 표시된 범위 안에서 대리행위를 할 것

무권대리인이 그 표시된 범위를 넘는 행위를 하면 제125조의 표현대리가 아닌

제126조의 표현대리가 된다.

다) 통지를 받은 상대방이 대리권의 부존재에 대하여 선의·무과실일 것

여기서 선의는 상대방이 대리권 없음을 알지 못하는 것이고, 무과실은 상대방이 선의인 데 보통 사람의 주의를 다했는데도 대리권 없음을 알지 못하는 것을 말한다. 여기서 상대방이 악의·유과실에 대한 입증책임은 본인에게 있다.

라) 제125조의 표현대리는 임의대리에만 적용된다.

즉 본인이 선임하지 않는 법정대리에는 대리권을 수여하였음을 표시하는 것은 있을 수 없으므로, 제125조는 성질상 법정대리에는 적용되지 않는다(통설).

관련판례

대리권 수여의 표시에 의한 표현대리

① 호텔 등의 시설이용 우대회원 모집계약을 체결하면서 자신의 판매점, 총대리점 또는 연락사무소 등의 명칭을 사용하여 회원모집 안내를 하거나 입회계약을 체결하는 것을 승낙 또는 묵인하였다면 민법 제125조의 표현대리가 성립할 여지가 있다(대판 1998. 6. 12. 97다53762).

② 금융기관의 직원이 파출수납의 방법으로 고객의 예금을 입금 및 출금하여 오던 중 고객으로부터 예금인출을 받지 않았음에도 불구하고 파출업무를 가장하여 고객 몰래 인장을 찍어 둔 인출청구서에 고객의 서명을 위조하여 위 영업부직원에게 교부하는 방법으로 금원을 인출한 경우, 이는 고객이 직원에게 예금 입, 출금과 관련하여 대리권을 수여하였다거나 그 수여의 의사표시를 표시한 것으로 볼 수 없으므로 표현대리의 법리는 적용되지 않는다(대판 2001. 2. 9. 99다48801).

③ 甲이 자기의 사위인 乙에게 상호를 포함한 영업일체를 양도하여서 동일상호를 사용하여 영업을 계속하게 하는 동안 자기의 당좌거래를 이용하여 대금결제를 하도록 하였고 또 영업을 乙에게 양도한 이후에도 자기명의의 당좌수표 및 약속어음 20여 장이 乙로부터 丙에게 물품대금으로 교부되어 그 대부분이

결제되었다면 甲이 丙으로 하여금 乙이 甲 명의의 수표를 사용할 권한이 있다고 믿게 할 만한 외관을 조성하였다 할 것이고 이와 같은 외관을 가지고서 乙이 甲의 인장을 남용하여 수표를 위조한 행위는 대리권수여표시에 의한 표현대리에 해당한다(수표위조행위가 대리권수여에 의한 표현대리에 해당한다. 대판 1987. 3. 24. 86다카1348).

(4) 권한을 넘은 표현대리

1) 의 의

이는 대리권의 범위를 넘은 행위를 하였으나, 다소의 범위의 대리권이 있는 자의 행위이기 때문에 그 법률효과가 직접 본인에게 귀속되는 경우를 말하며, 일명 '월권대리'(越權代理)라고도 한다(126조).

2) 요 건

가) 대리인이 기본대리권을 넘는 권한 밖의 행위를 하였어야 한다.

기본대리권이 전혀 없는 자의 행위에 관하여는 권한을 넘은 표현대리가 성립할 여지가 없다. 여기서 기본대리권과 월권대리 사이의 관계는 이종·별개의 것이라도 무방하다(다수설·판례).

나) 상대방은 권한 안의 행위라고 믿기까지 그 과정에 있어서 선의·무과실일 것

제125조의 경우와 마찬가지로 상대방이 무권대리인의 행위가 대리권 안의 행위라고 믿는 데 선의이고, 과실이 없어야 한다.

다) 상대방이 믿는 데에 정당한 이유가 있을 것

① 정당한 이유의 의미

여기서 '정당한 이유'라 함은 행위시의 사정에 비추어 보통인이면 대리권이 있다고 믿을 것이라고 생각되는 것을 말한다(예컨대 본인의 인감도장·인감증명서·위임장 및 권리증을 소지한 무권대리행위).

판례는 "甲의 아들인 乙이 甲이 경영하는 사업체의 대외관계 일을 甲을 대리하

여 처리하여 오면서 전에도 6번에 걸쳐 甲 명의로 어음에 배서를 하여 丙에게 양도하였는데 그때마다 그 어음들은 각 지급기일에 아무 탈 없이 결제되었다면 丙으로서는 乙에게 甲을 대리하여 甲 명의로 어음행위를 할 권한이 있다고 믿을 만한 정당한 이유가 있고 甲에게 확인하지 아니하였다고 하여 과실이 있다고 할 수 없다."고 판시하는 등 정당한 이유를 상대방의 선의·무과실을 기준으로 이해하는 입장을 취하고 있다(대판 1989. 5. 23. 88다카22626). 위 판결과 같은 취지의 관련 판례도 다수 있다(대판 1992. 6. 23. 91다14987; 동 2009. 5. 28. 2008다56392).

여기서 정당한 이유에 대한 입증책임은 표현대리의 효력을 주장하는 상대방에게 있다(다수설, 판례).

② 정당한 이유를 판단하는 시기

여기서 정당한 이유를 판단하는 시기는 무권대리 행위시이다(통설). 판례도 "정당한 이유의 존부는 자칭 대리인의 대리행위가 행하여 질 때에 존재하는 제반사정을 객관적으로 관찰하여 판단하여야 하는 것이지 당해 법률행위가 이루어지고 난 훨씬 뒤의 사정을 고려하여 그 존부를 결정해야 하는 것은 아니다."고 판시하여 통설과 같은 태도를 취하고 있다(대판 1987. 7. 7. 86다카2475).

③ 일상가사대리권과 정당한 이유 인정 여부

'일상의 가사'라 함은 부부가 공동생활을 영위하는 데 필요한 통상의 사무를 말하는 것이어서 특별한 사정이 없는 한 부동산을 처분하는 행위는 일상의 가사에 속한다고 할 수 없고, 처가 특별한 수권 없이 남편을 대리하여 위와 같은 행위를 하였을 경우에 그것이 제126조 소정의 표현대리가 되려면 처에게 일상가사대리권이 있었다는 것만이 아니라 상대방이 처에게 남편이 그 행위에 관한 대리의 권한을 주었다고 믿었음을 정당화할 만한 객관적인 사정이 있어야 한다(대판 1998. 7. 10. 98다18988). 이와 관련해서 대리권 없는 처가 특별한 사정없이 남편의 대리인이라 칭하고 부동산의 처분에 관한 등기서류를 구비하고 부동산매매계약을 체결한 경우, 판례는 대리권이 있다고 믿을 만한 정당한 이유 내지 객관적인 사정이 있었다고 인정할 수 없다는 태도를 취하여 부부의 일상가사대리권(827조 1항)을 기본대리권으로 하는 제125조의 적용을 배제하는 입장을 취하고 있다.

특히 판례는 남편이 아내에게 부동산처분의 대리권을 준다는 것은 기본적으로 이례(異例)에 속하므로, 원칙적으로 아내가 남편 소유의 부동산을 무단으로 처분한 행위에 대하여는 권한을 넘은 표현대리는 성립하지 않는다는 태도를 취하고 있다(대판 1981. 8. 25. 80다3204; 동 2009. 4. 23. 2008다95861).

그러나, 판례는 남편이 장기간 입원하고 처가 부동산을 매각하여 입원비·생활비 등에 충당한 경우(대판 1970. 10. 30. 70다1812), 남편이 장기간 외국 또는 지방에 체류하면서 살림의 일체를 맡긴 경우와 같은 특별한 사정이 있는 경우(대판 1984. 11. 27. 84다310), 남편 소유의 부동산에 관한 등기권리증, 인감도장 및 인감증명서를 처에게 맡긴 경우(대판 1987. 5. 26. 86다카1821) 등에는 부부의 일상가사대리권을 기초로 한 제126조의 적용을 긍정하고 있다.

라) 적용범위

제126조의 표현대리는 임의대리는 물론이고, 법정대리에도 적용된다(통설). 판례도 "민법 제126조 소정의 권한을 넘는 표현대리 규정은 거래의 안전을 도모하여 거래상대방의 이익을 보호하려는 데에 그 취지가 있으므로 법정대리라고 하여 임의대리와는 달리 그 적용이 없다고 할 수 없고, 따라서 한정치산자(피한정후견인)의 후견인이 친족회의 동의를 얻지 않고 피후견인의 부동산을 처분하는 행위를 한 경우에도 상대방이 친족회의 동의가 있다고 믿은 데에 정당한 사유가 있는 때에는 본인인 한정치산자(피한정후견인)에게 그 효력이 미친다."고 판시하여 통설과 같은 태도를 취하고 있다(대판 1997. 6. 27. 97다3828).

또한 판례는 특히 부부 상호 간의 법정대리권인 일상가사대리권(日常家事代理權)에 관하여 특별한 사정이 있는 경우, 예외적으로 제126조의 적용을 인정하고 있다.

관련판례

처의 남편 소유 부동산의 처분과 제126조의 적용 부정

① 남편 부동산의 처분에 관한 아내의 대리권은 이례에 속하므로 본조 소정의 표견대리가 되려면 아내에게 가사대리권이 있다는 것만으로는 부족하고 남편

이 아내에게 그 행위에 관한 대리의 권한을 주었다고 믿었음은 정당화할 만한 객관적인 사정이 있어야 할 것이다(대판 1970. 3. 10. 69다2218).

② 남편인 피고 몰래 임의로 갖고 나온 피고의 인장, 아파트 분양계약서 및 유효기간이 지난 인감증명서를 처가 소지하고 있었던 사실만으로는 피고가 처에게 돈 350만원 차용행위나 위 아파트 매도행위에 대한 대리권을 수여하였으리라고 원고가 믿음에 정당한 객관적 사정이 있었다고 인정할 수 없다(대판 1981. 8. 25. 80다3204).

③ 부부간에 서로 일상가사대리권이 있다고 하더라도, 일반적으로 처가 남편이 부담하는 사업상의 채무를 남편과 연대하여 부담하기 위하여 남편에게 채권자와의 채무부담약정에 관한 대리권을 수여한다는 것은 극히 이례적인 일이라 할 것이고, 채무자가 남편으로서 처의 도장을 쉽사리 입수할 수 있었으며 채권자도 이러한 사정을 쉽게 알 수 있었던 점에 비추어 보면, 채무자가 채권자를 자신의 집 부근으로 오게 한 후 처로부터 위임을 받았다고 하여 처 명의의 채무부담약정을 한 사실만으로는 채권자가 남편에게 처를 대리하여 채무부담약정을 할 대리권이 있다고 믿은 점을 정당화할 수 있는 객관적인 사정이 있다고 할 수 없다(대판 1997. 4. 8. 96다54942).

④ 처가 북한으로 피랍된 남편을 대리하여 토지를 매도한 사안에서, 남편이 피랍된 후 매매계약 당시까지 연락이 두절되어 처에게 매매계약에 관한 대리권을 수여할 수 없었고, 당시 남편이 처에게 위 매매계약에 관한 대리권을 주었다고 매수인이 믿었음을 정당화할 만한 객관적 사정이 존재하였다고 볼 수 없어, 민법 제126조의 표현대리가 성립하지 않는다(대판 2009. 4. 23. 2008다95861).

처의 남편 소유 부동산의 처분과 제126조의 적용 인정

① 남편이 정신병으로 장기간 병원에 입원하였고 입원당시 입원비, 생활비, 자녀교육비 등을 준비하여 두지 아니한 경우에 그 아내에게 가사대리권이 있었고, 남편소유의 가대를 적정가격으로 매도하여 그로서 위 비용에 충당하고 나머지로서 대신 들어가 살 집을 매수하였다면 매수인이 이러한 사유를 알았건

몰랐건 간에 객관적으로 보아서 그 처에게 남편의 대리권이 있다고 믿을 만한 정당한 사유가 된다고 보아야 할 것이다(대판 1970. 10. 30. 70다1812).

② 일상가사에 관하여 남편인 피고를 대리할 권한이 있는 처가 남편 몰래 남편의 인감도장, 인감증명서 등을 소지하고 그 대리인인 양 행세하여 금원을 차용하고 그 담보로 남편 소유의 부동산에 가등기를 경료하여 준 경우에 그 상대방이 위 처에게 그 남편을 대리할 권한이 있다고 믿음에 정당한 사유가 있다(대판 1981. 6. 23. 80다609).

③ 소외 甲이 해외체류 중인 남편 乙의 대리인으로 부동산을 매수하여 乙의 이름으로 소유권이전등기를 하였다가 위 乙의 인감도장과 그 부동산의 등기권리증 및 부동산명의 변경용 인감증명서를 소외 丙에게 교부하여 丙이 그 명의로 소유권이전등기를 마친 것이라면 위 丙으로서는 甲에게 본건 부동산에 관하여 乙을 대리할 대리권이 있다고 믿을 만한 정당한 이유가 있었다고 볼 것이다(대판 1984. 11. 27. 84다310).

④ 甲의 처와 금전거래를 해오던 乙이 甲으로부터 은행융자를 위한 근저당설정계약 및 근저당설정등기에 사용하라는 취지에서 제공하는 甲 소유의 부동산에 관한 등기권리증, 인감도장 및 인감증명서를 교부받았음을 기화로 丙과 공모하여 丙의 戊에 대한 차용금채무의 대체담보설정을 위하여 위 서류 등을 戊의 대리인 丁에게 제시하면서 甲의 대리인임을 표명하여 이를 믿은 丁과 사이에 위 부동산에 관하여 근저당권설정계약을 체결하고서 그의 앞으로 근저당권설정등기를 경료하여 주었다면 丁으로서는 乙에게 甲을 대리하여 위 근저당권설정계약을 체결할 권한이 있다고 믿을 수밖에 없고 다른 특별한 사정이 없는 한 丁이 甲에게 직접 대리권 수여사실 유무를 확인해보지 아니하였다 하여 丁에게 과실이 있다고도 할 수 없으므로 甲은 권한을 넘는 표현대리의 법리에 따라 본인으로서 책임을 면할 수 없다(대판 1987. 5. 26. 86다카1821).

그 밖의 권한을 넘은 표현대리

① 제126조는 임의대리·법정대리에 모두 적용된다. 따라서 제126조는 법정대리

인에도 적용되므로 부부 상호 간의 법정대리권인 일상가사대리권에 관하여서도 구체적인 경우에 있어서 제3자가 일상가사의 범위 안의 행위라고 믿을만한 정당한 사유가 있는 때에는 제126조의 적용이 있다고 할 것이다(대판 1971. 1. 29. 70다2788).

② 부동산을 관리시키면서 그 인감도장을 보관시킨 것은 그 처분행우에 대하여, 인감증명서를 교부한 것은 부동산의 매매에 대하여 대리권의 수여가 있다고 보기는 어렵다(대판 1982. 4. 13. 81다408).

③ 민법 제126조의 '제3자'라 함은 대리행위의 직접의 상대방을 말하는 것이므로, 그로부터 전득한 자는 제3자에 해당하지 않는다(대판 1994. 5. 27. 93다21521).

④ 채권자가 물품공급계약에 따른 거래로 말미암아 甲이 부담하게 될 채무에 대하여 乙의 대리인이라는 甲과 사이에 그 연대보증계약을 체결하면서 乙이 대리권을 수여하였는지의 여부를 확인하지 아니한 채 乙이 직접 발급받은 보증용 인감증명서와 재산세납부증명서를 소지하고 있다는 사실만으로는 甲에게 乙을 대리하여 연대보증계약을 체결할 권한이 있었다고 믿을만한 정당한 이유가 있다고 볼 수 없으므로, 민법 제126조의 표현대리가 인정되지 않는다(대판 1992. 2. 25. 91다490).

⑤ 은행인 甲과 사이에 乙이 丙 등의 명의로 정기예금계약을 체결한 후 丙 등 명의로 연대보증계약 및 위 정기예금에 관한 근질권설정계약을 체결하면서 바로 대출을 신청하자 甲이 乙에게 구비서류를 작성케 하면서 연대보증계약서, 근질권설정계약서들 중 丙 등의 서명날인 부분에 乙이 서명하고 소지 중이던 丙 등의 인장을 날인한 후 丙 등의 이름 뒤에 무인까지 하도록 그대로 두었고 나아가 제3자 담보제공상담표, 연대보증상담표 등에 甲측에서 丙 등의 연대보증의사를 직접 확인하였다고 기재하고 이를 확인하는 취지의 담당자의 서명날인까지 첨가하는 등 하였다면 甲이 乙에게 丙 등을 대리하여 위 담보대출계약, 근질권설정계약의 체결이나 예금거래의 중도해약을 할 권한이 있다고 믿었다 하더라도 그와 같이 믿는 데에 과실이 있다고 할 것이어서 민법 제126조 소정의 권한을 넘은 표현대리가 성립할 수 없다(대판 1992. 6. 23. 91다14987).

⑥ 민법 제126조 소정의 권한을 넘는 표현대리 규정은 법정대리라고 하여 임의대

리와는 달리 그 적용이 없다고 할 수 없고, 민법 제950조에 의해 피한정후견인의 후견인이 친족회의 동의를 얻지 않고 피후견인의 부동산을 처분하는 행위를 한 경우에도 민법 제126조가 적용될 수 있다(대판 1997. 6. 27. 97다3828).

⑦ 담보권설정의 대리권을 수여받은 자가 자기의 명의로 소유권이전등기를 하고 이어서 제3자 앞으로 소유권이전등기를 경료한 경우, 이는 "대리행위를 표시하지 않고 자기가 본인인 것처럼 기망하여 직접 법률행위를 한 것"이므로 이 경우는 민법 제126조의 표현대리가 인정되지 않는다(대판 1993. 2. 23. 92다52436).

⑧ 본인으로부터 아파트에 대한 임대 등 일체의 관리권한을 위임받아 본인으로 가장하여 아파트를 임대한 바 있는 관리인이 다시 자신을 본인으로 가장하여 임차인에게 아파트를 매도하는 법률행위를 한 경우에는 권한을 넘은 표현대리의 법리를 유추적용하여 본인에 대하여 그 효력이 미친다고 볼 수 있다(대판 1993. 2. 23. 92다52436).

⑨ 민법 제126조의 표현대리는 대리인이 본인을 위한다는 의사를 명시 혹은 묵시적으로 표시하거나 대리의사를 가지고 권한 외의 행위를 하는 경우에 성립하고, 사술(詐術)을 써서 위와 같은 대리행위를 표시하지 않고 단지 본인의 성명을 모용하여 자기가 마치 본인인 것처럼 기망하여 본인 명의로 직접 법률행위를 한 경우에는 특별한 사정이 없는 한 위 법조 소정의 표현대리는 성립할 수 없다(대판 2002. 6. 28. 2001다49814).

⑩ 민법 제126조의 권한을 넘은 표현대리가 성립하려면, 대리인이라 칭하는 자에게 기본대리권이 있어야 하고 상대방에게 그 권한이 있다고 믿을 만한 정당한 이유가 있어야 할 것인바, 이 사건의 경우 재항고인이 주장하는 사정들, 즉 이 사건 위임장에는 상대방의 인감증명서가 첨부되고 인감도장도 날인되어 있는 점, 이 사건 위임장에 기재된 수권사항이 비교적 광범위한 점 및 상대방의 대리인이 작성한 '권리포기서·영수증'에는 "상대방의 인감증명서는 본인의 의사에 따른 정당한 발급이며, 향후 위임의사의 진정 여부와 관련된 민·형사상의 문제가 발생시 대리인이 전적으로 책임질 것임을 확인한다."는 기재가 있는 점만으로는, 재항고인이 상대방의 대리인에게 소송비용을 포기할 권한이 있는 것으로 믿을 만한 정당한 이유가 있었다고 볼 수는 없다(대판 2007. 4.

26. 2007마250).

(5) 대리권소멸 후의 표현대리

1) 의 의

이는 대리권의 소멸 후에 대리인으로서 행위를 하였으나, 종전에는 대리인이었기 때문에 그 법률효과가 직접 본인에게 귀속되는 경우를 말한다(129조).

2) 요 건

가) 대리권 소멸 후에 대리행위를 하였을 것

종전에는 대리권을 가지고 있었으나, 행위 당시에는 그 대리권이 소멸하고 없어야 한다(예컨대 해고된 영업사원이 해고 후에도 종래와 같이 수금행위를 하는 것).

나) 상대방이 대리권의 소멸을 모르는 데 선의·무과실일 것

무권대리인이 종전에는 대리권이 있었기 때문에 무권대리 행위시에도 그 대리권이 존속하는 것으로 상대방이 잘못 믿어야 하고, 그와 같이 믿는데 과실이 없어야 한다. 여기서 상대방의 선의·무과실에 대한 입증책임은 모두 본인이 부담한다는 견해와 선의는 상대방이 부담하고 과실에 대해서만 본인이 부담해야 한다는 견해가 대립하고 있다.

위 입증책임의 판단은 제129조의 규정에 근거하여야 한다. 즉 제129조는 "대리권의 소멸은 선의의 제3자에게 대항하지 못한다. 그러나 제3자가 과실로 인하여 그 사실을 알지 못한 때에는 그러하지 아니하다."고 규정하고 있으므로, 여기서 선의는 일단 대리권이 소멸하였으나 그 사실을 몰랐음에 근거로 유효를 주장하려는 상대방이 이를 입증하여야 한다. 그러나 무과실은 선의를 입증한 상대방에 대하여 본인이 그 과실을 입증하여 무권대리로 확정시키는 이익을 갖게 되므로 본인이 입증하여야 한다.

다) 적용범위

제129조의 표현대리는 임의대리·법정대리에 모두 적용된다(통설). 판례도 "대리권소멸 후의 표현대리에 관한 민법 제129조는 법정대리인의 대리권소멸에 관하여

도 적용이 있다."고 판시하여 통설과 같은 입장을 취하고 있다(대판 1975. 1. 28. 74다1199).

관련판례

대리권소멸 후의 표현대리

① 대리권소멸 후 종전의 대리인이 아직도 그 대리인이라 칭하며 종전의 대리권의 범위에 속하지 아니하는 행위를 한 경우에는 그 대리권의 소멸에 관하여 선의 무과실의 상대방이 그 행위에 관하여 대리인에게 그 권한이 있다고 믿을만한 정당한 이유가 있는 때에는 본인은 그 행위에 관하여 상대방에 대하여 그 책임을 면할 수 없다(대판 1970. 2. 10. 69다2141).

② 표현대리의 법리는 거래의 안전을 위하여 어떠한 외관적 사실을 야기한 데 원인을 준 자는 그 외관적 사실을 믿음에 정당한 사유가 있다고 인정되는 자에 대하여는 책임이 있다는 일반적인 권리외관 이론에 그 기초를 두고 있는 것인 점에 비추어 볼 때, 대리인이 대리권 소멸 후 직접 상대방과 사이에 대리행위를 하는 경우는 물론 대리인이 대리권 소멸 후 복대리인을 선임하여 복대리인으로 하여금 상대방과 사이에 대리행위를 하도록 한 경우에도, 상대방이 대리권 소멸 사실을 알지 못하여 복대리인에게 적법한 대리권이 있는 것으로 믿었고 그와 같이 믿은 데 과실이 없다면 민법 제129조에 의한 표현대리가 성립할 수 있다(대판 1998. 5. 29. 97다55317).

③ 대리인이 대리권 소멸 후 직접 상대방과 사이에 대리행위를 하는 경우는 물론 대리인이 대리권 소멸 후 복대리인을 선임하여 복대리인으로 하여금 상대방과 사이에 대리행위를 하도록 한 경우에도, 상대방이 대리권 소멸 사실을 알지 못하여 복대리인에게 적법한 대리권이 있는 것으로 믿었고 그와 같이 믿은 데 과실이 없다면 민법 제129조에 의한 표현대리가 성립할 수 있다(대판 1998. 5. 29. 97다55317).

3. 좁은 의미의 무권대리

(1) 의의 및 종류

이는 무권대리 중 표현대리라고 볼 수 있는 사정이 존재하지 않는 경우로서, 표현대리와는 달리 상대방이 대리의 효과를 주장할 수 없다. 이는 계약의 무권대리(130조~135조)와 단독행위의 무권대리(136조)로 나누어진다.

(2) 계약의 무권대리

1) 본인에 대한 효과

표현대리로 되지 않는 무권대리에 있어서는 본인을 희생시키면서까지 거래의 안전을 보호할 필요가 없으므로, 원칙적으로 본인에 대하여서는 당연히는 아무런 효력도 없다(130조). 그러나 무권대리라고 언제나 본인에게 불이익한 것은 아니므로, 민법은 본인의 의사에 따라 이의 효력을 좌우할 수 있도록 인정하고 있다. 즉 이 경우, 본인이 추인(追認)하면 본인에게 효력이 발생하고(130조, 133조), 본인이 추인의 의사 없음을 표시하는 추인거절권(追認拒絕權)을 행사하면 무효로 확정될 수도 있다(132조).

가) 추인권·추인거절권의 의의

추인권은 일방적 의사표시에 의해 무권대리를 유효한 행위로 확정시키는 권리이고, 추인거절권은 무효로 확정시키는 권리이므로, 이들 권리는 모두 형성권이다.

나) 추인·추인거절의 성질

상대방 있는 단독행위이다. 또 단독행위이므로, 조건·기한을 붙이지 못한다.

다) 추인·추인거절의 방법

특별한 방식을 요하지 않는다. 따라서 구두 또는 서면으로 할 수도 있고, 명시 또는 묵시의 방법으로 할 수도 있다(통설, 판례). 예컨대 무권대리인이 상대방과 한 매매계약의 매매대금을 본인이 수령하면, 이는 묵시적 추인이다.

라) 추인·추인거절의 대상(상대방)

무권대리인에 대하여 하든지 상대방에 대하여 하든지 관계가 없다. 그러나 무권대리인에게 하는 경우에는 상대방이 추인(추인거절) 있었음을 알지 못하는 때에는 이로써 상대방에게 대항하지 못한다(132조).

마) 추인, 추인거절의 효과

추인은 제3자의 권리를 해하지 않는 한 다른 의사표시가 없는 때에는 계약시에 소급하여 그 효력이 생긴다(133조).

또한 무권대리인(甲)이 한 행위에 대하여 본인(乙)이 계약의 일부에 대하여 추인을 하는 경우에는 상대방(丙)의 동의가 있어야 추인의 효력이 발생하며 상대방의 동의가 없으면 무효가 된다(대판 1982. 1. 26. 81다카549).

바) 무권대리인과 상속

① 무권대리인의 본인 상속

무권대리인이 본인을 상속한 경우에는 추인의 효과가 나타난다. 이 경우 무권대리인이 자신의 행위가 무권대리행위여서 무효라고 주장하는 것은 금반언의 원칙이나 신의칙에 반하여 허용되지 않는다(대판 1994. 9. 27. 94다64).

② 본인의 무권대리인 상속

본인이 무권대리인을 상속한 경우에는 보통의 본인과 마찬가지로 추인을 할 수도 있고 추인거절을 할 수도 있다. 이는 본인이 무권대리행위를 직접 행한 자가 아니기 때문이다.

2) 상대방에 대한 효과

무권대리행위는 본인의 추인이 있으면 본인에 대하여 효력을 발생하고, 본인의 추인이 없으면 효력을 발생치 않는 것으로 되어 상대방의 지위를 대단히 불안정하게 하는 것이다. 그러므로 민법은 상대방을 보호하기 위하여 '최고권'(131조)과 '철회권'(134조)을 인정하고 있다.

가) 최 고 권

상대방은 상당한 기간을 정하여 본인에게 추인 여부의 확답을 최고할 수 있으며, 본인이 그 기간 안에 확답을 발하지 아니한 때에는 추인을 거절한 것으로 본다(131조).

최고권 행사에 있어서 뒤에서 다룰 철회권과는 달리 상대방의 선의·악의는 문제되지 않는다.

나) 철 회 권

상대방은 본인의 추인(또는 추인거절)이 있기 전에 무권대리인과 한 계약의 효력을 부인(무효)할 수 있는 철회권을 행사할 수 있다(134조).

다만 이 경우 상대방은 선의이어야 한다. 그러나 철회권 행사에 있어서 상대방은 선의임을 요하고, 무과실은 문제되지 않는다. 위 철회권은, 무권대리행위가 본인의 추인에 따라 효력이 좌우되어 상대방이 불안정한 지위에 놓이게 됨을 고려하여 대리권이 없었음을 알지 못한 상대방을 보호하기 위하여 상대방에게 부여된 권리로서, 상대방이 유효한 철회를 하면 무권대리행위는 확정적으로 무효가 되어 그 후에는 본인이 무권대리행위를 추인할 수 없다. 여기서 상대방이 대리인에게 대리권이 없음을 알았다는 점에 대한 주장·입증책임은 철회의 효과를 다투는 본인에게 있다(대판 2017. 6. 29. 2017다213838).

3) 무권대리인의 상대방에 대한 책임

무권대리가 표현대리로 인정되거나 본인이 추인을 하거나 또는 상대방이 철회하는 경우에는 상대방은 그가 원한 대로의 목적을 달성하거나 또는 손해 없이 끝난 것으로 되지만, 위의 어느 경우에도 해당되지 않는 때에는 상대방은 손해를 입게 되는 경우가 있게 된다. 그래서 민법은 상대방의 보호와 거래의 안전을 꾀하고, 아울러 대리제도의 신용을 유지하기 위하여 무권대리인에게 무거운 책임을 지우고 있다(135조).

가) 책임의 요건

① 대리인이라고 칭하는 자가 대리권 있음을 증명하지 못할 것

② 상대방에게 손해 없었던 것으로 끝나지 않을 것

즉 본인의 추인이 없을 뿐만 아니라 표현대리로도 되지 않고, 상대방이 철회권도 행사하지 않을 것

③ 상대방은 선의·무과실일 것

④ 무권대리인은 행위능력자일 것

보통의 대리인은 행위능력자임을 요하지 않으나, 제135조의 책임을 지는 무권대리인은 행위능력자이어야 한다.

⑤ 무권대리인의 과실은 책임의 요건이 아닌 무과실책임이며, 법정책임이다(대판 2014. 2. 27. 2013다213038).

나) 책임의 내용

무권대리인은 상대방의 선택에 따라 계약내용의 이행 또는 손해배상(이행이익)의 책임을 부담한다. 여기서 상대방의 무권대리인에 대하여 이행 또는 손해배상의 두 책임을 묻는 것은 법률의 규정에 의하여 발생한 선택채권에 해당하므로, 그 선택의 방법은 선택채권의 규정에 의한다(380조 참조).

4) 본인과 무권대리인 사이의 효과

가) 본인이 추인한 경우

본인을 위한 무권대리인의 사무관리가 성립한다(734조).

나) 그 밖의 경우

요건을 충족하면 부당이득·불법행위가 성립한다. 즉 고의·과실로 본인에게 손해를 가한 경우는 무권대리인의 불법행위(750조 이하)가 성립한다. 또 무권대리인이 부당한 이득을 취득한 경우에는 부당이득(741조 이하)이 될 수도 있다.

(3) 단독행위의 무권대리

단독행위에 관하여 본인의 추인을 인정하면 지나치게 본인의 이익을 보호하게 되고, 또 무권대리인에게 책임을 지우는 것은 가혹할 것이므로, 단독행위의 무권대리는 능동·수동을 묻지 않고 원칙적으로 무효이다(136조). 그러나 이러한 불합리가 없을 때에는 제한적으로 계약의 무권대리규정을 적용하는 예외가 인정된다.

1) 상대방 없는 단독행위의 경우

무권대리가 재단법인 설립행위 등과 같은 상대방 없는 단독행위에 의한 경우, 이는 언제나 절대무효이다. 이에 따라 본인은 추인할 수 없으며, 무권대리인의 책임도 발생하지 않는다(136조의 반대해석). 따라서 상대방 없는 단독행위의 무권대리는 상대방 있는 단독행위의 경우와는 달리 추인의 여지가 없다.

2) 상대방 있는 단독행위의 경우

무권대리가 동의 등과 같은 상대방 있는 단독행위에 의한 경우, 원칙적으로 무효이다. 따라서 이 경우에도 위의 상대방 없는 단독행위의 무권대리와 같은 효과가 발생하는 것이 원칙이다.

그러나 다음의 경우에 한하여 예외적으로 앞에서 살펴본 계약의 무권대리와 동일하게 취급된다(136조). 이는 다음의 상대방 있는 단독행위의 경우에는, 상대방과 무권대리인 사이에 계약에 상응하는 교감이 이루어진 것을 고려한 입법으로 이해할 수 있다.

가) 능동대리의 경우

이 경우는 상대방이 '대리권 없는 행위에 동의'를 하거나 '대리권을 다투지 아니한 때'에는 계약의 경우와 동일한 효력이 발생한다(136조 전단).

나) 수동대리의 경우

이 경우는 상대방이 무권대리인의 '동의를 얻어 행위를 한 때'에 계약의 경우와 동일한 효력이 발생한다(136조 후단).

관련판례

묵시적 추인이 인정되는 경우

① 무권대리인이 한 매매계약의 매매대금을 본인이 수령한 경우, 무권대리인이 매도한 부동산을 본인이 상대방에게 명도하고 8년간이나 이의를 제기하지 않은 경우 등에는 본인의 묵시적 추인을 한 것으로 볼 수 있다(대판 1968. 11. 19. 68다1975).

② 무권대리인이 차용금 중의 일부로 본인 소유의 부동산에 가등기로 담보하고 있던 소외인에 대한 본인의 채무를 변제하고 그 가등기를 말소하고 무권대리인이 차용한 금원의 변제기일에 채권자가 본인에게 그 변제를 독촉하자 그

유예를 요청하였다면 무권대리인의 행위를 추인하였다고 볼 것이다(대판 1973. 1. 30. 72다2309).

③ 본인이 매매계약을 체결한 무권대리인으로부터 매매대금의 전부 또는 일부를 받았다면 특단의 사유가 없는 한 무권대리인의 매매계약을 추인하였다고 봄이 타당하다(대판 1963. 4. 11. 63다64).

④ 부재자의 모가 적법한 권한 없이 원고와 사이에 부재자소유 부동산에 관한 매매계약을 체결하였으나, 그 후 소외 甲이 부재자의 재산관리인으로 선임된 후에 위 매매계약에 기한 소유권이전등기를 위하여 자기의 인감증명서를 원고에게 교부하였다면 위 매매계약을 추인한 것으로 볼 것이다(대판 1982. 12. 14. 80다1872).

⑤ 임야를 상속하여 공동소유하고 있는 친족들 중 일부가 가까운 친척에게 임야의 매도를 위임하여 매도대금을 동인들의 생활비로 소비하였고, 나머지 공유자들은 임야의 매각 소식을 전해 듣고도 15년간 아무런 이의를 제기하지 아니하였다면 위 신분관계, 매도경위, 대금의 소비관계 등 제반사정에 비추어 처분권을 위임하지 아니한 나머지 공유자들도 매매행위를 묵시적으로 추인한 것이라고 보아야 한다(대판 1991. 1. 29. 90다12717).

⑥ 무권대리인이 상호신용금고로부터 금원을 대출받은 사실을 그 직후에 알고도 그로부터 3년이 지나도록 상호신용금고에 아무런 이의를 제기하지 아니하였으며, 그 동안 4회에 걸쳐 어음을 개서하여 지급의 연기를 구하고, 자신의 이익을 위하여 직접 채무의 일부를 변제하기까지 하였다면 무권대리인에 대한 상호신용금고의 대출을 그 근저당권에 대한 피담보채무로 추인한 것으로 보아야 한다(대판 1991. 1. 25. 90다카26812).

묵시적 추인이 부정되는 경우

① 당사자가 변론기일에 불출석하여 매매사실에 관하여 의제자백한 것으로 간주되었다 하여도 그로써 그 당사자가 소외인의 무권대리매매를 추인한 것이라고 볼 수 없다(대판 1982. 7. 13. 81다648).

② 자가 대리권 없이 부소유의 부동산을 매도한 사실에 관하여 매수인이 자를 고소하겠다고 하는 관계로 부가 매매대금에 해당하는 돈을 반환해 주겠다고 하면서 그 매매계약을 해약해 달라고 요청하고 또 그 금원반환기일에 금원을 반환하지 못하게 되자 그 기일의 연기를 구하였다고 하는 사실만으로는 부가 자의 위 무권대리 행위를 추인한 것이라고 단정할 수 없다(대판 1986. 3. 11. 85다카2337).

③ 무권대리행위에 대하여 본인이 그 직후에 그것이 자기에게 효력이 없다고 이의를 제기하지 아니하고 이를 장시간에 걸쳐 방치하였다고 하여 무권대리행위를 추인하였다고 볼 수 없다(대판 1990. 3. 27. 88다카181).

④ 권한 없이 종중 소유 부동산을 타인에게 매각처분한 사실을 알고서도 종중측에서 10년이 넘도록 형사고소나 소유권회복을 위한 민사소송을 제기하지 않았다거나, 문장을 비롯한 여러 종중원들이 그 동안 종중 부동산 처분행위를 생활이 곤란해서 그런 것이라고 수차 이해하여 왔다는 등의 말을 했다는 사유만으로는 종중이 위 부동산 처분행위를 묵시적으로 추인하였다고 인정하기 어렵다(대판 1991. 5. 24. 90도2190).

⑤ 무권대리의 본인이 단순히 그 권리침해의 사실을 알고도 장기간 형사고소나 민사소송을 제기하지 아니한 사실만으로는 그 행위에 대하여 묵시적 추인이 있었다고 단정할 수는 없다(대판 1992. 10. 27. 92다19033).

그 밖의 무권대리의 추인

① 추인은 특별한 방식을 요구하지 않으며, 명시적으로는 물론이고 묵시적으로도 할 수 있다(대판 1990. 4. 27. 89다2100).

② 종중 소유 부동산을 무권대리(대표)행위에 의하여 처분한 경우 종중이 사후에 무권대리인에 대하여 처분행위를 추인하였다면 처분행위는 처음부터 소급하여 유효해진다(대판 1991. 5. 24. 90도2190).

③ 공동대표이사가 단독으로 회사를 대표하여 제3자와 한 법률행위를 추인함에 있어 그 의사표시는 단독으로 행위한 공동대표이사나 그 법률행위의 상대방인

제3자 중 어느 사람에게 대하여서도 할 수 있다(대판 2002. 10. 11. 2001다59217).

④ 추인은 무권대리행위가 있음을 알고 그 행위의 효과를 자기에게 귀속시키도록 하는 단독행위인바, 증권회사의 고객이 그 직원의 임의매매를 묵시적으로 추인하였다고 하기 위하여는 자신이 처한 법적 지위를 충분히 이해하고 진의에 기하여 당해 매매의 손실이 자기에게 귀속된다는 것을 승인하는 것으로 볼 만한 사정이 있어야 할 것이고, 나아가 임의매매를 사후에 추인한 것으로 보게 되면 그 법률효과는 모두 고객에게 귀속되고 그 임의매매행위가 불법행위를 구성하지 않게 되어 임의매매로 인한 손해배상청구도 할 수 없게 된다(대판 2002. 10. 11. 2001다59217).

사례 연구 **부부 사이의 일상가사대리권과 표현대리의 적용 【대판 1967. 8. 29. 67다1125】**

〈사건의 개요〉

원고 甲은 乙의 남편으로서 지방에 유숙하고 있었던 관계로 자기 소유의 A 주택에 관한 문서를 처 乙에게 맡겨두었다.

그런데, 乙이 丙과 더불어 계를 하다가 부채를 지게 되자 자신이 보관하고 있던 A 주택에 관한 문서를 이용하여 이자가 싼 은행으로부터 돈을 차용하여 줄 것을 丙에게 부탁하자, 丙은 위 부탁을 어기고 개인인 피고 丁에게 저당권을 설정하고 이자가 비싼 금융을 얻어내었으며, 丁은 위 문서가 甲과 부부 사이인 乙로부터 나온 것임을 확인하자 안심하고 A 위에 저당권을 취득하였다.

그 후 丁이 경매를 신청하여 丁이 A를 경락받자, 나중에 이 사실을 안 甲은 乙의 위 행위가 무권대리에 불과하다고 주장하여 丁을 상대로 A의 반환 및 소유권이전등기의 말소를 청구하였다. 이에 丁은 표현대리의 성립을 근거로 甲의 항변하였는바, 원심은 위 저당권설정행위에 대하여 상대방이 그 권한이 있다고 믿을 만한 정당한 이유가 있다고 하여 甲의 표현대리책임을 인정하여 丁의 주장을 인용하였다.

〈원심판결의 요지〉

처가 처분행위를 할 권한을 위임 받음이 없이 남편 소유 부동산의 권리문서와 인감 등을 보관하고 있다가 위 부동산에 관하여 저당권을 설정한 경우, 처에게는 일상가사대리권이 있으므로 처의 위 저당권설정 행위는 권한 밖의 법률행위를 한 경우에 해당하므로 저당권자가 처에게 그러한 권한이 있다고 믿을 만한 정당한 이유만 있으면 민법 제126조의 표현대리가 성립한다(서울고판 1967. 4. 27. 66나1449).

〈대법원판결의 요지〉

위 원심판결에 대해서 대법원은 다음과 같은 요지로 원심과 같은 입장에서 원고의 주장을 배척하고 있다(대판 1967. 8. 29. 67다1125).

원고가 처에게 저당권 설정에 관한 권한을 수여한 사실이 없다손 하더라도 부부사이에는 일상의 가사에 관하여 대리권이 있으므로 본건 부동산에 관한 처의 저당권 설정행위는 권한 밖의 법률행위를 한 경우에 해당하며, 원고가 본건 부동산에 관한 권리문서를 처에게 맡겨두고 다녔으며 저당권자가 그 취득당시에 위 문서가 처의 수중에서 나온 것이라고 믿고 있었다면 처에게 저당권 설정에 관한 권한이 있다고 믿을 만한 사유가 있는 때에 해당한다고 볼 수 있다.

〈판결 이유〉

원고 대리인의 상고이유를 본다. 원심이 적법하게 확정한 사실은 다음과 같다. 즉, 원고와 소외 1(여자)과는 부부간이었는데 원고는 근무지 관계로 타 처에 나가서 유숙하고 있었던 관계로 원고 소유이었던 본건 부동산(가대)에 관한 문서(구 권리서와 전 소유자인 장외출명의의 인감 및 그 인장)등도 살림하는 소외 1에게 맡겨 두고 다녔다 한다. 그런데 이 소외 1은 소외 2등과 더불어 계를 하다가 부채를 지게 되자 자기가 보관하고 있는 원고 소유의 위의 문서 등을 함부로 가지고 나가서 타인에게 저당권을 설정하고 돈을 얻어 쓴 사실까지 있었다 한다. 위의 소외 2는 소외 1이 위와 같은 문서를 들고 다니는 것이 원고의 승낙이 있어서 하는 것으로 믿고 있었는데, 그 뒤에 위의 소외 1은 또 다시 위의 문서 등을 이용하여 이자가 싼 은행으로 부터 돈을 얻어 줄 것을 소외 2에게 부탁하였다 한다. 소외

2는 소외 1로 부터의 부탁내용을 어기고 개인인 피고에게 저당권을 설정하고 피고로부터 이자가 비싼 금융을 얻어냈다 한다. 이때에 피고는 위의 문서가 내외지간인 소외 1의 수중에서 나온 것임을 확인하고 안심하고 본건 부동산 위에 저당권을 취득하였으며, 그 뒤에 피고가 경매를 신청하여 피고자신이 본건 부동산을 경락취득하였다 한다. 위와 같은 사실관계라면 비록 원고가 자기의 처에게 본건 저당권설정에 관한 권한을 수여한 사실이 없다 손 치더라도 부부사이에는 일상의 가사에 관하여 대리권이 있는 것이므로 위의 소외 1의 행위는 권한 밖의 법률행위를 한 경우에 해당한다고 볼 수 있는 것이요(대판 1966. 5. 10. 66다279, 본건 환송판결), 저당권을 취득한 상대편인 피고가 위에서 본 바와 같이 소외 1에게 그러한 권한이 있다고 믿을 만한 정당한 이유가 있다면, 본인 되는 원고는 소외 1의 행위에 대하여 책임을 져야 되는 것이다. 본건에서는 위에서 본 바와 같이 비록 무권대리인(소외 1)이 직접 피고와 상대한 것이 아니고 중간에 소외 2를 넣어서 심부름을 시킨 결과 소외 2가 또한 그 권한 을 넘어서 저당권을 설정한 것이기는 하나 그렇다고 하여 원고가 권한을 넘은 표현대리의 책임을 면할 수는 없다 할 것이다. 원심이 당원과 마찬가지의 취지로 판시한 것은 정당하고 거기에는 논지가 지적하는 바와 같은 이유의 모순, 심리미진, 증거판단유탈 따위 의 위법사유가 없다. 그리고 위의 소외 2가 부탁받은 내용을 어겨서 위의 저당권 설정을 하였기 때문에 유죄의 선고를 받은 사실이 있다하여 피고가 취득한 본건 저당권의 설정행위가 사회질서에 배치되는 무효인 행위가 되어 표현대리의 법리가 그 적용을 배제당하는 것이라고 말할 수는 없다. 설사 원심이 원고의 이러한 주장에 대하여 그 판단을 빠뜨렸다 할지라도 이것이 원심판결에 영향을 미칠만한 것은 되지 못한다. 다음에 원심은 피고가 본건 저당권을 취득할 때 그 저당권 설정에 필요한 서류가 원고와 부부지간인 소외 1의 수중에서 나온 것이라고 믿고 있었다(이러한 사실은 소외 2를 통하여 들었다)는 취지로 사실을 인정하고 있는데, 그렇다면 피고가 소외 1에게 그러한 권한이 있다고 믿을 만한 정당한 이유가 있는 때(즉, 논지가 말하는 것처럼 피고에게 고의나 과실이 있었다는 취지)에 해당한다고 볼 수 있다. 그렇다고 피고가 본건 저당권을 취득할 당시에 악의나 과실이 있었다는 자료도 또한 없다. 그 밖에 논지의 일부는 소외 1이 소외 2를 시켜서 금융을 얻은 것은 이를테면 원고가 복대리인을 시켜서 한 셈이 되는데 이 경우에 원고가 복대리인 선임에 관하여 승낙한 사실이 있는지의 여부를 원심이 심리하지 아니 한 것은 석명권 불행사로 인하여 민법 제120조의 법의에 어그러진 판단을 하였다는 취지로 공격한다. 그러나 민법 제120조는 임의대리인의 복임권에 관한 규정일 뿐만 아니라 가사 소외 2를 복대리인으로 선임하는데 관하여 원고가 승낙한 사실이 없다 손치더라도 그가 피고와 더불어서 한 본건 저당권설정행위에 대한 표현대리의 책임을 본인인 원고로서는 면할 길이 없다 할 것이다.

그렇다면, 이 상고는 그 이유 없는 것이 되므로 기각하기로 하고, 상고비용은 패소자의 부담으로 한다. 이 판결에는 관여법관들의 견해가 일치되다.

제6절 법률행위의 무효와 취소

Ⅰ. 서 설

1. 의 의

법률행위의 무효(無效)와 취소(取消)는 법률행위의 요건, 특히 효력(유효)요건을 규정함에 있어서 그러한 요건을 갖추지 못한 법률행위에 대하여 그 법률효과를 저지하기 위한 법적 취급이다.

2. 무효와 취소의 차이

무효와 취소의 가장 근본적인 차이는, 무효는 당연히 처음부터 효력이 없는 것으로 되는데 반하여 취소는 특정인의 주장(행위)이 있는 때에 비로소 효력을 잃게 된다. 이 밖에 양자 사이에는 다음의 차이가 있다.

〈무효와 취소의 비교〉

사 항	무 효	취 소
① 본질상의 차이	당연 무효	일단 유효
② 당사자의 주장	특정인의 (무효)주장을 불요	특정인의 (취소)주장을 요함(140조)
③ 소송상의 차이	법원의 직권에 의한 무효인정	취소 주장 있기 전까지는 일단 유효
④ 보정상의 차이	시간의 경과 ➡ 결함의 보정(×) 추인의 불허용(139조 본문)	시간의 경과 ➡ 결함의 보정(○) 추인의 허용(143조, 144조)

3. 무효와 취소의 결정기준

(1) 입법정책의 문제

법률행위 가운데 어떤 것을 무효로 하고, 또 어떤 것을 취소로 할 것인가는 본질적으로 입법정책의 문제이다. 따라서 양자를 구별하는 절대적인 기준은 없다. 예컨대 착오는 구민법에서는 무효원인이었으나, 현행 민법은 이를 취소원인으로 다루고 있다(109조 참조).

(2) 무효와 취소의 상대적 기준

무효와 취소의 절대적인 기준은 없으나, 대체로 다음의 모습에 따라 나누는 것이 보통이다.

1) 무 효

법률효과의 저지가 전체 법질서의 유지를 목적으로 당연히 법률효과를 저지할 필요가 있는 경우는 일반적으로 무효로 다룬다(103조, 104조 참조).

2) 취 소

공평의 이상에서 당사자의 보호를 당사자의 의사에 맡겨도 무방한 경우에는 일반적으로 취소로 다룬다(5조, 10조, 13조, 109조, 110조 참조).

4. 무효와 취소의 경합

(1) 의 의

이는 어떤 구체적 법률행위가 무효와 취소 양쪽의 원인을 포함하는 경우를 말하며, 일명 이중효(二重效)라고도 한다.

(2) 모 습

이의 대표적인 모습으로는 제한능력자(미성년자나 피성년후견인)가 의사능력이 없는 상태에서 계약을 체결한 경우를 들 수 있다. 즉, 이 경우에 위 계약은 행위무능력을 이유로 취소할 수도 있고(5조 이하), 의사무능력을 이유로 무효가 될 수도 있다. 또 항거불능의 상태에서 한 강박에 의한 의사표시의 경우에도 표의자는 취소를 주장할 수도 있고(110조 참조) 의사무능력을 이유로 무효를 주장할 수도 있다(판례). 판례는 "보험금을 부정취득할 목적으로 다수의 보험계약이 체결된 경우에 민법 제103조 위반으로 인한 보험계약의 무효와 고지의무 위반을 이유로 한 보험계약의 해지나 취소는 그 요건이나 효과가 다르지만, 개별적인 사안에서 각각의 요건을 모두 충족한다면 위와 같은 구제수단이 병존적으로 인정되고, 이 경우 보험자는 보험계약의 무효, 해지 또는 취소를 선택적으로 주장할 수 있다."고 주장하여 무효와 취소 및 해지의 병존을 인정하고 있다(대판 2017. 4. 7. 2014다234827).

Ⅱ. 법률행위의 무효

1. 개 관

(1) 무효의 의의

이는 유효요건을 갖추지 못한 법률행위가 성립 당시부터 법률상 당연히 효력을 발생하지 않는 것을 말한다. 즉, 무효는 어느 누구의 주장도 기다리지 않고 당연히 절대적으로 효력이 없고 확정적이고 종국적이며, 시간의 경과로 보정되지 않는다. 또, 법률행위의 무효는 법률행위에 대한 성립요건을 갖추지 못한 법적 취급인 법률행위의 '불성립'(부존재)과는 구별된다.

(2) 무효의 원인

1) 당사자의 무효원인

의사무능력자의 법률행위(통설)

2) 목적에 관한 무효원인

① 목적(내용)이 불확정한 법률행위
② 목적(내용)이 불능인 법률행위
③ 강행법규에 위반한 법률행위
④ 반사회질서의 법률행위(103조)
⑤ 불공정한 법률행위(104조)

3) 의사표시에 관한 무효원인

① 진의아닌 의사표시의 예외(107조 1항 단서)
② 통정허위표시(108조)

4) 그 밖의 무효원인

① 단독행위의 무권대리(136조)
② 순수수의조건부 법률행위(통설)
③ 기성조건이 해제조건인 법률행위(151조 2항)
④ 불능조건이 정지조건인 법률행위(151조 3항)
⑤ 불법조건부 법률행위(151조 1항)
⑥ 모순조건부 법률행위(통설)

(3) 무효의 효과

1) 법률행위가 무효로 되면 그 법률행위의 내용에 따른 효과가 발생하지 않는다. 따라서 아직 이행하기 전이면 이행할 필요가 없고, 이미 이행이 된 때에는 부당이득(不當利得)이 되어 원칙적으로 반환하여야 한다(741조 참조).

2) 한편 무효는 당사자 사이에서뿐만 아니라 제3자에 대한 관계에 있어서도 주장할 수 있는 경우, 즉 절대적 무효가 원칙이다.

다만 거래의 안전을 위하여 일정한 제3자에 대하여서는 그 무효를 대항할 수 없는 경우, 즉 상대적 무효의 예외가 적용된다(107조 2항, 108조 2항).

2. 무효의 종류

(1) 절대적 무효와 상대적 무효

1) 절대적 무효(絶對的 無效)

이는 당사자는 물론이고 누구에게나 주장할 수 있는 무효를 말한다. 무효는 절대적 무효가 원칙이다. 따라서 선량한 풍속 기타 사회질서에 위반한 사항을 내용으로 하는 법률행위의 무효는 이를 주장할 이익이 있는 자는 누구든지 무효를 주장할 수 있다(대판 2016. 3. 24. 2015다11281).

2) 상대적 무효(相對的 無效)

이는 거래의 안전을 보호하기 위하여 특정인(선의의 제3자)에 대해서는 주장할 수 없는 무효를 말한다. 이의 모습은 다음의 두 가지로 이들은 모두 선의의 제3자에게 무효를 주장하지 못한다.

① 진의 아닌 의사표시의 예외의 경우(107조 2항)

② 통정허위표시(108조 2항)

(2) 당연 무효와 재판상 무효

1) 당연 무효

이는 무효로 하기 위하여 특별한 행위나 절차를 요하지 않는 것을 말한다. 무효는 당연 무효가 원칙이다.

2) 재판상 무효

법률관계의 획일적 확정을 위해서 소(訴)에 의한 재판상의 무효선고가 있을 때 비로소 무효로 되는 것을 말한다. 회사설립의 무효(상법 184조), 회사합병의 무효(상법 236조), 주주총회결의의 무효(상법 429조), 자본감소의 무효(상법 445조) 등은 이에 해당한다.

(3) 전부무효와 일부무효

1) 전부무효

이는 무효원인이 법률행위내용의 전부에 존재하는 경우를 말한다.

2) 일부무효

이는 무효원인이 법률행위내용의 일부분에만 존재하는 경우를 말한다. 이 경우에 그 법률행위는 전부무효로 되는 것이 원칙이지만(137조 본문), "무효부분이 없더라도 법률행위를 하였을 것이라고 인정될 때"에는 예외적으로 나머지 부분에 대하여 유효하다(137조 단서). 따라서 일부무효가 언제나 전부무효가 되는 것은 아니다. 판례는 "민법 제137조는 임의규정으로서 개인의사자치의 원칙이 지배하는 영역에서 적용된다."고 판시하고 있다(대판 2013. 4. 26. 2011다9068).

관련판례

법률행위의 일부무효

① 주식투자기관과 증권회사 사이에 주식매매거래설정약정 및 투자수익보장약정, 일임매매약정이 일체로서 체결되었으나, 위 투자수익보장약정과 일임매매약정이 강행법규(증권거래법)에 위반하여 무효가 된다고 하여 주식매매거래약정까지 무효로 된다고 볼 수 없다(대판 1996. 8. 23. 94다38199).

② 공인중개사법(구 부동산중개업법)상 부동산중개수수료약정 중 소정의 한도액을 초과하는 부분에 대한 사법상의 효력을 제한함으로써 국민생활의 편의를 증진하고자 함에 목적이 있는 동법인 강행법규 소정의 한도액을 초과하는 약정부분은 무효라고 보아야 한다(대판 2000. 9. 4. 2000다54406).

③ 민법 제137조는 임의규정으로서 의사자치의 원칙이 지배하는 영역에서 적용된다고 할 것이므로, 법률행위의 일부가 강행법규인 효력규정에 위반되어 무효가

되는 경우 그 부분의 무효가 나머지 부분의 유효·무효에 영향을 미치는가의 여부를 판단함에 있어서는 개별 법령이 일부무효의 효력에 관한 규정을 두고 있는 경우에는 그에 따라야 하고, 그러한 규정이 없다면 원칙적으로 민법 제137조가 적용될 것이나 당해 효력규정 및 그 효력규정을 둔 법의 입법 취지를 고려하여 볼 때 나머지 부분을 무효로 한다면 당해 효력규정 및 그 법의 취지에 명백히 반하는 결과가 초래되는 경우에는 나머지 부분까지 무효가 된다고 할 수는 없다(대판 2004. 6. 11. 2003다1601).

④ 매매계약 체결시 토지의 일정 부분을 매매 대상에서 제외시키는 특약을 한 경우, 이는 매매계약의 대상 토지를 특정하여 그 일정 부분에 대하여는 매매계약이 체결되지 않았음을 분명히 한 것으로써 그 부분에 대한 어떠한 법률행위가 이루어진 것으로는 볼 수 없으므로, 그 특약만을 기망에 의한 법률행위로서 취소할 수는 없다(대판 1999. 3. 26. 98다56607).

⑤ 복수의 당사자 사이에 어떠한 합의를 한 경우 그 합의는 전체로서 일체성을 가지는 것이므로, 그 중 한 당사자의 의사표시가 무효인 것으로 판명된 경우 나머지 당사자 사이의 합의가 유효한지의 여부는 민법 제137조에 정한 바에 따라 당사자가 그 무효 부분이 없더라도 법률행위를 하였을 것이라고 인정되는지의 여부에 의하여 판정되어야 하고, 그 당사자의 의사는 실재하는 의사가 아니라 법률행위의 일부분이 무효임을 법률행위 당시에 알았다면 당사자 쌍방이 이에 대비하여 의욕하였을 가정적 의사를 말하는 것이지만, 한편 그와 같은 경우에 있어서 나머지 당사자들이 처음부터 한 당사자의 의사표시가 무효가 되더라도 자신들은 약정내용대로 이행하기로 하였다면 무효가 되는 부분을 제외한 나머지 부분만을 유효로 하겠다는 것이 당사자의 의사라고 보아야 할 것이므로, 그 당사자들 사이에서는 가정적 의사가 무엇인지 가릴 것 없이 무효 부분을 제외한 나머지 부분은 그대로 유효하다고 할 것이다(대판 2010. 3. 25. 2009다41465).

(4) 확정무효와 미확정무효

1) 확정무효

이는 추인하더라도 소급하여 유효로 되지 않는 보통의 무효를 말한다.

2) 미확정무효

이는 무효이나, 장차 추인 등에 의해서 비로소 행위시에 소급하여 유효한 것으로 할 수 있는 것을 말하며, 불확정 무효라고도 한다. 예컨대 무권한자의 처분행위나 무권대리인의 행위가 이에 해당한다(130조).

특히 판례는 미확정무효와 관련해서 당사자가 장차 관할청의 허가를 받기로 하면서 토지매매계약을 체결한 상태를 종래 유동적 무효라고 하고 있다. 이는 현재는 무효이나 추후 관할청의 허가에 의하여 유효로 될 수 있다는 점에서 미확정무효라고 할 수 있다. 또 유동적 무효의 상태에서는 그 계약내용의 효력이 발생하지 않기 때문에 이 상태만으로 채무불이행을 이유로 계약을 해제할 수 없으며, 이 경우 계약을 해제하기 위하여서는 일단 '허가가 난 다음' 그 이행제공을 하면서 상대방의 의무이행을 최고하고 상대방이 이에 응하지 않을 경우에는 비로소 해제할 수 있다. 유동적 무효에 대해서는 다음과 같이 여러 판례이론이 정립되어 있다.

가) 관할청의 허가 여부와 유동적 무효

① 부동산 거래신고 등에 관한 법률(구 국토의 계획 및 이용에 관한 법률, 구 국토이용관리법)상 토지거래허가지역 안의 토지에 대하여 관할관청의 허가를 받기 전에 체결한 매매계약의 경우에, 허가를 받을 것을 전제로 한 이상 허가를 받기 전까지의 법률상태는 소유권 등의 권리이전에 관한 계약상의 효력이 발생하지 않는다는 점에서 확정적 무효의 경우와 동일하나 일단 허가를 받게 된다면 그 계약은 소급하여 유효한 계약이 되는, 이른바 '유동적 무효'이다(대판 1991. 12. 24. 90다12243).

② 토지거래허가를 받지 아니하여 유동적 무효 상태에 있는 계약이라고 하더라도 일단 거래허가신청을 하여 불허되었다면 특별한 사정이 없는 한 불허가된 때로부터 그 거래계약은 확정적으로 무효로 되었다고 할 것이지만, 그 불허가의 취지가 미비된 요건의 보정을 명하는 데에 있고 그러한 흠결된 요건을 보정하는 것이 객관적으로 불가능하지도 아니한 경우라면 그 불허가로 인하여 거래계약이 확정적으로 무효

가 되는 것은 아니다(대판 1998. 12. 22. 98다44376).

나) 확정 무효

① 토지거래허가구역 안의 토지에 대한 중간생략등기는 설사 최초매도인과 최종매수인을 당사자로 하는 관할청의 허가를 받았다 하더라도 각 거래시마다 허가를 받지 않았다면 무효이다(대판 1997. 11. 11. 97다33218).

② 토지거래허가 전의 거래계약이 정지조건부 계약인 경우에 있어서 그 정지조건이 토지거래허가를 받기 전에 이미 불성취로 확정되었다면 장차 토지거래허가를 받는다고 하더라도 그 거래계약의 효력이 발생될 여지는 없게 되었다고 할 것이므로, 이와 같은 경우에도 또한 허가 전 거래계약의 유동적 무효 상태가 더 이상 지속된다고 볼 수 없고 그 계약관계는 확정적으로 무효가 된다(대판 1998. 3. 27. 97다36996).

③ 국토이용관리법상의 규제지역 내의 토지에 대하여 관할 도지사의 허가를 받기 전에 체결한 매매계약은 처음부터 그 허가를 배제하거나 잠탈하는 내용의 계약일 경우에는 확정적으로 무효로서 유효하게 될 여지가 없으나, 이와 달리 허가받을 것을 전제로 한 계약일 경우에는 허가를 받을 때까지는 법률상의 미완성의 법률행위로서 소유권 등 권리의 이전에 관한 계약의 효력이 전혀 발생하지 아니함은 확정적 무효의 경우와 다를 바 없지만, 허가를 받게 되면 그 계약은 소급하여 유효한 계약이 되고 이와 달리 허가를 받지 못하게 된 때에는 무효로 확정되므로 허가를 받기까지는 유동적 무효의 상태에 있다고 보아야 할 것이며, 이러한 유동적 무효 상태에 있는 계약을 체결한 당사자는 쌍방이 그 계약이 효력이 있는 것으로 완성될 수 있도록 서로 협력할 의무가 있다고 할 것이므로, 이 경우 이러한 매매계약을 체결할 당시 당사자 사이에 당사자 일방이 토지거래허가를 받기 위한 협력 자체를 이행하지 아니하거나 허가 신청에 이르기 전에 매매계약을 철회하는 경우, 상대방에게 일정한 손해액을 배상하기로 하는 약정을 유효하게 할 수 있으므로, 규제구역 내의 토지를 매매함에 있어서 사전에 거래허가를 받지 않은 경우 그 매매계약의 효력은 처음부터 그 허가를 배제하거나 잠탈하려 하였던 경우와 허가받을 것을 전제로 한 경우 사이에 커다란 차이가 있고, 따라서 당사자가 자신

이 체결한 계약이 어느 경우에 해당하는지에 대한 주장사실은 법률상의 요건사실인 주요사실에 해당한다고 할 것이므로, 법원은 이에 대한 당사자의 주장사실에 구속되어 그와 다른 사실을 인정하거나 이를 기초로 판단할 수는 없다(대판 2000. 4. 7. 99다68812).

④ 토지거래허가구역 내의 이유로 해약통지를 하자 매수인이 계약금 상당액을 청구금액으로 하여 위 토지에 대한 가압류를 경료한 경우, 위 매매계약은 가압류 당시 쌍방이 토지거래허가신청을 하지 않기로 하는 의사표시를 명백히 함으로써 확정 토지에 관하여 매매계약이 체결된 후 매도인이 매수인에게 채무불이행을 적 무효가 되었다고 볼 여지가 있다(대판 2000. 6. 9. 99다72460).

다) 확정 유효

허가구역 지정기간 중에 허가구역 안의 토지에 대하여 토지거래허가를 받지 아니하고 토지거래계약을 체결한 후 허가구역 지정해제 등이 된 때에는 그 토지거래계약이 허가구역 지정이 해제되기 전에 확정적으로 무효로 된 경우를 제외하고는, 더 이상 관할 행정청으로부터 토지거래허가를 받을 필요가 없이 확정적으로 유효로 된다(대판 1999. 6. 17. 98다40459).

라) 유동적 무효와 취소, 해제와의 경합

① 국토이용관리법상 규제구역 내에 속하는 토지거래에 관하여 관할 도지사로부터 거래허가를 받지 아니한 거래계약은 처음부터 위 허가를 배제하거나 잠탈하는 내용의 계약이 아닌 한 허가를 받기까지는 유동적 무효의 상태에 있고 거래당사자는 거래허가를 받기 위하여 서로 협력할 의무가 있으나, 그 토지거래가 계약 당사자의 표시와 불일치한 의사(비진의표시, 허위표시 또는 착오) 또는 사기, 강박과 같은 하자 있는 의사에 의하여 이루어진 경우에는, 이들 사유에 의하여 그 거래의 무효 또는 취소를 주장할 수 있는 당사자는 그러한 거래허가를 신청하기 전 단계에서 이러한 사유를 주장하여 거래허가신청 협력에 대한 거절의사를 일방적으로 명백히 함으로써 그 계약을 확정적으로 무효화시키고 자신의 거래허가절차에 협력할 의무를 면할 수 있다(대판 1997. 11. 14. 97다36118).

② 토지거래허가구역 지정기간 중에 허가구역 안의 토지에 대하여 토지거래허

가를 받지 아니하고 토지거래계약을 체결한 후 허가구역 지정이 해제되거나 허가구역 지정기간이 만료되었음에도 재지정을 하지 아니한 때에는 그 토지거래계약이 허가구역 지정이 해제되기 전에 확정적으로 무효로 된 경우를 제외하고는, 더 이상 관할 행정청으로부터 토지거래허가를 받을 필요가 없이 확정적으로 유효로 되어 거래 당사자는 그 계약에 기하여 바로 토지의 소유권 등 권리의 이전 또는 설정에 관한 이행청구를 할 수 있고, 상대방도 반대급부의 청구를 할 수 있다고 보아야 할 것이지, 여전히 그 계약이 유동적 무효상태에 있다고 볼 것은 아니다(대판 2010. 3. 25. 2009다41465).

마) 유동적 무효와 계약상의 이행청구 및 해제의 효과 여부

① 유동적 무효도 어디까지나 무효로서 허가 전에는 채권적 효력도 없으므로 어떠한 이행청구도 할 수 없으며, 상대방도 이행의무가 없다. 다만, 당사자는 계약의 효력을 완성하기 위해 허가신청절차에 신의칙상 협력할 의무를 부담한다(계약 이전의 법률관계에서 발생하는 신의칙상의 의무). 이러한 협력의무와 대금지급 의무는 동시이행관계에 있는 것은 아니다(대판 1992. 9. 8. 92다19989).

② 유동적 무효의 경우, 협력의무가 있는 이상 이미 지급한 계약금·중도금 등을 무효를 이유로 부당이득반환청구 할 수 없다(대판 1993. 6. 22. 91다 21435).

③ 허가 받기 전까지는 대금의 미지급을 이유로 계약을 해제할 수 없다(대판 1992. 7. 28. 91다33612).

④ 민법 제137조는 법률행위의 일부분이 무효인 때에는 그 전부를 무효로 하되, 그 무효부분이 없더라도 법률행위를 하였을 것이라고 인정될 때에는 나머지 부분은 무효가 되지 아니한다고 규정하고 있는바, 국토이용관리법상의 규제구역 내의 토지와 건물을 일괄하여 매매한 경우 일반적으로 토지와 그 지상의 건물은 법률적인 운명을 같이하는 것이 거래의 관행이고, 당사자의 의사나 경제의 관념에도 합치되는 것이므로, 토지에 관한 당국의 거래허가가 없으면 건물만이라도 매매하였을 것이라고 볼 수 있는 특별한 사정이 인정되는 경우에 한하여 토지에 대한 매매거래허가가 있기 전에 건물만의 소유권이전등기를 명할 수 있다고 보아야 할 것이고, 그렇지 않은 경우에는 토지에 대한 거래허가가 있어 그 매매계약의 전부가 유효한 것으로 확정된 후에 토지와 함께 이전등기를 명하는 것이 옳을 것이다(유동

적 무효의 경우, 특별한 사정이 없는 한 토지거래허가가 있기 전에는 매수인은 건물만의 소유권 이전등기를 청구하지 못한다. 대판 1992. 10. 13. 92다16836).

바) 유동적 무효와 관할청의 허가를 받기 위한 협력의무

① 유동적 무효의 상태에서는 아직 계약의 효력이 확정되어 있지 않으나, 매매계약의 양 당사자는 계약의 효력이 있는 것으로 완성될 수 있도록 서로 협력할 의무를 부담한다(대판 1997. 2. 28. 96다49933).

② 유동적 무효의 경우, 허가신청절차에 대한 협력의무이행은 소로써 구할 이익이 있고(허가신청절차이행청구), 협력의무를 위반한 경우에는 손해배상을 청구할 수 있다(대판 1994. 4. 15. 93다39782).

③ 유동적 무효 상태에 있는, 토지거래허가구역 내 토지에 관한 매매계약에서 계약의 쌍방 당사자는 공동허가신청절차에 협력할 의무가 있고, 이러한 의무에 위배하여 허가신청절차에 협력하지 않는 당사자에 대하여 상대방은 협력의무의 이행을 소구할 수도 있다. 그러므로 매매계약 체결 당시 일정한 기간 안에 토지거래허가를 받기로 약정하였다고 하더라도, 그 약정된 기간 내에 토지거래허가를 받지 못할 경우 계약해제 등의 절차 없이 곧바로 매매계약을 무효로 하기로 약정한 취지라는 등의 특별한 사정이 없는 한, 이를 쌍무계약에서 이행기를 정한 것과 달리 볼 것이 아니므로 위 약정기간이 경과하였다는 사정만으로 곧바로 매매계약이 확정적으로 무효가 된다고 할 수 없다(대판 2009. 4. 23. 2008다50615).

사) 유동적 무효와 해약금의 적용 여부

① 유효 여부가 확정되기 전에도 매도인은 이행에 착수하기 전 매수인으로부터 받은 계약금의 배액을 상환하고 계약을 해제할 수 있다(대판 1997. 6. 27. 97다9369).

② 민법 제565조의 해약권은 당사자 간에 다른 약정이 없는 경우에 한하여 인정되는 것이고, 만일 당사자가 위 조항의 해약권을 배제하기로 하는 약정을 하였다면 더 이상 그 해제권을 행사할 수 없다(대판 2009. 4. 23. 2008다50615).

③ 국토의 계획 및 이용에 관한 법률에 정한 토지거래계약에 관한 허가구역으로 지정된 구역 안에 위치한 토지에 관하여 매매계약이 체결된 경우 당사자는 그 매매계약이 효력이 있는 것으로 완성될 수 있도록 서로 협력할 의무가 있지만, 이러한 의무는 그 매매계약의 효력으로서 발생하는 매도인의 재산권이전의무나 매수인의

대금지급의무와는 달리 신의칙상의 의무에 해당하는 것이어서 당사자 쌍방이 위 협력의무에 기초해 토지거래허가신청을 하고 이에 따라 관할관청으로부터 그 허가를 받았다 하더라도, 아직 그 단계에서는 당사자 쌍방 모두 매매계약의 효력으로서 발생하는 의무를 이행하였거나 이행에 착수하였다고 할 수 없을 뿐만 아니라, 그 단계에서 매매계약에 대한 이행의 착수가 있다고 보아 민법 제565조의 규정에 의한 해제권 행사를 부정하게 되면 당사자 쌍방 모두에게 해제권의 행사 기한을 부당하게 단축시키는 결과를 가져올 수도 있다. 그러므로 국토의 계획 및 이용에 관한 법률에 정한 토지거래계약에 관한 허가구역으로 지정된 구역 안의 토지에 관하여 매매계약이 체결된 후 계약금만 수수한 상태에서 당사자가 토지거래허가신청을 하고 이에 따라 관할관청으로부터 그 허가를 받았다 하더라도, 그러한 사정만으로는 아직 이행의 착수가 있다고 볼 수 없어 매도인으로서는 민법 제565조에 의하여 계약금의 배액을 상환하여 매매계약을 해제할 수 있다(대판 2009. 4. 23. 2008다62427).

아) 유동적 무효와 매수인의 지위 양도

① 국토이용관리법 소정의 토지거래허가를 받아야 하는 토지에 관하여 관할 관청의 허가 없이 매매계약이 체결된 경우, 그 매매계약이 처음부터 허가를 배제하거나 잠탈하는 내용의 계약이 아니라 허가를 받을 것을 전제로 하는 계약인 때에는 유동적 무효상태에 있고, 이러한 유동적 무효상태에 있는 매매계약상의 매수인의 지위에 관하여 매도인과 매수인 및 제3자 사이에 제3자가 그와 같은 매수인의 지위를 매수인으로부터 이전받는다는 취지의 합의를 한 경우, 국토이용관리법상 토지거래허가 제도가 토지의 투기적 거래를 방지하여 정상적 거래를 조장하려는 데에 그 입법취지가 있음에 비추어 볼 때, 그와 같은 합의는 매도인과 매수인 사이의 매매계약에 대한 관할 관청의 허가가 있어야 비로소 효력이 발생한다고 보아야 하고, 그 허가가 없는 이상 그 3 당사자 사이의 합의만으로 유동적 무효상태의 매매계약의 매수인 지위가 매수인으로부터 제3자에게 이전하고 제3자가 매도인에 대하여 직접 토지거래허가 신청절차 협력의무의 이행을 구할 수 있다고 할 수는 없다(대판 1996. 7. 26. 96다7762).

② 국토이용관리법상의 토지거래계약허가를 받아야 하는 토지에 관하여 관할

관청의 허가를 받을 것을 전제로 하여 허가 없이 매매계약이 체결된 경우 그 매매계약은 유동적 무효상태에 있는 것이고, 유동적 무효상태에 있는 매매계약에 관하여 매도인과 매수인 및 제3자 사이에 제3자가 매수인의 지위를 이전받기로 하는 합의를 하였다고 하더라도, 국토이용관리법상 토지거래 계약허가 제도의 입법취지에 비추어 위 합의는 매도인과 매수인 사이의 매매계약에 대한 관할관청의 허가가 있어야 비로소 효력이 발생하는 것이지, 그와 같은 허가 없이 매도인과 매수인 및 제3자 사이의 합의만으로 유동적 무효상태의 매매계약상의 매수인 지위가 매수인으로부터 제3자에게 이전한다고 할 수 없다(대판 2000. 10. 27. 98두13492).

3. 무효행위의 추인

(1) 의 의

무효인 행위는 법률행위로서의 효과가 발생하지 않는 것으로 확정하고 있으므로, 후에 이르러 그 행위를 유효하게 하는 의사표시를 하더라도 유효로 되지 않는다(139조 본문). 그러나 무효인 법률행위에 대하여 당사자가 흠을 제거하여 추인한 때에 장래에 향하여 새로운 법률행위를 한 것으로 보게 되며(139조 단서), 이를 무효행위의 추인(追認)이라고 말한다(139조).

(2) 요 건

1) 당사자가 무효임을 알면서 흠을 제거하여 추인할 것. 여기서 무효행위의 추인은 명시적으로 할 수 있음은 물론이고 묵시적으로도 할 수 있다. 다만 묵시적 추인을 인정하기 위해서는 본인이 그 행위로 처하게 된 법적 지위를 충분히 이해하고 그 행위의 결과가 자기에게 귀속된다는 것을 승인한 것으로 볼 만한 사정이 있어야 한다(대판 2007. 1. 11. 2006다50055; 동 2009. 9. 24. 2009다37831).

2) 추인시에 새로운 법률행위로서의 요건을 갖추고 있을 것. 따라서 추인에 의한 새로운 법률행위가 요식행위인 경우에는, 그 방식을 갖추어야 한다.

3) 가족법상의 행위는 원칙적으로 추인이 인정되지 않는다. 또한 반사회질서의 법률행위, 불공정한 법률행위와 강행법규 위반행위는 무효행위의 추인의 적용이

없다(통설, 판례).

4) 무효인 법률행위의 무효의 원인이 소멸한 후에 추인할 것. 판례는 "취소한 법률행위는 처음부터 무효인 것으로 간주되므로 취소할 수 있는 법률행위가 일단 취소된 이상 그 후에는 취소할 수 있는 법률행위의 추인에 의하여 이미 취소되어 무효인 것으로 간주된 당초의 의사표시를 다시 확정적으로 유효하게 할 수는 없고, 다만 무효인 법률행위의 추인의 요건과 효력으로서 추인할 수는 있으나, 무효행위의 추인은 그 무효 원인이 소멸한 후에 하여야 그 효력이 있다."고 판시하고 있다(대판 1997. 12. 12. 95다38240).

(3) 효과(추인의 모습)

1) 원 칙

가) 무효행위의 추인은 비소급적 추인이 원칙이다. 즉 당사자가 무효임을 알고 추인한 경우에는 새로운 법률행위로 보고 장래에 향하여 효력발생을 인정한다(139조). 이 경우, 당사자가 동일한 내용의 법률행위를 다시 되풀이하여야 할 필요가 없으므로 편의상 새로운 행위를 한 것으로 보는 것이다. 예컨대 가장매매의 당사자가 추인하면 그때부터, 즉 비소급적으로 유효한 매매가 된다. 또한 무효인 가등기를 유효한 등기로 전용키로 한 약정은 그때부터 유효하고 이로써 위 가등기가 소급하여 유효한 등기로 될 수 없다(대판 1992. 5. 12. 91다26546).

나) 그러나 이에는 일정한 제한이 있다. 즉 반사회질서의 법률행위나 불공정한 법률행위, 강행법규 위반행위는 그 행위의 성질상 추인에 의하여 새로운 행위로서의 요건을 갖추더라도 그 행위가 역시 유효로 될 수 없는 것인 때에는 비소급적 추인도 허용되지 않는다(통설, 판례).

2) 예 외

무효행위의 추인은 비소급적 추인이 원칙이나, 타인의 이익을 해하지 않는 한 당사자 사이에서 또는 제3자에 대한 관계에서도 행위시부터 유효한 것으로 하는 소급적 추인을 할 수 있다(통설, 판례).

관련판례

무효행위의 추인

① 가장매매의 당사자가 추인하면 그때부터, 즉 비소급적 추인이 인정된다(대판 1973. 5. 22. 72다2249).

② 법률행위가 선량한 풍속 그 밖의 사회질서에 반하여 무효가 된 경우나 불공정한 법률행위로 무효로 된 경우에는 무효행위의 추인이 인정될 수 없다(대판 1973. 5. 22. 72다2249).

③ 불공정한 법률행위로서 무효인 경우에는 추인에 의하여 무효인 법률행위가 유효로 될 수 없다(대판 1994. 6. 24. 94다10900).

④ 甲과 乙이 통정하여 甲의 가옥을 乙에게 매도한 것으로 하여 이전등기를 마치고, 乙로 하여금 그 가옥에서 거주하게 한 경우에 甲이 나중에 이 가장매매를 추인하여 당사자 사이에서는 행위시에 소급하여 당초부터 유효한 것으로 하는 것은 무방할 것이다(대판 1949. 3. 22. 4281민상361).

⑤ 근로자가 회사로부터 해고통보를 받은 다음, 다시 사직서를 제출하지 아니하면 타회사에 취업하는 데에 지장이 있을 것이니 사직서를 제출하라는 취지의 종용을 받고 사직서를 제출한 후, 퇴직금, 해고수당 등을 수령한 경우 위 근로자는 정리해고가 유효한 것임을 전제로 하여 그 사무처리 과정의 하나로서 회사의 요구에 따라 사직서를 제출하고 퇴직금을 수령하였음에 불과하여 위 정리해고와 무관하게 별도로 사직의 의사를 표시한 것으로 볼 수 없으므로 근로자가 위 정리해고처분의 무효임을 알고 이를 추인하였다거나 그 위법에 대한 불복을 포기하였다고 볼 수 없다(대판 1990. 3. 13. 89다카24445).

⑥ 친생자 출생신고 당시 입양의 실질적 요건을 갖추지 못하여 입양신고로서의 효력이 생기지 아니하였더라도 그 후에 입양의 실질적 요건을 갖추게 된 경우에는 무효인 친생자 출생신고는 소급적으로 입양신고로서의 효력을 갖게 된다고 할 것이나, 민법 제139조 본문이 무효인 법률행위는 추인하여도 그 효력이 생기지 않는다고 규정하고 있음에도 불구하고, 입양 등의 신분행위에 관하여 이 규정을 적용하지 아니하고 추인에 의하여 소급적 효력을 인정하는 것은

무효인 신분행위 후 그 내용에 맞는 신분관계가 실질적으로 형성되어 쌍방 당사자가 이의 없이 그 신분관계를 계속하여 왔다면, 그 신고가 부적법하다는 이유로 이미 형성되어 있는 신분관계의 효력을 부인하는 것은 당사자의 의사에 반하고 그 이익을 해칠 뿐만 아니라, 그 실질적 신분관계의 외형과 호적의 기재를 믿은 제3자의 이익도 침해할 우려가 있기 때문에 추인에 의하여 소급적으로 신분행위의 효력을 인정함으로써 신분관계의 형성이라는 신분관계의 본질적 요소를 보호하는 것이 타당하다는 데에 그 근거가 있다고 할 것이므로, 당사자 간에 무효인 신고행위에 상응하는 신분관계가 실질적으로 형성되어 있지 아니한 경우에는 무효인 신분행위에 대한 추인의 의사표시만으로 그 무효행위의 효력을 인정할 수 없는 것이다(대판 2004. 11. 11. 2004므1484).

⑦ 무효등기의 유용에 관한 합의 내지 추인은 묵시적으로도 이루어질 수 있으나, 위와 같은 묵시적 합의 내지 추인을 인정하려면 무효등기 사실을 알면서 장기간 이의를 제기하지 아니하고 방치한 것만으로는 부족하고 그 등기가 무효임을 알면서도 유효함을 전제로 기대되는 행위를 하거나 용태를 보이는 등 무효등기를 유용할 의사에서 비롯되어 장기간 방치된 것이라고 볼 수 있는 특별한 사정이 있어야 한다(대판 2007. 1. 11. 2006다50055).

⑧ 무권대리행위나 무효행위의 추인은 무권대리행위 등이 있음을 알고 그 행위의 효과를 자기에게 귀속시키도록 하는 단독행위로서 그 의사표시의 방법에 관하여 일정한 방식이 요구되는 것이 아니므로 명시적이든 묵시적이든 묻지 않는다 할 것이지만, 묵시적 추인을 인정하기 위해서는 본인이 그 행위로 처하게 된 법적 지위를 충분히 이해하고 그럼에도 진의에 기하여 그 행위의 결과가 자기에게 귀속된다는 것을 승인한 것으로 볼 만한 사정이 있어야 할 것이므로 이를 판단함에 있어서는 관계되는 여러 사정을 종합적으로 검토하여 신중하게 하여야 할 것이다(대판 2009. 9. 24. 2009다37831).

4. 무효행위의 전환

(1) 의 의

무효행위의 전환(轉換)은 무효인 행위(A행위)가 다른 행위(B행위)로서의 요건을 갖추고 있고, 당사자가 그 무효를 알았더라면 다른 행위를 하는 것을 의욕하였으리라고 인정될 경우에, 그 무효행위에 대하여 다른 행위로서의 효력을 인정하는 것을 말한다(138조).

이러한 무효행위의 전환은 제137조가 '양적 일부무효'를 규정한 것에 비하며 '질적 일부무효'를 규정한 것이라고 할 수 있다.

(2) 요 건

1) 무효인 행위가 다른 행위로서의 요건을 갖추고 있을 것

2) 당사자가 그 무효를 알았더라면 다른 법률행위를 하는 것을 의욕하였으리라고 인정될 것. 여기서, '의욕' 유무의 판단은 법률행위의 해석에 의하여야 하며, 제2의 행위는 가정적(가상적, 추정적)인 것이면 족하다.

3) 단독행위에 관하여는 성질상 원칙적으로 전환이 허용되지 않는다. 그러나 연착된 승낙과 변경을 가한 승낙을 새로운 청약으로 보는 것은 예외적으로 허용된다(530조, 534조).

(3) 효과(전환의 모습)

1) 불요식행위로의 전환

제1의 행위가 요식행위(要式行爲)이든, 불요식행위(不要式行爲)이든 요건을 충족하면 불요식행위로의 전환은 가능하다. 예컨대 방식을 결여한 약속어음이 어음으로서는 무효이나 차용증서로서의 효과를 인정하는 것은 제1의 행위가 요식행위인 경우이고, 지상권설정계약으로서는 무효인 것을 임대차계약으로서 유효하다고 인정하는 것은 제1의 행위가 불요식행위인 경우이다.

2) 요식행위로의 전환

가) 원 칙

무효인 제1의 행위가 요식행위일 뿐 아니라 전환되는 제2의 행위도 요식행위인 경우에는 일정한 형식 그 자체를 필요로 하는 것이므로 전환이 허용되지 않는다.

나) 예 외

그러나, 다음과 같은 경우에는 예외적으로 요식행위로의 전환이 인정되어, 전환되는 행위로서 유효하다.

① 비밀증서에 의한 유언의 방식에 흠결이 있는 경우에 자필증서에 의한 유언으로서 인정되는 경우(1071조)

② 혼인 외의 출생자(혼외자)를 혼인 중의 출생자로 허위친생자 출생신고를 한 경우에 그 신고가 출생신고로서는 무효이지만, 인지신고(認知申告)로서의 효력을 인정하는 경우(가족관계의 등록 등에 관한 법률 57조, 판례)

③ 입양신고를 해야 할 자에 대하여 입양신고를 거치지 않고 허위친생자 출생신고를 한 경우에 그 신고가 출생신고로서는 무효이지만, 입양신고로서의 효력을 인정하는 경우(판례)

관련판례

무효행위의 전환의 인정 여부

① 혼인 외의 출생자를 혼인 중의 출생자로 신고한 경우에 있어서(구 호적법 49조 이하 참조), 그 신고가 출생신고로서는 무효이지만 인지신고(855조의 참조)로서의 효력은 인정하여도 무방할 것이다(대판 1976. 10. 26. 76다2189).

② 입양절차를 거치지 않고 친생자로 입적되었을 경우에 친생자출생신고로서는 무효이지만, 입양신고(878조)로서의 효력은 인정된다(대판 1990. 7. 27. 89므1108).

③ 친생자 출생신고 당시 입양의 실질적 요건을 갖추지 못하여 입양신고로서의 효력이 생기지 아니하였더라도 그 후에 입양의 실질적 요건을 갖추게 된 경우에는

무효인 친생자 출생신고는 소급적으로 입양신고로서의 효력을 갖게 되고, 추인에 의하여 소급적으로 신분행위의 효력을 인정함으로써 신분관계의 형성이라는 신분관계의 본질적 요소를 보호하게 되는 것이다(대판 2000. 6. 9. 99므1633).

④ 입양의 실질적 요건이 구비되어 있다고 하기 위하여는 입양의 합의가 있을 것, 15세 미만자는 법정대리인의 대낙(代諾)이 있을 것, 양자는 양부모의 존속 또는 연장자가 아닐 것 등 민법 제883조 각호 소정의 입양의 무효사유가 없어야 함은 물론 감호·양육 등 양친자로서의 신분적 생활사실이 반드시 수반되어야 하는 것으로서, 입양의 의사로 친생자출생신고를 하였다 하더라도 위와 같은 요건을 갖추지 못한 경우에는 입양신고로서의 효력이 생기지 아니한다(대판 2004. 11. 11. 2004므1484).

⑤ 상속재산 전부를 상속인 중 1인(乙)에게 상속시킬 방편으로 그 나머지 상속인들이 상속포기신고를 하였으나 그 상속포기가 민법 제1019조 제1항 소정의 기간을 초과한 후에 신고된 것이어서 상속포기로서의 효력이 없더라도 乙과 나머지 상속인들 사이에는 乙이 고유의 상속분을 초과하여 상속재산 전부를 취득하고 나머지 상속인들은 그 상속재산을 전혀 취득하지 않기로 하는 의사의 합치가 있었다고 할 것이므로 그들 사이에 위와 같은 내용의 상속재산의 협의분할이 이루어진 것이라고 보아야 한다(대판 1989. 9. 12. 88누9305).

⑥ 임대보증금과 임대료의 상한액인 표준임대보증금과 표준임대료를 기준으로 계약상 임대보증금과 임대료를 산정하여 임대보증금과 임대료 사이에 상호전환을 하였으나 절차상 위법이 있어 강행법규 위반으로 무효가 되는 경우에는 특별한 사정이 없는 한 임대사업자와 임차인이 임대보증금과 임대료의 상호전환을 하지 않은 원래의 임대 조건, 즉 표준임대보증금과 표준임대료에 의한 임대 조건으로 임대차계약을 체결할 것을 의욕하였으리라고 봄이 타당하다. 그러므로 임대차계약은 민법 제138조에 따라 표준임대보증금과 표준임대료를 임대 조건으로 하는 임대차계약으로서 유효하게 존속한다(대판 2016. 11. 28. 2013다42236).

무효와 손해배상청구

무효인 법률행위는 그 법률행위가 성립한 당초부터 당연히 효력이 발생하지 않는다. 그러므로 무효인 법률행위에 따른 법률효과를 침해하는 경우처럼 보이는 위법행위나 채무불이행이 있다고 하여도 법률효과의 침해에 따른 손해는 없으면, 그 손해배상을 청구할 수는 없다(대판 2003. 3. 28. 2002다72125).

불공정한 법률행위와 제138조의 적용 여부

매매계약이 약정된 매매대금의 과다로 말미암아 민법 제104조에서 정하는 '불공정한 법률행위'에 해당하여 무효인 경우에도 무효행위의 전환에 관한 민법 제138조가 적용될 수 있다. 따라서 당사자 쌍방이 위와 같은 무효를 알았더라면 대금을 다른 액으로 정하여 매매계약에 합의하였을 것이라고 예외적으로 인정되는 경우에는, 그 대금액을 내용으로 하는 매매계약이 유효하게 성립한다. 이때 당사자의 의사는 매매계약이 무효임을 계약 당시에 알았다면 의욕하였을 가정적(假定的) 효과의사로서, 당사자 본인이 계약 체결시와 같은 구체적 사정 아래 있다고 상정하는 경우에 거래관행을 고려하여 신의성실의 원칙에 비추어 결단하였을 바를 의미한다. 이와 같이 여기서는 어디까지나 당해 사건의 제반 사정 아래서 각각의 당사자가 결단하였을 바가 탐구되어야 하는 것이므로, 계약 당시의 시가와 같은 객관적 지표는 그러한 가정적 의사의 인정에 있어서 하나의 참고자료로 삼을 수는 있을지언정 그것이 일응의 기준이 된다고도 쉽사리 말할 수 없다. 이와 같이 가정적 의사에 기한 계약의 성립 여부 및 그 내용을 발굴·구성하여 제시하게 되는 법원으로서는 그 '가정적 의사'를 함부로 추단하여 당사자가 의욕하지 아니하는 법률효과를 그에게 또는 그들에게 계약의 이름으로 불합리하게 강요하는 것이 되지 아니하도록 신중을 기하여야 한다(대판 2010. 7. 15. 2009다50308).

Ⅲ. 법률행위의 취소

1. 개 관

(1) 취소의 의의

법률행위의 취소는 일단 유효하게 성립한 법률행위의 효력을 행위시에 소급하여 소멸시키는 특정인(취소권자)의 의사표시를 말한다. 취소할 수 있는 상태에 있는 법률행위를 '취소할 수 있는 법률행위'라고 한다.

(2) 취소와의 구별개념

취소는 다음 용어와는 구별된다.

1) 해 제

해제는 계약이 일단 유효하게 성립한 후에 당사자 일방의 의사로 그 효력을 소급적으로 소멸시키는 것을 말한다.

여기서 일단 유효하게 발생한 계약을 소급적으로 효력을 소멸시킬 수 있는 권리인 해제권은 형성권이라는 점에서 취소권과 같다. 또 해제와 취소는 모두 일단 유효한 행위이고, 단독행위이며, 소급효가 있다는 점에서도 서로 유사하다.

그러나, 양자 사이에는 다음과 같은 차이점이 있다.

가) 취소는 행위자의 무능력, 의사표시의 사기, 강박, 착오 등 흠이 있는 행위의 효력을 소멸시키는데 반하여, 해제는 보통 채무불이행으로 생긴다.

나) 취소의 원인은 법률이 규정되어 있는 것에 한하는데 반하여, 해제는 법정해제(채무불이행) 이외에 당사자의 약정에 의한 약정해제도 인정된다.

다) 취소는 모든 법률행위에 적용되나, 해제는 계약에만 적용되는 특유한 것인데 차이가 있다.

라) 취소의 경우에는 이미 이행한 것은 부당이득으로 반환하면 되지만, 해제의 경우에는 부당이득의 원칙에 대한 예외가 인정되어 원상회복 외에 손해배상의 문제도 생긴다는 점에서 양자는 서로 다르다.

〈해제와 취소의 비교〉

사 항	해 제	취 소
① 적용범위	계약에만 특유한 제도	모든 법률행위에 적용
② 발생원인	법률의 규정(법정해제권) 이외에 당사자의 약정(약정해제권)으로도 발생	법률의 규정(행위자의 제한능력, 의사표시의 사기, 강박, 착오)에 의해서만 발생
③ 효 과	원상회복의무와 손해배상	부당이득반환의무

2) 철 회

철회(撤回)는 아직 종국적인 법률효과가 발생하기 이전에 그 효과의 발생을 그대로 저지하여 장래 효과가 발생하지 않도록 하거나, 일단 발생한 의사표시의 효력을 장래에 향하여 소멸시키는 일방적 의사표시를 말한다. 따라서 취소와 달리 철회는 소급효가 없다.

(3) 취소의 종류(민법상 취소의 모습)

민법은 총칙편의 제140조 이하에서 취소에 관한 일반적 규정을 두고 있는데, 이 규정들은 위에서 본 바와 같은 행위자의 무능력 또는 사기, 강박, 착오를 이유로 하는 의사표시의 취소에 한하여 적용이 있을 뿐이다.

한편 민법은 다음에서 보는 바와 같이 여러 곳에서 취소 관련 제도를 두고 있으나, 그들은 위의 본래의 취소(좁은 의미의 취소)와는 다르므로, 제140조 이하의 규정은 적용되지 않는다.

1) 좁은 의미의 취소

이는 민법상의 취소 중 민법 제140조 이하의 적용을 받는 것으로서, 행위자의 무능력·착오·사기·강박이 있는 경우에 이를 소멸시키는 '법률행위의 취소'를 말한다.

2) 완전한 행위의 취소

이는 완전히 유효한 법률행위를 취소하는 것을 말한다. 이에는 미성년자에 대한 영업허락의 취소(8조 2항), 부부 사이의 계약취소(828조) 등을 들 수 있다. 따라서 완전한 행위의 취소에서는 추인의 문제가 생길 여지가 없다.

3) 신분행위의 취소

이는 가족법상 행위의 취소로서 민법 제140조 이하가 아닌 가족법상 규정의 적용을 받는다.

4) 공법상 행위의 취소

이는 어떤 법률행위의 효과를 공법상의 행위(법원의 선고·주무관청의 행정처분)에 의하여 취소하는 것을 말한다. 예컨대 실종선고의 취소(29조), 법인설립허가의 취소(38조) 등이 이에 해당한다.

5) 사해행위의 취소

이는 채무자가 채권자를 해함을 알고 그 재산권을 목적으로 한 법률행위인 사해행위(詐害行爲)를 한 때에 채권자가 그 취소 및 원상회복을 법원에 청구하는 것(406조)을 말한다.

2. 취 소 권

(1) 의의 및 성질

취소권은 특정인(취소권자)의 상대방에 대한 일방적 의사표시에 의하여 이미 발생하고 있는 법률행위의 효력을 소급적으로 소멸시킬 수 있는 권리를 말한다. 이는 취소권자의 일방적 의사표시에 의하여 법률관계에 변동을 일으키므로, 일종의 형성권이다.

(2) 취소권자

취소권의 행사는 민법 제140조에서 규정하고 있는 다음의 자들만이 행사할 수 있다(제한적 열거).

1) 제한능력자

여기서 제한능력자는 미성년자·피한정후견인·피성년후견인(제한능력자)을 말하며, 이들은 자기가 행한 취소할 수 있는 행위를 무능력인 동안에도 법정대리인의 동의 없이 단독으로 취소할 수 있으며, 그것은 확정적으로 효력을 발생한다.

2) 하자 있는 의사표시를 한 자

여기서 '하자 있는 의사표시를 한 자'는 사기·강박에 의한 의사표시를 한 자뿐만 아니라 착오에 의한 의사표시를 한 자도 포함된다.

3) 제한능력자와 하자 있는 의사표시를 한 자의 대리인

여기서 대리인은 임의대리인과 법정대리인을 모두 포함한다.

다만 임의대리인이 취소권자가 되기 위해서는 본인으로부터 이에 대한 수권(授權)이 있어야 한다. 따라서 임의대리인은 취소권에 대한 수권이 있어야 비로소 취소권자가 될 수 있으므로, 당연히는 취소권을 행사할 수 없다.

4) 제한능력자와 하자 있는 의사표시를 한 자의의 승계인

여기서 승계인은 포괄승계인(예컨대 사기에 의하여 계약을 한 자의 상속인)과 특정승계인(예컨대 사기에 의하여 계약을 한 자의 매수인)을 모두 포함한다. 그러나 취소권만의 특정승계는 인정되지 않는다.

(3) 취소의 상대방

취소할 수 있는 법률행위의 상대방은 취소할 수 있는 법률행위가 행하여진 자이다. 따라서 취득한 권리의 이전이 있더라도 취소할 수 있는 법률행위가 행하여진 원래의 상대방에게 취소권을 행사해야 하며(142조), 전득자(轉得者)는 취소권행사의 상대방이 아니다.

(4) 취소의 방법

취소권은 형성권이므로, 취소권자의 상대방에 대한 일방적 의사표시에 의하며 특별한 방식을 요하지 않는다. 따라서 소(訴)에 의하여야 하는 것도 아니며, 명시적

인 것은 물론이고 묵시적으로 표시하여도 무방하다.

또한 법률행위의 일부분에만 취소사유가 있는 경우에 그 법률행위가 가분적이거나 그 목적물의 일부가 특정될 수 있다면, 그 나머지 부분이라도 이를 유지하려는 당사자의 가정적 의사가 인정되는 경우 그 일부만의 취소도 가능하다(대판 1999. 3. 26. 98다56607).

관련판례

취소권의 행사방법

① 취소의 의사표시는 특별한 방식에 의함을 요하지 않으므로, 따라서 소에 의하여야 하는 것도 아니며, 또한 명시적으로 하여야 하는 것도 아니므로 묵시적으로 표시하여도 무방하다(대판 1993. 9. 14. 93다13162).

② 재단법인에 대한 출연자와 법인과의 관계에 있어서 그 출연행위에 터잡아 법인이 성립되면 그로써 출연재산은 민법 제48조에 의하여 법인 성립시에 법인에게 귀속되어 법인의 재산이 되는 것이고, 출연재산이 부동산인 경우에 있어서도 위 양당사자 간의 관계에 있어서는 법인의 성립 외에 등기를 필요로 하는 것은 아니라 할지라도, 재단법인의 출연자가 착오를 원인으로 취소를 한 경우에는 출연자는 재단법인의 성립 여부나 출연된 재산의 기본재산인 여부와 관계없이 그 의사표시를 취소할 수 있다(대판 1999. 7. 9. 98다9045).

매매계약체결시 토지의 일정부분을 매매 대상에서 제외시키는 특약을 한 경우, 그 특약만을 기망에 의하여 취소할 수 있는지 여부

매매계약 체결시 토지의 일정 부분을 매매 대상에서 제외시키는 특약을 한 경우, 이는 매매계약의 대상 토지를 특정하여 그 일정 부분에 대하여는 매매계약이 체결되지 않았음을 분명히 한 것으로써 그 부분에 대한 어떠한 법률행위가 이루어진 것으로는 볼 수 없으므로, 그 특약만을 기망에 의한 법률행위로서 취소할 수는 없다(대판 1999. 3. 26. 98다56607).

일부취소

① 일부취소도 일부무효의 법리에 준하여 취소가 가능하다(대판 1990. 7. 10. 90다카7460).

② 하나의 법률행위의 일부분에만 취소사유가 있는 경우에 그 법률행위가 가분적이거나 그 목적물의 일부가 특정될 수 있다면, 그 나머지 부분이라도 이를 유지하려는 당사자의 가정적 의사가 인정되는 경우 그 일부만의 취소도 가능하고, 또 그 일부의 취소는 법률행위의 일부에 관하여 효력이 생긴다고 할 것이나, 이는 어디까지나 어떤 목적 혹은 목적물에 대한 법률행위가 존재함을 전제로 한다(대판 1999. 3. 26. 98다56607).

③ 甲이 지능이 박약한 乙을 꾀어 돈을 빌려주어 유흥비로 쓰게 하고 실제준 돈의 두 배 가량을 채권최고액으로 하여 자기 처인 丙 앞으로 근저당권을 설정한 사안에서, 근저당권설정계약은 독자적으로 존재하는 것이 아니라 금전소비대차계약과 결합하여 그 전체가 경제적, 사실적으로 일체로서 행하여진 것이고 더욱이 근저당권설정계약의 체결원인이 되었던 甲의 기망행위는 금전소비대차계약에도 미쳤으므로 甲의 기망을 이유로 한 乙의 근저당권설정계약 취소의 의사표시는 법률행위의 일부무효이론과 궤를 같이 하는 법률행위의 일부취소의 법리에 따라 소비대차계약을 포함한 전체에 대하여 취소의 효력이 있다(대판 1994. 9. 9. 93다31191).

---

(5) 취소의 효과

1) 원칙(소급효)

취소한 법률행위는 처음부터 소멸한 것으로 본다(141조 본문). 이를 '취소의 소급효'라고 한다.

취소는 법률효과에 대해 소급효를 인정하는 대표적인 것으로서 민법에서 다루는 제도 중에서 소급효가 있는 것과 없는 것들로는 다음을 들 수 있다.

가) 소급효가 있는 경우

실종선고의 취소, 이혼의 취소, 계약의 해제, 무권대리의 추인, 소멸시효의 완성, 상속재산의 분할, 상속의 포기, 취득시효, 상속재산의 분할 등

나) 소급효가 없는 경우

미성년자 영업허락의 취소, 한정후견개시심판·성년후견개시심판의 취소, 법인설립허가의 취소, 혼인의 취소, 무효행위의 추인, 조건의 성취, 기한의 도래, 공유물의 분할, 입양의 취소, 계약의 해지 등

2) 취소효과의 절대성과 상대성

취소의 효과는 무능력을 이유로 하는 경우에는 절대적이고(절대적 취소 : 5조 2항, 10조, 13조), 그 밖의 경우에는 상대적이다(상대적 취소). 예컨대 사기·강박·착오에 의한 의사표시의 취소는 이를 선의의 제3자에게 대항할 수 없는 것으로 하여(109조 2항, 110조 3항), 거래의 안전을 고려하고 있다.

3) 수익자의 반환범위

취소에 의하여 법률행위가 소급적 소멸이 된 경우에 이미 이행이 된 경우에는 부당이득이 되어 수익자는 반환의무를 부담하게 되는데, 민법은 제한능력자를 보호하기 위하여 그 반환의무의 범위를 경감하고 있다(141조 단서). 이에 따르면 위 범위는 다음의 경우로 나누어진다.

가) 일반 수익자의 경우

다음과 같이 부당이득 수익자의 반환범위를 규정하는 제748조에 의한다.

① 선의의 수익자

이익이 현존하는 한도에서 반환한다.

② 악의의 수익자

받은 이익에 이자를 붙여서 반환하고, 손해가 있는 경우에는 그 손해까지도 배상하여야 한다.

나) 제한능력자인 경우

제141조 단서(748조에 대한 특칙)에 의하여 선의·악의를 불문하고 이익이 현존하는 한도에서 반환하면 된다. 여기서 제한능력자가 취득한 이익은 현존하는 것으로 추정되므로, 제한능력자 자신이 현존이익이 받은 이익과 다르다는 것에 대한 입증책임을 부담한다(통설, 판례).

관련판례

제한능력자의 제141조 단서의 적용

① 미성년자가 신용카드발행인과 사이에 신용카드 이용계약을 체결하여 신용카드거래를 하다가 신용카드 이용계약을 취소하는 경우 미성년자는 그 행위로 인하여 받은 이익이 현존하는 한도에서 상환할 책임이 있는바, 신용카드 이용계약이 취소됨에도 불구하고 신용카드회원과 해당 가맹점 사이에 체결된 개별적인 매매계약은 특별한 사정이 없는 한 신용카드 이용계약취소와 무관하게 유효하게 존속한다 할 것이고, 신용카드발행인이 가맹점들에 대하여 그 신용카드사용대금을 지급한 것은 신용카드 이용계약과는 별개로 신용카드발행인과 가맹점 사이에 체결된 가맹점 계약에 따른 것으로서 유효하므로, 신용카드발행인의 가맹점에 대한 신용카드이용대금의 지급으로써 신용카드회원은 자신의 가맹점에 대한 매매대금 지급채무를 법률상 원인 없이 면제받는 이익을 얻었으며, 이러한 이익은 금전상의 이득으로서 특별한 사정이 없는 한 현존하는 것으로 추정된다(대판 2005. 4. 15. 2003다60297).

② 제한능력자의 책임을 제한하는 민법 제141조 단서는 부당이득에 있어 수익자의 반환범위를 정한 민법 제748조의 특칙으로서 제한능력자의 보호를 위해 그 선의·악의를 묻지 아니하고 반환범위를 현존 이익에 한정시키려는 데 그 취지가 있으므로, 의사능력의 흠결을 이유로 법률행위가 무효가 되는 경우에도 유추적용되어야 할 것이나, 법률상 원인 없이 타인의 재산 또는

노무로 인하여 이익을 얻고 그로 인하여 타인에게 손해를 가한 경우에 그 취득한 것이 금전상의 이득인 때에는 그 금전은 이를 취득한 자가 소비하였는가의 여부를 불문하고 현존하는 것으로 추정되므로, 위 이익이 현존하지 아니함은 이를 주장하는 자, 즉 의사무능력자 측에 입증책임이 있다(대판 2009. 1. 15. 2008다58367).

3. 취소할 수 있는 법률행위의 추인

(1) 의 의

추인(追認)은 취소할 수 있는 법률행위에 의하여 발생한 불확정한 효력을 취소할 수 없는 것으로 확정하는 취소권자의 단독행위를 말하며, 취소권의 포기라고도 한다. 또 위 추인을 제145조의 법정추인에 대응하는 개념으로 임의추인(任意追認)이라고도 한다.

(2) 추인의 요건

1) 추인권자가 할 것

추인은 추인권자가 이를 하여야 하는데, 취소할 수 있는 행위의 추인권자는 취소권자이다(143조).

2) 취소원인이 종료한 후에 할 것

추인은 '취소의 원인이 종료한 후'에 하여야 한다. 따라서 제한능력자는 능력자로 된 뒤에, 사기·강박·착오로 의사표시를 한 자는 그 결함의 상태에서 벗어난 뒤에 추인하여야 한다. 그러나 법정대리인이 추인하는 경우에는 이와 같은 제한이 없다(144조).

3) 추인권자는 그 행위가 취소할 수 있는 것임을 알고 추인하여야 한다

이 요건에 대한 명문규정은 없으나, 이는 당연한 추인의 요건이다(통설).

(3) 추인의 방법

추인은 상대방에 대한 일방적 의사표시로 하며, 취소의 방법과 같다(143조 2항).

(4) 추인의 효과

추인에 의하여 그 법률행위는 유효한 것으로 확정된다(143조 1항). 따라서 추인 후에는 취소하지 못한다.

관련판례

취소할 수 있는 법률행위의 추인

강박에 의한 의사표시임을 이유로 일단 유효하게 취소되어 당초의 의사표시가 무효로 된 후에 추인한 경우 그 추인이 효력을 가지기 위하여서는 그 무효 원인이 소멸한 후일 것을 요하며, 여기서 그 무효 원인이란 바로 위 의사표시의 취소사유이므로 결국 무효 원인이 소멸한 후란 것은 당초의 의사표시의 성립 과정에 존재하였던 취소의 원인이 종료된 후, 즉 강박 상태에서 벗어난 후라고 보아야 한다(대판 1997. 12. 12. 95다38240).

4. 법정추인

(1) 의 의

법정추인(法定追認)은 취소할 수 있는 행위에 관하여 일반적으로 추인이라고 인정할 만한 일정한 사실이 있는 경우에, 취소권자의 의사를 묻지 않고 법률상 당연히 추인한 것으로 보는 제도를 말한다. 이를 일명 '취소권의 배제'라고도 한다. 이는 법률행위가 취소되느냐의 여부가 취소권자에게 달려 있으므로 매우 불안전한 지위에 놓이게 되는 상대방을 구제하기 위한 제도이다.

(2) 법정추인의 요건

1) 법정추인사유가 존재할 것

취소할 수 있는 법률행위에 관하여 다음의 사실, 즉 법정추인사유가 존재하여야 한다. 따라서 제145조에 열거되어 있지 않은 혼동, 채무의 승인 등은 법정추인사유가 아니다.

여기서 법정추인사유는 다음의 사실 중 하나를 말한다(145조 단서).

가) 전부나 일부의 이행

취소할 수 있는 법률행위로 생긴 채권에 대하여 취소권자가 상대방의 이행을 받은 경우, 상대방에게 이행한 경우 모두 법정추인사유가 된다.

나) 이행의 청구

여기서 법정추인사유로서의 이행청구는 취소권자가 행사한 경우에 한한다. 따라서 상대방의 이행청구는 법정추인사유가 아니다.

다) 경개(更改)

당사자가 취소할 수 있는 법률행위에 의하여 발생한 구채무를 소멸시키고 이에 갈음하여 신채무를 성립시키는 계약으로 경개를 하면 법정추인이 된다. 여기서 취소권자는 채권자나 채무자에 관계없다(통설).

라) 담보의 제공

취소할 수 있는 행위로 발생한 채권에 대해서 취소권자가 채권자로서 담보제공을 받거나 채무자로서 담보제공을 하는 경우 모두 법정추인사유가 된다. 여기서 담보는 보증인, 연대보증인을 세우는 인적 담보이든 질권, 저당권 등을 설정하는 물적 담보이든 물적 담보이든 관계없다(통설).

마) 취소할 수 있는 행위로 취득한 권리의 전부나 일부의 양도

여기서 법정추인사유로서의 취소할 수 있는 행위로 취득한 권리의 양도는 취소권자가 행사한 경우에 한한다. 따라서 상대방이 한 권리의 양도는 법정추인사유가 아니다.

바) 강제집행

취소할 수 있는 행위로 발생한 채권에 대해서 취소권자가 채권자로서 강제집행

을 하거나 채무자로서 강제집행을 받는 경우 모두 법정추인사유가 된다(통설).

2) 위의 사실 중 어느 하나(법정추인 사유)가 취소원인이 종료한 후에 존재할 것

위에 든 여러 사실 중 어느 하나가 '추인할 수 있은 후'에, 즉 취소의 원인이 종료한 후에 존재하여야 한다(145조 본문). 그러나 제한능력자(피성년후견인 제외)가 법정대리인의 동의를 얻어서 이들 행위를 한 경우와 법정대리인이 스스로 이들 행위를 한 경우에는 그것이 최소의 원인이 종료하기 전에 하였더라도 법정추인이 된다고 보아야 한다.

3) 취소권자가 이의를 유보하지 않았을 것

취소권자가 위의 행위를 함에 있어서 '이의(異議)를 유보'하지 않았어야 한다(145조 단서).

(3) 법정추인의 효과

추인한 것으로 간주되므로, 임의추인과 마찬가지로 유효한 행위로 확정된다.

관련판례

법 정 추 인

취소할 수 있는 법률행위로부터 생긴 채무의 이행을 위하여 발행한 여러 장의 당좌수표 중 일부가 지급된 경우, 나머지 수표금 채무까지 법정추인된 것으로는 볼 수 없다(대판 1996. 2. 23. 94다58438).

5. 취소권의 소멸

(1) 취소권의 소멸원인

취소할 수 있는 법률행위는 다음의 원인으로 인하여 소멸한다. 특히 취소원인의

종료는 '추인'의 요건이 될 뿐이지, '취소권의 소멸원인'이 아니다.

1) 취소권의 행사
2) 임의추인(취소권의 포기)
3) 법정추인
4) 취소권의 단기소멸(기간의 경과)

(2) 취소권의 단기 소멸

1) 취 지

취소할 수 있는 법률행위를 오랫동안 불확정한 상태로 내버려두게 되면 상대방은 물론 제3자의 지위를 불안정하게 하는 것이므로, 민법은 취소권에 단기의 존속기간을 정하고 있다(146조). 이는 취소할 수 있는 법률행위의 불확정한 상태에서 벗어날 수 있도록 하기 위함이다.

2) 존속기간

가) 추인할 수 있는 날(취소원인이 종료한 날)로부터 3년
나) 취소할 수 있는 법률행위를 한 날로부터 10년

3) 기간의 법적 성질

취소권의 존속기간의 법적 성질은 제척기간이다(통설, 판례). 따라서 취소권의 단기소멸기간은 소멸시효기간이 아니며, 위 기간의 경과 여부는 당사자의 주장에 관계없이 법원이 당연히 조사하여 고려하여야 한다(대판 1993. 7. 27. 92다52795).

관련판례

취소권의 존속기간과 성질

① 취소권의 존속기간의 성질은 제척기간이다(대판 1964. 3. 31. 63다214).
② 민법 제146조가 도과하였는지 여부는 당사자의 주장에 관계없이 법원이 당연히 조사하여 고려하여야 한다(대판 1996. 9. 20. 96다25371).

③ 민법 제146조는 취소권은 추인할 수 있는 날로부터 3년 내에 행사하여야 한다고 규정하고 있는바, 이때의 3년이라는 기간은 일반 소멸시효기간이 아니라 제척기간으로서 제척기간이 도과하였는지 여부는 당사자의 주장에 관계없이 법원이 당연히 조사하여 고려하여야 할 사항이다(대판 1993. 7. 27. 92다52795).

④ 민법 제146조 전단은 "취소권은 추인할 수 있는 날로부터 3년 내에 행사하여야 한다."고 규정하는 한편, 민법 제144조 제1항에서는 "추인은 취소의 원인이 종료한 후에 하지 아니하면 효력이 없다."고 규정하고 있는바, 위 각 규정의 취지와 추인은 취소권의 포기를 내용으로 하는 의사표시인 점에 비추어 보면, 민법 제146조 전단에서 취소권의 제척기간의 기산점으로 삼고 있는 '추인할 수 있는 날'이란 취소의 원인이 종료되어 취소권행사에 관한 장애가 없어져서 취소권자가 취소의 대상인 법률행위를 추인할 수도 있고 취소할 수도 있는 상태가 된 때를 가리킨다고 보아야 한다(대판 1993. 11. 27. 98다7421).

⑤ 민법 제146조 전단은 "취소권은 추인할 수 있는 날로부터 3년 내에 행사하여야 한다."고 규정하는 한편, 민법 제144조 제1항에서는 "추인은 취소의 원인이 종료한 후에 하지 아니하면 효력이 없다."고 규정하고 있는바, 민법 제146조 전단에서 취소권의 제척기간의 기산점으로 삼고 있는 '추인할 수 있는 날'이란 취소의 원인이 종료되어 취소권 행사에 관한 장애가 없어져서 취소권자가 취소의 대상인 법률행위를 추인할 수도 있고 취소할 수도 있는 상태가 된 때를 가리킨다고 보아야 한다(대판 1998. 11. 27. 98다7421).

⑥ 강박에 의한 의사표시에 대한 취소권은 형성권의 일종으로서 그 행사기간을 제척기간으로 보아야 하고, 위 취소권은 재판상이든 재판외이든 그 기간 내에 행사하면 되는 것으로서, 취소권자가 취소의 의사표시를 담은 반소장 부본을 원고에게 송달함으로써 취소권을 재판상 행사하는 경우에는 반소장 부본이 원고에게 도달한 때에 비로소 취소권 행사의 효력이 발생하여 취소권자와 원고 사이에 취소의 효력이 생기므로, 취소의 의사표시가 담긴 반소장 부본이 제척기간 내에 송달되어야만 취소권자가 제척기간 내에 적법하게 취소권을 행사였다고 할 것이다(대판 2008. 9. 11. 2008다27301·27318).

제7절 법률행위의 부관

Ⅰ. 서 설

1. 법률행위 부관의 의의

(1) 광의(넓은 의미)의 부관

이는 당사자가 법률행위에 관하여 임의로 부가하는 약관(제한)을 말한다. 따라서 법률행위의 내용 중 이자에 대한 제한을 부가하면 이자부관이 되고, 채권담보에 대한 제한을 부가하면 담보부관이 된다.

(2) 협의(좁은 의미)의 부관

이는 당사자가 법률행위의 효력발생 또는 소멸에 관하여 이를 제한하기 위하여 임의로 부가하는 약관(제한)만을 말한다. 민법은 부관으로 조건과 기한 및 부담의 세 가지를 규정하고 있다.

2. 민법의 태도

민법은 부관(附款)에 관하여 제147조 이하에서 조건과 기한에 관하여서만 일반적 규정을 두고 있고, 부담에 관해서는 부담부 증여와 부담부유증에 대한 특별규정만을 두고 있다(561조, 1088조). 따라서 법률행위의 부관은 협의의 부관 중 조건과 기한만을 가리키는 것이 일반적이다.

Ⅱ. 조 건

1. 의의 및 성질

(1) 조건의 의의

조건(條件)은 법률행위의 당사자가 그 효력의 발생 또는 소멸을 장래에 그 발생이 불확실한 사실의 성취 여부에 의존하게 하는 법률행위의 부관을 말한다. 예컨대 "A 자격시험에 합격하면 승용차를 사주겠다."거나, "매학기 200만원의 장학금을 지급하겠으나, B학점 이상을 유지하지 못하면 중단하겠다."는 증여계약을 맺은 경우, 위의 시험합격이나 B학점 이상을 유지하지 못하는 것 등은 조건을 이루는 사실(조건사실)이다.

(2) 조건의 성질

조건은 당사자가 임의로 부가한 것으로, 장래 도래가 불확실한 것으로서 그 성질을 다음 몇 가지로 나누어 볼 수 있다.

1) 조건이 되는 사실은 법률행위의 효력발생 또는 소멸에 관한 것이다. 따라서 법률행위의 성립에 관한 것은 조건이 아니다.

2) 조건은 법률행위의 내용의 일부이므로, 당사자가 임의로 부가한 것이다. 따라서 법률의 규정에 의하여 요구되는 사실은 조건이 아니다. 따라서 조건은 법률행위를 구성하는 의사표시의 일체적인 내용을 이루는 것이므로, 의사표시의 일반원칙에 따라 조건을 붙이고자 하는 의사 즉 조건의사와 그 표시가 필요하며, 그것이 외부에 표시되지 않으면 법률행위의 동기에 불과할 뿐이고 조건이 아니다(대판 2003. 5. 13. 2003다10797).

3) 조건은 객관적으로 장래 도래가 불확실한 사실이다. 따라서 과거의 사실은 비록 당사자가 주관적으로 그 성취 여부를 모르고 있는 경우에도 조건이 아니다. 또한 장래의 사실이더라도 그 도래가 확실한 사실은 뒤에서 볼 기한이고 조건이 아니다.

관련판례

조건의 의미

① 조건은 법률행위의 효력의 발생 또는 소멸을 장래의 불확실한 사실의 성부에 의존케 하는 법률행위의 부관으로서 당해 법률행위를 구성하는 의사표시의

일체적인 내용을 이루는 것이므로, 의사표시의 일반원칙에 따라 조건을 붙이고자 하는 의사 즉 조건의사와 그 표시가 필요하며, 조건의사가 있더라도 그것이 외부에 표시되지 않으면 법률행위의 동기에 불과할 뿐이고 그것만으로는 법률행위의 부관으로서의 조건이 되는 것은 아니다(대판 2003. 5. 13. 2003다10797).

② 甲이 乙에게 丙의 횡령금 중 일부를 지급하기로 한 약정은 甲이 丙의 오빠로서 丙이 乙에 대하여 부담하는 부당이득반환 또는 손해배상채무 중 일부를 대신 변제한다는 취지이고, 그러한 약정을 하는 甲의 내심에는 丙이 처벌받지 않기를 바라는 동기 이외에 丙이 실제로 처벌을 받는 경우에는 위 약정 자체가 무효라는 조건의사까지 있었을지도 모르지만, 그것만으로는 丙의 선처를 조건으로 한 조건부 약정이 이루어졌다고 단정할 수 없고, 각서의 기재 내용과 그 작성 당시의 상황 및 상대방인 乙의 의사 등 제반 사정에 비추어 보면 위 약정 자체의 효력이 乙의 정식 고소나 丙의 처벌이라는 사실의 발생만으로 당연히 소멸된다는 의미의 조건이 쌍방의 합의에 따라 위 약정에 붙어 있다고는 볼 수 없으며, 오히려 위 각서 중 '변제하고 선처를 받기로 한다.'라는 문구는 甲과 丙이 위 약정을 예정대로 이행하면 丙이 선처를 받을 수 있도록 乙이 협조한다는 취지에 불과한 것으로 보인다(대판 2003. 5. 13. 2003다10797).

2. 조건의 종류

(1) 정지조건과 해제조건

이는 조건의 가장 기본적인 구별이다.

1) 정지조건(停止條件)

이는 효력 발생에 관한 조건을 말한다(예컨대 네가 대학에 합격하면 등록금을 주겠다).

2) 해제조건(解除條件)

이는 효력 소멸에 관한 조건을 말한다(예컨대 장학금을 지급하되, A학점을 받지 못하면 중단하겠다).

(2) 적극조건과 소극조건

이는 조건의 내용을 이루는 사실의 모습을 기준으로 한 구별이다.

1) 적극조건(積極條件)

이는 일정한 현상의 변경(발생)을 내용으로 하는 조건을 말한다(예컨대 내일 비가 온다면).

2) 소극조건(消極條件)

이는 일정한 현상의 불변경(불발생)을 내용으로 하는 조건을 말한다(예컨대 내일 비가 오지 않는다면).

(3) 수의조건과 비수의조건

이는 조건의 성취가 당사자 일방의 의사에 달려 있느냐의 여부 및 그 정도의 강약을 기준으로 한 구별이다.

1) 수의조건(隨意條件)

이는 당사자 일방의 의사에 의존하는 조건으로서, 다음의 두 가지가 있다.

가) 순수수의조건

이는 전적으로 일방의 의사에만 의존하는 조건을 말한다(예컨대 내 마음이 내키면). 순수수의조건부 법률행위는 무효이다.

나) 단순수의조건

이는 일방의 의사뿐만 아니라 의사결정에 기인한 사실상태의 성립도 요구되는 조건을 말한다(예컨대 내가 A에 여행한다면). 이는 유효하다.

2) 비수의조건(非隨意條件)

이는 당사자 일방의 의사에 의존하지 않는 조건으로서 다음의 두 가지가 있다.

가) 혼성조건(混成條件)

이는 당사자 일방의 의사 이외에 제3자의 의사도 요구되는 조건을 말한다(예컨대 내가 丙과 결혼한다면 A를 주겠다).

나) 우성조건(偶性條件)

이는 당사자의 의사와는 전혀 관계가 없는 조건을 말한다(예컨대 내일 비가 온다면 A를 주겠다).

(4) 가장조건(假裝條件)

이는 외관상·형식상으로는 조건으로 보이지만, 실제로는 조건으로서 효력이 인정되지 못하는 것을 말한다.

1) 법정조건(法定條件)

이는 법률에 의하여 요구되는 사실을 내용으로 하는 조건을 말한다(예컨대 법인 설립행위에 있어서 주무관청의 허가). 법정조건이 법률행위의 효력요건인 때에는 그 효력이 미확정인 동안의 법률관계에 대하여는 조건에 관한 규정이 유추적용된다(통설, 판례).

2) 불법조건(不法條件)

이는 반사회질서의 사실을 내용으로 하는 조건으로 이는 항상 무효이다(151조 1항, 103조). 여기서 불법조건부 법률행위는 그 조건만이 무효가 되는 것이 아니라 당해 행위 전체(자체)가 무효로 된다(통설). 판례도 조건부 법률행위에 있어 조건의 내용 자체가 불법적인 것이어서 무효일 경우 또는 조건을 붙이는 것이 허용되지 아니하는 법률행위에 조건을 붙인 경우 그 조건만을 분리하여 무효로 할 수는 없고 그 법률행위 전부가 무효로 된다는 태도를 취하고 있다(대판 2005. 11. 8. 2005마541).

또한 불법조건이 붙은 법률행위의 내용이 이행된 경우에는, 불법원인급여가 되어 원칙적으로 수익자에게 그 반환을 청구하지 못하게 된다(746조).

3) 불능조건과 기성조건

가) 불능조건(不能條件)

이는 법률행위 성립 당시에 이미 성취할 수 없는 사실을 내용으로 하는 조건을 말한다. 이 불능조건이 해제조건이면 조건 없는 법률행위가 되고, 정지조건이면 그 법률행위는 무효이다(151조 3항).

나) 기성조건(既成條件)

이는 법률행위 성립 당시에 이미 성취된 사실을 내용으로 하는 조건이 기성조건을 말한다. 이 기성조건이 정지조건이면 조건 없는 법률행위가 되고, 해제조건이면 그 법률행위는 무효이다(151조 2항).

〈정지조건과 해제조건의 법적 취급〉

구 분	불능조건	기성조건
정지조건	무 효	조건 없는 법률행위
해제조건	조건 없는 법률행위	무 효

관련판례

정 지 조 건

① 귀속재산을 매수한 자가 그 소유권을 취득하기 전이라도 소유권 취득을 정지조건으로 하여 이를 매매할 수는 있다(대판 1969. 12. 9. 69다1785).

② 동산의 매매계약을 체결하면서, 매도인이 대금을 모두 지급받기 전에 목적물을 매수인에게 인도하지만 대금이 모두 지급될 때까지는 목적물의 소유권은 매도인에게 유보되며 대금이 모두 지급된 때에 그 소유권이 매수인에게 이전된다는 내용의 소위 소유권유보의 특약을 한 경우, 목적물의 소유권을 이전한다는 당사자 사이의 물권적 합의는 매매계약을 체결하고 목적물을 인도한 때 이미 성립하지만 대금이 모두 지급되는 것을 정지조건으로 하므로, 목적물이 매수인에게 인도되었다고 하더라도 특별한 사정이 없는 한 매도인은 대금이 모두 지급될 때까지 매수인뿐만 아니라 제3자에 대하여도 유보된 목적물의 소유권을 주장할 수 있고, 다만 대금이 모두 지급되었을 때에는 그 정지조건이 완성되어 별도의 의사표시 없이 목적물의 소유권이 매수인에게 이전된다(대판 1996.

6. 28. 96다14807).

③ 동산의 매매에서 그 대금을 모두 지급할 때까지는 목적물의 소유권을 매도인이 그대로 보유하기로 하면서 목적물을 미리 매수인에게 인도하는 이른바 소유권 유보약정이 있는 경우에, 다른 특별한 사정이 없는 한 매수인 앞으로의 소유권 이전에 관한 당사자 사이의 물권적 합의는 대금이 모두 지급되는 것을 정지조건으로 하여 행하여진다고 해석된다. 따라서 그 대금이 모두 지급되지 아니하고 있는 동안에는 비록 매수인이 목적물을 인도받았어도 목적물의 소유권은 위 약정대로 여전히 매도인이 이를 가지고, 대금이 모두 지급됨으로써 그 정지조건이 완성되어 별도의 의사표시 없이 바로 목적물의 소유권이 매수인에게 이전된다. 그리고 이는 매수인이 매매대금의 상당 부분을 지급하였다고 하여도 다를 바 없다. 그러므로 대금이 모두 지급되지 아니한 상태에서 매수인이 목적물을 다른 사람에게 양도하더라도, 양수인이 선의취득의 요건을 갖추거나 소유자인 소유권유보매도인이 후에 처분을 추인하는 등의 특별한 사정이 없는 한 그 양도는 목적물의 소유자가 아닌 사람이 행한 것으로서 효력이 없어서, 그 양도로써 목적물의 소유권이 매수인에게 이전되지 아니한다(대판 2010. 2. 11. 2009다93671).

해 제 조 건

① 부부관계의 종료를 해제조건으로 하는 증여계약은 그 조건뿐만 아니라 증여계약 자체도 무효이다(대판 1966. 6. 21. 66다530).

② 약혼예물의 수수는 혼인의 불성립을 해제조건으로 하는 증여와 유사한 성질을 띠나, 유책자는 그가 제공한 약혼예물은 이를 적극적으로 반환청구할 권리는 없다(대판 1976. 12. 28. 76다41, 42).

③ 주택건설을 위한 원·피고 사이의 토지매매계약에 앞서 양자 간의 협의에 의하여 건축허가를 필할 때 매매계약이 유효하게 성립하고, 건축허가신청이 불허가되었을 때는 이를 무효로 한다는 약정 애래 이루어진 본건 계약은 해제조건부계약이다(대판 1983. 8. 23. 83다카552).

④ 임대주택건설촉진법에 의하여 건설된 아파트의 임차권 양도가 같은 법에 의하여 금지되는 것이라 하여도 임차권 양도계약 자체는 그 당사자 사이에서는 유효한 것이므로 임차권의 양도가 금지되었다는 사정만으로 임차권 양도계약이 해제조건부라고 볼 수도 없다(대판 1993. 11. 9. 92다43128).

⑤ 회사 채권자가 회사의 경영 정상화를 위한 투자 약정을 한 후 자신의 그 회사에 대한 대여금채권에 대해 연대보증을 해주지 않으면 투자하지 않겠다고 하여 그 회사의 대표이사가 연대보증을 한 경우, 그 연대보증계약은 회사 채권자가 약정 투자금을 투자하지 않을 것을 해제조건으로 하는 조건부 계약이라고 볼 수는 없다(대판 1996. 2. 9. 95다47756).

⑥ 약혼예물의 수수는 약혼의 성립을 증명하고 혼인이 성립한 경우 당사자 내지 양가의 정리를 두텁게 할 목적으로 수수되는 것으로 혼인의 불성립을 해제조건으로 하는 증여와 유사한 성질을 가지므로, 예물의 수령자측이 혼인 당초부터 성실히 혼인을 계속할 의사가 없고 그로 인하여 혼인의 파국을 초래하였다고 인정되는 등 특별한 사정이 있는 경우에는 신의칙 내지 형평의 원칙에 비추어 혼인 불성립의 경우에 준하여 예물반환의무를 인정함이 상당하나, 그러한 특별한 사정이 없는 한 일단 부부관계가 성립하고 그 혼인이 상당 기간 지속된 이상 후일 혼인이 해소되어도 그 반환을 구할 수는 없으므로, 비록 혼인 파탄의 원인이 며느리에게 있더라도 혼인이 상당 기간 계속된 이상 약혼예물의 소유권은 며느리에게 있다(대판 1996. 5. 14. 96다5506).

⑦ 매수인이 중도금을 약정일자에 지급하지 아니하면 계약이 해제된 것으로 한다는 특약이 있는 매매계약에서 매수인이 중도지급의무를 이행하지 아니하면 그 계약은 그 일자에 자동적으로 해제된 것으로 보아야 한다(대판 1992. 8. 18. 92다5928).

그 밖의 조건의 모습

① 법정조건에 관하여도 성질에 반하지 않는 범위 안에서 민법의 조건에 관한 규정을 유추적용할 수 있다(대판 1962. 4. 18. 4294민상1603).

② 조건부 법률행위에 있어 조건의 내용 자체가 불법적인 것이어서 무효일 경우 또는 조건을 붙이는 것이 허용되지 아니하는 법률행위에 조건을 붙인 경우 그 조건만을 분리하여 무효로 할 수는 없고 그 법률행위 전부가 무효로 된다(대판 2005. 11. 8. 2005마541).

③ 제작물공급계약의 당사자들이 보수의 지급시기에 관하여 "수급인이 공급한 목적물을 도급인이 검사하여 합격하면, 도급인은 수급인에게 그 보수를 지급한다."는 내용으로 한 약정은 도급인의 수급인에 대한 보수지급의무와 동시이행관계에 있는 수급인의 목적물 인도의무를 확인한 것에 불과하므로, 법률행위의 효력 발생을 장래의 불확실한 사실의 성부에 의존하게 하는 법률행위의 부관인 조건에 해당하지 아니할 뿐만 아니라, 조건에 해당한다 하더라도 검사에의 합격 여부는 도급인의 일방적인 의사에만 의존하지 않고 그 목적물이 계약내용대로 제작된 것인지 여부에 따라 객관적으로 결정되므로 순수수의조건에 해당하지 않는다(대판 2006. 10. 13. 2004다21862).

3. 조건을 붙일 수 없는 법률행위

(1) 취 지

조건은 당사자가 임의로 부가하는 것으로서 사적 자치의 반영이므로, 법률행위의 당사자는 원칙적으로 조건을 붙일 수 있다. 판례는 "민법 제675조에 정하는 현상광고라 함은, 광고자가 어느 행위를 한 자에게 일정한 보수를 지급할 의사를 표시하고 이에 응한 자가 그 광고에 정한 행위를 완료함으로써 그 효력이 생기는 것으로서, 그 광고에 정한 행위의 완료에 조건이나 기한을 붙일 수 있다."고 판시하여 현상광고에 조건을 붙일 수 있다는 태도를 취하고 있다(대판 2000. 8. 22. 2000다3675).

그러나 다음의 경우에는 예외적으로 조건을 붙일 수 없는데, 이를 '조건을 붙일 수 없는 법률행위' 또는 '조건에 친하지 않는 법률행위'라고 한다.

(2) 조건을 붙일 수 없는 법률행위의 모습

1) 공익상의 불허용

조건을 붙이는 것이 강행법규나 사회질서에 반하거나 또는 제한의 목적에 어긋나는 경우, 즉 혼인·인지·입양·파양·상속의 포기 및 승인 등 가족법상의 행위에 조건을 붙이게 되면 가족관계를 불안정하게 할 수 있으므로, 이들 신분행위에는 원칙적으로 조건을 붙이지 못한다. 다만, 가족법상의 행위 중 유언은 조건을 붙이더라도 사회질서에 반하지 않으므로 조건을 붙일 수 있다(1073조 2항). 또 약혼도 사회질서에 반하지 않는 한 조건을 붙일 수 있다(통설).

또한 객관적 획일성이 요구되는 어음·수표행위에 조건을 붙이게 되면 거래질서를 혼란케 할 수 있으므로, 이들 행위에도 조건을 붙이지 못한다(어음법 1조 2호, 75조 2호, 수표법 1조 2호). 따라서 어음·수표행위에는 원칙적으로 조건을 붙일 수 없지만, 어음보증에 조건을 붙이더라도 어음거래의 안정을 해할 염려가 없으므로 조건을 붙일 수 있다(대판 1986. 3. 11. 85다카1600).

위의 가족법상의 행위와 어음·수표행위는 그 행위의 성질상 그 효과가 곧 확정적으로 발생하는 것을 필요로 한다.

이 밖에 근로계약도 근로자의 보호를 위하여 조건을 붙일 수 없다.

2) 사익상의 불허용

단독행위는, 이에 대해서 조건을 붙이게 되면 법률효과를 귀속 받는 상대방의 지위를 심히 불안정하게 만들 수 있다. 따라서 단독행위는 상대방의 동의가 없는 한 원칙적으로 조건을 붙일 수 없다.

그러나 단독행위 중 채무면제·유증·수권행위 등은 기본적으로 상대방에게 이익을 가져다주는 행위이므로, 예외적으로 조건을 붙일 수 있다. 따라서 단독행위에 대하여 언제나 조건을 붙일 수 없는 것은 아니다.

(3) 위반의 효과

조건을 붙일 수 없는 법률행위에 조건을 붙인 경우, 위반의 효과에 대한 특별한 규정이 있으면 그에 따른다. 예컨대 어음·수표행위에 조건을 붙이게 되면, 조건은 붙이지 않은 것으로 간주되어 조건만 무효가 된다(어음법 12조 1항, 수표법 15조 1항).

그러나 위반의 효과에 대한 특별한 규정이 없으면 제137조의 '일부무효의 법리'가 적용되게 된다(통설). 판례도 "조건을 붙이는 것이 허용되지 아니하는 법률행위에 조건을 붙인 경우 그 조건만을 분리하여 무효로 할 수는 없고 그 법률행위 전부가 무효로 된다."는 입장을 취하고 있다(대판 2005. 11. 8. 2005마541).

관련판례

조건을 붙일 수 없는 법률행위

어음법상 보증의 경우에는 발행 및 배서의 경우와 같이 단순성을 요구하는 명문이 없을 뿐 아니라, 부수적 채무부담행위인 점에서 보증과 유사한 환어음 인수에 불단순인수를 인정하고 있음에 비추어 어음보증에 대하여 환어음 인수의 경우보다 더 엄격하게 단순성을 요구함은 균형을 잃은 해석이고 또 조건부 보증을 유효로 본다고 하여 어음거래의 안전성이 저해되는 것도 아니므로 조건을 붙인 불단순 보증은 그 조건부 보증문언대로 보증인의 책임이 발생한다고 보는 것이 타당하다 (대판 1986. 3. 11. 85다카1600).

4. 조건의 성취와 불성취

(1) 의 의

조건부법률행위의 효력은 장래 도래가 불확실한 사실인 조건의 성취 여부에 의존하게 되므로, 조건의 성취와 불성취는 적극조건과 소극조건의 모습에 따라 달라진다.

1) 적극조건

적극조건에 있어서는 그 사실이 발생하면(예컨대 혼인하면) 조건의 성취이고, 발생하지 않는 것으로(예컨대 혼인하지 않으면) 확정되면 조건의 불성취이다.

2) 소극조건

소극조건은 적극조건과 상반된다. 즉, 소극조건에 있어서는 그 사실이 발생하면 조건의 불성취이고, 그 사실이 발생하지 않는 것으로 확정되면 조건의 성취이다.

(2) 조건성취와 불성취의 의제

민법은 일정한 경우에 조건의 성취 또는 불성취로 의제하고 있다(150조). 이는 조건의 성취로 이익을 얻게 될 자나 또는 그 성취로 불이익을 받을 자가 부당하게 조건을 성취 또는 불성취시킨 경우에 이를 그대로 조건의 성취 또는 불성취로 인정하는 것은 신의칙에 반하기 때문에 다루어지는 제도이다. 따라서 제150조의 조건성취와 불성취의 의제는 신의성실원칙의 구체적인 반영이라고 할 수 있다.

1) 조건성취의 의제

조건성취로 인하여 불이익을 받을 자가 신의칙에 반하는 행위로 조건을 불성취시킨 경우, 그 상대방은 조건성취를 주장할 수 있다(150조 1항).

여기서 조건의 성취로 인하여 불이익을 받을 당사자가 신의성실에 반하여 조건의 성취를 방해한 경우, 조건이 성취된 것으로 의제되는 시점은 이러한 신의성실에 반하는 행위가 없었더라면 조건이 성취되었으리라고 추산되는 시점이다(대판 1998. 12. 22. 98다42356).

또한 조건의 성취를 방해하는 행위가 조건부권리를 침해하여 불법행위의 요건을 충족하는 경우, 상대방은 조건성취와 손해배상청구권을 선택적으로 행사할 수도 있다(148조, 750조).

2) 조건불성취의 의제

조건성취로 인하여 이익을 받을 자가 신의칙에 반하는 행위로 조건을 성취시킨 경우, 그 상대방은 조건의 불성취를 주장할 수 있다(150조 2항). 예컨대 화재보험가입자가 보험금을 수령할 목적으로 고의로 불을 낸 경우, 보험회사는 불성취를 이유로 보험금지급을 거절할 수 있다.

관련판례

조건성취의 인정

경찰이 탈옥수 ○○○을 수배하면서 '제보로 검거되었을 때에 신고인 또는 제보자에게 상금을 지급한다.'는 내용의 현상광고를 한 경우, 현상광고의 지정행위는 ○○○의 거처 또는 소재를 경찰에 신고 내지 제보하는 것이고 신창원이 '검거되었을 때'는 지정행위의 완료에 조건을 붙인 것인데, 제보자가 ○○○의 소재를 발견하고 경찰에 이를 신고함으로써 현상광고의 지정행위는 완료되었고, 그에 따라 경찰관 등이 출동하여 ○○○이 있던 호프집 안에서 그를 검문하고 나아가 차량에 태워 파출소에까지 데려간 이상 그에 대한 검거는 이루어진 것이므로, 현상광고상의 지정행위 완료에 붙인 조건도 성취되었다(대판 2000. 8. 22. 2000다3675).

조건의 불성취

재산분할에 관한 협의는 혼인중 당사자 쌍방의 협력으로 이룩한 재산의 분할에 관하여 이미 이혼을 마친 당사자 또는 아직 이혼하지 않은 당사자 사이에 행하여지는 협의를 가리키는 것인바, 그 중 아직 이혼하지 않은 당사자가 장차 협의상 이혼할 것을 약정하면서 이를 전제로 하여 위 재산분할에 관한 협의를 하는 경우에 있어서는, 특별한 사정이 없는 한, 장차 당사자 사이에 협의상 이혼이 이루어질 것을 조건으로 하여 조건부 의사표시가 행하여지는 것이라 할 것이므로, 그 협의 후 당사자가 약정한대로 협의상 이혼이 이루어진 경우에 한하여 그 협의의 효력이 발생하는 것이지, 어떠한 원인으로든지 협의상 이혼이 이루어지지 아니하고 혼인관계가 존속하게 되거나 당사자 일방이 제기한 이혼청구의 소에 의하여 재판상 이혼(화해 또는 조정에 의한 이혼을 포함한다)이 이루어진 경우에는 위 협의는 조건의 불성취로 인하여 효력이 발생하지 않는다(대판 2000. 10. 24. 99다33458).

조건성취와 불성취의 의제

상대방이 하도급받은 부분에 대한 공사를 완공하여 준공필증을 제출하는 것을 정지조건으로 하여 공사대금채무를 부담하거나 위 채무를 보증한 사람은 위 조건의 성취로 인하여 불이익을 받을 당사자의 지위에 있다고 할 것이므로, 이들이 위 공사에 필요한 시설을 해주지 않았을 뿐만 아니라 공사장에의 출입을 통제함으로써 위 상대방으로 하여금 나머지 공사를 수행할 수 없게 하였다면, 그것이 고의에 의한 경우만이 아니라 과실에 의한 경우에도 신의성실에 반하여 조건의 성취를 방해한 때에 해당한다고 할 것이므로, 그 상대방은 민법 제150조 제1항의 규정에 의하여 위 공사대금채무자 및 보증인에 대하여 그 조건이 성취된 것으로 주장할 수 있다(대판 1998. 12. 22. 98다42356).

5. 조건부법률행위의 효력

(1) 조건의 성부확정 전의 효력

1) 의 의

조건의 성부가 확정되기 전 당사자 일방은 조건의 성취로 일정한 이익을 얻게 될 기대인 '조건부권리'를 갖게 된다. 이는 일종의 기대권(희망권)으로서, 민법은 이에 대하여 다음과 같은 보호규정을 두고 있다.

2) 소극적 보호

조건부법률행위의 당사자 또는 제3자는 조건부권리를 침해하는 행위를 하지 못한다(148조). 따라서 조건부권리를 침해하는 처분행위는 무효가 되며, 이 침해의 결과로 요건을 충족하면 불법행위가 성립한다(750조). 예컨대 정지조건부 증여계약의 목적물인 건물을 증여자가 고의·과실로 훼손시키거나 매각한 경우에 이는 조건이 성취되면 조건부권리의 침해로 무효가 된다(통설). 또 이로 인하여 증여자 또는 제3자의 행위가 불법행위가 되면 수증자(조건부권리자)는 손해배상을 청구할 수 있다(750조).

3) 적극적 보호

조건부권리도 보통의 권리와 마찬가지의 권리행사를 할 수 있다(149조). 따라서 조건부권리나 의무도 처분·상속·보존·담보로 할 수 있다.

(2) 조건의 성부확정 후의 효력

1) 정지조건부법률행위

가) 조건이 성취된 경우

조건부법률행위는 그 효력을 발생한다. 여기서 조건이 성취되었다는 사실은 이에 의하여 권리를 취득하고자 하는 자가 입증하여야 한다(통설, 판례).

나) 조건이 성취되지 않은 경우

조건부법률행위는 무효로 된다.

2) 해제조건부법률행위

가) 조건이 성취된 경우

조건부법률행위의 효력이 소멸한다.

나) 조건이 성취되지 않은 경우

조건부법률행위는 소멸하지 않는 것으로 확정된다.

3) 효력발생시기

가) 원 칙

조건성취의 효력은 조건이 성취한 때 비로소 효력이 나타난다(147조 1항, 2항). 즉, 소급하지 않음이 원칙이다. 따라서 정지조건이 성취하면 법률효과는 그 성취한 때로부터 발생하고(147조 1항), 해제조건인 경우에는 조건이 성취한 때로부터 법률효과는 소멸한다(동조 2항).

나) 예 외

당사자의 의사표시에 의하여 제3자의 권리를 해하지 않는 한 소급효를 인정하는 것은 무방하다(147조 3항). 따라서 조건의 효력발생에 언제나 소급효가 없는 것은 아니다.

관련판례

정지조건부법률행위의 효력

당사자 사이에 어떠한 조건부 법률행위가 이루어진 경우, 그 법률행위는 당해 조건이 성취되어야만 유효하고 당해 조건이 성취되지 아니하면 그 법률행위 역시 무효로 확정되는 것이다(대판 2006. 12. 7. 2004도3319).

해제조건부법률행위의 효력

해제조건부증여로 인한 부동산소유권이전등기를 마쳤다 하더라도 그 해제조건이 성취되면 그 소유권은 증여자에게 복귀한다고 할 것이고, 이 경우 당사자 간에 별단의 의사표시가 없는 한 그 조건성취의 효과는 소급하지 아니하나, 조건성취 전에 수증자가 한 처분행위는 조건성취의 효과를 제한하는 한도 내에서는 무효라고 할 것이고, 다만 그 조건이 등기되어 있지 않는 한 그 처분행위로 인하여 권리를 취득한 제3자에게 위 무효를 대항할 수 없다(대판 1992. 5. 22. 92다5584).

조건성취의 입증책임

① 조건이 성취되었다는 사실은 이에 의하여 권리를 취득하고자 하는 자가 입증하여야 한다(대판 1983. 4. 12. 81다카692).

② 원고가 피고 교회의 담임 목사직을 자진은퇴하겠다는 의사를 표명한데 대하여 피고 교회에서 은퇴위로금으로 이건 부동산을 증여하기로 한 것이라면 이 증여는 원고의 자진사임을 조건으로 한 증여라고 보아야 할 것이므로 원고가 위 증여계약을 원인으로 피고에게 소유권이전등기를 구하려면 적어도 그 후 자진사임함으로써 그 조건이 성취되었음을 입증할 책임이 있다(대판 1984. 9. 25. 84다카967).

③ 정지조건부법률행위에 있어서 조건이 성취되었다는 사실은 이에 의하여 권리

를 취득하고자 하는 측에서 그 입증책임이 있다 할 것이므로, 정지조건부채권양도에 있어서 정지조건이 성취되었다는 사실은 채권양도의 효력을 주장하는 자에게 그 입증책임이 있다(대판 1994. 9. 26. 94다카905).

Ⅲ. 기 한

1. 의의 및 성질

(1) 기한의 의의

기한(期限)은 법률행위의 당사자가 그 효력의 발생 또는 소멸(내지 채무의 이행)을 장래에 발생할 것이 확실한 사실에 의존시키는 법률행위의 부관을 말한다.

(2) 기한의 성질

기한의 성질은 조건과 마찬가지로 법률행위의 효력발생 또는 소멸에 관한 것이고, 당사자가 임의로 부가하는 것이다. 따라서 제척기간 등 법률이 정한 기한, 즉 법정기한(法定期限)은 부관으로서의 기한이 아니다.

그러나 기한이 되는 장래의 사실은 조건과 달리 장래 도래가 확실한 사실이다.

관련판례

조건과 기한의 판단기준

① 부관이 붙은 법률행위에 있어서 부관에 표시된 사실이 발생하지 아니하면 채무를 이행하지 아니하여도 된다고 보는 것이 상당한 경우에는 조건으로 보아야 하고, 표시된 사실이 발생한 때에는 물론이고 반대로 발생하지 아니하는 것이 확정된 때에도 그 채무를 이행하여야 한다고 보는 것이 상당한 경우에는 표시된 사실의 발생 여부가 확정되는 것을 불확정기한으로 정한 것으로 보아야

한다(대판 2003. 8. 19. 2003다24215).

② 이미 부담하고 있는 채무의 변제에 관하여 일정한 사실이 부관으로 붙여진 경우에는 특별한 사정이 없는 한 그것은 변제기를 유예한 것으로서 그 사실이 발생한 때 또는 발생하지 아니하는 것으로 확정된 때에 기한이 도래한다(대판 2003. 8. 19. 2003다24215).

③ 재건축사업을 추진하던 자들과 사업 진행에 필요한 운전자금을 출자하고 사업상의 이익에 참여하기로 하는 등의 공동사업계약을 체결하고 그들에게 운전자금을 지급한 자가, 그 후 사업진행이 순조롭지 않자 공동사업관계에서 탈퇴하면서 '스폰서가 영입되거나 사업권을 넘길 경우나 사업을 진행할 때'에는 위 출자금을 반환받기로 하는 청산약정을 체결한 사안에서, 위 부관의 법적 성질을 거기서 정해진 사유가 발생하지 않는 한 언제까지라도 위 투자금을 반환할 의무가 성립하지 않는 정지조건이라기보다는 불확정기한으로 보아, 출자금반환의무는 위 약정사유가 발생하는 때는 물론이고 상당한 기간 내에 위 약정사유가 발생하지 않는 때에도 성립한다고 해석하는 것이 타당하다(대판 2009. 5. 14. 2009다16643).

2. 기한의 종류

(1) 시기와 종기

1) 시기(始期)

이는 효력발생에 관한 기한을 말한다(예컨대 내년 7월 1일부터 임대한다).

2) 종기(終期)

이는 효력소멸에 관한 기한을 말한다(예컨대 내후년 12월 31일까지 임대해 준다).

(2) 확정기한과 불확정기한

1) 확정기한(確定期限)

기한의 내용이 되는 사실의 발생시기가 확정되어 있는 기한을 말한다(예컨대 7월 1일, 12월 31일).

2) 불확정기한(不確定期限)

기한의 내용이 되는 사실의 발생시기가 확정되어 있지 않은 기한을 말한다(예컨대 甲이 사망하면, 첫 눈이 내릴 때).

관련판례

종 기

민법 제159조는 기간을 "일"로 정한 때에는 기간말일의 종료로 기간이 만료한다고 규정하여 기간의 말일에 관하여 초일의 경우와 마찬가지로 연장적 계산법을 채택하고 있으므로 어떤 행위를 하여야 하는 종기 또는 유효기간이 만료되는 시점을 "시행일" 또는 "공고일"이라고 하여 "일"로 정하였다면 그 기간의 만료점은 그날 오후 12시가 된다 할 것이다(대판 1993. 11. 23. 93도662).

불확정기한

① 당사자가 불확정한 사실이 발생한 때를 이행기로 정한 경우, 그 사실이 발생한 때는 물론이고 그 사실의 발생이 불가능하게 된 때에도 이행기한이 도래한 것으로 보아야 한다(대판 1989. 6. 27. 88다카10579).

② 일반적으로 건축 중인 상가건물의 특정점포를 임차하면서 계약서에 그 점포의 인도시기(입점시기)를 기재하지 아니하고 건물의 준공예정일에 관한 설명만을 듣고서 그 점포에 관한 임대차계약을 체결한 경우, 그 점포의 인도시기에 관하여 당사자의 합리적인 의사는 확정기한을 이행기로 정한 것이라고 보기는 어렵고 불확정기한을 이행기로 정하는 합의가 이루어진 것으로 보아야 할

것이고, 그 불확정기한의 내용은 그 건설공사의 진척상황 및 사회경제적 상황에 비추어 예상할 수 있는 합리적인 공사지연기간이 경과한 때라고 하는, 매우 폭 넓고 탄력적인 것으로 보아야 한다(대판 2000. 11. 28. 2000다7936).

③ 법률행위에 부관이 붙은 경우, 부관에 표시된 사실이 발생하지 아니하면 채무를 이행하지 아니하여도 된다고 보아야 하는 때에는 정지조건으로 정한 것으로 보아야 하고, 표시된 사실이 발생한 때는 물론이고 반대로 발생하지 아니하는 것이 확정된 때에도 그 채무를 이행하여야 한다고 보는 것이 타당한 경우에는 표시된 사실의 발생 여부가 확정되는 것을 불확정기한으로 정한 것으로 보아야 한다(대판 2011. 4. 28. 2010다89036).

3. 기한을 붙일 수 없는 법률행위

조건에서 이미 설명한 바와 같이 '조건을 붙일 수 없는 법률행위'의 경우와 대체로 같으나, 어음·수표행위만은 조건은 붙일 수 없으나 기한(시기)은 붙일 수 있다. 이는 어음·수표행위는 조건과 달리 시기를 붙여도 법률관계를 불확실하게 하지 않기 때문이다(통설).

4. 기한부법률행위의 효력

(1) 기한도래 전의 효력

기한이 도래(到來)하기 전 당사자 일방은 기한의 도래로 이익을 얻게 될 '기한부권리'를 갖게 된다. 이는 조건부권리와 마찬가지로 일종의 기대권(희망권)이다.

민법은 기한부권리에 대하여 조건부권리에 대한 보호규정(148조, 149조)을 그대로 준용한다(154조). 따라서 기한부권리의 침해도 금지되며, 기한부권리자는 보통의 권리와 마찬가지로 처분·상속·보존·담보 등의 권리행사를 할 수 있다.

(2) 기한도래 후의 효력

1) 효력일반(152조)

가) 시기(始期)부 법률행위

기한부법률행위는 기한이 도래한 때부터 효력이 발생한다.

나) 종기(終期)부 법률행위

기한부법률행위는 기한이 도래한 때부터 효력이 소멸한다.

2) 효력발생시기

기한의 효력은 소급효가 인정되지 않으며(152조), 특약에 의해서도 인정할 수 없다. 즉 절대적이다. 즉 기한에 소급효를 인정하게 되면 기한을 붙이는 것과 서로 모순되어 기한이 무의미해지기 때문이다. 따라서 어떤 기한이든 절대로 소급효가 없다. 제152조의 '기한이 도래한 때로부터'는 기한부법률행위에 소급효를 인정하지 않는다는 입법취지를 나타낸 것이다.

5. 기한의 이익

(1) 의 의

기한의 이익은 기한이 도래하지 않음으로 해서 당사자가 받는 이익을 말한다. 시기부인 때에는 아직 법률행위의 효력이 발생하지 않고 있는데서 받는 이익이고, 종기부인 때에는 법률행위의 효력이 아직 소멸하지 않는데서 받는 이익이 바로 기한의 이익이다.

(2) 기한이익의 향유자

1) 원 칙

기한의 이익은 채무자의 이익을 위한 것으로 추정된다(153조 1항). 즉 기한의 이익은 '채권자의 이익'을 위한 것으로 추정되는 것이 아니다(153조 1항 반대해석).

또한 기한의 이익은 채무자의 이익을 위한 것으로 '추정'될 뿐이고 '간주'되는 것이 아니므로, 기한의 이익이 채권자만을 위해서 있거나 채권자에게도 있는 경우에는 채권자가 이를 입증하여야 한다. 따라서 기한의 이익에 대한 입증책임은 채권자가 진다(통설).

2) 기한이익의 향유자가 특정되어 있는 경우

가) 채권자만을 위한 경우

무상임치의 경우에는, 채권자인 임치인(任置人)에게만 기한이익이 있다.

나) 채무자만을 위한 경우

무이자소비대차와 사용대차의 경우에는, 채무자인 소비차주와 사용차주에게만 기한이익이 있다.

다) 쌍방을 위한 경우

이자부소비대차(소비대주·소비차주), 임대차(임대인·임차인), 정기예금 등의 경우에는 채권자와 채무자 모두에게 기한이익이 있다.

(3) 기한의 이익의 포기

기한의 이익은 향유자가 이를 포기할 수 있다. 그러나 상대방의 이익을 침해하지 못한다(153조 2항). 따라서 기한이익의 포기가 상대방의 이익을 해하는 경우에는 그 손해를 배상하고 포기할 수 있다. 예컨대 이자부 소비대차의 채무자는 이행기까지의 이자를 지급하고 기한 전에 변제할 수 있다.

(4) 기한이익의 상실

1) 의 의

기한의 이익은 채무자의 이익을 위한 것으로 추정되나, 다음의 사유(기한이익의 상실사유)가 발생하면 채무자의 신용상태가 저하되므로 이런 경우까지 채권자로 하여금 기한이 도래하기까지 청구를 유예케 한다는 것은 신의칙에 어긋나기 때문이다. 이 밖에 당사자는 합의에 의하여 약정기한이익상실사유를 정할 수 있다.

기한이익상실사유가 있으면 채무자는 기한의 이익을 주장하지 못하고 채권자는 당초의 이행기에 청구할 수도 있고 즉시변제청구권을 행사할 수도 있다.

2) 기한이익의 상실사유

가) 채무자가 담보를 손상·감소·멸실케 한 때(388조 1호)

나) 채무자가 담보제공의무를 이행하지 않은 때(388조 2호)

다) 채무자가 파산한 때(채무자의 회생 및 파산에 관한 법률 425조)

관련판례

기한이익의 상실

① 계약당사자 사이에 일정한 사유가 발생하면 채무자는 기한의 이익을 잃고 채권자의 별도의 의사표시가 없더라도 바로 이행기가 도래한 것과 같은 효과를 발생케 하는 이른바 정지조건부 기한이익상실의 특약을 한 경우에는 그 특약에 정한 기한이익의 상실사유가 발생함과 동시에 기한의 이익을 상실케 하는 채권자의 의사표시가 없더라도 이행기도래의 효과가 발생하고, 채무자는 특별한 사정이 없는 한 그때부터 이행지체의 상태에 놓이게 된다(대판 1989. 9. 29. 88다카14633).

② 기한이익 상실의 특약은 그 내용에 의하여 일정한 사유가 발생하면 채권자의 청구 등을 요함이 없이 당연히 기한의 이익이 상실되어 이행기가 도래하는 것으로 하는 정지조건부 기한이익 상실의 특약과 일정한 사유가 발생한 후 채권자의 통지나 청구 등 채권자의 의사행위를 기다려 비로소 이행기가 도래하는 것으로 하는 형성권적 기한이익 상실의 특약의 두 가지로 대별할 수 있고, 일반적으로 기한이익 상실의 특약이 채권자를 위하여 둔 것인 점에 비추어 명백히 정지조건부 기한이익 상실의 특약이라고 볼 만한 특별한 사정이 없는 이상 형성권적 기한이익 상실의 특약으로 추정하는 것이 타당하다(대판 2010. 8. 26. 2008다42416·42423).

제5장 기 간

제1절 서 설

Ⅰ. 기간의 의의 및 성질

1. 기간의 의의

기간은 어느 시점으로부터 다른 어느 시점까지 계속된 시간을 말한다. 즉 두 시점 사이의 시간의 흐름 내지 그 구분을 연속하여 본 것이 기간이다.

기간은 기일과 구별된다. 기일(期日)은 계속의 관념이 필요 없는 정해진 특정 날짜 내지 시점을 가리키는 것이므로, 계속의 관념이 필요한 기간과는 구별된다.

2. 기간의 성질

시간은 사람의 정신작용에 기초하지 않는 법률사실로서 사건에 속한다. 기간은 그 자체만으로는 법률요건이 되지 못하나 다른 법률사실과 결합하여 법률요건을 구성한다. 예컨대 소멸시효기간(162조~165조), 취득시효기간(245조, 246조), 실종기간(27조), 최고기간(17조, 131조) 등은 각각 위 규정에 따른 다른 법률사실과 결합해서 권리의 발생, 변경, 소멸이라는 법률효과를 가져오는 법률요건을 이루게 된다.

Ⅱ. 기간의 적용범위

기간의 계산에 관한 것을 정하는 법령, 재판상의 처분 또는 법률행위(의사표시)에 다른 정한 바가 없으면 그에 의하게 되나, 이를 정하고 있지 않으면 민법의 규정이 보충적으로 적용된다(155조). 이에 따라 민법의 기간의 계산에 관한 규정(155조~161조)은 사법관계는 물론이고, 공법관계에도 적용된다(통설, 판례〈대판 2009. 11. 26. 2009두12907〉).

관련판례

기간계산에 관한 규정의 적용

① 원심은 피고 공사의 정년이 53세라 함은 만 53세가 만료되는 날을 의미한다고 볼 것이라 하여 이것을 전제로 하여 수익불능으로 인한 손해 퇴직금, 상여금 등을 계산하고 있다. 그러나 피고 공사에 피용된 채탄부의 정년이 53세라 함은 만 53세에 도달하는 날을 말하는 것이라고 보는 것이 상당하므로 이와 반대의 입장에서 풀이하고 있는 원심은 잘못되었다 할 것이다(대판 1973. 6. 12. 71다2669).

② 민법 제157조는 "기간을 일, 주, 월 또는 년으로 정한 때에는 기간의 초일은 산입하지 아니한다."고 규정하여 초일 불산입을 원칙으로 정하고 있으나, 민법 제155조에 의하면 법령이나 법률행위 등에 의하여 위 원칙과 달리 정하는 것도 가능하다(대판 2007. 8. 23. 2006다62942).

제2절 기간의 계산방법

Ⅰ. 개 관

민법은 어느 시점으로부터 장래에 향하여 기간을 계산하는 방법에 관하여 자연적 계산방법(156조)과 역법적 계산방법(157조~161조)의 두 가지를 규정하고 있다.

Ⅱ. 자연적 계산방법

1. 의 의

자연적 계산방법은 시, 분, 초를 단위로 시간의 흐름을 순간으로부터 순간까지 계산하는 방법이다. 따라서 이 방법은 기간을 아무 인위적인 가감 없이 자연적으로 계산하게 된다.

2. 기산점과 만료점

자연적 계산방법은 즉시를 기산점으로 하고 정해진 시, 분, 초가 끝난 때가 만료점이 된다(156조). 이 방법은 정확하지만 장기간의 계산에는 번거롭다는 결함을 지니고 있어서 단기간의 계산에 사용한다(156조).

Ⅲ. 역법적 계산방법

1. 의 의

역법적 계산방법은 기간을 일, 주, 월, 년을 단위로 달력(月曆)에 의하여 계산하는 방법이다. 이 방법은 부정확하지만 편리하므로 장기간의 계산에 사용한다(157조~161조).

2. 기 산 점

기간의 초일(初日)은 이를 산입하지 아니한다(157조 본문).

그러나 다음의 두 가지 경우에는 예외적으로 초일을 산입한다. 즉 오전 0시로부터 시작할 때에는 초일을 산입하며(157조 단서), 또 연령계산에는 출생일을 산입한다(158조).

3. 만 료 점

(1) 기간 말일의 종료로 기간이 만료한다(159조). 기간을 주, 월 또는 년으로 정한 때에는 그 사이의 월의 대소(大小)의 구별 없이 즉일로 환산치 않고 역(달력)에 의하여 계산한다(160조 1항).

(2) 기간을 주, 월 또는 년의 처음으로부터 기산하지 않을 때에는 최후의 주, 월 또는 년에서 그 기산일에 해당하는 날의 전일로 기간이 만료한다(160조 2항). 예컨대 7월 1일이 기산점인 경우는 아무 문제없이 7월 31일이 만료점이 된다. 그러나 7월 16일부터 2개월이라고 할 때에는 7월 17일을 기산점으로 하여 최후의 월(2개월) 중 기산일의 전일(前日)인 9월 16일이 만료점이 된다.

(3) 월 또는 년으로 정한 경우에 최종의 월에 해당일이 없을 때에는 그 월의 말일로 기간이 만료한다(160조 3항). 예컨대 1월 30일부터 1개월이라고 할 때에는 1월 31일을 기산점으로 하여 최종의 월(1개월)인 2월에는 30일이 없으므로 평년의 경우에는 28일(윤년의 경우에는 2월 29일)에 기간이 만료한다.

(4) 기간의 말일이 토요일 또는 공휴일에 해당하는 때에는 하루를 연장하여 그 익일(다음 날)로 기간은 만료한다(161조).

관련판례

기간의 계산방법

입법관행 및 자구해석상 "이전"이라 함은 기산점이 되는 일시를 포함하는 표현이고, 또, 민법 제159조는 기간을 "일"로 정한 때에는 기간말일의 종료로 기간이 만료한다고 규정하여 기간의 말일에 관하여 초일의 경우와 마찬가지로 연장적 계산법을 채택하고 있으므로 어떤 행위를 하여야 하는 종기 또는 유효기간이 만료되는 시점을 "시행일" 또는 "공고일"이라고 하여 "일"로 정하였다면 그 기간의 만료점은 그날 오후 12시가 된다 할 것이다(대판 1993. 11. 23. 93도662).

제3절 기간역산의 계산방법

기간의 계산은 일정한 기산일로부터 과거에 소급하여 계산되는 경우, 즉 기간의 역산(逆算)의 방법도 필요로 하게 된다. 예컨대 민법 제71조에 따라 사원총회의 소집을 1주간 전에 사원들에게 통지하여야 할 경우에는 소집일이 만료점이 되고 통지일이 기산점이 되어 1주일을 계산하게 된다. 이에 관하여 민법은 별도의 규정을 두고 있지 않으나, 역산의 경우에도 민법의 기간의 계산방법이 유추적용되어야 한다(통설). 따라서 민법 제71조의 사단법인의 사원총회의 소집통지의 경우, 사원총회일이 2019년 1월 11일이면 그 전일인 1월 10일을 기산일로 하여 그 날부터 역(逆 : 거꾸로)으로 계산해서 7일이 되는 1월 4일이 말일이 되고, 그 날 오전 0시에 기간이 만료한다. 따라서 사원총회의 소집통지는 늦어도 1월 3일 오후 12시까지 사원에게 발송되어야 한다.

판례도 통설과 같은 입장을 취하고 있다(대판 1979. 3. 27. 79슈1).

관련판례

기간역산의 계산방법

통일주체국민회의 대의원의 피선거권에 관하여 동 대의원선거법 제11조 제1항 제7호는 선거일 전 3년간에 정당의 당원이었던 자는 피선거권이 없는 자라 하였는데 여기서 규정된 선거일인 1978. 5. 18. 전 3년간이라 함은 1975. 5. 18. 00:00부터 1978. 5. 17. 24:00 사이를 의미한다고 보는 것이 정당하다 할 것이다(대판 1979. 3. 27. 79슈1).

제6장 소멸시효

제1절 총 설

Ⅰ. 시효의 의의 및 성질

1. 시효의 의의

시효는 일정한 사실상태(취득시효의 경우는 권리행사의 상태, 소멸시효의 경우는 행사의 상태)가 일정기간(시효기간. 취득시효의 경우는 취득시효기간, 소멸시효의 경우는 소멸시효기간) 계속된 경우, 이 상태가 진실한 권리관계에 일치하는지 여부를 묻지 않고 일정한 법률효과(취득시효의 경우는 권리취득, 소멸시효의 경우는 권리소멸)를 부여하는 제도이다.

시효에는 취득시효와 소멸시효의 두 가지가 있다.

2. 시효의 성질

(1) 시효는 일정한 사실상태가 일정기간 동안 계속함을 그 요건으로 한다. 따라서 일정기간 동안 계속함을 그 요건으로 하지 않는 선의취득(249조~251조)은 시효가 아니다.

(2) 시효는 일정한 법률효과를 가져오는 원인으로서, 법률요건이다. 즉 취득시효는 권리취득의 효과를 가져 오는 법률요건이고, 소멸시효는 권리소멸의 효과를 가져 오는 법률요건이다.

(3) 시효는 재산권에만 적용되며, 가족관계와 관련한 권리에는 적용되지 않는다.

(4) 시효는 다음과 같이 입증곤란에 대한 구제 등을 이유로 권리취득 또는 권리소멸이라는 효과를 가져 오는 것으로서 이에 관한 규정은 선량한 풍속 기타 사회질서에 관계있는 규정, 즉 강행규정이다.

3. 취득시효와 소멸시효

(1) 취득시효

취득시효는 권리행사의 상태가 일정한 취득시효기간 동안 계속된 경우, 이 상태가 진실한 권리관계에 일치하는지 여부를 묻지 않고 권리취득이라는 법률효과를 가져오는 법률요건이다(245조~248조).

어떤 사람이 마치 그가 권리자인 것과 같이 권리를 행사하고 있는 사실상태가 일정한 기간(시효기간) 동안 계속한 경우에, 그와 같은 권리행사라는 외관의 사실상태를 근거로 하여 그 사람이 진실로 권리자냐 아니냐를 묻지 않고서 그 자에게 권리를 취득케 하는 제도이다.

(2) 소멸시효

소멸시효는 권리불행사의 상태가 일정한 소멸시효기간 동안 계속된 경우, 이 상태가 진실한 권리관계에 일치하는지 여부를 묻지 않고 권리소멸이라는 법률효과를 가져오는 법률요건이다(162조~184조).

(3) 입법례와 민법의 태도

입법례는 취득시효와 소멸시효를 모두 총칙(편)에 규정하는 경우(예컨대 프랑스 민법)와 소멸시효만을 총칙(편)에 규정하고 취득시효는 물권(편)에 규정하는 경우로 나뉜다(예컨대 독일 민법).

우리 민법은 소멸시효에 대해서, 채권과 물권 모두에 적용됨을 고려하여 총칙편에 규정하고 있다(162조~184조).

그러나 민법은 취득시효에 대해서는, 채권에 적용될 여지가 없는 것을 고려해서 소유권취득의 원인으로서 물권편에 규정하고 이를 다른 재산권에 준용하도록 규정하고 있다(245조~248조).

Ⅱ. 시효제도의 존재이유

1. 학 설

시효제도가 존재하는 이유가 무엇인가에 대해서는 종래 다음 3가지로 나누어 이해하는 견해가 다수설이다. 그러나 이에 대해서는 이와 다른 입장을 취하는 견해도 있다.

(1) 종래의 다수설

종래의 다수설은 다음의 세 가지의 존재이유로 들고 있으며, 그 주요내용은 아래와 같다. 다수설은 특히 1)을 주로 취득시효의 존재이유로, 2)와 3)을 주로 소멸시효의 존재이유로 들고 있다(곽윤직·김재형 406~407면, 권용우 570면, 김상용 684면, 백태승 575면, 양형우 312면).

1) 계속된 사실상태와 사회질서의 안정

일정한 사실상태가 계속하게 되면 사회생활상 이를 정당한 법률상태로 신뢰하게 되고 이를 기초로 하여 여러 가지의 법률관계가 이루어지게 되므로 이 사실상태를 부인하면 이미 사회질서 내지 법률관계를 뒤집는 결과가 된다. 이에 따라 시효제도는 법률질서의 안정과 사회질서의 유지의 달성을 위함이다.

2) 입증곤란에 대한 구제

사실상태가 오랜 계속되면 정당한 권리관계를 증명할 증거자료가 없어져서, 진실한 권리관계가 어떠한지에 대한 진상을 정확을 파악하기가 어렵다. 이에 따라 계속된 사실상태를 그대로 정당한 것으로 보는 것이 도리어 진실에 부합할 개연성이 높다. 이에 따라 시효제도는 계속된 사실상태에 대한 증거보전의 곤란을 구제하고, 민사소송제도의 적정과 소송경제의 이념에 비추어 사실상태를 그대로 정당한 권리관계로 보자는 것이다.

3) 권리 위에 잠자는 자의 보호불요

오랜 기간 동안 자기의 권리를 주장하지 않고 있는 자는 '권리 위에 잠자는 자'로는 시효제도의 희생을 감수하여야 한다. 이에 따라 권리 위에 잠자는 자의 권리는 보호할 필요성이 적은 반면에 법적 안정성이 권리행사로 위협받을 수 있다.

(2) 다수설과 다른 견해

위의 다수설에 대해서는 그 논거를 달리하는 여러 견해가 주장되고 있으며, 다음에서는 그 중 유력한 견해 몇 가지를 든다.

1) 권리자, 변제자에 대한 보호와 시효적용의 제한

시효제도는 궁극적으로 권리를 취득했거나 의무를 이행하였으나, 이를 입증하지 못하는 자를 보호하려는 그 목적이 있다. 다만 부동산의 등기부취득시효에서는 부동산의 소유자로 등기하고서 점유하는 자의 신뢰를 보호하기 위한 것이다. 또 소멸시효 중 '채권 이외의 권리'의 경우에는 권리의 불행사에 대한 의무자의 신뢰를 보호하기 위한 것이다(송덕수 450면).

위의 입장은 원칙적으로 시효는 실질적인 권리자나 변제자(또는 이행한 의무자)를 보호하려는 것이므로, 무권리자나 불이행자가 보호되지 않도록 이들에 대해서는 시효적용을 가능한 한 제한하는 것으로 해석을 하게 된다(고상룡 660면, 송덕수 483면).

2) 사실상태에 대한 시효이익보유자의 보호와 법률관계의 안정

시효제도의 존재이유는, 계속된 사실상태에 대한 시효이익보유자의 기대를 보호함을 통하여 사회의 법률관계의 안정을 도모하고자 함에 있다(지원림 395면).

3) 의무자의 변제에 대한 진실개연성과 입증곤란의 구제

시효의 존재이유는 그 무게 중심을 권리자로부터 권리를 빼앗는 데 놓을 것이 아니라 권리자의 근거 없는 청구로부터 의무자가 이를 방어할 수 있는 관점에서 찾아야 한다. 즉 의무자의 관점에서 시효제도는 파악되어야 한다. 따라서 소멸시효의 존재이유는, 의무자가 변제하였을 것이라는 진실개연성과 이를 바탕으로 한 입증곤란의 구제에서 찾아야 한다(김준호 399면).

2. 판 례

판례는, 시효제도의 존재이유는 "영속된 사실상태를 존중하고 권리 위에 잠자는 자를 보호하지 않는다는 데에 있고 특히 소멸시효에 있어서는 후자의 의미가 강한 것"으로 이해하고 있다(대판 1992. 3. 31. 91다32053). 또 판례는 시효제도에 대해서 "일정기간 계속된 사회질서를 유지하고 시간의 경과로 인하여 곤란하게 되는 증거·보전으로부터의 구제 내지는 자기권리를 행사하지 않고 소위 권리위에 잠자는 자는 법적 보호에서 이를 제외하기 위하여 규정된 제도"라고 이해하고 있다(대판 〈전〉 1976. 11. 6. 76다148).

3. 학설과 판례의 정리

왜 시효제도를 인정하는가? 다시 말해서 시효제도의 존재이유가 무엇인가에 대해서 판례는 종래 다수설과 같은 3가지를 그 논거로 들고 있고 특히 '권리 위에 잠자는 자를 보호하지 않는다.'는 것을 소멸시효의 존재이유로 강조하고 있다. 따라서 소멸시효를 비롯한 시효제도의 실무상 적용은 다수설과 같이 다루어지고 있다.

그러나 연혁적인 관점에서만 검토하면 취득시효 제도 중 일반취득시효(245조 1항, 246조 1항)는 증거를 잃은 진정한 권리자를 보호하기 위한 것인 반면에, 등기부 취득시효와 선의취득시효(246조 1항, 247조 1항)는 무권리자로부터 선의·무과실로 목적물을 양수한 비권리자에 대해서 계속된 사실상태에 따른 거래안전을 고려해서 권리취득을 인정해주기 위한 제도라고 할 수 있다. 따라서 이러한 관점에서는 시효제도를 권리자, 변제자에 대한 보호와 무권리자나 불이행자에 대한 적용 제한에서 찾는 소수설의 태도는 연혁해석의 관점에서 고려할 만하다. 이러한 관점에서는 부동산 일반취득시효의 근거인 민법 제245조 제1항의 '자주점유'를 해석함에 있어서 악의의 무단점유자는 비권리자이므로 당연히 권리취득을 하기 위한 시효취득자에서 배제시키는 것으로 해석하게 된다.

Ⅲ. 제척기간과 소멸시효

1. 제척기간의 의의와 행사방법

(1) 제척기간의 의의

제척기간은 일정한 권리에 관하여 법률관계를 조속히 안정시키기 위해서 법률이 정한 존속기간을 말한다. 이를 권리행사예정기간, 예정기간 또는 실권(失權)기간이라고도 한다.

제척기간은 권리관계의 신속한 확정을 위한 것으로, 주로 형성권에서 강하게 요구된다.

(2) 제척기간이 정하여져 있는 권리의 행사방법

제척기간이 정하여져 있는 권리는 반드시 재판상으로 행사하여야 하는가, 아니면 재판 외로도 행사할 수 있는가? 이것이 제척기간이 정하여져 있는 권리의 행사방법의 문제이다. 이 중 재판상으로 행사하여야 한다는 입장에서는 제척기간을 소를 제기하여야 하는 출소(出訴)기간으로 이해하게 된다(고상룡 661면, 김상용 689면). 그러나 법률에서 일정한 기간 안에 소를 제기하도록 규정하는 경우(예컨대 민법 제406조의 채권자 취소권)에 제척기간은 출소기간으로 이해하여야 하나, 그 밖의 경우에는 재판 외로도 권리를 행사할 수 있는 것으로 해석하는 입장(곽윤직·김재형 409~410면)이 타당하다.

위에 대해서 판례는 원칙적으로 제척기간을 재판상으로는 물론이고 재판 외로도 행사할 수 있는 것으로 이해하고 있다. 즉 판례는 환매권(징발재산정리에 관한 특별조치법 20조), 법률행위의 취소권, 하자담보책임의 추급권 등에서 제척기간에서 정한 권리를 모두 재판 외로도 행사할 수 있다는 입장을 취하고 있다(대판 1992. 10. 13. 92다4666; 동 1993. 7. 27. 92다52795; 동 2000. 6. 9. 2000다15371). 그러나 판례는 점유보호청구권의 행사기간에 대해서는 일관되게 출소기간이라는 입장을 취하고 있다(대판 2002. 4. 26. 2001다8097).

2. 제척기간과 소멸시효의 차이점

소멸시효와 제척기간은 일정한 기간의 경과에 의해서 권리가 소멸된다는 점에서 모두 유사하다. 그러나 양자는 앞에서 본 그 존재이유에서도 차이가 있을 뿐만 아니라 다음과 같은 여러 가지의 차이점이 있다.

(1) 소급효의 유무

양자는 소급효의 유무에 차이가 있다.

소멸시효는 그 기산일에 소급하여 효력이 생긴다(167조). 즉 소멸시효에 따른 권리소멸은 소급효가 있다. 그러나 제척기간의 권리소멸의 효과는 소급하지 않고 기간이 경과한 때로부터 장래에 향하여 소멸한다.

(2) 당사자의 주장 여부

양자는 권리소멸이라는 법률효과를 발생시키는데 당사자의 주장, 즉 원용(援用)을 필요로 하느냐의 여부에 차이가 있다. 즉, 소멸시효는 민사소송의 변론주의(민사소송법 203조)에 따라 소멸시효의 완성으로 이익을 얻을 자가 그 이익을 소송에서 공격·방어의 방법으로 제출해야만 법원이 이를 참작할 수 있다. 그러나 제척기간의 효과는 당연히 생기므로 당사자의 주장이 없어도 법원은 직권으로 이를 고려하여야 한다(대판 1996. 6. 20. 96다25371).

(3) 중단제도의 유무

양자는 중단제도의 유무에 차이가 있다.

소멸시효는 권리불행사의 사실상태의 계속을 요건으로 하므로 그와 상반된 상태가 발생하면 시효는 중단된다(168조). 그러나 제척기간은 권리관계를 신속히 확정시키려는 것이므로 중단은 없다.

(4) 정지제도의 유무

양자는 정지제도의 유무에 차이가 있다.

소멸시효는 시효기간이 완성할 무렵 권리자가 중단행위를 하는 것이 불가능하거나 곤란한 사정이 있는 경우에, 그 사정이 없어질 때까지 일정기간시효완성을 유예시키는 소멸시효의 정지제도를 두고 있다(179조~182조). 그러나 제척기간은 권리의 존속 그 자체를 제한하고 권리를 박탈하는 것이 목적이므로, 이에는 정지가 적용되지 않는다.

(5) 이익의 포기 여부

양자는 이익의 포기 여부에 차이가 있다.

소멸시효의 이익은 시효기간 경과 후에는 포기할 수 있으나(184조 1항의 반대해석). 그러나 제척기간은 그 기간이 경과하면 당연히 그 권리가 소멸하므로 포기가 인정되지 않는다.

(6) 기간의 단축 여부

소멸시효는 법률행위에 의하여 그 기간을 단축 또는 경감할 수 있다(184조 2항). 그러나 제척기간은 당사자가 단축 또는 경감시킬 수 없다.

3. 제척기간과 소멸시효의 판별

제척기간과 소멸시효의 판별은 원칙적으로 민법 규정의 문구에 의하여 둘 중 어느 것인지를 판별하며, 이 밖에 권리의 성질과 규정의 취지 등을 함께 고려해서 판단하여야 한다(통설).

특히 조문 가운데 '시효로 인하여'라는 문구가 있으면 소멸시효이나, 그 문구가 없으면 제척기간이라고 해석하여야 한다(통설). 다만 위에 대한 예외가 있다. 즉 제1024조 제2항은 "전항의 규정은 총칙편의 규정에 의한 취소에 영향을 미치지 아니한다. 그러나 그 취소권은 추인할 수 있는 날로부터 3월, 승인 또는 포기한 날로부터 1년 내에 행사하지 아니하면 시효로 인하여 소멸된다."고 규정하면서 '시효로 인하여 소멸된다.'라는 문구가 있으나, 위 규정은 취소권의 존속기간을 규정하는 제146조에 대한 특별규정이므로 제척기간이다(통설).

제2절 소멸시효의 요건

Ⅰ. 개 관

소멸시효에 의하여 권리가 소멸하기 위해서는, 다음의 요건을 갖추어야 한다.

첫째, 먼저 그 권리가 소멸시효에 걸리는 것이어야 한다.

둘째, 다음으로 권리자가 법률상 그의 권리를 행사할 수 있음에도 불구하고 행사하지 않아야 한다.

셋째, 끝으로 권리불행사의 상태가 일정한 기간(소멸시효기간) 동안 계속되어야 한다.

Ⅱ. 소멸시효에 걸리는 권리

1. 소멸시효에 걸리는 권리

어떠한 권리를 소멸시효에 걸리는 것으로 할 것인지는 입법정책의 문제로서 그 입법례도 반드시 같지는 않다. 이에 관하여 우리 민법은 채권과 소유권을 제외한 그 밖의 재산권을 소멸시효에 걸리는 것으로 규정하고 있다(162조 2항). 따라서 소멸시효에 걸리는 권리는 채권이 가장 대표적이나, 소유권 이외의 재산권도 그 대상이다.

2. 소멸시효에 걸리지 않는 권리

우리 민법은 재산권만을 소멸시효에 걸리는 것으로 규정하고 있으므로, 가족권, 인격권 등 비재산권은 소멸시효에 걸리지 않는다(162조 반대해석).

또 민법은 재산권 중 소유권은 존속기간에 제한이 없는 권리로서 항구성이라는 특성을 띠므로 성질상 소멸시효에 걸리지 않는다(162조 2항).

그러나 이 밖에도 다음과 같은 권리는 재산권 중 소멸시효에 걸리지 않거나 또는 적용 여부에 문제가 되는 것들이다.

(1) 점 유 권

점유권은 사람의 물건에 대한 사실상의 지배인 점유를 함으로써 취득하고 이를 상실함으로써 당연히 소멸하는 권리이므로 소멸시효에 걸리지 않는다.

(2) 담보물권

담보물권은 피담보채권과 법률적 운명을 같이하는 성질인 부종성을 가진다. 따라서 담보한 채권이 소멸시효의 완성으로 인하여 소멸하면 담보물권도 소멸하나(369조), 피담보채권과 독자적으로 담보물권만이 소멸시효에 걸리지 않는다.

(3) 유 치 권

또한 담보물권 중 유치권은 점유를 존속요건으로 하므로, 점유권과 마찬가지로 소멸시효에 걸리지 않는다. 다만 소멸시효와 관련해서 유치권의 행사는 소멸시효의 진행에 영향을 미치지 않으므로(326조), 채권자가 유치권만 행사할 뿐 적극적인 권리행사를 하지 않으면 피담보채권의 소멸시효의 완성으로 유치권도 소멸할 수 있다.

(4) 준 물 권

준물권인 광업권, 어업권은 소유권에 준하는 성질을 가지므로 소멸시효에 걸리지 않는다.

(5) 상린권과 공유물분할청구권

상린권과 공유물분할청구권은 각각 부동산소유권과 공유관계라는 법률관계가 존재하는 경우에 반드시 그에 수반하여 존재하는 권리이다(215조~244조, 268조). 따라서 위 권리들은 그 기초가 되는 법률관계가 존속하는 한 독립하여 소멸시효에 걸리지 않는다(통설). 판례도 공유물분할청구권은 공유관계에서 수반되는 형성권이므로 공유관계가 존속하는 한 그 분할청구권만이 독립하여 시효로 소멸되지 않는다는 태도를 취하고 있다(대판 1981. 3. 24. 80다1888).

(6) 항 변 권

항변권은 상대방의 항변권자에 대한 청구권행사를 전제로 이를 거절할 수 있는 권리이다. 따라서 상대방의 항변권자에 대한 청구권행사가 없는 한 항변권은 독립하여 소멸시효에 걸리지 않는다. 이에 따라 쌍무계약에서 동시이행의 항변권(536조), 보증채무에서 보증인의 최고 및 검색의 항변권(437조) 등은 그 기초가 되는 쌍무계약이나 보증채무로부터 독립하여 소멸시효에 걸리지 않는다.

(7) 형 성 권

형성권은 권리자의 일방적 의사표시로 일정한 법률효과를 가능케 하는 권리이므로, 성질상 권리불행사라는 상태가 있을 수 없다. 따라서 형성권의 존속기간에 대해서 민법이 '시효로 인하여'라고 규정하고 있더라고 위 기간은 제척기간이라고 이해하여야 한다(통설). 판례도 매매예약의 완결권 등의 형성권에 대하여 별도의 특약이 없는 경우, 존속기간에 대해서 10년의 제척기간에 걸린다는 태도를 취하고 있다(대판 2000. 10. 13. 99다18725). 따라서 형성권은 소멸시효에 걸리지 않는다.

관련판례

형성권과 존속기간

① 대물변제예약 완결권은 일종의 형성권으로 당사자 사이에 그 행사기간을 약정한 때에는 그 기간 내에, 그러한 약정이 없는 때에는 그 권리가 발생한 때로부터 10년 내에 이를 행사하여야 하고, 이 기간을 도과한 때에는 예약 완결권은 제척기간의 경과로 인하여 소멸한다(대판 1997. 6. 27. 97다12488).

② 매매의 일방예약에서 예약자의 상대방이 매매예약완결의 의사표시를 하여 매매의 효력을 생기게 하는 권리, 즉 매매예약의 완결권은 일종의 형성권으로서 당사자 사이에 그 행사기간을 약정한 때에는 그 기간 내에, 그러한 약정이

없는 때에는 그 예약이 성립한 때로부터 10년 내에 이를 행사하여야 하고 그 기간이 지난 때에는 예약완결권은 제척기간의 경과로 인하여 소멸한다(대판 2000. 10. 13. 99다18725).

(8) 물권적 청구권

물권적 청구권은 물권의 내용실현이 어떤 사정으로 인하여 방해 당하고 있거나 또는 방해 당할 염려가 있는 경우에 물권자가 방해자에 대하여 그 방해의 제거 또는 예방에 필요한 일정한 행위를 청구할 수 있는 권리이다. 물권적 청구권은 물권과 독립한 청구권이나 물권에 의존하는 권리이므로, 물권과 독립하여 물권적 청구권만이 소멸시효에 걸리지 않는다(다수설). 이에 대하여 소수설은 소유권은 소멸시효에 걸리지 않으므로 소유권에 기인한 물권적 청구권은 소멸시효에 걸리지 않으나, 소유권 이외의 물권은 소멸시효에 걸리므로(162조 2항) 제한물권에 기인한 물권적 청구권은 독립하여 소멸시효에 걸린다고 한다(고상룡 672면, 곽윤직·김재형 415면).

판례는 소유권에 기인한 물권적 청구권은 소멸시효에 걸리지 않는다는 태도를 취하고 있다

요컨대 물권적 청구권은 위의 상린권과 공유물분할청구권에서와 마찬가지로 이와 분리되어 처분할 수 없는 수반성을 띤다. 따라서 물권이 있는 한 이로부터 독립하여 물권적 청구권만이 소멸시효에 걸리지 않는 것으로 이해하여야 할 것이다(대판 1982. 7. 27. 80다2968).

관련판례

물권적 청구권과 소멸시효

① 채권담보의 목적으로 이루어지는 부동산 양도담보의 경우에 있어서 피담보채무가 변제된 이후에 양도담보권설정자가 행사하는 등기청구권은 양도담보권

설정자의 실질적 소유권에 기한 물권적 청구권이므로 따로 시효로 소멸되지 아니한다(대판 1979. 2. 13. 78다2412).

② 부동산매매계약이 합의해제되면 매수인에게 이전되었던 소유권은 당연히 매도인에게 복귀되는 것이므로 합의해제에 따른 매도인의 원상회복청구권은 소유권에 기인한 물권적 청구권이라 할 것이고, 따라서 이는 소멸시효의 대상이 아니다(대판 1982. 7. 27. 80다2968).

③ 공사금 등 채권의 담보를 위하여 공유수면매립면허를 양도받으면서 장차 그 명의로 취득하게 되는 매립지 중 일부를 처분하여 자신의 위 채권에 충당하는 등의 방법으로 채권을 정산 받으며 그 나머지 매립지는 원래 매립면허자에게 양도하기로 약정한 후 공유수면매립공사를 완성하여 준공인가를 받음으로써 공유수면매립법 제14조의 규정에 따라 매립지의 소유권을 취득한 경우 그는 위 채권의 담보목적의 범위 내에서 위 매립지의 소유권을 취득한 것이고 대내적으로는 그 소유권이 원래의 매립면허자에게 남아 있다고 봄이 상당하므로, 그 후 공사시행자 자신의 명의로 취득한 위 매립지 중 일부를 처분하여 원래의 면허자에 대한 위 채권의 만족을 얻었다면 원래의 면허자는 피담보채무의 소멸을 이유로 나머지 매립지에 관한 소유권이전등기절차이행을 청구할 수 있고 이와 같은 등기청구권은 소멸시효의 대상이 되지 않는다(대판 1993. 12. 21. 91다41170).

(9) 등기청구권

등기청구권은 등기권리자 또는 등기의무자 일방이 등기신청을 하고자 할 때 다른 일방이 이에 협력하지 않을 경우에 이에 협력할 것을 청구하는 권리로서, 실체법상의 권리이다. 등기청구권이 소멸시효에 걸리느냐는, 이를 채권적 청구권으로 이해할 것인가, 아니면 물권적 청구권으로 이해할 것인가에 따라 달라진다. 즉 채권적 청구권이면 제162조 제1항에 따라 소멸시효에 걸리나, 물권적 청구권이면 수반성에 따라 소멸시효에 걸리지 않는다. 이는 다음과 같이 그 발생원인에 따라 각각 나누어 판단되어야 한다.

1) 법률행위로 인한 경우

이 경우는 등기를 갖추기 전의 채권적 지위에 따라서 주장하는 등기청구권이므로, 채권적 청구권으로서 소멸시효에 걸린다(통설).

판례는 부동산 매수인이 목적물을 이전받아 점유(사용·수익)하고 있는 경우에 등기청구권은 소멸시효에 걸리지 않는다고 한다(대판〈전〉 1976. 11. 6. 76다148). 또한 판례는 미등기매수인이 목적부동산을 제3자에게 매도(전매)하여 전득자(전매인)가 목적물을 점유하고 있는 경우에도 등기청구권은 소멸시효로 걸리지 않는다고 한다(대판〈전〉 1999. 3. 18. 98다32175).

2) 취득시효로 인한 경우

이 경우는 제245조 제1항에 등기에 의하여 물권의 지위를 갖추기 전에 발생하는 권리이므로 채권적 청구권이다(통설). 따라서 이 경우의 등기청구권은 소멸시효에 걸린다. 판례도 통설과 같은 입장을 취하고 있다(대판 1996. 3. 8. 95다34866).

3) 실체관계와 등기가 일치하지 않는 경우

이 경우는 물권자가 이미 취득한 물권에 기초해서 그와 불일치된 물권의 지위를 회복하기 위한 권리로서 물권적 청구권이므로(통설), 독립적으로 소멸시효에 걸리지 않는다. 이와 관련해서 판례는 부동산실명법 시행 전의 명의신탁에 따른 신탁자에게 명의신탁 해지하면 실질적 소유자인 신탁자는 당연히 소유권을 회복하는 것으로 이해하고 있다(대판 2010. 2. 11. 2008다16899). 이에 따르면 명의신탁해지를 한 신탁자가 수탁자의 명의로 되어 있는 소유권등기의 회복을 위한 등기청구권은 물권적 청구권으로서 소멸시효의 대상이 되게 된다.

4) 부동산 환매권과 부동산 임차권

이 경우는 채권(592조, 621조)에 기초하여 발생하는 채권적 청구권이므로, 소멸시효에 걸린다(통설).

관련판례

등기청구권과 소멸시효

① 소유권이전등기청구권은 채권적 청구권이므로 10년의 소멸시효에 걸리지만 매수인이 매매 목적물인 부동산을 인도받아 점유하고 있는 이상 그 소멸시효가 진행되지 아니한다(대판 1991. 3. 22. 90다9797).

② 토지에 대한 취득시효 완성으로 인한 소유권이전등기청구권은 그 토지에 대한 점유가 계속되는 한 시효로 소멸하지 아니하고, 그 후 점유를 상실하였다고 하더라도 이를 시효이익의 포기로 볼 수 있는 경우가 아닌 한 이미 취득한 소유권이전등기청구권은 바로 소멸되는 것은 아니나, 취득시효가 완성된 점유자가 점유를 상실한 경우 취득시효 완성으로 인한 소유권이전등기청구권의 소멸시효는 이와 별개의 문제로서, 그 점유자가 점유를 상실한 때로부터 10년간 등기청구권을 행사하지 아니하면 소멸시효가 완성한다(대판 1996. 3. 8. 95다34866).

③ 시효제도는 일정 기간 계속된 사회질서를 유지하고 시간의 경과로 인하여 곤란해지는 증거보전으로부터의 구제를 꾀하며 자기 권리를 행사하지 않고 소위 권리 위에 잠자는 자는 법적 보호에서 이를 제외하기 위하여 규정된 제도라 할 것인바, 부동산에 관하여 인도, 등기 등의 어느 한 쪽만에 대하여서라도 권리를 행사하는 자는 전체적으로 보아 그 부동산에 관하여 권리 위에 잠자는 자라고 할 수 없다 할 것이므로, 매수인이 목적 부동산을 인도받아 계속 점유하는 경우에는 그 소유권이전등기청구권의 소멸시효가 진행하지 않는다(대판〈전〉 1999. 3. 18. 98다32175).

[다수의견] 부동산의 매수인이 그 부동산을 인도받은 이상 이를 사용·수익하다가 그 부동산에 대한 보다 적극적인 권리 행사의 일환으로 다른 사람에게 그 부동산을 처분하고 그 점유를 승계하여 준 경우에도 그 이전등기청구권의 행사 여부에 관하여 그가 그 부동산을 스스로 계속 사용·수익만 하고 있는 경우와 특별히 다를 바 없으므로 위 두 어느 경우에나 이전등기청구권의 소멸시효는 진행되지 않는다고 보아야 한다(대판〈전〉 1999. 3. 18. 98다32175).

[반대의견] 부동산의 매수인이 매매목적물을 인도받아 이를 사용·수익하고 있는 동안에는 그 소유권이전등기청구권의 소멸시효가 진행하지 않는다고 보아야 할 것이나, 매수인이 목적물의 점유를 상실하여 더 이상 사용·수익하고 있는 상태가 아니라면, 매도인에 대한 관계에서 권리의 주장 내지 행사가 계속되고 있다고 볼 만한 사정이 없고, 비록 매수인이 그 부동산을 다른 사람에게 처분하고 인도하여 준 경우라고 하더라도 그 처분은 타인의 권리를 전매한 것에 불과할 뿐이고 그 소유권을 처분 내지 행사하였다고 볼 수는 없으며, 그 인도 또한 매수인이 새로운 매매계약에 따른 자신의 의무를 이행한 것에 지나지 아니할 뿐만 아니라 오히려 그 점유를 이전함으로써 목적물에 대한 사용·수익의 상태에서 벗어나게 된 것이어서 위 처분 내지 인도를 가리켜 매도인에 대한 관계에서 권리 행사라고 볼 수도 없는 것이므로, 점유의 상실원인이 무엇이든지 간에 점유 상실 시점으로부터 그 이전등기청구권의 소멸시효가 진행한다고 봄이 상당하다(대판〈전〉 1999. 3. 18. 98다32175).

④ '부동산 실권리자명의 등기에 관한 법률' 시행 전에 명의수탁자가 소유하는 부동산에 관하여 명의신탁자와 사이에 사후적으로 그 부동산을 명의신탁자를 위하여 '대외적으로만' 보유하는 관계에 관한 명의신탁약정이 이루어진 다음 위 법 제11조에서 정한 유예기간 내에 실명등기 등을 하지 않고 그 기간을 경과함으로써 위 법 제12조 제1항, 제4조에 의하여 위 명의신탁약정이 무효로 됨에 따라 명의수탁자가 당해 부동산에 관한 완전한 소유권을 취득하게 된 경우, 위 유예기간이 경과하기 전까지는 명의수탁자는 명의신탁약정에 따라 당해 부동산에 관한 소유명의를 취득한 것으로서 명의신탁자는 언제라도 명의신탁약정을 해지하고 당해 부동산에 관한 소유권을 취득할 수 있었다고 할 것이므로, 명의수탁자는 위 법 시행에 따라 당해 부동산에 관한 완전한 소유권을 취득함으로써 당해 부동산 자체를 부당이득하였다고 보아야 하고, 위 법 제3조 및 제4조가 명의신탁자에게 소유권이 귀속되는 것을 막는 취지의 규정은 아니므로 명의수탁자는 명의신탁자에게 자신이 취득한 당해 부동산을 부당이득으로 반환할 의무가 있다(대판 2010. 2. 11. 2008다16899).

Ⅲ. 권리의 불행사(소멸시효의 기산점)

1. 의 의

소멸시효에 의하여 권리가 소멸하기 위해서는, 권리자가 법률상 그의 권리를 행사할 수 있음에도 불구하고 행사하지 않아야 한다. 여기서 권리를 행사할 수 있는 때(권리를 행사할 수 있음에도 불행사하는 때)가 소멸시효의 기산점이며, 이때부터 소멸시효가 진행된다.

여기서 소멸시효의 기산점은 권리를 행사함에 있어서 법률상의 장애(예컨대 이행기 미도래, 정지조건 미성취)가 없는 경우를 말하며, 권리자의 개인적 사정이나 법률지식의 부족, 권리존재의 부지 또는 채무자의 부재 등 사실상 장애로 권리를 행사하지 못하였다 하여 시효가 진행하지 아니하는 것이 아니다(대판 1982. 1. 19. 80다2626).

2. 각종의 권리의 소멸시효기산점

(1) 시기부권리

시기부권리는 기한이 도래한 때부터 소멸시효가 진행한다(통설).

1) 확정기한부인 때

채무이행의 확정한 기한이 있는 경우에는 채무자는 기한이 도래한 때로부터 지체책임이 있으므로(387조 1항 전단), 이때에는 기한이 도래한 때부터 소멸시효가 진행한다.

2) 불확정기한부인 때

채무이행의 불확정한 기한이 있는 경우에는 채무자는 기한이 도래함을 안 때로부터 지체책임이 있으나(387조 1항 후단), 이때에는 기한이 객관적으로 도래한 때부터 소멸시효가 진행한다. 따라서 채권자가 주관적으로 기한도래를 알았는지 여부나 과실의 유무는 문제되지 않는다.

(2) 정지조건부권리

정지조건부권리는 조건이 성취된 때부터 시효가 진행된다. 판례도 "정지조건부권리의 경우에는 조건 미성취의 동안은 권리를 행사할 수 없는 것이어서 소멸시효가 진행되지 않는다."는 태도를 취하고 있다(대판 1992. 12. 22. 92다28822).

(3) 기한을 정하고 있지 않는 권리

기한을 정하고 있지 않는 채권은 채권자가 언제든지 권리를 행사할 수 있으므로 채권이 성립한 때부터 소멸시효가 진행한다. 다만 기한을 정하고 있지 않는 채권은 채무자가 이행청구를 받은 때로부터 지체책임이 있다(387조 2항).

또한 채무불이행으로 인한 손해배상청구권은 채무불이행이 있었던 때부터 소멸시효가 진행한다(통설). 판례도 채무불이행으로 인한 손해배상청구권의 소멸시효에 대하여 통설과 같이 채무불이행시로부터 진행하는 것으로 해석하고 있다(대판 1973. 10. 10. 72다2600; 동 1990. 11. 9. 90다카22513; 동 1995. 6. 30. 94다54269).

(4) 청구 또는 해지통고 후 일정 유예기간이 경과한 후에 청구할 수 있는 권리

민법은 청구 또는 해지통고 후 일정 유예기간이 경과한 후에 청구할 수 있는 권리들을 규정하고 있다. 즉 반환시기의 약정이 없는 소비대차는 대주가 상당한 기간을 정하여 반환을 최고하여야 한다(603조 2항). 또 기간의 약정이 없는 임대차와 고용은 당사자가 언제든지 해지의 통고를 할 수 있고, 일정한 유예기간이 경과한 후에 해지의 효력이 생긴다(635조, 660조). 또한 고용의 약정기간이 3년을 넘거나 당사자의 일방 또는 제3자의 종신까지로 된 때에는 각 당사자는 3년을 경과한 후 언제든지 계약해지의 통고를 할 수 있고, 이 경우에는 상대방이 해지의 통고를 받은 날로부터 3월이 경과하면 해지의 효력이 생긴다(659조).

여기서 위 권리들은 청구 또는 해지통고 후 일정 유예기간이 경과한 시점부터 소멸시효가 진행한다(통설). 여기서 청구(또는 해지통고)를 할 수 있는 때로부터 소멸시효가 진행된다고 해석하게 되면, 청구를 할 수 있는 날로부터 시효가 진행되어 권리자가 실제 권리를 행사할 수 있는 기간은 유예기간에 한정되어 되어 보통의 경우보다 권리자에게 불리하게 된다(곽윤직·김재형 421면). 따라서 통설의 태도가 타당하다.

(5) 할부급채권과 기한이익상실이 있는 채권

할부급채권은 1회의 채무불이행으로 채권자가 잔금 전액에 대하여 청구할 수 있도록 특약하는 경우가 많다. 여기서 위 특약은 일종의 약정기한이익상실사유로서, 할부급채권은 1회의 채무불이행이 발생한 때부터 소멸시효가 진행한다(통설).

한편 기한이익상실사유와 관련해서 판례는 정지조건부 기한이익 상실의 특약과 형성권적 기한이익 상실의 특약의 두 가지로 나누어 이행기의 도래, 즉 소멸시효의 기산점을 다르게 취급하고 있다. 즉 전자의 경우는 일정한 상실사유가 발생하면 당연히 이행기가 도래하고, 후자의 경우는 사유발생 후 채권자의 청구 등 채권자의 의사행위를 기다려 비로소 이행기가 도래하는 것으로 나누면서 양자 중 어느 것에 해당하느냐는 법률행위의 해석에 의하여야 하나 일반적으로 형성권적 기한이익 상실의 특약으로 추정하고 있다(대판 2002. 9. 4. 2002다28340).

(6) 부작위채권

부작위를 목적으로 하는 채권은 그 채권이 성립한 때부터 소멸시효가 진행되는 것이 아니고 위반행위를 한 때로부터 진행한다(166조 2항).

(7) 동시이행의 항변권이 붙은 채권

동시이행의 항변권이 붙은 채권도 시기부채권과 마찬가지로 상대방에 대헌 거절권과 별개로 채권자는 이행을 청구할 수 있으므로, 이행기 도래한 때부터 소멸시효가 진행한다(통설). 판례도 동시이행의 항변권이 붙은 시기부채권에 대하여 학설과 같은 입장을 취하고 있다(대판 1991. 3. 22. 90다9797).

(8) 불법행위로 인한 손해배상청구권

불법행위로 인한 손해배상의 청구권은 피해자나 그 법정대리인이 그 '손해 및 가해자를 안 날'을 그 기산점으로 하여 3년간 이를 행사하지 아니하면 시효로 인하여 소멸한다(766조 1항). 여기서 '손해를 안 날'은 손해의 발생, 위법한 가해행위의 존재, 가해행위와 손해의 발생과의 사이에 상당인과관계가 있다는 사실 등 불법행위의 요건사실에 대하여 현실적이고도 구체적으로 인식하였을 때를 의미한다(대판 1998. 7. 24. 97므18).

(9) 구 상 권

보증인의 주채무자에 대한 사후 및 사전 구상권은 그 발생원인을 서로 달리하는 독립된 권리라 할 것이므로 그 소멸시효는 각각 그 권리가 발생되어 이를 행사할 수 있는 때부터 개별적으로 진행한다(대판 1981. 10. 6. 80다2699).

관련판례

권리의 불행사(소멸시효의 기산점)

① 부동산에 대한 매매대금 채권이 소유권이전등기청구권과 동시이행의 관계에 있다고 할지라도 매도인은 매매대금의 지급기일 이후 언제라도 그 대금의 지급을 청구할 수 있는 것이며, 다만 매수인은 매도인으로부터 그 이전등기에 관한 이행의 제공을 받기까지 그 지급을 거절할 수 있는 데 지나지 아니하므로 매매대금 청구권은 그 지급기일 이후 시효의 진행에 걸린다(대판 1991. 3. 22. 90다9797).

② 불법행위에 기한 손해배상채권에 있어서 민법 제766조 제2항에 의한 소멸시효의 기산점이 되는 '불법행위를 한 날'이란 가해행위로 인한 손해의 결과발생이 현실적인 것으로 되었다고 할 수 있을 때를 의미하고 그 소멸시효는 피해자가 손해의 결과발생을 알았거나 예상할 수 있는가 여부에 관계없이 가해행위로 인한 손해가 현실적인 것으로 되었다고 볼 수 있는 때로부터 진행한다(대판 1993. 7. 27. 93다357).

③ 점포의 임대차 청약을 하면서 청약금을 지급하고 점포에 입주하여 점유하였으나 임대차계약의 체결이 거절된 경우 점포임대차 청약금반환채권이 점포명도의무와 동시이행 관계에 있다 하더라도 청약금반환의무자는 청약자로부터 점포명도의무의 이행제공을 받을 때까지 청약금의 지급을 거절할 수 있는데

지나지 아니하므로 청약금반환채권은 청약에 대한 거절이 확정된 때 이후부터 소멸시효가 진행한다(대판 1993. 12. 14. 93다27314).

④ 민법 제766조 제1항은 "불법행위로 인한 손해배상의 청구권은 피해자나 그 법정대리인이 그 손해 및 가해자를 안 날로부터 3년간 이를 행사하지 아니하면 시효로 인하여 소멸한다."고 규정하고 있는바, 여기서 말하는 '손해를 안 날'이라 함은 손해의 발생, 위법한 가해행위의 존재, 가해행위와 손해의 발생과의 사이에 상당인과관계가 있다는 사실 등 불법행위의 요건사실에 대하여 현실적이고도 구체적으로 인식하였을 때를 의미한다고 할 것이고, 손해의 액수나 정도를 구체적으로 알아야 할 필요까지는 없다고 하더라도 피해자 등이 언제 불법행위의 요건사실을 현실적이고도 구체적으로 인식한 것으로 볼 것인지는 개별적 사건에 있어서의 여러 객관적 사정을 참작하고 손해배상청구가 사실상 가능하게 된 상황을 고려하여 합리적으로 인정하여야 할 것이다(대판 1998. 7. 24. 97므18).

⑤ 불법행위의 피해자가 미성년자로 행위능력이 제한된 자인 경우에는 다른 특별한 사정이 없는 한 그 법정대리인이 손해 및 가해자를 알아야 민법 제766조 제1항의 소멸시효가 진행한다고 할 것이다(대판 2010. 2. 11. 2009다79897).

⑥ 가해행위와 그로 인한 현실적인 손해의 발생 사이에 시간적 간격이 있는 불법행위에 기한 손해배상채권의 경우, 소멸시효의 기산점이 되는 '불법행위를 한 날'의 의미는 단지 관념적이고 부동적인 상태에서 잠재적으로만 존재하고 있는 손해가 그 후 현실화되었다고 볼 수 있는 때, 다시 말하자면 손해의 결과 발생이 현실적인 것으로 되었다고 할 수 있는 때로 보아야 한다(대판 2012. 8. 30. 2010다54566).

Ⅳ. 소멸시효기간

1. 채권의 소멸시효기간

(1) 보통의 채권

보통 채권의 소멸시효기간은 10년이다(162조 1항).

그러므로 민법의 규정(163조~165조)이나 다른 법령의 특별규정으로 달리 정한 바가 없으면 채권은 10년의 소멸시효기간의 적용을 받는다. 정한 바가 없는 한 모든 채권에 적용된다. 특히 상법은 상행위로 인하여 발생한 상사채권의 소멸시효기간을 5년으로 규정하고 있다(동법 64조).

(2) 3년의 소멸시효에 걸리는 채권

다음의 채권은 3년간 행사하지 아니하면 소멸시효가 완성한다(163조).

1) 이자, 부양료, 급료, 사용료 기타 1년 이내의 기간으로 정한 금전 또는 물건의 지급을 목적으로 한 채권

위와 관련해서 동산 사용료의 채권이 1년이므로(164조 2호), 위의 물건의 사용료는 부동산에 대한 것만을 의미한다.

또한 위에서 '1년 이내의 기간으로 정한 금전 또는 물건의 지급을 목적으로 하는 채권'이란 1년 이내의 정기에 지급되는 채권을 뜻하는 것이며, 변제기가 1년 이내의 채권이라는 뜻이 아니다(통설, 판례). 따라서 이자채권이라고 하더라도 1년 이내의 정기에 지급하기로 한 것이 아닌 이상 위 규정 소정의 3년의 단기소멸시효에 걸리는 것이 아니다(대판 1996. 9. 20. 96다25302). 또 1개월 단위로 지급되는 집합건물의 관리비채권도 이에 해당한다(대판 2007. 2. 22. 2005다65821).

2) 의사, 조산사, 간호사 및 약사의 치료, 근로 및 조제에 관한 채권

위의 보건의료와 관련된 채권은 '수술'에 관한 채권에도 적용되며, 의료기관(병원, 치과병원, 한방병원, 종합병원, 의료법인)에도 적용된다(통설).

또한 '의사의 치료에 관한 채권'은 특약이 없는 한 그 개개의 진료가 종료될 때마다 각각의 당해 진료에 필요한 비용의 이행기가 도래하여 그에 대한 소멸시효

가 진행된다. 따라서 장기간 입원 치료를 받는 경우라 하더라도 다른 특약이 없는 한 입원 치료 중에 환자에 대하여 치료비를 청구함에 아무런 장애가 없으므로 퇴원시부터 소멸시효가 진행된다고 볼 수는 없다(대판 2001. 11. 9. 2001다52568).

3) 도급받은 자, 기사 기타 공사의 설계 또는 감독에 종사하는 자의 공사에 관한 채권

위에서 '도급을 받은 자의 공사에 관한 채권'"이란 도급받은 공사의 공사대금채권뿐만 아니라 그 공사에 부수되는 채권도 포함한다. 따라서 당사자가 공사에 관한 채권을 약정에 기한 채권이라고 주장하더라도 그 채권의 성질이 변경되지 아니한 이상 단기소멸시효에 관한 위(163조 3호)의 적용을 배제할 수는 없다(대판 1994. 10. 14. 94다17185).

또한 '설계에 종사하는 자의 공사에 관한 채권'은 예컨대 우수현상광고의 당선자가 광고주에 대하여 우수작으로 판정된 계획설계에 기초하여 기본 및 실시설계계약의 체결을 청구할 수 있는 권리를 가지고 있는 경우, 이러한 청구권에 기하여 계약이 체결되었을 경우에 취득하게 될 계약상의 이행청구권을 들 수 있다. 따라서 이에 관하여는 3년의 단기소멸시효가 적용되므로, 위의 기본 및 실시설계계약의 체결의무의 불이행으로 인한 손해배상청구권의 소멸시효 역시 3년의 단기소멸시효가 적용된다(대판 2005. 1. 14. 2002다57119).

4) 변호사, 변리사, 공증인, 공인회계사 및 법무사에 대한 직무상 보관한 서류의 반환을 청구하는 채권

5) 변호사, 변리사, 공증인, 공인회계사 및 법무사의 직무에 관한 채권

6) 생산자 및 상인이 판매한 생산물 및 상품의 대가

위에서 생산자 및 상인으로서 상인이나 상사채권을 5년으로 규정하는 상법 제64조 단서가 "그러나 다른 법령에 이보다 단기의 시효의 규정이 있는 때에는 그 규정에 의한다."고 정하고 있으므로, '생산자 및 상인이 판매한 생산물 및 상품의 대가'는 5년보다 단기간에 해당되어 위 규정(163조 6호)에 따라 3년의 단기소멸시효의 적용을 받게 된다.

7) 수공업자 및 제조자의 업무에 관한 채권

위에서 '수공업자'는 자기 일터에서 주문을 받아 그 주문자와 고용관계 없이 타인을 위해서 일하는 자를 말하고, '제조자'는 주문을 받아 물건을 가공해서 다른 물건을 제조하는 자를 말한다(통설).

(3) 1년의 소멸시효에 걸리는 채권

다음의 채권은 1년간 행사하지 아니하면 소멸시효가 완성한다(164조).

1) 여관, 음식점, 대석, 오락장의 숙박료, 음식료, 대석료, 입장료, 소비물의 대가 및 체당금의 채권

2) 의복, 침구, 장구 기타 동산의 사용료의 채권

위에서 동산의 사용료채권은 부동산의 사용료 채권이 3년인 것과 차이가 있으며(163조 1호), 단기의 동산임대차로 인한 임료채권을 뜻한다(대판 1976. 9. 28. 76다1839).

3) 노역인, 연예인의 임금 및 그에 공급한 물건의 대금채권

위와 관련해서 특히 근로기준법의 적용을 받는 보통의 임금채권의 소멸시효기간은 3년이나(동법 48조), 노역인과 연예인의 임금채권은 1년임에 유의하여야 한다. 또 노역인은 사용자와 고용관계를 맺지 않고 육체노동을 제공하는 자를 말한다(통설).

4) 학생 및 수업자의 교육, 의식 및 유숙에 관한 교주, 숙주, 교사의 채권

(4) 판결 등에 의하여 확정된 채권

1) 판결 등에 의하여 확정된 채권은 소의 제기로 소멸시효가 중단되지만, 재판상의 청구로 인하여 중단 후 다시 방치하면 시효는 재판이 확정된 때로부터 새로이 진행한다. 이 경우 제163조, 제164조의 3년 또는 1년의 소멸시효채권이나, 5년의 상사채권 등 단기소멸시효의 적용을 받는 채권이라도 판결에 의해 확정된 채권의 소멸시효는 10년으로 한다(165조 1항). 따라서 위 입법의 취지는 단기의 소멸시효에 걸리는 것이라도 확정판결에 의하여 권리의 존재가 공권적으로 확정된 경우의 권리의 소멸시효는 10년으로 한다는 뜻일 뿐 10년보다 장기의 소멸시효를 10년

으로 단축한다는 의미가 아니다. 또 본래 소멸시효의 대상이 아닌 권리가 확정판결을 받음으로써 10년의 소멸시효에 걸린다는 뜻도 아니다(대판 1981. 3. 24. 80다1888).

2) 또한 파산절차에 의하여 확정된 채권 및 재판상의 화해, 조정 그 밖의 판결과 동일한 효력이 있는 것에 의하여 확정된 채권도, 그 소멸시효기간은 10년이다(165조 2항). 위에서 '그 밖의 판결과 동일한 효력이 있는 것'은 청구의 인낙조서나 확정된 지급명령을 들 수 있다(민사소송법 220조, 474조).

그러나 위 특칙은 판결의 확정 당시에 변제기가 도래하지 아니한 채권에서 위와 같은 효력이 적용되지 않는다(165조 3항).

2. 채권 이외의 재산권의 소멸시효기간

채권 및 소유권 이외의 재산권은 20년의 소멸시효에 걸린다(162조 2항). 여기의 채권 및 소유권 이외의 재산권은 용익물권인 지상권, 지역권 등을 의미한다.

관련판례

소멸시효기간

① 민법 제165조가 판결에 의하여 확정된 채권, 판결과 동일한 효력이 있는 것에 의하여 확정된 채권은 단기의 소멸시효에 해당한 것이라도 그 소멸시효는 10년으로 한다고 규정하는 것은 당해 판결 등의 당사자 사이에 한하여 발생하는 효력에 관한 것이고 채권자와 주채무자 사이의 판결 등에 의해 채권이 확정되어 그 소멸시효가 10년으로 되었다 할지라도 위 당사자 이외의 채권자와 연대보증인 사이에 있어서는 위 확정판결 등은 그 시효기간에 대하여는 아무런 영향도 없고 채권자의 연대보증인의 연대보증채권의 소멸시효기간은 여전히 종전의 소멸시효기간에 따른다(대판 1986. 11. 25. 86다카1569).

② 변제기 이후에 지급하는 지연이자는 금전채무의 이행을 지체함으로 인한

손해배상금이지 이자가 아니고 또 민법 제163조 제1호 소정의 1년 이내의 기간으로 정한 채권도 아니므로 단기소멸시효의 대상이 되는 것도 아니다(대판 1989. 2. 28. 88다카214).

③ 이른바 금융리스에 있어서 리스료는, 리스회사가 리스이용자에게 제공하는 취득자금의 금융편의에 대한 원금의 분할변제 및 이자·비용 등의 변제의 기능을 갖는 것은 물론이거니와 그 외에도 리스회사가 리스이용자에게 제공하는 이용상의 편익을 포함하여 거래관계 전체에 대한 대가로서의 의미를 지닌다. 따라서 리스료 채권은, 그 채권관계가 일시에 발생하여 확정되고 다만 그 변제방법만이 일정 기간마다의 분할변제로 정하여진 것에 불과하기 때문에(기본적 정기금채권에 기하여 발생하는 지분적 채권이 아니다) 3년의 단기 소멸시효가 적용되는 채권이라고 할 수 없고, 한편 매회분의 리스료가 각 시점별 취득원가분할액과 그 잔존액의 이자조로 계산된 금액과를 합한 금액으로 구성되어 있다 하더라도, 이는 리스료액의 산출을 위한 계산방법에 지나지 않는 것이므로 그 중 이자부분만이 따로 3년의 단기 소멸시효에 걸린다고 할 것도 아니다(대판 2001. 6. 12. 99다1949).

④ 우수현상광고의 당선자가 광고주에 대하여 우수작으로 판정된 계획설계에 기초하여 기본 및 실시설계계약의 체결을 청구할 수 있는 권리를 가지고 있는 경우, 이러한 청구권에 기하여 계약이 체결되었을 경우에 취득하게 될 계약상의 이행청구권은 "설계에 종사하는 자의 공사에 관한 채권"으로서 이에 관하여는 민법 제163조 제3호 소정의 3년의 단기소멸시효가 적용되므로, 위의 기본 및 실시설계계약의 체결의무의 불이행으로 인한 손해배상청구권의 소멸시효 역시 3년의 단기소멸시효가 적용된다(대판 2005. 1. 14. 2002다57119).

⑤ 민사소송법 제474조, 민법 제165조 제2항에 의하면, 지급명령에서 확정된 채권은 단기의 소멸시효에 해당하는 것이라도 그 소멸시효기간이 10년으로 연장된다. 또 유치권이 성립된 부동산의 매수인은 피담보채권의 소멸시효가 완성되면 시효로 인하여 채무가 소멸되는 결과 직접적인 이익을 받는 자에 해당하므로 소멸시효의 완성을 원용할 수 있는 지위에 있다고 할 것이나, 매수인은 유치권자

에게 채무자의 채무와는 별개의 독립된 채무를 부담하는 것이 아니라 단지 채무자의 채무를 변제할 책임을 부담하는 점 등에 비추어 보면, 유치권의 피담보채권의 소멸시효기간이 확정판결 등에 의하여 10년으로 연장된 경우 매수인은 그 채권의 소멸시효기간이 연장된 효과를 부정하고 종전의 단기소멸시효기간을 원용할 수는 없다(대판 2009. 9. 24. 2009다39530).

⑥ 채권자와 주채무자 사이의 확정판결에 의하여 주채무가 확정되어 그 소멸시효기간이 10년으로 연장되었다 할지라도 그 보증채무까지 당연히 단기소멸시효의 적용이 배제되어 10년의 소멸시효기간이 적용되는 것은 아니고, 채권자와 연대보증인 사이에 있어서 연대보증채무의 소멸시효기간은 여전히 종전의 소멸시효기간에 따른다(대판 2006. 8. 24. 2004다26287).

제3절 소멸시효의 중단과 정지

Ⅰ. 소멸시효의 중단

1. 소멸시효중단의 의의

소멸시효의 중단은 소멸시효의 진행 중에 시효의 기초가 되는 사실상태와 상반되는 사실인 권리행사의 사실상태가 발생하면 이미 진행한 소멸시효기간의 효력을 소멸시키는 제도를 말한다. 따라서 소멸시효의 중단은 소멸시효의 진행을 방해하는 것으로서 시효가 중단되면, 그때부터 소멸시효는 새로이 진행한다(178조).

시효의 중단은 소멸시효와 취득시효 모두에서 다루어지며, 민법은 소멸시효의 중단에 관한 규정(168조~178조)을 취득시효에 준용하고 있다(247조 2항).

소멸시효의 중단은 뒤에서 다룰 소멸효의 정지와 함께 시효의 장애(障碍), 또는 시효의 장해(障害)라고 불린다.

2. 소멸시효의 중단사유

(1) 개 관

소멸시효의 중단사유로서 민법은 청구와 압류, 가압류, 가처분 및 승인을 규정하고 있다(168조). 이 중 청구와 압류·가압류·가처분은 권리자가 권리를 주장하는 것이고, 승인은 의무자가 상대방의 권리의 존재를 인정하는 것이다.

또한 청구는 권리자가 시효의 완성으로 이익을 얻을 자에 대하여 자기 권리의 내용을 주장하는 것으로서, 재판상 또는 재판외의 것을 포함한다. 그러나 시효중단의 효력을 발생하는 청구는 민법이 규정하는 일정한 것에 한한다(170조~174조).

(2) 청구(168조 1호)

1) 재판상의 청구(170조)

가) 의 의

재판상의 청구는 사법상의 권리를 소를 제기하는 것을 말한다. 이에 따라 시효중단의 효력이 발생하는 시기는 소를 제기한 때이다(민사소송법 265조). 또 소송이 이송된 경우에는 처음 소가 제기된 법원(이송한 법원)에 소를 제기한 때이다(대판 2007. 11. 30. 2007다54610).

나) 시효중단의 효력이 인정되는 경우

민사소송의 절차에 따라 제기하는 소는 그 종류가 이행의 소, 확인의 소, 형성의 소의 어느 경우이든 시효중단의 효력이 인정된다(통설).

또한 소의 모습이 본소(本訴)와 반소(反訴)에 관계없이 시효중단의 효력이 인정된다(민사소송법 269조 참조).

또 재심의 소를 제기하는 것이나 상대방의 청구에 응소한 것도 재판상의 청구로서 중단사유가 된다(대판 1997. 11. 11. 96다28196; 동 2006. 6. 16. 2005다25632).

또한 행정소송은 원칙적으로 시효중단의 효력이 인정되지 않으나, 잘못된 과세처분에 대한 취소 또는 무효의 확인을 구하는 소는 부당이득반환청구권에 대한 소멸시효 중단사유로서의 효력이 인정된다(대판〈전〉 1992. 3. 31. 91다32053).

또 청구의 대상으로 삼은 채권 중 일부만을 청구한 경우에도 그 취지로 보아

채권 전부에 관하여 판결을 구하는 것으로 해석되는 경우에는 그 동일성의 범위 내에서 그 전부에 관하여 시효중단의 효력이 발생한다(대판 2001. 9. 28. 99다72521).

다) 시효중단의 효력이 인정되지 않는 경우

소멸시효의 중단사유로의 재판상의 청구는 사법상의 권리에 대한 소를 제기하는 것을 말하므로 위법한 행정처분의 취소를 구하는 등의 행정소송이나 가해자를 상대로 고소하여 형사재판이 개시되어도 시효중단의 효력이 인정되지 않는다(대판 1979. 2. 13. 78다1500; 동 1999. 3. 12. 98다18124).

또한 가분채권의 경우 일부가 청구금액에 포함되지 아니하였다면 그 부분의 시효는 중단되지 않는다(대판 1991. 12. 10. 91다17092). 또 채권자가 동일한 목적을 달성하기 위하여 복수의 채권을 갖고 있는 경우, 채권자가 선택하지 않은 다른 채권에 대한 소멸시효 중단의 효력은 없다(대판 2002. 6. 14. 2002다11441).

라) 소의 각하, 기각, 취하

재판상의 청구는 소송의 각하, 기각 또는 취하의 경우에는 시효중단의 효력이 없다. 여기서 소송의 각하(却下)는 소송요건의 흠을 보정할 수 없는 경우에 내리는 원고패소의 판결이고, 소송의 기각(棄却)은 원고의 청구가 이유 없다는 원고패소의 판결이며, 소송의 취하(取下)는 원고가 심판청구를 철회하는 소송행위이다(민사소송법 219조, 266조).

위의 경우에 6월 안에 재판상의 청구, 파산절차참가, 압류 또는 가압류, 가처분을 한 때에는 시효는 최초의 재판상청구로 인하여 중단된 것으로 본다(170조). 이는 각하, 기각 또는 취하된 소의 제기에 대해서 최고로서의 효력을 인정하는 것으로 평가할 수 있다(174조 참조).

관련판례

시효중단의 효력의 발생시기

이송결정이 확정된 때에는 소송은 처음부터 이송받은 법원에 계속된 것으로 보므로(민사소송법 제40조 제1항) 소송을 이송한 경우에 있어서 법률상 기간의 준수 여부는 소송이 이송된 때가 아니라 이송한 법원에 소가 제기된 때를 기준으로 하여야 한다고 판시한 바 있고(대판〈전〉 1984. 2. 28. 83다카1981), 한편 민사소송법 제265조는 소제기에 따른 시효중단 및 법률상 기간 준수의 효력발생시기에 관하여 동일하게 규정하고 있으므로 소송이 이송된 경우 법률상 기간 준수 여부의 판단 기준시기에 관하여 위 판결이 취하고 있는 견해는 소멸시효의 중단에 관하여도 그대로 적용되어야 할 것이다(대판 2007. 11. 30. 2007다54610).

시효중단의 효력이 인정되는 소의 제기

① 민법 제168조 제1호, 제170조 제1항에서 시효중단사유의 하나로 규정하고 있는 재판상의 청구라 함은, 통상적으로는 권리자가 원고로서 시효를 주장하는 자를 피고로 하여 소송물인 권리를 소의 형식으로 주장하는 경우를 가리키지만, 이와 반대로 시효를 주장하는 자가 원고가 되어 소를 제기한 데 대하여 피고로서 응소하여 그 소송에서 적극적으로 권리를 주장하고 그것이 받아들여진 경우도 마찬가지로 이에 포함되는 것으로 해석함이 타당하다(대판〈전〉 1993. 12. 21. 92다47861).

② 민법 제247조 제2항에 의하여 취득시효에 준용되는 같은 법 제168조 제1호, 제170조 제1항에서 시효중단사유의 하나로 규정하고 있는 재판상의 청구라 함은, 통상적으로는 권리자가 원고로서 시효를 주장하는 자를 피고로 하여 소송물인 권리를 소의 형식으로 주장하는 경우를 가리키지만, 시효의 이익을 받는 자가 원고가 되어 소를 제기한 데 대하여 피고로서 응소하여 그 소송에서 적극적으로 권리를 주장하고 그것이 받아들여진 경우도 마찬가지로 이에 포함되는 것으로 해석함이 타당하고, 나아가 응소행위를 한 피고에 대하여 패소판결이 확정되었더라도 그 판결에 재심사유가 있음을 이유로 재심청구를 하여 권리를 주장하고 그것이 받아들여진 경우도 취득시효의 중단사유가 되는 재판상의 청구에 준하는 것으로 보아야 한다(대판 1997. 11. 11. 96다28196).

③ 민법 제168조 제1호, 제170조 제1항에서 시효중단사유의 하나로 규정하고 있는 재판상의 청구라 함은, 통상적으로는 권리자가 원고로서 시효를 주장하

는 자를 피고로 하여 소송물인 권리를 소의 형식으로 주장하는 경우를 가리키지만, 이와 반대로 시효를 주장하는 자가 원고가 되어 소를 제기한 데 대하여 피고로서 응소하여 그 소송에서 적극적으로 권리를 주장하고 그것이 받아들여진 경우도 마찬가지로 이에 포함되는 것으로 해석함이 타당하다(대판 2006. 6. 16. 2005다25632).

④ 소멸시효의 중단과 관련하여 소멸 대상인 권리 자체의 이행청구나 확인청구를 하는 경우뿐 아니라 권리가 발생한 기본적 법률관계에 관한 청구를 하는 경우 또는 그 권리를 기초로 하거나 그것을 포함하여 형성된 후속 법률관계에 관한 청구를 하는 경우에도 그로써 권리 실행의 의사를 표명한 것으로 볼 수 있을 때에는 시효중단 사유인 재판상의 청구에 포함된다. 따라서 기존 채권의 존재를 전제로 이를 포함하는 새로운 약정을 하고 그에 따른 권리를 재판상 청구의 방법으로 행사한 경우에는 기존 채권을 실현하고자 하는 뜻까지 포함하여 객관적으로 표명한 것이므로, 새로운 약정이 무효로 되는 등의 사정으로 그에 근거한 권리행사가 저지됨에 따라 다시 기존 채권을 행사하게 되었다면, 기존 채권의 소멸시효는 새로운 약정에 의한 권리를 행사한 때에 중단되었다고 보아야 한다(대판 2016. 10. 27. 2016다25140).

시효중단의 효력이 인정되지 않는 소의 제기

① 민법 제168조 제1항에 규정된 시효중단사유인 청구라 함은 시효의 목적인 사법상의 권리를 재판상 및 재판 외에서 실행하는 행위를 말하므로 공법상의 구제수단으로서의 행정소송 따위는 위에서 본 재판상의 청구라 할 수 없다(대판 1979. 2. 13. 78다1500).

② 경매신청서의 청구금액에 기재되지 아니한 채권은 경매신청에 의하여 시효가 중단되지 아니하고, 가분채권의 경우 일부가 청구금액에 포함되지 아니하였다면 그 부분도 시효가 중단되지 아니한다고 보아야 할 것이며, 경매신청서의 청구금액에 포함되어 있었다 하더라도 채권계산서에 기재된 채권에 한하여 소멸시효중단의 효력이 있다(대판 1991. 12. 10. 91다17092).

③ 형사소송은 피고인에 대한 국가형벌권의 행사를 그 목적으로 하는 것이므로, 피해자가 형사소송에서 소송촉진 등에 관한 특례법에서 정한 배상명령을 신청한 경우를 제외하고는 단지 피해자가 가해자를 상대로 고소하거나 그 고소에 기하여 형사재판이 개시되어도 이를 가지고 소멸시효의 중단사유인 재판상의 청구로 볼 수는 없다(대판 1999. 3. 12. 98다18124).

④ 채권자가 동일한 목적을 달성하기 위하여 복수의 채권을 갖고 있는 경우, 채권자로서는 그 선택에 따라 권리를 행사할 수 있되, 그 중 어느 하나의 청구를 한 것만으로는 다른 채권 그 자체를 행사한 것으로 볼 수는 없으므로, 특별한 사정이 없는 한 다른 채권에 대한 소멸시효 중단의 효력은 없다(대판 2002. 6. 14. 2002다11441).

2) 파산절차참가(171조)

파산절차참가는 채무자 회생 및 파산에 관한 법률이 정하는 바에 따라 채권자가 파산재단의 배당에 참가하기 위하여 그의 채권을 법원에 신고하는 것을 말한다(동법 32조, 447조). 채권자가 파산절차에 참가하면 소멸 시효는 중단되나, 채권자가 이를 취소하거나 그 청구가 각하된 때에는 시효중단의 효력이 없다(171조). 여기서 파산절차참가에 따른 시효중단의 효력은 파산절차가 종결될 때까지 계속 존속한다(대판 2005. 10. 28. 2005다28273).

또한 파산절차참가보다 강력한 권리의 실행방법인 파산선고를 신청하는 것, 강제집행절차에서 채권자가 배당요구를 하는 것은 문리해석상 파산절차참가와 같은 시효중단의 효력이 있다(통설). 이 밖에 채무자 회생 및 파산에 관한 법률은 회생절차참가와 개인회생절차참가에 대해서도 파산절차참가와 동일한 시효중단의 효력을 인정하고 있다(동법 32조).

관련판례

파산절차참가

민법 제171조는 파산절차참가는 채권자가 이를 취소하거나 그 청구가 각하된 때에는 시효중단의 효력이 없다고 규정하고 있는바, 채권조사기일에서 파산관재인이 신고채권에 대하여 이의를 제기하거나 채권자가 법정기간 내에 파산채권 확정의 소를 제기하지 아니하여 배당에서 제척되었다고 하더라도 그것이 위 규정에서 말하는 '그 청구가 각하된 때'에 해당한다고 볼 수는 없다 할 것이고, 따라서 파산절차참가로 인한 시효중단의 효력은 파산절차가 종결될 때까지 계속 존속한다 (대판 2005. 10. 28. 2005다28273).

3) 지급명령(172조)

지급명령은 금전, 그 밖에 대체물(代替物)이나 유가증권의 일정한 수량의 지급을 목적으로 하는 청구에 대하여 채권자의 일방적 신청에 따라 채무자를 심문하지 않고 법원이 채무자에게 지급을 명령하는 간이절차를 말한다(민사소송법 462조). 지급명령이 있으면 시효중단의 효력이 있으며, 여기서 중단의 효력이 발생하는 시기는 지급명령신청서를 관할법원에 제출하였을 때이다(민사소송법 265조, 464조).

지급명령에 대하여 채무자는 자기에게 송달된 날부터 2주 이내에 이의신청을 할 수 있다. 이에 따라 적법한 이의신청을 하면 지급명령을 신청한 때에 소가 제기된 것으로 간주되며, 그 지급명령은 소(訴)의 제기로서 시효중단의 효력을 갖는다 (민사소송법 468조, 472조). 그러나 지급명령에 대하여 이의신청이 없거나, 이의신청을 취하하거나, 각하결정이 확정된 때에는 지급명령은 확정판결과 같은 효력이 있게 된다(민사소송법 474조).

4) 화해를 위한 소환(173조 전단)

민사소송법상 화해를 신청하면 소멸시효는 중단되며, 그 사기는 화해신청서를 제출한 때이다(동법 385조, 265조).

그러나 화해신청을 받은 법원이 화해를 권고하기 위하여 상대방을 소환하였으나, 상대방이 출석하지 아니 하거나 화해가 성립되지 아니한 때에는 1월내에 소를 제기하지 아니하면 시효중단의 효력이 없다(173조 전단).

또한 조정은 재판상의 화해와 동일한 효력이 있으므로 조정신청은 시효중단의 효력이 있다(민사조정법 29조, 35조). 그러나 당사자의 신청에 의한 조정사건에 관하여 조정신청이 취하되거나 취하된 것으로 간주되는 사유가 있는 때에는 1개월 이내에 소를 제기하지 아니하면 시효중단의 효력이 없다(동법 35조).

5) 임의출석(173조 후단)

임의출석은 당사자쌍방은 임의로 법원에 출석하여 소송에 관하여 변론을 함으로써 소(訴)를 제기하는 방식이다(소액사건심판법 5조).

임의출석도 화해를 위한 소환과 같이 출석한 시점을 기준으로 시효가 중단되나, 화해가 성립하지 않거나 1개월 이내에 소를 제기하지 아니하면 시효중단의 효력이 없다(173조 후단).

6) 최고(174조)

최고는 채권자가 채무자에 대하여 채무의 이행을 청구하는 행위를 말한다. 최고는 재판 밖에서의 행위로서 특별한 방식을 요하지 않으며, 그 법적 성질은 준법률행위로서 의사의 통지이다.

그러나 최고는 청구 중 가장 중단의 효력이 약하다. 즉 최고를 한 후 6월 안에 위의 다섯 가지 청구(재판상의 청구, 파산절차참가, 지급명령, 화해를 위한 소환, 임의출석)나 압류, 가압류, 가처분을 하지 아니하면 시효중단의 효력이 없다(174조).

또한 최고를 한 후 6월 안에 다시 최고를 여러 차례 계속 반복하여도 결정적인 중단의 효력은 발생하지 않는다(대판 1970. 3. 10. 69다1151). 따라서 최고는 시효기간이 끝날 무렵에 다른 강력한 중단방법을 취하기 위한 예비적 절차로서 실익이 있다.

관련판례

최 고

① 재판외의 청구인 최고는 그 최고를 한 후 6월내에 재판상의 청구, 파산절차참가, 화해를 위한소환, 임의출석, 압류 또는 가압류, 가처분을 하면은 시효중단의 효력이 발생하는 것이고, 그 최고의 회수가 수회 있을 경우에 위 6월의 계산은 재판상의 청구 등을 중심으로 그 이전의 제일 가까운 최고를 기준으로 하면 되는 것이고 수회의 최고 중 제일 최초의 최고시부터 6월을 계하는 것이라고 볼 수 없다(대판 1970. 3. 10. 69다1151).

② 소멸시효 중단사유의 하나로서 민법 제174조가 규정하고 있는 '최고'는 채무자에 대하여 채무 이행을 구한다는 채권자의 의사통지(준법률행위)로서, 이에는 특별한 형식이 요구되지 아니할 뿐 아니라 행위 당시 당사자가 시효중단의 효과를 발생시킨다는 점을 알거나 의욕하지 않았다 하더라도 이로써 권리 행사의 주장을 하는 취지임이 명백하다면 '최고'에 해당하는 것으로 보아야 할 것이므로 채권자가 확정판결에 기한 채권의 실현을 위하여 채무자에 대하여 민사소송법 소정의 재산관계명시신청을 하고 그 결정이 채무자에게 송달이 되었다면 거기에 소멸시효 중단사유인 '최고'로서의 효력을 인정하여야 한다(대판 1992. 2. 11. 91다41118).

③ 채권자가 연대채무자 1인의 소유 부동산에 대하여 경매신청을 한 경우, 이는 최고로서의 효력을 가지고 있고, 연대채무자에 대한 이행청구는 다른 연대채무자에게도 효력이 있으므로, 채권자가 6월 내에 다른 연대채무자를 상대로 재판상 청구를 하였다면 그 다른 연대채무자에 대한 채권의 소멸시효가 중단되지만, 이로 인하여 중단된 시효는 위 경매절차가 종료된 때가 아니라 재판이 확정된 때로부터 새로 진행된다(대판 2001. 8. 21. 2001다22840).

④ 소멸시효 중단사유의 하나로서 민법 제174조가 규정하고 있는 최고는 채무자에 대하여 채무이행을 구한다는 채권자의 의사통지(준법률행위)로서, 이에는 특별한 형식이 요구되지 아니할 뿐 아니라 행위 당시 당사자가 시효중단의 효과를

발생시킨다는 점을 알거나 의욕하지 않았다 하더라도 이로써 권리 행사의 주장을 하는 취지임이 명백하다면 최고에 해당하는 것으로 보아야 할 것이므로, 채권자가 확정판결에 기한 채권의 실현을 위하여 채무자의 제3채무자에 대한 채권에 관하여 압류 및 추심명령을 받아 그 결정이 제3채무자에게 송달이 되었다면 거기에 소멸시효 중단사유인 최고로서의 효력을 인정하여야 한다(대판 2003. 5. 13. 2003다16238).

⑤ 소송고지의 요건이 갖추어진 경우에 그 소송고지서에 고지자가 피고지자에 대하여 채무의 이행을 청구하는 의사가 표명되어 있으면 민법 제174조가 정한 시효중단사유로서의 최고의 효력이 인정된다(대판 2009. 7. 9. 2009다14340).

(3) 압류, 가압류, 가처분(168조 2호)

1) 압류는 확정판결 그 밖의 집행권원에 기인하여 채무자의 재산에 대하여 처분을 제한하는 강제집행이다(민사집행법 24조, 83조). 또 가압류와 가처분은 장차 강제집행이 불능 또는 곤란하게 될 것을 예방하기 위해서 집행기관에 의하여 행해지는 강제집행을 보전하는 수단이다. 이 중 가압류는, 이를 하지 아니하면 판결을 집행할 수 없거나 판결을 집행하는 것이 매우 곤란할 염려가 있을 경우에 금전채권이나 금전으로 환산할 수 있는 채권에 대하여 동산 또는 부동산에 대한 강제집행을 보전하기 위하여 할 수 있다(민사집행법 276조, 277조). 또 가처분은 다툼의 대상에 관한 목적물의 현상이 바뀌면 당사자가 권리를 실행하지 못하거나 이를 실행하는 것이 매우 곤란할 염려가 있을 경우, 또는 다툼이 있는 권리관계에 대하여 임시의 지위를 정하기 위하여도 할 수 있다(민사집행법 300조).

위의 압류, 가압류, 가처분은 모두 권리의 집행행위로서, 시효의 중단사유가 된다(175조). 이들을 중단사유로 한 것은 반드시 재판상의 청구를 전제로 하지 않은 것과 권리의 실행행위라는 것을 고려한 것이다. 이와 관련해서 판례는 집행권원을 가진 채권자가 하는 배당요구는 압류에 준하는 것으로 시효중단의 효력이 생기나(대판 2002. 2. 26. 2000다25484), 재산관계명시절차는 강제집행의 준비행위와 강제집행의 중간적 단계에 불과하여 압류에 준하는 것으로 시효중단의 효력이 생기지 않는다(대판 2001. 5. 29. 2000다32161)는 태도를 취하고 있다. 또 사망한 사람을 피신청인으로 하는 가압류신청은 무효이므로 시효중단의 효력은 인정되지 않으며(대판 2006. 8. 24. 2004다26287), 이미 시효로 소멸한 어음채권을 피보전권리로 하는 압류 또는 가압류도 시효중단의 효력은 생기지 않는다(대판 2010. 5. 3. 2010다6345).

여기서 중단의 효력을 발생하는 시기는 실제 집행한 때가 아니고 압류, 가압류, 가처분의 명령을 신청한 때이다(통설).

2) 압류, 가압류, 가처분은 권리자의 청구에 의하여 또는 법률의 규정에 따르지 아니함으로 인하여 취소된 때에는 시효중단의 효력이 없다(175조).

3) 압류, 가압류, 가처분의 집행행위가 시효의 이익을 받을 자에 대하여 하지 않은 때에는, 이를 그 자에게 통지한 후가 아니면 시효중단의 효력이 없다(176조). 예컨대 채권자가 채무자 이외의 자인 물상보증인 또는 저당부동산의 제3취득자의 부동산인 담보물을 하였을 때에는 이를 주채무자에게 통지하여야 피담보채권에 관하여 시효중단의 효력이 발생한다. 여기서 시효의 이익을 받을 자에 대하여 압류 등의 집행행위 사실을 통지하는 것은 교부송달의 방법에 의하여야 하며, 우편송달이나 공시송달 또는 채권자인 은행의 여신거래약관에 의한 도달간주조항 등은 위 통지의 효력이 인정되지 않는다(대판 1994. 4. 11. 93다21477; 동 2010. 2. 25. 2009다69456).

관련판례

시효중단의 효력이 없는 압류, 가압류, 가처분

① 사망한 사람을 피신청인으로 한 가압류신청은 부적법하고 그 신청에 따른 가압류결정이 내려졌다고 하여도 그 결정은 당연 무효로서 그 효력이 상속인에게 미치지 않으며, 이러한 당연 무효의 가압류는 민법 제168조 제1호에 정한 소멸시효의 중단사유에 해당하지 않는다(대판 2006. 8. 24. 2004다26287).

② 원인채권의 지급을 확보하기 위하여 어음이 수수된 당사자 사이에서 채권자가

어음채권을 청구채권으로 하여 채무자의 재산을 압류함으로써 그 권리를 행사한 경우에는 그 원인채권의 소멸시효를 중단시키는 효력이 있다. 그러나 이미 어음채권의 소멸시효가 완성된 후에는 그 채권이 소멸되고 시효중단을 인정할 여지가 없으므로, 시효로 소멸된 어음채권을 청구채권으로 하여 채무자의 재산을 압류한다 하더라도 이를 어음채권 내지는 원인채권을 실현하기 위한 적법한 권리행사로 볼 수 없어, 그 압류에 의하여 그 원인채권의 소멸시효가 중단된다고 볼 수 없다(대판 2010. 5. 3. 2010다6345).

압류, 가압류, 가처분과 집행 관련 행위의 시효중단

① 재산관계명시절차는, 비록 그 신청에 있어서 집행력 있는 정본과 강제집행의 개시에 필요한 문서를 첨부하여야 하고 명시기일에 채무자의 출석의무가 부과되는 등 엄격한 절차가 요구되고, 그 내용에 있어서도 채무자의 책임재산을 탐지하여 강제집행을 용이하게 하고 재산상태의 공개를 꺼리는 채무자에 대하여는 채무의 자진이행을 하도록 하는 간접강제적 효과가 있다고 하더라도, 특정 목적물에 대한 구체적 집행행위 또는 보전처분의 실행을 내용으로 하는 압류 또는 가압류, 가처분과 달리 어디까지나 집행 목적물을 탐지하여 강제집행을 용이하게 하기 위한 강제집행의 보조절차 내지 부수절차 또는 강제집행의 준비행위와 강제집행 사이의 중간적 단계의 절차에 불과하다고 볼 수밖에 없으므로, 민법 제168조 제2호 소정의 소멸시효 중단사유인 압류 또는 가압류, 가처분에 준하는 효력까지 인정될 수는 없다(대판 2001. 5. 29. 2000다32161).

② 원인채권의 지급을 확보하기 위하여 어음이 수수된 당사자 사이에서 채권자가 어음채권을 피보전권리로 하여 채무자의 재산을 가압류함으로써 그 권리를 행사한 경우에는 그 원인채권의 소멸시효를 중단시키는 효력이 있고, 이러한 법리는 채권자가 어음채권을 청구채권으로 하여 채무자의 재산을 압류함으로써 그 권리를 행사한 경우에도 마찬가지이며, 한편 집행력 있는 채무명의 정본을 가진 채권자는 이에 기하여 강제경매를 신청할 수 있으며, 다른 채권자의 신청에 의하여 개시된 경매절차를 이용하여 배당요구를 신청하는 행위도 채무

명의에 기하여 능동적으로 그 권리를 실현하려고 하는 점에서는 강제경매의 신청과 동일하다고 할 수 있으므로, 부동산경매절차에서 집행력 있는 채무명의 정본을 가진 채권자가 하는 배당요구는 민법 제168조 제2호의 압류에 준하는 것으로서 배당요구에 관련된 채권에 관하여 소멸시효를 중단하는 효력이 생긴다고 할 것이다(대판 2002. 2. 26. 2000다25484).

압류 등의 집행행위의 통지

① 경매절차에서 이해관계인인 주채무자에게 경매개시결정이 송달되었다면 주채무자는 민법 제176조에 의하여 당해 피담보채권의 소멸시효중단의 효과를 받는다고 할 것이나, 민법 제176조의 규정에 따라 압류사실이 통지된 것으로 볼 수 있기 위하여는 압류사실을 주채무자가 알 수 있도록 경매개시결정이나 경매기일통지서가 교부송달의 방법으로 주채무자에게 송달되어야만 하는 것이지, 이것이 우편송달(발송송달)이나 공시송달의 방법에 의하여 채무자에게 송달됨으로써 채무자가 압류사실을 알 수 없었던 경우까지도 압류사실이 채무자에게 통지되었다고 볼 수 있는 것은 아니다(대판 1994. 4. 11. 93다21477).

② 물상보증인 丙 소유의 부동산에 대하여 乙 은행의 신청으로 임의경매절차가 개시됨으로 인하여 甲 회사의 乙 은행에 대한 채무의 소멸시효가 중단되었는지 문제된 사안에서, 경매개시결정상의 압류사실에 관한 통지에는 은행여신거래기본약관에서 정한 도달간주조항이 적용된다고 할 수 없어 압류사실의 통지가 있었다고 볼 수 없다(대판 2010. 2. 25. 2009다69456).

(4) 승인(168조 3호)

1) 승인(承認)은 시효의 진행 중에 시효의 이익을 받을 당사자가 상대방에 대하여 그 권리의 존재를 인정한다고 표시하는 행위를 말한다. 승인에는 특별한 방식을 요하지 않으므로 명시적이든 묵시적이든 이를 묻지 않는다(대판 2000. 4. 25. 98다63193). 예컨대 채권증서를 다시 작성하는 것, 이자를 지급하는 것, 변제기의 유예

를 청구하는 것, 채무를 일부 변제하는 것, 담보를 제공하는 것, 매도인이 매수인에게 소유권이전등기를 해주기 위해 매수인과 함께 법무사사무실을 방문한 행위 등은 모두 묵시의 승인으로 인정된다(대판 1996. 1. 23. 95다39854; 동 1997. 12. 26. 97다22676; 동 2006. 9. 22. 2006다22852; 동 2009. 11. 26. 2009다64383). 이러한 행위인 승인이 있게 되면 권리의 존재가 분명하게 나타나게 되므로, 별도로 권리자가 적극적으로 권리를 행사하지 않아도 권리의 불행사라고 할 수 없기 때문에 이를 중단사유로 한 것이다. 따라서 채무자가 특정인에 대하여 채무가 있다는 사실을 알고 있는 것만으로는 승인이 될 수 없다.

그러나 판례는 변제하지 못한 채무(미변제채무)가 있던 채무자가 기왕에 공급받았던 것과 동종의 물품을 추가로 주문하여 공급받는 행위, 채권자가 담보가등기를 경료한 부동산에 대해서 점유만 하고 있는 경우 등은 승인에 해당하지 않는다는 입장을 취하고 있다(대판 2005. 2. 17. 2004다59959; 동 2007. 1. 25. 2006다68940; 동 2007. 3. 15. 2006다12701).

2) 승인의 법적 성질은 이른바 '관념의 통지'이다. 승인에는 법률행위의 규정이 유추적용되므로, 승인자는 행위능력이 있어야 한다(통설). 또 승인은 상대방에게 하여야 하며, 이로 인한 소멸시효 중단의 효력은 그 통지가 상대방에게 도달한 때에 효력이 발생한다(통설, 판례).

3) 승인은 승인을 할 만한 권한 있는 자가 하여야 한다(대판 1970. 3. 10. 69다401). 그러나 시효중단의 효력 있는 승인에는 상대방의 권리에 관한 처분의 능력이나 권한 있음을 요하지 아니한다(177조). 즉 승인은 권리의 존재를 인정하는 행위이기 때문에, 상대방의 중단되는 권리를 승인자 자신이 가지고 있다고 할 때에, 그에게 처분능력이나 권한이 없어도 승인을 할 수 있다. 그러나 승인자는 관리능력이나 권한은 있어야 한다(177조의 반대해석).

4) 소멸시효의 중단사유로서 채무자에 의한 채무승인이 있었다는 사실은 이를 주장하는 채권자 측에서 입증하여야 한다(대판 2002. 5. 17. 2002다14624; 동 2005. 2. 17. 2004다59959).

5) 소멸시효의 중단사유로서의 승인은 시효완성 전에만 할 수 있다. 시효가 완

성된 후에는 소멸시효이익의 포기만이 문제된다.

관련판례

승인으로 인정되는 행위

① 시효완성 전에 채무의 일부를 변제한 경우에는, 그 수액에 관하여 다툼이 없는 한 채무승인으로서의 효력이 있어 시효중단의 효과가 발생한다(대판 1996. 1. 23. 95다39854).

② 채무자가 채권자에 대하여 자기 소유의 부동산에 담보 목적의 가등기를 설정하여 주는 것은 민법 제168조 소정의 채무의 승인에 해당한다고 볼 수 있다(대판 1997. 12. 26. 97다22676).

③ 물품대금이 포함된 잔액확인통지서를 작성·교부하여 준 행위가 소멸시효의 중단사유인 승인에 해당한다(대판 2006. 9. 22. 2006다22852).

④ 비법인사단의 대표자가 총유물의 매수인에게 소유권이전등기를 해주기 위하여 매수인과 함께 법무사 사무실을 방문한 행위가 소유권이전등기청구권의 소멸시효 중단의 효력이 있는 승인에 해당한다(대판 2009. 11. 26. 2009다64383).

승인으로 인정되지 않는 행위

① 계속적 물품공급계약에 기하여 발생한 외상대금채권은 특별한 사정이 없는 한 개별 거래로 인한 각 외상대금채권이 발생한 때로부터 개별적으로 소멸시효가 진행하는 것이지 거래종료일부터 외상대금채권 총액에 대하여 한꺼번에 소멸시효가 기산한다고 할 수 없는 것이고(대판 1978. 3. 28. 77다2463; 대판 1992. 1. 21. 91다10152 등 참조), 각 개별 거래시마다 서로 기왕의 미변제 외상대금에 대하여 확인하거나 확인된 대금의 일부를 변제하는 등의 행위가 없었다면, 새로이 동종 물품을 주문하고 공급받았다는 사실만으로는 기왕의 미변제 채무를 승인한 것으로 볼 수 없다(대판 2007. 1. 25. 2006다68940).

② 담보가등기를 경료한 토지를 인도받아 점유할 경우 담보가등기의 피담보채권의 소멸시효가 중단되는 것(승인)은 아니다(대판 2007. 3. 15. 2006다12701).

③ 이행인수는 채무자와 인수인 사이의 계약에 따라 인수인이 채권자에 대한 채무를 변제하기로 약정하는 것을 말한다. 이 경우 인수인은 채무자의 채무를 변제하는 등으로 면책시킬 의무를 부담하지만 채권자에 대한 관계에서 직접 이행의무를 부담하게 되는 것은 아니다. 한편 소멸시효 중단사유인 채무의 승인은 시효이익을 받을 당사자나 대리인만 할 수 있으므로 이행인수인이 채권자에 대하여 채무자의 채무를 승인하더라도 다른 특별한 사정이 없는 한 시효중단 사유가 되는 채무승인의 효력은 발생하지 않는다(대판 2016. 10. 27. 2015다239744).

승인의 방법

① 소멸시효 중단사유로서의 채무의 승인은 시효이익을 받을 당사자인 채무자가 소멸시효의 완성으로 권리를 상실하게 될 자에 대하여 그 권리가 존재함을 인식하고 있다는 뜻을 표시함으로써 성립한다고 할 것이며, 그 표시의 방법은 아무런 형식을 요구하지 아니하고, 또 그 표시가 반드시 명시적일 것을 요하지 않고 묵시적인 방법으로도 가능한 것이기는 하지만, 그 묵시적인 승인의 표시는 적어도 채무자가 그 채무의 존재 및 액수에 대하여 인식하고 있음을 전제로 하여 그 표시를 대하는 상대방으로 하여금 채무자가 그 채무를 인식하고 있음을 그 표시를 통해 추단하게 할 수 있는 방법으로 행해져야 할 것이다(대판 2005. 2. 17. 2004다59959).

② 소멸시효 중단사유로서의 승인은 시효이익을 받을 당사자인 채무자가 소멸시효의 완성으로 권리를 상실하게 될 자 또는 그 대리인에 대하여 그 권리가 존재함을 인식하고 있다는 뜻을 표시함으로써 성립하는 것인바, 그 표시의 방법은 아무런 형식을 요구하지 아니하고, 또한 명시적이건 묵시적이건 불문하며, 묵시적인 승인의 표시는 채무자가 그 채무의 존재 및 액수에 대하여 인식하고 있음을 전제로 하여 그 표시를 대하는 상대방으로 하여금 채무자가 그

채무를 인식하고 있음을 그 표시를 통해 추단하게 할 수 있는 방법으로 행해지면 족하다고 할 것이다(대판 2006. 9. 22. 2006다22852).

3. 소멸시효중단의 효력

(1) 경과한 시효기간의 불산입

소멸시효가 중단되면 그때까지 경과한 시효기간은 이를 산입하지 않는다(178조 1항 전단).

(2) 시효중단의 효력의 인적 범위

1) 원 칙

소멸시효중단의 효력은 시효중단행위에 관여한 당사자 및 승계인 사이에서만 효력이 있다(169조). 여기서 승계인은 시효중단에 관여한 당사자로부터 중단의 효과를 받는 권리를 그 중단 효과 발생 이후에 승계한 자를 가리킨다(대판 1998. 6. 12. 96다26961). 따라서 승계인에는 포괄승계인은 물론이고 특정승계인도 이에 포함된다(대판 1997. 4. 25. 96다46484).

그러므로, 제3자에게는 그 효력이 미치지 못한다.

2) 예 외

시효중단의 효력이 당사자 및 승계인 사이에서만 효력이 미치는 원칙에 대하여 민법은 다음과 같은 특칙을 두고 있다.

가) 압류, 가압류 및 가처분은 시효의 이익을 받은 자에 대하여 하지 아니한 때에는 이를 그에게 통지한 후가 아니면 시효중단의 효력이 없다(176조).

나) 요역지가 수인의 공유인 경우에 그 1인에 의한 지역권소멸시효의 중단 또는 정지는 다른 공유자를 위하여 효력이 있다(296조).

다) 어느 연대채무자에 대한 이행청구는 다른 연대채무자에게도 효력이 있다(416조).

라) 주채무자에 대한 시효의 중단은 보증인에 대하여 그 효력이 있다(440조).

(3) 중단 후의 시효진행

소멸시효가 중단되면, 중단사유가 종료한 때로 부터 새로이 진행한다(178조 1항 후단). 즉 소멸시효의 중단 후 시효의 기초가 되는 권리불행사의 사실상태가 다시 계속되면 그때부터 '새로이' 시효기간은 진행한다.

중단된 시효가 다시 진행하기 시작하는 시기는 다음과 같다.

1) 재판상의 청구로 인하여 중단한 시효는 재판이 확정된 때로부터 새로이 진행한다(178조 2항).

2) 압류, 가압류, 가처분으로 중단한 시효는 이들 절차가 끝난 때로부터 새로이 진행한다(통설). 다만 판례는 가압류에 의한 시효중단의 효력은 가압류의 집행보전의 효력이 존속하는 동안은 계속된다는 태도를 취하고 있다(대판 2006. 7. 27. 2006다32781).

3) 승인으로 중단된 때에는 승인이 상대방에게 도달한 때로부터 시효가 새로이 진행한다(통설).

Ⅱ. 소멸시효의 정지

1. 소멸시효 정지의 의의

소멸시효의 정지는 시효기간이 거의 완성할 무렵에 권리자가 시효중단행위를 할 수 없거나 그 행위를 하는 것이 곤란한 사정이 있는 경우에, 그러한 사정이 없어질 때까지 시효의 진행을 멈추게 하는 제도를 말한다. 이는 중단과 함께 시효의 완성을 막아 권리자를 보호하려는 제도이지만, 이미 경과한 시효기간이 없어지지 않는 점에서 중단과 차이가 있다.

2. 소멸시효의 정지사유

(1) 제한능력자를 위한 정지

1) 소멸시효의 기간만료 전 6월 안에 제한능력자의 법정대리인이 없는 때에는

그가 능력자가 되거나 법정대리인이 취임한 때로부터 6월 안에는 시효가 완성하지 아니한다(179조).

2) 재산을 관리하는 아버지, 어머니 또는 후견인에 대한 제한능력자의 권리는 그가 능력자가 되거나 후임 법정대리인이 취임한 때부터 6개월 내에는 소멸시효가 완성되지 아니한다(180조 1항).

(2) 혼인관계의 종료에 의한 정지

부부의 일방의 타방에 대한 권리는 혼인관계의 종료한 때로부터 6월 안에는 소멸시효가 완성하지 아니한다(180조 2항).

위 정지사유는, 혼인 중에는 부부 사이에 중단행위를 하기가 곤란한 사정을 고려한 것이다. 여기서 '혼인관계의 종료한 때'는 이혼은 물론이고, 일방배우자의 사망 또는 혼인의 취소로 인한 혼인의 소멸 등을 포함한다(통설).

(3) 상속재산에 관한 정지

상속재산에 속한 권리나 상속재산에 대한 권리는 상속인의 확정, 관리인의 선임 또는 파산선고가 있는 때로부터 6월 안에는 소멸시효가 완성하지 아니한다(181조).

위 정지사유는, 상속재산의 관리자가 분명하지 않으면 상속재산을 보존하는 것이나 상속재산에 대한 권리의 보존이 곤란한 사정을 고려한 것이다.

(4) 천재 그 밖의 사변에 의한 정지

천재 기타 사변으로 인하여 소멸시효를 중단할 수 없을 때에는 그 사유가 종료한 때로부터 1월내에는 시효가 완성하지 아니한다(182조).

위 정지사유는 천재, 전쟁, 폭동 등의 객관적인 변고인 사변(事變)으로 중단행위를 하기가 곤란한 사정을 고려한 것이다. 여기서 천재(天災)는 자연현상으로 인한 홍수, 태풍, 지진 등의 사변을 말한다. 따라서 권리자의 질병 등과 같은 주관적 사정은 사변에 해당하지 않으므로, 정지사유가 아니다.

제4절 소멸시효의 효력

Ⅰ. 소멸시효완성의 효과

1. 소멸시효완성과 해석론

(1) 민법의 규정

민법은 시효 중 취득시효에 관하여는 '…취득한다.'고 규정하여 그 효과가 절대적 권리취득을 명확히 하고 있다(245조, 246조).

그러나 소멸시효에 관하여는 '…소멸한다.'가 아닌 '…소멸시효가 완성한다.'고 규정하고 있을 뿐이고 '완성한다.'의 뜻에 대해서는 명확히 밝히지 않고 있다(162조~164조). 이에 따라 소멸시효완성의 효과가 무엇인지의 해석을 놓고 견해가 대립되고 있다.

(2) 학 설

1) 절대적 소멸설

절대적 소멸설은, 소멸시효가 완성되면 권리 자체가 당연히 소멸한다고 해석하는 견해로서 다수설이다. 이 견해는, 현행 민법이 상대적 소멸설의 근거와 관련 있는 구민법의 시효의 원용규정(145조)을 삭제한 점, 민법의 규정 중에서 '채권이 시효의 완성 기타 사유로 소멸한 때'(369조), '시효로 인하여 소멸한다.'(766조 1항), '소멸한 것으로 본다.'(부칙 8조 1항) 등의 표현을 쓰고 있는 점 등을 그 근거로 들고 있다.

2) 상대적 소멸설

상대적 소멸설은, 권리가 당연히 소멸하는 것이 아니고 다만 시효의 이익을 받을 자에게 권리의 소멸을 주장할 권리가 생길 뿐이라고 해석하는 견해로서 소수설이다. 이 견해는 다수설에 의할 경우 당사자가 소멸시효의 이익을 받기를 원하지 않는 경우에 그 의사를 존중하지 않는 것이 부당하다는 점, 소멸시효이익의 포기를 설명하기가 곤란하다는 점, 채무자가 신의칙에 반하는 방법으로 채권자의 시효중단을 방해한 경우에도 시효의 이익을 귀속시키는 것은 정의 관념에 반한다는 점, 단순한 기간의 경과만으로 등기된 부동산물권이 소멸한다는 점은 부당하다는 점 등을 그 근거로 들고 있다(김증한 469~479면, 김증한·김학동 541~544면).

(3) 판 례

판례는 일찍이 "신민법(구민법에 대응한 현행 민법) 아래서는 당사자의 원용이 없어도 시효완성의 사실로서 채무는 당연히 소멸하는 것이다."라고 판시하여 절대적 소멸설의 입장을 취하고 있다(대판 1966. 1. 31. 65다2445). 또 판례는 같은 입장에서 "신민법상 당사자의 원용이 없어도 시효완성의 사실로서 채무는 당연히 소멸하고, 다만 소멸시효의 이익을 받는 자가 소멸시효 이익을 받겠다는 뜻을 항변하지 않는 이상 그 의사에 반하여 재판할 수 없을 뿐이다."라고 판시하고 있다(대판 1979. 2. 13. 78다2157). 이는 시효의 소멸시효의 완성으로 권리는 당연히 소멸하지만 채무자가 소멸시효의 이익을 포기하면 변론주의의 원칙상 그 의사에 반해서 재판할 수 없다는 태도라고 할 수 있다.

또한 판례는 소멸시효의 주장을 할 수 있는 자에 대해서 채무자 등 권리소멸에 이익을 받는 자로 한정하면서 유치권이 성립된 부동산의 매수인, 담보가등기가 경료된 부동산을 취득한 양수인, 보증인과 물상보증인, 공탁금출급청구권이 공탁자에게 공탁금회수청구권이 인정되지 않는 경우의 국가 등을 이에 포함시키고 있다. 그러나 채권자대위소송의 제3채무자, 공탁금출급청구권이 공탁자에게 공탁금회수청구권이 인정되지 않는 경우의 (구)토지수용법의 기업자 등은 소멸시효의 이익을 직접 받은 자가 아니라고 하여 소멸시효완성을 주장할 수 없는 자로 다루고 있다.

(4) 학설과 판례의 평가

소멸시효완성의 효과가 무엇인지에 대한 견해의 다툼은 입법의 불비에 있으므로 절대적 소멸설과 상대적 소멸설 모두의 근거에 일면적 타당성과 난점을 가지고 있다. 그러나 다음과 같은 점에서 양자의 비교할 때 절대적 소멸설이 타당하다고 생각한다.

첫째, 다수설이 주장하는 바와 같이 현행 민법이 구민법의 시효의 원용규정(145조)을 삭제한 것은 입법자의 의사가 절대적 소멸설을 따르고자 하는 태도이다.

둘째, 소멸시효의 완성으로 권리는 당연히 소멸하지만 채무자가 소멸시효의 이익을 포기하면 변론주의의 원칙상 그 의사에 반해서 재판할 수 없으므로, 이 점에서는 결과적으로 어느 학설에 의하거나 큰 차이가 없다.

셋째, 채무자가 소멸시효가 완성한 후에 변제하는 경우, 상대적 소멸설에 의하면 유효한 변제가 된다. 그러나 절대적 소멸설에 의하면 도의 관념에 적합한 비채변제(744조)가 되어, 이 경우도 어느 학설에 의하거나 큰 차이가 없다.

넷째, 소멸시효의 이익을 포기한 경우, 상대적 소멸설에 의하면 소멸시효의 이익을 포기는 원용권의 포기로 이해한다. 그러나 절대적 소멸설에 의하면 실체법적으로 시효이익을 받지 않겠다는 의사표시로서 포기의 효력이 소멸시효완성 전으로 소급하는 이유를 설명하는데 난점이 있게 된다.

그러나 소멸시효완성의 효과는 종국적으로는 민법 제162조 등의 '…소멸시효가 완성한다.'는 규정을 '…소멸한다.'로 개정하여 취득시효의 '…취득한다.'는 규정(245조, 246조)과 입법의 일관성을 유지하여야 할 것이다.

관련판례

소멸시효완성의 효과

① 소멸시효는 이에 의하여 직접 이익을 받는 채무자는 물론이고 그 채무자에 대한 채권자도 자기의 채권을 보전하기 위하여 필요한 경우에는 이를 원용할 수 있으나 채무자에 대하여 무슨 채권이 있는 것도 아닌 자는 소멸시효주장을 대위 원용할 수 없다(대판 1991. 3. 27. 90다17552).

② 소멸시효에 있어서 그 시효기간이 만료되면 권리는 당연히 소멸하지만 그 시효의 이익을 받는 자가 소송에서 소멸시효의 주장을 하지 아니하면 그 의사에 반하여 재판할 수 없고, 그 시효이익을 받는 자는 시효기간 만료로

인하여 소멸하는 권리의 의무자를 말한다(대판 1991. 7. 26. 91다5631).

③ 소멸시효를 원용할 수 있는 사람은 권리의 소멸에 의하여 직접 이익을 받는 사람에 한정되는바, 채권담보의 목적으로 매매예약의 형식을 빌려 소유권이전청구권 보전을 위한 가등기가 경료된 부동산을 양수하여 소유권이전등기를 마친 제3자는 당해 가등기담보권의 피담보채권의 소멸에 의하여 직접 이익을 받는 자이므로, 그 가등기담보권에 의하여 담보된 채권의 채무자가 아니더라도 그 피담보채권에 관한 소멸시효를 원용할 수 있고, 이와 같은 직접수익자의 소멸시효 원용권은 채무자의 소멸시효 원용권에 기초한 것이 아닌 독자적인 것으로서 채무자를 대위하여서만 시효이익을 원용할 수 있는 것은 아니며, 가사 채무자가 이미 그 가등기에 기한 본등기를 경료하여 시효이익을 포기한 것으로 볼 수 있다고 하더라도 그 시효이익의 포기는 상대적 효과가 있음에 지나지 아니하므로 채무자 이외의 이해관계자에 해당하는 담보 부동산의 양수인으로서는 여전히 독자적으로 소멸시효를 원용할 수 있다(대판 1995. 7. 11. 95다12446).

④ 채권자가 채권자대위권을 행사하여 제3자에 대하여 하는 청구에 있어서, 제3채무자는 채무자가 채권자에 대하여 가지는 항변으로 대항할 수 없고, 채권의 소멸시효가 완성된 경우 이를 원용할 수 있는 자는 원칙적으로는 시효이익을 직접 받는 자뿐이고, 채권자대위소송의 제3채무자는 이를 행사할 수 없다(대판 1998. 12. 8. 97다31472).

⑤ 타인의 채무를 담보하기 위하여 자기의 물건에 담보권을 설정한 물상보증인은 채권자에 대하여 물적 유한책임을 지고 있어 그 피담보채권의 소멸에 의하여 직접 이익을 받는 관계에 있으므로 소멸시효의 완성을 주장할 수 있다(대판 2004. 1. 16. 2003다30890).

⑥ 구 토지수용법(2002. 2. 4. 법률 제6656호 공익사업을 위한 토지 등의 취득 및 보상에 관한 법률 부칙 제2조로 폐지) 제61조 제2항에 의하여 기업자가 하는 손실보상금의 공탁은 같은 법 제65조에 의해 간접적으로 강제되는 것이고, 이와 같이 그 공탁이 자발적이 아닌 경우에는 민법 제489조의 적용은 배제되어 피공탁자가 공탁자에게 공탁금을 수령하지 아니한다는 의사를 표시하거나 피공탁자의 공탁금출급청구권의 소멸시효가 완성되었다 할지라도 기업자는 그 공탁금을

회수할 수 없는 것이어서, 그러한 공탁자는 진정한 보상금수령권자에 대하여 그가 정당한 공탁금출급청구권자임을 확인하여 줄 의무를 부담한다고 하여도 공탁금출급청구권의 시효소멸로 인하여 직접적인 이익을 받지 아니할 뿐만 아니라 채무자인 국가에 대하여 아무런 채권도 가지지 아니하므로 독자적인 지위에서나 국가를 대위하여 공탁금출급청구권에 대한 소멸시효를 원용할 수 없다(대판 2007. 3. 30. 2005다11312).

⑦ 유치권이 성립된 부동산의 매수인은 피담보채권의 소멸시효가 완성되면 시효로 인하여 채무가 소멸되는 결과 직접적인 이익을 받는 자에 해당하므로 소멸시효의 완성을 원용할 수 있는 지위에 있다고 할 것이나, 매수인은 유치권자에게 채무자의 채무와는 별개의 독립된 채무를 부담하는 것이 아니라 단지 채무자의 채무를 변제할 책임을 부담하는 점 등에 비추어 보면, 유치권의 피담보채권의 소멸시효기간이 확정판결 등에 의하여 10년으로 연장된 경우 매수인은 그 채권의 소멸시효기간이 연장된 효과를 부정하고 종전의 단기소멸시효기간을 원용할 수는 없다(대판 2009. 9. 24. 2009다39530).

2. 소멸시효의 소급효

(1) 원 칙

소멸시효는 그 기산일에 소급하여 효력이 생긴다(167조). 따라서 소멸시효가 완성된 권리는 그 기산일인 권리를 행사할 수 있었을 때부터 소멸하게 되므로, 소멸시효로 인해 권리를 상실한 자가 시효기간 중에 한 처분은 무효로 된다. 또 소멸시효가 완성된 채무에 대해서 채무자는 기산일 이후의 이자를 지급할 필요가 없다(통설). 이는 시효제도가 시효기간 중에 계속한 사실상태를 그대로 보호하는 것을 목적으로 하는 것이므로 소급효를 인정한 것이다.

(2) 예 외

위의 소급효에 대하여 민법은 상계에 대하여 일정한 예외를 인정하고 있다. 즉 소멸시효가 완성된 채권이 그 완성 전에 상계할 수 있었던 것이면 그 채권자는 상계할 수 있다(495조). 이는 채무자가 그의 채권자에 대하여 자기도 동종의 채권을 가지는 경우에 그 채권과 채무를 대등액에서 소멸케 하는 일방적 단독행위인 상계(相計)의 경우 대립하는 두 채권이 상계할 수 있는 적합한 상태(상계적상)에 있게 되면 당연히 상계된 것으로 생각하는 당사자의 신뢰를 고려한 정책적 규정이다. 따라서 소멸시효가 완성된 채권에 대한 상계의 효과는 각 채무가 상계할 수 있는 때에 대등액에서 소멸한 것으로 다루어진다(대판 1987. 8. 18. 87다카768).

Ⅱ. 소멸시효이익의 포기

1. 소멸시효기간 완성 전의 포기

소멸시효의 이익은 시효기간의 완성 전에 '미리' 포기하지 못한다(184조 1항). 이는 소멸시효가 계속적 사실상태를 존중하는 공익상의 제도로서 개인이 제멋대로 미리 배척하게 하는 것은 부당하다는 점과 채권자가 채무자의 곤궁한 상태를 이용하여 미리 소멸시효의 이익을 포기케 할 염려가 있기 때문에 둔 정책적 규정이다(통설).

또한 위와 같은 취지에서, 소멸시효는 법률행위에 의하여 이를 배제, 연장 또는 가중할 수 없으나 이를 단축 또는 경감할 수 있다(184조 2항). 따라서 특정한 채무의 이행을 청구할 수 있는 기간을 제한하고 그 기간을 지날 경우 채무가 소멸하도록 하는 합의는 소멸시효기간을 단축하는 약정으로서 유효하다(대판 2006. 4. 14. 2004다70253).

2. 소멸시효기간 완성 후의 포기

(1) 포기의 성질

소멸시효이익의 포기는 소멸시효로 인하여 발생하는 이익을 받지 않겠다는 일방적 단독행위(의사표시)이다. 시효이익의 포기는 상대방에 대한 의사표시로 상대방 있는 단독행위이다.

그러나 상대적 소멸설에 의하면, 시효이익의 포기는 시효의 효과를 주장하는 원용권(援用權)의 포기이다.

(2) 포기의 시기

소멸시효의 이익은 시효기간의 완성 후에는 이를 포기할 수 있다(184조 1항의 반대해석). 이는, 소멸시효기간 완성 후의 포기는 완성 전의 포기와 같은 문제가 없고 개인의 의사와 조화할 수 있기 때문에 인정된다(통설).

(3) 포기의 요건과 방법

소멸시효이익의 포기는 권리변동의 결과를 직접 가져오는 처분행위이므로, 포기자는 처분능력과 권한이 있어야 한다(통설). 따라서 시효중단사유인 승인(承認)이 권리에 관한 처분의 능력이나 권한 있음을 요하지 않는 것과 차이가 있다(177조). 따라서 시효이익을 받는 당사자와 그 대리인은 포기자가 될 수 있으나, 제3자는 될 수 없다(대판 1998. 2. 28. 97다53366).

또한 소멸시효이익의 포기는 상대방 있는 단독행위이므로, 상대방의 동의를 요하지 않는다. 또 포기의 의사표시는 특별한 방식을 요하지 않으므로 묵시적으로도 할 수 있으나, 채무자가 채권자에 대해서 부담하는 채무의 존재에 대한 인식의 의사표시는 있어야 한다(대판 2008. 7. 24. 2008다2529).

판례는 특히, 소멸시효기간의 완성 후에 채무를 승인하거나 채무의 일부를 변제하는 것, 채무자가 변제기에 대한 유예를 요청하는 것, 소유권이전등기청구권의 소멸시효기간의 경과한 후에 등기의무자가 등기를 이전해주기로 하는 약정하는 것 등은 소멸시효 이익의 포기로 인정하고 있다.

그러나 판례는, 채권자의 제소기간 연장요청에 동의하는 것, 과세처분에 따라 조세를 납부하는 경우, 삼청교육 관련 피해자들에 대한 대통령의 담화 등은 소멸시효 이익의 포기로 인정하지 않고 있다.

(4) 포기의 효과

소멸시효의 이익을 포기하면 시효의 이익은 생기지 않았던 것으로 된다.

여기서 포기의 효과는 상대적이다. 즉, 포기할 수 있는 자가 다수인 경우에는 한 사람의 포기는 다른 사람에게 영향을 미치지 않는다. 따라서 주채무자가 시효의 이익을 포기하더라도 그 효력은 보증인에게 미치지 않는다(433조 2항).

소멸시효 완성 후에 채무자의 채권자에 대한 채무의 승인 등으로 소멸시효의 이익을 포기한 경우에는 그때부터 새로이 소멸시효가 진행한다(대판 1995. 7. 11. 95다12446; 동 2009. 7. 9. 2009다14340).

관련판례

소멸시효 이익의 포기 방법

① 소멸시효 이익의 포기사유로서의 채무의 승인은 그 표시의 방법에 아무런 제한이 없어 묵시적인 방법으로도 가능하기는 하지만, 적어도 채무자가 채권자에 대하여 부담하는 채무의 존재에 대한 인식의 의사를 표시함으로써 성립하게 되고, 그러한 취지의 의사표시가 존재하는지 여부의 해석은 그 표시된 행위 내지 의사표시의 내용과 동기 및 경위, 당사자가 그 의사표시 등에 의하여 달성하려고 하는 목적과 진정한 의도 등을 종합적으로 고찰하여 사회정의와 형평의 이념에 맞도록 논리와 경험의 법칙, 그리고 사회일반의 상식에 따라 객관적이고 합리적으로 이루어져야 한다(대판 2008. 7. 24. 2008다2529).

② 채무자가 채권자로부터 소멸시효가 완성된 연대보증채무의 이행청구를 받고 그 채무액의 일부를 지급하고 사건을 종결하자는 내용의 합의안을 제의하였다가 거절당한 사안에서, 합의안 제의의 배경 등 제반 사정에 비추어 채무자가 위 합의안을 제의한 사실만으로 채권자에게 연대보증채무를 부담하고 있다는 채무승인의 뜻을 확정적으로 표시한 것이라고 해석하기 어렵다(대판 2008. 7. 24. 2008다2529).

소멸시효 이익의 포기의 인정(적극)

① 채권의 소멸시효가 완성된 후에 채무자가 그 기한의 유예를 요청하였다면 그때에 소멸시효의 이익을 포기한 것으로 보아야 한다(대판 1965. 12. 28. 65다2133).

② 시효완성 후에 채무를 승인을 한 때에는 시효완성의 사실을 알고 그 이익을 포기한 것이라고 추정할 수 있다(대판 1967. 2. 7. 66다2173).

③ 소유권이전등기청구권의 소멸시효기간이 지난 후에 등기의무자가 소유권이전등기를 해 주기로 약정(합의)한 바 있다면 다른 특단의 사정이 없는 한 이는 시효이익을 포기한 것으로 보아야 할 것이다(대판 1993. 5. 11. 93다12824).

④ 동일당사자 간에 계속적인 거래로 인하여 같은 종류를 목적으로 하는 수개의 채권관계가 성립되어 있는 경우에 채무자가 특정채무를 지정하지 아니하고 그 일부의 변제를 한 때에도 다른 특별한 사정이 없다면 잔존채무에 대하여도 승인을 한 것으로 보아 시효중단이나 포기의 효력을 인정할 수 있을 것이다. 그러나 그 채무가 별개로 성립되어 독립성을 갖고 있는 경우에는 일률적으로 그렇게만 해석할 수는 없을 것이고, 특히 채무자가 가압류 목적물에 대한 가압류를 해제받을 목적으로 피보전채권을 변제하는 경우에는 특별한 사정이 없는 한 피보전채권으로 적시되지 아니한 별개의 채무에 대하여서까지 소멸시효의 이익을 포기한 것이라고 볼 수는 없을 것이다(대판 1993. 10. 26. 93다14936).

⑤ 채무자가 소멸시효 완성 후 채무를 일부 변제한 때에는 그 액수에 관하여 다툼이 없는 한 그 채무 전체를 묵시적으로 승인한 것으로 보아야 하고, 이 경우 시효완성의 사실을 알고 그 이익을 포기한 것으로 추정되므로, 소멸시효가 완성된 채무를 피담보채무로 하는 근저당권이 실행되어 채무자 소유의 부동산이 경락되고 그 대금이 배당되어 채무의 일부 변제에 충당될 때까지 채무자가 아무런 이의를 제기하지 아니하였다면, 경매절차의 진행을 채무자가 알지 못하였다는 등 다른 특별한 사정이 없는 한, 채무자는 시효완성의 사실을 알고 그 채무를 묵시적으로 승인하여 시효의 이익을 포기한 것으로 보아야 한다(대판 2001. 6. 12. 2001다3580).

⑥ 다른 채권자가 신청한 부동산경매절차에서 이미 소멸시효가 완성된 어음채권

을 원인으로 하여 집행력 있는 채무명의를 가진 채권자가 배당요구를 신청하고, 그 경매절차에서 부동산의 경락대금이 배당요구채권자에게 배당되어 그 채무의 일부변제에 충당될 때까지 채무자가 아무런 이의를 진술하지 아니하였다면, 경매절차의 진행을 채무자가 알지 못하였다는 등 다른 특별한 사정이 없는 한 채무자는 어음채권에 대한 소멸시효 이익을 포기한 것으로 볼 수 있고, 그때부터 그 원인채권의 소멸시효기간도 다시 진행한다고 봄이 상당하다(대판 2002. 2. 26. 2000다25484).

⑦ 채무자가 소멸시효 완성 후 채무를 일부변제한 때에는 그 액수에 관하여 다툼이 없는 한 그 채무 전체를 묵시적으로 승인한 것으로 보아야 하고, 이 경우 시효완성의 사실을 알고 그 이익을 포기한 것으로 추정된다. 따라서 이미 소멸시효가 완성된 어음채권을 원인으로 하여 집행력 있는 집행권원을 가진 채권자가 채무자의 유체동산에 대한 강제집행을 신청하고, 그 절차에서 채무자의 유체동산 매각대금이 채권자에게 교부되어 그 채무의 일부변제에 충당될 때까지 채무자가 아무런 이의를 진술하지 아니하였다면, 그 강제집행 절차의 진행을 채무자가 알지 못하였다는 등 다른 특별한 사정이 없는 한 채무자는 어음채권에 대한 소멸시효 이익을 포기한 것으로 볼 수 있고, 그때부터 그 원인채권의 소멸시효 기간도 다시 진행하지만, 이렇게 소멸시효 이익을 포기한 것으로 보기 위해서는 채무자의 유체동산 매각대금이 채권자에게 교부되어 그 채무의 일부변제가 이루어졌음이 증명되어야 한다(대판 2010. 5. 13. 2010다6345).

⑧ 소멸시효 이익의 포기는 상대적 효과가 있을 뿐이어서 다른 사람에게는 영향을 미치지 아니함이 원칙이나, 소멸시효 이익의 포기 당시에는 권리의 소멸에 의하여 직접 이익을 받을 수 있는 이해관계를 맺은 적이 없다가 나중에 시효이익을 이미 포기한 자와의 법률관계를 통하여 비로소 시효이익을 원용할 이해관계를 형성한 자는 이미 이루어진 시효이익 포기의 효력을 부정할 수 없다(대판 2015. 6. 11. 2015다200227).

소멸시효 이익의 포기의 불인정(소극)

① 채무자가 소멸시효가 완성된 이후에 여러 차례에 걸쳐 채권자의 제소기간 연장요청에 동의한 바 있더라도 그 동의는 그 연장된 기간까지는 언제든지 채권자가 제소하더라도 이의가 없다는 취지에 불과한 것이지 완성한 소멸시효 이익을 포기하는 의사표시까지 함축하고 있는 것은 아니다(대판 1987. 6. 23. 86다카2107).

② 소멸시효완성 이후에 있은 과세처분에 기하여 세액을 납부하였다 하더라도 이를 들어 바로 소멸시효의 이익을 포기한 것으로 볼 수 없다(대판 1988. 1. 19. 87다카70).

③ 헌법상 국가원수이자 행정부의 수반인 대통령이 국가의 불법적인 공권력 행사로 인하여 피해를 입은 사람들에게 피해보상을 하겠다는 취지를 밝혔다고 하더라도, 그것이 그 피해자들에 대한 사법상의 법률효과를 염두에 두고 한 것이 아니라 단순히 정치적으로 대통령으로서의 시정방침을 밝히면서 일반 국민들의 이해와 협조를 구한 것에 불과하다면, 그와 같은 행위로써 사법상으로 그 피해자들에 대한 국가배상채무를 승인하거나 소멸시효이익을 포기한 것으로 볼 수는 없는바, 삼청교육으로 인한 피해와 관련하여 대통령이 1988. 11. 26. 발표한 담화는 그 발표 경위와 취지 및 내용 등에 비추어 보면 그것은 사법상의 법률효과를 염두에 둔 것이 아니라 단순히 정치적으로 대통령으로서의 시정방침을 밝히면서 일반 국민들의 이해와 협조를 구한 것에 불과하므로 이로써 사법상으로 삼청교육 관련 피해자들에 대한 국가배상채무를 승인하였다거나 또는 시효이익을 포기한 것으로 볼 수는 없다(대판〈전〉 1996. 12. 19. 94다22927).

④ 채무자가 소멸시효 완성 후 채무를 일부 변제한 때에는 액수에 관하여 다툼이 없는 한 채무 전체를 묵시적으로 승인한 것으로 보아야 하고, 이 경우 시효완성의 사실을 알고 이익을 포기한 것으로 추정되므로, 소멸시효가 완성된 채무를 피담보채무로 하는 근저당권이 실행되어 채무자 소유의 부동산이 경락되고 대금이 배당되어 채무의 일부 변제에 충당될 때까지 채무자가 아무런 이의를 제기하지 아니하였다면, 경매절차의 진행을 채무자가 알지 못하였다는 등

다른 특별한 사정이 없는 한, 채무자는 시효완성의 사실을 알고 채무를 묵시적으로 승인하여 시효의 이익을 포기한 것으로 볼 수 있기는 하다. 그러나 소멸시효가 완성된 경우 채무자에 대한 일반채권자는 채권자의 지위에서 독자적으로 소멸시효의 주장을 할 수는 없지만 자기의 채권을 보전하기 위하여 필요한 한도 내에서 채무자를 대위하여 소멸시효 주장을 할 수 있으므로 채무자가 배당절차에서 이의를 제기하지 아니하였다고 하더라도 채무자의 다른 채권자가 이의를 제기하고 채무자를 대위하여 소멸시효 완성의 주장을 원용하였다면, 시효의 이익을 묵시적으로 포기한 것으로 볼 수 없다(대판 2017. 7. 11. 2014다32458).

Ⅲ. 종속된 권리에 대한 소멸시효의 효력

주된 권리의 소멸시효가 완성한 때에는 종속된 권리에 그 효력이 미친다(183조). 따라서 주된 권리인 원본채권이 소멸시효로 인하여 소멸하면, 종속된 권리인 이자채권은 시효의 완성 여부와 관계없이 소멸한다.

그러나 소멸시효 완성의 효력은 소멸시효가 완성된 원본채권의 종된 권리인 이자채권에는 미치나, 변제로 소멸한 원금 부분으로부터 그 변제 전에 발생한 이자채권에는 미치지 않는다(대판 2008. 3. 14. 2006다2940).

관련판례

종속된 권리에 대한 소멸시효의 효력

이자 또는 지연손해금은 주된 채권인 원본의 존재를 전제로 그에 대응하여 일정한 비율로 발생하는 종된 권리인데, 하나의 금전채권의 원금 중 일부가 변제된 후 나머지 원금에 대하여 소멸시효가 완성된 경우, 가분채권인 금전채권의 성질상 변제로 소멸한 원금 부분과 소멸시효 완성으로 소멸한 원금 부분을 구분하는 것이 가능하고, 이 경우 원금에 종속된 권리인 이자 또는 지연손해금 역시 변제로 소멸한 원금 부분에서 발생한 것과 시효완성으로 소멸된 원금 부분에서 발생한 것으로 구분하는 것이 가능하므로, 소멸시효 완성의 효력은 소멸시효가 완성된 원금 부분으로부터 그 완성 전에 발생한 이자 또는 지연손해금에는 미치나, 변제로 소멸한 원금 부분으로부터 그 변제 전에 발생한 이자 또는 지연손해금에는 미치지 않는다(대판 2008. 3. 14. 2006다2940).

특 별 부 록

1. 북한 민법의 일반제도(민법총칙)와 남북한 민법의 비교
2. 남북한 민법총칙 조문 비교

1. 북한 민법의 일반제도(민법총칙)와 남북한 민법의 비교

Ⅰ. 북한 민법의 연혁과 구성

1. 북한 민법의 제정과 개정

(1) 북한 민법의 연혁

북한은 1950년대에 민법초안을 만들기는 하였으나 법전화되지는 못하였다. 특히 북한은 1950년과 1958년 두 차례에 걸쳐서 민법초안을 만들기는 하였으나, 각 초안의 내용이 사회주의의 완전한 승리로 나아가야 할 북한의 사회·경제적 관계의 급격한 변화에 부응할 수 없거나 성문화가 오히려 사회·경제발전을 저해할 염려가 있다는 등을 이유로 말미암아 법전화되지는 못하였다(최달곤, “북한 민법의 변화와 그 내용상 특징”, 북한, 1987. 5, 112~113면; 신영호, “북한 민법 40년과 그 동향”, 북한법률행정논총 제8집, 고려대학교 법학연구소, 1990, 135면 참조).

이에 따라 북한은 민사관계와 관련해서 그때그때 필요한 일부 성문입법을 제정하였을 뿐이고, 대부분은 인치주의적 요소를 가진 불문법에 의하여 민사관계를 규율해왔었다. 이후 1986. 1. 30. 중앙인민위원회의 입법(정령)에 따라 잠정적인 ‘민사규정’이 채택되어 처음으로 민사관계를 체계화하여 규율해오다가 통일된 성문민법전의 필요성에 의하여 1990. 9. 5. 최고인민회의에서 ‘민법’을 제정하기에 이르렀다.

(2) 북한 민법의 제정 배경

북한은 구 소비에트의 붕괴를 시작으로 도미노처럼 번진 동유럽 사회주의 국가들의 붕괴 및 체제변경의 영향으로 야기된 체제내적 갈등을 해소하고자 1990년 9월 5일 민법을 제정하였다, 이는 이른바 ‘반동적·반혁명적 사상’의 침투를 방지하고자 하는 소위 ‘사상교양적 기능’을 기대함과 동시에 당면한 경제난을 타개하기 위하여 계획경제에 따른 국가적 통제를 더욱 강화하고자 하는 이른바 '조직동원적 기능'을 더욱 제고시키기 위한 고육지책이라 할 수 있다. 그 제정동기가 어떠하였든지, 일단 북한 민법은 법률주체 간의 등가적 보상관계를 규율하는 기본법으로서의 전형적인 면모를 갖추고 있는 바, 1990. 9. 5. 최고인민회의에서 '조선민주주의인민공화국 민법'을 공식명칭으로 하여 제정되었고, 동법은 사회주의법계의 민법으로서 그 규율대상이 되는 재산권을 소유권과 채권으로 이원화하고 있다.

(3) 북한 민법의 개정

1990년 9월 5일 최고인민회의 상설회의 결정 제4호로 제정된 북한 민법은 그간 3차례 개정되었다. 즉 북한 민법은, 1993년 9월 23일의 최고인민회의 상설회의 결정 제34호에 의한 1차 개정, 1999년 3월 24일 최고인민회의 상임위원회 정령 제540호에 의한 2차 개정, 최근인 2007년 3월 20일 최고인민회의 상임위원회 정령 제2162호에 의한 3차 개정 등 3차례의 개정이 있어왔다. 이러한 북한 민법의 3차례의 개정 중, 1차 개정은 총칙편(일반제도)과 관련한 개정이었고, 2차 개정은 제3편 채권편의 총칙과 각칙 모두에 걸쳐 폭넓게 이루어졌으며, 3차 개정은 물권편(소유권제도)과 관련한 개정이었다.

2. 북한 민법의 구성과 내용

북한 민법은 우리의 총칙편에 해당하는 '일반제도'(1조~36조), 물권편에 해당하는 '소유권제도'(37조~63조), 채권편에 해당하는 '채권채무제도'(64조~238조), 채권 및 총칙의 주요내용으로 다루어지는 '민사책임과 민사시효제도'(239조~271조)의 4개편 271개조로 구성되어 있다.

(1) 제1편 일반제도

북한 민법 제1편 '일반제도'는 우리의 민법총칙에 해당한다. 이에는, 민법의 기본원칙을 중심으로 하여 그 규제대상과 사명을 다루고 있는 제1장 '민법의 기본'(1조~10조), 권리주체로서 우리의 자연인에 해당하는 공민과 법인에 해당하는 기관·

기업소·단체를 다루고 있는 제2장 '민사법률관계의 당사자'(11조~23조), 법률행위의 의의·유효요건·무효와 취소·대리·부관으로서의 조건을 다루고 있는 제3장 '민사법률행위'(24조~36조)에 관하여 규정하고 있다.

(2) 제2편 소유권제도

제2편 '소유권제도'는 생산수단에 대한 개인소유권을 원칙적으로 인정하지 않음으로써 소유권 이외의 제한물권이 인정될 여지가 없다는 점에서, 이는 북한 민법에 있어서 물권제도의 단순성이 여실히 나타나고 있는 부분이다. 또한, 소유권에 있어서도 사회주의공공재산보호의 원칙에 입각해서 생산수단에 대한 국가적·집단적 소유형태(공유제)를 원칙으로 하고 개인에 대하여는 예외적으로 생활자료에 대한 소유만을 인정하고 있다. 이에 따라 제2편에서는 소유권의 종류·내용·보호 및 공동소유에 대하여 밝히고 있는 제1장 '일반규정'(37조~43조), 국가소유의 의미 및 국가소유권의 대상·주체·내용 등을 다루고 있는 제2장 '국가소유권'(44조~52조), 협동단체소유의 의미 및 협동단체소유권의 대상·주체·내용 등을 다루고 있는 제3장 '사회협동단체소유권'(53조~57조), 개인소유의 의미 및 개인소유권의 대상·주체·내용·상속 등을 다루고 있는 제4장 '개인소유권'(58조~63조)에 관하여 규정하고 있다.

(3) 제3편 채권채무제도

북한 민법 제3편 '채권채무제도'는 우리의 채권법에 해당하는 것으로서, 이 중 제1장(일반규정)에서 채권총론에 해당하는 것을 규정하고 있고(64조~100조), 제3편의 제2장 내지 제4장에서 계획에 기초하는 계약(101조~145조), 계획에 기초하지 않는 계약(146조~234조), 부당리득행위'(동법 235조~239조) 등을 각각 규정하고 있다.

(4) 제4편 민사책임과 민사시효제도

북한 민법 제4편 '민사책임과 민사시효제도'는 앞에서 살펴 본 3개편과 병렬적인 내용이라기보다는 보완·부연되는 내용이라고 할 수 있다. 즉, 민사책임은 주로 채무불이행책임과 불법행위책임에 관한 채권의 내용을 규정하고 있다. 민사시효는 북한민사관계의 단순화에 따라 취득시효가 인정될 여지가 없는 관계로 소멸시효만을 그 대상으로 규정하고 있다. 즉 제4편에서는 우리 민법과 같이 과실책임을 원칙으로 하고 무과실책임을 예외적으로 인정하는 입장에 따라 민사책임의 의의·모습·내용에 관하여 다루고 있는 제1장 '민사책임'(240조~258조), 시효의 의의·종류·적용·범위·중단과 정지·연장과 시효완성의 효과 및 우리 민법상 '기간'에 해당하는 규정인 시효기간의 계산 등을 다루고 있는 제2장 '민사시효'(259조~271조)에 관하여 규정하고 있다.

Ⅱ. 북한 민법의 기본원칙

1. 북한 민법의 기본원칙

사회주의 민법은 일반적으로 그 첫머리에 기본원칙을 선언하고 있는 데, 구(舊)소련 민법을 비롯하여 일반적으로 드는 사회주의 민법의 기본원칙으로서는 사회주의공공재산보호의 원칙·국가경제계획실현의 원칙·개인이익과 사회이익의 일치원칙·중앙집권제의 원칙·권리능력평등의 원칙 등을 들 수 있다.

북한 민법도 제1편 제1장 민법의 기본에서 위의 원칙들을 바탕으로 하는 기본원칙에 관하여 규정하고 있으며, 이를 중심으로 하여 살펴볼 때 그 내용은 다음과 같다.

(1) 생산수단에 대한 사회주의적 소유의 원칙

생산수단에 대한 소유제도의 차이에 의하여 국가의 기본적인 경제체제를 양분하는 전통적인 분류방법에 의하면, 생산수단의 개인소유(사유제)를 근본적으로 인정하는 경제체제를 자본주의라고 함에 반하여, 생산수단의 국가적, 집단적 소유형태(공유제)가 지배적인 경제체제는 사회주의라고 정의된다(Abraham Bergson, Productivity and The Social System－The USSR and the West, Cambridge mass : Harvard University Press, 1978, p.3). 그러므로 사회주의에 있어서의 민법도 사회주의 공공재산의 보호의 취지에서 생산수단에 대한 사회주의적 소유를 그 기본원칙으로 한다. 이 원칙은 구소련 민법 제5조와 북한 헌법 제20조에서 언급하고 있을 뿐만 아니라 북한 민법

제3조도 "생산수단에 대한 사회주의적 소유는 조선민주주의인민공화국의 경제적 기초이다."라고 하여 이 원칙을 밝히고 있다. 이와 같이 사회주의공공재산의 보호를 기본원칙으로 하는 북한 민법은 개인적 소유권의 보호를 기본원칙으로 하는 자본주의 민법과 근본적인 차이를 보여주고 있다. 이 원칙은 '사회주의공공재산보호의 원칙'이라고도 한다.

(2) 국가경제계획실현의 원칙

사회주의 경제체제에서는 원칙적으로 생산수단의 사유가 금지될 뿐만 아니라 '생산과 소비' 등의 경제활동도 중앙집권적 계획관리체제 하에 통제된다. 그러므로 모든 경제활동도 국가경제계획의 이행을 위한 기능분담에 지나지 않는다. 구소련 민법 제3조와 북한 헌법 제34조는 이러한 취지에서 위 원칙을 언급하고 있을 뿐만 아니라 북한 민법 제4조도 "계획적인 재산거래관계는 인민경제계획에 기초한 계획에 따라 이루어진다. 국가는 기관·기업소·단체들이 계획과제를 어김없이 수행할 수 있도록 재산거래관계를 맺고 실현하도록 한다."고 규정하여 이를 천명하고 있다. 이 원칙은 이 밖에 민법의 사명을 밝히고 있는 제1조와 제3조·제5조 등의 규정에서도 그 자취를 찾을 수 있다. 이 원칙 역시 사회주의 경제와 자본주의경제의 차이를 극명하게 보여주는 것으로서 이는 자본주의 민법에서 택하고 있는 사적 자치의 원칙과 근본적으로 대립되는 개념이라 할 수 있다. 이 원칙은 '중앙집권제의 원칙'이라고도 한다.

(3) 개인이익과 사회이익의 일치원칙

사회주의국가에서는 특히 개인의 이익이 국가·집단의 이익과 불가분의 관계를 가지므로, 국가·사회에 도움이 되지 못하는 개인의 이익은 부정되고 양자는 일치되어야 한다. 따라서 이 원칙을 '국가와 사회의 이익을 개인의 이익에 앞세우는 원칙'·'집단주의원칙'으로 표현하기도 한다. 이 원칙은 북한 헌법 제63조에서 '하나는 모두를 위하여, 모두는 하나를 위하여'라는 언급에서도 살펴볼 수 있다. 또 북한 민법 제8조의 "집단주의는 사회주의 생활의 기초이다. 국가는 기관·기업소·단체·공민들이 서로 협력하고 방조하는 집단주의 원칙에서 재산관계를 설정하고 실현하도록 한다."는 규정과 제9조의 "국가는 재산관계를 설정하고 실현하는데서 국가와 사회의 이익을 앞세우면서 개별적인 기관·기업소·단체·공민들의 이익을 철저히 보장하도록 한다."는 규정은 이 원칙을 천명하고 있다.

(4) 민사활동의 평등원칙

이는 민사활동에 있어서 각 주체들, 즉 당사자의 지위가 평등하여야 한다는 원칙이다. 북한 민법 제2조는 "조선민주주의 인민공화국 민법은 기관·기업소·단체·공민들 사이에 서로 같은 지위에서 이루어지는 재산 관계를 규제한다. 국가는 기관·기업소·단체·공민들에게 민사법률관계에서 당사자로서의 독자적인 지위를 보장한다."고 규정하여 이를 천명하고 있다. 이 원칙은 우리 민법을 비롯한 자본주의 민법에서의 '권리능력평등의 원칙'과 그 내용은 거의 같지만, 그 적용에 있어서 자본주의 민법에서는 가장 근간의 원칙이 되는데 반하여 사회주의 민법인 북한 민법에서는 어디까지나 앞에서 살펴본 기본원칙들의 전제 아래서만 지켜지는 것이라는 점이 서로 다르다고 할 수 있다.

2. 남북한 민법의 기본원칙의 비교

우리 민법이 개인주의사상에 기초를 둔 자본주의 민법으로서 생산수단에 대한 개인소유와 사적 자치를 근본이념으로 한다면, 북한 민법은 전체주의사상을 기반으로 한 사회주의 민법으로서 원칙적으로 위의 이념을 배척한다는 본질적인 차이를 노정하고 있다.

남북한 민법의 기본원리를 대비시켜보면, 첫째 사적 자치의 원칙과 국가경제계실현의 원칙, 개인소유권절대의 원칙과 사회주의공공재산보호의 원칙, 개인이익우선의 원칙과 단체이익우선의 원칙(사회이익과 개인이익일치의 원칙)이라는 현격한 차이점을 발견할 수 있다. 물론 민사활동의 평등원칙과 같이 우리 민법의 기본원칙과 유사한 것도 있기는 하나, 북한 민법의 기본원리에서는 개인의 존재와 그 의사는 어느덧 사라지고 항상 국가 또는 단체의 존재와 그 의사가 전체 인민의 이익을 위한다는 명분하에 모든 민사생활관계의 전면에 등장하고 있다고 결론지을 수 있다.

Ⅲ. 북한 민법의 권리주체와 자연인

1. 북한 민법의 권리주체와 자연인

이에 관하여 북한 민법은 제19조 내지 제23조에 걸쳐서 권리능력·행위능력·부재자의 법적 취급에 관하여 규정하고 있으며, 다음에서는 우리 민법과 견주어서 살펴본다.

(1) 권리능력

1) 권리능력의 시기와 종기

북한 민법 제19조는 권리능력평등의 원칙에 입각하여 "공민의 민사권리능력은 출생과 함께 생기며, 사망과 함께 없어진다."고 규정하고 있는바, 이는 우리 민법 제3조가 권리능력의 존속기간에 관하여 "사람은 생존한 동안 권리와 의무의 주체가 된다."고 하고 있는 것과 같은 의미이므로 이에 관하여서는 양자 사이에 차이가 없다.

2) 권리능력의 범위

우리는 사적 자치의 원칙상 권리능력의 범위에 원칙적으로 별다른 제한이 없으나, 북한의 경우는 개인의 의사 및 경제활동의 자유가 극히 제한되는 사회주의체제의 특성상 우리 민법상의 권리능력 범위와는 큰 차이가 있다. 즉, 북한에서의 권리능력은 소비수단(생활자료)에 대한 개인소유권과 법에 의하여 인정되는 거래관계에서 생기는 채권채무의 범위에 한하여 인정되는 것으로서, 우리 민법의 경우와는 큰 차이가 있다. 이 밖에 사회주의제도에 어긋나는 어떠한 불로소득도 인정하지 않음으로써 사회주의이념에 따른 제한이 또 다시 부가되고 있다.

(2) 행위능력

행위능력에 관하여 북한 민법은 우리 민법과 마찬가지로 행위능력에 관한 적극적인 규정을 두지 않고 행위제한능력자의 종류와 그 행위능력 여부를 규정함으로써 이에 관한 소극적인 규정을 두고 있다.

1) 제한능력자의 종류

우리 민법은 제한능력자에 관하여 만 19세 미만의 미성년자와 심신장애자로서의 피한정후견인 및 피성년후견인을 두고 있지만(2013년 7월 1일부터 개정 민법의 시행에 의하여 성년기를 만 20세에서 만 19세로 낮추고, 한정치산자와 금치산자는 피한정후견인과 피성년후견인으로 시행), 북한 민법은 공민의 성년기를 17세로 규정하고 있다(동법 20조).

이 밖에 북한가족법 제40조에서 후견대상자를 '미성년자' 이외에 '신체상 결함으로 행위능력을 가지지 못한 자'로 다루고 있으므로, 이와 같은 심신장애자도 우리의 경우와 마찬가지로 행위제한능력자로 다루어진다. 결국 북한 민법상 행위제한능력자는 '미성년자'와 '신체상 결함으로 행위능력을 가지치 못한 자'의 두 종류가 있다.

2) 제한능력자의 행위능력

북한 민법은 17세 미만의 미성년자를 다시 6세 미만의 절대적 행위제한능력자와 6세 이상 16세까지(17세 미만)의 불완전한(한정적) 행위능력자로 규정하고 있다(동법 20조 참조). 따라서 6세 미만의 자가 할 수 있는 법률행위는 전혀 없으나, 6세 이상의 자는 자체의 물질문화적 수요를 충족하기 위한 법률행위(예컨대 학용품·일용품과 같은 것을 사는 행위)만은 독자적으로 할 수 있다. 이 밖에 북한 민법은 16세를 노동능력연령으로 보아, 이에 달한 자는 노동보수의 범위 안에서 민사법률행위를 독자적으로 할 수 있다(동법 21조). 그러나 16세에 이른 미성년자가 위의 범위를 벗어나는 행위를 할 때에는 부모나 후견인의 동의를 얻어야 하며, 16세에 이르지 못한 자는 부모나 후견인을 통하여서만 법률행위를 할 수 있다.

(3) 부재자의 법적 취급

부재자에 관하여 우리 민법이 부재자재산관리제도와 실종선고제도를 두고 있는 것과 매우 유사한 것으로 북한 민법은 소재불명자선고제도와 사망선고제도를 두고 있다. 북한은 종래 휴전 뒤에도 계속해서 전시상태를 유지하는 데에 따른 군사상의 필요에 의하여 행방을 밝힐 수 없는 사람이 적지 않은 현실을 감안해서 위의 제도들을 매우 거추장스러운 것으로 다루었으나, 1990년의 민법 제정시 위

제도를 도입하였다.

1) 소재불명자선고

이는 우리 민법의 부재자재산관리제도의 취지와 유사한 것으로서, 일정한 절차에 따라 소재불명자로 인정되면 그 자에 대한 재산관리가 개시되는 제도이다. 이에 관하여 북한 민법 제22조 전단은 "마지막 소식이 있은 때로부터 2년이 지나도록 소식이 없는 공민에 대하여서는 이해관계자의 신청에 따라 공증기관이 소재불명자로 인정할 수 있다."고 규정하여 그 요건과 절차에 관하여 규정하고 있다. 다만, 여기서 소재불명자로 '인정'한다는 외미가 '추정'인지 아니면 '간주'인지에 관하여서는 의문이 있을 수 있다. 그러나, 동법 제23조가 "소재불명자 또는 사망자로 인정되었던 공민이 나타났거나 소식을 보내어 거처를 알려온 경우에 공증기관은 본인이나 이해관계자의 신청에 따라 해당한 인정을 취소한다."고 규정함으로써 소재불명자인정에 따르는 반대의 사실증거가 있다고 하더라도 반드시 공증기관에 의한 '취소' 절차를 거쳐야 하므로, 인정의 효과를 간주로 봄이 타당하다.

2) 사망선고

이는 우리 민법의 실종선고제도의 취지와 유사한 것으로서 일정한 절차에 따라 사망자로 인정되면 그 자의 배우자와의 혼인관계는 해소되고 그의 재산을 상속권자에게 승계시킬 필요성에 의하여 인정된 것으로 판단된다. 이에 관하여 북한 민법 제22조 후단은 "소재불명자로 인정된 후 1년, 소식이 없거나 마지막 소식이 있은 때로부터 3년, 생명의 위험을 준 사고가 있은 때로부터 1년이 지나도록 소식이 없는 공민에 대하여서는 앞항과 같은 절차에 따라 사망자와 같이 인정할 수 있다."고 규정하여 그 요건과 절차에 관하여 규정하고 있다. 여기서 사망인정의 효과가 무엇이냐에 관해서도 의문이 있을 수 있으나, 소재불명자선고에서와 같이 '간주'로 봄이 타당하다.

2. 남북한 민법의 권리주체와 자연인 및 공민의 비교

자연인(공민)에 관하여 구체적으로 비교해보면, 권리능력의 시기와 종기에 관하여서는 양자 사이에 출생과 사망을 각각 들고 있으므로 전혀 차이가 없다. 그러나, 제한능력자제도와 관련하여 우리 민법이 미성년자·피한정후견인·피성년후견인의 세 종류를 들고 있는데 비하여 북한의 경우는 미성년자와 신체상 결함으로 행위능력을 가지지 못하는 자의 두 종류만을 들고 있어서 피한정후견인(2013년 7월 1일 이전에는 한정치산자)이 존재하지 않는 것과 우리가 성년기를 19세(2013년 7월 1일 이전에는 20세)임에 비하여 북한은 17세로 하고 있는 것 등이 다르다. 또한, 부재자의 법적 취급에 관하여 우리 민법이 부재자재산관리제도와 실종선고제도를 두고 있음에 비하여, 북한 민법은 소재불명자인정제도와 사망인정제도를 각각 두고 있는 바, 이들 제도 사이에 그 요건과 절차에는 다소 차이가 있으나 제도의 취지 자체는 서로 유사하다.

Ⅳ. 북한 민법의 권리주체와 법인

1. 북한 민법의 권리주체와 법인

이에 관하여 북한 민법은 제11조 내지 제18조에 걸쳐 법인의 설립·권리능력·기관·소멸 등에 관하여 규정하고 있으며, 다음에서는 우리 민법과 견주어서 살펴본다.

(1) 법인의 의의와 종류

북한 민법상 법인이라 함은 '민사법률관계의 당사자인 기관·기업소·단체'(동법 11조 참조), 즉 권리능력을 가진 기관·기업소·단체를 일컫는다. 이들은 각각 국가적 법인·협동단체법인·사회단체법인의 세 종류로 나누어진다.

여기서 국가적 법인은 국가 이외에 독립적인 경비예산을 가진 국가기관·독립채산제로 운영하는 국영기업소 등을, 협동단체법인은 협동농장·협동조합 등을, 사회단체법인에는 협회·동맹 등을 각각 들 수 있다(최달곤, "북한 민법의 구조와 내용", 북한법률행정논총 제5집, 고려대학교 법학연구소, 1982, 66면 참조).

(2) 법인의 성격

북한 민법상 법인의 특징으로는 다음의 두 가지를 들 수 있다.

첫째, 특수법인의 성격을 갖는다. 즉, 북한의 법인은 사적 자치의 부인에 따라 사법인이 인정될 여지는 전혀 없으므로 우리의 법인과 그 성격이 다르며, 모두 국가의 필요에 의하여 만들어진 특수법인으로서의 지위를 갖는다.

둘째, 사단법인과 재단법인의 성격을 모두 구비하고 있다. 즉, 북한에서의 법인은 일정한 조직기반과 재산기반의 양자를 모두 갖추게 하고 있으므로, 사단법인과 재단법인의 성격을 모두 갖추고 있다.

(3) 법인의 설립

법인이 권리능력을 취득하는 것에 관하여 북한 민법 제12조는 "기관·기업소·단체는 해당 국가기관에 등록된 때로부터 민사상 권리를 가지거나 의무를 질 수 있는 민사권리능력과 그것을 자신이 직접 실현할 수 있는 민사행위능력을 가진다."고 규정하고 있다. 따라서 북한 민법은 법인의 설립에 관하여 우리 민법이 주무관청의 허가와 설립등기를 요하는 것과 유사한 형식을 취하고 있다고 할 수 있다.

(4) 법인의 권리능력

우리 민법은 법인의 권리능력에 관하여 성질·목적·법률에 따라 각각 제한됨을 밝히고 있는바, 이는 북한 민법의 경우에서도 거의 같다, 즉, 북한 민법 제13조는 "기관·기업소·단체는 자기의 본신 임무에 맞는 범위 안에서 민사권리능력을 가진다."고 규정하여 법인은 자기 임무와 과제, 즉 목적의 범위를 벗어나지 않는 범위 안에서 권리능력을 향유함을 밝히고 있다.

그러나 북한에서의 법인은 국가의 계획과제 수행의 일환으로서 이루어지는 것이므로, 우리의 경우와는 달리 사적 단체로서의 자율적 법인은 인정될 여지가 없다. 이는 북한 민법 제13조 후단의 "기관·기업소·단체는 자기의 본신 임무를 해당 국가기관에 등록한 다음에는 그것을 마음대로 변경할 수 없다."는 규정에서도 잘 살펴볼 수 있다. 따라서 북한 민법상 법인의 성격을 앞에서 든 두 가지 이외에 제13조를 근거로 '타율적 법인'이라는 성격을 추가해도 무방할 것이다.

(5) 법인의 기관과 책임

자연인에 있어서 두뇌·수족과 같은 존재를 법인의 기관이라고 하는 바, 우리 민법과는 달리 북한 민법은 대표기관으로서의 대표자와 청산인에 관하여서만 명문규정을 두고 있다. 즉 북한 민법 제14조·제16조는 "기관·기업소·단체의 관리책임자는 그 기관·기업소·단체의 대표자이다. 기관·기업소·단체는 자기의 대표자나 대표자가 위임하는 대리인을 통하여 민사법률행위를 한다.", "기관·기업소·단체가 폐지되거나 그 자신이 해산을 결정한 경우에 그가 가지고 있던 채권·채무는 해당 임무를 위임받은 청산인이 처리한다."고 각각 규정함으로써 대표자와 청산인이 대내적으로 법인의 사무를 집행하고 대외적으로 법인을 대표하는 기관임을 밝히고 있다.

또한 북한 민법 제15조는 "기관·기업소·단체는 자기가 관리하고 있거나 소유하고 있는 재산으로 자기 자신이 민사책임을 진다."고 규정하고 있으며, 이는 관리책임자인 법인의 대표자가 규약에서 정해진 자기의 직무범위 안에서 행한 행위에 대하여 법인이 책임을 부담함을 밝히고 있는 것이다.

(6) 법인의 소멸

이는 법인이 권리능력을 상실하는 것으로서, 이에 관하여 북한 민법 제17조는 "기관·기업소·단체의 민사권리능력과 민사행위능력은 기관·기업소·단체의 폐지 또는 해산이 해당 국가기관에 등록된 때에 없어진다."고 규정하고 있다. 따라서 북한 민법은 우리 민법이 이에 관하여 청산종결의 신고와 등기를 요하도록 하는 것과 유사한 형식을 취하고 있다고 할 수 있다.

2. 남북한 민법의 법인제도 비교

법인에 관하여 구체적으로 비교해보면, 우리의 경우 그 종류를 국내법인은 공법인·사법인·특수법인으로 나누고 사법인은 다시 사단법인과 재단법인으로 나누고 있으나, 북한의 경우 사적 자치의 부인에 따라 사법인이 인정될 여지는 전혀 없고 모두 국가의 필요에 의하여 만들어진 특수법인으로서의 성격을 가짐과 동시에 일정과 조직기반과 재산기반을 갖추도록 하고 있으므로 사단법인과 재단법인의 성격을 모두 갖추고 있다.

그리고 법인의 설립과 소멸에 관하여 우리가 각각 주무관청의 허가(신고)와 등기를 요하고 있는 데 비하여, 북한의 경우는 해당 국가기관에 등록을 요하도록 하고 있으므로, 이는 양자가 서로 유사한 점이라고 할 수 있다. 또 법인의 기관에 관하여 우리의 경우 이사·감사·사원총회 등을 기본으로 하고 있으나, 북한의 경우는 타율적 법인의 성격으로 인하여 사원총회가 인정될 여지가 없으며 대표기관으로서의 대표자와 청산인만을 두고 있다.

Ⅴ. 북한 민법의 법률행위 일반

1. 북한 민법의 법률행위의 개념과 법률행위자유의 원칙

(1) 북한 민법의 법률행위의 개념

북한 민법은 "민사법률관계의 설정·변경·소멸을 목적으로 하는 법률행위"를 민사법률행위라고 규정하여 법률행위를 명문으로 개념화하고 있다(동법 24조). 이에 따라 종래 북한의 민법이론도 민사법률행위를 민사상 권리와 의무를 발생, 변경, 소멸시킬 것을 목적으로 하고 그러한 법적효과를 발생시키는 행위로 이해하고 있으며, 이러한 정의는 외형상 우리 민법상 이에 관한 통설적 견해와 그 맥락을 같이 한다고 할 수 있다.

그러나 북한은 민사법률행위는 기관, 기업소, 단체 등 당사자로 하여금 인민경제계획을 비롯하여 자기 앞에 나선 과업을 성과적으로 수행하도록 하며, 공민들의 물질문화적 수요를 충족시키기 위하여 수행되게 됨을 강조하고 있다(법원행정처, 북한의 민사법, 2007, 231면). 따라서 북한 민법은 법률행위의 개념은 외형상 우리와 비슷하지만, 실제에 있어서는 우리와 달리 정치이념과 통치계급의 의지를 반영하고 있어서 북한의 민법을 공법으로서의 성격을 띠게 하는 것으로 평가된다.

또한 우리 민법과 달리 북한 민법이 '법률행위'의 모두(冒頭)에 '민사'라고 언급하는 것은, '민사상의 법률행위'를 '다른 법률상의 법률행위'(예컨대 상행위, 행정행위,

소송행위 등)와 구별하고 위 내용을 보다 구체적으로 밝히고 있다는 점에서 수용가능성을 검토할 가치가 있다고 판단된다.

(2) 법률행위자유의 원칙

자본주의사회에 있어서 시장을 중심으로 한 사적 거래는 개인의 창의에 따라 자유롭게 법률행위를 하여 법률관계를 맺고 국가는 사회·공공의 이익을 침해하지 않는 한 이에 간섭하지 않는 것이 원칙이다. 이에 따라 우리 민법은 법률행위자유의 원칙(사적 자치의 원칙)을 법률행위를 지배하는 지도원리로 구성하고 있다(동법 105조, 211조, 750조).

그러나 법률행위자유의 원칙에 대하여 종래 북한의 민법이론은, 돈이 모든 것을 지배하는 자본주의사회에서의 자유는 자본가·지주들을 위한 자유이며 근로자를 비롯한 인민대중에게는 법률행위의 자유가 인정되지 않는다고 비판하고 있다. 이에 따라 북한의 민법이론은 계약자유의 원칙은 계약체결의 자유·계약상대방선택의 자유·계약내용결정의 자유·계약방식의 자유 등을 포함하고 있으나, 착취와 압박·경제적 불평등이 지배하는 자본주의사회에서 위의 자유는 오직 돈 있는 자본가들만을 위한 것에 불과하다고 이해하고 있다(사회과학원 법학연구소 편, 민사법사전, 사회안전부출판사, 1997, 128면). 또한 법률행위의 중심을 이루는 계약과 관련해서 '계약은 지켜야 한다는 원칙'을 비판하면서 이는 일단 체결된 계약은 어김없이 지켜 집행해야 한다는 자본주의 민법상 용어로서, 이는 본질에 있어서 지주·자본가들에게 근로자들을 무조건 복종시켜 자기들의 착취관계를 유지·공고화하려는 반동적이며 반인민적인 구호에 불과하다고 비판한다(사회과학원 법학연구소 편, 앞의 책, 130면). 결국 북한 민법이론이 법률행위자유의 원칙을 부정하는 것은 사적 자치의 원칙, 사적 소유가 착취계급이 다른 사람에게 돌아가야 할 이익을 착취하게 되므로, 착취를 근절시키기 위하여서는 착취가능성 있는 재산인 생산수간에 대하여는 개인소유권을 부정하고 국가경제계획실현의 원칙에 의하여 이를 실현하다는 것과 같은 맥락이다.

이와 같이 북한 민법은 법률행위자유의 원칙을 부정하는데 이는 생산수단에 대한 사소유권을 부정하는 사회주의적 소유권절대의 원칙과 국가경제계획실현의 원칙에 의하여 뒷받침된다. 결국 북한 민법이론이 법률행위자유의 원칙을 부정하는 것은 사적 자치의 원칙, 사적 소유가 착취계급이 다른 사람에게 돌아가야 할 이익을 착취하게 되므로, 착취를 근절시키기 위하여서는 착취가능성 있는 재산인 생산수간에 대하여는 개인소유권을 부정하고 국가경제계획실현의 원칙에 의하여 이를 실현하다는 것과 같은 맥락이다.

여기서 북한 민법의 국가경제계획실현의 원칙은 사회주의 경제와 자본주의경제와의 차이를 극명하게 보여주는 것으로서 '절약규율보장의 원칙', '채무의 현실적 이행의 원칙', '동지적 협력과 방조의 원칙' 등의 파생원리로 나타나고 있다. 이와 관련해서 북한 민법 제9조는 "국가는 재산관계를 설정하고 실현하는데서 국가와 사회의 이익을 앞세우면서 개별적인 기관·기업소·단체·공민들의 이익을 철저히 보장하도록 한다."는 규정하여 계약 등의 민사관계에서 개인이익과 사회이익의 일치원칙을 밝히고 있다. 이 원칙은 '집단주의원칙'의 반영으로서, '국가와 사회의 이익을 개인의 이익에 앞세우는 원칙'으로 표현하기도 하며, 당사자들이 채무를 이행함에 있어서 사회주의재산을 특별히 보호하고 채무를 절약하여 이행하여야 한다는 점에서 '절약규율보장의 원칙'으로 이해한다(사회과학원 법학연구소, 앞의 책, 141~142면). 또 북한 민법의 제8조 제2항은 "국가는 기관, 기업소, 단체와 공민이 서로 협력하고 방조하는 집단주의원칙에서 재산관계를 설정하고 실현하도록 한다."고 규정하고 있으며, 이는 법률행위 내용의 이행에 있어서 행위자는 주어진 여건 하에서 모든 협력과 방조를 다하여야 한다는 취지에서 '동지적 협력과 방조의 원칙'으로 이해할 수 있다(이종복, "북한 채권법의 개관 : 1973년 심의용 민법(1)을 중심으로", 사법관계와 자율, 이종복교수논문집간행위원회, 1993, 178~179면).

위 북한 민법의 원칙들은 계약 등의 민사관계에서 우리 민법이 취하는 법률행위자유의 원칙(사적 자치의 원칙)과 근본적으로 대립되는 것으로, 우리 민법이 북한 민법을 수용함에 있어서 한계를 보여주는 것이다.

2. 북한 민법의 법률행위의 효력요건

법률행위의 효력요건에 대하여 종래 북한의 민법이론은 "민사상 권리·의무의 변동(발생, 변경, 소멸)을 목적으로 하는 행위가 법적 효과가 있는 것으로 되기 위한 요건"으로 이해하면서 민사법률행위에 법적효과가 부여되기 위해서는 당사자, 내용(목적), 의사표시와 형식에 따른 각각의 다음 4가지의 요건을 갖추어야 하는 것으로 이해하고 있다(사회과학원 법학연구소 편, 앞의 책, 233면).

첫째, 민사법률행위의 내용이 법에 어긋나지 말아야 하며, 여기서 사회주의 법과 사회주의적 생활규범은 모든 당사자(기관, 기업소, 단체와 공민)들이 높은 정치적 자각을 가지고 의무적으로 지켜야 할 행동준칙이다.

둘째, 민사법률행위는 법이 요구하는 형식을 갖추어야 하며, 민사법률행위는 말로 할 수도 있고 서면으로 할 수도 있으나 이 요구를 지키지 않은 민사법률행위는 유효한 것으로 되지 못한다.

셋째, 민사법률행위의 당사자가 공민일 때에는 그가 독자적으로 법률행위를 할 수 있는 능력의 소유자라야 하며, 민사법률행위의 당사자가 행위제한능력자일 때 그의 행위는 당연히 무효한 것으로 인정된다.

넷째, 민사법률행위자의 의사표시가 그의 일정한 의사를 반영한 것이라야 하며, 법률행위자의 의사표시가 그의 진정한 의사를 반영하지 못하는 경우에 있어서까지 그에 따르는 법적효과가 무조건 일어나게 한다면 이것은 법률행위제도의 취지에 부합되지 않는 것으로 된다.

3. 북한 법률행위의 효력요건의 특징

위에서 살펴본 법률행위의 유효요건 중 당사자, 내용(목적), 의사표시는 일반유효요건으로 이해할 수 있고, 특별한 형식을 요구하는 것은 특별유효요건으로 이해할 수 있다는 점에서 남북한 법률행위의 유효요건은 외형상 별다른 차이점이 없는 것으로 보인다.

그러나 위의 요건 중 법률행위의 내용과 관련하여 북한의 민법이론은 사회주의 법과 사회주의적 생활규범에 따른 정치이념을 강조하고 있다는 점에서, 적법성과 사회적 타당성의 개념을 우리와 달리 이해하게 된다. 또 법률행위의 내용의 해석과 관련하여 위 북한의 민법이론은 "모든 근로자들에게 위법행위는 크건 작건 국가와 인민 앞에 죄를 짓는 것으로 되고 혁명과 건설에 해독을 끼치는 것으로 된다는 것을 옳게 인식시킴으로써 법을 어기지 말고 성실히 지키도록"하는 것으로 이해하고 있다(사회과학원 법학연구소 편, 앞의 책, 233면).

따라서 이는 적법성과 사회적 타당성에 위반한 법률행위로 인한 이행의 반환청구 여부 등의 법적 취급에 있어서도 남북한 법률행위의 평가를 달리하게 되는 근거가 된다.

이 밖에 북한 민법은 특별한 형식을 요구하는 법률행위와 관련하여, '부동산거래'를 내용으로 하는 계약은 서면으로 맺고 공증을 받아야 효력을 가지도록 규정하고 있으므로(동법 94조), 서면주의 및 공증을 요하지 않는 우리 민법과 차이를 보이고 있다. 이 중 공증과 관련해서 북한의 공증법은 '공증'에 대하여 법률적 의의를 가지는 사실과 문서를 정확히 확인하여 기관, 기업소, 단체와 공민의 민사상 권리와 리익을 보호하고 민사거래의 안전성을 보장하는데 이바지하는 국가적 활동으로 이해하고 있고(동법 1조), 재산소유권과 관련한 인증, 계약과 관련한 인증, 법인 및 위탁, 대리와 관련한 인증, 채권채무, 손해보상과 관련한 인증 등 부동산거래를 비롯한 법률행위와 관련한 것을 공증의 인증대상에 포함시키고 있다(동법 9조). 이러한 북한 민법의 태도와 관련해서는 우리 민법의 매매계약·임대차계약에 대응하여 북한 민법이 전형계약으로 다루는 팔고사기계약·빌리기계약에 대하여 위 요식행위가 실제 적용되는 것인가를 검토할 필요가 있다. 이와 관련해서 북한 민법은 공민은 부동산을 빌리기계약의 대상으로 할 수 없도록 하고 있다.

또 북한 민법은 개인 사이에 토지 역시도 거래의 대상이 될 수 없도록 하고 있으므로, 서면주의·공증을 통한 요식행위로 다루어지는 부동산거래는 결국 개인소유권이 인정되는 살림집을 대상으로 한 팔고사기계약이라는 제한된 범위에 국한되는 것으로 평가할 수 있다.

Ⅵ. 북한 민법의 의사표시

1. 의사표시의 개념과 그 모습

의사표시에 관하여 종래 북한의 민법이론은 우리와 마찬가지로 의사표시를 법률행위의 필수불가결의 요소로 파악하고 있으나, 국가의 법이나 사회주의적 생활규범에 맞는 의사표시만이 민사법률행위를 성립시키는 것으로 이해하여 정치이념을 강조하고 있다. 즉 북한의 민법이론은, "일정한 법적효과의 발생, 변경, 소멸을 바라고 그 의사를 외부에 표현하는 행위"로 이해하면서 "사람은 자주성 창조성과 함께 의식성을 본질적 속성으로 하는 사회적 존재로써 자주적인 요구와 리해관계를 실현하기 위한 활동을 하려고 할 때에는 실천활동에 앞서 그것을 미리 계획하고 행동 목적과 방향을 세우게 됨"을 강조하고 있다(사회과학원 법학연구소 편, 앞의 책, 801~802면).

법률행위의 불가결의 요소인 의사표시의 구체적인 모습에 대하여 북한 민법은 우리 민법과 마찬가지로 계약의 청약(제의)과 승낙을 규정하고 있다. 북한 민법 제90조 제1항은 "계약은 한편 당사자의 제의와 상대편 당사자의 승낙에 의하여 이루어진다."고 규정하고 있다.

먼저 계약요청의 의사표시인 '제의'에 대하여 북한 민법은 제90조 제2항에서 "제의를 한 당사자는 상대방이 그 제의를 접수한 때로부터 해당 제의를 일방적으로 취소할 수 없다."고 규정하여 우리 민법(527조)의 '청약의 구속력'에 상응하는 규정을 두고 있으나, 우리 민법(528조~529조)이 규정하는 승낙기간을 정한 계약의 청약·승낙기간을 정하지 아니한 계약의 청약 등의 규정을 별도로 두고 있지 않은 점에서 차이를 보이고 있다. 그러나 종래 북한 민법이론은 '제의'에 대하여 승낙과 함께 계약을 성립시키는 일방적 의사표시로서 제의에 대하여 상대방이 승낙하면 계약이 성립하며, 제의에 대하여 상대방이 다른 내용으로 승낙하는 것은 새로운 제의(청약)로 인정된다고 하여 우리 민법의 태도(동법 534조)와 마찬가지의 해석을 도모하고 있다(사회과학원 법학연구소 편, 앞의 책, 613면).

또한 계약요청의 의사표시인 '제의'에 대응하여 계약성립에 동의하는 의사표시인 '승낙'과 관련하여 북한 민법(90조 1항)은 "계약은 한편 당사자의 제의와 상대편 당사자의 승낙에 의하여 이루어진다."는 규정을 통하여 '승낙'이 계약성립의 필수요소라는 지위를 명문으로 인정하고 있으나, 우리 민법(531조, 534조)이 규정하는 연착된 승낙의 효력과 새로운 청약 인정·변경을 가한 승낙과 새로운 청약 간주

등의 규정을 두고 있지 않은 점에서 차이가 있다. 그러나 종래 북한의 민법이론은 '제의'에 대하여 일정한 조건을 붙이거나 변경을 가하면서 '승낙'을 하는 것은 상대방이 한 제의를 거절하고 새로운 제의를 한 것으로 본다고 이해함으로써 위의 '제의'와 상응하게 우리 민법의 태도(동법 534조)와 마찬가지의 해석을 도모하고 있다.

2. 비정상적인 의사표시와 법적 취급

북한 민법은 표시된 의사가 의사표시자의 속마음과 일치하지 않는 것을 우리 민법과 마찬가지로 '의사의 흠결'로 이해하면서, 이를 다시 의사표시자가 그 불일치를 알고 있는 경우인 허위적으로 하는 행위와 불일치를 알지 못하는 경우로서 본질적인 내용에 대하여 착오를 범한 민사법률행위로 나누면서, 앞 것은 무효원인으로, 뒤의 것은 본질적 착오에 한하여 취소원인으로 규정하고 있다(동법 26조, 28조). 북한의 민법이론은 착오에 대해서 "공화국 민법은 착오를 범한 당사자의 리익과 함께 거래의 안전성과 그에 참가하는 제3자들의 리익을 고려하여 착오일반이 아니라 오직 본질적 착오에 대해서만 법률행위를 취소할 수 있는 근거로 인정한다."고 있다(사회과학원 법학연구소 편, 앞의 책, 239면).

따라서 북한 민법의 위 태도는 우리 민법(107조 1항 단서, 108조 1항)이 앞 것은 무효원인인 허위표시(진의아닌 의사표시, 통정허위표시)로 이해하고 있고 뒤의 것은 중요부분의 착오를 전제로 취소원인으로 규정하는 것과 비슷하다. 그러나 북한 민법은 단독허위표시인 진의아닌 의사표시를 원칙적으로 유효한 것으로 다루는 별도의 규정이 없고, 표의자의 중대한 과실로 인한 착오는 취소할 수 없도록 하는 취소권행사의 제한 규정도 없다. 뿐만 아니라 북한 민법의 의사표시 관련 규정에는 위의 차이점 이외에 우리와 달리 선의의 제3자를 보호하는 규정을 두고 있지 않은 점 등에서 우리 민법과 차이를 보이고 있으며, 이는 실제 민사관계에서 거래의 단순성을 반영하는 것으로 평가할 수 있다.

또 북한 민법은 '의사의 흠결' 이외의 결함 있는 의사표시로 '속히워서 한 민사법률행위'와 '강요로 하여 본의 아니게 한 민사법률행위'를 취소원인으로 규정하고 있다(동법 28조). 이 중 북한의 민법이론은 '속히워서 한 민사법률행위'에 대하여

"우리나라 사회주의 제도 하에서는 이러한 사기행위가 생겨난 사회경제적 조건이 없으나 낡은 시장 잔재를 청산하지 못한 뒤떨어진 사람들 속에서 간혹 나타난다. 속히워서 한 민사법률행위는 그 법적 효과를 당사자가 바라는 것이 아닌 것인 만큼 그의 진정한 의사를 반영한 것이 되지 못한다. 그러므로 속히워서 한 법률행위는 취소할 수 있다. 속히운 자는 행위를 한 후 속히웠다는 것을 알았거나 응당 알았어야 할 때로부터 2개월 안에 행위를 취소할 수 있으며 취소하면 그 법률행위는 처음부터 무효한 것으로 된다. 법률행위가 이미 리행되었을 경우에 속히운 당사자는 자기가 리행한 것을 도로 반환받을 수 있다."고 이해하고 있다(사회과학원 법학연구소 편, 앞의 책, 401면).

따라서 북한 민법의 위 태도는 우리 민법(110조 1항)이 사기, 강박에 의한 의사표시를 취소할 수 있는 법률행위로 취급하는 것에 유사하나, 의사의 흠결에서와 마찬가지로 선의의 제3자를 보호하는 규정을 두고 있지 않고, 제3자가 사기, 강박한 경우에 상대방이 악의 또는 유과실인 경우에만 취소할 수 있도록 하는 상대방의 지위를 고려하는 규정을 두고 있지 않는 점에서 우리 민법(110조 2항, 3항)과 차이를 보이고 있다.

Ⅶ. 북한 민법의 법률행위의 대리

1. 북한 민법의 대리 관련 규정

대리에 관하여 종래 북한의 민법이론은, 다른 사람의 이름으로 행위를 하고 그 행위의 법적효과가 그 사람 앞으로 발생하게 하는 법적제도로서, 대리행위를 직접 행위를 하는 대리인, 대리의 도움을 받는 본인, 제3자의 세 당사자를 기초로 하는 법률행위로 이해하고 있다. 또 북한의 민법이론도 대리와 구별개념을 강조하고 있다. 즉 북한의 민법이론은 대리는 대리인이 대리의 도움을 받는 본인의 이름으로 행위를 하며 따라서 행위의 효과가 본인 앞으로 발생한다는 점에서 자기의 이름으로 행위를 하는 위탁과 구별되며, 대리인은 본인의 의사표시를 기계적으로 전달하는 것이 아니라 본인을 대신하여 자기의 의사표시로써 법률행위를 수행한다는 점에서 심부름꾼과 구별된다는 점을 강조하고 있다(사회과학원 법학연구소 편, 앞의 책, 172~173면).

북한 민법은 대리와 관련해서 제1편 제3장(민사법률행위 : 24조~36조)에서 대리의 내용(31조)·대리의 종류와 대리인의 능력(32조)·대리행위의 방식과 대리의 효과 능력(33조)·위임대리와 위임의 방식(34조)·대리인의 의무와 그 책임(35조)·대리권의 소멸(35조) 등으로 나누어 규정하여 있으며, 위 대리 관련 규정은 우리 민법(114조~136조)에 비해서는 단순하나 북한의 법률행위 규정 중에서는 가장 큰 비중을 차지하고 있다(동법 31조~36조). 또 북한의 손해보상법도 "손해보상청구권자는 대리인을 통하여 행사할 수 있다. 행위제한능력자의 손해보상청구권은 부모나 후견인이 행사한다."고 규정하여 '대리인의 손해보상청구권'을 인정하는 별도의 명문규정을 두고 있다(동법 11조).

위에서 살펴본 바와 같이 대리의 취지와 3면관계의 이해는 북한 민법도 우리와 유사하나, 북한 민법은 대리권의 발생원인과 대리의 종류, 대리인의 의무와 그 능력, 복대리, 무권대리 등과 관련해서 우리 민법과 차이를 보이고 있다.

2. 대리의 종류와 대리권

(1) 대리의 종류와 대리권의 발생원인

북한 민법은, 대리를 법에 의하여 하는 법정대리와 위임에 의하여 하는 위임대리로 나누어 규정하여(동법 32조 전단), 임의대리와 법정대리로 분류하는 우리 민법과 차이를 보이고 있다.

여기서 북한 민법의 법정대리는 주로 가족법상의 대리(예컨대 미성년자·심신장애자에 대한 부모·후견인의 대리)로서 북한 민법은 만 17세를 성년기로 규정하고 있으므로(동법 20조 1항) 부모는 17세에 이르지 못한 미성년자녀의 재산행위에 친권자로서 법정대리인이 된다(동법 21조, 32조). 또 북한 민법은, 제한적 행위능력자인 만 16세에 이른 미성년자녀가 자기가 받은 노동보수(임금)의 범위 밖에서 재산행위를 함에 있어서도 부모가 법정대리인이 되도록 규정하고 있다(동법 20조 3항, 32조). 또 북한 가족법은, 성년자녀 중 '신체상 결함으로 행위능력을 가지지 못한 자'인 성년자녀에 대하여서도 그 배우자가 없는 경우에는 부모가 후견인이 될 수 있도록 규정하고 있으므로(북한 가족법 41조 2항), 부모가 후견인이 된 경우는 피후견인인 위 자녀의 법정대리인이 된다(동법 43조).

또한 북한 민법의 위임대리는 '위임에 의한 대리'에 해당하는 것으로서, 이는 얼핏 보기에 위임 이외의 임의대리를 인정하지 않는다는 점에서 북한 민법의 단순성을 보여 주는 것으로 평가할 수 있다.

그러나 북한 민법의 위임대리의 해석과 관련해서 종래 북한의 민법이론은 위임대리에 대하여 "위임대리에서 위임은 위임계약관계나 로동법률관계에 기초하여 진행된다."고 함으로써 위임대리권의 발생기초를 반드시 위임계약에 한하지 않고 그 밖의 노동법률관계를 포함하고 있다. 여기서 북한 민법상 노동법률관계로서는 위임계약 이외의 작업봉사계약(157조), 보관계약(167조), 위탁계약(186조), 여객운송계약(193조) 등도 노동력을 제공하는 것을 내용으로 하는 법률관계로 들 수 있으므로, 북한 민법의 위임대리를 해석상 우리 민법의 임의대리로 유추해석할 수 있을 것으로 판단된다.

(2) 대리권의 범위와 소멸

북한 민법은, 대리의 위임방식과 대리권의 범위에 관해서 "공민이 대리를 말로 위임하는 경우에는 그 사실과 대리권의 범위를 상대방에게 알려주어야 하고, 기관·기업소·단체는 서면으로만 대리를 위임할 수 있으며, 대리를 위임하는 위임장이나 신임장에는 대리권의 범위를 명백히 밝혀야 한다."고 규정하고 있다(동법 34조). 따라서 북한 민법은 우리 민법의 법인에 해당하는 기관·기업소·단체가 하는 수권행위에 대해서 서면주의를 요하는 요식행위로 다루고 있는 점과 위임의 방식을 구두·서면 중 어느 것으로 하거나 본인이 상대방이나 위임장에 대리권의 범위를 명백히 알리도록 강제하는 점 등에서 이를 요하지 않는 우리 민법과 차이를 보이고 있다.

또한 북한 민법은, 대리권의 소멸에 관해서 "대리권은 본인이나 대리인이 사망한 경우 또는 대리인이 민사행위능력을 잃은 경우에 없어진다. 위임에 대한 대리권은 본인의 대리의 위임을 취소하였거나 대리인이 그 위임을 거절한 경우에도 없어진다.”고 규정하고 있다. 따라서 북한 민법이 본인·대리인이 사망, 대리인의 행위능력상실을 대리권의 공통된 소멸사유로 하는 점과 본인의 위임취소와 대리인의 위임거절을 위임대리의 특유한 소멸사유로 다루는 것은 우리 민법(127조, 128조)과 유사하나, ‘대리인의 파산’을 소멸사유로 다루지 않은 것은 남북한 대리제도의 차이점이라 할 수 있다. 이는 종래 북한의 민법이론이 ‘파산’에 대하여 자본주의 경제제도를 보호하고 채권자들의 이익을 철저히 보장하기 위한 것으로 이해하는 비판적 시각과 맥락을 같이 하는 것으로 이해할 수 있으며, 또 다른 측면에서는 북한 민법과 재산관계의 단순성을 반영하는 것으로 평가할 수 있다. 다만 북한은 “외국인투자기업에 대한 파산사업에서 제도와 질서를 엄격히 세워 그 채권채무를 정확히 청산하는데 이바지한다.”는 목적으로 2000년 4월 19일 최고인민회의 상임위원회 정령 제1504호로 ‘조선민주주의인민공화국 외국인투자기업파산법’을 채택하였다. 동법에 의하면 “채무를 정한 기간 안에 상환하지 못하거나 기업의 채무가 자기 재산을 초과하거나 엄중한 손실로 기업을 더 유지할 수 없거나 일반 절차로 기업을 해산할 수 없을 경우에는 기업을 파산”시킬 수 있으나, 이는 북한에서 법인으로 등록하고 기업활동을 하는 외국인투자기업에 적용된다(동법 2조, 3조).

또 북한 민법은 위임대리권의 소멸과 관련하여 “말로 한 대리의 위임을 취소한 경우에는 그 사실을 상대방에 알려주어야 한다.”는 규정을 두어(동법 36조) 이를 명문화하지 않고 있는 우리 민법과 차이를 보이고 있다. 이는 위임대리에게 본인이 위임을 철회하면 그 사실을 상대방에게 통지하도록 강제함으로써 거래의 안전을 도모하고자 하는 취지로서, 우리 민법에의 수용을 긍정적으로 검토할 필요가 있다고 판단된다.

3. 대리행위

(1) 대리의사의 표시

북한 민법은 대리행위 및 현명주의와 관련해서 ‘대리인은 대리의 도움을 받는 본인의 이름으로 민사법률행위를 하며’라고 규정함으로써(동법 33조) 우리 민법과 같이 대리인에게 대리의사를 표시하도록 하고 있어서, 이에 관하여는 남북한 사이에 차이가 없다.

(2) 대리인의 의무와 책임

북한 민법은 대리권의 의무와 관련하여 “대리인은 대리행위를 대리권의 범위 안에서 성실하게 하여야 한다.”고 규정하여 대리인의 성실의무를 강제하고 있다(동법 35조 1항). 이는 대리인이 일반인으로서의 선관주의의무, 충실의무를 부담한다는 점을 고려하여 둔 규정으로 평가할 수 있으며, 이에 대한 별도의 명문규정을 두고 있지 않은 우리 민법과 차이를 보이고 있다. 또 북한 민법은 “대리행위를 불성실하게 하여 생긴 손해에 대하여서는 대리인 자신이 책임을 진다.”고 규정하여 대리인의 성실의무위반으로 인한 효과에 대한 대리인의 손해배상책임의 부담근거와 그 책임이 원칙적으로 본인에게 귀속되지 않는다고 규정하고 있다(동법 35조 2항). 이는 선관주의위반을 한 자에 대하여 채무불이행책임 내지 불법행위책임을 부담시키는 우리 민법(390조, 750조)의 해석론과도 큰 차이가 없으나, 위 경우 본인에게 일정한 책임이 있다고 볼만한 사정이 있는 경우에 대한 상대방보호와 거래안전을 고려한 제도(표현대리, 대리권남용 등)를 다루지 않는 점에서는 우리 민법과 차이를 보이고 있다. 이 밖에 북한 민법은 제3자의 책임에 대한 별도의 규정을 두고 있지 않으나 북한의 민법이론은, 대리인이 상대방과 짜고서 본인에게 손해를 주는 대리행위를 하였을 경우에는 본인이 그 법률행위를 취소하여 이미 이행되었을 경우 본인은 이행한 것을 반환받을 수 있으나, 대리인과 짠 상대방은 이행한 것을 반환받을 수 없으며 몰수되어 국가재정에 귀속된다는 태도를 취하고 있다(김일성종합대학출판사, 민법 1, 1973, 120면).

(3) 대리인의 능력

북한 민법은 대리인의 능력에 관하여 “대리인은 반드시 민사행위능력을 가진 공민이어야 한다.”고 규정하여(동법 32조 2항), 행위능력을 요하지 않는 우리 민법(117조)의 태도와 차이를 보이고 있다. 이러한 북한 민법의 태도는 앞에서 살펴본 대리인의 성실의무와 맥락을 같이하는 것으로서 타인의 행위를 대신하는 대리인으로 하여금 일반인으로서 유효한 법률행위를 할 수 있는 능력인 행위능력자를 기준으로 대리인의 능력을 규정한 것으로 이해된다.

한편 대리인의 능력에 대하여 의사능력만을 요하도록 하는 우리 민법(117조)의 태도에 대하여는 본래 법률행위를 하는 자는 행위능력자이어야 하나, 본인이 제한능력자를 대리인으로 정한 이상 그 불이익은 스스로 부담하여야 한다는 취지로 해석될 수 있다(송덕수 342면). 그러나 행위제한능력자에 대하여 본인이 그의 책임 아래 수권하기를 원하는 경우가 있을 수 있는 경우는 특별한 상황인 점을 고려하면, 대리인이 일반인으로서의 성실의무를 부담한다는 점을 고려하면 북한 민법의 태도를 수용하여 우리 민법 제117조를 "대리인은 행위능력자임을 요한다."고 개정하는 것을 긍정적으로 검토할 가치가 있다고 판단된다. 다만, 이렇게 개정했을 때 본인이 행위제한능력자에 대하여 수권하기를 원하는 경우가 발생하면, 위 규정을 임의규정으로 해석하면 되고, 대리인의 능력은 행위능력자를 전제로 하는 것이 거래관념에 보다 합치하는 입법이 될 것이다.

4. 대리의 효과와 표현대리

(1) 대리의 효과

북한 민법은 대리인이 대리의사를 표시한 대리행위의 효과에 관해서 "그 (대리) 행위의 법적 효과는 본인에게 돌아간다."고 규정하여(동법 33조 1항) 우리 민법(114조)과 마찬가지로 대리행위의 효과에 대한 본인에게 귀속한다고 규정하고 있으며, 이에 관하여는 남북한 사이에 차이가 없다. 다만, 북한 민법은 우리 민법(120조~123조)과 달리 사적 자치를 보다 확장시키는 작용을 하는 복대리에 대한 규정을 두지 않고 있다는 점에서 차이를 보이고 있으며, 이는 아직 북한의 대리제도가 재산거래의 동태적 관계에 대응할 만한 복대리의 필요성이 미미함을 반영하는 것으로 파악된다.

(2) 무권대리와 표현대리

종래 북한의 민법이론은 대리권 없이 수행한 대리행위인 무권대리에 대하여 위 대리인의 책임에서 살펴본 바와 같이 본인에게 효과가 귀속되지 않는 것으로 해석하고 있다. 그러나 무권대리나 대리권의 범위를 벗어나서 수행된 대리행위에 대하여 본인이 이를 추후에 승인(접수)하는 경우에는 대리행위로서의 효과가 소급하여 발생하고, 추후에 승인(접수)하는 경우에는 대리인은 손해를 보상하거나 그 자신이 한 민사법률행위로서의 효력이 발생하도록 이해하고 있다(김일성종합대학출판사, 민법학, 1994, 96면). 따라서 북한 민법의 대리제도에는 우리 민법(130조, 132조~133조)과 같은 추인권·추인거절권에 대한 별도의 명문규정은 없지만, 해석상 본인에게 위 권리를 인정하는 것과 같은 태도를 취하는 것으로 볼 수 있다. 한편 북한 민법에는 무권대리의 취급과 관련해서 우리 민법(131조, 134~135조)의 최고권·철회권·무권대리인의 상대방에 대한 책임규정이 없다. 이는 대리와 관련해서 개인의 지위를 보다 합리적으로 보호하기 위한 규정이 없다는 점에서 입법의 미비라고 할 수 있다. 이는 북한 민법의 대리제도가 얼마나 단순한가를 보여주는 것으로서 기본적으로 사적자치가 인정되지 않는 사회주의 민법으로서 사적자치의 확장으로서의 대리제도가 단순하다는 것은 당연한 귀결이라고 할 수 있다.

또한 북한은 우리 민법(125조, 126조, 129조)과 달리 표현대리에 관한 별도의 규정을 두고 있지 않고 있다. 특히 '대리인의 의무'에서 살펴본 바와 같이 북한 민법은 대리권범위 넘는 대리행위의 결과로 인해 생긴 손해에 대하여서는 대리인 자신이 책임을 부담하도록 함으로써 대리인이 불법행위를 한 경우에는 원칙적으로 그 책임이 본인에게 귀속되지 않는다고 규정하고 있다(동법 35조). 따라서 북한 민법은, 본인에게도 어느 정도 책임이 있다고 보여지는 권한을 넘은 무권대리에 대해 표현대리로 다루는 우리 민법(126조)과 달리 이를 인정하지 않는 것으로 해석할 수 있다. 위 규정에 대하여 1999년 2차 개정 민법은 "대리권의 범위에서 대리행위를 불성실하게 하여 생긴 손해에 대하여서는 대리인이 대리권을 위임한자 앞에 책임을 진다."고 수정하였으나, 이는 자구수정을 하였을 뿐이고 표현대리를 인정하지 않는 종래의 북한 민법의 태도는 마찬가지이다.

또 북한은 1999년 민법 2차 개정을 하면서 "대리권의 범위를 넘는 대리행위의의 결과는 대리인이 책임진다."는 규정을 새로이 신설하였으나(동법 33조 2항), 이는 권한을 넘은 무권대리행위에 대하여 대리인에게만 책임을 인정하는 근거를 밝히는 것으로서 표현대리를 인정하지 않는 종래 북한 민법의 태도를 확인하는 규정으로 이해할 수 있다.

Ⅷ. 북한 민법의 법률행위의 무효와 취소

1. 무효의 원인

법률행위가 유효요건을 갖추어지지 못한 경우의 법적 취급에 대하여, 북한 민법은 우리 민법과 마찬가지로 처음부터 당연히 효력이 발생하지 않는 무효와 일단 유효하게 성립한 법률행위가 취소권행사에 의하여 비로소 소급적으로 소멸되는 취소로 나누어 다루고 있다(동법 27조 본문, 28조).

북한 민법은 무효의 원인에 대하여 "국가의 법과 사회주의적 생활규범에 어긋나는 행위, 국가와 사회의 해를 준다는 것을 알면서 하는 행위, 허위적으로 하는 행위, 민사행위능력이 없는 공민이 하는 행위는 효력을 가지지 못한다."고 규정하고 있다(동법 26조 2항).

위의 무효원인 중 '국가의 법과 사회주의적 생활규범에 어긋나는 행위'와 '국가와 사회에 해를 준다는 것을 알면서 하는 행위'는 '불법적 법률행위'로서 우리 민법의 적법성·사회적 타당성에 위반한 부적법한 행위·반사회질서의 법률행위에 상응하는 것으로서 우리 민법과 비슷하다. 그러나 불법적 법률행위인 무효원인과 관련해서 법률행위가 국가에 손실을 주는 것이 되지 말아야 한다는 사회주의적 생활규범을 강조하고 사회주의국가로서의 정치이념이 드러나 있다는 점에서 우리 민법과는 확연한 차이를 보이고 있다. 이와 관련해서 북한의 민법이론은, '귀중한 국가재산을 모든 근로자들이 공동으로 보위하고 애호하도록 하여야 한다.'고 한 김일성의 교시를 근거로 국가재산은 전체 인민의 공동의 재산이며 나라의 융성발전을 위한 귀중한 밑천이므로 국가재산을 보위하고 애호하는 것은 모든 근로자들의 공동의무로서, 법률행위가 국가에 손실을 주는 것이 되지 말아야 한다는 것은 국가재산을 보호할 공동의무를 위반해서는 안 됨을 강조하고 있다(김일성종합대학출판사, 앞의 책 〈민법학〉, 89면; 법원행정처, 앞의 책, 80면).

여기서 북한의 민법이론은 '국가의 법과 사회주의적 생활규범에 어긋나는 행위'의 예로서 국가통제품을 밀매하는 계약·계획된 배정물자를 자의로 다른 곳으로 처분하는 계약을, '국가와 사회에 해를 준다는 것을 알면서 하는 행위'로서 위탁수매를 하면서 그 값을 엄청나게 높게 치른 행위를 각각 그 예로 들면서 위 행위는 당사자들이 행위의 위법성을 알았든 몰랐든 관계없이 이행한 것은 물론이고 이행하기로 했던 것까지 몰수당함을 강조하고 있다. 이 밖에 북한 민법의 '불법적 법률행위'와 관련해서는 국가재산피해보상의무를 회피하기 위하여 그 대상으로 될 재산을 미리 처분하는 행위로 드는 입장도 있다(법무부, 통일법무기본자료 〈북한법제〉, 2008, 440면).

또한 북한 민법의 무효원인 중 '허위적으로 하는 행위'는 행위자가 의사표시의 의사와 표시가 불일치함을 알면서 하는 행위를 말한다. 따라서 허위적으로 한 행위는 행위자가 거짓인 줄 알면서 행하는 법률행위로서 우리 민법(107조 1항, 108조 1항)의 진의 아닌 의사표시·통정허위표시에 상응하는 것으로서 우리 민법과 유사한 것으로 보인다. 그러나 북한 민법의 허위인 법률행위에는 우리 민법(107조 1항 본문, 2항)과 달리 단독허위표시를 원칙적으로 유효한 것으로 다루는 별도의 규정이 없고, 선의의 제3자를 보호하는 규정을 두고 있지 않은 점에서 우리 민법과 차이를 보이고 있다.

또 북한 민법의 무효원인 중 '민사행위능력이 없는 공민이 하는 행위'와 관련하여 미성년자와 신체기능장애자인 행위제한능력자의 행위 중 법이 인정하는 일정한 예외적인 경우를 제외한 행위로서, 이는 원칙적으로 우리 민법이 행위제한능력자의 행위를 취소할 수 있는 법률행위로 다루는 것과 차이를 보이고 있다. 이와 관련해서 북한 민법은 성년기를 17세로 정하면서 17세 미만의 미성년자를 다시 6세 미만의 절대적 행위제한능력자와 6세 이상 16세까지(17세 미만)의 불완전한(한정적) 행위능력자로 규정하고 있다(동법 20조). 따라서 6세 미만의 자가 할 수 있는 법률행위는 전혀 없으나, 6세 이상의 자는 자체의 물질문화적 수요를 충족하기 위한 법률행위(예컨대 학용품·일용품과 같은 것을 사는 행위)는 독자적으로 할 수 있다. 이 밖에 북한 민법은 16세를 노동능력연령으로 보아, 이에 달한 자는 노동보수의 범위 안에서 민사법률행위를 독자적으로 할 수 있다(동법 21조).

이 밖에 유효요건을 갖추지 못한 행위로서 법이 정한 형식을 위반한 법률행위도 무효원인이 된다.

2. 무효의 효과

무효의 효과에 관해서 북한 민법은 "민사법률행위의 효력이 없어진 경우에 당사자들이 이미 주고받은 돈이나 물건은 서로 상대방에게 돌려준다."고 규정하고 있어서(동법 27조 본문), 우리 민법과 마찬가지로 법률행위의 당연 소멸과 이미 이행된 사항에 대한 원상회복(부당이득반환)을 무효의 효과로 다루고 있다. 그러나 북한 민법은 "그러나, 국가의 법과 사회주의 생활규범에 어긋난다는 것을 알면서 행위를 한 자에게는 해당 돈이나 물건을 돌려주지 않고 국고에 넣는다."고 규정하여 일정한 경우에는 원상회복을 부정하고 있다(동법 27조 단서). 이는 우리 민법상 불법원인급여(746조)와 그 취지가 일맥상통한다고 할 수 있으나, 단순히 무효행위로 인한 급여의 반환청구가 부정되는 것이 아니라 그 소유권이 국가재정에 귀속된다는 점에서 우리 민법과 차이가 있으며, 북한 민법이 공법적 성격을 띠는 것을 보여주는 단면이라고 할 수 있다. 이 밖에 북한 민법의 불법원인급여는 국가가 정한 가격규율은 위반하는 등 강행법규위반을 포함하고 있는 점 및 반사회질서행위를 판단함에 '사회주의' 생활규범이라는 정치색이 강조된다는 점 등에서도 우리 민법과 차이가 있다. 또한 북한 민법 제69조 제2항은 "국가의 가격규률을 어기고 더 주고받은 돈이나 물건은 상대방에 돌려주며 의식적으로 가격규률을 어기고 더 주고받은 돈이나 물건은 돌려주지 않고 국고에 넣는다."고 규정하고 있는 점도 불법원인급여의 국가재정 귀속을 밝히고 있는 관련 규정이다.

이 밖에 북한 민법은 무효에 관하여 우리 민법(137조~139조)의 일무무효, 무효행위의 전환, 무효행위의 추인 규정을 두고 있지 않은 점에서 차이를 보이고 있으며, 이는 개인의 법적 지위에 대하여 충분히 배려하지 않는 북한 민법의 단순성을 반영하는 것으로 평가할 수 있다.

3. 취소의 원인

북한 민법은 취소의 원인에 대하여 "속히워서 한 민사법률행위, 본질적인 내용에 대하여 착오를 범한 민사법률행위, 강요로 하여 본의 아니게 한 민사법률행위, 16살에 이른 자가 부모나 후견인의 동의 없이 한 민사법률행위는 취소할 수 있다."고 규정하고 있다(동법 27조 1항).

이에 관하여 우리 민법은 제한능력자의 법률행위, 착오에 의한 의사표시, 사기·강박에 의한 의사표시 등을 들고 있다. 이에 관하여 북한 민법 제28조는 "속히워서 한 민사법률행위, 본질적인 내용에 대하여 착오를 범한 민사법률행위, 강요로 하여 본의 아니게 한 민사법률행위, 16살에 이른 자가 부모나 후견인의 동의없이 한 민사법률행위는 취소할 수 있다."고 하여 네 가지 취소원인을 들고 있는 바, 이는 각각 우리 민법상 사기에 의한 의사표시·강박에 의한 의사표시·착오에 의한 의사표시·제한능력자의 법률행위에 해당되므로 결국 양자(북한 민법과 우리 민법) 사이에 취소원인은 거의 일치한다.

위의 취소원인 중 '속히워서 한 민사법률행위'에 대하여 북한의 민법이론은 상대방으로 하여금 법률행위와 결부된 이러저러한 사항에 대하여 착오를 범하게 하는 행위로서 '기만'에 의한 행위를 취소원인으로 하는 것은 민사거래에서 사기협잡을 없애고 사람들 사이에 서로 신뢰하도록 하는 기풍을 세우도록 함에 입법취지가 있음을 강조하고 있다. 또 북한의 민법이론은 '강요로 하여 본의 아니게 한 민사법률행위'에 대하여 다른 사람에게 겁을 먹게 하여 그 사람의 자유로운 의사결정을 방해하는 행위인 '강요'에 의한 행위로 이해하고 있으며, '속히워서 한 민사법률행위'와 '강요로 하여 본의 아니게 한 민사법률행위'는 의사표시자가 법률행위의 의사결정을 함에 있어서 타인의 부당한 간섭(기만, 강요)을 받아 자유롭지 못한 상태에서 한 의사표시라는 점에서는 우리 민법(110조)의 '사기, 강박에 의한 의사표시'와 유사한 것으로 평가할 수 있다. 그러나 북한 민법의 위 취소원인에는 선의의 제3자를 보호규정과 제3자가 사기, 강박한 경우에 상대방의 지위를 고려하는 규정을 두고 있지 않는 점에서 우리 민법(110조 2항, 3항)과 차이를 보이고 있다.

또한 취소원인 중 '본질적인 내용에 대하여 착오를 범한 민사법률행위'에 대하여 북한의 민법이론은 착오를 취소원인으로 하는 것과 취소요건으로서의 '본질적 내용의 착오'의 의미를 우리 민법(109조 1항)의 '착오로 인한 의사표시'의 '법률행위의 중요부분의 착오'와 같은 것으로 이해하고 있다는 점에서 우리 민법과 유사하다. 그러나 북한 민법의 위 취소원인에는 표의자의 중대한 과실로 인한 착오는 취소할 수 없도록 하는 취소권행사의 제한 규정과 선의의 제3자를 보호하는 규정을 두고 있지 않은 점에서 우리 민법과 차이를 보이고 있다.

또 취소원인 중 '16살에 이른 자가 부모나 후견인의 동의 없이 한 민사법률행위'로 다루는 것은 북한 민법이 16살에 이른 미성년자가 노동보수의 범위를 벗어나는 행위를 할 때는 부모나 후견인의 동의를 얻도록 하여야 하고 있는 것에 기초하는 것으로서, 우리 민법이 모든 제한능력자의 행위를 취소원인으로 하고 있는 것과 차이를 보이고 있다.

이 밖에 취소원인과 관련해서 북한 민법은 계약당사자 일방이 정해진 기간 안에 계약내용을 이행하지 않으면 상대방은 계약을 취소할 수 있으며, 이로 인하여 입은 손해를 보상받을 수 있도록 규정하고 있다(동법 96조). 이는 북한 민법도 계약당사자 일방의 채무불이행이 있으면 상대방에게 당해 계약을 취소할 수 있도록 함으로써 계약의 구속으로부터 해방시키고자 하는 취지로서, 북한 민법 제96조의 '취소'는 우리 민법상의 '해제'에 상응하는 것으로 이해할 수 있으며, 이와 같이 북한 민법이 해제와 취소를 구별하여 다루지 않는 것은 법률행위의 실효제도(失效制度)가 체계화되어 있지 못한 한계를 보여주는 것이다.

4. 취소의 효과

취소의 효과에 관해서 북한 민법은 "취소된 민사법률행위는 효력이 없는 것으로 본다.", "민사법률행위가 취소된 경우에 당사자들이 이미 주고받은 돈이나 물건은 서로 상대방에게 돌려준다."고 규정하고 있어서(동법 28조 3항, 29조 본문), 우리 민법과 마찬가지로 일단 유효 및 취소권행사에 따른 법률행위의 소급적 소멸을 취소의 효과로서 다루고 있다. 그러나 한편 "그러나 상대방을 속였거나 강요하여 민사법률행위를 하게 한 자의 돈이나 물건은 그에게 돌려주지 않고 국고에 넣는다."고 규정하여(동법 27조 단서), 일정한 경우에는 원상회복을 부정하고 불법원인급여에 대한 국가재정에의 귀속을 밝히고 있어서 우리 민법과 차이를 보이고 있다

이 밖에 북한 민법은 취소에 관하여 우리 민법(140조, 142조~145조)의 취소권자·취소의 상대방·임의추인·법정추인 관련 규정을 두고 있지 않으며, 취소권의 행사기간도 2개월로 규정하고 있어서(28조 2항), 우리 민법(146조)보다 지나치게 짧다. 이러한 북한 민법의 태도는 무효에서와 같이 법률행위에 따른 개인의 법적 지위의 고려보다 법률관계를 보다 신속히 확정시키고자 하는 북한 민법의 단순성을 보여주는 것으로 평가할 수 있다.

Ⅸ. 북한 민법의 법률행위 부관

1. 북한 민법의 조건 관련 규정

북한 민법은 '민사법률행위'(제1편 제3장)에서 법률행위의 효력발생 또는 소멸과 관련해서 당사자가 임의로 부가한 제한과 관련하여 1개의 조문만을 규정하고 있다. 즉 북한 민법은 "민사법률행위의 효력은 일정한 조건의 발생과 결부시킬 수 있다. 이 경우 당사자들은 조건의 발생을 앞당기거나 방해하는 행위를 하지 못한다."고 규정하고 있다(동법 30조).

2. 북한 민법의 조건과 남북한 민법의 비교

북한 민법 제30조의 해석과 관련해서 북한의 민법이론은 민사법률행위에 부가하는 조건은 법에 부합하여야 하고, 불법조건을 붙이면 조건은 물론이고 법률행위 전체가 무효가 됨과 이익을 보는 자가 고의로 조건을 앞당기면 조건이 이루지지 않은 것으로 되고, 불이익을 보는 자가 고의로 조건을 지연시키면 조건이 이루진 것으로 보게 됨을 강조하고 있다. 따라서 조건에 관한 북한 민법 제30조와 이의 해석은 우리 민법(147조 2항, 150조)의 조건성취의 효과에 있어서 소급효를 금지하는 규정과 '조건성취·불성취에 대한 반신의행위'의 규정과 유사한 것으로 평가할 수

있다. 그러나 북한 민법이 우리 민법(147조 3항, 148조~149조, 151조)이 규정하는 당사자의 특약에 의한 조건성취의 효과의 소급효인정, 조건부권리의 침해금지(소극적 보호), 조건부권리의 처분(적극적 보호), 가장조건(불법조건, 기성조건, 불능조건) 등에 관한 규정을 두고 있지 않은 것은 재산거래의 골간을 이루는 법률행위제도의 단순성을 보여주는 단면으로 평가 할 수 있다.

3. 북한 민법의 기한 관련 규정

북한 민법은 법률행위의 부관인 기한과 관련해서 별도의 규정을 두고 있지 않으나, 종래 북한의 민법이론은 기간과의 구별을 강조하고 있다. 즉 북한의 민법이론은, 기한에 대하여 법률행위의 효력발생 또는 소멸이나 채무의 이행을 위한 마지막 시점으로서, 기한은 마지막 시점을 가리킨다는 점에서 어느 때부터 어느 때까지의 동안을 가리키는 기간과 구별되는 것으로 설명하고 있다.

4. 남북한 민법의 기한의 비교

따라서 북한 민법이론의 기간과 기한과의 구별이나 기한의 개념은 우리 민법(152조)의 기한과 유사하다. 그러나 북한은 당사자가 임의로 부과하는 법률행위의 효력발생의 시기나 채무의 이행시기 이외에 소멸시기 등의 법정기한(法定期限)까지 같이 포함하여 이해하고 있는 점에서 우리의 기한 개념과 차이를 보이고 있다. 이 밖에 북한 민법이 우리 민법(152조~154조)이 규정하는 기한도래의 효과, 기한의 이익과 포기, 기한의 보호 등 기한에 관한 규정을 두고 있지 않은 것은 위의 조건에서 마찬가지로 북한 민법의 단순성을 보여주는 것이다.

X. 북한 민법의 기간

1. 북한 민법의 기간 규정

북한 민법은 기간 규정으로 민사시효와 관련해서 기산점과 만료점 각각에 대한

2개의 규정만을 두고 있다. 즉 북한 민법 제270조는 '민사시효기간의 시작날자'에 관하여 "민사시효기간은 일간, 월간, 년간으로 정하며 그 계산은 시효기간을 계산하여야 할 사유가 생긴 다음날부터 시작한다."고 규정하고 있다. 또 북한 민법 제271조는 '민사시효기간의 끝나는 날'에 관하여 "민사시효기간은 시효기간을 계산하여야 할 사유가 생긴 날자와 같은 날이 지나면 끝나며 같은 날자가 없을 경우에는 그 달의 마지막 날이 지나면 끝난다. 시효기간의 마지막 날이 일요일, 명절일이거나 국가에서 정한 휴식일인 경우에는 그 다음 첫 로동일을 시효시간의 마지막 날로 한다."고 규정하고 있다.

2. 남북한 민법의 기간의 비교

북한 민법의 기간 규정은 우리 민법과 달리 적용범위, 자연적 계산방법에 대해 규정하고 있지 않다. 또 북한 민법은 역법적 계산방법에 대해서도 기산점의 초일 불산입의 예외 규정을 두고 있지 않다. 따라서 북한 민법은 우리 민법에 비하여 위에서 열거한 규정을 두고 있지 않은 것은 기간제도의 단순성을 보여주는 것으로 평가 할 수 있다.

XI. 북한 민법의 소멸시효

1. 북한 민법의 소멸시효제도의 의미

우리 민법은 권리소멸로서의 효과를 가져 오는 소멸시효에 대하여 요건, 중단과 정지, 효과 등에 대하여 규정하고 있다(동법 162조~184조). 이에 비하여 북한 민법은 소멸시효에 대응하는 '민사시효'에 대하여 "재산상청구권을 실현하기위한 소송이나 중재를 법이 정한 기간 안에 제기하지 않았을 경우 그 권리가 상실되는 제도"로 이해하면서, 제4편 제2장에서 시효의 의의·적용(범위)·시효기간·중단과 정지·연장과 시효완성의 효과, 시효와 기간의 계산 등(동법 259조~271조) 우리 민법과 유사한 관련규정을 두고 있다. 그러나 종래 북한의 민법이론은, 민사시효는 민사법률관계의 당사자들 사이의 생활안정을 도모하는 것과 달리 자본주의 민법의 시효제도는 지주·자본가들의 이익에 맞추어 자본주의적 거래의 안전성을 보장하는 법적 도구라고 비판하고 있다(사회과학원 법학연구소 편, 앞의 책, 233면).

2. 남북한 민법의 소멸시효제도의 비교

(1) 개 관

북한 민법은 우리 민법과 달리 국가소유재산의 반환청구권에 대하여서는 시효적용을 배제하고 있고(동법 259조 2항), 우리 민법과 달리 시효기간이 지난 재산을 임자 없는 재산으로 국가재정에 귀속하도록 하고 있다(동법 263조).

또 북한 민법은 일반적인 시효기간을 1년으로 하고 있어서(동법 260조) 일반채권의 시효기간을 10년으로 하는 우리 민법(162조 1항)과 차이를 보이고 있으며, 단기소멸시효의 적용을 받는 특별한 청구권의 시효기간에 대해서도 우리 민법과 차이를 보이고 있다. 즉 북한 민법은 일반 민사시효기간 1년보다 단기의 시효기간을 적용받는 청구권에 대해서 "기관, 기업소, 단체 사이의 민사시효기간은 다음과 같다. 1. 제품의 대금청구와 보증금반환청구, 공급한 제품의 규격, 완비성 및 견본의 위반과 파손, 부패변질, 수량부족, 그 밖의 계약조건위반으로 하여 발생한 손해보상청구와 위약금, 연체료의 지불청구 및 운수, 체신업무와 관련하여 발생한 청구에 대하여서는 3개월. 2. 앞 호 이외의 청구에 대하여서는 6개월. 3. 대외민사거래와 관련한 청구에 대하여서는 조약에서 달리 정하지 않는 한 2년."으로 규정하고 있어서, 우리 민법의 단기소멸시효(163조~164조)와 그 기간 및 대상 등을 달리하고 있다.

또 북한 민법은 우리 민법이 시효를 취득시효(245조~247조)와 소멸시효(162조~184조)를 함께 인정하고 있는 것과는 달리 취득시효를 인정하고 있지 않은 점, 우리 민법이 시간의 경과에 의하여 실체법상의 권리가 소멸하는 것으로 규정하고 있는 것(162조 이하)과는 달리 북한 민법은 시간의 경과에 의하여 민사절차법상의 권리인 소권(訴權)이 소멸하는 것으로 규정하고 있는 점(259조) 등에서 서로 다른 모습을 보이고 있다. 이러한 차이점은 북한 민법의 시효제도가 개인 사이의 불확정한 권리관계를 확정하는데도 이바지하지만, 무엇보다도 기관·기업소·단체들 사이의 결제관계를 신속하게 처리하게 해 줌으로써 독립채산제와 계획경제가 원활하게 수행될 수 있도록 뒷받침하는 법적 장치로서의 의의를 도모함에 있는 것에 기초하는 것으로 판단된다(최달곤·신영호, 북한법입문, 세창출판사, 1998, 182면 참조).

이 밖에 북한 민법은 민사시효의 기산점, 시효의 중단사유, 시효의 정지사유, 시효의 의무적 적용 등에서 다음과 같이 우리 민법과 차이를 보이고 있다.

이 밖에 북한 민법은 우리 민법과 달리 종속된 권리에 대한 소멸시효의 효력·시효의 이익의 포기 관련 규정을 두고 있지 않다.

(2) 시효의 기산점

북한 민법은 민사시효의 기산점에 대해서 "민사시효기간은 다음과 같은 때부터 시작된다. 1) 리행기간이 지정된 채무에 대하여서는 그 기간이 된 때, 2) 리행기간이 지정되지 않은 채무에 대하여서는 채무가 생긴 때, 3) 기관, 기업소, 단체 사이에 공급한 제품의 규격, 완비성 및 견본의 위반과 파손, 부패변질, 수량부족, 그 밖의 계약조건위반으로 하여 발생한 손해보상청구는 그에 대한 사고조서를 작성하였거나 작성하기로 된 때, 4) 그 밖의 청구권은 청구권을 실현할 수 있게 된 때"로 규정하고 있어서, 이에 대한 별도의 통일 규정이 없고 각 권리에 따라 개별적으로 기산점을 파악하는 우리 민법과 차이를 보이고 있다.

(3) 시효의 중단

또한 북한 민법은 시효의 중단에 대해서 "다음과 같은 사유가 있는 경우에 민사시효기간의 계산은 중단된다. 1) 채권자가 재판 또는 중재를 제기하였을 경우, 2) 은행기관을 통한 지불청구에 대하여 채무자가 채무를 확인하였을 경우, 3) 공민호상간 또는 기관, 기업소, 단체와 공민 사이 혹은 기관, 기업소, 단체 사이의 계획에 기초하지 않는 일반계약 분쟁사건에서 채무자가 채무를 승인하였을 경우"로 규정하고 있다(동법 266조). 따라서 북한 민법은 청구, 압류 또는 가압류, 가처분, 승인 등을 중단사유로 규정하는 우리 민법(168조)과 차이를 보이고 있다.

(4) 시효의 정지

북한 민법은, 시효의 정지에 대해서 "민사시효기간의 마지막 3개월 안에 자연재해같이 어찌할 수 없는 사유로 청구권을 행사할 수 없었을 경우에 시효기간의 계산은 정지되며 그 사유가 없어지면 기간의 계산을 계속된다. 나머지 시효기간이 3개월이 못된 때에는 3개월까지 연장한다."로 규정하고 있어서(동법 265조) 제한능력자와 시효정지, 재산관리자에 대한 제한능력자의 권리, 부부간의 권리와 시효정지, 상속재산에 관한 권리와 시효정지, 천재 기타 사변과 시효정지 등으로 나누어 정지사유를 규정하는 우리 민법(179조~182조)과 차이를 보이고 있다.

(5) 시효의 의무적 적용

이 밖에 북한 민법은 "재판기관이나 중재기관은 당사자가 민사시효의 리익을 주장하지 않아도 시효를 적용하여야 한다."고 규정하여(동법 268조) 민사시효의 의무적 적용을 강제하고 있어서, 우리의 경우 변론주의의 원칙상 시효의 이익을 받을 자가 소송에서 소멸시효의 이익을 주장하지 않으면 그 의사에 반하여 재판할 수 없는 것(대판 1991. 7. 26. 91다5631)과 차이를 보이고 있다.

2. 남북한 민법총칙 조문 비교

남한 민법	북한 민법
[1958. 2. 22. 제정, 2017. 10. 31. 개정]	[1990. 9. 5. 제정, 2007. 3. 20. 개정]
제1조【법원】 민사에 관하여 법률에 규정이 없으면 관습법에 의하고 관습법이 없으면 조리에 의한다.	
제2조【신의성실】① 권리의 행사와 의무의 이행은 신의에 좇아 성실히 하여야 한다. ② 권리는 남용하지 못한다.	
제3조【권리능력의 존속기간】 사람은 생존한 동안 권리와 의무의 주체가 된다.	제19조【공민의 민사권리능력】 공민의 민사권리능력은 출생과 함께 생기며 사망과 함께 없어진다. 모든 공민은 민사권리능력을 평등하게 가진다. 법이 따로 정하지 않은 이상 누구도 공민의 민사권리능력을 제한할 수 없다.
제4조【성년】 사람은 19세로 성년에 이르게 된다. [전문개정 2011.3.7] [시행일 : 2013.7.1] 제5조【미성년자의 능력】① 미성년자가 법률행위를 함에는 법정대리인의 동의를 얻어야 한다. 그러나 권리만을 얻거나 의무만을 면하는 행위는 그러하지 아니하다. ② 전항의 규정에 위반한 행위는 취소할 수 있다. 제6조【처분을 허락한 재산】 법정대리인이 범위를 정하여 처분을 허락한 재산은 미성년자가 임의로 처분할 수 있다.	제20조【공민의 민사행위능력】 공민의 성인나이는 17살이다. 17살에 이른 공민은 민사법률행위를 독자적으로 할 수 있는 민사행위능력을 가진다. 16살에 이른 자는 자기가 받은 로동보수의 범위 안에서 민사법률행위를 독자적으로 할 수 있으며 그 범위를 벗어나는 행위는 부모나 후견인의 동의를 받아야 할 수 있다. 그러나 6살 이상의 미성인은 학용품이나 세소일용품 같은 것을 사는 행위를 할 수 있다.
제7조【동의와 허락의 취소】 법정대리인은 미성년자가 아직 법률행위를	

남한 민법	북한 민법
하기 전에는 전2조의 동의와 허락을 취소할 수 있다.	
제8조【영업의 허락】① 미성년자가 법정대리인으로부터 허락을 얻은 특정한 영업에 관하여는 성년자와 동일한 행위능력이 있다. ② 법정대리인은 전항의 허락을 취소 또는 제한할 수 있다. 그러나 선의의 제3자에게 대항하지 못한다.	
제9조【성년후견개시의 심판】① 가정법원은 질병, 장애, 노령, 그 밖의 사유로 인한 정신적 제약으로 사무를 처리할 능력이 지속적으로 결여된 사람에 대하여 본인, 배우자, 4촌 이내의 친족, 미성년후견인, 미성년후견감독인, 한정후견인, 한정후견감독인, 특정후견인, 특정후견감독인, 검사 또는 지방자치단체의 장의 청구에 의하여 성년후견개시의 심판을 한다. ② 가정법원은 성년후견개시의 심판을 할 때 본인의 의사를 고려하여야 한다. **[전문개정 2011.3.7] [시행일 : 2013.7.1]**	
제10조【피성년후견인의 행위와 취소】① 피성년후견인의 법률행위는 취소할 수 있다. ② 제1항에도 불구하고 가정법원은 취소할 수 없는 피성년후견인의 법률행위의 범위를 정할 수 있다. ③ 가정법원은 본인, 배우자, 4촌 이내의 친족, 성년후견인, 성년후견감독인, 검사 또는 지방자치단체의 장의 청구에 의하여 제2항의 범위를 변경할 수 있다. ④ 제1항에도 불구하고 일용품의 구입 등 일상생활에 필요하고 그 대가가 과도하지 아니한 법률행위는 성년후견인이 취소할 수 없다.	

남한 민법	북한 민법
[전문개정 2011.3.7] [시행일 : 2013.7.1]	
第11조 **【성년후견종료의 심판】** 성년후견개시의 원인이 소멸된 경우에는 가정법원은 본인, 배우자, 4촌 이내의 친족, 성년후견인, 성년후견감독인, 검사 또는 지방자치단체의 장의 청구에 의하여 성년후견종료의 심판을 한다. **[전문개정 2011.3.7] [시행일 : 2013.7.1]**	
第12조 **【한정후견개시의 심판】** ① 가정법원은 질병, 장애, 노령, 그 밖의 사유로 인한 정신적 제약으로 사무를 처리할 능력이 부족한 사람에 대하여 본인, 배우자, 4촌 이내의 친족, 미성년후견인, 미성년후견감독인, 성년후견인, 성년후견감독인, 특정후견인, 특정후견감독인, 검사 또는 지방자치단체의 장의 청구에 의하여 한정후견개시의 심판을 한다. ② 한정후견개시의 경우에 제9조제2항을 준용한다. **[전문개정 2011.3.7] [시행일 : 2013.7.1]**	
第13조 **【피한정후견인의 행위와 동의】** ① 가정법원은 피한정후견인이 한정후견인의 동의를 받아야 하는 행위의 범위를 정할 수 있다. ② 가정법원은 본인, 배우자, 4촌 이내의 친족, 한정후견인, 한정후견감독인, 검사 또는 지방자치단체의 장의 청구에 의하여 제1항에 따른 한정후견인의 동의를 받아야만 할 수 있는 행위의 범위를 변경할 수 있다. ③ 한정후견인의 동의를 필요로 하는 행위에 대하여 한정후견인이 피한정후견인의 이익이 침해될 염려가 있음에도 그 동의를 하지 아니하는 때에는 가정법원은 피한정후견인의 청구에 의하여 한정후견인의 동의를 갈음	

남한 민법	북한 민법
하는 허가를 할 수 있다. ④ 한정후견인의 동의가 필요한 법률행위를 피한정후견인이 한정후견인의 동의 없이 하였을 때에는 그 법률행위를 취소할 수 있다. 다만, 일용품의 구입 등 일상생활에 필요하고 그 대가가 과도하지 아니한 법률행위에 대하여는 그러하지 아니하다. **[전문개정 2011.3.7] [시행일 : 2013.7.1]**	
제14조 **【한정후견종료의 심판】** 한정후견개시의 원인이 소멸된 경우에는 가정법원은 본인, 배우자, 4촌 이내의 친족, 한정후견인, 한정후견감독인, 검사 또는 지방자치단체의 장의 청구에 의하여 한정후견종료의 심판을 한다. **[전문개정 2011.3.7] [시행일 : 2013.7.1]**	
제15조 **【제한능력자의 상대방의 확답을 촉구할 권리】** ① 제한능력자의 상대방은 제한능력자가 능력자가 된 후에 그에게 1개월 이상의 기간을 정하여 그 취소할 수 있는 행위를 추인할 것인지 여부의 확답을 촉구할 수 있다. 능력자로 된 사람이 그 기간 내에 확답을 발송하지 아니하면 그 행위를 추인한 것으로 본다. ② 제한능력자가 아직 능력자가 되지 못한 경우에는 그의 법정대리인에게 제1항의 촉구를 할 수 있고, 법정대리인이 그 정하여진 기간 내에 확답을 발송하지 아니한 경우에는 그 행위를 추인한 것으로 본다. ③ 특별한 절차가 필요한 행위는 그 정하여진 기간 내에 그 절차를 밟은 확답을 발송하지 아니하면 취소한 것으로 본다. **[전문개정 2011.3.7] [시행일 : 2013.7.1]**	

남한 민법	북한 민법
제16조 【제한능력자의 상대방의 철회권과 거절권】 ① 제한능력자가 맺은 계약은 추인이 있을 때까지 상대방이 그 의사표시를 철회할 수 있다. 다만, 상대방이 계약 당시에 제한능력자임을 알았을 경우에는 그러하지 아니하다. ② 제한능력자의 단독행위는 추인이 있을 때까지 상대방이 거절할 수 있다. ③ 제1항의 철회나 제2항의 거절의 의사표시는 제한능력자에게도 할 수 있다. [전문개정 2011.3.7] [시행일 : 2013.7.1]	
제17조 【제한능력자의 속임수】 ① 제한능력자가 속임수로써 자기를 능력자로 믿게 한 경우에는 그 행위를 취소할 수 없다. ② 미성년자나 피한정후견인이 속임수로써 법정대리인의 동의가 있는 것으로 믿게 한 경우에도 제1항과 같다. [전문개정 2011.3.7] [시행일 : 2013.7.1]	
제18조 【주소】 ① 생활의 근거되는 곳을 주소로 한다. ② 주소는 동시에 두 곳 이상 있을 수 있다.	
제19조 【거소】 주소를 알 수 없으면 거소를 주소로 본다.	
제20조 【거소】 국내에 주소 없는 자에 대하여는 국내에 있는 거소를 주소로 본다.	
제21조 【가주소】 어느 행위에 있어서 가주소를 정한 때에는 그 행위에 관하여는 이를 주소로 본다.	
제22조 【부재자의 재산의 관리】 ① 종래의 주소나 거소를 떠난 자가 재산관리인을 정하지	

남한 민법	북한 민법
아니한 때에는 법원은 이해관계인이나 검사의 청구에 의하여 재산관리에 관하여 필요한 처분을 명하여야 한다. 본인의 부재중 재산관리인의 권한이 소멸한 때에도 같다. ② 본인이 그 후에 재산관리인을 정한 때에는 법원은 본인, 재산관리인, 이해관계인 또는 검사의 청구에 의하여 전항의 명령을 취소하여야 한다.	
第23조【관리인의 개임】 부재자가 재산관리인을 정한 경우에 부재자의 생사가 분명하지 아니한 때에는 법원은 재산관리인, 이해관계인 또는 검사의 청구에 의하여 재산관리인을 개임할 수 있다.	
第24조【관리인의 직무】① 법원이 선임한 재산관리인은 관리할 재산목록을 작성하여야 한다. ② 법원은 그 선임한 재산관리인에 대하여 부재자의 재산을 보존하기 위하여 필요한 처분을 명할 수 있다. ③ 부재자의 생사가 분명하지 아니한 경우에 이해관계인이나 검사의 청구가 있는 때에는 법원은 부재자가 정한 재산관리인에게 전2항의 처분을 명할 수 있다. ④ 전3항의 경우에 그 비용은 부재자의 재산으로써 지급한다.	
第25조【관리인의 권한】 법원이 선임한 재산관리인이 제118조에 규정한 권한을 넘는 행위를 함에는 법원의 허가를 얻어야 한다. 부재자의 생사가 분명하지 아니한 경우에 부재자가 정한 재산관리인이 권한을 넘는 행위를 할 때에도 같다.	
第26조【관리인의 담보제공, 보수】① 법원은	

남한 민법	북한 민법
그 선임한 재산관리인으로 하여금 재산의 관리 및 반환에 관하여 상당한 담보를 제공하게 할 수 있다. ② 법원은 그 선임한 재산관리인에 대하여 부재자의 재산으로 상당한 보수를 지급할 수 있다. ③ 전2항의 규정은 부재자의 생사가 분명하지 아니한 경우에 부재자가 정한 재산관리인에 준용한다.	
第27조【실종의 선고】① 부재자의 생사가 5년간 분명하지 아니한 때에는 법원은 이해관계인이나 검사의 청구에 의하여 실종선고를 하여야 한다. ② 전지에 임한 자, 침몰한 선박 중에 있던 자, 추락한 항공기 중에 있던 자 기타 사망의 원인이 될 위난을 당한 자의 생사가 전쟁종지 후 또는 선박의 침몰, 항공기의 추락 기타 위난이 종료한 후 1년간 분명하지 아니한 때에도 제1항과 같다. [개정 1984.4.10]	第22조【소재불명자, 사망자의 인증】 마지막 소식이 있은 때부터 3년이 지나도록 소식이 없는 공민에 대하여는 리해관계자의 신청에 따라 공증기관이 소재불명자로 인증할 수 있다. 소재불명자로 인증된 후 2년, 소식이 없거나 마지막 소식이 있은 때로부터 5년, 생명에 위험을 준 사고가 있은 때로부터 1년이 지나도록 소식이 없는 공민에 대하여서는 앞항과 같은 절차에 따라 사망자로 인증할 수 있다.
第28조【실종선고의 효과】 실종선고를 받은 자는 전조의 기간이 만료한 때에 사망한 것으로 본다.	
第29조【실종선고의 취소】① 실종자의 생존한 사실 또는 전조의 규정과 상이한 때에 사망한 사실의 증명이 있으면 법원은 본인, 이해관계인 또는 검사의 청구에 의하여 실종선고를 취소하여야 한다. 그러나 실종선고 후 그 취소 전에 선의로 한 행위의 효력에 영향을 미치지 아니한다. ② 실종선고의 취소가 있을 때에 실종의 선고를 직접원인으로 하여 재산을 취득한 자가 선의인 경우에는 그 받은 이익이 현존하는 한도	第23조【소재불명자, 사망자 인증의 취소】 소재불명자 또는 사망자로 인정되었던 공민이 나타났거나 소식을 보내어 거처를 알려온 경우에 공증기관은 본인이나 리해관계자의 신청에 따라 해당한 인정을 취소한다. 이 경우 변경된 재산관계는 취소할 수 있으나 새로 성립된 결혼관계는 취소시킬 수 없다.

<table>
<tr><th>남한 민법</th><th>북한 민법</th></tr>
<tr><td>에서 반환할 의무가 있고 악의인 경우에는 그 받은 이익에 이자를 붙여서 반환하고 손해가 있으면 이를 배상하여야 한다.</td><td></td></tr>
<tr><td>제30조【동시사망】
2인 이상이 동일한 위난으로 사망한 경우에는 동시에 사망한 것으로 추정한다.</td><td></td></tr>
<tr><td>제31조【법인성립의 준칙】
법인은 법률의 규정에 의함이 아니면 성립하지 못한다.</td><td></td></tr>
<tr><td>제32조【비영리법인의 설립과 허가】
학술, 종교, 자선, 기예, 사교 기타 영리 아닌 사업을 목적으로 하는 사단 또는 재단은 주무관청의 허가를 얻어 이를 법인으로 할 수 있다.</td><td rowspan="2">제12조【기관, 기업소, 단체의 등록】
조직된 기관, 기업소, 단체는 해당 기관에 등록하여야 창설된 것으로 인정한다.
기관, 기업소, 단체는 해당 기관에 등록된 때부터 민사상 권리를 가지거나 의무를 질 수 있는 민사권리능력과 그것을 자신이 직접 실현할 수 있는 민사행위능력을 가진다.</td></tr>
<tr><td>제33조【법인설립의 등기】
법인은 그 주된 사무소의 소재지에서 설립등기를 함으로써 성립한다.</td></tr>
<tr><td>제34조【법인의 권리능력】
법인은 법률의 규정에 좇아 정관으로 정한 목적의 범위 내에서 권리와 의무의 주체가 된다.</td><td>제13조【기관, 기업소, 단체의 민사권리능력】
기관, 기업소, 단체는 자기의 본신임무에 맞는 범위 안에서 민사권리능력을 가진다. 자기의 본신임무를 해당 기관에 등록한 기관, 기업소, 단체는 그것을 마음대로 변경할 수 없다.</td></tr>
<tr><td>제35조【법인의 불법행위능력】① 법인은 이사 기타 대표자가 그 직무에 관하여 타인에게 가한 손해를 배상할 책임이 있다. 이사 기타 대표자는 이로 인하여 자기의 손해배상책임을 면하지 못한다.
② 법인의 목적범위 외의 행위로 인하여 타인에게 손해를 가한 때에는 그 사항의 의결에 찬성하거나 그 의결을 집행한 사원, 이사 및 기타 대표자가 연대하여 배상하여야 한다.</td><td>제15조【기관, 기업소, 단체의 민사책임】
기관, 기업소, 단체는 자기가 관리하고 있거나 소유하고 있는 재산으로 민사책임을 진다.</td></tr>
</table>

남한 민법	북한 민법
제36조【법인의 주소】 법인의 주소는 그 주된 사무소의 소재지에 있는 것으로 한다.	
제37조【법인의 사무의 검사, 감독】 법인의 사무는 주무관청이 검사, 감독한다.	
제38조【법인의 설립허가의 취소】 법인이 목적 이외의 사업을 하거나 설립허가의 조건에 위반하거나 기타 공익을 해하는 행위를 한 때에는 주무관청은 그 허가를 취소할 수 있다.	
제39조【영리법인】① 영리를 목적으로 하는 사단은 상사회사설립의 조건에 좇아 이를 법인으로 할 수 있다. ② 전항의 사단법인에는 모두 상사회사에 관한 규정을 준용한다.	
제40조【사단법인의 정관】 사단법인의 설립자는 다음 각 호의 사항을 기재한 정관을 작성하여 기명날인하여야 한다. 1. 목적 2. 명칭 3. 사무소의 소재지 4. 자산에 관한 규정 5. 이사의 임면에 관한 규정 6. 사원자격의 득실에 관한 규정 7. 존립시기나 해산사유를 정하는 때에는 그 시기 또는 사유	
제41조【이사의 대표권에 대한 제한】 이사의 대표권에 대한 제한은 이를 정관에 기재하지 아니하면 그 효력이 없다.	
제42조【사단법인의 정관의 변경】① 사단법인의 정관은 총사원 3분의 2 이상의 동의가	

남한 민법	북한 민법
있는 때에 한하여 이를 변경할 수 있다. 그러나 정수에 관하여 정관에 다른 규정이 있는 때에는 그 규정에 의한다. ② 정관의 변경은 주무관청의 허가를 얻지 아니하면 그 효력이 없다.	
제43조 【재단법인의 정관】 재단법인의 설립자는 일정한 재산을 출연하고 제40조 제1호 내지 제5호의 사항을 기재한 정관을 작성하여 기명날인하여야 한다.	
제44조 【재단법인의 정관의 보충】 재단법인의 설립자가 그 명칭, 사무소 소재지 또는 이사임면의 방법을 정하지 아니하고 사망한 때에는 이해관계인 또는 검사의 청구에 의하여 법원이 이를 정한다.	
제45조 【재단법인의 정관변경】 ① 재단법인의 정관은 그 변경방법을 정관에 정한 때에 한하여 변경할 수 있다. ② 재단법인의 목적달성 또는 그 재산의 보전을 위하여 적당한 때에는 전항의 규정에 불구하고 명칭 또는 사무소의 소재지를 변경할 수 있다. ③ 제42조 제2항의 규정은 전2항의 경우에 준용한다.	
제46조 【재단법인의 목적 기타의 변경】 재단법인의 목적을 달성할 수 없는 때에는 설립자나 이사는 주무관청의 허가를 얻어 설립의 취지를 참작하여 그 목적 기타 정관의 규정을 변경할 수 있다.	
제47조 【증여, 유증에 관한 규정의 준용】 ① 생전처분으로 재단법인을 설립하는 때에는 증여에 관한 규정을 준용한다. ② 유언으로 재단법인을 설립하는 때에는 유증에 관한 규정을 준용한다.	

남한 민법	북한 민법
제48조 【출연재산의 귀속시기】 ① 생전처분으로 재단법인을 설립하는 때에는 출연재산은 법인이 성립된 때로부터 법인의 재산이 된다. ② 유언으로 재단법인을 설립하는 때에는 출연재산은 유언의 효력이 발생한 때로부터 법인에 귀속한 것으로 본다.	
제49조 【법인의 등기사항】 ① 법인설립의 허가가 있는 때에는 3주간 내에 주된 사무소 소재지에서 설립등기를 하여야 한다. ② 전항의 등기사항은 다음과 같다. 1. 목적 2. 명칭 3. 사무소 4. 설립허가의 년월일 5. 존립시기나 해산사유를 정한 때에는 그 시기 또는 사유 6. 자산의 총액 7. 출자의 방법을 정한 때에는 그 방법 8. 이사의 성명, 주소 9. 이사의 대표권을 제한한 때에는 그 제한	제12조 【기관, 기업소, 단체의 등록】 조직된 기관, 기업소, 단체는 해당 기관에 등록하여야 창설된 것으로 인정한다. 기관, 기업소, 단체는 해당 기관에 등록된 때부터 민사상 권리를 가지거나 의무를 질 수 있는 민사권리능력과 그것을 자신이 직접 실현할 수 있는 민사행위능력을 가진다.
제50조 【분사무소설치의 등기】 ① 법인이 분사무소를 설치한 때에는 주사무소 소재지에서는 3주간 내에 분사무소를 설치한 것을 등기하고 그 분사무소 소재지에서는 동기간 내에 전조 제2항의 사항을 등기하고 다른 분사무소 소재지에서는 동기간 내에 그 분사무소를 설치한 것을 등기하여야 한다. ② 주사무소 또는 분사무소의 소재지를 관할하는 등기소의 관할구역 내에 분사무소를 설치한 때에는 전항의 기간 내에 그 사무소를 설치한 것을 등기하면 된다.	

남한 민법	북한 민법
제51조【사무소이전의 등기】 ① 법인이 그 사무소를 이전하는 때에는 구 소재지에서는 3주간 내에 이전등기를 하고 신소재지에서는 동기간 내에 제49조 제2항에 게기한 사항을 등기하여야 한다. ② 동일한 등기소의 관할구역 내에서 사무소를 이전한 때에는 그 이전한 것을 등기하면 된다.	
제52조【변경등기】 제49조 제2항의 사항 중에 변경이 있는 때에는 3주간 내에 변경등기를 하여야 한다.	
제52조의2【직무집행정지 등 가처분의 등기】 이사의 직무집행을 정지하거나 직무대행자를 선임하는 가처분을 하거나 그 가처분을 변경·취소하는 경우에는 주사무소와 분사무소가 있는 곳의 등기소에서 이를 등기하여야 한다. **[본조신설 2001.12.29]**	
제53조【등기기간의 기산】 전3조의 규정에 의하여 등기할 사항으로 관청의 허가를 요하는 것은 그 허가서가 도착한 날로부터 등기의 기간을 기산한다.	
제54조【설립등기 이외의 등기의 효력과 등기사항의 공고】 ① 설립등기 이외의 본절의 등기사항은 그 등기후가 아니면 제3자에게 대항하지 못한다. ② 등기한 사항은 법원이 지체 없이 공고하여야 한다.	
제55조【재산목록과 사원명부】 ① 법인은 성립한 때 및 매년 3월 내에 재산목록을 작성하여 사무소에 비치하여야 한다. 사업연도를 정한 법인은 성립한 때 및 그 연도 말에 이를	

남한 민법	북한 민법
작성하여야 한다. ② 사단법인은 사원명부를 비치하고 사원의 변경이 있는 때에는 이를 기재하여야 한다.	
第56조【사원권의 양도, 상속금지】 사단법인의 사원의 지위는 양도 또는 상속할 수 없다.	
第57조【이사】 법인은 이사를 두어야 한다.	제14조【대표자와 대리인에 의한 민사법률행위】 기관, 기업소, 단체의 책임자는 그 기관, 기업소, 단체의 대표자이다. 기관, 기업소, 단체는 자기의 대표자나 대표자가 위임하는 대리인을 통하여 민사법률행위를 한다.
第58조【이사의 사무집행】① 이사는 법인의 사무를 집행한다. ② 이사가 수인인 경우에는 정관에 다른 규정이 없으면 법인의 사무집행은 이사의 과반수로써 결정한다.	
第59조【이사의 대표권】① 이사는 법인의 사무에 관하여 각자 법인을 대표한다. 그러나 정관에 규정한 취지에 위반할 수 없고 특히 사단법인은 총회의 의결에 의하여야 한다. ② 법인의 대표에 관하여는 대리에 관한 규정을 준용한다.	
第60조【이사의 대표권에 대한 제한의 대항요건】 이사의 대표권에 대한 제한은 등기하지 아니하면 제3자에게 대항하지 못한다.	
第60조의2【직무대행자의 권한】① 제52조의2의 직무대행자는 가처분명령에 다른 정함이 있는 경우 외에는 법인의 통상사무에 속하지 아니한 행위를 하지 못한다. 다만, 법원의 허가를 얻은 경우에는 그러하지 아니하다. ② 직무대행자가 제1항의 규정에 위반한 행위를 한 경우에도 법인은 선의의 제3자에 대하여 책임을 진다. [본조신설 2001.12.29]	

남한 민법	북한 민법
第61조【이사의 주의의무】 이사는 선량한 관리자의 주의로 그 직무를 행하여야 한다.	
第62조【이사의 대리인 선임】 이사는 정관 또는 총회의 결의로 금지하지 아니한 사항에 한하여 타인으로 하여금 특정한 행위를 대리하게 할 수 있다.	
第63조【임시이사의 선임】 이사가 없거나 결원이 있는 경우에 이로 인하여 손해가 생길 염려 있는 때에는 법원은 이해관계인이나 검사의 청구에 의하여 임시이사를 선임하여야 한다.	
第64조【특별대리인의 선임】 법인과 이사의 이익이 상반하는 사항에 관하여는 이사는 대표권이 없다. 이 경우에는 전조의 규정에 의하여 특별대리인을 선임하여야 한다.	
第65조【이사의 임무해태】 이사가 그 임무를 해태한 때에는 그 이사는 법인에 대하여 연대하여 손해배상의 책임이 있다.	
第66조【감사】 법인은 정관 또는 총회의 결의로 감사를 둘 수 있다.	
第67조【감사의 직무】 감사의 직무는 다음과 같다. 1. 법인의 재산상황을 감사하는 일 2. 이사의 업무집행의 상황을 감사하는 일 3. 재산상황 또는 업무집행에 관하여 부정, 불비한 것이 있음을 발견한 때에는 이를 총회 또는 주무관청에 보고하는 일	

남한 민법	북한 민법
4. 전호의 보고를 하기 위하여 필요 있는 때에는 총회를 소집하는 일	
제68조 【총회의 권한】 사단법인의 사무는 정관으로 이사 또는 기타 임원에게 위임한 사항 외에는 총회의 결의에 의하여야 한다.	
제69조 【통상총회】 사단법인의 이사는 매년 1회 이상 통상총회를 소집하여야 한다.	
제70조 【임시총회】 ① 사단법인의 이사는 필요하다고 인정한 때에는 임시총회를 소집할 수 있다. ② 총사원의 5분의 1 이상으로부터 회의의 목적사항을 제시하여 청구한 때에는 이사는 임시총회를 소집하여야 한다. 이 정수는 정관으로 증감할 수 있다. ③ 전항의 청구 있는 후 2주간 내에 이사가 총회소집의 절차를 밟지 아니한 때에는 청구한 사원은 법원의 허가를 얻어 이를 소집할 수 있다.	
제71조 【총회의 소집】 총회의 소집은 1주간 전에 그 회의의 목적사항을 기재한 통지를 발하고 기타 정관에 정한 방법에 의하여야 한다.	
제72조 【총회의 결의사항】 총회는 전조의 규정에 의하여 통지한 사항에 관하여서만 결의할 수 있다. 그러나 정관에 다른 규정이 있는 때에는 그 규정에 의한다.	
제73조 【사원의 결의권】 ① 각사원의 결의권은 평등으로 한다. ② 사원은 서면이나 대리인으로 결의권을 행사할 수 있다.	

남한 민법	북한 민법
③ 전2항의 규정은 정관에 다른 규정이 있는 때에는 적용하지 아니한다.	
第74조 【사원이 결의권 없는 경우】 사단법인과 어느 사원과의 관계사항을 의결하는 경우에는 그 사원은 결의권이 없다.	
第75조 【총회의 결의방법】 ① 총회의 결의는 본법 또는 정관에 다른 규정이 없으면 사원 과반수의 출석과 출석사원의 결의권의 과반수로써 한다. ② 제73조 제2항의 경우에는 당해 사원은 출석한 것으로 한다.	
第76조 【총회의 의사록】 ① 총회의 의사에 관하여는 의사록을 작성하여야 한다. ② 의사록에는 의사의 경과, 요령 및 결과를 기재하고 의장 및 출석한 이사가 기명날인하여야 한다. ③ 이사는 의사록을 주된 사무소에 비치하여야 한다.	
第77조 【해산사유】 ① 법인은 존립기간의 만료, 법인의 목적의 달성 또는 달성의 불능 기타 정관에 정한 해산사유의 발생, 파산 또는 설립허가의 취소로 해산한다. ② 사단법인은 사원이 없게 되거나 총회의 결의로도 해산한다.	제16조 【기관, 기업소, 단체의 병합과 분리】 기관, 기업소 단체가 갈라지거나 합쳐지는 경우 그의 민사상 권리의무도 갈라지거나 합쳐진다. 기관, 기업소, 단체가 폐지되거나 해산을 결정한 경우 그가 가지고 있던 채권채무는 해당 임무를 위임받은 청산인이 처리한다. 제17조 【기관, 기업소, 단체의 민사권리능력과 행위능력의 소멸】 기관, 기업소, 단체의 민사 권리능력과 행위능력은 기관, 기업소, 단체의 폐지 또는 해산이 해당 국가기관에 등록된 때에 없어진다.
第78조 【사단법인의 해산결의】 사단법인은 총사원 4분의 3 이상의 동의가	

남한 민법	북한 민법
없으면 해산을 결의하지 못한다. 그러나 정관에 다른 규정이 있는 때에는 그 규정에 의한다.	
제79조【파산신청】 법인이 채무를 완제하지 못하게 된 때에는 이사는 지체 없이 파산신청을 하여야 한다.	
제80조【잔여재산의 귀속】① 해산한 법인의 재산은 정관으로 지정한 자에게 귀속한다. ② 정관으로 귀속권리자를 지정하지 아니하거나 이를 지정하는 방법을 정하지 아니한 때에는 이사 또는 청산인은 주무관청의 허가를 얻어 그 법인의 목적에 유사한 목적을 위하여 그 재산을 처분할 수 있다. 그러나 사단법인에 있어서는 총회의 결의가 있어야 한다. ③ 전2항의 규정에 의하여 처분되지 아니한 재산은 국고에 귀속한다.	
제81조【청산법인】 해산한 법인은 청산의 목적범위 내에서만 권리가 있고 의무를 부담한다.	
제82조【청산인】 법인이 해산한 때에는 파산의 경우를 제하고는 이사가 청산인이 된다. 그러나 정관 또는 총회의 결의로 달리 정한 바가 있으면 그에 의한다.	
제83조【법원에 의한 청산인의 선임】 전조의 규정에 의하여 청산인이 될 자가 없거나 청산인의 결원으로 인하여 손해가 생길 염려가 있는 때에는 법원은 직권 또는 이해관계인이나 검사의 청구에 의하여 청산인을 선임할 수 있다.	

남한 민법	북한 민법
제84조【법원에 의한 청산인의 해임】 중요한 사유가 있는 때에는 법원은 직권 또는 이해관계인이나 검사의 청구에 의하여 청산인을 해임할 수 있다.	
제85조【해산등기】 ① 청산인은 파산의 경우를 제하고는 그 취임 후 3주간 내에 해산의 사유 및 연월일, 청산인의 성명 및 주소와 청산인의 대표권을 제한한 때에는 그 제한을 주된 사무소 및 분사무소 소재지에서 등기하여야 한다. ② 제52조의 규정은 전항의 등기에 준용한다.	
제86조【해산신고】 ① 청산인은 파산의 경우를 제하고는 그 취임 후 3주간 내에 전조 제1항의 사항을 주무관청에 신고하여야 한다. ② 청산 중에 취임한 청산인은 그 성명 및 주소를 신고하면 된다.	
제87조【청산인의 직무】 ① 청산인의 직무는 다음과 같다. 1. 현존사무의 종결 2. 채권의 추심 및 채무의 변제 3. 잔여재산의 인도 ② 청산인은 전항의 직무를 행하기 위하여 필요한 모든 행위를 할 수 있다.	
제88조【채권신고의 공고】 ① 청산인은 취임한 날로부터 2월 내에 3회 이상의 공고로 채권자에 대하여 일정한 기간 내에 그 채권을 신고할 것을 최고하여야 한다. 그 기간은 2월 이상이어야 한다. ② 전항의 공고에는 채권자가 기간 내에 신고하지 아니하면 청산으로부터 제외될 것을	

남한 민법	북한 민법
표시하여야 한다. ③ 제1항의 공고는 법원의 등기사항의 공고와 동일한 방법으로 하여야 한다.	
제89조【채권신고의 최고】 청산인은 알고 있는 채권자에게 대하여는 각각 그 채권신고를 최고하여야 한다. 알고 있는 채권자는 청산으로부터 제외하지 못한다.	
제90조【채권신고기간 내의 변제금지】 청산인은 제88조 제1항의 채권신고기간 내에는 채권자에 대하여 변제하지 못한다. 그러나 법인은 채권자에 대한 지연손해배상의 의무를 면하지 못한다.	
제91조【채권변제의 특례】 ① 청산 중의 법인은 변제기에 이르지 아니한 채권에 대하여도 변제할 수 있다. ② 전항의 경우에는 조건 있는 채권, 존속기간의 불확정한 채권 기타 가액의 불확정한 채권에 관하여는 법원이 선임한 감정인의 평가에 의하여 변제하여야 한다.	
제92조【청산으로부터 제외된 채권】 청산으로부터 제외된 채권자는 법인의 채무를 완제한 후 귀속권리자에게 인도하지 아니한 재산에 대하여서만 변제를 청구할 수 있다.	
제93조【청산중의 파산】 ① 청산 중 법인의 재산이 그 채무를 완제하기에 부족한 것이 분명하게 된 때에는 청산인은 지체 없이 파산선고를 신청하고 이를 공고하여야 한다. ② 청산인은 파산관재인에게 그 사무를 인계함으로써 그 임무가 종료한다. ③ 제88조 제3항의 규정은 제1항의 공고에	

남한 민법	북한 민법
준용한다.	
제94조【청산종결의 등기와 신고】 청산이 종결한 때에는 청산인은 3주간 내에 이를 등기하고 주무관청에 신고하여야 한다.	
제95조【해산, 청산의 검사, 감독】 법인의 해산 및 청산은 법원이 검사, 감독한다.	
제96조【준용규정】 제58조 제2항, 제59조 내지 제62조, 제64조, 제65조 및 제70조의 규정은 청산인에 이를 준용한다.	
제97조【벌칙】 법인의 이사, 감사 또는 청산인은 다음 각 호의 경우에는 500만원 이하의 과태료에 처한다. [개정 2007.12.21] 1. 본장에 규정한 등기를 해태한 때 2. 제55조의 규정에 위반하거나 재산목록 또는 사원명부에 부정기재를 한 때 3. 제37조, 제95조에 규정한 검사, 감독을 방해한 때 4. 주무관청 또는 총회에 대하여 사실 아닌 신고를 하거나 사실을 은폐한 때 5. 제76조와 제90조의 규정에 위반한 때 6. 제79조, 제93조의 규정에 위반하여 파산선고의 신청을 해태한 때 7. 제88조, 제93조에 정한 공고를 해태하거나 부정한 공고를 한 때	
제98조【물건의 정의】 본법에서 물건이라 함은 유체물 및 전기 기타 관리할 수 있는 자연력을 말한다.	

남한 민법	북한 민법
제99조 【부동산, 동산】 ① 토지 및 그 정착물은 부동산이다. ② 부동산 이외의 물건은 동산이다.	
제100조 【주물, 종물】 ① 물건의 소유자가 그 물건의 상용에 공하기 위하여 자기소유인 다른 물건을 이에 부속하게 한 때에는 그 부속물은 종물이다. ② 종물은 주물의 처분에 따른다.	제85조 【종속재산의 인도】 재산을 넘겨주는 채권채무관계에서는 넘겨주는 재산과 함께 그에 종속된 재산도 넘겨주어야 한다.
제101조 【천연과실, 법정과실】 ① 물건의 용법에 의하여 수취하는 산출물은 천연과실이다. ② 물건의 사용대가로 받는 금전 기타의 물건은 법정과실로 한다.	
제102조 【과실의 취득】 ① 천연과실은 그 원물로부터 분리하는 때에 이를 수취할 권리자에게 속한다. ② 법정과실은 수취할 권리의 존속기간일수의 비율로 취득한다.	
제103조 【반사회질서의 법률행위】 선량한 풍속 기타 사회질서에 위반한 사항을 내용으로 하는 법률행위는 무효로 한다. 제104조 【불공정한 법률행위】 당사자의 궁박, 경솔 또는 무경험으로 인하여 현저하게 공정을 잃은 법률행위는 무효로 한다.	제26조 【민사법률행위의 유효조건】 민사법률행위는 국가의 법과 사회주의적 생활규범에 맞게 하여야 법적 효력을 가진다. 국가의 법과 사회주의적 생활규범에 어긋나는 행위, 국가와 사회에 해를 준다는 것을 알면서 하는 행위, 허위적으로 하는 행위, 민사행위능력이 없는 공민이 하는 행위는 효력을 가지지 못한다. 제27조 【무효한 법률행위의 효과】 민사법률행위의 효력이 없어진 경우에 당사자들이 이미 주고받은 돈이나 물건은 서로 상대방에 돌려준다. 그러나 국가의 법과 사회주의적 생활규범에 어긋난다는 것을 알면서 행위를 한 자에게는 해당 돈이나 물건을 돌려주지 않고 국고에 넣는다.

남한 민법	북한 민법
제105조【임의규정】 법률행위의 당사자가 법령 중의 선량한 풍속 기타 사회질서에 관계없는 규정과 다른 의사를 표시한 때에는 그 의사에 의한다.	
제106조【사실인 관습】 법령 중의 선량한 풍속 기타 사회질서에 관계없는 규정과 다른 관습이 있는 경우에 당사자의 의사가 명확하지 아니한 때에는 그 관습에 의한다.	
제107조【진의 아닌 의사표시】① 의사표시는 표의자가 진의아님을 알고한 것이라도 그 효력이 있다. 그러나 상대방이 표의자의 진의아님을 알았거나 이를 알 수 있었을 경우에는 무효로 한다. ② 전항의 의사표시의 무효는 선의의 제3자에게 대항하지 못한다. 제108조【통정한 허위의 의사표시】① 상대방과 통정한 허위의 의사표시는 무효로 한다. ② 전항의 의사표시의 무효는 선의의 제3자에게 대항하지 못한다.	제26조【민사법률행위의 유효조건】 민사법률행위는 국가의 법과 사회주의적 생활규범에 맞게 하여야 법적 효력을 가진다. 국가의 법과 사회주의적 생활규범에 어긋나는 행위, 국가와 사회에 해를 준다는 것을 알면서 하는 행위, 허위적으로 하는 행위, 민사행위능력이 없는 공민이 하는 행위는 효력을 가지지 못한다. 제27조【무효한 법률행위의 효과】 민사법률행위의 효력이 없어진 경우에 당사자들이 이미 주고받은 돈이나 물건은 서로 상대방에 돌려준다. 그러나 국가의 법과 사회주의적 생활규범에 어긋난다는 것을 알면서 행위를 한 자에게는 해당 돈이나 물건을 돌려주지 않고 국고에 넣는다.
제109조【착오로 인한 의사표시】① 의사표시는 법률행위의 내용의 중요부분에 착오가 있는 때에는 취소할 수 있다. 그러나 그 착오가 표의자의 중대한 과실로 인한 때에는 취소하지 못한다. ② 전항의 의사표시의 취소는 선의의 제3자에게 대항하지 못한다. 제110조【사기, 강박에 의한 의사표시】① 사기	제28조【취소할 수 있는 민사법률행위의 형태】 속히워서 한 민사법률행위, 본질적인 내용에 대하여 착오를 범한 민사법률행위, 강요로 하여 본의 아니게 한 민사법률행위, 16살에 이른 자가 부모나 후견인의 동의 없이 한 민사법률행위는 취소할 수 있다. 취소는 2개월 안에 하여야 한다. 취소된 민사법률행위는 효력을 가지지 못

남한 민법	북한 민법
나 강박에 의한 의사표시는 취소할 수 있다. ② 상대방 있는 의사표시에 관하여 제3자가 사기나 강박을 행한 경우에는 상대방이 그 사실을 알았거나 알 수 있었을 경우에 한하여 그 의사표시를 취소할 수 있다. ③ 전2항의 의사표시의 취소는 선의의 제3자에게 대항하지 못한다.	한다.
제111조【의사표시의 효력발생시기】① 상대방이 있는 의사표시는 상대방에게 도달한 때에 그 효력이 생긴다. ② 의사표시자가 그 통지를 발송한 후 사망하거나 제한능력자가 되어도 의사표시의 효력에 영향을 미치지 아니한다. **[전문개정 2011.3.7] [시행일 : 2013.7.1]**	
제112조【제한능력자에 대한 의사표시의 효력】 의사표시의 상대방이 의사표시를 받은 때에 제한능력자인 경우에는 의사표시자는 그 의사표시로써 대항할 수 없다. 다만, 그 상대방의 법정대리인이 의사표시가 도달한 사실을 안 후에는 그러하지 아니하다. **[전문개정 2011.3.7] [시행일 : 2013.7.1]**	
제113조【의사표시의 공시송달】 표의자가 과실 없이 상대방을 알지 못하거나 상대방의 소재를 알지 못하는 경우에는 의사표시는 민사소송법공시송달의 규정에 의하여 송달할 수 있다.	
제114조【대리행위의 효력】① 대리인이 그 권한 내에서 본인을 위한 것임을 표시한 의사표시는 직접본인에게 대하여 효력이 생긴다. ② 전항의 규정은 대리인에게 대한 제3자의 의사표시에 준용한다. 제115조【본인을 위한 것임을 표시하지 아니한	제33조【대리행위의 법적효과】 대리인은 대리를 위임한 자의 이름으로 민사법률행위를 하며 그 행위의 법적 효과는 대리를 위임한 자에게 돌아간다. 대리를 위임한 자는 대리인과 법률행위를 한 제3자 앞에 대리권의 범위 안에서 이루어진

남한 민법	북한 민법
행위】 대리인이 본인을 위한 것임을 표시하지 아니한 때에는 그 의사표시는 자기를 위한 것으로 본다. 그러나 상대방이 대리인으로서 한 것임을 알았거나 알 수 있었을 때에는 전조 제1항의 규정을 준용한다.	모든 행위의 결과에 대하여 책임진다. 대리권의 범위를 넘는 대리행위의 결과는 대리인이 책임진다. 제34조【대리의 위임형식】 대리의 위임은 말로 하거나 서면으로 한다. 공민이 대리를 말로 위임하는 경우에는 그 사실과 대리권의 범위를 상대방에게 알려주어야 한다. 기관, 기업소, 단체는 서면으로만 대리를 위임할 수 있으며 대리를 위임하는 위임장이나 신임장에는 대리권의 범위를 명백히 밝혀야 한다.
제116조【대리행위의 하자】① 의사표시의 효력이 의사의 흠결, 사기, 강박 또는 어느 사정을 알았거나 과실로 알지 못한 것으로 인하여 영향을 받을 경우에 그 사실의 유무는 대리인을 표준하여 결정한다. ② 특정한 법률행위를 위임한 경우에 대리인이 본인의 지시에 좇아 그 행위를 한 때에는 본인은 자기가 안 사정 또는 과실로 인하여 알지 못한 사정에 관하여 대리인의 부지를 주장하지 못한다.	
제117조【대리인의 행위능력】 대리인은 행위능력자임을 요하지 아니한다.	제32조【대리의 종류】 대리에는 법에 의하여 하는 법정대리와 위임에 의하여 하는 위임대리가 있다. 대리인은 반드시 민사행위능력을 가진 공민이여야 한다.
제118조【대리권의 범위】 권한을 정하지 아니한 대리인은 다음 각 호의 행위만을 할 수 있다. 1. 보존행위 2. 대리의 목적인 물건이나 권리의 성질을 변하지 아니하는 범위에서 그 이용 또는	

남한 민법	북한 민법
개량하는 행위	
제119조 【각자대리】 대리인이 수인인 때에는 각자가 본인을 대리한다. 그러나 법률 또는 수권행위에 다른 정한 바가 있는 때에는 그러하지 아니하다.	
제120조 【임의대리인의 복임권】 대리권이 법률행위에 의하여 부여된 경우에는 대리인은 본인의 승낙이 있거나 부득이한 사유 있는 때가 아니면 복대리인을 선임하지 못한다.	
제121조 【임의대리인의 복대리인선임의 책임】 ① 전조의 규정에 의하여 대리인이 복대리인을 선임한 때에는 본인에게 대하여 그 선임감독에 관한 책임이 있다. ② 대리인이 본인의 지명에 의하여 복대리인을 선임한 경우에는 그 부적임 또는 불성실함을 알고 본인에게 대한 통지나 그 해임을 태만한 때가 아니면 책임이 없다.	
제122조 【법정대리인의 복임권과 그 책임】 법정대리인은 그 책임으로 복대리인을 선임할 수 있다. 그러나 부득이한 사유로 인한 때에는 전조 제1항에 정한 책임만이 있다.	
제123조 【복대리인의 권한】 ① 복대리인은 그 권한 내에서 본인을 대리한다. ②복대리인은 본인이나 제3자에 대하여 대리인과 동일한 권리의무가 있다.	
제124조 【자기계약, 쌍방대리】 대리인은 본인의 허락이 없으면 본인을 위하여 자기와 법률행위를 하거나 동일한 법률행위에 관하여 당사자쌍방을 대리하지 못한다. 그러나 채무의 이행은 할 수 있다.	

남한 민법	북한 민법
第125조【대리권수여의 표시에 의한 표현대리】 제3자에 대하여 타인에게 대리권을 수여함을 표시한 자는 그 대리권의 범위 내에서 행한 그 타인과 그 제3자 간의 법률행위에 대하여 책임이 있다. 그러나 제3자가 대리권 없음을 알았거나 알 수 있었을 때에는 그러하지 아니하다.	
第126조【권한을 넘은 표현대리】 대리인이 그 권한 외의 법률행위를 한 경우에 제3자가 그 권한이 있다고 믿을 만한 정당한 이유가 있는 때에는 본인은 그 행위에 대하여 책임이 있다.	
第127조【대리권의 소멸사유】 대리권은 다음 각 호의 어느 하나에 해당하는 사유가 있으면 소멸된다. 1. 본인의 사망 2. 대리인의 사망, 성년후견의 개시 또는 파산 **[전문개정 2011.3.7] [시행일 : 2013.7.1]**	第36조【대리권의 소멸】 대리권은 대리를 위임한 자나 대리인이 사망한 경우 또는 대리인이 민사행위능력을 잃은 경우에 없어진다. 위임에 의한 대리권은 대리를 위임한 자가 대리의 위임을 취소하였거나 대리인이 그 위임을 거절한 경우에도 없어진다. 말로 한 대리의 위임을 취소한 경우에는 그 사실을 상대방에 알려주어야 한다.
第128조【임의대리의 종료】 법률행위에 의하여 수여된 대리권은 전조의 경우 외에 그 원인된 법률관계의 종료에 의하여 소멸한다. 법률관계의 종료 전에 본인이 수권행위를 철회한 경우에도 같다.	
第129조【대리권소멸 후의 표현대리】 대리권의 소멸은 선의의 제3자에게 대항하지 못한다. 그러나 제3자가 과실로 인하여 그 사실을 알지 못한 때에는 그러하지 아니하다.	
第130조【무권대리】 대리권 없는 자가 타인의 대리인으로 한 계약	第35조【대리인의 임무】 대리인은 대리행위를 대리권의 범위 안에서

남한 민법	북한 민법
은 본인이 이를 추인하지 아니하면 본인에 대하여 효력이 없다.	성실하게 하여야 한다. 대리권의 범위에서 대리행위를 불성실하게 하여 생긴 손해에 대하여서는 대리인이 대리권을 위임한 자 앞에 책임진다.
제131조【상대방의 최고권】 대리권 없는 자가 타인의 대리인으로 계약을 한 경우에 상대방은 상당한 기간을 정하여 본인에게 그 추인 여부의 확답을 최고할 수 있다. 본인이 그 기간 내에 확답을 발하지 아니한 때에는 추인을 거절한 것으로 본다.	
제132조【추인, 거절의 상대방】 추인 또는 거절의 의사표시는 상대방에 대하여 하지 아니하면 그 상대방에 대항하지 못한다. 그러나 상대방이 그 사실을 안 때에는 그러하지 아니하다.	
제133조【추인의 효력】 추인은 다른 의사표시가 없는 때에는 계약시에 소급하여 그 효력이 생긴다. 그러나 제3자의 권리를 해하지 못한다.	
제134조【상대방의 철회권】 대리권 없는 자가 한 계약은 본인의 추인이 있을 때까지 상대방은 본인이나 그 대리인에 대하여 이를 철회할 수 있다. 그러나 계약당시에 상대방이 대리권 없음을 안 때에는 그러하지 아니하다.	
제135조【상대방에 대한 무권대리인의 책임】 ① 다른 자의 대리인으로서 계약을 맺은 자가 그 대리권을 증명하지 못하고 또 본인의 추인을 받지 못한 경우에는 그는 상대방의 선택에 따라 계약을 이행할 책임 또는 손해를 배상할 책임이 있다. ② 대리인으로서 계약을 맺은 자에게 대리권이 없다는 사실을 상대방이 알았거나 알 수 있었을 때 또는 대리인으로서 계약을 맺은	

남한 민법	북한 민법
사람이 제한능력자일 때에는 제1항을 적용하지 아니한다. [전문개정 2011.3.7] [시행일 : 2013.7.1]	
제136조【단독행위와 무권대리】 단독행위에는 그 행위당시에 상대방이 대리인이라 칭하는 자의 대리권 없는 행위에 동의하거나 그 대리권을 다투지 아니한 때에 한하여 전6조의 규정을 준용한다. 대리권 없는 자에 대하여 그 동의를 얻어 단독행위를 한 때에도 같다.	
제137조【법률행위의 일부무효】 법률행위의 일부분이 무효인 때에는 그 전부를 무효로 한다. 그러나 그 무효부분이 없더라도 법률행위를 하였을 것이라고 인정될 때에는 나머지 부분은 무효가 되지 아니한다.	
제138조【무효행위의 전환】 무효인 법률행위가 다른 법률행위의 요건을 구비하고 당사자가 그 무효를 알았더라면 다른 법률행위를 하는 것을 의욕하였으리라고 인정될 때에는 다른 법률행위로서 효력을 가진다.	
제139조【무효행위의 추인】 무효인 법률행위는 추인하여도 그 효력이 생기지 아니한다. 그러나 당사자가 그 무효임을 알고 추인한 때에는 새로운 법률행위로 본다.	
제140조【법률행위의 취소권자】 취소할 수 있는 법률행위는 제한능력자, 착오로 인하거나 사기·강박에 의하여 의사표시를 한 자, 그의 대리인 또는 승계인만이 취소할 수 있다. [전문개정 2011.3.7] [시행일 : 2013.7.1]	

남한 민법	북한 민법
제141조【취소의 효과】 취소된 법률행위는 처음부터 무효인 것으로 본다. 다만, 제한능력자는 그 행위로 인하여 받은 이익이 현존하는 한도에서 상환(償還)할 책임이 있다. [전문개정 2011.3.7] [시행일 : 2013.7.1]	제28조【취소할 수 있는 민사법률행위의 형태】 속히워서 한 민사법률행위, 본질적인 내용에 대하여 착오를 범한 민사법률행위, 강요로 하여 본의 아니게 한 민사법률행위, 16살에 이른 자가 부모나 후견인의 동의 없이 한 민사법률행위는 취소할 수 있다. 취소는 2개월 안에 하여야 한다. 취소된 민사법률행위는 효력을 가지지 못한다. 제29조【민사법률행위 취소의 효과】 민사법률행위가 취소된 경우에 당사자들이 이미 주고받은 돈이나 물건은 서로 상대방에게 돌려준다. 그러나 상대방을 속였거나 강요하여 민사법률행위를 하게 한 자의 돈이나 물건은 그에게 돌려주지 않고 국고에 넣는다.
제142조【취소의 상대방】 취소할 수 있는 법률행위의 상대방이 확정한 경우에는 그 취소는 그 상대방에 대한 의사표시로 하여야 한다.	
제143조【추인의 방법, 효과】 ① 취소할 수 있는 법률행위는 제140조에 규정한 자가 추인할 수 있고 추인 후에는 취소하지 못한다. ② 전조의 규정은 전항의 경우에 준용한다.	
제144조【추인의 요건】 ① 추인은 취소의 원인이 소멸된 후에 하여야만 효력이 있다. ② 제1항은 법정대리인 또는 후견인이 추인하는 경우에는 적용하지 아니한다. [전문개정 2011.3.7] [시행일 : 2013.7.1]	
제145조【법정추인】 취소할 수 있는 법률행위에 관하여 전조의 규정에 의하여 추인할 수 있는 후에 다음	

남한 민법	북한 민법
각 호의 사유가 있으면 추인한 것으로 본다. 그러나 이의를 보류한 때에는 그러하지 아니하다. 1. 전부나 일부의 이행 2. 이행의 청구 3. 경개 4. 담보의 제공 5. 취소할 수 있는 행위로 취득한 권리의 전부나 일부의 양도 6. 강제집행	
第146条 【취소권의 소멸】 취소권은 추인할 수 있는 날로부터 3년 내에 법률행위를 한 날로부터 10년 내에 행사하여야 한다.	第28조 【취소할 수 있는 민사법률행위의 형태】 속히워서 한 민사법률행위, 본질적인 내용에 대하여 착오를 범한 민사법률행위, 강요로 하여 본의 아니게 한 민사법률행위, 16살에 이른 자가 부모나 후견인의 동의 없이 한 민사법률행위는 취소할 수 있다. 취소는 2개월 안에 하여야 한다. 취소된 민사법률행위는 효력을 가지지 못한다.
第147条 【조건성취의 효과】 ① 정지조건 있는 법률행위는 조건이 성취한 때로부터 그 효력이 생긴다. ② 해제조건 있는 법률행위는 조건이 성취한 때로부터 그 효력을 잃는다. ③ 당사자가 조건성취의 효력을 그 성취 전에 소급하게 할 의사를 표시한 때에는 그 의사에 의한다.	第30조 【민사법률행위의 효력】 민사법률행위의 효력은 일정한 조건의 발생과 결부시킬 수 있다. 이 경우 당사자는 조건의 발생을 앞당기거나 방해하는 행위를 하지 말아야 한다.
第148条 【조건부권리의 침해금지】 조건 있는 법률행위의 당사자는 조건의 성부가 미정한 동안에 조건의 성취로 인하여 생길 상대방의 이익을 해하지 못한다.	
第149条 【조건부권리의 처분 등】 조건의 성취가 미정한 권리의무는 일반규정	

남한 민법	북한 민법
에 의하여 처분, 상속, 보존 또는 담보로 할 수 있다.	
제150조【조건성취, 불성취에 대한 반신의행위】 ① 조건의 성취로 인하여 불이익을 받을 당사자가 신의성실에 반하여 조건의 성취를 방해한 때에는 상대방은 그 조건이 성취한 것으로 주장할 수 있다. ② 조건의 성취로 인하여 이익을 받을 당사자가 신의성실에 반하여 조건을 성취시킨 때에는 상대방은 그 조건이 성취하지 아니한 것으로 주장할 수 있다.	제30조【민사법률행위의 효력】 민사법률행위의 효력은 일정한 조건의 발생과 결부시킬 수 있다. 이 경우 당사자는 조건의 발생을 앞당기거나 방해하는 행위를 하지 말아야 한다.
제151조【불법조건, 기성조건】① 조건이 선량한 풍속 기타 사회질서에 위반한 것인 때에는 그 법률행위는 무효로 한다. ② 조건이 법률행위의 당시 이미 성취한 것인 경우에는 그 조건이 정지조건이면 조건 없는 법률행위로 하고 해제조건이면 그 법률행위는 무효로 한다. ③ 조건이 법률행위의 당시에 이미 성취할 수 없는 것인 경우에는 그 조건이 해제조건이면 조건 없는 법률행위로 하고 정지조건이면 그 법률행위는 무효로 한다.	
제152조【기한도래의 효과】① 시기 있는 법률행위는 기한이 도래한 때로부터 그 효력이 생긴다. ② 종기 있는 법률행위는 기한이 도래한 때로부터 그 효력을 잃는다.	
제153조【기한의 이익과 그 포기】① 기한은 채무자의 이익을 위한 것으로 추정한다. ② 기한의 이익은 이를 포기할 수 있다. 그러나 상대방의 이익을 해하지 못한다.	

남한 민법	북한 민법
第154조【기한부권리와 준용규정】 제148조와 제149조의 규정은 기한 있는 법률행위에 준용한다.	
第155조【본장의 적용범위】 기간의 계산은 법령, 재판상의 처분 또는 법률행위에 다른 정한 바가 없으면 본장의 규정에 의한다.	第270조【민사시효기간의 시작날짜】 민사시효기간은 일간, 월간, 년간으로 정하며 그 계산은 시효기간을 계산하여야 할 사유가 생긴 다음날부터 시작한다.
第156조【기간의 기산점】 기간을 시, 분, 초로 정한 때에는 즉시로부터 기산한다.	第271조【민사시효기간이 끝나는 날】 민사시효기간은 시효기간을 계산하여야 할 사유가 생긴 날자와 같은 날이 지나면 끝나며 같은 날자가 없을 경우에는 그 달의 마지막 날이 지나면 끝난다. 시효기간의 마지막 날이 일요일, 명절일이거나 국가에서 정한 휴식일인 경우에는 그 다음 첫 로동일을 시효시간의 마지막 날로 한다.
第157조【기간의 기산점】 기간을 일, 주, 월 또는 연으로 정한 때에는 기간의 초일은 산입하지 아니한다. 그러나 그 기간이 오전 영시로부터 시작하는 때에는 그러하지 아니하다.	
第158조【연령의 기산점】 연령계산에는 출생일을 산입한다.	
第159조【기간의 만료점】 기간을 일, 주, 월 또는 연으로 정한 때에는 기간말일의 종료로 기간이 만료한다.	
第160조【역에 의한 계산】① 기간을 주, 월 또는 연으로 정한 때에는 역에 의하여 계산한다. ② 주, 월 또는 연의 처음으로부터 기간을 기산하지 아니하는 때에는 최후의 주, 월 또는 연에서 그 기산일에 해당한 날의 전일로 기간이 만료한다. ③ 월 또는 연으로 정한 경우에 최종의 월에 해당일이 없는 때에는 그 월의 말일로 기간이 만료한다.	
第161조【공휴일 등과 기간의 만료점】 기간의 말일이 토요일 또는 공휴일에 해당한	

남한 민법	북한 민법
때에는 기간은 그 익일로 만료한다. [개정 2007.12.21]	
第162조【채권, 재산권의 소멸시효】① 채권은 10년간 행사하지 아니하면 소멸시효가 완성한다. ② 채권 및 소유권 이외의 재산권은 20년간 행사하지 아니하면 소멸시효가 완성한다.	第260조【공민이 당사자로 나서는 민사시효기간】 기관, 기업소, 단체와 공민 사이 또는 공민 사이의 민사시효기간으로 1년으로 한다. 第261조【기관, 기업소, 단체사이의 민사시효기간】 기관, 기업소, 단체 사이의 민사시효기간은 다음과 같다. 1. 제품의 대금청구와 보증금반환청구, 공급한 제품의 규격, 완비성 및 견본의 위반과 파손, 부패변질, 수량부족, 그 밖의 계약조건위반으로 하여 발생한 손해보상청구와 위약금, 연체료의 지불청구 및 운수, 체신업무와 관련하여 발생한 청구에 대하여서는 3개월 2. 앞 호 이외의 청구에 대하여서는 6개월 3. 대외민사거래와 관련한 청구에 대하여서는 조약에서 달리 정하지 않는 한 2년
第163조【3년의 단기소멸시효】 다음 각 호의 채권은 3년간 행사하지 아니하면 소멸시효가 완성한다. [개정 1997.12.13] 1. 이자, 부양료, 급료, 사용료 기타 1년 이내의 기간으로 정한 금전 또는 물건의 지급을 목적으로 한 채권 2. 의사, 조산사, 간호사 및 약사의 치료, 근로 및 조제에 관한 채권 3. 도급받은 자, 기사 기타 공사의 설계 또는 감독에 종사하는 자의 공사에 관한 채권 4. 변호사, 변리사, 공증인, 공인회계사 및 법무사에 대한 직무상 보관한 서류의 반환을 청구하는 채권 5. 변호사, 변리사, 공증인, 공인회계사 및 법무사의 직무에 관한 채권 6. 생산자 및 상인이 판매한 생산물 및 상품의 대가 7. 수공업자 및 제조자의 업무에 관한 채권	
第164조【1년의 단기소멸시효】 다음 각 호의 채권은 1년간 행사하지 아니하면 소멸시효가 완성한다. 1. 여관, 음식점, 대석, 오락장의 숙박료, 음식료, 대석료, 입장료, 소비물의 대가 및 체당금의 채권	

남한 민법	북한 민법
2. 의복, 침구, 장구 기타 동산의 사용료의 채권 3. 노역인, 연예인의 임금 및 그에 공급한 물건의 대금채권 4. 학생 및 수업자의 교육, 의식 및 유숙에 관한 교주, 숙주, 교사의 채권	
제165조【판결 등에 의하여 확정된 채권의 소멸시효】 ① 판결에 의하여 확정된 채권은 단기의 소멸시효에 해당한 것이라도 그 소멸시효는 10년으로 한다. ② 파산절차에 의하여 확정된 채권 및 재판상의 화해, 조정 기타 판결과 동일한 효력이 있는 것에 의하여 확정된 채권도 전항과 같다. ③ 전2항의 규정은 판결확정당시에 변제기가 도래하지 아니한 채권에 적용하지 아니한다.	
제166조【소멸시효의 기산점】 ① 소멸시효는 권리를 행사할 수 있는 때로부터 진행한다. ② 부작위를 목적으로 하는 채권의 소멸시효는 위반행위를 한 때로부터 진행한다.	**제269조【민사시효 기간의 시작】** 민사시효기간은 다음과 같은 때부터 시작된다. 1. 리행기간이 지정된 채무에 대하여서는 그 기간이 된 때 2. 리행기간이 지정되지 않은 채무에 대하여서는 채무가 생긴 때 3. 기관, 기업소, 단체 사이에 공급한 제품의 규격, 완비성 및 견본의 위반과 파손, 부패변질, 수량부족, 그 밖의 계약조건 위반으로 하여 발생한 손해보상청구는 그에 대한 사고조서를 작성하였거나 작성하기로 된 때 4. 그 밖의 청구권은 청구권을 실현할 수 있게 된 때

남한 민법	북한 민법
제167조【소멸시효의 소급효】 소멸시효는 그 기산일에 소급하여 효력이 생긴다.	제268조【민사시효의 의무적 적용】 재판기관이나 중재기관은 당사자가 민사시효의 리익을 주장하지 않아도 시효를 적용하여야 한다.
제168조【소멸시효의 중단사유】 소멸시효는 다음 각 호의 사유로 인하여 중단된다. 1. 청구 2. 압류 또는 가압류, 가처분 3. 승인	제266조【민사시효기간의 중단】 다음과 같은 사유가 있는 경우에 민사시효기간의 계산은 중단된다. 1. 채권자가 재판 또는 중재를 제기하였을 경우 2. 은행기관을 통한 지불청구에 대하여 채무자가 채무를 확인하였을 경우 3. 공민호상간 또는 기관, 기업소, 단체와 공민 사이 혹은 기관, 기업소, 단체 사이의 계획에 기초하지 않는 일반계약 분쟁사건에서 채무자가 채무를 승인하였을 경우
제169조【시효중단의 효력】 시효의 중단은 당사자 및 그 승계인간에만 효력이 있다.	
제170조【재판상의 청구와 시효중단】 ① 재판상의 청구는 소송의 각하, 기각 또는 취하의 경우에는 시효중단의 효력이 없다. ② 전항의 경우에 6월내에 재판상의 청구, 파산절차참가, 압류 또는 가압류, 가처분을 한 때에는 시효는 최초의 재판상청구로 인하여 중단된 것으로 본다.	
제171조【파산절차참가와 시효중단】 파산절차참가는 채권자가 이를 취소하거나 그 청구가 각하된 때에는 시효중단의 효력이 없다.	
제172조【지급명령과 시효중단】 지급명령은 채권자가 법정기간 내에 가집행신청을 하지 아니함으로 인하여 그 효력을 잃은 때에는 시효중단의 효력이 없다.	
제173조【화해를 위한 소환, 임의출석과 시효중단】 화해를 위한 소환은 상대방이 출석하지 아니하거나 화해가 성립되지 아니한 때에는 1월	

남한 민법	북한 민법
내에 소를 제기하지 아니하면 시효중단의 효력이 없다. 임의출석의 경우에 화해가 성립되지 아니한 때에도 그러하다.	
제174조 【최고와 시효중단】 최고는 6월내에 재판상의 청구, 파산절차참가, 화해를 위한 소환, 임의출석, 압류 또는 가압류, 가처분을 하지 아니하면 시효중단의 효력이 없다.	
제175조 【압류, 가압류, 가처분과 시효중단】 압류, 가압류 및 가처분은 권리자의 청구에 의하여 또는 법률의 규정에 따르지 아니함으로 인하여 취소된 때에는 시효중단의 효력이 없다.	
제176조 【압류, 가압류, 가처분과 시효중단】 압류, 가압류 및 가처분은 시효의 이익을 받은 자에 대하여 하지 아니한 때에는 이를 그에게 통지한 후가 아니면 시효중단의 효력이 없다.	
제177조 【승인과 시효중단】 시효중단의 효력 있는 승인에는 상대방의 권리에 관한 처분의 능력이나 권한 있음을 요하지 아니한다.	
제178조 【중단후의 시효진행】 ① 시효가 중단된 때에는 중단까지에 경과한 시효기간은 이를 산입하지 아니하고 중단사유가 종료한 때로 부터 새로이 진행한다. ② 재판상의 청구로 인하여 중단한 시효는 전항의 규정에 의하여 재판이 확정된 때로부터 새로이 진행한다.	
제179조 【제한능력자의 시효정지】 소멸시효의 기간만료 전 6개월 내에 제한능력자에게 법	제265조 【민사시효기간의 정지】 민사시효기간의 마지막 3개월 안에 자연재

남한 민법	북한 민법
정대리인이 없는 경우에는 그가 능력자가 되거나 법정대리인이 취임한 때부터 6개월 내에는 시효가 완성되지 아니한다. **[전문개정 2011.3.7] [시행일 : 2013.7.1]**	해같이 어찌할 수 없는 사유로 청구권을 행사할 수 없었을 경우에 시효기간의 계산은 정지되며 그 사유가 없어지면 기간의 계산을 계속된다. 나머지 시효기간이 3개월이 못된 때에는 3개월까지 연장한다.
제180조 **【재산관리자에 대한 제한능력자의 권리, 부부 사이의 권리와 시효정지】** ① 재산을 관리하는 아버지, 어머니 또는 후견인에 대한 제한능력자의 권리는 그가 능력자가 되거나 후임 법정대리인이 취임한 때부터 6개월 내에는 소멸시효가 완성되지 아니한다. ② 부부 중 한쪽이 다른 쪽에 대하여 가지는 권리는 혼인관계가 종료된 때부터 6개월 내에는 소멸시효가 완성되지 아니한다. **[전문개정 2011.3.7] [시행일 : 2013.7.1]**	
제181조 **【상속재산에 관한 권리와 시효정지】** 상속재산에 속한 권리나 상속재산에 대한 권리는 상속인의 확정, 관리인의 선임 또는 파산선고가 있는 때로부터 6월내에는 소멸시효가 완성하지 아니한다. 제182조 **【천재 기타 사변과 시효정지】** 천재 기타 사변으로 인하여 소멸시효를 중단할 수 없을 때에는 그 사유가 종료한 때로부터 1월 내에는 시효가 완성하지 아니한다.	제267조 **【민사시효기간의 연장】** 재판기관이나 중재기관은 청구권을 가진 자가 민사시효기간 안에 재판 또는 중재를 제기하지 못한 데 대하여 불가피한 리유가 있다고 인정되는 경우 시효기간을 연장하여 줄 수 있다.
제183조 **【종속된 권리에 대한 소멸시효의 효력】** 주된 권리의 소멸시효가 완성한 때에는 종속된 권리에 그 효력이 미친다. 제184조 **【시효의 이익의 포기 기타】** ① 소멸시효의 이익은 미리 포기하지 못한다. ② 소멸시효는 법률행위에 의하여 이를 배제, 연장 또는 가중할 수 없으나 이를 단축 또는 경감할 수 있다.	제268조 **【민사시효의 의무적 적용】** 재판기관이나 중재기관은 당사자가 민사시효의 리익을 주장하지 않아도 시효를 적용하여야 한다.

판 례 색 인

사 항 색 인

ㄴ

ㅅ

ㅇ

ㅈ

ㅊ

저 자 약 력

김 영 규

〈약　력〉

- 서울고등학교 졸업
- 단국대학교 법과대학 졸업, 동대학원 졸업(법학박사)
- 고려대·국립창원대·국립한경대·단국대·서울사이버대 강사
- 고려대학교 연구교수(의사법학연구소)
- 감정평가사 시험위원(민법)
- 가맹거래사 시험위원(민법)
- 서울시 사무관승진시험 출제위원(민법총칙)
- 법무부 남북법령연구특별분과위원회 위원
- 법제처 국민법제관
- 백석대학교 경찰학부 교수

〈주요저서〉

- 「물권법(제3판)」, 진원사(2019)
- 「신법학개론(제5판)」(공저), 박영사(2017)
- 「부동산사법(제4판)」, 부연사(2017)
- 「북한민법 주석」(공저), 법무부(2015)
- 「북한가족법 주석」(공저), 법무부(2015)
- 「보건의료관계법규」, 법문사(2009)
- 「의료과오의 민사책임」(공저), 신양사(2005)
- 「북한민법연구」(공저), 신양사(2004)
- 「의료소송실무자료집(상·하)」, 제일법규(1996)

민법총칙 (제3판)

저　자	김 영 규	2012년 8월 31일 초 판 발행
발행인	양 진 수	2015년 3월 5일 제2판 발행
발행처	진 원 사	2019년 2월 25일 제3판 인쇄
		2019년 3월 5일 제3판 발행

서울시 송파구 법원로 9길 26, C동 1107호 (문정동, H비즈니스파크)
전화 : 02) 916-1850 / 팩스 : 02) 916-3442
신고번호 제 2018 - 000026호
http://www.jinwonsa.co.kr
http://www.lawbookstore.co.kr
e-mail : hhansin@hanmail.net

본서의 무단전재나 복제행위를 금합니다.
저작권법 제97조의 5에 의거하여 5년 이하의 징역 또는 5,000만원 이하의 벌금에 처하게 됩니다.

ISBN : 978-89-6346-547-0　　93360　　**정가 33,000원**